Fabricador de instrumentos de trabalho, de habitações, de culturas e sociedades. o Homem é também agente transformador da História. Mas qual será o lugar do Homem na História e o da História na vida do Homem?

AS PRIMEIRAS CIVILIZAÇÕES DA IDADE DA PEDRA AOS POVOS SEMITAS

TÍTULO ORIGINAL
Les premières civilisations, Tome I:
Des despotismes orientaux à la cité grecque

© Presses Universitaires de France, 1987

TRADUÇÃO
António José Pinto Ribeiro

REVISÃO
Luís Abel Ferreira

DESIGN DE CAPA
FBA

IMAGEM DE CAPA
Corbis/ VMI
© TH-Foto-Corbis

DEPÓSITO LEGAL Nº 299162/09

Biblioteca Nacional de Portugal - Catalogação na Publicação
I - LÉVÊQUE, Pierre
As primeiras civilizações / dir. Pierre Lévêque. - (Lugar da História)
ISBN 978-972-44-1574-1
CDU 94(3)

PAGINAÇÃO, IMPRESSÃO E ACABAMENTO
PAPELMUNDE
para
EDIÇÕES 70
Fevereiro de 2020

1.ª edição: Setembro de 2009

Publicado inicialmente em 3 vols.:
As Primeiras Civilizações. Vol. I – Os Impérios do Bronze – ISBN 972-44-0574-5
As Primeiras Civilizações. Vol. II – A Mesopotâmia / Os Hititas – ISBN 972-44-0575-3
As Primeiras Civilizações. Vol. III – Os Indo-Europeus e os Semitas – ISBN 972-44-0798-5

Direitos reservados para todos os países de Língua Portuguesa
EDIÇÕES 70

EDIÇÕES 70, uma chancela de Edições Almedina, S.A.
LEAP CENTER – Espaço Amoreiras
Rua D. João V, n.º 24, 1.03 - 1250-091 Lisboa – Portugal
e-mail: editoras@grupoalmedina.net

www.edicoes70.pt

Esta obra está protegida pela lei. Não pode ser reproduzida,
no todo ou em parte, qualquer que seja o modo utilizado,
incluindo fotocópia e xerocópia, sem prévia autorização do Editor.
Qualquer transgressão à lei dos Direitos de Autor será passível
de procedimento judicial.

PIERRE LÉVÊQUE (DIR.)
AS PRIMEIRAS CIVILIZAÇÕES DA IDADE DA PEDRA AOS POVOS SEMITAS

| 70 |

Preâmbulo

As Primeiras Idades do Homem:
A Pedra e o Bronze

Pedra e Bronze, são os materiais utilizados pelo homem para fabricar as suas ferramentas e as suas armas que servem tradicionalmente para especificar as primeiras idades do desenvolvimento das sociedades humanas. Neste âmbito, esta obra apresenta, *grosso modo*, três grandes tipos de formações sociais: a horda e a aldeia da Pedra, o reino despótico do Bronze, a tribo indo-europeia.

O homem emergiu como tal, enquanto *homo*, em África, mas foi no Médio Oriente que se verificaram seguidamente avanços notáveis que modificaram em profundidade as condições de vida e de estruturação das comunidades. E foi nas estepes pônticas que, pela mesma altura, começaram a diferenciar-se as tribos indo-europeias, cujo dinamismo se exerce na Eurásia durante vários milénios.

Donde o plano deste trabalho. Era sem dúvida difícil que ele fosse diferente, numa síntese tão rápida que evoca vários milhões de anos de história humana e trata mais especificamente de vários milénios. Mas não devemos iludir-nos quanto ao seu carácter tradicional, porquanto ele reserva para um outro volume outras grandes civilizações da Pedra e do Bronze, mais distantes. Fazíamos questão em sublinhá-lo no limiar destes prolegómenos que visam levantar, com largueza, questões indispensáveis.

I. – HORDAS E ALDEIAS DOS HOMENS DA PEDRA

As épocas altas que são estudadas nesta obra situam-se na muito longa duração. Com efeito, quando e onde se situa a origem das – primeiras civilizações»? – expressão consagrada em que ambos os termos são equívocos. Com o desenvolvimento das pesquisas, quase não há zonas onde não se possa evocar hoje a presença do homem na idade da Pedra e onde o aparecimento do Bronze não esteja na sequência directa do período anterior. Donde a necessidade que sentimos e vivemos de pôr em primeiro lugar as questões mais amplas sobre o homem da Pedra, e mesmo já sobre a génese da espécie, porque *sapiens* é também *habilis* e *erectus*.

1. Do «Aegyptopithecus» ao «homo sapiens»

Há cerca de trinta milhões de anos aparece um pequeno primata de 5 a 6 kg – a que se chama *Aegyptopithecus*, porque foi pela primeira vez exumado em Faium, no Egipto – que é o primeiro a anunciar – de longe! – a família comum dos macacos superiores e dos homens, família essa que conhece uma longa evolução, dado que a diferenciação entre macaco e homem só se operou numa data relativamente recente, talvez entre 10 e 5 milhões de anos.

Não apenas a família dos homínidas apareceu em África, como se trata de um produto africano, se é verdade que o seu emergir está ligado ao processo de fractura do continente (teoria de Y. Coppens): o desabamento central e a sobre-elevação das bordas determinam, a Leste, uma mudança importante de clima e a savana sucede à floresta. Seriam as necessidades de adaptar-se a este meio mais aberto que teriam levado ao processo de humanização e separado o ramo dos Australantropos – precursores do *homo* – daquele que desembocará nos macacos superiores africanos, gorilas e chimpanzés.

Desde os seus inícios, a história do homem é, assim, a história das suas faculdades de adaptação.

1. As diferentes fases reconhecidas na evolução ulterior dos homínidas não vão reter aqui a nossa atenção. Note-se apenas que, se aos Australantropos não é ainda atribuído o nome de *homo*, a verdade é que eles possuem já a posição vertical que liberta a mão, utilizam ferramentas sumárias e talvez também abrigos. O *homo habilis* – o primeiro já suficientemente homem para ser qualificado de *homo* – é um dos ramos destes Australantropos, mas a sua localização exacta nesta família é ainda objecto de discussões apaixonadas. Há talvez dois milhões de anos, aparece o *homo erectus*, ao qual temos boas razões para atribuir a invenção do fogo, avanço técnico capital que dá ao homem uma superioridade decisiva. Há 100 000 anos aparece o *homo sapiens*, sob as suas duas formas sucessivas, cujas relações são ainda mal conhecidas: *homo sapiens Neandertalensis* e *homo sapiens sapiens*.

Nesta prodigiosa evolução, que se acelera como o *homo sapiens*, no fundo tão recente, as duas primeiras fases, as dos Australantropos e dos Arcantropos, são particularmente longas. Mas o enquadramento espacial deve ser evocado do mesmo modo que o enquadramento temporal. Na Eurásia desenvolveram-se separadamente no gibão e no orangotango – que se teriam separado dos antepassados comuns dos gorilas-chimpanzés-homens na altura em que o movimento das placas aproximou os dois continentes até então separados pelo oceano da Tethys. O homem, por seu turno, conquistou pouco a pouco toda a Eurásia a partir da África: desde a fase do *homo erectus* temos restos fósseis não apenas na África, mas na China, em Java, na Europa... É, pelo contrário, um povoamento recente, devido ao *homo sapiens*, o da Austrália (há pelo menos 50 000 anos) e o das Américas (cuja data continua a ser muito discutida, talvez entre há 20 000 e 12 000 anos?).

2. Os factores que permitiram ao homem uma tal diferenciação em relação aos macacos superiores africanos, seus verdadeiros irmãos germanos, são múltiplos e sem dúvida ainda insuficientemente conhecidos. A posição de pé favorece uma quase autonomia das mãos, que permite o trabalho aperfeiçoado e a criação de ferramentas que mediatizam a força e a habilidade do homem e lhe conferem, pouco a pouco, domínio sobre a Natureza. A relação do cérebro/peso do corpo aumenta (1/40 para *o homo sapiens* contra 1/200 para o gorila; supõe-se que seria 1/80 para o Australopiteco de África e 1/50 para o *homo habilitis*). E, neste desenvolvimento do cérebro, é essencialmente o córtex que ganha volume e peso em relação ao «cérebro reptiliário» – comum a todas as ordens animais superiores desde os répteis: nesta crosta, sede da inteligência, das relações e da comunicação, opera-se doravante uma magnífica floração do «pensamento selvagem», que, a partir dos primeiros mutantes dotados de 46 cromossomas (contra os 48 dos macacos superiores), permitiu ao *homo* povoar os cinco continentes e «aumentou consideravelmente as probabilidades de mutação e, portanto, de polimorfismo da nossa espécie: esta extraordinária riqueza genética, que iria ser acompanhada do desenvolvimento do psiquismo a um nível até então desconhecido, assegurou o êxito evolutivo dos nossos antepassados». (J. Ruffié).

2. O Paleolítico Superior
Por falta de documentos suficientemente abundantes, a história da espécie começa muito tarde, praticamente no Paleolítico Superior, isto é, ontem, relativamente a uma evolução que incide de facto sobre milhões de

anos. Aquilo que, antes desta derradeira fase, se adquiriu pouco a pouco, como a aprendizagem essencial, foi a vida em sociedade, fortalecida pela invenção do fogo, verdadeiro instrumento prometaico e arma para a conquista das terras frias e para a defesa contra os grandes animais.

1. Esta aprendizagem conhece, no Paleolítico Superior, notáveis avanços: são conhecidas, por exemplo, as incomparáveis realizações artísticas nas paredes das cavernas de Lascaux ou de Altamira. O que está aqui em jogo para o historiador é a existência de grupos organizados que têm santuários comuns. As hordas de *homo sapiens*, percorrendo embora o seu território cinegético à procura de caça, são muito menos errantes do que poderia imaginar-se, e têm certamente acampamentos fixos, entre os quais circulavam sem dúvida, mas num perímetro suficientemente restrito para que, pelo menos uma vez por ano, se reencontrem no santuário central, o que supõe um grau de organização que condiz pouco com as ideias feitas que circulam sobre a barbárie destes «primeiros homens» (de facto, tão próximos dos «últimos homens» que nós somos...).

As condições materiais da vida do Paleolítico Superior são cada vez mais bem conhecidas, à medida que se multiplicam investigações aprofundadas. As actividades fundamentais – produtoras da alimentação e do vestuário – são a caça, a pesca e a recolecção. São efectuadas por grupos de pequena dimensão que tendemos a supor bastante igualitários, sob a direcção dos mais velhos. O caso de certas tribos africanas que vivem ainda numa situação paleolítica no seio da floresta (como os Mbuti) mostra que todos participam de alguma maneira na caça, actividade essencial para a reprodução biológica, jovens e velhos, homens e mulheres. Mas põe-se o problema de saber o que se pode inferir das observações actuais dos antropólogos sobre grupos em vias de desaparecimento para as sociedades do Paleolítico Superior, nas quais os testemunhos parietais parecem acusar um considerável desnivelamento, a seu favor.

2. As obras de arte do Paleolítico são, na realidade, obras de religião. Pinturas e relevos (abundantes sobretudo na Europa ocidental) e estatuetas de pedra ou de osso (desenterradas em toda a Eurásia do Atlântico ao Pacífico) mostram o aparecimento de uma vigorosa produção fantasmática que multiplica, nas paredes, as representações animais e, em alto-relevo, as divindades femininas cujo sexo, peito, nádegas são engrandecidos de maneira expressionista a fim de melhor revelar nelas, Mães de fecundidade, que devem de resto desempenhar um papel mais complexo de senhoras dos animais, da caça, da lua, dos antepassados... Os mortos recebem de facto

sepulturas com ritos que testemunham o cuidado que se tem em honrá-los, talvez até em prestar-lhes um culto: sepulturas marcadas por pedras, ossadas cobertas de ocre – símbolo do sangue e da vida, vida que deve pois continuar de uma certa maneira depois da morte, em benefício dos vivos cujos pais defuntos se transformam assim em antepassados.

3. Por delicada que se apresente a interpretação destes testemunhos, duas grandes direcções me parecem abertas à investigação. Por um lado, é todo um imaginário povoado de animais e de mulheres que aparece nas figurações: animais que não são os da floresta, os da caça quotidiana, mas como que as suas hipóstases, potências reguladoras da caça e dispensadoras das energias da floresta; mulheres que são também seres sobrenaturais, deusas. Entre estes dois sectores existem interligações que restabelecem a unidade do universo, por exemplo, hierogamias das Mães de fecundidade com grandes cornudos, primeiro aparecimento de uma tema que não cessará de fecundar a imaginação religiosa, através do Neolítico e do Bronze, até à Grécia das cidades. Portanto é num outro mundo, superior ao da realidade quotidiana, um mundo sobrenatural, que deve ser procurado o sentido da vida, que pode ser encontrado o apoio tutelar de forças todo-poderosas que permitem aos indivíduos e ao grupo escapar aos terrores da floresta e agir: tal me parece ser, de facto, a mensagem das representações plásticas.

E nenhuma constatação mais significativa pode ser feita sobre as continuidades do paleolítico: com efeito, para todas as religiões das sociedades antigas que estudamos, o mundo sobrenatural duplica o da experiência directa, explica-o e justifica-o. É composto de poderes com os quais se pode comunicar, estabelecer relações de oferta e contra-oferta e que trazem respostas às interrogações, às angústias dos grupos humanos, desarmados perante a Natureza, em virtude do seu fraco nível tecnológico. Esta duplicação poderá assumir, mais tarde, formas mais elaboradas, filosóficas, como o mundo das ideias do idealismo platónico, mas é no imaginário paleolítico que tem as suas origens.

Por outro lado, se é verdade que ignoramos totalmente a data do aparecimento das primeiras manifestações religiosas na história da espécie humana (que alguns não hesitam em fazer remontar aos Arcantropos), parece que o culto dos animais (do urso, segundo certos autores) é anterior ao das Mães de fecundidade. Com efeito, este culto das Mães supõe uma considerável capacidade de abstracção naqueles que o elaboraram: capacidade que era já clara na concepção dos deuses-animais, duplicações sobrenaturalizadas dos animais da floresta, mas que explode nestas Mães que são a personificação simbólica, abstractizada, das forças vivas que animam o universo, da fecundidade que faz que os homens e a sua caça se reproduzam, e que asseguram igualmente a reprodução biológica do grupo por via da alimentação e da sexualidade. Veja-se, pois, como o «pensamento selvagem» dos Paleolíticos está já elaborado, rico de conexões, enriquecido pelas experiências sucessivas das hordas e, por fim, prenhe de futuro.

Progressos biológicos, primeiras conquistas essenciais que dão à mão do homem domínio sobre a Natureza (fogo, trabalho da pedra, ferramentas...), criações de um sumptuoso imaginário, e – em correlações certas, mas difíceis de demonstrar – notável desenvolvimento do psiquismo: tais são os avanços do *homo* num período que cobre sensivelmente os dois últimos milhões de anos, e que em si mesmo não é mais que a derradeira fase da hominização. É efectivamente justo lembrar ainda que, ao longo de milhões de anos, o Australantropo precedeu o *homo* nas suas experiências de sobrevivência e de vida em comum, e que o primeiro primata conhecido – *Purgatorius*, que se supõe ter tido 10 cm de comprimento e 150 g de peso – vivia há 70 milhões de anos...

3. A revolução neolítica

Momento decisivo da história da humanidade aquele em que o homem «inventa» a agricultura cerealífera e a domesticação dos animais: doravante deixará de estar sujeito às vicissitudes e aos perigos da caça, até então principal fornecedora de alimento. Mas hoje sabemos com segurança que esse «momento» dura séculos e que, durante longo tempo, actividades antigas e actividades novas coexistem.

1. Os historiadores ligavam anteriormente tais avanços à sedentarização e à invenção da cerâmica. Sabe-se hoje melhor quão prudente se deve ser em tal matéria. Assim, uma certa forma de agricultura aparece muito cedo no Egipto, a partir do Paleolítico! Mas, na maioria dos casos, no Próximo Oriente, a sedentarização precede – em vários séculos – a cultura dos cereais: nas aldeias proto-neolíticas da Siro-Palestina, foram desenterradas foices que serviam para ceifar gramíneas selvagens que eram depois armazenadas; esta actividade já não é a simples recolecção... Não obstante, a sedentarização acelera-se com a implantação definitiva da revolução neolítica: a aldeia permanente é o símbolo materializado de uma comunidade que tem ali o centro de todas as suas actividades materiais, políticas e intelectuais, que acumula lá as suas colheitas para fazer a ligação de um ano ao outro, que ali honra os seus deuses em santuários, que ali enterra os seus mortos / antepassados, por vezes mesmo sob o *habitat*.

PREÂMBULO

Quanto à cerâmica, ela é pelo contrário na maioria das vezes posterior à revolução neolítica, de tal modo que, quase em todo o lado, se pode distinguir um Neolítico pré-cerâmico. Não é necessário insistir na importância de uma tal descoberta: com uma matéria-prima que existe em toda a parte, o barro, o homem dota-se de recipientes que, conforme os casos, podem ser utilizados para o armazenamento, para a alimentação, para a inumação dos mortos, para o culto dos deuses...

É, enfim, nestas aldeias estáveis que se desenvolve um artesanato têxtil. As peças de vestuário de pele dos «primeiros homens» são substituídas por vestes de tecido: as mulheres fiam e tecem a lã dos animais há pouco domesticados e as fibras do linho cuja cultura se espalha.

2. Na cronologia absoluta, é no Médio Oriente que aparece a revolução neolítica, numa zona privilegiada do ponto de vista do clima e dos solos que nos habituámos a designar pelo nome tão cómodo quanto ambíguo de Crescente Fértil: tal região cobre todo o Oriente desde a Anatólia até ao Egipto passando pela Síria e pela Mesopotâmia. Isso significa que ela é muito diversificada – nomeadamente as condições da agricultura são muitíssimo diferentes, por exemplo, nos grandes vales sujeitos a temíveis inundações (ainda se está muito longe do controlo das cheias e dos solos) ou nas pequenas planícies costeiras ou interiores da Anatólia ou da Siro-Palestina.

Continuam a ser grandes as incertezas sobre os inícios do Neolítico, tanto mais que, em certas zonas, os aluviões se acumularam a ponto de tornarem quase inacessíveis aos investigadores os estratos mais antigos. Assinale-se pelo menos que a própria concepção de um Crescente Fértil único, onde as inovações tecnológicas teriam sido contemporâneas em várias zonas ou então ter-se-iam espalhado muito rapidamente por contacto de uma zona com a outra, está desde há pouco posta em causa: para alguns pesquisadores, além do Crescente Fértil no sentido restrito do termo (isto é, o da Ásia), teria existido um Crescente Fértil africano que cobria o vale do Nilo sudanês e egípcio e toda uma parte do Sara oriental, cuja documentação parietal das grutas mostra bem que não era então de modo nenhum um deserto. Neste caso teria, portanto, havido no Médio Oriente dois centros de criação e de difusão das novas técnicas de produção.

3. Seja como for – e o problema não está ainda suficientemente amadurecido –, a passagem do Paleolítico ao Neolítico supõe um fundo de reflexão, de observação das realidades naturais, de aproveitamento dos malogros e dos meios-êxitos, que é sem dúvida uma fase capital na «desselvatização» do pensamento humano. As inovações que marcam esta passagem

reforçam sem dúvida as crenças num imaginário de divindades benevolentes, que favorecem a acção do camponês/pastor, mas supõem não menos – e desenvolvem igualmente – um sentido novo da causalidade, portanto, um progresso da racionalidade, em favor dos quais a sedentariedade, um certo tempo de lazer, as condições menos duras da existência quotidiana desempenharam, certamente, o seu papel.

O Neolítico idade de abundância? Não é este o lugar para discuti-lo. Em todo o caso, parece que a passagem à produção programada dos alimentos é fruto de uma muito dura necessidade: o desenvolvimento demográfico tornava cada vez mais difícil aos grupos humanos garantirem a sua alimentação unicamente pela actividade predatória. A agricultura e a criação de gado permitiram assegurar um abastecimento mais abundante, mais regular e estão assim na origem de um novo crescimento demográfico, cujos efeitos foram durante muito tempo benéficos na medida em que permitia um maior aproveitamento dos solos.

4. Com o Neolítico, e mesmo logo nos primeiros inícios do Neolítico, dá-se o aparecimento de comunidades camponesas algumas das quais, como Çatal Hüyük na Anatólia ou Jericó na Palestina, são suficientemente importantes para serem qualificadas de cidades. As trocas de produtos estão sem dúvida longe de serem excluídas entre comunidades, mas é o trabalho da terra que constitui a riqueza essencial. É organizado pela própria comunidade, que possui e controla a totalidade dos solos, fixa a tarefa de cada um e distribui os bens sociais produzidos pelo trabalho de todos.

As famílias desempenham por certo um papel essencial no seio da comunidade da qual constituem os subconjuntos. Se é verdade que, no Paleolítico, os casais se formam por adesão ou por rapto e são facilmente dissociáveis, a aldeia dá origem ao casal estável sob a autoridade do chefe de família: os casamentos são regulados pela troca de raparigas entre duas colectividades vizinhas, donde a obrigação, sob pena dos mais pesados castigos, da virgindade das raparigas que devem permanecer um produto transparente nesta estrutura de oferta e contra-oferta. As mulheres, sobre as quais recaem as tarefas domésticas, são então inferiorizadas, minoradas, consideradas pejorativamente: sobre elas desaba, durante milénios, a dura dominação do homem. A estabilidade da comunidade faz-se à custa da estabilidade de cada família, cuja finalidade é assegurar a sua reprodução, dar descendentes aos mortos/antepassados que muitas vezes não abandonam sequer os seus, dado que são enterrados sob a casa, sob o pátio, sob o santuário...

Sobre a estrutura social, temos pouca documentação segura. A vida da comunidade, que é essencialmente agro-pastoril, deve ser regulada por uma autoridade superior, que é a dos chefes de família, dos mais velhos. Considerou-se durante muito tempo que se tratava de uma sociedade sem classes, mesmo conhecendo ela uma repartição hierarquizada do trabalho. Na realidade, isso parece-me tanto menos seguro quanto mais se retrocede no tempo. O número e o esplendor dos santuários numa cidade como Çatal Hüyük supõem um clero importante, que não está verosimilmente sujeito às necessidades do trabalho produtivo, mas cujo papel é certamente capital, na medida em que só ele pode mediatizar as relações com os deuses. Parece-me claro que acabam por destacar-se chefes e veremos de resto o seu papel eminente na transição das comunidades neolíticas para os reinos e impérios do Bronze. Se no túmulo de um chefe de aldeia neolítica do Egipto se descobre um bastão de comando que se encontrará de novo na panóplia hierática do faraó, isso não deixa certamente de ter significado...

Aparecem verdadeiros edifícios públicos, incarnação do centro de decisão da comunidade camponesa, quer se trate do templo de Eridu desde a época de Tell Halaf, dos *mégara* de Dimini ou outras acrópoles neolíticas helénicas, do edifício já sofisticado de Banpo na China do Norte, com a sua grande sala abrindo sobre outras três mais pequenas... É lá que se reúnem, que têm a sua sede, que moram talvez os que decidem e é capital observar que as moradas dos deuses ou dos reis dos inícios do Bronze estão na sequência directa de tais construções.

5. Se as formas ideológicas evoluem fortemente neste período de imensas mutações, isso verifica-se na sequência do Paleolítico. A Mãe de fecundidade estende doravante a sua protecção aos agricultores e torna-se também Mãe de fertilidade, ao mesmo tempo que os seus poderes sobre os mortos são ainda mais manifestos. Nos santuários e nos celeiros das aldeias, nas sepulturas das necrópoles multiplicam-se as estatuetas que a representam. Fixa-se assim um mundo sobrenatural estável organizado à volta destas Grandes Deusas – que podemos também chamar agora Terras-Mães –, promotoras indissoluvelmente de fertilidade / fecundidade / vida eterna.

Estrutura que vai enformar o pensamento religioso durante milénios à volta da prepotência de uma Mãe, acompanhada dos seus filhos, e de um paredro masculino muito nitidamente dominado por ela e que se apresenta muitas vezes com forma animal (touro, carneiro, ave...). Estrutura admiravelmente tranquilizadora, que constrói a duplicação sobrenatural em ligação directa com as realidades da produção e da reprodução – uma vez que as divindades fazem crescer a vegetação e dão filhos aos homens, crias aos animais do rebanho –, em contacto directo também com as angústias do homem que a morte atemoriza e que confia às Mães o cuidado de assegurar a sua sobrevivência no seio dessa terra a cujo arroteamento ele consagra, durante toda a vida, o seu duro labor. Estrutura optimizante, bem adaptada, após todos os pequenos trabalhos impostos pela transição do Paleolítico ao Neolítico, a uma sociedade agro-pastoril para quem os poderes superiores são muito simplesmente, muito naturalmente, as energias da Natureza, fecundantes desde sempre e agora também fertilizantes.

6. Última questão que tem de pôr-se: a da difusão das técnicas (materiais e culturais) do Neolítico, ou seja, da neolitização. Alguns casos apresentam-se com bastante nitidez. Assim, foi a partir da Anatólia que uma parte importante da Europa egeia e pôntica foi neolitizada: Chipre, Creta, Grécia, regiões balcânicas, Sul da Ucrânia talvez até Kiev... Fica-se impressionado com o facto de certas crenças bastante específicas do Neolítico anatoliano («santa família» que agrupa uma Terra-Mãe com uma deusa-filha e uma criança divina; uniões hierogâmicas entre essa Mãe e um deus animal, geralmente um grande cornudo; renovo anual do mundo por estas hierogamias; evocação das vicissitudes do ciclo vegetativo em mitos como o do desaparecimento da jovem deusa...) se encontrarem bastante amplamente nesta zona. Pode-se de resto discutir – e a resposta não é necessariamente a mesma em cada uma das regiões da zona – se foram migrações ou outros tipos de contactos que permitiram este vasto florescimento do Neolítico a partir de um sector bem determinado.

Outra difusão bastante clara é a do Neolítico oriental através de toda a Europa central e ocidental. O exemplo da nossa região é bastante significativo: se a domesticação se opera cá a partir das espécies locais, é patente que as técnicas agrícolas vêm, lentamente, de muito longe, e por duas vias muito diferentes. No Sul, os contactos intermitentes, mas frutuosos, que se estabelecem por via marítima de um lado ao outro do Mediterrâneo estão na origem da cultura dita cardial, onde de resto os progressos da agricultura são lentos, ao passo que a criação de gado está já muito diversificada e que a pesca conserva uma importância considerável. Mas no Leste e no Centro, é a via danubiana que veicula as inovações: o Neolítico que daí resulta, dito danubiano, caracteriza-se por sólidos *habitats* de comunidades camponesas nas quais a criação de gado desempenha apenas um papel secundário.

A extensão do Neolítico para Leste levanta problemas tão apaixonantes como difíceis. É verdade que para a Índia se vê uma continuidade clara entre a Mesopotâmia, o planalto iraniano e a Índia, e sabe-se hoje que as culturas baloches serviram largamente de intermediário. Mas o Neolítico chinês será original ou estará numa certa medida dependente em relação ao Ocidente? A resposta parece ter de ser matizada. A partir de 5000, as primeiras culturas do Norte (Yangshao) fazem crescer o milho-miúdo e, no Sul, pratica-se a orizicultura inundada: numa data tão remota não é certamente para uma influência indiana que deve apelar-se, como durante muito tempo se fez. Trata-se, pois, aparentemente de uma génese específica e original na China do rio Amarelo e do rio Azul – relativamente tardia em relação à do Crescente Fértil –, o que não exclui uma eventual circulação das ideias e das técnicas. É certo, em todo o caso, que nas últimas culturas neolíticas do Norte (Longshan) a introdução da cevada e do trigo vem do Ocidente.

Estes fenómenos de neolitização têm, de facto, um interesse primordial para nós: as técnicas estendem-se por todas as espécies de contactos, movimentos de população, trocas comerciais, ou simples contágio de invenções que estão no ar, que correspondem a necessidades que podem manifestar-se, as mesmas, com diferenciações no tempo consoante as evoluções. Seja qual for a importância histórica do Crescente Fértil, em outras zonas fez-se sentir a imperiosa necessidade de uma alimentação mais abundante e mais regular. A neolitização pode funcionar aí como num terreno virgem, mas pode também reforçar e tornar mais operatórias tentativas de domesticação e experiências agrícolas (nomeadamente pelo contributo de sementes mais produtivas). Enfim, pelo menos num caso, o das Américas, desenvolve-se um Neolítico totalmente independente, à volta da cultura do milho.

Esta difusão do Neolítico é acompanhada de mutações ideológicas importantes cujo sentido geral é óbvio: afirma-se a prepotência das Terras--Mães. Mas, numa situação muito matizada, o historiador tem um dever de cautela muito particular. Há, por um lado, o aparecimento a partir desta época de especificidades destinadas a perdurar: assim a adivinhação pelos ossos, que está no centro da vida cultural da China das monarquias do Bronze, é atestada desde a cultura de Longshan. Mas, por outro lado, afirmam-se estranhas homologias – muito para além da presença universal das Terras-Mães –, que fazem que tenha sido possível encontrar uma estatueta de Mãe neolítica em plena África profunda, na duna de Dacar: assim, o tema das duas deusas mãe e filha, e também o tema da cólera da Mãe que devasta toda a vegetação antes de se deixar aplacar, encontram-se não apenas no amplo sector Anatólia-grandes ilhas do Egeu-Grécia-Balcãs, mas também no Japão e entre os Ameríndios...

No seu conjunto, a revolução neolítica constitui um muito vasto encadeamento de processos que, favorecido pelo aquecimento do clima e apressado pelas imperiosas necessidades da reprodução biológica, revolve a Eurásia e a África. Eis chegado o tempo dos camponeses, o tempo das pequenas comunidades agro-pastorais justapostas. Verifica-se por todo o lado o início da criação das paisagens pelo homem, um considerável avanço das forças produtivas técnicas e humanas, um passo em frente nas criações do fantasmático, de tal forma que os grandes mitos de criação, que serão sistematizados nos inícios do Bronze, têm todas as possibilidades de remontarem a estas colectividades em que os lazeres da vida camponesa permitem reflectir mais, levantar problemas, esboçar soluções...

II. – OS IMPÉRIOS DESPÓTICOS DO BRONZE

A emergência de entidades políticas poderosamente estruturadas e que estendem o seu domínio sobre um muito vasto território é característica dos primórdios da idade do Bronze no Egipto e na Mesopotâmia. É o nascimento do Estado e, para falar mais precisamente, do Estado que nos habituámos a designar convencionalmente, a partir de Marx, como o Estado despótico: terminologia que mantenho aqui como comodidade.

1. Problemas de génese
Esta emergência mais ou menos simultânea no Egipto e na Mesopotâmia, ou seja, nas duas zonas que tinham conhecido no Neolítico um notável florescimento, levanta temíveis problemas ao historiador. Em primeiro lugar, porquê apenas nestas duas regiões, quando se sabe que a vitalidade das comunidades neolíticas não é menor na Síria ou na Anatólia, por exemplo?

1. Será um incitamento a voltar à explicação tradicional retomada no determinismo hidráulico de K. Wittfogel (*Oriental despotism*, 1957), para quem as necessidades de organizar a utilização da cheia criando canais, diques, reservatórios, barragens são motoras da emergência de um poder forte que se impõe largamente nos vales inundáveis dos grandes rios, enquanto uma tal estrutura não é de modo algum indispensável se a fertilidade do solo é assegurada pela chuva ou pelos cursos de água sem inundação lodosa?

Diversas observações são pouco favoráveis a uma explicação tão mecanicista. Por um lado, as vastas realizações de represas e outras iniciativas para irrigação são mais a consequência que a causa da emergência de Estados poderosos. Por outro lado, tem-se demasiada tendência para conceber esta valorização tão específica – pela utilização optimizada da água e das aluviões – como certas planificações modernas: de facto, deve ser muito frequentemente no seio de comunidades camponesas ou quando muito regionais que se concebe e se efectua o trabalho, mesmo que a unidade política possa facilitá-lo e sobretudo torná-lo mais operativo. É preciso, em todo o caso, ter bem presente que foi ao nível de pequenas colectividades de aldeia que se realizou o extraordinário esforço de criatividade – fundado primeiramente em muito mais malogros que êxitos – que, acumulando as experiências no estranho meio natural dos vales inundados pela cheia, desembocou na invenção deste tipo muito particular de valorização rural.

2. Não são tais constrangimentos que são determinantes na constituição dos despotismos e é para outro lado que é preciso lançar o olhar. O próprio desenvolvimento das colectividades neolíticas trazia consigo acumulações de alimentos, de objectos de adorno, de consagrações aos deuses... Era assim grande a tentação de atacar esta ou aquela comunidade vizinha menos forte, sobretudo a partir da altura em que emergiu uma camada de chefes, libertos dos constrangimentos do trabalho produtivo e susceptíveis de conceber vastos projectos de extensão do seu poder.

Foi assim que se caminhou, por fases sucessivas – e nisso o caso do Egipto é muito claro –, para reagrupamentos cada vez mais importantes: da aldeia para o nomo e do nomo para o reino. No Pré-dinástico (v milénio) aparece o metal (período calcolítico) e, ainda que à sua difusão seja lenta, ela é significativa de um limiar que acaba de ser ultrapassado no desenvolvimento, tanto mais que têm de imaginar-se relações de trocas com o Sinai e sem dúvida também com a Núbia, para a procura dos minerais. Por outro lado, o Pré-dinástico, no seu período médio, é também a altura em que se unificam as culturas do Norte e do Sul, até então bastante distintas.

Mas o poder político é ainda partilhado entre dois reinos, e será a guerra que porá fim a esta situação: sejam quais forem as relações entre o rei Escorpião e o rei Narmer, quer a conquista se tenha verificado em uma ou em várias campanhas (cf. *infra*, p. 97), o rei do Sul leva a melhor sobre o rei do Norte: o Egipto é unificado por volta de 3000, como o testemunha, por exemplo, a paleta de xisto de Hieracômpolis em que Narmer usa numa das faces a coroa do Sul e na outra a do Norte, prefiguração de facto do *pschent* que os faraós cingiam e que é a sobreposição de duas coroas, a vermelha e a branca. A interpretação geralmente avançada para uma clava piriforme de Hieracômpolis vê nela um rei do Sul, o Escorpião, efectuando um rito de fundação, rodeado de suportes com tabuletas que exibem as insígnias dos nomos: esta comemoração associa, portanto, à sua vitória as províncias do seu reino, visualizadas por esses símbolos falantes que são as insígnias, dotadas de toda a sua carga ideológica ao serviço do monarca.

A própria natureza da documentação reflecte pois, no Egipto, a constituição de um poder de larguíssimo domínio territorial (da primeira catarata ao Mediterrâneo) por agrupamentos sucessivos: nomos, reinos do Norte e do Sul, Egipto unificado, em suma. Se não está totalmente excluído que alguns agrupamentos se tenham feito pacificamente, sabe-se que a unificação donde nasce o Egipto dinástico é o resultado da guerra entre o Norte e o Sul e da vitória do Sul, exaltada já pelas paletas ou clavas de xisto, primeiros testemunhos de uma série de documentos que se escalonam ao longo de milénios e que fundamentam, no sucesso das armas, o poder do rei carismático.

3. É para nós muito significativo – a fim de impedir-nos de sonhar num modelo único – que o caso da Mesopotâmia seja tão diferente. É no v milénio que aparece a fundição dos metais (nomeadamente do cobre) a partir da civilização de Tell Halaf, que se aperfeiçoa muito na segunda metade do milénio, na época de El Obeid. Aqui, portanto, é também no contexto do aparecimento da metalurgia que vão organizar-se Estados muito mais estruturados que as comunidades neolíticas, mas um processo muito específico manifesta-se desde o fim do iv milénio (há assim, entrementes, um buraco bastante considerável nos nossos conhecimentos): a revolução urbana, com a emergência quer de cidades-estado quer de simples cidades. Esta geopolítica muito nova poderá ser posta em relação com a implantação dos Sumérios que vieram (donde?) instalar-se na região? A questão merece ser levantada.

Seja como for, implanta-se entre as cidades a guerra endémica, seja ou não necessário seguir a *Lista real suméria*, documento do fim do III milénio que representa a história da Suméria desde o dilúvio como uma sucessão de dinastias, reinando em cidades diferentes, e estendendo, alternadamente, o seu domínio sobre todo o país. A questão de uma anfictionia que terá reunido estas cidades à volta de Nippur – morada do deus Enlil, chefe do panteão sumério – é obscura aos olhos dos especialistas. Quer ela tenha existido quer não, o certo é que a região da Suméria é a sede de tensões constantes entre as cidades-estado, cujas relações se fundam em relações de força: a violência é, de resto, muito antiga na Mesopotâmia, dado que as escavações da aldeia de Arpatchiya (época de El Obeid) mostram já traços não equívocos de destruições e de pilhagens.

Só se sai deste estado permanente de turbulências das cidades sumérias quando o rei de Umma, Lugal-zagesi, se apodera de Lagash, de Ur e de Uruk e reúne sob o seu ceptro toda a Suméria. Mas ele não pôde conservar este poder centralizado que acaba de conquistar: ele próprio é derrotado por Sargão, que funda Acad e estende o seu domínio sobre toda a Mesopotâmia (2340), preludiando assim os grandes impérios que se sucederam na região dos dois rios até à queda de Babilónia em 539.

4. A emergência dos impérios despóticos do Egipto e da Mesopotâmia é a derradeira evolução de um processo que se desenvolve na muito longa duração: eles são os herdeiros de reinos contemporâneos do Eneolítico ou do Bronze primitivo, eles próprios resultando das mutações que afectam as comunidades camponesas do fim do Neolítico. Mas – a despeito das suas muito nítidas homologias – cada um dos casos tem a sua própria especificidade, que é considerável.

A constituição do império hitita oferece à nossa reflexão um caso totalmente diferente: muito mais tardia (Bronze médio e sobretudo Bronze final), ela resulta da instalação no centro da Anatólia de um povo que herda o seu nome das populações anteriores, os Hattis, e que, a partir deste núcleo inicial, consegue estender o seu domínio sobre toda a península e uma boa parte da Síria.

É um processo guerreiro do mesmo tipo que o que viria a verificar-se para o reino de Mitanni e, mais tarde, para o de Urartu, que fizeram também eles parte dos três ou quatro Estados que estabeleceram entre si relações diplomáticas num plano de quase igualdade e partilharam entre eles as terras «civilizadas» do Médio Oriente.

O Crescente Fértil (no sentido mais amplo do termo) que eles ocupam está de facto rodeado de povos de um nível de desenvolvimento inferior, muitas vezes nómadas, que representam, para os grande despotismos, um perigo permanente: é o caso dos Gargas, esses montanheses seminómadas contra os quais os Hititas têm de combater incessantemente; é o caso dos Núbios do vale médio do Nilo que, nas épocas de poder, os faraós detêm solidamente sob o seu domínio; é o caso, para a Mesopotâmia e ao longo dos séculos, dos Guti e dos Hurritas; e os Cassitas, vindos também do Leste, reinam durante séculos sobre a Babilónia...

2. A estrutura despótica

O que caracteriza os grandes impérios do Oriente, é a força da instituição monárquica. Seria vão tentar definir o «déspota oriental» em si, tanto mais que acabamos de insistir nas divergências quanto às condições e processos de emergência destas monarquias e no facto de ser preciso pensar também nas evoluções que se produziram em cada zona: vai uma grande distância, por exemplo, entre os reis de Uruk do Dinástico arcaico II que são grandes sacerdotes e habitam no templo-palácio, e os reis de Ur do Dinástico arcaico III que são acompanhados na morte por muitos homens e mulheres imolados (meio bem conhecido de estabilização do poder em sociedades de classes em vias de formação definitiva) até aos princípios assírios ou cassitas do II milénio!

Pode entretanto fazer-se uma reflexão que tenha em conta a natureza do poder, o modo de produção tributária, os pontos de apoio e transmissão da autoridade despótica, os modos concretos de funcionamento e as falhas do sistema.

1. O rei exerce uma autoridade absoluta sobre a comunidade que se incarna nele. Mas o seu poder autocrático não é um constrangimento propriamente dito; decorre das relações únicas, privilegiadas, que mantém com os deuses, seja qual for a forma exacta que essas relações assumam (por exemplo, no Egipto o faraó é ele próprio deus e filho de deus, ao passo que, de uma maneira geral, o soberano mesopotâmico é apenas o vigário do deus): ele é o único capaz de se fazer ouvir pelos poderes sobrenaturais e, portanto, de obter a fertilidade e a fecundidade sem as quais as comunidades não podem reproduzir-se, e nomeadamente de desencadear a cheia vivificadora.

O mesmo é dizer que este poder é eminentemente teocrático, que é apoiado por uma ideologia das forças de fecundidade/fertilidade que animam o universo e asseguram a sua reprodução – fé comum e bem viva de todas as colectividades neolíticas, muito naturalmente recuperada na teologia dos impérios em vias de emergência. O rei é o órgão de ligação do sobrenatural com o natural e o sistema só pode de resto manter-se porque nada é concebido como natural: ele próprio sobrenaturalizado (como se vê no Egipto nas gigantescas criações das pirâmides ou dos túmulos do Vale dos Reis, onde continua a sua vida na eternidade), o déspota sobrenaturaliza o labor dos trabalhadores dando-lhe a sua eficácia.

2. O próprio conceito de despotismo oriental evoca todas as discussões sobre o modo de produção dito, conforme os autores, oriental, asiático, despótico-camponês ou tributário. Lembremos a definição de J. Chesneaux (*Sur le «mode de production asiatique»*, Paris, 1974), que insiste muito justamente na articulação que ele implica entre o nível local dos produtores e a autoridade central do Estado: «O modo de produção asiático parece, de facto, caracterizar-se pela combinação da actividade produtora colectiva das comunidades camponesas e da intervenção económica de uma autoridade estatal que explora essas comunidades ao mesmo tempo que as dirige.» O trabalho efectua-se ao nível das colectividades camponesas de base, cujos membros são camponeses-dependentes (nem escravos, é claro, nem verdadeiramente livres, pois que dependem totalmente do rei), mas é decretado, dirigido, vigiado, controlado pela autoridade que, por um lado, está habilitada a requerer um acréscimo de trabalho necessário para as

obras hidráulicas (canais, diques, barragens, reservatórios...) e, por outro, a levantar antecipadamente o sobreproduto do trabalho dos camponeses deixando-lhes apenas o «mínimo dos mínimos» para a reprodução biológica deles próprios e da sua família.

Esta autoridade é, evidentemente, a do déspota. Uma primeira observação se impõe: aquilo que somos incitados, na nossa linguagem, a denominar exploração é na realidade concebido e vivido como um sistema de equilíbrio, de oferta e contra-oferta, em que os indivíduos (ou colectividades) entregam ao soberano a contrapartida dos dons sobrenaturais com que supostamente são cumulados por ele: «Aquilo que consideramos como uma antecipação autoritária feita pelo rei sobre o trabalho das comunidades rurais é apresentado como uma repartição e uma troca feitas por parceiros iguais e solidários: tal é de facto a realidade que se exprime através dos termos *dasmos* (grego), *bazis* (persa antigo) e *ziti sarri* (acádico), assim como no termo *bliaga* (sânscrito)» [P. Briant, *Rois, tributs et paysans*, Paris, 1982].

Daí se segue que toda a desobediência à ordem do rei é, de facto, um pôr em causa da ordem do mundo, todo o crime de lesa-majestade um crime de lesa-divindade. Assim funcionam pelo melhor relações de muito rigorosa exploração das massas camponesas, que são uma das constantes da história das sociedades do Médio Oriente. Esta denominação ideológica dá uma força e uma coerência temíveis ao sistema, o que não impede que nem sempre ele consiga ocultar as contradições, quando se mostram demasiado fortes: assim aqueles casos de fuga do camponês egípcio, esmagado pelos trabalhos pesados, pelos impostos, pelas contribuições (que são tão frequentes no Egipto helenístico sob o nome de anacorese), são bem atestados desde o Novo Império e duramente reprimidos pela força pública, o que deveria inspirar alguma cautela aos autores que atribuem demasiada eficiência ao simples funcionamento na ideologia destas sociedades, que estão de facto fundadas nas realidades da mais rude e mais metódica exploração, tanto quanto as técnicas do poder o permitem, e que recorrem de bom grado à violência para fazer abortar toda a rebelião das camadas oprimidas.

Ora, haveria grandes especificidades a ter em conta para matizar a nossa análise. As relações de dependência dos camponeses para com o poder real, a opressão de que são vítimas, aumentam à medida que se implanta uma administração organizada. Sabe-se que isso foi um processo progressivo: assim acontece no Egipto sob as III, IV e V dinastias em que os progressos da centralização são consideráveis, ou na Mesopotâmia na época do império de Ur em que se implanta uma todo-poderosa máquina burocrática que nunca será mais forte nesta zona.

Concluamos pelo menos que, nas sociedades despóticas, ao sair das comunidades neolíticas, o Estado afirma-se com um poder tremendamente forte, que o déspota está nelas dotado não só de todos os poderes da hegemonia política e religiosa, mas também de um «alto comando económico» (Ch. E. Welskopf), no seio de uma estrutura em que, de resto, o político e o religioso são homogéneos relativamente ao económico.

3. Em Estados de uma dimensão considerável e em que a autoridade soberana está investida de um tal poder – em princípio total –, o problema capital é o dos postos de ligação entre o déspota e os seus súbditos. Estes postos são assegurados por dois conjuntos paralelos: o clero, que justifica a sobrenaturalidade do déspota, e a administração, que exerce, tanto ao nível central como ao nível regional ou local, as pesadas responsabilidades da decisão, da gestão, do controlo e da cobrança. O déspota está à cabeça destes dois corpos paralelos: é o sacerdote por excelência, aquele em nome de quem oficiam todos os sacerdotes; é o chefe supremo, cuja vontade é comunicada a partir da chancelaria central, colocada sob a autoridade de um vizir, até ao mais pequeno dos fiscais ou cobradores de aldeia.

Esta ligação inelutável entre as necessidades de um vasto império e estas estruturas que constituem como que as suas obras vivas revela-se geradora de rápidos progressos intelectuais nas técnicas de gestão das comunidades. Veremos em breve como, por um lado, se edificam grandes sistemas teológicos – vastos jogos de construção cujas peças são tiradas dos antecedentes neolíticos –; e como, por outro, se criam e implantam escritas que são, em primeiro lugar e acima de tudo, instrumentos de administração.

Por definição, sacerdotes e funcionários são não-produtores, mas a sua utilidade social é considerável, dado que têm o encargo de fazer produzir os produtores. Excluindo os níveis mais baixos desta dupla hierarquia (o capelão de uma capela rural não tem nada a ver com os profetas de Amon, nem um cobrador de impostos de aldeia com os escribas de alto gabarito), deve considerar-se esta elite de privilegiados como uma classe dominante que se define normalmente não pela propriedade dos meios de produção, mas pela sua funcionalidade (muitas vezes hereditária) no seio da estrutura estatal. Os grandes impérios do Oriente são, portanto, sociedades de classes em que a contradição fundamental é a dos camponeses-dependentes e dos agentes – clérigos e escribas – que justificam e geram o Estado ao serviço do déspota e em seu próprio proveito comum. Donde os perigos que representam para o sistema os períodos de enfraquecimento do poder despótico em que a autoridade de função destes agentes é acompanhada por um açambarcamento de terras.

4. Na verdade, para compreender as condições concretas de funcionamento do sistema, é preciso tomar em linha de conta, em primeiro lugar, o regime da terra, mas também notar bem que o modo de produção tributária põe em acção o conjunto das actividades económicas da formação social.

Os Estados despóticos do Oriente nasceram, na longa duração, das colectividades rurais do Neolítico, em que a terra é possuída em comum pela comunidade da qual se tornou o meio essencial de reprodução. A situação continua de facto a ser a mesma, mas a comunidade dilatou-se até aos limites de reinos desmesurados e doravante só o déspota pode exprimir a sua unidade real e/ou imaginária. É portanto ele que tem a posse e o controlo da terra (evitemos o termo, muitas vezes utilizado, de propriedade eminente, que evoca um contexto inteiramente diferente), competindo-lhe decidir e controlar a sua exploração, e receber e repartir os seus frutos.

No concreto, a terra é normalmente partilhada entre o déspota e os deuses, estando pois dividida em terra real (cujos rendimentos revertem para a manutenção da corte, do exército, para as grandes construções de prestígio...) e terra sagrada (que assegura a manutenção dos sacerdotes e o exercício do culto). Mas os altos dignitários ou oficiais são recompensados pelos seus serviços mediante a concessão dos rendimentos de certos domínios – o que é inevitável numa economia que ignora evidentemente a moeda. E sabe-se que, pelo menos num certo nível da evolução, o sistema não é incompatível com a propriedade privada de terras de modesta superfície sobre as quais não desaparece aliás inteiramente o direito de controlo do rei.

Não devem de resto menosprezar-se formas de riqueza diferentes e para além da terra, em particular o artesanato em que intervêm artesãos ou operários dependentes (no Egipto, em lagares, em tecelagens onde se fabrica o *byssos*, a musselina que serve para vestir os deuses e os grandes deste mundo) cuja condição está próxima da dos camponeses-dependentes, exceptuando o facto de a sua relação com o poder que explora o seu trabalho não se fazer pela mediação da terra.

Por fim, as actividades de troca desempenham um papel importante, que se tem demasiada tendência a esquecer, papel duplamente indispensável: primeiro porque é preciso adquirir os metais cuja liga constitui o bronze que está na base da civilização material, mas não menos porque os objectos de prestígio exótico são indispensáveis à autoridade do déspota e dos seus. É verdade que, em muitos casos, são expedições militares que provêem a essas necessidades por meio das razias ou tributos regulares a que dão origem. Mas existem também verdadeiras relações comerciais de sentido duplo, das quais as colónias assírias da Capadócia do início do II milénio dão um exemplo famoso: esses escritórios comerciais da Anatólia, agrupados à volta do de Kanesh, põem em jogo toda uma organização centralizada que tem a sua sede em Assur, onde o rei e os magistrados epónimos fornecem os fundos, vigiam as redes, retiram aí consideráveis lucros, sem prejuízo das taxas que são cobradas pelo tesouro de Assur.

5. Uma tal estrutura sobreviveu no Oriente durante mais de três milénios, embora com consideráveis especificidades e mutações: ela permitiu os primeiros grandes êxitos de Estados muito vastos e fortemente organizados. Mas as suas falhas são evidentes, a um duplo nível. Por um lado, estes Estados que se apresentam por vezes tão fortes são de facto frágeis e instáveis, prontos a serem anexados, fragmentados, destruídos. Trata-se, em primeiro lugar, de uma consequência da sua heterogeneidade, nomeadamente na Ásia onde, aquando da sua implantação, os reis da Assíria têm de algum modo de reconquistar o império do seu predecessor. É também a consequência de uma dinâmica das populações ainda muito fluida, com grandes movimentos como os dos Hicsos no Egipto, dos Hititas, dos Hurritas e dos Cassitas na Ásia anterior, dos Povos do mar no conjunto da zona do Próximo Oriente.

Por outro lado, estes Estados estão sujeitos a todas as dificuldades internas inerentes ao poder monárquico que tendem a desintegrar a família do déspota, isto é, a pôr em causa a dinastia e, portanto, a legitimidade. Ao mesmo tempo, podem interferir outros factores de decomposição interna: a própria estrutura do Estado despótico é abalada pelas revoltas de altos funcionários, pelas usurpações que limitam o poder do monarca «legítimo», pelas ambições pessoais dos representantes regionais do poder – que tendem a autonomizar-se, se conseguem tornar o seu cargo hereditário e acumular terras que fazem deles os verdadeiros senhores da região que estão encarregados de administrar –, pelo poder excessivo dos sacerdotes que acumulam também eles as doações de terras e aumentam de igual modo o seu domínio e a sua influência...

O mesmo é dizer que às intrigas e querelas áulicas que grassam no seio da família do déspota se junta o pôr em causa do próprio sistema despótico, que por sua natureza se funda na estrita obediência de todos os agentes, administradores ou clérigos, ao poder incarnado pelo monarca. A história dos Períodos intermédios mostra *in actu* a desintegração do poder faraónico: os golpes de Estado sucessivos não são mais que a consequência de uma situação de força que arrasta consigo a ruptura do contrato social, com a transformação de uma classe dirigente funcional numa aristocracia fundiária regional e mesmo com tumultos populares. Mas pode também pensar-se na muito rápida evolução da situação após o reinado brilhante de um Hamurábi, em que as intervenções dos Cassitas não são as únicas que estão em causa: as terras deixam de ser cultivadas, a fome campeia, as massas laboriosas ficam empobrecidas a ponto de os soberanos terem de multiplicar o perdão de dívidas e as isenções de impostos.

Neste caso são os malogros do sistema despótico e do modo de produção tributário que estão indissoluvelmente ligados. Eles mostram que o funcionamento da ideologia justificadora não é suficientemente operativo para ocultar as muito poderosas contradições entre massas super-exploradas e uma elite funcional que vive dessa exploração, nem para limitar as ambições dos agentes ou sacerdotes que se revoltam contra o poder, nem *a fortiori* as cobiças dos príncipes vizinhos, ao mesmo tempo que o próprio déspota é vítima do seu próprio imperialismo, tanto mais perigoso quanto aumenta o gigantismo do império.

A história dos despotismos do Oriente é, pois, dominada por relações de força de uma extrema complexidade, onde tende no entanto a realizar-se um equilíbrio global. O grande sucesso do sistema consiste no facto de ter sido o primeiro a integrar conjuntos muito vastos numa comunidade única e estável, assegurando – nos melhores momentos – a segurança e uma relativa prosperidade, sob os auspícios de uma religião naturista, muito geralmente valorizadora para comunidades agro-pastorais, que sobrenaturaliza o déspota – indo por vezes até ao ponto de imaginar hierogamias entre o rei e a deusa, isto é, até ao ponto de fundamentar a reprodução do *cosmos* e da sociedade em relações sexuais ou sexi-sentimentais entre os déspotas e as deidades que governam o universo.

3. Os avanços de uma racionalidade nova

A emergência dos poderosos reinos do Oriente antigo corresponde a uma época em que se multiplicam as invenções, em que se exalta a criatividade dos grupos humanos. Isto manifesta-se sem dúvida em primeiro lugar no domínio das técnicas de produção, em que as experiências dos trabalhadores se acumulam: imagina-se o tempo que foi necessário para utilizar o mais racionalmente possível a inundação provocada pelas cheias dos rios, para aprender a fazer subir a água até aos declives do vale; de igual modo, foi à custa dos esforços de gerações sucessivas, de insucessos e meios-sucessos, que se fixaram as práticas do trabalho do metal, do cobre antes do bronze, do cobre martelado primeiro, antes de ser fundido.

Com a conquista dos metais, as primeiras civilizações entram numa nova fase que é a do desenvolvimento acelerado. A utensilagem melhora, donde as possibilidades de um florescimento demográfico, que permite, por sua vez, uma melhor valorização. O armamento também, donde a multiplicação das actividades guerreiras e das necessidades de defesa, que contribuem para tornar ainda mais necessário o déspota encarregado de assegurar não apenas a reprodução, mas a segurança e a promoção das comunidades. As implicações políticas destes progressos técnicos são consideráveis e, além disso, é preciso não esquecer que a posse de objectos de metal – precioso ou não – reforça o prestígio dos príncipes e dos grandes dignitários, base fundamental da hegemonia que exercem sobre as massas trabalhadoras. Finalmente, ex-votos e outras oferendas acumulam-se nos santuários e este reforço da religião e dos seus servidores não deixa de ter grandes consequências, porquanto são eles que asseguram a solidez ideológica da estrutura.

Mas esta muito ampla progressão das forças produtivas técnicas, já prenhe de todas estas consequências, em que – repitamo-lo – o desenvolvimento demográfico deve desempenhar um papel de primeiro plano, é também motora de outros avanços, que conferem as suas verdadeiras dimensões aos grandes despotismos do Bronze. Toda uma elite de escribas e sacerdotes, poupados sem dificuldades às necessidades da produção, participa em outras criações que conferem um amplo plano de fundo intelectual aos progressos materiais das civilizações despóticas do III milénio.

Três criações primordiais merecem ser imediatamente assinaladas:

1. O calendário permite um domínio preciso sobre o tempo, isto é, em primeiro lugar sobre o ciclo dos astros, das cheias, da vegetação que marca a vida do trabalhador da terra e fixa o ordenamento das celebrações festivas em honra dos deuses. Para o Egipto, temos a sorte de poder verosimilmente colocar a sua invenção em 2773. Sejam quais forem as suas debilidades (devidas à impossibilidade de avaliar em dias a revolução anual do Sol) que vão fazê-lo «divagar» ao longo da história das dinastias, ele representa um incomparável instrumento de trabalho, de administração e de exploração, sem dúvida, mas também de conhecimento do *cosmos* e de avaliação do enquadramento temporal.

2. A escrita, que aparece sem dúvida um pouco mais cedo na região da Suméria que no Egipto, é, morfologicamente falando, muito diferente nestas duas zonas. Mas cuneiformes e hieróglifos relevam intelectualmente de um mesmo sistema, que é de compromisso entre os ideogramas que de há longa data eram utilizados para fixar em superfícies o pensamento humano e uma representação fonética, fundada na decomposição da palavra em sílabas, o que constitui uma verdadeira novidade. Muito progressistas de início, rapidamente congeladas, só progredindo praticamente pela junção

de determinativos que permitem atenuar as dificuldades de leitura, estas escritas revelam-se como um notável meio, por um lado, para administrar, isto é, para dominar abstractamente as realidades complexas do concreto, para estabelecer cálculos, recenseamentos, inventários; por outro lado, para conservar a memória dos grandes feitos dos reinos e, portanto, para contribuir para o prestígio dos soberanos e para a formação de uma consciência nacional unitária, forte e segura do seu próprio passado. Não esqueçamos que, no Egipto, a escrita passa por ter sido inventada por um deus, ele próprio escriba, Thot. De facto, estas «escritas mistas» – como se lhes chama por vezes – são muito difíceis de ler, mesmo por aquele que as escreveu; constituem o domínio desses especialistas que designamos pelo nome de escribas e que, recebendo a indispensável formação adequada para juntar a escrita à palavra, constituem os quadros da administração real.

3. Por fim, os grandes sistemas teológicos – nascidos nos santuários cujo prestígio asseguram igualmente, revestindo por isso cada um a sua especificidade própria – apresentam tantas analogias quer no Egipto quer no duplo vale que devemos concebê-los como uma sistematização de crenças anteriores que respondem, pelo menos desde o Neolítico, às interrogações dos homens sobre a origem do mundo, dos elementos, dos deuses, dos homens e das invenções materiais ou culturais. São autênticas «sumas», no sentido medieval do termo, que estabilizam a ideologia, desenvolvem o espírito de análise e de síntese, habituam a conceber o mundo como fundado em contradições que os próprios poderes sobrenaturais nem sempre conseguem resolver, mas também consolidam as certezas e reforçam o poder hegemónico dos clérigos e dos déspotas.

Estes longos inícios do Eneolítico e da idade do Bronze, que mergulham de resto as suas raízes muito longe na época neolítica, representam, portanto, uma época de muito forte criatividade material, intelectual e espiritual. Entre o «pensamento selvagem» dos primitivos e o racionalismo grego, tal como ele se manifesta já com Hesíodo e com os filósofos jónicos, há patamares no desenvolvimento das actividades criadoras do cérebro humano. Ninguém pode duvidar que, nos reinos do Oriente, se esteja então em vias de ultrapassar um patamar importante. O domínio da água e das cheias pressupõe grandes realizações fundadas em longas observações; a redução dos minerais e o fabrico das ligas supõem, antes de se imporem como prática corrente, uma longa reflexão experimental. Nada espanta então, a partir de um tal desenvolvimento da abstracção, que outros progressos se sigam, decompondo e recompondo o ano, as palavras, ou mesmo o universo mental na sua totalidade.

O mundo novo que se instaura pode ser captado pelos seus dirigentes em novos enquadramentos espácio-temporais; pode ser gerido a partir da arquivação dos dados; pode ser perpetuado pelos documentos escritos; pode ser compreendido numa história que remonta às origens matriciais do *cosmos*. Seja qual for a extraordinária floração do fantasmático que se exprime nos mitos, nas pirâmides, nos zigurates, nos hipogeus, nas crenças na sobrevivência, nos gigantescos santuários... (de um fantasmático que onerou, portanto, pesadamente os orçamentos e impôs uma exploração desenfreada dos dependentes), o que caracteriza sem dúvida mais fortemente os reinos do Oriente, o que representa o seu maior avanço, é o facto de se impor uma nova racionalidade que permite uma melhor captação do real.

4. Uma abertura sobre outros Estados despóticos do Bronze
O estudo destes grandes despotismos do Oriente – que representam uma das formas primordiais do desenvolvimento da humanidade – constitui portanto muito naturalmente o essencial deste volume. Mas pareceu-nos necessário fixá-lo por volta de 1200: há, nesta altura, um corte na sua evolução, uma recessão de múltiplos factores, e também uma ruptura do equilíbrio global das monarquias orientais, dado que o império hitita desaparece definitivamente. Remetemos, portanto, para o segundo volume a análise das vicissitudes do Egipto e da Mesopotâmia na primeira idade do Ferro.
Impõe-se para já uma pergunta: o esquema despótico encontra-se em outros sítios, na idade do Bronze?

1. Se as dificuldades na elaboração de um tal trabalho nos não tivessem impedido disso, teríamos tido o maior interesse em analisar aqui pequenas monarquias do Bronze, sem nenhum constrangimento de tipo hidráulico, mas onde o soberano detém igualmente, em nome dos poderes sobrenaturais, um «alto comando económico», como os reinos cretenses e os reinos micénicos, que também se desmoronaram por volta de 1200.

2. Encontrar-se-ão igualmente estruturas homólogas nas duas outras grandes zonas onde se verifica um desenvolvimento precoce e por vezes brilhante das sociedades humanas, a planície indo-gangética e a China? A Índia do Norte conhece, com a civilização de Harappa, uma rica cultura urbana, possuindo uma escrita (que ainda resiste à decifração), e a unidade das medidas fez supor uma unidade política, que espantaria tanto menos quanto as relações com o Irão e a Mesopotâmia estão bem estabelecidas, mas não se ousa de facto ir mais longe.

Preâmbulo

Pelo contrário, a realeza arcaica do Shang (e dos Yin) – civilização do Bronze, detentora de um sistema complexo de escrita da que conhecemos sobretudo a utilização divinatória – retém imediatamente a nossa atenção pela vasta unificação territorial que leva a cabo, pela primeira vez, na China. Este processo opera-se à volta de um rei cujo poder se funda culturalmente no facto de que, pai de todos os seus súbditos, ele é o único que está habilitado a oferecer aos manes salutares dos antepassados reais os cruéis sacrifícios, verdadeiras hecatombes de prisioneiros de guerra, que se inserem num ordenamento desumano para honrar os reis defuntos, em que reside o poder de assegurar a sobrevivência da comunidade chinesa em torno do rei-pai, seu sucessor. A força da ideologia é aqui tão determinante como no Egipto ou na Mesopotâmia: agrupa à volta do rei os seus parentes, oficiais, dignitários, toda uma classe dominante que vive na capital – no palácio, lugar geométrico de todas as actividades – ou nas «casas territoriais» das províncias, participando largamente nas expedições militares e nas caçadas reais donde se traz nomeadamente a caça humana para as hecatombes.

Esta elite vive do trabalho das massas rurais, estreitamente enquadradas e controladas por funcionários reais, que vão por vezes até ao ponto de guardar no palácio os instrumentos aratórios assim como as foices e que velam no sentido de que se acumule nos celeiros da capital ou das «casas territoriais» uma parte importante da colheita: também aqui são os dependentes-camponeses que constituem o essencial da força de trabalho.

E também na China esta monarquia arcaica, de resto relativamente recente em relação às do Médio Oriente, se transforma: os Yin são expulsos por uma vasta revolta e implanta-se uma nova dinastia, os Zhou: vitória de marginais do Oeste, mais ou menos taxados de Bárbaros, contra o último representante degenerado de uma antiga dinastia? Sim, mas também necessidade de uma adaptação da ideologia e do poder a uma nova dinâmica social, porque também aqui nada seria mais falso que pensar no imobilismo da estrutura despótica.

Nascimento do Estado, desenvolvimento de sociedades de classe, exploração das massas rurais de dependentes-camponeses (conceito que teremos ocasião de reencontrar muitas vezes), prepotência da ideologia como geradora do consenso e permitindo portanto a hegemonia com o recurso mínimo à força pública da parte dos dominadores, são essas, na minha opinião, as grandes problemáticas que se levantam a propósito dos primeiros impérios do Oriente; são essas mesmas que o leitor vai reencontrar nos capítulos consagrados aqui (e no volume seguinte) à sua história.

III. – OS INDO-EUROPEUS: UMA DINÂMICA HISTÓRICA

Dois grupos étnicos, reconhecidos primeiro pelo parentesco linguístico dos idiomas que os constituem, desempenham um papel particularmente importante desde o início das idades dos Metais: os Semitas e os Indo-Europeus. Parece-nos necessário fazer aqui a sua apresentação. Verificar-se-á rapidamente que os estudos estão muito mais aprofundados no que se refere à cultura indo-europeia antes das migrações que a dispersam do que quanto à civilização comum dos Semitas, o que resulta sobretudo da natureza dos dois sistemas de línguas, e não do dinamismo dos seus falantes. Vimos, de facto, que os Semitas intervêm muito mais cedo na história dos primeiros grandes Estados do Médio Oriente. Logo, apresentaremos aqui essencialmente o problema indo-europeu.

As investigações sobre os Indo-Europeus têm, de um ponto de vista metodológico, um interesse muito particular, pelo facto de ter sido primeiro pela linguística comparada e depois – com G. Dumézil – pela mitologia comparada que se chegou a resultados históricos de uma importância excepcional. Começa-se a compreender a génese de uma cultura material, fundada na agricultura e na criação de gado, mas que pratica a metalurgia do cobre – situamo-nos portanto na transição entre o Neolítico e o Calcolítico –, a localizá-la nas estepes pônticas entre o Volga e o Dniepre (ou, para outros autores, entre o Volga e o Danúbio): cultura dita dos *kurganes* segundo os *tumuli* sob os quais enterra os seus mortos. Os homens desta cultura falam uma língua que deve ser a antepassada de todas as línguas indo-europeias da Antiguidade ou de hoje, língua de flexão que representa, portanto, um instrumento intelectual muito competitivo em relação às línguas aglutinantes, pelas qualidades de abstracção que supõe e, ao mesmo tempo, desenvolve.

1. Uma diferenciação social original

A sociedade tende a diferenciar-se, tal como todas as sociedades neolíticas, mas, no âmbito da estepe, não aparecem grandes aglomerações como no Médio Oriente. A diferenciação faz-se primeiro em proveito dos sacerdotes que manejam o religioso e mediatizam/monopolizam as relações com os poderes sobrenaturais; é entre eles que aparece o rei, investido de um poder sacral, mas cujo poder real é muito limitado. Mas faz-se também em prol de chefes guerreiros, que desempenham um papel muitíssimo importante no meio movediço da estepe: as armas são numerosas nos kurganes; o cavalo é domesticado por volta de 4000-3500 e a roda aparece no meio do IV milénio, permitindo atrelar cavalos a um carro.

Assim se impõem, pouco a pouco, camadas dominantes de sacerdotes e de chefes guerreiros que exercem a sua hegemonia sobre a massa dos trabalhadores rurais, camponeses e mais ainda pastores, porque o meio da estepe é particularmente favorável à criação de gado. A estrutura trifuncional que domina a religião não é, evidentemente, a transcrição desta estrutura social muito hierarquizada que se implanta, mas não pode deixar de manter relações íntimas com ela. É um instrumento ideológico de hegemonia e de consenso: as três funções são indispensáveis – como o mostram mitos posteriores famosos que dramatizam a reconciliação da terceira com as outras duas após uma autêntica guerra –, mas as duas primeiras acabam por subordinar estreitamente a si a terceira.

2. As fases de uma expansão ao longo de milénios

Não faltam os problemas difíceis, em particular sobre a origem desta cultura que se diferencia no fim do Neolítico, mas que teve de preparar-se longamente, sem dúvida, como noutros sítios em continuidade certa com o Paleolítico. Certo parentesco obscuro entre o indo-europeu e as línguas malaio-polinésias abre inesperados horizontes sobre proximidades muito antigas que só poderiam localizar-se na Ásia.

Temos mais dados no que se refere à evolução da cultura dos kurganes, onde podem distinguir-se fases a partir dos trabalhos de M. Gimbutas, designadamente. Do v ao ii milénio é a conquista em direcção à Europa danubiana e à Europa nórdica, com uma muito ampla indo-europeização que é o resultado mais patente da conquista, mas há também contactos com o mundo oriental (a roda deve ser uma invenção mesopotâmica, logo recuperada pelos cavaleiros da estepe) e julgamos poder verificar uma primeira instalação no planalto iraniano desde o início do iii milénio. É, portanto, uma grande fase inicial, ao longo de dois ou três milénios, que alarga amplamente o âmbito geográfico dos falantes do indo-europeu antigo, provocando um importante processo de indo-europeização.

Esta primeira fase pode ser considerada como seguida de uma segunda a partir do iii milénio, com longas sequências nos milénios seguintes e até na alta Idade Média: a partir deste núcleo central da estepe, tão consideravelmente alargado ao longo da primeira fase, são grandes grupos de migrantes que se deslocam para todo o lado, por movimentos sucessivos por vezes separados por séculos, e que asseguram a conquista de quase toda a Europa e de uma parte importante da Ásia (Ásia anterior e Norte do subcontinente indiano). Na Europa, é uma ocupação contínua onde só alguns enclaves escapam à indo-europeização, como o das línguas euscaro--caucásicas de que subsistem apenas vestígios nas duas extremidades do continente, ou um pedaço compacto na parte mais setentrional onde se mantêm de facto os idiomas do grupo fino-úgrico.

3. A dinâmica migratória

As coisas estão muito longe de ser claras no que se refere a estas migrações que põem em movimento grupos populacionais que devem estar já largamente individualizados consoante a sua situação na área da partida, e sem dúvida também segundo uma cronologia difícil de analisar: assim, ao passo que os Hititas e os Gregos se movimentam para o Sul de maneira mais ou menos concomitante, a língua hitita corresponde de facto a um estádio linguístico do indo-europeu muito mais arcaico que a grega. E que dizer daqueles Tocarianos que constituem um pequeno núcleo no coração da depressão central da Ásia e que falam também eles um indo-europeu muito antigo?

Um único ponto comum a estas migrações: o impacte considerável que elas têm nos locais onde estes migradores se sedentarizam, os quais se impõem com a sua língua, para nós o mais claro sinal dos seus movimentos. Luvitas e Hititas subvertem o equilíbrio da Anatólia e da Síria. A chegada dos Gregos à Grécia é marcada por um verdadeiro hiato arqueológico, isto é, pela destruição dos palácios do Bronze antigo. Os Iranianos ocupam o planalto interior, muito antes de os Medos e Persas fundarem os seus grandes reinos. Na Índia do Norte, os Arianos levam a melhor sobre as populações drávidas.

Há, portanto, manifestamente um extremo dinamismo destas migrações indo-europeias, que, ao mesmo tempo ou em séculos seguintes, completam a sua conquista da Europa em direcção do Norte até ao Báltico e em direcção do Oeste até ao oceano Atlântico – nem sequer sendo poupadas as Ilhas Britânicas. Não há explicação simples para fenómenos de uma tal envergadura, que além do mais se desenrolam ao longo de milénios. Escoamento da estepe onde a produção de alimentos não pode ultrapassar um certo limiar, atracção exercida por vezes pelas ricas regiões de sedentarização agrícola e urbana antiga, dinamismo destes povos que praticam resolutamente a ofensiva, incomparável trunfo que de início representa o cavalo, organização intelectual a pôr em relação com o tipo de língua flexional, eis outros tantos factores muitas vezes invocados. Mas poderão explicar-se as invasões germânicas que deram o último golpe no Império Romano da mesma maneira que a conquista da Anatólia pelos Hititas? A fortíssima estruturação da sociedade tribal, a ideologia trifuncional que reforça essa estruturação e assegura o consenso dos homens do povo à volta dos sacerdotes, do rei e dos chefes guerreiros desempenharam certamente também o seu papel.

4. Conquistas, sincretismos e dominação

Não há que imaginar que estas migrações tenham, em cada pulsão – dado que apresentam o carácter muito nítido de serem pulsionais –, abalado massas consideráveis. Houve portanto sempre, embora em graus diversos, fusão com as populações anteriores. Os Hititas tomaram inclusive o seu próprio nome desses Hattis que acabavam de submeter... Os sincretismos religiosos testemunham a importância do substrato étnico que não podia ser eliminado, e isso é verdade desde a Grécia micénica até à Índia ariana: em toda a parte têm tendência para perdurar, designadamente à volta das Terras-Mães, as grandes religiões da fecundidade/fertilidade, de inspiração neolítica, religiões naturistas mais bem adaptadas às aspirações dos camponeses, aos seus problemas, às suas esperanças de uma vida na eternidade, que o trifuncionalismo. Por vezes, a religião tripartida dos Indo-Europeus vê então empolar-se na mesma proporção a sua terceira função; por vezes também ela se desintegra quase totalmente, como acontece na Grécia onde apenas subsistem restos evanescentes.

Estes sincretismos não impedem geralmente que o poder seja solidamente agarrado pelos conquistadores, com as evoluções que as situações locais inspiram ou impõem: os Hititas criam um reino despótico e os reis de tribos gregas tornam-se, em alguns séculos, nos *wanakes* micénicos, autocratas de poder teocrático que eliminaram o próprio nome indo-europeu do rei. As populações anteriores são recuperadas como força de trabalho, mais ou menos confundidas com os camponeses/pastores da terceira função. Mas as situações podem ser extremamente específicas, como o mostra ao vivo o caso da Índia, onde a sociedade se estrutura em quatro *varna*, «cores», desempenhando a cor da pele um papel considerável: às três camadas da herança indo-iraniana teve de juntar-se uma última categoria social, desprezada mas de facto integrada, que é a dos negros drávidas que era preciso incorporar de algum modo na comunidade védica.

Desde a renovação dos estudos indo-europeus nestes últimos decénios, o papel da cultura indo-europeia, as suas fases, as migrações que participaram na implantação de uma nova componente étnica em territórios imensos apresentam-se de preferência como um encadeamento de processos de uma grande importância histórica. Tornam-se aqui inúteis as observações tendentes a recordar que os Indo-Europeus nunca constituíram uma raça e que outros conjuntos linguístico-culturais, como o dos Semitas, tiveram uma importância não menor. Mas compreende-se bem que não pudéssemos iludir uma tal problemática.

Uma reparação
ao longo de milhões de anos...

O filho mais novo dos antropianos:
o Homo Sapiens

É difícil dar uma definição da pré-história que corresponda, ao mesmo tempo, à unidade do tempo e à do espaço. Em teoria, todo o grupo humano que, directa ou indirectamente, não deixou vestígios escritos é «pré-histórico», o que engloba sob o mesmo termo os homens anteriores a toda a escrita e os que, quase até aos nossos dias, não a possuíram. Se procurarmos um limite no tempo, ele não poderá, por isso, deixar de ser convencional: entre o aparecimento das primeiras escritas e o seu desenvolvimento em vastos espaços geográficos, existiram, durante numerosos séculos, grupos subtraídos dos limites da história. Poderia encarar-se uma definição económica fundada nas técnicas de aquisição, que teria o mérito de arrastar em bloco tudo o que é anterior ao aparecimento de uma economia de produção, isto é, à agricultura e à criação de gado, mas não se poderia ficar por aí, porquanto a passagem da economia de recolecção à economia de produção fez-se gradualmente. Somos, pois, obrigados a definir empiricamente o espaço e o tempo pré-históricos. Por razões puramente práticas, considerar-se-á, nestas páginas, principalmente o espaço que cobre a Europa e uma parte do âmbito mediterrânico, ou seja, o terreno de origem das nossas culturas históricas, e far-se-á alusão ao resto do mundo, quando parecer útil à compreensão dos fenómenos gerais. Pelas mesmas razões, o campo cronológico será compreendido entre o aparecimento das primeiras manifestações técnicas e o da primeira metalurgia.

Reduzida a estes limites, a pré-história cobre ainda um tempo imenso, pois que se é levado actualmente a fazer recuar as primeiras manifestações técnicas a cerca de há dois milhões de anos. Não poderia, pois, tratar-se de outra coisa que não fosse um sobrevoo extremamente rápido pelas fases que vão dos primeiros Antroponianos até cerca de 400 antes da nossa era. Esta duração comporta, em primeiro lugar, a muito longa evolução zoológica do homem, até cerca de 30 000 antes da nossa era, depois o curto período (de 30 000 até cerca de 7000) em que o homem actual prepara a passagem da recolecção à produção e por fim a muito curta fase durante a qual a economia de produção desemboca no metal e na escrita.

Sejam quais forem os seus desenvolvimentos, a história continua a ser uma colecção de acontecimentos inseridos na cadeia do tempo; os fenómenos sociais, técnicos ou religiosos só têm sentido nas suas relações mútuas de anterioridade ou de posteridade. Este contorno do espaço e do tempo, no qual já não se pensa à força de a ele nos sujeitarmos, desaparece na altura em que, remontando para as origens, vemos faltar o testemunho da escrita: para os curiosos do século XVIII e do início do século XIX, os primeiros testemunhos da acção humana constituíam um magma sem idade, um tempo de cuja espessura mal começava a suspeitar-se. A história conservava a lembrança de uma idade do Bronze, precedendo uma idade do Ferro, mas os tempos anteriores pertenciam ao irreal do tempo mítico.

I. – O TEMPO DOS PRÉ-HISTORIADORES

O instrumento essencial para a criação de um tempo sem escrita, a *estratigrafia*, foi forjado no início do século XIX pelos geólogos e pelos paleontólogos que tiveram de constatar que os testemunhos das épocas passadas podiam ter conservado a sua ordem cronológica nas camadas sobrepostas do solo. A estratigrafia continua a ser a base da determinação cronológica: é a expressão do tempo em bruto que permite, quando as condições são boas, restituir aos testemunhos a sua sequência relativa. A noção de eras sucessivas com os seus fósseis característicos introduziu-se, portanto, para prolongar a trama dos historiadores por uma trama vertiginosa de acontecimentos geológicos. O tempo dos pré-historiadores é, por conseguinte, o tempo dos geólogos e a era atribuída ao homem é a *era quaternária* e a última parte da era terciária (Plioceno). A existência do «homem terciário», sonho do pré-historiador e do paleontólogo, tornou-se realidade graças às descobertas que se multiplicaram ao longo destes últimos anos na África meridional e, sobretudo, oriental (Quénia e Etiópia). Seguindo esta tendência, os pré-historiadores tentaram conservar a divisão pelos fósseis e criaram «idades» do grande urso, do elefante, da rena, das quais apenas sobreviveu a expressão «idade da rena», aliás vaga e pouco apropriada. Gabriel de Mortillet elaborou, de 1867 a 1872, uma terminologia, que serviu de origem à terminologia actual, utilizando, tal como os geólogos, o nome dos locais característicos para marcar os períodos. De Saint-Acheul nasceu o Acheulense, de Moustier o Mustierense, de Solutré o Solutriense, etc. Cada um destes períodos encontrara a sua justificação na presença de alguns objectos, de pedra ou de osso lascados, peculiares de um tempo determinado e de um domínio mais ou menos vasto. Por uma tendência inevitável, os arpões característicos de La Madeleine na Dordonha tornaram-se o sinal do Madalenense, depois o Madalenense foi considerado como a época dos «Madalenenses»; este deslizar insensível «historicizava» os tempos de antes da história, substituindo a noção de ferramentas ou de armas características por autênticos etnónimos que faziam do Madalenense uma cultura, dos Madalenenses um povo ou mesmo uma raça, exactamente como se o posto de televisão desse origem ao «Televisiense» (o que talvez se concretizasse em dois séculos), depois aos «Televisienses», povo bem dotado que, no século XX, espalhava os benefícios da sua electrónica de um continente ao outro. Uma vez constatada a presença da mesma ponta de sílex na Hungria e no Périgord, pensava-se ter encontrado os elos de uma migração. Esta visão não está ainda completamente apagada, nem poderia aliás está-lo pela parcela de verdade que contém, mas a exploração teórica modelou-se pouco a pouco sobre os materiais e não sobre a imagem que a história dos textos oferecia de maneira tentadora à transposição pré-histórica.

A diferença essencial entre os métodos da história e os da pré-história reside nas bases cronológicas que o pré-historiador foi buscar às ciências físicas e naturais, o que orienta para técnicas estranhas o historiador, técnicas pelas quais o tempo pré-histórico é posto em evidência.

O tempo absoluto

O tempo absoluto, idêntico ao da história, só existe há menos de uma geração, graças ao desenvolvimento das medidas da radioactividade de certos corpos cuja duração de desintegração natural é conhecida (carbono 14 em particular). Anteriormente, nenhum método permitira fazer recuar as fronteiras do tempo absoluto para mais de uma dezena de milhares de anos, o que representa apenas a parte última dos tempos glaciares. A detecção de isótopos radioactivos nos restos de vegetais ou de animais fósseis permitiu medir com uma aproximação aceitável as datas dos períodos culturais pré-históricos, desde os limites da escrita até cerca de 40 000 (carbono 14); outros elementos como o potássio-árgon 40 asseguram datas muito mais recuadas, que permitiram fazer remontar para além de um milhão de anos o aparecimento dos primeiros talhadores de utensílios de pedra. Apesar das incertezas destes métodos e da existência de uma lacuna entre as datas mais antigas que o C14 permite atingir (cerca de 45 000) e as datas saídas dos outros isótopos que dão acesso ao âmago dos tempos pré-históricos, a física nuclear permitiu fazer um progresso considerável no cálculo dos tempos sem escrita. Milhares de medidas feitas em todos os continentes fizeram ressaltar um facto cronológico muito importante: o sincronismo mundial das grandes variações de clima. Esta verificação abre a possibilidade de comparar as diferentes culturas pré-históricas nas suas relações de tempo; permite, por outro lado, tirar todo o partido possível das técnicas cronológicas fundadas nas variações de clima, técnicas que asseguram as bases da *cronologia relativa*. A presente geração viu, por conseguinte, esboçar-se uma transformação capital, transformação que ainda não está terminada, mas que assegura desde já um enquadramento temporal aos factos que escapam à história propriamente dita.

A escala dos climas

Ela pertence ao domínio clássico da pré-história, é nela que se funda essa cronologia relativa que as medidas de radioactividade fazem entrar progressivamente no tempo absoluto. As técnicas que a ela se referem assentam sobre a determinação estratigráfica das variações de clima ao longo dos tempos pré-históricos: são a *sedimentologia* (numa certa medida), a *zoologia* e a *paleobotânica*.

A partir do século XIX, os pré-historiadores verificaram que os restos de animais que iam desenterrando estavam ligados quer a espécies de clima frio, como a rena, quer a espécies de clima mais suave, como os elefantes. Uma primeira apreciação de grandes mudanças de clima foi assim adquirida e confirmada pelos trabalhos dos geólogos que mostraram os avanços e retrocessos sucessivos dos grandes glaciares. Assim se formou a imagem dos períodos glaciares entrecortados por mitigações prolongadas de temperatura. O Quaternário foi dividido desde há muito tempo em quatro períodos glaciares, o mais antigo ou *Günz* marcando o início, e os de *Mindel* e de *Riss* conduzindo ao último, o *Würm*. A sedimentologia permitiu precisar os matizes climáticos. Tendo o jogo das influências combinadas da temperatura e da humidade dado origem a depósitos reconhecíveis pela análise aprofundada, tornou-se possível, numa dada espessura de terreno, traçar o gráfico das variações do meio.

A zoologia, pelo estudo dos vestígios do esqueleto dos animais, responde a um duplo papel. Com efeito, os animais são, ao mesmo tempo, testemunhas da evolução geral das espécies e testemunhas do meio natural em que viveram. A sucessão das diferentes espécies de elefantes ou de rinocerontes durante o Quaternário permite datar aproximativamente a porção de terreno estudado, tratando-se de espécies arcaicas ou mais recentes, ao passo que outros herbívoros, como o camelo ou o antílope-saiga, são os testemunhos de um meio climático determinado.

A paleobotânica veio trazer um testemunho extremamente preciso sobre os climas. A conservação surpreendente dos pólenes no solo e a enorme variedade das suas formas permitem reconstituir até ao pormenor a cobertura vegetal que dominava durante o depósito de cada camada de terreno. A análise polínica traz uma precisão dificilmente imaginável, se se considerar que, em boas condições de conservação, poderia analisar-se milímetro por milímetro toda a altura de um corte de terreno e refazer a lista e as proporções das diferentes espécies vegetais, ao longo de várias dezenas de séculos, ano por ano, por assim dizer. Na prática, uma tal precisão não é procurada, porque, salvo casos excepcionais, os levantamentos feitos de dois em dois centímetros proporcionam dados suficientemente pormenorizados. Tais dados permitiram fazer ressaltar numerosos factos que a sedimentologia ou a zoologia dificilmente punham em evidência, como o carácter severo, mas muito menos rigoroso do que se imaginava, do clima das nossas regiões durante os períodos glaciares, ou como a multiplicidade das oscilações que fazem do clima quaternário uma sequência ininterrupta de altas e de baixas das temperaturas médias, com pontas fortemente acentuadas para o calor ou o frio, em longos intervalos. A análise polínica é não apenas um auxiliar precioso para o climatologista, mas permite além disso, pela lista das plantas, determinar as que puderam servir de alimentos aos animais ou ao homem, e estudar, na altura em que a economia de produção se seguiu à economia de recolecção, as transformações que se operam em virtude da desarborização e subsequente aproveitamento dos terrenos para a agricultura ou para a pastagem.

O Quaternário articula-se com o Terciário final, ou Plioceno, por meio de uma transição a que os geólogos chamam *Vilafranquense*. É um período que pode remontar a mais de um milhão de anos e cuja fauna apresenta características intermédias, coexistindo as últimas espécies terciárias como o *Machairodus* ou «tigre com dentes de sabre» e os Mastodontes com formas já próprias do Quaternário, como os elefantes. O Quaternário é tradicionalmente dividido em duas partes muito desiguais: o *Pleistoceno*, que se desenrola desde o Vilafranquense até ao fim da última glaciação (Würm) por volta de 10 000 antes da nossa era, e o *Holoceno*, que decorre desde o último regresso aos climas actuais até aos nossos dias. Geologicamente, esta divisão do Quaternário quase não tem sentido, mesmo para as regiões ocidentais da Eurásia, pois que o interglaciar temperado que atravessamos desde há 10 000 anos não é mais que um episódio numa evolução em que reaparecerá, dentro de alguns milhares de anos ou de alguns séculos, uma outra fase glaciar. Em contrapartida, relativamente à evolução das culturas humanas, o Pleistoceno corresponde à indeterminável ascensão dos Antropianos até ao *homo sapiens;* é a fase de elaboração paleontológica, ao passo que o Holoceno, no decurso da sua breve duração, não faz assistir a nenhuma transformação espectacular das espécies, mas à ascensão prodigiosamente rápida da economia de caça e de recolecção para as civilizações agrícolas, e depois industriais.

A evolução pleistocénica
Parece à primeira vista singular que o homem tenha atravessado vários períodos geológicos, que tenha sido contemporâneo de numerosos animais desaparecidos e que ele próprio tenha percorrido o tão longo caminho que separa os primeiros Antropianos do homem actual. Na realidade, os dois ou três milhões de anos que nos separam das nossas primeiras origens representam apenas um momento muito curto da evolução geral e, salvo para algumas espécies zoológicas, são os troncos das formas recentes. Os cavalos ou os rinocerontes, os ursos ou as hienas, os elefantes diferem de um período para o outro e as suas variações permitem ao paleontólogo distinguir as grandes fases do Pleistoceno, mas, por mais diferente que seja o elefante meridional do elefante antigo, ou este último do mamute, a verdade é que os três formam um grupo homogéneo, o grupo mais evoluído dos Proboscídeos. Com o homem passa-se exactamente o mesmo: por mais diferente que seja o homem actual do Australopiteco, ambos nasceram num grupo zoológico coerente, o dos *Antropianos*, grupo que se desenvolveu desde a segunda parte da era terciária para vir a conhecer o seu apogeu durante o Pleistoceno.

Os Antropianos. – Os trabalhos destes últimos vinte anos abalaram consideravelmente as teorias sobre o aparecimento do homem. A intuição darwiniana de uma origem comum aos macacos e ao homem e do desenvolvimento deste último em formas sucessivamente mais humanas e mais próximas de nós não sofreu contradição radical, dado que, desde há cem anos, se descobriram muitos fósseis que vieram alinhar-se nos degraus da escada que sobe até ao *homo sapiens*, mas foi-se precisando de maneira bastante inesperada. As descobertas de Dart e Broom na África do Sul, as de Leakey no Tanganica e de investigadores franceses no Chade e na Etiópia, puseram-nos em presença de um grupo de *Antropianos* muito antigos e muito primitivos, os *Australantropos*. Sob esta denominação geral entram diferentes fósseis (Australopiteco, Parantropo, Zinjantropo, Tchadantropo...) que, apesar das variantes, apresentam os mesmos caracteres gerais. O principal desses caracteres é a posse da posição vertical e, por consequência, a libertação da mão em relação ao caminhar. Dado que estes fósseis ocupam o plano mais recuado do Quaternário e o fim do Terciário, somos obrigados a considerar que a aquisição do carácter fundamental da espécie humana, a bipedia, se situa muito longe, para além de todos os limites de tempo que eram concedidos tradicionalmente aos Antropianos. Os corolários da postura erecta dos Australantropos são um cérebro volumoso, mas ainda duas vezes menor que o do homem actual, um rosto e dentes em contrapartida já muito humanizados e a posse de ferramentas de pedra lascada do tipo mais primitivo que se conhece (ferramentas feitas em seixos). A descoberta dos Australantropos clarificou consideravelmente o problema das origens do homem, colocando na base do dispositivo não um macaco parcialmente quadrúpede que teria feito a aquisição progressiva e simultânea de um grande cérebro e da postura vertical, mas um primata de pé, que usa tecnicamente da sua mão, no qual o desenvolvimento do cérebro se desenrolou ao longo da evolução para o homem actual.

Em suma, o primata que, durante a era terciária, teria deixado de ser um macaco ao caminhar de pé, teria tido, em seguida, com os meios que lhe proporcionavam as suas mãos, de desenvolver progressivamente um cérebro de homem. Esta primeira fase ainda só é conhecida no seu estado terminal, porque os Australantropos estão já na posse do «mínimo humano», com as suas ferramentas sumárias, mas inegáveis. O caminhar erecto tem como corolários imperativos a adaptação do pé ao caminhar bipedante, das curvaturas vertebrais de compensação, indispensáveis para uma posição de cabeça compatível com a locomoção vertical, uma face relativamente curta guarnecida de incisivos e de caninos comparativamente pequenos e de molares enormes. A segunda fase, a da aquisição do cérebro actual, é conhecida numa parte dos seus pormenores pelas descobertas que, desde 1856, com o homem de Neandertal, puseram os paleontólogos perante uma humanidade menos humana que a humanidade recente. As formas antropianas primitivas, que sucederam aos Australantropos, deixam-se catalogar sumariamente em três grupos sucessivos, que se ligavam depois do Pleistoceno antigo, provavelmente com amplas sobreposições. São os *Arcantropos* (Pitecantropos, Sinantropos, Atlantropos, Mauerantropos, que habitaram respectivamente Java, a China do Norte, a África, a Europa), que os paleontólogos têm tendência, desde há alguns anos, a agrupar sob a denominação de *homo erectus*. Vêm em seguida os *Paleantropos* (numerosos e que parecem ter ocupado todas as regiões temperadas e quentes do Antigo Mundo). As suas formas mais recentes são caracterizadas, na Europa, pelo homem de Neandertal, último representante da humanidade arcaica. A denominação do homem de Neandertal tende também ela a transformar-se em *Homo sapiens neandertalensis*, como se se desejasse reparar a injustiça que durante muito tempo o fez passar por um estádio a meio-caminho do macaco ao homem. O terceiro grupo é o dos Neantropos cujo primeiro testemunho foi descoberto em 1823 na Inglaterra e cujo representante mais popular é o homem de Cro-Magnon, descoberto na Dordonha em 1868. Os Neantropos correspondem à humanidade actual e, antes do Pleistoceno, não só povoaram todas as regiões directamente acessíveis do antigo continente, como asseguraram o desenvolvimento das culturas pré-históricas das duas Américas.

Se o movimento geral da evolução dos homens é actualmente conhecido nas suas grandes linhas e se já não há a mais pequena dúvida de que as diferentes formas humanas são solidárias no desenvolvimento geral da humanidade, muitos pontos permanecem ainda por esclarecer, como a natureza dos antepassados dos Australopitecos ou as condições exactas de transição entre os Paleantropianos e os Neantropianos, mas, se se ajuizasse do encadeamento geral das formas físicas com base no encadeamento das formas técnicas das quais a utensilagem nos serve de testemunho, não constituiria praticamente dúvida que ao longo destas várias centenas de milénios do Pleistoceno, os tipos humanos se foram sucedendo lentamente, como se sucediam os cavalos e os elefantes, por transições imperceptíveis, com grupos um pouco mais rápidos e outros mais lentos na evolução geral.

O testemunho da técnica

Os Pitecantropos de fronte chata e de arcadas orbitais enormes poderiam muito bem não ter sido homens, mas grandes primatas subverticais; pensou-se isso inúmeras vezes; com maioria de razão se poderiam tomar por verdadeiros macacos os Australantropos de face enorme à qual estava ligada uma exígua caixa cerebral; ora, mesmo os Australantropos possuíram ferramentas ou armas. Tais ferramentas, o mais simples que possa imaginar-se, são constituídas por seixos sobre os quais com uma ou duas pancadas de um percutor se fez um gume (*chopper*). A humanidade começa, portanto, onde começa a técnica, ou antes na altura em que um testemunho de pedra ficou para afirmar a presença de uma operação técnica voluntária. Com efeito, pode imaginar-se o emprego, por parte dos antepassados dos Australantropos, de calhaus naturais ou de ramos, de osso ou de chifres de animais que permanecerão mudos para sempre quanto à sua natureza de instrumentos para bater, mas, a partir do aparecimento do primeiro gume voluntário, capta-se o início de um fio que se desenrola em seguida ininterruptamente durante todo o Pleistoceno. De um estádio ao outro, paralelamente ao desenvolvimento do cérebro dos Antropianos, as formas técnicas aperfeiçoam-se e diversificam-se, mas somos de facto, no plano das técnicas, os herdeiros dos Australantropos por intermédio dos Arcantropos e dos Paleantropos.

Os objectos de pedra lascada são os únicos testemunhos constantes que chegaram até nós; é por isso que constituem a armação da cronologia cultural. Muitas outras manifestações devem ter existido, cujos testemunhos só acidentalmente chegam até nós. É o que se passa com os objectos de osso que raramente se conservaram, com os de madeira que são ainda muito mais raros. As peles de animais desapareceram irremediavelmente. Há um outro domínio em que os vestígios são muitas vezes detectáveis, o da habitação. Até estes últimos anos, as escavações suficientemente metódicas eram raras e quase só se conheciam vestígios de habitações construídas para os tempos tardios do *homo sapiens* (Neantpropianos). Consideravam-se formas anteriores de habitação apenas o refúgio das grutas e dos abrigos sob a rocha; ora, verifica-se que a construção de abrigos ao ar livre se iniciou há muito mais tempo do que o que poderia supor-se: são conhecidos locais de implantação de cabanas contemporâneas dos Paleantropos e recentemente descobriu-se, na Provença, um abrigo sob a rocha delimitado por um pequeno muro de blocos juntamente com objectos atribuídos habitualmente aos Arcantropos. Nem sequer se exclui que os Australantropos tenham construído abrigos para seu uso. A habitação é uma marca que, consoante a atitude que se adopta, desumaniza uma das características fundamentais do nosso comportamento (numerosos animais constroem, de facto, abrigos) ou dá pelo contrário uma ascendência verdadeiramente imemorial a uma das técnicas que consideramos como das mais humanas. Em última análise, caminhar de pé, servir-se da sua mão para fabricar ferramentas e construir um abrigo temporário constituem esse mínimo de humanidade que os documentos nos fazem partilhar com os mais velhos representantes da família antropiana.

Durante a prossecução da evolução, assiste-se ao desenvolvimento progressivo das indústrias de pedra, desenvolvimento cujo estudo constitui a *tipologia*. Acaba de verificar-se que os climas, a fauna, a flora, os próprios homens evolveram desde o fim da era terciária e que essas variações, ora cíclicas (clima), ora irreversíveis (fauna, Antropianos), asseguram o quadro evolutivo do homem e do tempo que ele atravessou. As obras feitas à mão proporcionam também uma linha de evolução, feita de todos os enriquecimentos que as técnicas receberam ao longo dos milénios, único testemunho das actividades inteligentes. Este testemunho das actividades manuais está muito longe de ser completo: os factores físico-químicos fizeram desaparecer a totalidade dos objectos de matérias animais e vegetais, como os objectos de pele, de madeira, de chifre. Os próprios objectos de osso desapareceram na imensa maioria dos casos; os que subsistem constituem um testemunho precioso, mas descontínuo.

Só os objectos de pedra chegaram até nós num estado de conservação satisfatória. É aos milhões que se encontram no solo os vestígios do trabalho da pedra e é sobre esses testemunhos que a tipologia está fundada. Esses objectos de pedra lascada são, ao mesmo tempo, testemunhos culturais e indicadores cronológicos. Neste segundo papel, traçam uma curva de evolução que permite distinguir, pelo menos para a Europa e regiões adjacentes, os *Paleolíticos Inferior, Médio, Superior* e as indústrias pós-glaciares (*Mesolítico, Neolítico*). Essa curva evolucional, aplicável na Europa, modifica-se à medida que nos afastamos e a Ásia, assim como a maior parte da África só de modo relativo podem ser colocadas em paralelo com os testemunhos europeus. As rochas susceptíveis de fornecer, por fragmentação, lascas de corte afiado (o sílex na maioria das vezes) só podem ser tratadas por um pequeno número de processos técnicos, de modo que o encadeamento dos processos de *corte* permite determinar grandes fases: seixo lascado – bloco talhado como ferramenta biface – lasca extraída de uma matriz especialmente enformada – lâmina extraída de uma matriz ainda mais adaptada. A partir destes produtos de corte, a execução de pequenas extracções de matéria (*retoque*) permite dar uma forma que responde a usos peculiares (raspador, buril, ponta de flecha...). Desde o início das indústrias humanas, em fins da era terciária, até ao seu estado terminal na idade do Bronze (2000 a 1500 antes da nossa era, na Europa ocidental) uma dupla evolução é sensível: a da relação entre comprimento do corte útil e peso da matéria-prima e a do número das formas de ferramentas. Verifica-se, com efeito, que as primeiras ferramentas apresentam, em relação ao seu peso, um corte muito curto (40 cm por quilo de matéria trabalhada), ao passo que, para o fim do Paleolítico, certas categorias de lamelas cortantes atingem quase 100 cm de corte por quilo. Para o enriquecimento das formas, a progressão é igualmente impressionante: de uma só ferramenta caracterizada presente no início passa-se progressivamente para uma vintena de categorias morfológicas no Paleolítico Superior. A indústria lítica é, pois, o melhor testemunho que possuímos da evolução cultural da humanidade. A sua evolução contínua traduz a unidade do progresso técnico através das formas sucessivas que desfilam ao longo do tempo do Australantropo das origens até ao homem das primeiras civilizações agrícolas.

A organização do *habitat* é, também ela, uma fonte de informação importante. Sabe-se agora que, desde o Paleolítico antigo, os Antropianos souberam assegurar o seu abrigo, mas estamos longe de possuir uma informação pormenorizada para todos os períodos da pré-história: os Paleolíticos antigo e médio só são conhecidos por algumas observações de superfícies sobre as quais os homens abandonaram as ossadas da sua caça e os restos da sua utensilagem de pedra. A dissecação meticulosa dessas superfícies ocupadas permite distinguir as implantações de lares, as fileiras de resíduos que conservam a forma do contorno dos abrigos, os amontoados de detritos, e reconstituir, senão o aspecto pormenorizado das superstruturas de tendas ou de cabanas, pelo menos as suas proporções e a forma da sua implantação. Outros testemunhos, o da arte e o das práticas religiosas, intervêm tardiamente, mas de maneira particularmente eloquente, no quadro que podemos fazer das sociedades pré-históricas. As cavernas pintadas ou gravadas, as sepulturas, a observação de pormenores que não se explicam por motivações puramente materiais, como a presença de ocre vermelho no solo de certas habitações, vêm fornecer aos 50 000 últimos anos da pré-história uma soma apreciável de elementos para animar o quadro das culturas. Os adereços, os instrumentos de matérias ósseas desenvolvem-se na mesma altura.

A vida técnica, económica e social dos homens da pré-história está ainda muito longe de uma total clarificação, sobretudo para os períodos mais afastados de nós, mas, mais que uma enumeração de critérios cronológicos fundados, na maioria dos casos, no corte do sílex, é aliciante estabelecer o balanço daquilo que se sabe da vida dos Antropianos até ao limiar da época moderna, isto é, até à vulgarização da metalurgia do cobre e do bronze, por volta de 2000 antes da nossa era.

II. – OS ANTROPIANOS ATÉ À VULGARIZAÇÃO DA METALURGIA

A vida técnica
Disse-se mais atrás que a utensilagem de pedra constituía o mais claro do testemunho para os períodos anteriores a 40 000 antes da nossa era e que a evolução dos tipos de ferramentas servia de algum modo de fio condutor na cronologia.

O Paleolítico Antigo. – Para o Paleolítico Antigo, o dos Australantropos de África ou o dos seus equivalentes europeus (que continuam ainda por descobrir), o leque técnico é muito pouco aberto; aquilo que os pré-

-historiadores denominaram a *pebble-culture ou* «cultura dos seixos» oferece, independentemente de numerosas lascas sem forma determinada, dois objectos um dos quais é cortante, o *chopper* (seixo em que algumas lascas em linha fizeram nascer uma borda afiada), e o outro, o *poliedro* (massa do tamanho de um punho tomada esférica sumariamente), é contundente. Pode ver-se no primeiro um utensílio para usos múltiplos, que fazia intervir o gume longitudinalmente (cortar) ou transversalmente (raspar). Para o poliedro, estamos reduzidos a hipóteses das quais a mais corrente é a que assimila às *bolas* da América do Sul: duas ou três bolas, reunidas por correias de couro, são projectadas por rodopio e vão atingir a presa. Esta hipótese está muito longe de estar demonstrada.

Numa fase um pouco mais tardia do Paleolítico Antigo aparece o *biface*, espécie de larga amêndoa de pedra, que pode atingir mais de 20 cm, talhada em ambas as faces, que devia ter como função principal cortar. Utensílio característico do Acheulense, o biface não é o seu testemunho exclusivo, porque não só se encontram com ele numerosas lascas que foram utilizadas sem outro arranjo, mas ainda o encontramos sobrevivente até ao Paleolítico Médio.

Certos locais do Paleolítico Antigo forneceram grandes quantidades de ossos fracturados para fins primordialmente alimentares. Perante o carácter estereotipado dos fragmentos, foi formulada a hipótese de uma verdadeira utensilagem de osso. Tais vestígios não apresentam em geral nenhum vestígio de arranjo para uma finalidade técnica objectiva e não se diferenciam dos resíduos alimentares informes do Paleolítico Superior em que o osso serviu realmente de matéria-prima para objectos trabalhados (punções, pontas de azagaia...), de maneira que parece difícil afirmar que os homens do Paleolítico Antigo possuíram verdadeiramente uma indústria óssea. Mas não se exclui, particularmente nas regiões em que há falta de pedra, que se tenha tirado partido técnico das lascas de ossos fragmentados para deles extrair a medula.

Sobre os outros meios de fabricação do Paleolítico Antigo não se sabe praticamente nada; o trabalho da madeira ou das peles e das fibras deve ter tido um lugar importante nas técnicas, mas será preciso esperar que as escavações de *habitats* se multipliquem para poder estabelecer, por dedução, conjecturas seguras.

O Paleolítico Médio. – O Paleolítico Médio, que, por volta de pelo menos 100 000 antes da nossa era, se vai implantando progressivamente, é um pouco menos avaro em informações e a sua utensilagem de pedra é notavelmente mais diversificada. Independentemente das ferramentas cortantes características deste período (raspador, ponta triangular, lasca levaloisense), encontram-se utensílios cuja função especial foi raspar ou esgravatar matérias duras, acções que só podem envolver a madeira ou as matérias ósseas. Para estas últimas, poderia supor-se que, se a utensilagem óssea sobre lascas culinárias do Paleolítico Antigo tivesse realmente existido, o Paleolítico Médio teria com certeza, como aconteceu com o sílex, aperfeiçoado o seu trabalho. Nada disso se verifica; continuamos a encontrar, aos milhares, testemunhos da fragmentação do osso sem indícios de trabalho indiscutível, a não ser muito excepcionalmente. Existem, contudo, nas proximidades do Paleolítico Superior, no Mustierense, raros utensílios de osso, punções, trabalhos com um domínio já perfeito da técnica. Por outro lado, descobriram-se, desde os Paleolíticos Antigo e Médio, armações de cervídeos (veado ou rena) cujos chifres pequenos ou hastes foram serrados, o que permite pensar que as partes que faltam puderam servir de ferramentas, nomeadamente para escavar o solo. Seja como for, perante a carência praticamente completa de trabalho das matérias ósseas, há que atribuir ao trabalho da madeira a acção dos utensílios cujo gume atesta que eram usados para raspar matérias duras. É infelizmente impossível reconstituir a natureza dos objectos fabricados, a não ser talvez para os propulsores de armas de arremesso, chuços ou azagaias, que muito provavelmente existiram.

O Paleolítico Superior. – No Paleolítico Superior, durante os períodos que, na Europa ocidental, se denominaram Chatelperronense, Aurinhacense, Gravetense, Solutrense e Madalenense, de 35000 a 8000 mais ou menos, manifesta-se uma verdadeira mutação técnica, cujos primeiros indícios aparecem no último período do Paleolítico médio, mas que adquire o seu carácter decisivo na altura em que o *homo sapiens sapiens* ganha, na Europa, uma importância exclusiva. A utensilagem de sílex aligeira-se consideravelmente nas suas formas e diversifica-se nas suas funções. Ao lado dos utensílios de cortar, multiplicam-se os utensílios de raspar, de burilar, de furar. O trabalho das matérias ósseas ganha uma extensão considerável e justifica a variedade da utensilagem. O osso, o chifre de rena, o marfim de mamute são trabalhados sob a forma de pontas de azagaias, de punções, de cunhas para fender, de polidores, de espátulas, que testemunham eles próprios a existência de operações técnicas noutras matérias para além da pedra ou das matérias ósseas.

Este testemunho indirecto da existência de técnicas aplicadas à madeira, às cascas, às fibras, às peles, não permite, infelizmente, clarificar com muita precisão a natureza e a extensão dessas técnicas. São conhecidas, a partir de cerca de 1500, finas agulhas com buraco feitas de osso ou de marfim que, associadas às sovelas de osso, demonstram a existência da arte da costura e indirectamente da arte de preparar e de amaciar peles finas. Pode, sem grande risco de inverosimilhança, postular-se o emprego de recipientes de casca de árvore cosidos com punção. Não se exclui que a cestaria tenha sido praticada, mas a demonstração, para esta técnica que não requer utensilagem característica, está por fazer. No estado actual dos conhecimentos, os homens do Paleolítico Superior dispunham do mesmo leque de técnicas de fabrico que os povos recolectores recentes do mundo setentrional, dos Lapões aos Siberianos, aos Esquimós e a uma parte dos índios da América, ou seja, de uma muito ampla escolha de técnicas da qual estavam no entanto ainda ausentes o metal, a cerâmica e verosimilmente a tecelagem.

Mesolítico e Neolítico. – Ao passo que a Europa setentrional, e a França em particular, prolonga a economia de recolecção durante o Mesolítico, de 8000 até cerca de 6000 e muito mais tarde em certas regiões, o Médio Oriente mediterrânico sofre uma transformação que, a partir de 7000, dá início à passagem para a economia de produção agrícola e pastorícia. Do ponto de vista das técnicas de fabricação, a passagem muito progressiva do Paleolítico ao Neolítico traduz-se pelo aparecimento de uma utensilagem pesada para o trabalho da madeira: autênticos machados ou enxós de pedra lascada ou polida manifestam a presença de técnicas novas e, em particular, da carpintaria. A sedentarização, mesmo relativa, traduz-se pelo aparecimento de aglomerações construídas como Çatal-Hüyük na Anatólia, Mureibet na Síria ou Nea-Nicomédia na Macedónia. Anteriormente a 6000, no Próximo Oriente e na Grécia, tais aglomerações, como Jericó, precedem o aparecimento da cerâmica (*Neolítico pré-cerâmico*), o que mostra que a arte do oleiro é uma consequência relativamente tardia da sedentarização.

As informações sobre as técnicas que tratam dos materiais perecíveis são ainda pouco numerosas, mas em Çatal-Hüyük, graças a condições favoráveis de conservação de objectos carbonizados, temos o testemunho de recipientes de madeira, de cestaria e de tecidos já muito elaborados.

Relativamente às técnicas de fabrico, a muito longa história da humanidade anterior ao metal poderia resumir-se em três patamares de altura desigual. Dos inícios que se situam para além de dois milhões de anos até cerca de 35000, conhece-se uma utensilagem de pedra essencialmente cortante e uma eventual utilização do osso em bruto. No Paleolítico Superior, o equipamento de fabricação enriquece-se com uma utensilagem de matérias ósseas própria para o trabalho apurado das peles e das cascas de árvore assim como, em caso de necessidade, para pontas vulneráveis para a caça. A cestaria pode eventualmente ter aparecido nesta época. Nos tempos ulteriores, entre 7000 e 4000, manifesta-se progressivamente a utensilagem pesada para a madeira, a cerâmica e a tecelagem. A partir de 4000 a primeiríssima metalurgia começa a aparecer no Próximo Oriente; no entanto, ela não se vulgarizará de facto antes de 2000 na Europa ocidental.

Possuidores de um equipamento técnico cada vez mais eficaz, os Antropianos que se sucederam, do Australopiteco ao *homo sapiens*, fizeram incidir os seus meios sobre o meio natural. Mamíferos fundamentalmente sociais, tiveram de manter constantemente o equilíbrio entre o grupo, os seus meios de exploração e o meio que os rodeava. A pré-história pode explicar bastante bem o fenómeno muito generalizado da evolução do homem e das suas ferramentas, mas em que medida poderá ela levar a um conhecimento mais imediato dos pormenores da organização económica e social das culturas e das civilizações desaparecidas?

As técnicas de aquisição

A vida económica e, consequentemente, a vida social assentam fundamentalmente nas técnicas de aquisição. A distinção primordial (donde resultam directa ou indirectamente o volume do grupo e as suas relações com o meio natural e o meio humano que o rodeiam) é a que se verifica entre a economia *de produção* (criação de gado-agricultura). Recolecção e produção dividem a história humana em dois períodos muito desiguais, um que durou no mínimo dois milhões de anos e que junta numa mesma sequência todos os Antropianos desde o Australopiteco até ao *homo sapiens* inclusive, o outro que ainda só durou menos de 10 000 anos e que marca o passado recente e o presente do *homo sapiens*. É preciso, de facto, ter presente que, na altura em que acede à economia de produção, a nossa espécie tem já atrás de si um passado de pelo menos 30 000 anos, ocupado nas mesmas condições económicas que as espécies humanas que nos precederam. Além disso, até aos nossos dias, uma parte numericamente ínfima, mas territorialmente muito importante da humanidade, continuou a viver na economia de recolecção: ainda no início do século XIX, uma parte dos povos da Ásia setentrional e da América vivia da apanha, da caça e da pesca, num modo de existência cujo testemunho foi conservado até estes últimos anos pelos Bosquímanos e pelos Pigmeus de África, pelos Australianos e pelos Esquimós.

A economia de recolecção

As informações que o pré-historiador possui sobre as técnicas de aquisição dos homens do Paleolítico são truncadas e com bastante frequência ambíguas, particularmente no que se refere ao Paleolítico Antigo. Possuímos, pelas ossadas abandonadas nos *habitats*, a lista dos animais caçados, sem que tenhamos documentos muito claros sobre as técnicas que permitiram capturá-los ou abatê-los e, por outro lado, sempre através de vestígios ósseos, pode reconstituir-se o consumo de carne, ao passo que a estimativa sobre os alimentos vegetais é praticamente inexistente. A aquisição vegetal, mesmo nas regiões árcticas, desempenhou no entanto um papel muito importante até aos nossos dias e há poucas razões para pensar que as coisas se tenham passado de um modo diferente no Paleolítico.

Sabe-se, portanto, de maneira precisa, que os Antropianos, desde os mais antigos, possuíam os meios para abater o elefante e os outros grandes mamíferos. Como procediam continua ainda a ser do domínio da pura hipótese: supõe-se que os faziam descer, talvez com a ajuda de fogos, até à borda de um precipício ou de um pântano ou talvez mesmo eles escavassem fossos. O processo da caça por precipitação de uma falésia ou num fosso é atestado nos tempos históricos mas, até ao presente, a pré-história não forneceu ainda qualquer prova directa disso mesmo. O facto material da presença de presas que representam um volume de carne considerável, ainda que a técnica da sua captura não esteja esclarecida, é uma preciosa indicação sobre a constituição de um grupo social substancial, mesmo que temporário.

Para todo o Paleolítico Antigo, o arsenal de pedra lascada é mudo quanto às técnicas de caça: os *choppers*, as grandes lascas, os bifaces prestam-se a uma utilização como facas ou cutelos, mas nenhum é susceptível de ter armado uma lança ou uma arma contundente em condições de funcionamento balístico ou de solidez satisfatórias. Esta carência não exclui a existência de armas de arremesso ou de armas contundentes de madeira ou de armações de cervídeos e, na África, de chifres de antílopes. Para o Paleolítico Médio (o Mustierense do mundo ocidental, de cerca de 100 000 a 40 000), o quadro enriquece-se um pouco: as lascas em triângulo alongado que se tornam de aparelhamento corrente apresentam com frequência uma base adelgaçada até menos de um centímetro e poderiam ter sido fixadas num dardo. As massas poliédricas ou esféricas que se conhecem desde o Paleolítico mais antigo subsistem no Paleolítico Médio e, embora o seu uso se mantenha para nós desconhecido, é plausível, por eliminação, atribuir-lhe um papel na caça. Sobre todos os outros possíveis métodos de captura (armadilhas de todo o género) o silêncio é absoluto: construídas em madeira ou outras matérias perecíveis, colocadas longe das habitações e retiradas na maioria das vezes aquando da recuperação da caça, há assim poucas hipóteses de descobri-las.

No Paleolítico Superior, graças ao desenvolvimento e à diversificação do equipamento técnico, o armamento de caça e de pesca é mais bem conhecido. A presença de um verdadeiro trabalho dos objectos de matéria óssea permite atribuir com certeza aos caçadores de 35 000 a 10 000 antes da nossa era a utilização de chuços, dardos e arpões, talhados em marfim de mamute, osso ou armações de cervídeos. A presença de cabeças de arpões dentados e destacáveis, que aliás só aparecem por volta de 12 000, traz o primeiro testemunho directo sobre a pesca. Esta deve ter desempenhado um papel muito importante em todas as épocas, mas duas razões limitam a sua estimativa: as espinhas dos peixes são facilmente destrutíveis e as armadilhas aquáticas, tal como as terrestres, não se encontram nos *habitats* e as represas de pedras ou de feixes de ramos levantadas nas torrentes eram naturalmente levadas pelas inundações. Não há meios directos para determinar a existência de nassas ou de redes de fibras vegetais ou de tiras, mas no Madalenense (cerca de 12 000, 10 000) a pesca à linha (fixa ou à mão) é atestada pela presença de anzóis rectos, pequenas barretas pontiagudas nas duas extremidades e suspensas pelo meio a um fio.

O equipamento do caçador do fim do Paleolítico Superior é comparável ao de numerosos predadores recentes: o chuço como arma de acção próxima, a azagaia (nome que os pré-historiadores dão ao dardo) para o ataque à distância. A posse do arco continua a ser um problema por resolver: numerosos objectos de sílex lascado (pontas de bordo abatido, ou pontas de retoque bifacial) e numerosas pontas de matérias ósseas poderiam ter armado flechas e a presença do arco a partir do Chatelperronense (35 000) não é de modo nenhum inverosímil, mas, como a mesma ponta pode ter um propulsor, a demonstração continuou a ser impossível até ao presente. Em contrapartida, o arco é formalmente atestado nos tempos pós-glaciares por objectos neolíticos encontrados nas turfeiras ou pelas representações rupestres.

Para a recolha, animal ou vegetal, não há outra via de informação para além dos resíduos encontrados nos *habitats*. Em locais costeiros, encontram-se numerosas conchas de moluscos marinhos e, em locais terrestres do fim extremo do Paleolítico, conchas de caracóis susceptíveis de formar amontoados de dimensões consideráveis. Mas o testemunho vegetal não existe. Pode naturalmente atribuir-se aos Paleolíticos o consumo de frutos, de rebentos de várias plantas, de bolbos ou de tubérculos que supõem o uso de bastões para escavar. O mais surpreendente é a ausência de testemunho

Cronologia do Paleolítico Superior

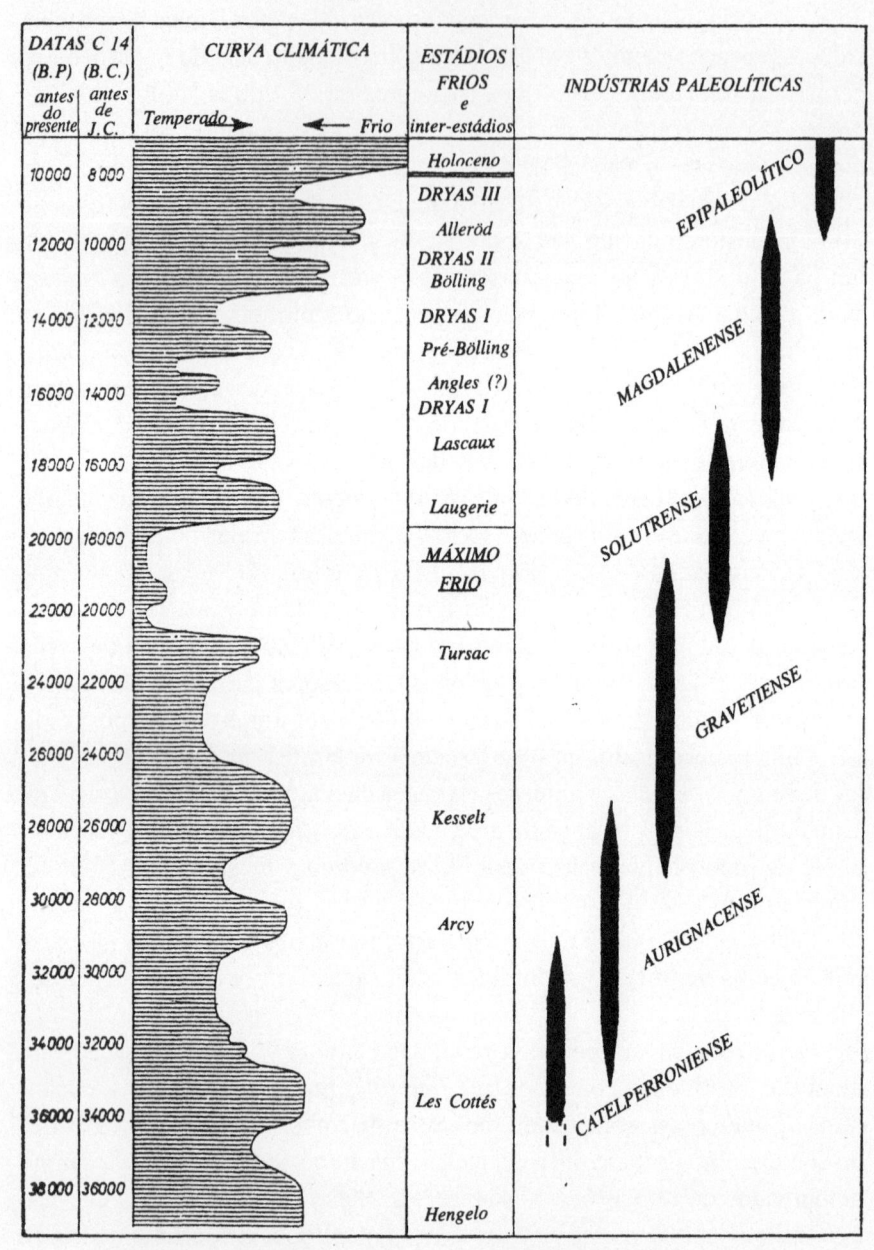

DATAS C 14		CURVA CLIMÁTICA	ESTÁDIOS FRIOS e inter-estádios	INDÚSTRIAS PALEOLÍTICAS
(B.P) antes do presente	(B.C.) antes de J.C.	Temperado ← → Frio		
10000	8000		Holoceno	EPIPALEOLÍTICO
12000	10000		DRYAS III / Alleröd / DRYAS II / Bölling	
14000	12000		DRYAS I / Pré-Bölling	MAGDALENENSE
16000	14000		Angles (?) / DRYAS I	
18000	16000		Lascaux / Laugerie	SOLUTRENSE
20000	18000		MÁXIMO FRIO	
22000	20000			
24000	22000		Tursac	GRAVETIENSE
26000	24000			
28000	26000		Kesselt	
30000	28000		Arcy	AURIGNACENSE
32000	30000			
34000	32000			
36000	34000		Les Cottés	CATELPERRONIENSE
38000	36000		Hengelo	

Segundo *Arlette Leroi-Gourhan*
(Extraído do Catálogo da Exposição do Museu do Homem, em 1985)

do consumo das gramíneas selvagens que é preciso reduzir a farinha e que supõem o uso de mós rudimentares. Estas últimas, abundantes em todos os *habitats* dos tempos pós-glaciares, na altura em que os cereais vão passar do estado selvagem ao estado de cultivo, estão ausentes no Paleolítico. Uma única descoberta no Chetelperronense de Arcy-sur-Cure atesta contudo que, a partir de 35 000, a utilização da mó lisa e do triturador era virtualmente acessível. Embora o seu grão seja muito pequeno, as gramíneas selvagens são uma fonte não despicienda na alimentação de vários grupos actuais, tanto na África deserta como na Austrália, e é curioso que não haja vestígios do seu uso no Paleolítico.

A economia de produção

A caça, a pesca, a apanha dos pequenos animais e das plantas selvagens prosseguiram a sua existência até aos nossos dias, em todos os grupos humanos, como técnicas de complemento, cujo papel não é de desprezar, mas cuja importância vai diminuindo à medida que as técnicas de produção asseguram as necessidades da aquisição. A passagem de um tipo de economia para o outro fez-se progressivamente entre 8000 e 4000 no Velho Mundo, e quase simultaneamente na América. As consequências da passagem à economia de produção foram definidas desde há muito tempo pelos arqueólogos: aparecimento da agricultura, da criação de gado (salvo na América onde esta ficará limitada às regiões andinas), sedentarização e edificação das primeiras cidades, nascimento da cerâmica e da metalurgia, desenvolvimento eventual da escrita. Este feixe (característico do *Neolítico*) de inovações que se desenvolve em quatro milénios está ligado pela exploração dos cereais, que permitem assegurar reservas de longa duração e modificam radicalmente a relação entre a aquisição alimentar e as técnicas de fabricação. Quer seja à volta das gramíneas do tipo do trigo como no Próximo Oriente, do milho-miúdo e do arroz como na Ásia indiana e chinesa, ou do milho como na América, os mesmos traços culturais aparecem, mais ou menos desenvolvidos, conforme as circunstâncias criadas pelo meio geográfico e histórico. Para o Velho Mundo, começamos a captar com bastante clareza as modalidades da transição para as sociedades agrícolas. De 3000 a 2000 antes da nossa era, na altura em que se vulgariza o uso do cobre e do bronze, as civilizações clássicas, do Mediterrâneo até ao Oceano Pacífico, constituem já centros de difusão secundária que completam a implantação da economia agrícola-pastoril na maior parte dos três continentes. O mundo «civilizado», isto é, o dos cultivadores e dos pastores, forma, a partir desta altura, uma toalha de uma superfície muito próxima da dos séculos históricos, semeada por alguns refúgios florestais ou desérticos da África e América. Esta vasta toalha é marginada a Norte pelas regiões árcticas e a Sul pela Patagónia e pelo continente australiano: todas estas regiões asseguraram até ao decurso do século XIX a sobrevivência dos últimos testemunhos da economia de recolecção. Nem toda esta toalha foi ganha para a metalurgia e numerosos grupos continuarão a usar a pedra lascada ou polida, mas em condições já completamente transformadas pela agricultura e pela criação de gado.

A América seguiu uma evolução paralela. Entre 7000 e 4000, no México, aparecem os primeiros testemunhos de uma horticultura do milho, do feijão, do pimento e da abóbora-cabaça, horticultura independente da do Velho Mundo e que é o desembocar da evolução de recolectores cuja história se pode fazer remontar até para além de 12 000. Seja qual for a eventualidade de contactos posteriores com os outros continentes, parece indiscutível que a agricultura tenha nascido separadamente na América numa época em que, tal como os índios, os povos eurasiáticos emergiam lentamente dos modos de vida primitivos.

Está de facto demonstrado, pelos trabalhadores que prosseguem da Grécia até ao Iraque, que a transição se fez de maneira muito progressiva e parece, bastante paradoxalmente, que uma relativa sedentariedade tenha precedido a maior parte dos outros traços atribuídos ao Neolítico. Já em 8000, e verosimilmente mais cedo, os Natufenses da Palestina, que viviam da caça, da pesca e da apanha, praticavam um *habitat* em grupo. Tal como as populações do Norte do Iraque, na mesma época, eles possuíam um material de recolha e de tratamento das gramíneas constituído por foices de lâmina de sílex e mós para triturar o grão. Esta situação bastante surpreendente, em que a ceifa e o armazenamento dos cereais aparecem antes da agricultura, corresponde a características particulares do meio natural. As regiões do Leste mediterrânico foram o berço do trigo selvagem e foi a presença de uma gramínea de grãos grossos, susceptível de longa conservação, que parece ter provocado o desencadeamento do processo de sedentarização. Da colheita do trigo selvagem à vigilância e à monda, e depois à prática das sementeiras, a transição durou longos séculos. E só depois de a agricultura e a criação de gado já estarem estabelecidas há algum tempo que aparece a olaria, de modo que se verificou, ao longo destes últimos anos, a existência de um *Neolítico pré-cerâmico*, estádio transitório durante o qual os primeiros agricultores apresentam já todas as características do Neolítico (sedentariedade, utensilagem que inclui o machado e o material de tratamento dos cereais), fora a cerâmica que, no Levante, é precedida por recipientes de pedra ou recipientes modelados numa matéria branca de natureza calcária.

As condições de aparecimento da criação de gado são rigorosamente comparáveis; situam-se, de resto, na mesma região geográfica. O cão aparece no Natufense, o carneiro selvagem passa à domesticação por volta de 9000, e as outras espécies sucedem-se ao longo dos milénios seguintes.

A partir de 6000 até ao aparecimento do cobre e do bronze, o conjunto de traços de cultura ligado às técnicas de produção vegetal e animal transmite-se progressivamente ao resto do Velho Mundo. É adoptado, na maioria das vezes, em bloco, o que deu, durante muito tempo, com base em observações feitas na Europa ocidental, a impressão de uma verdadeira explosão neolítica, ao passo que, de facto, no foco cultural inicial, a invenção da agricultura e da criação de gado representa vários milénios ao longo dos quais cada geração viveu, sem se dar conta disso, o lento processo de transformação económica.

As técnicas de consumo
A aquisição provê não apenas às necessidades alimentares, mas também às do vestuário e da habitação, assim como aos materiais necessários às actividades não utilitárias (pelo menos em relação à nossa lógica) do jogo, da estética, da religião e da magia.

O fogo. – O fogo intervém ao mesmo tempo nas técnicas de fabricação, de aquisição e de consumo; mas, como o seu emprego para abater árvores, escavar recipientes ou embarcações e cercar a caça se desenrola fora da habitação ou incide sobre matérias perecíveis, o seu testemunho quase só apareceu nas habitações. Estas são, juntamente com as sepulturas, praticamente o único teatro das investigações do pré-historiador. Os períodos mais antigos do Paleolítico ainda não forneceram factos que provem de maneira decisiva a posse do fogo pelos primeiros Antropianos. Os cerca de dois milhões de anos que marcam a evolução dos Australantropos ao *homo erectus* não apresentam exemplos de domesticação do fogo. É impossível demonstrar tal carência, na ausência de *habitats* conhecidos num suficiente estado de conservação para neles descobrir um lar. É quando muito possível, com base na consideração do aspecto físico dos Australantropos e no carácter primário do seu equipamento, formular a hipótese da ausência do uso do fogo. No estádio seguinte, o *homo erectus*, pelo menos num dos seus representantes, o Sinantropo de Pequim, foi encontrado numa caverna cujos sedimentos conservaram zonas carbonosas que tinham provavelmente o carácter de lares domésticos. Essa eventualidade faria remontar a mais de 200 000 anos não apenas a aquisição do fogo, mas também o conhecimento do meio de produzi-lo.

Esta fase primordial teria então sido apanágio dos Arcantropianos, isto é, dos primos dos Pitecantropos de Java.

Sobre o modo de produção do fogo, estamos reduzidos às hipóteses, mas é certo que, muito tempo antes de aparecer o *homo sapiens*, os Antropianos sabiam acender o lume e conservá-lo. Os dois modos de produção que foram praticados universalmente até aos nossos dias, a fricção de dois pedaços de madeira ou a percussão de uma massa de pirite de ferro pelo sílex, são igualmente verosímeis, porque, a partir do Mustierense (cerca de 100 000), encontram-se por vezes pequenos blocos de pirite nas habitações.

O fogo parece, por conseguinte, ter servido muito cedo para o aquecimento e para a cozinha; pôde servir também para fins técnicos, mas estes permanecem desconhecidos, salvo, desde o início do Paleolítico Superior (35 000), a torra do ocre para intensificar o uso da coloração vermelha. Podemos espantar-nos pelo facto de a cozedura acidental da argila sobre a qual foram com frequência implantados os lares não ter levado a uma descoberta mais precoce da olaria. Há que notar que os recipientes de casca ou de madeira podem servir de material para a cozedura pelo jogo de pedras aquecidas que se mergulham no líquido: a carne, os tubérculos podem ser cozidos assim na água ou assados de vários modos. Em contrapartida, as gramíneas reduzidas a farinha e, depois, a massa apresentam sérias dificuldades para serem preparadas em pasta ou em bolo pelos meios de que dispunham os Paleolíticos ou os homens do período proto-agrícola. Provavelmente não é por pura coincidência que a cerâmica aparece após o primeiro desenvolvimento de uma economia em que o papel principal é transferido para os cereais e nas regiões do Próximo Oriente onde estes apareceram: a necessidade de uma matéria ao mesmo tempo refractária à combustão e impermeável para as panelas e os fornos para bolos só se impõe realmente a partir deste momento. Uma vez estabelecidas as condições de meio favorável, a inovação veio muito naturalmente implantar-se.

A alimentação. – É difícil traçar um quadro sintético do consumo alimentar pré-histórico. Como já se disse mais atrás, a informação está amputada quanto aos produtos vegetais na grande maioria dos locais de implantação. Além disso, as condições de meio, muito variadas, e as variações sazonais fazem que os Australantropos da África do Sul, os Neandertalenses das costas do Atlântico ou os Madalenenses da bacia parisiense tenham conhecido fórmulas de adaptação diferentes. Alguns locais fornecem uma lista de animais caçados extremamente variada, mas, em geral, uma ou duas espécies são claramente dominantes, por vezes mesmo a ponto de representarem a quase totalidade da fauna. Acontece isso em várias grandes jazidas do Paleolítico antigo, como a de Torralba, em Espanha, onde os elefantes parecem ter constituído a caça principal. O mesmo sucede no paleolítico Superior na Europa central e oriental, em que o mamute é muito abundante nos locais habitados. Em outras regiões e noutros tempos, o animal principal pode ser o cavalo, como em Solutré (Saône-et-Loire), ou a rena, como em Princevent (Seine-et-Marne). Mas estes animais dominantes podem ter representado apenas uma parte mínima do consumo alimentar global; independentemente dos produtos vegetais, as aves, os seus ovos, os peixes, assim como os pequenos mamíferos ou os répteis, os insectos, desaparecidos sem deixar vestígios, devem ter constituído um contributo notabilíssimo. O que até nós chegou de informação zoológica é sem dúvida menos significativo no plano dietético quer no plano tecnológico e social, como contributo de matérias-primas e como indicador do raio de acção e das proporções numéricas do grupo.

O vestuário, a habitação e a sociedade. – A informação sobre o vestuário dos homens pré-históricos reduz-se a muito pouco; é um dos domínios onde a imaginação se exercitou mais livremente. No que se refere à habitação, pelo contrário, a documentação é relativamente abundante, embora na imensa maioria dos casos só as infra-estruturas tenham sido conservadas.

Quanto ao vestuário, basta considerar a variedade do dos primitivos actuais, desde a nudez total dos Australianos até ao vestuário de pele cortado, ajustado e cosido dos esquimós, para admitir à partida que a protecção vestimentária é comandada, ao mesmo tempo, pelo meio técnico e pelo meio climático. Do Paleolítico Antigo não se sabe sob este aspecto absolutamente nada; pode supor-se que os mais velhos Antropianos de África dispensaram o vestuário, mas que os das faixas climáticas mais frias tiveram de assegurar a sua protecção de uma maneira qualquer, provavelmente mais elaborada do que o que poderia ser-se tentado a imaginar. No Paleolítico Superior, quando aparecem os pequenos punções de osso e, a partir do Solutrense (entre 20 000 e 15 000), as agulhas com buraco, temos o direito de imaginar roupas de pele ou de peliça que podiam apresentar formas tão elaboradas como as testemunhadas até há pouco pelos Siberianos, pelos Esquimós ou pelos índios da América. Até ao presente, não se conhecem documentos sobre o aparecimento da tecelagem, que é tradicionalmente atribuída ao Neolítico. Tal como para as outras técnicas, houve certamente uma longa transição que marcou a passagem da cestaria e do estrançamento das fibras para a tecelagem propriamente dita, que supõe a existência de um enquadramento profissional de tecelagem, por muito rudimentar que ele seja. Vimos mais atrás que a cerâmica poderia ter nascido da necessidade de obter recipientes incombustíveis numa economia alimentar que desenvolveu consideravelmente o consumo de cereais (o emprego dos recipientes de pedra oferecia dificuldades relacionadas com a raridade de uma matéria-prima conveniente e com a lentidão do fabrico). Material comum e que pode corresponder às necessidades acrescidas de uma população em expansão demográfica, a argila conheceu a mesma vulgarização que mais tarde conhecerá o ferro, material também ele comum, em relação ao bronze. As mesmas razões devem ter jogado em relação às fibras animais e vegetais no desenvolvimento da tecelagem: a possibilidade de obter em abundância, pela criação de gado e pela agricultura, fibras convertíveis em tecido oferece uma vantagem económica e prática considerável em relação às peles de animais, cujo emprego pode então ser reservado a objectos de equipamento onde o couro se impõe, como o calçado e os outros, as correias, etc. Vê-se, portanto, uma vez mais, a ligação estreita que existiu entre os diferentes elementos da evolução cultural na passagem da recolecção à produção: a cerâmica, a tecelagem podem ter nascido no Paleolítico Superior mas, de facto, o seu desenvolvimento está estreitamente dependente dos fundamentos económicos da sociedade agrícola.

A habitação sofre, também ela, os efeitos da passagem para uma economia de produção, embora a sua natureza seja profundamente diferente da das técnicas ligadas muito directamente à evolução agrícola. Apercebemo-nos desde há alguns anos que as ideias feitas no que se refere ao carácter bastante tardio do desenvolvimento das estruturas da habitação estavam erradas. A construção de abrigos, como já vimos anteriormente, é uma característica que parece agora dever ser atribuída a toda a linhagem antropiana. Do ponto de vista do biólogo, isso nada tem de surpreendente, dado que numerosas espécies animais desde os insectos até aos grandes antropóides edificam estruturas de repouso ou de protecção temporárias ou permanentes, por vezes muito elaboradas. Ainda só se conhecem muito poucas instalações humanas nos Paleolíticos Antigo e Médio. Isso deve-se, por um lado, à erosão, mas mais ainda ao facto de as escavações não terem sido feitas até muito recentemente com o pensamento de que poderiam ter existido habitações tão antigas e que os seus vestígios poderiam ser ainda detectáveis. Sabe-se actualmente, pela descoberta do abrigo de Lazaret no Mónaco, que podem ser encontradas estruturas que comportam uma armação de varas ou de postes desde o Acheulense (de cerca de 500 000 a 300 000). A descoberta em Molodovo, na Ucrânia, dos restos de uma estrutura circular de 10 cm de diâmetro, parcialmente constituída por ossadas de mamute, coloca, pelas suas dimensões e pela sua idade mustierense (por volta de 100 000), o problema da existência precoce de grupos comparativamente importantes, e por conseguinte, de uma organização social complexa.

No Paleolítico Superior, está agora solidamente estabelecido que estruturas elaboradas eram construídas não apenas ao ar livre, mas também dentro dos abrigos sob a rocha e à entrada das cavernas (estas últimas, de resto, constituíram apenas um *habitat* limitado a algumas regiões). Tendas ou cabanas, incorporando na sua estrutura varas, presas ou ossos de mamute, armações de rena, as habitações do Paleolítico Superior correspondem a modelos que variam desde a tenda redonda de 3 m de diâmetro até às estruturas de vários lares alinhados que foram descobertas primeiramente na Rússia e na Ucrânia ou na Morávia, mas que existiram igualmente na França, como o atesta a impantação de Pincevent (Seine-et-Marne). Algumas destas estruturas têm aparentemente um carácter provisório, presumivelmente sazonal, ao passo que outras parecem ter sido edificadas para uma estada de longa duração. É o que acontece, por exemplo, na Ucrânia onde se descobriram sucessivamente grupos de cabanas redondas incorporando cada uma delas os ossos e as presas de várias dezenas de mamutes. Isso deixa supor, ao mesmo tempo, um grupo de caçadores relativamente importante e uma estada prolongada, o que põe em causa as ideias feitas a respeito do nomadismo e da fraca densidade do grupo paleolítico.

Infelizmente, só possuímos informações ainda muito parciais e que estão limitadas ao Paleolítico Superior. É evidente que, segundo os recursos naturais, os grupos humanos, desde os primórdios até à sedentarização agrícola, devem ter apresentado fórmulas variadas de adaptação ao nomadismo. Alguns grupos, colocados em condições de meio que podiam oferecer recursos todo o ano, devem ter mesmo sido sedentários durante longos períodos. Se se aplicarem as observações feitas desde há vários séculos sobre povos recentes ou actuais que levaram um modo de existência comparável ao dos homens do Paleolítico, chega-se, por confrontação com os factos revelados pela escavação, a definir as condições gerais de equilíbrio dos grupos pré-históricos com economia de recolecção. A existência de hordas estritamente errantes não é provável, mesmo nas épocas mais recuadas, implicando a sobrevivência de uma colectividade o perfeito conhecimento das possibilidades de um território circunscrito. Só pode supor-se a rotação no interior do território, rotação essa cortada a prazos mais ou menos distantes por migrações provocadas por uma relação negativa entre os recursos e o grupo. Por outras palavras, é verosímil pensar que só o empobrecimento dos recursos, o aumento numérico para além das possibilidades do terreno ou a pressão de grupos estranhos puderam provocar a migração.

Com base nestes dados pode, para simplificar, considerar-se três fórmulas possíveis de relações entre o grupo e o seu meio. A primeira constitui a base mínima de sobrevivência e de organização social: o grupo, numericamente pouco importante, desloca-se em bloco no interior do seu território, estabelecendo eventualmente contactos com os grupos vizinhos, mas constituindo uma unidade bio-social distinta. Esta situação elementar pode ter sido a dos Antropianos mais antigos e, em todas as épocas, a de unidades isoladas, reduzidas a algumas famílias. A segunda fórmula foi certamente a mais comum; o grupo é constituído por um certo número de famílias distribuídas por uma superfície bastante vasta, em que cada qual dispõe de um território onde realiza a sua rotação sazonal com reagrupamentos temporários, que constituem ocasião de contactos sociais, em pontos privilegiados em recursos alimentares compatíveis com a acção de numerosos indivíduos (travessias de rebanhos ou abundância de peixes). Esta fórmula pode ser completada pela existência de habitações que servem de centro temporário nas deslocações por motivo de caça ou de colheita. Vários meses podem passar-se no local, se os recursos forem suficientes no perímetro acessível para os caçadores num dia ou poucos dias. Construções substanciais podem apresentar-se neste caso, que parece ser o da maioria dos grupos do Paleolítico Superior, mas que pode ter-se proporcionado muito antes. As pesadas infra-estruturas das habitações de ossos de mamute da Europa oriental puderam corresponder a tais condições bio-sociológicas: longas estadas periódicas permitiram, em territórios ricos em caça, acumular os materiais reempregados cada ano na construção. O terceiro caso é o de um sedentarismo completo em que o grupo, numericamente importante para uma economia de recolecção, reside por mais de um ciclo anual e, eventualmente, durante gerações, num território suficientemente rico para responder às necessidades de várias dezenas de indivíduos. Essas condições foram preenchidas no Próximo Oriente onde, como se viu mais atrás, o sedentarismo ligado aos cereais precedeu de vários séculos a agricultura. Podem ter ocorrido também em outras regiões onde se verificaram as mesmas circunstâncias. Os grupos, num meio em que os recursos asseguravam a possibilidade de um armazenamento prolongado dos produtos animais ou vegetais, viram-se colocados em condições relativamente excepcionais, como os que ocupavam locais costeiros onde o mar podia assegurar um estabelecimento permanente. Ligado a condições estritamente locais e territorialmente inexcedíveis, o sedentarismo recolector, excepto o dos cereais, não parece ter desempenhado um papel dinâmico na evolução das sociedades primitivas. O sedentarismo a partir dos recursos vegetais pertence já à história da agricultura; o nomadismo total pertence provavelmente mais ao folclore científico que a um equilíbrio corrente nos tempos pré-históricos. Foi em todas as transições entre os dois estados extremos que deve ter decorrido a vida humana durante várias centenas de milénios.

A evolução cultural

Os dados tirados da habitação (dados ainda muito incompletos) permitem esboçar um quadro da vida social dos homens pré-históricos. Esse quadro, que engloba toda a pré-história, apresenta ainda um tal carácter de generalidade que se desejaria poder aprofundá-lo por regiões e por épocas. É já muito importante que se tenha já chegado a considerar que, há dois milhões de anos, os mais longínquos Antropianos modelavam uma utensilagem e que, completamente desarmados pela natureza, conseguiam por sua própria indústria dominar os grandes animais e as feras. Não é menos importante saber que há 500 000 ou 800 000 anos os Antropianos, que passavam ainda há pouco por semi-macacos, não apenas dispunham de uma utensilagem, como sabiam edificar abrigos e provavelmente mesmo construir cabanas.

De há vinte anos para cá, as concepções sobre os antepassados do homem actual transformaram-se consideravelmente; as descobertas, com uma constância absoluta, preencheram os abismos que separavam o *homo sapiens* dos seus predecessores. Não poderá concluir-se daí que o futuro fará descobrir, nos Australantropos ou nos Arcantropos, todos os traços de comportamento mental e todos os traços técnicos das humanidades anteriores. A evolução das culturas é, à escala do Quaternário, uma questão de equipamento cerebral; ora, o cérebro dos mais antigos Antropianos não tem o desenvolvimento do nosso. A evolução está também na acumulação das inovações técnicas: o homem de Cro-Magnon era certamente tão inteligente como nós; viveu no entanto a 25 000 anos dos inícios da agricultura. Além disso, os germes do comportamento estético, social, religioso que marcam o desenvolvimento da nossa espécie estão sem dúvida naqueles que foram, durante muito tempo, considerados como «pré-humanos».

Esta tendência para re-humanizar os homens fósseis é particularmente sensível em relação aos Paleantropos, cujo símbolo é o homem de Neandertal. Seria injusto taxar de inconsequência os pré-historiadores de há um século por terem confirmado a intuição darwiniana do «homem descendente do macaco» tomando como intermediário entre o chimpanzé e o intelectual do século XIX o único fóssil humano que tinham à sua disposição: o seu crânio tem, apesar de tudo, um aspecto que podia encorajar a procura do «elo que faltava». Mas, posteriormente, outros fósseis apareceram, cada vez mais primitivos, e as escavações proporcionaram testemunhos cada vez mais probatórios da sua actividade mental, de tal maneira que o homem de Neandertal foi objecto de uma autêntica reabilitação. Apareceu progressivamente como o iniciador, de maneira embrionária mas segura, de vários traços que foram dados como uma espécie de privilégio do *homo sapiens:* a inumação dos mortos, a construção de habitações complexas, os primeiros rudimentos da arte. A reviravolta é tal que recentemente se propôs a mudança do seu nome de *homo neandertalensis* para *homo sapiens neandertalensis*. O Pitecantropo, «homem-macaco» para as gerações precedentes, tornou-se desde há alguns anos *homo erectus* e os Australopitecos, «macacos do Sul», acolheram recentemente entre os seus um *homo habilis*.

O aprofundamento da perspectiva humana até para além de dois milhões de anos graças às rádio-datações, um conhecimento consideravelmente acrescido por escavações que já não se limitam a recolher testemunhos cronológicos mas alargam a sua pesquisa para os vestígios da actividade inteligente dos primeiros homens, marcaram, desde há uma geração, os esforços para construir uma imagem da humanidade fóssil mais exacta, imagem na qual o *homo sapiens* mantém, no fim de uma longa sequência de homens, o seu lugar de filho mais novo.

BIBLIOGRAFIA

Alimen (H.), *Atlas da préhistoire*, Paris, 1965, t. 1.
Bordes (F.), *Le Paléolithique dans de monde*, Paris, 1968.
Braidwood (R.J.), Willey (G.R.), *Courses toward urban life. Archaeological considerations of some culturate alternates*, Nova Iorque, 1962 (Wiking Fund Publications in Antropology, 32).
Brezillon (M.), *La dénomination des objets de pierre taillée*, Paris, CNRS, 1968 (4ᵉ Suppl. à *Gallia Préhistoire*).
Brezillon (M.), *Dictionnaire de la préhistoire*, Paris, Larousse, 1969. (Edição portuguesa: *Dicionário de Pré-História*, Lisboa, Edições 70).
Clark (G.), *World prehistory. A new outline*, Londres, Cambridge University Press, 1969.
Clark (J.G.D.), *Prehistoric Europe. The economic basis*, Londres, 1952.
Dechelette (J.), *Manuel d'archéologie préhistorique*, Paris, 1908, 4 vol. *Fischer Weltgeschichte*, Bd. 1 Vorgeschichte, 1966, Frankfurt, 1966.
Laming-Emperaire (A.), *Origines de l'archéologie préhistorique en France. Les superstitions médiévales à la découvert de l'homme fossile*, Paris, 1964.
Leroi-Gourhan (A.), *Le geste et la parole*, Paris, 1964-1965. (Edição portuguesa: *O Gesto e a Palavra*. 2 vols., Lisboa, Edições 70).
Leroi-Gourhan (A.), Bailloud (G.), Chavaillon (J.) e Laming-Emperaire (A.), *La préhistoire*, Paris, 1968 (col. «Nouvelle Clio»).
Mellaart (J.), *Çatal Hüyüt. A Neolithic town in Anatolia*, Londres, 1967.
Piveteau (J.), *Traité de paléontologie*, t. 7: *Primates. – Paléontologie humaine*, Paris, 1957.
Sonneville-Bordes (D. de), *La préhistoire moderne*, Périgueux, 1967.

# LIVRO PRIMEIRO

OS IMPÉRIOS DO BRONZE

CAPÍTULO PRIMEIRO

O Egipto
até ao fim do Império Novo[1]

INTRODUÇÃO

O vale do Nilo e o domínio da cheia. – A civilização egípcia deve muito ao enquadramento natural onde nasceu; de facto, ela só existe graças ao Nilo, e a geografia desempenhou um papel importante na sua evolução histórica.

No fim da época terciária, o baixo vale do Nilo forma um golfo marinho desde a costa actual do Mediterrâneo até às proximidades de El Kab. Depósitos de calcário marinho enchem pouco a pouco este golfo e, em seguida, um amplo movimento de agitação leva o calcário a 180-200 m acima do nível do mar e o Nilo, então muito vigoroso, remodela o seu leito nesses depósitos terciários. Cava-se um vale muito largo, que o aluvião enche progressivamente de lodo, à medida que o débito do rio se torna mais vagaroso. Assim se cria a oposição fundamental entre o limo do vale, a terra negra, fértil, *Kêmê*, e as molduras de areias e de rochedos queimados pelo sol, *Deshrê*, a terra vermelha.

---

[1] OBRAS A CONSULTAR. – A.J. Arkell, *The Prehistory of the Nile Valley*, Leyde, 1977; K.W. Butzer, *Early Hydraulic Civilization in Egypt*, Chicago e Londres, 1976; W.C. Hayes, *The Sceptre of Egypt*, Part I, Nova Iorque, 1953, cap. II, 9-31; W.C. Hayes, *Most Ancient Egypt*, Chicago, 1965; M.A. Hoffman, *Egypt before the Pharaohs*, Londres, 1980; S.A. Huzayyin, *The place of Egypt in Prehistory*, Cairo, 1941; W. Kaiser, *Studien zur Vorgeschichteägyptens*, 1: *Die Nagadakultur*, Gluckstadt, 1974; L. Krzyzaniak, *Early Farming Cultures on the lower Nile, The predynastic period in Egypt*, Varsóvia, 1977; E. Massoulard, *Préhistoire et Protohistoire d'Egypte*, Paris, 1949; J. Vandier, *Manuel d'archéologie égyptenne*; I. *Les époques de formation*, 1: *La Préhistoire*, Paris, 1952; F. Wendorf (ed.), Prehistory of Nubia, Dallas, 1968.

Encontram-se assim, no local, os elementos de base para o povoamento humano: o rico limo para as culturas, rodeado de falésias que vão fornecer, primeiro, o sílex para o armamento e, depois, o calcário para a construção.

Entre o Norte do Egipto, o Delta, onde o vale é muito longo, e o Sul, o Saïd, estreito corredor de terras cultiváveis apertado entre dois desertos, o único elo de ligação é o Nilo e a sua cheia fertilizadora. O Egipto é pois «um dom do Nilo», segundo a demasiado citada expressão de Herótodo, que continua, no entanto, a manter toda a sua verdade. Com efeito, neste país em que a exposição ao sol é quase permanente, onde a partir de 2400 a.C., e até à nossa época, não há praticamente precipitações, pelo menos no Alto Egipto, a seca é inexorável. Sob a mesma latitude que o Sara e o Nedjed, e nas mesmas condições climáticas, o Egipto seria tal como eles um deserto, se não houvesse o rio; mas este não bastaria para assegurar a riqueza do país se não trouxesse, com a sua cheia, a água e o limo indispensáveis.

O fenómeno da inundação é muito complexo. As chuvas de monção da Primavera, abatendo-se sobre o maciço etíope, determinam a subida dos afluentes abissínios do Nilo: Sobat, Nilo Azul, Atbara. De Julho até ao fim de Outubro, as águas e o limo arrancado às margens abissínias vão cobrir o vale, no Egipto. Contudo, esta cheia benfeitora pode também assumir o aspecto de catástrofe: ou é demasiado brutal e a corrente leva tudo atrás de si, ou é demasiado fraca e deixa as terras ressequidas e na impossibilidade de serem cultivadas.

Assim, pode dizer-se com razão que a civilização egípcia nasceu quando a cheia foi controlada. Os meios empregados para tal foram complexos e executados progressivamente. De início, os Egípcios ergueram diques de protecção ao longo do rio; em seguida, por meio de um conjunto de canais e de depósitos de retenção, aprenderam pouco a pouco a controlar a inundação. Uma vez controlada a violência da corrente, as águas puderam então permanecer por mais tempo sobre os campos, depositando neles o limo fertilizante. Finalmente, aplainando cuidadosamente o Vale, a rede de canais permite levar a água a terras que a simples cheia não teria atingido. Se o Nilo e a sua cheia são fenómenos da natureza, o Egipto, em contrapartida, é de facto uma criação humana, um *oásis*, palavra que nos vem do egípcio antigo, no sentido pleno do termo.

O segundo meio utilizado pelo homem para atenuar as falhas do Nilo foi a constituição sistemática de reservas nos anos de boa cheia para ocorrer às necessidades aquando das inundações insuficientes. O «Tesouro real» é essencialmente um celeiro, e uma boa administração deve proceder de modo que o celeiro esteja sempre cheio. Esta necessidade contribuiu certamente para estabelecer, no Egipto, um regime político autoritário e centralizado. Exigiu, além disso, desde muito cedo a instalação de uma administração eficaz, para permitir à população viver e prosperar, fosse qual fosse a cheia. Em contrapartida, a configuração geográfica tende à fragmentação do poder. Com efeito, o Egipto é cerca de trinta e cinco vezes mais longo que largo. Onde quer que esteja instalada a sede da administração central, está sempre muito afastada de certas províncias com as quais só com lentidão se pode comunicar. Recentemente, comparámos de modo prosaico o Egipto a um tubo de rega: o seu ralo seria o Delta com os sete braços do Nilo, constituindo o Alto Egipto o tubo propriamente dito; mais poeticamente, o Egipto foi também comparado a um lótus cuja flor constituiria o Delta, o caule meável o Saïd, e um botão o Faium. Seja qual for a imagem adoptada, é muito difícil determinar o centro de um tal país.

Por outro lado, a largura do Vale não é uniforme. Quando as falésias líbia e arábica se afastam uma da outra, abrem-se pequenas bacias naturais, separadas umas das outras por estrangulamentos do Vale, onde as falésias se aproximam. Estas pequenas bacias, mais ou menos ricas consoante a sua extensão, tendem a constituir entidades políticas independentes a partir do momento em que o poder central enfraquece.

A história do Egipto oscila, assim, entre duas tendências opostas: ora para um poder absoluto fortemente centralizado, ora para dispersão em pequenos principados. À concentração do poder correspondem as grandes épocas da história egípcia: Antigo Império, Médio Império, Novo Império da XVIII à XX dinastia. Em contrapartida, a tendência para o esboroamento do poder desemboca na fragmentação do país em pequenos reinos, fragmentação essa que leva geralmente à anarquia e, com muita frequência, à fome, porque a exploração do Vale deixa de ser assegurada de maneira contínua; essas épocas são conhecidas dos historiadores sob o nome de Primeiro e Segundo Períodos Intermédios, mas o mesmo fenómeno reproduziu-se periodicamente desde a XXI dinastia até à conquista macedónia.

Os recursos naturais. – Os recursos naturais do Egipto eram, pelo menos no Neolítico, variados e abundantes. A floresta-galeria era então bastante densa ainda no Alto Egipto. A dessecação progressiva dos desertos limítrofes fazia dela o refúgio de uma fauna abundante: macacos, elefantes, leopardos, cobras e serpentes encontravam nela um terreno que lhes era favorável. A savana e os desertos que rodeavam o vale inundável eram ricos em herbívoros, lebres, ouriços-cacheiros, gamos, gazelas, cabritos-

-monteses, antílopes diversos – como o «addax», o órix, o búfalo –, girafas, burros e bois selvagens, avestruzes, que eram acompanhados de grandes e pequenos predadores tais como leões, panteras, linces, hienas, cães selvagens, raposas, águias, falcões e abutres, assim como de outros hóspedes, temíveis uns, como os escorpiões e as víboras de antenas, pacíficos outros, como as galinhas-do-mato e as codornizes.

As margens do rio, mais ou menos pantanosas, abrigavam numerosos hipopótamos, crocodilos, lontras, grandes lagartos como o varano, assim como javalis, mangustos e ginetos. Inúmeras aves aquáticas viviam ao longo do Nilo: patos, gansos, garças-reais, pelicanos, flamingos, grous, íbis, verdizelas, poupas, garças de poupa, jabirus, porque o Vale servia já, tal como actualmente, de via de passagem para as aves migradoras. As águas do rio, por fim, continham múltiplas espécies de peixes, e a tartaruga fluvial não era rara.

É esta fauna selvagem que fornece aos caçadores e pescadores das épocas altas as suas presas habituais, e aos criadores de gado do Neolítico e das primeiras dinastias numerosos espécimes para domesticar ou para cruzar com os animais domésticos vindos da Ásia ou do Sul.

A flora é um pouco menos rica: gramíneas variadas da savana e das margens do rio, arbustos e árvores como os espinhosos, terebintos, tamargueiras, jujubeiras, acácias, sicómoros, perseas, assim como as palmeiras, tamareira ou palmeira mediterrânica. Os pântanos continham numerosas plantas aquáticas: «potagometon», lótus azul e rosa, cana, junco, e sobretudo o papiro de múltiplas utilizações: cordas, esteiras, sandálias, barcos.

A riqueza da fauna e da flora selvagens irá diminuir a partir do Pré-dinástico, e sobretudo, a partir de 2500 a.C. O seu empobrecimento só parcialmente será compensado pelos contributos vindos do exterior. A exploração do Vale pelos agricultores é o principal responsável por este empobrecimento: a construção dos diques ao longo do rio destrói a floresta-galeria, o nivelamento do solo elimina os pântanos, a destruição pela caça dos animais nefastos para as culturas reduz o número dos animais. A fauna recua pouco a pouco, e a flora selvagem – arborescente sobretudo – torna-se mais rara. Além disso, o fim do «Subpluvial» neolítico africano, por volta de 2400 a.C., transforma em deserto a savana que até àquela altura cobria ainda os planaltos tanto a Oeste como a Leste do Nilo. Esta dessecação progressiva diminui os recursos em caça e as possibilidades de criação de gado dos habitantes do Vale.

Contudo, a partir do Neolítico, e talvez antes, quer por importação da Ásia no Leste e da África no Sul e no Oeste, quer seleccionando eles próprios sementes e reprodutores, os Egípcios modificam os recursos da natureza selvagem: a cevada, desde a pré-história, e a espelta substituem as gramíneas primitivas; lentilhas, feijões, alhos, pepinos, cebolas e alhos-porros tomam o lugar das plantas que cobriam a subfloresta da floresta-galeria desaparecida; aparecem o linho e a vinha, e a moringa fornece o óleo. Se as tentativas de domesticação da gazela, do órix e da hiena se malogram, em contrapartida os rebanhos de vacas, de cabras, de carneiros e de porcos multiplicam-se.

Esta transformação é muito progressiva. O Egipto do Antigo Império, até pelo menos cerca de 2200, graças a uma humidade relativa mais forte que actualmente, é ainda pastoril; o gado desempenha, na economia do país, um papel pelo menos igual ao da grande cultura. A partir do Médio Império, a cultura domina, a criação de gado perde importância e o Egipto faz apelo ao exterior para preencher as suas necessidades em gado.

O Vale, via de comunicação. – O Egipto, pela sua posição geográfica, na charneira, se assim se pode dizer, da África e da Ásia, foi sempre um lugar de permutas internacionais, pacíficas ou violentas. O vale do Nilo constitui uma via de comunicação privilegiada entre o mundo mediterrânico e a África longínqua. Pelo istmo de Suez, está em contacto com o corredor siro-palestino e, por aí, com a Mesopotâmia e a Anatólia. Estes laços, que já estão estabelecidos no Neolítico, têm a sua marca mesmo na língua e na escrita: se a morfologia e a sintaxe estão por vezes próximas do semítico, em contrapartida os sinais hieroglíficos propriamente ditos representam uma fauna e uma flora puramente africanas. À Ásia, o Egipto pedia madeira de construção, já que as árvores do vale eram difíceis de trabalhar e impróprias para fornecer as belas, longas tábuas e traves feitas a partir dos cedros e pinheiros do Líbano. O mineral de cobre vinha sobretudo do Sinai, assim como as turquesas. A estas importações de base juntavam-se o lápis-lazúli que transitava pela Ásia, e, a partir do Médio Império, o gado e numerosos produtos fabricados. De África vinham o ébano e essências, tendo a floresta-galeria subsistido durante mais tempo no alto vale do Nilo; o marfim e sem dúvida a obsidiana provinham também do Sul, aos quais há que juntar talvez um pouco de cobre no Antigo Império e principalmente, a partir do Médio Império, o ouro, o gado, os animais exóticos – vivos ou sob forma de peles – e por fim, de boa ou de má vontade, a mão-de-obra humana.

Pelo Mediterrâneo, o Egipto esteve em contacto, pelo menos através de intermediários, com o mundo egeu que, desde o Médio Império, lhe forneceu objectos fabricados, assim como o cobre cipriota, a prata ciliciana e o marfim sírio. No mar Vermelho, os navegadores egípcios iam até ao estreito de Bab-el-Mandeb para obter, na costa africana, o incenso, especiarias, ébano, marfim, ouro, animais como os babuínos, ou peles de leopardo.

No Oeste, o Egipto estava em relação com os Líbios que cultivavam os territórios na costa do Mediterrâneo e os oásis escalonados paralelamente ao Nilo, de Siwa no Norte até Khargeh no Sul. Embora pouco numerosos, e sem dúvida limitados em quantidade, os produtos da Líbia, gado de pequeno porte, azeite, vinho, parecem ter sido sempre muito apreciados dos Egípcios; mais abundantes na época alta: no período pré-dinástico e até ao meio do Antigo Império, desempenham então um papel económico importante que não se limita às necessidades do ritual religioso, como até há pouco se julgava.

Se se juntarem a todos estes recursos, de proveniência tanto local como externa, as numerosíssimas pedras que se encontravam com abundância nas cadeias montanhosas líbia e arábica, desde os sílex, alabastros, calcários, grés e granitos, até aos xistos, basaltos, quartzitos e dioritos, sem esquecer as pequenas pedras semi-preciosas (jaspe, ametista, cornalina), vê-se que o Egipto dispunha de tudo aquilo de que podia ter necessidade uma civilização antiga. Só o ferro era pouco abundante, mas só ganhará importância mesmo no fim da história egípcia.

A população e a vida quotidiana. – Depois dos recursos naturais, convém mencionar os recursos humanos. Aquando da dessecação progressiva dos desertos limítrofes, a partir do Paleolítico superior e, depois, a seguir ao fim do III milénio a.C., o vale do Nilo recolheu uma grande parte das tribos que não podiam subsistir no deserto. A este fundo, essencialmente africano branco, juntam-se periodicamente infiltrações vindas da Ásia pelo istmo de Suez, e também do Sul, de modo que os Egípcios antigos não constituem uma raça pura. Parece, todavia, que o elemento africano branco, aparentado aos Líbios e aos Núbios, terá sido sempre predominante.

É impossível precisar qual poderá ter sido o montante da população egípcia na época faraónica; de resto, ele deve ter variado consideravelmente ao longo dos séculos. Sugeriu-se a cifra de cinco milhões, o que provavelmente será um máximo, situando-se a média sem dúvida entre três e quatro milhões. O Egipto estava, pois, longe de conhecer o sobrepovoamento. Veremos que ele só poderá desempenhar um papel importante na Ásia com a ajuda dos recursos em homens do alto vale do Nilo: e mesmo assim esse papel será muito limitado no tempo.

O quadro onde se desenvolveu a civilização egípcia, quadro esse que acabamos de descrever, marcou fortemente a vida quotidiana dos habitantes. A inundação produtiva impôs um ritmo rigoroso a essa vida.

Depois de a água se retirar dos campos, entre Outubro e Dezembro conforme a latitude, os camponeses tinham de semear imediatamente na terra ainda húmida, ou melhor, na própria lama. Com efeito, uma vez semeada, a semente nunca mais recebia qualquer rega, natural ou artificial, até à completa maturação da planta. Havia, pois, que aproveitar ao máximo a humidade retida no solo. Enquanto esperavam pela ceifa, começada a partir de Março, os camponeses tratavam das hortas e dos pomares plantados nas margens do rio ou dos canais, onde era fácil regar por meio de baldes, primeiro, e, mais tarde, recorrendo à cegonha. Os Egípcios só conhecerão a *saquieh* ou nora mesmo no fim da sua história, e a irrigação permanecerá sempre anual, e não perene como o é actualmente graças às barragens.

No princípio de Junho o mais tardar, a ceifa estava feita e o grão recolhido nos celeiros. Era necessário, de imediato, de Maio a Julho, preparar a chegada da nova inundação: reparar os diques ao longo das margens, limpar os canais assoreados, levantar de novo os aterros que constituíam os «reservatórios» de irrigação que, escalonados do Sul ao Norte, retardavam e dominavam o ímpeto da cheia. É para este trabalho, que só seria eficaz se fosse executado a tempo e com cuidado, que uma autoridade central era indispensável. A partir de Julho, a inundação começa a fazer-se sentir. De Julho até ao fim de Outubro, o Egipto era inteiramente coberto pelas águas lodosas do rio, e as aldeias do vale apenas comunicavam entre si através dos diques que serviam também de estradas.

O camponês deixava, então, de poder trabalhar nos campos, mas nem por isso esse era para ele um período de descanso. Com efeito, o Nilo constituía a única estrada que permitia circular de uma extremidade à outra do país; por isso, tirando partido da inundação que penetrava em todo o lado até à própria orla do deserto, a administração mandava fazer, nessa época, os grandes transportes de materiais de construção, designadamente pedra e madeira, que eram trazidos para a edificação dos templos e, sobretudo, dos túmulos reais construídos na orla do deserto. Este trabalho exigia longas e numerosas «empreitadas». A inundação era também a época em que os rápidos das cataratas, cobertos de água, eram mais fáceis de transpor, era portanto a altura em que era preciso empreender as grandes expedições comerciais ou militares para o Sul.

Assim, o ritmo da vida egípcia estabelece-se com rigor: do fim de Julho a meados de Novembro, o Vale está inundado, é a época dos grandes transportes de materiais e das expedições para o Sul; de meados de Novembro a meados de Março, sementeiras e manutenção das culturas hortícolas; de meados de Março a meados de Julho, ceifa e preparativos para a chegada da nova cheia.

O calendário. – Aqui se encontra a origem do calendário egípcio antigo que é um calendário agrícola; o ano está nele dividido em *três* estações de quatro meses cada uma: *Akhet* (inundação), *Peret* (crescimento das plantas), *Shemu* (ceifa, etc.). Estas estações correspondem rigorosamente ao esquema dos trabalhos agrícolas que descrevemos. Cada mês tem trinta dias, ou seja, um total de 360 dias.

O primeiro dia do ano coincidia com o primeiro dia do primeiro mês da inundação. Primitivamente, os Egípcios tiveram de determinar este dia observando directamente a subida efectiva das águas, variando assim o primeiro dia de Akhet de um ano para o outro, e arriscando-se o último mês de Shemu a ser umas vezes mais longo outras vezes mais curto. No entanto, bastante rapidamente, talvez sob a III dinastia, eles acabaram por ligar o fenómeno natural da subida das águas a um fenómeno astronómico: o aparecimento no céu, na altura do pôr-do-sol, da estrela *Sepedet*, Sothis em grego (a nossa Sírio), a que se chama *o nascer helíaco de Sothis*. Este fenómeno, abaixo da latitude de Mênfis, produz-se a 14 de Junho gregoriano (19 de Julho juliano); ora, é efectivamente por esta altura que o início da inundação, primeiro muito lenta, pode ser observado em Mênfis. A partir daí, o ano oficial começou no dia do nascer helíaco de Sothis e durou 365 dias, porque os Egípcios tinham observado que este fenómeno se repetia após 365 dias; acrescentaram, portanto, cinco dias suplementares ao ano de 360 dias, em grego os «dias epagómenos».

Se o nascer helíaco de Sothis tivesse sido observado todos os anos, os Egípcios teriam encontrado o calendário perfeito. No entanto, as coisas não se passaram assim. No novo calendário adoptado, sem dúvida por volta de 2773 a.C. sob o reinado de Djeser, o primeiro dia do ano voltava regularmente 365 dias após a celebração do anterior. Sendo o ano solar real de 365 dias e um quarto (6 horas), daí se seguiu um desfasamento, de ano para ano, com o ano oficial. Ao fim de 120 anos, havia um mês de diferença entre os dois, e só após 1460 anos o primeiro dia do ano astronómico coincidia de novo com o primeiro dia de Akhet. É aquilo a que se chama um período sotíaco.

O desfasamento entre ano astronómico e ano «faraónico» forneceu à egiptologia uma cronologia de base segura. Com efeito, por diversas vezes, os Egípcios anotaram o dia do ano oficial em que efectivamente se tinha dado o nascer helíaco de Sothis. Sabendo por um texto de Censorinus que esse nascer helíaco e o primeiro do ano oficial tinham coincidido em 139 da nossa era, calculou-se primeiramente que o mesmo fenómeno devia ter-se verificado em 1317 e 2773 a.C.; isso permitia fixar a data da adopção do calendário que só podia ser uma dessas duas datas. Admitia-se até há pouco que essa adopção se tivesse feito um período sotíaco antes, ou seja, em 4323 a.C., mas essa data, que se situa em plena época neolítica, foi abandonada. Não permitindo a data de 1317 incluir o reinado de todos os faraós conhecidos graças às fontes, daí se segue que a adopção do calendário deva ter sido feita em 2773 a.C.

Graças às observações dos escribas, algumas datas precisas balizam a história do Egipto: o ano 7 de Sesóstris III cai em 1877 a.C., o ano 9 de Amenófis I em 1545 e o reinado de Tutmés III deve incluir o ano 1469. Foi a partir destas datas-referências que, combinando fontes literárias e arqueológicas, se pôde estabelecer uma cronologia que, no pormenor, pode prestar-se à discussão, mas no seu conjunto se mantém sólida.

O calendário «oficial» ou «civil», de uso sobretudo administrativo, tão útil para o estabelecimento da cronologia, nunca substituiu, para os Egípcios, na vida de todos os dias, um calendário *lunar* em uso desde o período protodinástico. Foi sempre com base nas fases da lua que foram fixadas as grandes festas religiosas. Assinalou-se mesmo, após a adopção do calendário «civil», a existência de um *segundo* calendário lunar, melhorado, de modo que se deve falar não «do» mas «dos» calendários egípcios.

As fontes da história egípcia. – O Egipto não parece ter tido «historiadores», como os Gregos e Roma possuíram. Contudo, está fora de dúvida que, nos seus arquivos, os templos conservavam *Anais* de carácter histórico, nos quais estavam consignados os nomes dos reis, a duração do seu reinado e, por vezes, os principais acontecimentos que tinham ocorrido. Poucos desses documentos chegaram até nós. O mais antigo, gravado numa laje de diorito negro, é conhecido sob o nome de *Pedra de Palermo* (local onde se conserva). Redigido sob a V dinastia, apresenta os nomes dos faraós desde o fim do Pré-dinástico recente, quando a monarquia ainda não estava unificada, e consequentemente encontram-se nele, separados, os nomes dos reis do Alto Egipto e os dos reis do Baixo Egipto. O monumento está infelizmente em mau estado de conservação e são por isso numerosas as lacunas. Onde está completa, a Pedra de Palermo é das mais preciosas, porquanto apresenta, ano após ano, o nome do faraó reinante, o acontecimento marcante do ano e, ao que parece, a altura atingida pela inundação. Fica-se pelo sexto rei da V dinastia, Ne-user-ré.

O *Papiro de Turim*, redigido sob Ramsés II (1290-1224), deve ter sido composto segundo anais do tipo dos da Pedra de Palermo: é uma lista de nomes de reis com a duração do seu reinado em anos, meses e dias. A lista começa com os deuses e semi-deuses aos quais atribui reinados de uma duração fantástica; os faraós históricos estão agrupados e, de lugar em lugar, o papiro apresenta o total dos anos de reinado do grupo. Infelizmente, o Papiro de Turim, que se fica pela XIX dinastia, é também ele muito incompleto.

À Pedra de Palermo e ao Papiro de Turim convém juntar as *Listas reais* monumentais. Compiladas também elas a partir de anais originais, citam sequências de nomes de reis por ordem cronológica, mas sem apresentarem datas. Destinadas a assegurar, nos templos, o culto funerário dos grandes antepassados, têm a desvantagem de fazerem uma escolha entre os reis, alguns dos quais não são nomeados. As mais célebres destas listas são: a *Lista de Karnak*, actualmente no Museu do Louvre, composta sob Tutmés III (1504--1450), comportava originalmente 61 nomes que nem sempre estão dispostos com rigor; a *Tábua de Abydos*, gravada numa parede deste templo sob Sethi I (1312-1298), enumera 76 reis; a *Tábua de Sacará*, por fim, que data de Ramsés II (1301-1235), encontrada num túmulo de funcionário, comportava as vinhetas de 57 reis das quais subsistem apenas 50.

No século III a.C., a pedido de Ptolomeu II Filadelfo, um sacerdote egípcio, Máneton, escreveu em grego uma história completa do Egipto faraónico. Máneton serviu-se certamente dos anais conservados nos templos, mas a sua obra *Aegyptiaca* perdeu-se e só a conhecemos através de um sumário ou Epítome redigido segundo o original por vários cronógrafos. Os apologistas judeus e cristãos serviram-se com frequência deste Epítome que nos chegou graças a eles. Máneton repartira a história dos Faraós, desde as origens até à conquista de Alexandre, em trinta e uma dinastias. O Epítome apresenta, para cada dinastia, o seu lugar de origem, a lista dos reis que a compõem com a duração do seu reinado e, por vezes, raramente, uma curta frase que menciona um acontecimento marcante do reinado.

Às diversas fontes que acabamos de enumerar, é preciso acrescentar, por um lado, as informações fornecidas pelos historiadores gregos que vieram para o Egipto nos sécs. VI e V a.C.; se as obras de Hecateu de Mileto estão perdidas, as de Heródoto continuam a ser preciosas apesar de numerosos erros; e, principalmente, por outro lado, as inscrições gravadas pelos próprios faraós nos monumentos do seu reinado. Se bem que raramente «históricos», no sentido que hoje damos ao termo, estes textos, os únicos autênticos, permitiram reconstituir o essencial dos acontecimentos que se verificaram no tempo de um grande número de reis. Dado que cada faraó não utiliza uma era contínua como nós fazemos, mas data os acontecimentos do seu reinado em relação ao dia em que subiu ao trono – por exemplo: «no ano 4, no terceiro mês da inundação, no nono dia» –, se os monumentos datados são suficientemente numerosos, permitem controlar as durações de reinados fornecidas pelas outras fontes.

Reunindo e comparando todos estes elementos, foi possível estabelecer uma cronologia absoluta da história do Egipto. Se só se tivessem em conta as durações de reinados fornecidas pela Pedra de Palermo, pelo Papiro de Turim e pelo Epítome de Máneton, fixar-se-ia em 5546 a.C. o início da história escrita do Egipto. Era a data até há pouco retida pelos defensores da «cronologia longa». As datas sotíacas e o estudo dos monumentos reduzem essa data em mais de 2500 anos e fixam os inícios da I dinastia por volta de 3150 a.C.

Os historiadores modernos repartiram as trinta e uma dinastia manetonianas em oito grandes divisões que terminam na conquista de Alexandre em 332:

Época tinita ou arcaica = I e II dinastias.
Antigo Império = da III à VI dinastias.
Primeiro Período intermédio = da VII à X dinastias.
Médio Império = XI e XII dinastias.
Segundo Período intermédio = da XIII à XVII dinastias.
Império Novo = da XVIII à XX dinastias.
Terceiro Período intermédio = da XXI à XXIV dinastias.
Época Baixa = da XXV à XXXI dinastias.

BIBLIOGRAFIA GERAL

I. – HISTÓRIAS GERAIS DO ORIENTE

J. Bottero, E. Cassin, J. Vercoutter, *The Near East. The Early Civilisations* (Fischer Weltgeschichte), Londres, 1967.
Cambridge Ancient History, vol. I e II, 3.ª ed., Cambridge, 1971, 1975, 1977.
H.R. Hall, *The Ancient History of the Near East*, 9.ª ed., Londres, 1936.
G. Maspero, *Histoire ancienne des peuples de l'Orient*, I-III, Paris, 1899 (apesar da sua idade).
Ed. Meyer, *Geschichte des Altertum*, I-III, Estugarda, 1925-1937.
A. Moret em G. Glotz, *Histoire ancienne*, Première Partie: *Histoire de l'Orient*, 2 vol., Paris, 1929-1936.
A. Scharff, *Aegypten und Vorderasens im Altertum*, Munique, 1950.

II. – HISTÓRIAS DO EGIPTO E DO VALE DO NILO

W.Y. Adams, *Nubia, Corridor to Africa*, Londres, 1977.
C. Aldred, *The Egyptians*, Londres, 1961.

J.H. Breasted, *A History of Egypt*, 2.ª ed., Londres, 1925.
A.H. Gardiner, *Egypt of the Pharaohs, an Introduction*, Oxford, 1961.
W.M.F. Petrie, *History of Egypt*, 3 vol., Londres, 1917-1923.
J. Vandier, em E. Drioton, J. Vandier, *Les peuples de l'Orient méditerranéen*, II: *L'Egypte*, «Clio», 4.ª ed., Paris, 1962.
J. Vercoutter, *L'Egypte ancienne*, «Que sais-je?», 10.ª ed., Paris, 1982.
J. Yoyotte, *Egypte ancienne*, Encyclopédie de la Pléiade, *Histoire universelle*, I, p. 103-285, Paris, 1956.

III. – HISTÓRIA DA CIVILIZAÇÃO E DAS INSTITUIÇÕES

E. Erman, H. Ranke, *Aegypten und aegyptisches Leben im Altertum*, Tubinga, 1923 (tradução francesa: *La civilisation égyptienne*, Paris, 1952.)
S.R.K. Glanville, *Legacy of Egypt*, Oxford, 1947.
W.C. Hayes, *The Sceptre of Egypt*, 2 vol., Nova Iorque, 1953.
G. Jéquier, *Histoire de la civilisation égyptienne*, Paris, 1925.
H. Kees, *Kulturgeschichte des alten Orients, Ägypten*, Munique, 1923.
—, *Ancient Egypt, A Cultural Topography*, ed. T.G.H. James, Londres, 1961.
P. Montet, *La vie quotidienne en Egypte au temps des Ramsés*, Paris, 1946.
J. Pirenne, *Histoire de la civilisation égyptienne*, 3 vol., Neuchâtel-Paris, 1961.
—, *Histoire des institutions et du droit privé de l'ancienne Egypte*, 4 vol., Bruxelas, 1932.
G. Posener, S. Sauneron, J. Yoyotte, *Dictionnaire de la civilisation égyptienne*, Paris, 1959.
J. Spiegel, *Das Werden der altaegyptischen Hockultur*, Heidelberg, 1953.
B.G. Trigger, B. Kemp, D. O'Connor, A. Lloyd, *Ancient Egypt, Asocial History*, Cambridge, 1983.

IV. – ARQUEOLOGIA. HISTÓRIA DA ARTE

A. Badawy, *A History of Egyptian Architecture*, Giza, Berkeley, Los Angeles, 1954-1968.
Dictionnaire archéologique des techniques, 2 vol., Paris, 1963-1964 (artigos de J. Vercoutter para o Egipto).
K. Lange, M. Hirmer, *Egypt, Architecture, Sculpture and Painting in three thousand years*, Londres, 1956.
A. Lucas, *Ancient Egyptian Materials and Industries*, 4.ª ed., revista e aumentada por T.R. Harris, Londres, 1962.
W.S. Smith, *The Art and Architecture of Ancient Egypt* (Pelican), Hardmondsworth, 1958.
«Univers des formes», *Le temps des pyramides*, Paris, 1978; *L'Empire des conquérants*, Paris, 1979; *L'Egypte du crépuscule*, Paris, 1980.
J. Vandier, *Manuel d'archéologie égyptienne*, 8 vol., Paris, 1952-1969.

V. – RELIGIÃO

H. Bonnet, *Reallexikon der ägyptischen Religionsgeschichte*, Berlim, 1952.
J. Cerny, *Ancient Egyptian Regilion*, Londres, 1952.
A. Erman, *Die Religion der Ägypten*, Berlim, Leipzig, 1934.
H. Frankfort, *Kingship and the Gods*, Chicago, 1948.
H. Kees, *Der Götterglaube im alten Ägypten*, 2.ª ed., Berlim, 1956.
—, *Totenglauben und Jenseitkorstellungen der alten Ägypten*, 2.ª ed., Berlim, 1956.
S. Morenz, *Egyptian Religion*, traduzido por A.E. Keep, Londres, 1973.
S. Sauneron, *Les prêtres de l'ancienne Egypte*, Paris, 1957
J. Vandier, *La religion égyptienne*, «Mana», Paris, 1949.

VI. – OBRAS DE REFERÊNCIA

W. Helck, E. Otto, *Lexikon der Ägyptologie*, Wiesbaden, desde 1975, 5 volumes publicados em 1984.
J.J. Janssen, *Bibliographie égyptologique annuelle*, Leyde (anual desde 1948).
I. Pratt, *Ancient Egypt, Sources of information in the New York Public Library*, Nova Iorque, 1925.
—, *Ancient Egypt, 1925-1941, A Supplement*, Nova Iorque, 1942.

I. – AS ORIGENS DO EGIPTO: DO PALEOLÍTICO ATÉ AO FIM DO PRÉ-DINÁSTICO (45000 – 3150)

A partir dos inícios do III milénio a.C., a civilização egípcia parece já constituída tal como permanecerá durante três milénios.

O período de formação desta civilização, língua, escrita, religião, instituições, arte, é dos mais importantes, mas, infelizmente, é também dos mais obscuros. As informações extraídas quer das fontes arqueológicas quer dos textos recolhidos pelos próprios Egípcios numa época muito posterior aos factos (por volta de 2500 a.C.) dão-nos apenas as grandes linhas dos acontecimentos.

A história das origens do Egipto pode dividir-se em três grandes épocas: o fim do Paleolítico e o Mesolítico (45000 – 5000 a.C. aprox.), o Neolítico (5000 – 3800) e a época pré-dinástica (3800 – 3000.)

1. O Egipto no fim do Paleolítico e no Mesolítico

Na sequência da «Campanha de salvamento da Núbia» lançada pela UNESCO em 1960, numerosos pré-historiadores trabalharam no Alto Egipto e na Núbia, entre as primeira e terceira cataratas. Os resultados desses trabalhos não estão ainda todos publicados (1986), mas, mesmo assim, começa a desenhar-se uma nova imagem da pré-história longínqua do Egipto. Não parece que tenha havido, como por vezes se julgava, um hiato entre o povoamento paleolítico do Vale e o aparecimento dos homens do Neolítico. E sobretudo, já não é seguro que tenham sido as tribos neolíticas a introduzir no Egipto a agricultura e a criação de gado, nem mesmo que tenham começado a irrigação: recentemente levantou-se a interrogação se acaso a cevada não seria já cultivada no Alto Egipto no Paleolítico Superior, e de resto, a irrigação, isto é, o estabelecimento sistemático de canais e de diques para controlar a inundação, ao que parece, só muito progressivamente foi organizada e não terá sem dúvida desempenhado um papel essencial no Neolítico e no Pré-dinástico. Esse é um domínio de pesquisas que se abre pouco a pouco e deve manter uma grande prudência em todo o esboço da pré-história do Egipto.

As fases do Paleolítico. – O vale do Nilo conheceu diversas fases paleolíticas. É assim que, nas altas plataformas deixadas pelo Nilo, os níveis que remontam ao Paleolítico Inferior e Médio foram reconhecidos tanto no Alto Egipto, na região de Tebas, como perto do Cairo, nas espessas jazidas de Abbassieh, e também nos oásis ocidentais. Foram encontrados, no vale do Nilo, instrumentos pré-chelenses, chelenses e acheulenses assim como levaloisenses (antigo mustierense) do Paleolítico Médio.

Neste último domínio, notar-se-á que as datas fornecidas pelo carbono 14, no início do emprego desta técnica (1955), são agora reconhecidas como demasiado baixas para o Egipto, em várias centenas, ou mesmo milhares de anos. Isso tem como consequência fazer remontar ao Paleolítico Médio (45 000 – 33 000 a.C. aprox.) o *ateriense* que se inseria até então no paleolítico final (cerca de 25 000 – 16 000 a.C.).

Por outro lado, as recentes pesquisas na Núbia levaram à descoberta de uma nova cultura até então desconhecida, o *khormusiense*. A existência de um clima mais húmido (Subpluvial mustierense) facilita então a vida tanto a Leste como a Oeste do Nilo onde reina a savana rica em animais selvagens e em plantas comestíveis. Esta savana é o domínio das populações do ateriense; as do khormusiense estão mais ligadas ao rio onde praticam largamente a pesca e a caça. Ateriense e khormusiense parecem ter sido mais ou menos contemporâneos. Talvez seja essa uma primeira imagem da dualidade de populações que será uma das características permanentes do Egipto faraónico.

O Paleolítico Superior é igualmente conhecido no Egipto, nas suas formas antigas (ateriense e sebilense) no alto vale, o Faium e o Delta meridional, tal como nos seus aspectos mais recentes (aurinhacense, solutrense, madalenense da Europa, que parecem corresponder ao sebilense II e ao capsense do Egipto). Continua-se na indústria de Heluan, já próxima do Mesolítico. As técnicas de corte da pedra, até então idênticas às da Europa, começam a individualizar-se na África, e belas séries do sebilense II, que comportam traços particulares, foram encontradas em Kom Ombo, no Alto Egipto.

Se o sebilense terminou de facto no Egipto por volta de 9000 a.C., cerca de quatro milénios separavam ainda o Paleolítico Superior do Neolítico egípcio, milénios esses que seriam ocupados pelo *Mesolítico*; ou *Epipaleolítico*, como por vezes se denomina este período.

O Mesolítico. – O Mesolítico/Epipaleolítico do vale do Nilo, mal conhecido até estes últimos anos, revela-se pouco a pouco como um importante período de transição entre o Paleolítico Superior e o Neolítico; isso graças, por um lado, às escavações da Núbia que deram a conhecer vários locais desta época, um dos quais pôde ser datado de 7500 a.C., e, por outro, sobretudo a recentes trabalhos em El Kab, no Alto Egipto, que fizeram aparecer instalações de pescadores-caçadores que se escalonam de 6400 a 6000 a. C.

Parece que a agricultura, que se desenvolvera talvez no Vale do Paleolítico Superior, não terá sobrevivido quer à aridez crescente do clima dos XII e XI milénios a.C., quer a uma sucessão de inundações catastróficas que afastaram do fundo do Vale as populações do Mesolítico; estas regressaram então às técnicas da caça, da pesca e da recolha.

Os homens do Paleolítico egípcio tal como os do Mesolítico são sobretudo conhecidos pela sua indústria lítica: «punhais» de pedra lascada, cutelos, raspadores, furadores, buris. Estes utensílios são muito belos graças à excepcional qualidade do sílex egípcio que se encontra com abundância nas falésias da cadeia líbica. Os raros vestígios de acampamentos encontrados datam do fim do Paleolítico Superior e do Mesolítico. Mostram que os seus ocupantes se alimentavam sobretudo de moluscos, de peixe e de caça, e a presença de mós prova que, se ainda não cultivavam, o que não é impossível (cf. mais atrás), recolhiam pelo menos certas gramíneas, designadamente a cevada (selvagem ou não). Finalmente, conheciam o arco, porquanto foi encontrado um grande número de pontas de flechas.

2. O Egipto neolítico

É no fim do VI ou no início do V milénio, por volta de 5500 a.C., que se manifesta aquilo a que se chama o Neolítico «puro» no vale egípcio do Nilo, ou seja, o aparecimento da técnica do polimento das pedras, da tecelagem, de uma cerâmica abundante, de uma agricultura considerável e da domesticação dos animais – sem haver ainda vestígios, ao que parece, de utilização do cobre.

Problemas de datação. – Este nascimento do Neolítico, qualificado por vezes de «revolução», é acentuado por uma lacuna de cerca de meio milénio nos nossos conhecimentos sobre o que se passou no Egipto entre o fim do Mesolítico de El Kab, à volta de 6000 a.C., e o aparecimento das primeiras aglomerações neolíticas no Vale e no Faium, por volta de 5500 a.C. Este hiato não permite decidir se se está em presença de uma invasão vinda de fora ou de uma importação do exterior das novas técnicas, ou muito simplesmente de uma evolução no próprio local que seria eventualmente caracterizada pelo reaparecimento da agricultura do Paleolítico, acompanhada por um desenvolvimento da domesticação dos animais; esta parece, de facto, ter já sido praticada no VI milénio pelas populações da Núbia ribeirinhas do Nilo.

Fora do Vale, mas não longe dele, o Neolítico é atestado por volta de 6150 a.C., nomeadamente no deserto ocidental, onde parece ser contemporâneo do Mesolítico de El Kab.

O Neolítico é marcado por uma maior humidade do clima. Sucedendo à aridez do Mesolítico, este «Subpluvial neolítico» explica talvez o aparecimento – ou reaparecimento – do desenvolvimento da agricultura no Egipto.

O Neolítico egípcio só é conhecido através de um pequeno número de locais dispersos por toda a extensão do país, e que não são contemporâneos uns dos outros. Contudo, graças à descoberta do princípio do carbono 14 e à utilização da termoluminescência, pôde ser traçado um esquema cronológico do Neolítico egípcio. Os locais de implantação da cultura de Badari remontam a 5580 ± 420 a.C. (ou seja, 6825 e 5455 após calibração) e vão até 4360 ± 300 (ou seja, entre 5600 e 4550 após calibração). Os locais de *Faium A*, situados nas plataformas superiores do lago actual, datam de 4440 ± 180 a.C. (ou seja, entre 5675 e 4960 após calibração). *Merimde-Beni-Salameh*, na ponta sul do Delta ocidental, parece ligeiramente anterior, cerca de 4880 a.C. (ou seja, entre 6175 e 5310 após calibração). Seguidamente vêm *Shaheinab* muito a Sul, perto de Cartum (3490 ± 380 a.C., ou seja, entre 4910 e 3680 após calibração); *El Omari*, perto de Heluan e do Cairo actual situa-se em 3300 ± 230 (ou seja, entre 4560 e 3540 após calibração); o centro de *Tasa*, no Egipto Médio (4560 – 3540 após calibração), seria um pouco posterior ao de El Omari. O mesmo sucede no Alto Egipto para as pequenas estações de *Uádi-es-Sheikh*, *de Toukh* e de *Armant-Gebelein* (a Sul de Luxor).

O *Faium B*, durante muito tempo considerado como Neolítico, remonta na realidade ao Mesolítico (Karunense), e data de 5700 a.C. aprox. (entre 7000 e 5700 após calibração).

As incertezas destas datações, sobretudo após calibração, fornecidas a partir das tabelas da *Revue d'archéométrie* (1983) oscilam de quatro séculos a mais de um século e meio. Pode, todavia, admitir-se que o Neolítico egípcio tenha durado de 5500 a 4500 aprox., durante pelo menos um milénio. A espessura dos lodos que se foram depositando durante este período confirma esta estimativa. A dispersão no espaço dos centros de culturas conhecidos assim como o seu escalonamento no tempo apenas permitem um estudo esquemático da evolução do Egipto neolítico.

As actividades do Neolítico. – No Baixo Egipto, os homens do Faium A e os de Merimde-Beni-Salameh dedicam uma grande parte da sua actividade à agricultura e à criação de gado. A descoberta de silos, preparados com cestos de vime revestidos de argila e enterrados no solo, que continham ainda grãos, permitiu determinar que estes homens conheciam já o trigo, a cevada, o trigo-mourisco e o linho, o que denota uma experiência agrícola anterior aos inícios do Neolítico. As ossadas de bois, cabras, carneiros, porcos e cães encontradas nos locais provam que a criação de gado era largamente praticada. Restos de cerâmica, e mesmo pedaços de tecido, testemunham o conhecimento da olaria e da tecelagem, completada pelo trabalho do couro. A olaria, embora grosseira, era mesmo de uso corrente.

Já agricultores, os habitantes das aldeias continuam no entanto a ser pescadores e caçadores. Numerosas pontas de arpões de osso, ou de flechas de sílex, foram encontradas nas cabanas. As aldeias são constituídas por cabanas redondas ou ovais, por vezes parcialmente escavadas no solo. Os mortos talvez fossem por vezes enterrados na aglomeração, como se pertencessem ainda ao grupo humano; grãos colocados perto da cabeça confirmam a existência de uma crença numa vida de além-túmulo.

As culturas neolíticas. – No Alto Egipto, o Neolítico é conhecido pelos locais de Nagada e sobretudo de Hemamieh/Badari, tendo este último sido ocupado durante todo o Neolítico até ao Pré-dinástico, de 5540 a 4500 a.C. O Neolítico é por vezes denominado *tasiense*, de Deir Tasa, embora este local, muito próximo de Badari, cubra cronologicamente o mesmo período deste último. A cultura contemporânea do Norte é conhecida unicamente pelo local de El Omari; dar-lhe-emos o nome de cultura de *El Omari-Heluan* para evitar confusões com a cultura mesolítica de Heluan.

Uma evolução sensível distingue as sociedades do início do Neolítico das de Badari-Tasa e de El Omari-Heluan. Em Badari-Tasa, não se enterram os mortos nas aldeias, mas em necrópoles na orla do deserto. O corpo repousa no fundo de uma cova oval, em posição fetal. Está por vezes coberto com uma pele de animal ou com uma esteira e rodeado dos objectos de que poderia precisar no além. Doravante há, portanto, não só uma crença numa vida de além-túmulo, mas também ritos funerários.

No foco do Norte, a mesma evolução: de início, tal como em Merimde, ao que parece, os homens de El Omari-Heluan continuam a enterrar os seus mortos na própria aldeia, ou mesmo nas casas; mas em breve estes são inumados à parte das habitações. Ficam deitados sobre o lado esquerdo, em flexão fetal, cabeça voltada para Sul, rosto para o Oeste; orientação que prova a existência de ritos de inumação, confirmados pela presença de um mobiliário funerário.

Em certos pontos, o foco de El Omari-Heluan parece ter técnicas mais evoluídas que o grupo meridional: os instrumentos de pedra são mais bem talhados, as pontas de lança de sílex em forma de folha de loureiro são notáveis. Os artífices dão início ao fabrico de vasos de pedra, indústria típica do Egipto faraónico, ainda ignorada no Sul. Finalmente, as construções estão já mais bem agrupadas no foco do Norte, ao passo que, no alto vale, estão ainda em ordem mais dispersa.

O Sul retoma a vantagem na olaria. Se é verdade que as formas são mais variadas no Norte, a técnica de fabrico é superior no Sul, que possui já os vasos negros com incrustações brancas e, sobretudo, a bela olaria vermelha de bordo negro que permanecerá característica das culturas pré--dinásticas egípcias.

A cultura de El Omari-Heluan parece herdeira directa do Neolítico antigo de Faium e de Merimde, mas ainda não se conhece o antepassado dos focos meridionais. Contudo, estes têm muito em comum com a cultura neolítica de Shaheinab, em particular a olaria vermelha ondulada (*rippled-ware*) e as *paletas de cosméticos*.

3. O Pré-dinástico egípcio

Embora o Pré-dinástico egípcio seja muitas vezes denominado eneolítico ou calcolítico, não poderá deduzir-se daí que a introdução do metal tenha sido, no Egipto, uma revolução muito importante. Não há, de facto, qualquer ruptura entre o Neolítico e o Eneolítico e é preciso sublinhar, pelo contrário, a continuidade da evolução das sociedades humanas de um estádio para o outro. É por isso que abandonamos essas expressões para utilizar apenas o termo «Pré-dinástico».

Tal como na época anterior, encontramos no Egipto pré-dinástico dois grupos de culturas: um no Norte, outro no Sul. Ao *badariense-tasiense* meridional sucede o *amratiense* (ou Nagada I), enquanto, na sequência de El Omari-Heluan, o Norte conhece sucessivamente as do *gerzeense* e do *meadiense*. Os dois grupos de culturas evolvem primeiro paralelamente, tendo embora contactos um com outro; depois, no meio do Pré-dinástico, fundem--se ambos numa única civilização material donde sairá o Egipto unificado.

O período pré-dinástico é ainda mal conhecido. Estamos mais bem informados sobre as civilizações do alto vale que sobre as culturas contemporâneas do Baixo Egipto. A Sul de Faium, o planalto desértico próximo das aldeias do vale era um lugar muito indicado para o estabelecimento de cemitérios, o que explica que o Alto Egipto tenha conservado mais vestígios das culturas pré-dinásticas que o Baixo Egipto, onde os locais de implantação estão, na maioria das vezes, enterrados sob espessas camadas de lodo ou sob as aldeias actuais.

Pré-dinástico primitivo e Pré-dinástico antigo. – Podemos distinguir, dentro do Pré-dinástico, quatro períodos sucessivos: Pré-dinástico primitivo, Pré-dinástico antigo, pré-dinástico médio, Pré-dinástico recente.

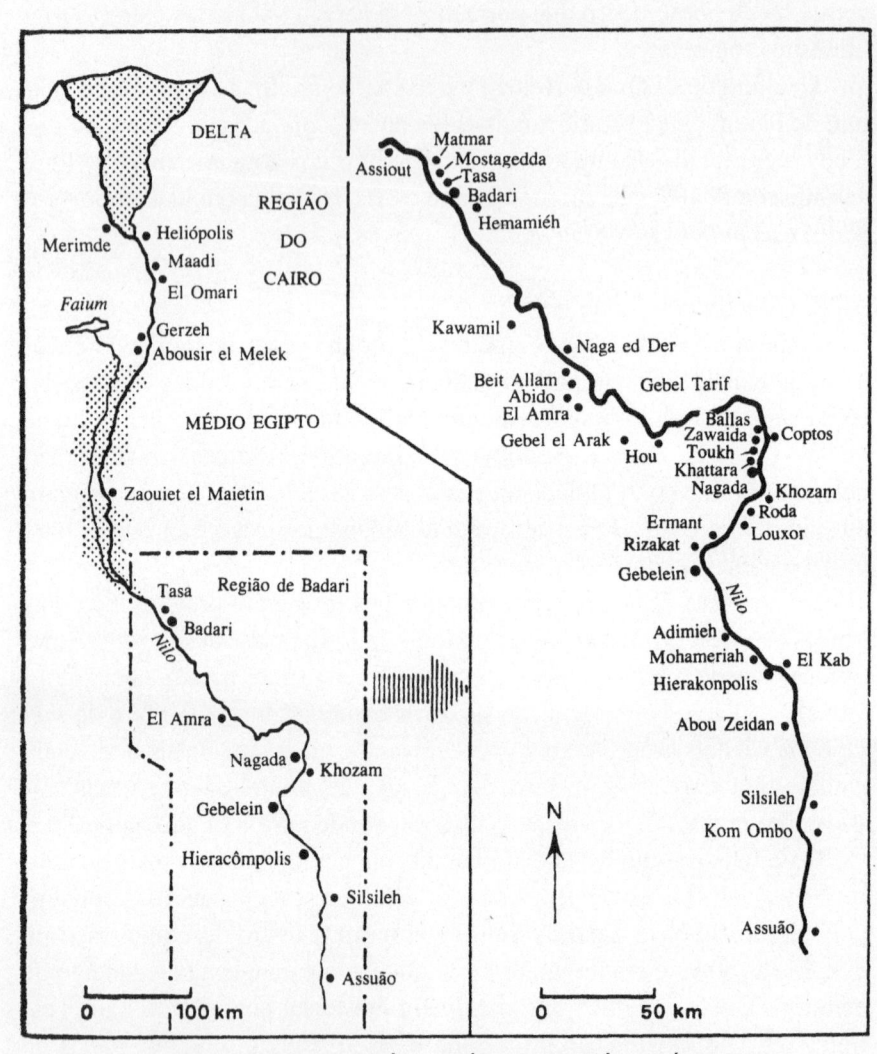

Mapa 1 – O EGIPTO PRÉ-HISTÓRICO E PRÉ-DINÁSTICO

O Pré-dinástico primitivo é conhecido no Sul pelas mais recentes camadas do *badariense*, do nome de El Badari, o local mais importante, e, no Norte, pela cultura de *Faium A* contemporânea de Merimde.

Os Egípcios vivem então em cabanas ovais e começam a gozar de um conforto relativo: esteiras entrançadas, almofadas de couro, camas de madeira. O culto dos mortos desenvolve-se: o cadáver repousa sempre numa fossa oval, mas, independentemente de uma pele de animal para protegê-lo, com frequência uma armação de madeira isola-o das paredes do túmulo, e perto dele são depositadas ofertas alimentares e objectos de uso corrente.

Embora o metal seja conhecido, os utensílios correntes continuam a ser de sílex; o cobre, raro, é simplesmente martelado. O badariense utiliza a olaria vermelha de bordo negro, ou vermelha finamente ondulada; cultiva e tece o linho, embora empregue ainda largamente o couro que lhe vem da caça ou da criação de gado.

Os objectos de adorno são numerosos. As pérolas, muitas vezes cobertas de pasta esmaltada, revelam já uma das técnicas características do Egipto: o esmalte vitrificado. As paletas de cosméticos são esculpidas no xisto, e estatuetas de mulheres no marfim ou na argila; animais decoram os pentes de marfim e os cabos das colheres de perfume.

O badariense forma juntamente com o amratiense, etc., os elos de uma cadeia contínua: cada um deles herda tradições estabelecidas pelas culturas anteriores, e transmitem-nas, enriquecidas pelas suas aquisições pessoais, à sociedade seguinte.

O badariense, limitado a Norte pelo Médio Egipto, estendeu-se no Alto Egipto, e até à Núbia.

Na mesma época, o Baixo Egipto conhecia um outro aspecto do Pré-dinástico primitivo, a cultura de *Faium A*, assim denominada porque os seus vestígios foram encontrados nas margens do lago Faium, e para distingui-la do Faium B ou qaruniense (que data do Mesolítico).

O homem do Faium A utiliza, também, o sílex mais frequentemente que o metal. A sua cerâmica tem formas mais variadas que a do badariense, mas a sua técnica é menos boa; em contrapartida, mantém a tradição aparecida em Merimde e fabrica belos vasos de pedra.

Ao Pré-dinástico primitivo sucede *o Pré-dinástico antigo*, conhecido por um grande número de locais do Alto e do Médio Egipto, e constituído pela cultura dita do *amratiense*, do nome de El Amrah, perto de Abydos, na fronteira entre o Alto e o Médio Egipto. Também é designada sob o nome de Nagada I, ou de primeira cultura pré-dinástica, tendo sido Nagada o primeiro local onde esta cultura foi observada.

O *amratiense* (cerca de 4500 – 4000 a.C.) continua a tradição badariense. Os mesmos vasos vermelhos de bordo negro são utilizados em ambas as culturas. Quando muito, podem notar-se algumas novidades no amratiense: aparecem cerâmicas decoradas, umas ornadas de desenhos geométricos ou naturalistas pintados em branco sobre o fundo vermelho, outras negras com ornato inciso. Por outro lado, aparecem vasos modulados em argila, nomeadamente em forma de animais.

Os Egípcios, durante o amratiense, dependem ainda muito, para a sua alimentação, da pesca e da caça, donde o aparecimento de animais selvagens na iconografia. O Egipto clássico conserva esses temas, nomeadamente o da caça ao hipopótamo, e dá-lhe uma significação religiosa. Não se exclui, portanto, que eles tenham tido uma significação semelhante na época amratiense.

O amratiense, tal como o badariense, faz um grande uso das *paletas* utilizadas para triturar a pasta de galena e de malaquite que servia para pintar os olhos.

Tal como na época anterior, a pedra continua a ser mais frequentemente empregada que o metal. Ao lado das peças de sílex, foram recolhidos objectos de obsidiana nos focos amratianos. Este vidro natural, vulcânico, não se encontra no Egipto. A sua presença implica, portanto, relações com países estrangeiros, mediterrânicos ou mais verosimilmente meridionais.

A arte continua a sua progressão. Entre as obras características, assinalam-se estatuetas de homens barbudos, portadores do estojo fálico que os aparenta aos Líbios.

A cultura amratiense encontra-se em numerosos locais: Nagada, Ballas, Hu, Abydos, etc. Centra-se na parte média do Alto Egipto e, consequentemente, a sua extensão é mais restrita que o badariense que se estendia até à Núbia.

O aparecimento de vasos de pedra no mobiliário amratiense parece implicar que tenha havido contactos entre o Sul e o Norte desde esta época; infelizmente, ainda não se conhece nenhum local do Pré-dinástico antigo no Baixo Egipto.

Pré-dinástico médio ou gerzeense (4000 – 3500 a. C.). – Depois de ter durado um século, talvez menos, o amratiense funda-se progressivamente no foco de cultura do Baixo Egipto, para formar aquilo a que chamaremos o *Pré-dinástico médio*, ou Nagada II, ou ainda Segunda Cultura pré-dinástica. Tem-se hoje a tendência para designar este período pela palavra *gerzeense*, do nome de Gerzeh, no Baixo Egipto, onde ela aparece com mais nitidez.

A partir do gerzeense é possível observar, simultaneamente, os dois focos da civilização do Sul e do Norte. Este último desempenha um papel preponderante na evolução do Pré-dinástico. Ele tem o seu centro não no Delta, inacessível aos nossos meios de investigação, mas à volta de Mênfis e do Faium. Está, portanto, bastante afastado dos locais amratienses que se agrupam à volta de Abido.

Um dos traços notáveis do gerzeense é o desenvolvimento da religião funerária. Os túmulos, tal como as habitações humanas sem dúvida, deixam de ser ovais para se tornarem rectangulares e comportam várias câmaras. O corpo é na maioria das vezes disposto com a cabeça para o Norte, o rosto para o Oriente, e não já para o Oeste, o que pode indicar uma evolução das crenças religiosas.

As diferenças entre amratiense e gerzeense são evidentes sobretudo na cerâmica. Ao passo que o amratiense utiliza de preferência as cores vermelha e negra às quais se juntam o branco baço do ornato, o gerzeense emprega para as suas cerâmicas uma massa mais friável, tirada de uma argila mais margosa, que dá às suas peças a cor característica de cinzento claro a tender para a cor de camurça. A decoração naturalista, muito diferente da do amratiense, é delineada a ocre vermelho bastante escuro. Muito estilizada, inclui montanhas, íbex (camurças), flamingos, aboés e sobretudo barcos providos de uma espécie de hastes que suportam animais, objectos ou plantas que estão talvez aparentados com os símbolos que designarão mais tarde os nomos ou províncias. Ao lado das cenas naturalistas encontram-se também decorações que imitam os vasos de pedra dura. Estes são notáveis, tanto no formato como nas matérias de que são feitos: brecha, basalto, diorito, serpentina, etc. Enfim, tal como a arma amratiense característica era a clava troncónica, a do gerzeense é a clava piriforme.

Ao lado das divergências entre gerzeense e amratiense, há que notar também as semelhanças: ambas as culturas utilizam as mesmas paletas de cosméticos e a utensilagem de sílex e de osso é semelhante.

Os adornos enriquecem-se também quer com formas novas quer pelo emprego de matérias mais preciosas: calcedónia, cornalina, turquesa, ágata, lápis-lazúli, cobre e marfim. O ouro é mais abundante e a metalurgia está em progresso. Encontram-se, nos túmulos, mais objectos de cobre, arpões, punhais, tesouras. Este progresso técnico explica o desenvolvimento da estatuária que nos informa sobre os inícios da religião: um certo falcão de pedra deve ser um antepassado do deus Hórus e uma determinada cabeça de vaca a primeira figuração da deusa Hathor.

O gerzeense esteve em contacto com as civilizações vizinhas. É assim que algumas cerâmicas se encontram tanto na Palestina como em Gerzeh.

Pré-dinástico recente ou gerzeense recente (= Nagada III de Kaiser) *(3500 – 3150 a.C.).* – A partir do momento em que o gerzeense desabrochou no Norte, a sua influência estende-se simultaneamente para o Sul, e a cultura amratiana dá lugar, pouco a pouco, a uma cultura mista que combina traços gerzeenses a traços vindos do amratiense. O desaparecimento do amratiense é progressivo, o que é um bom indicador de que não houve substituição brusca de cultura, devendo antes falar-se de penetração e de mistura, que se traduzem, por exemplo, no abandono da olaria bicolor no Sul, ou da clava troncónica, em benefício da olaria cor de camurça e da clava piriforme do Norte.

Hoje já praticamente não se acredita na existência de um reino unificado pré-dinástico, heliopolitano, que o egiptólogo K. Sethe julgara ter detectado, fundamentando-se na crítica interna de fontes escritas muito posteriores, de resto, aos acontecimentos. Contudo, a Pedra de Palermo dá algumas indicações sobre este período do Pré-dinástico recente: ela conservou, de facto, os nomes de sete soberanos do Baixo Egipto e de cinco do Alto Egipto, que devem ter reinado nessa altura, mas infelizmente são apenas nomes.

Se a Pedra de Palermo mostra que o Egipto está ainda politicamente dividido em dois reinos, nem por isso é menos claro que há unidade de civilização entre ambas as partes do Egipto. Em ambos os lados se adora o deus Hórus e os reis do Norte tal como os do Sul intitulam-se seus «Servidores» ou «Seguidores» (em egípcio, *shemsu Hor*).

A vida material não muda muito entre o Pré-dinástico médio e o Pré-dinástico recente; no entanto, a arte e as técnicas continuam a progredir. A figura humana, rara até então, torna-se um tema frequente. A pintura mural aparece, nomeadamente em Hieracômpolis; as paletas de cosméticos são doravante decoradas. A gravura em relevo, que então surge, parece ter tido origem no trabalho do marfim conhecido desde o badariense. A arqueologia informa-nos sobre a civilização material deste período; em contrapartida, nada sabemos das lutas que opuseram então o Sul ao Norte, a não ser que terminaram pela vitória do Sul.

4. Fim do Pré-dinástico recente e unificação do Egipto (Época pré-tinita)

A cronologia do Pré-dinástico recente ainda não está bem estabelecida. Calculou-se de 50 a 200 anos o lapso de tempo que separa o fim desta época e os inícios da história. O único foco de cultura do Baixo Egipto que conservou vestígios que remontam a este período de transição é o de *Meadi*, um pouco a Sul do Cairo. O *meadiense*, que é atestado a partir de 3600 a.C., no termo da sua evolução, difere sensivelmente do Pré-dinástico recente que se encontra na mesma época no Sul; a olaria, por exemplo, já não traz a decoração gerzeense tão característica.

A vitória do Sul sobre o Norte. – É difícil determinar a data em que as culturas amratiense e gerzeense acabaram por amalgamar-se para dar origem à cultura egípcia do fim do Pré-dinástico recente (por volta de 3400?). Não é mais fácil saber quando se acabou a luta entre o Sul e o Norte. A vitória do Sul só é conhecida através de alguns monumentos impossíveis de datar com precisão. Remontam sem dúvida aos derradeiros anos que precederam o estabelecimento da primeira dinastia dita tinita. É por isso que este último fim do Pré-dinástico é também denominado *Época pré-tinita*.

Os monumentos que nos descrevem a conquista no Norte pelo Sul são paletas e clavas votivas encontradas no templo primitivo de Hieracômpolis, em egípcio *Nekhen*, conhecido pelos textos como o lugar de origem das *Almas de Nekhen*, que são os reis do Sul divinizados, sendo os do Norte chamados *Almas de Pê* (= Buto). Entre esses monumentos o mais importante é uma clava piriforme sobre a qual está figurado um rei, que usa a coroa do Sul, ocupado num rito de fundação. Por cima, uma espécie de suportes encimados por símbolos que representam os nomos ou províncias. Dos suportes estão suspensos abibes, que simbolizam uma classe da população egípcia, e arcos que representam os povos estrangeiros. Deduz-se desta representação que os nomos do Sul, figurados no cimo dos suportes, sob a direcção do rei ocupado no rito de fundação e cujo nome se representava por um escorpião, venceram uma coligação de Egípcios (os «abibes») e de estrangeiros (os «arcos»).

A vitória do rei Escorpião sobre os Egípcios do Norte é confirmada por um outro monumento de Hieracômpolis, uma paleta de xisto em que o rei denominado «Narmer», usando numa das faces a coroa do Sul e na outra a do Norte, é figurado a castigar os inimigos do Norte e a examinar os seus cadáveres decapitados.

A partir da clava do rei Escorpião e da paleta de Narmer, parecia fácil reconstituir o esquema dos acontecimentos históricos: o penúltimo rei do Sul teria sido Escorpião; teria sido ele que teria começado a conquista do Norte concluída pelo seu sucessor, o rei Narmer. Na sequência dessa conquista, Narmer teria colocado na cabeça a dupla coroa do Sul e do Norte.

É possível que este esquema seja, na realidade, demasiado simples. Um fragmento de clava votiva proveniente de Hieracômpolis representa um rei tendo na cabeça a coroa do Norte. Se, como se disse, este rei é de facto o «Escorpião», a conquista do Baixo Egipto já não pode ser a única responsabilidade de Narmer, e a vitória do Sul não teria sido conseguida de uma só vez. Seria antes o fruto de múltiplas campanhas. É talvez a essa situação, de facto complexa, que faz alusão a Pedra de Palermo, ao intercalar, entre as representações de reis pré-dinásticos que usam uma ou outra coroa, algumas figuras de soberanos que usam já a dupla coroa do Sul e do Norte. Uma conclusão pelo menos se impõe: não se pode fixar uma data precisa para o fim do Pré-dinástico, já que esse acontecimento pode ter-se estendido por várias gerações.

Porquê a aceleração do desenvolvimento. – A rapidez da evolução do Egipto a partir do Pré-dinástico médio incitou historiadores a «explicar» o nascimento da civilização no Egipto graças a contributos estranhos ao vale do Nilo. É assim que, segundo alguns, a cultura neolítica já teria vindo da Ásia donde provêm algumas sementes encontradas nos locais de povoamento. A esta teoria de uma invasão asiática foi contraposta uma origem africana do Neolítico egípcio. Parece, na realidade, que os factos observados pelos arqueólogos são demasiado complexos para poderem ser explicados por uma invasão única, venha ela do Sul, do Oeste ou do Nordeste. O Egipto deveria talvez à sua posição geográfica, na encruzilhada da Ásia e da África, uma cultura mista em que elementos asiáticos teriam vindo fundir-se num complexo africano.

O aparecimento do metal no início do Pré-dinástico também levanta problemas. O Sinai foi, durante muito tempo, considerado como o lugar de origem único do cobre pré-dinástico egípcio. Recentes descobertas na Núbia mostram que o Sul talvez não deva ser afastado *a priori*. Em contrapartida, as análises de madeira mostram que o Líbano fornecia pranchas desde o Pré-dinástico antigo. A obsidiana, que aparece no amratiense, pode provir quer do Mediterrâneo oriental, quer da África. Vê-se que as relações com as regiões vizinhas são, sem dúvida, complexas.

Entretanto, é sobretudo a partir dos Pré-dinásticos médio e recente que se propôs ver na aceleração do desenvolvimento material e político do Egipto o resultado de uma invasão estrangeira que teria vindo da Ásia ou, mais precisamente, da Mesopotâmia. Os invasores, com progressos na arte e na arquitectura, teriam trazido a escrita para o Egipto. Esta teoria assenta em quatro observações:

1. Nas necrópoles egípcias do início do gerzeense, encontram-se crânios dolicocéfalos e alguns tipos braquicéfalos: estes últimos seriam os representantes da nova raça dita «dinástica» que teria conquistado o Egipto.

2. Um marfim pré-dinástico – a «Faca do Gebel el-Arak» – representaria cenas e objectos (barcos) tipicamente mesopotâmicos.

3. As construções em tijolos crus do fim do Pré-dinástico recente seriam inspiradas nos monumentos sumérios contemporâneos.

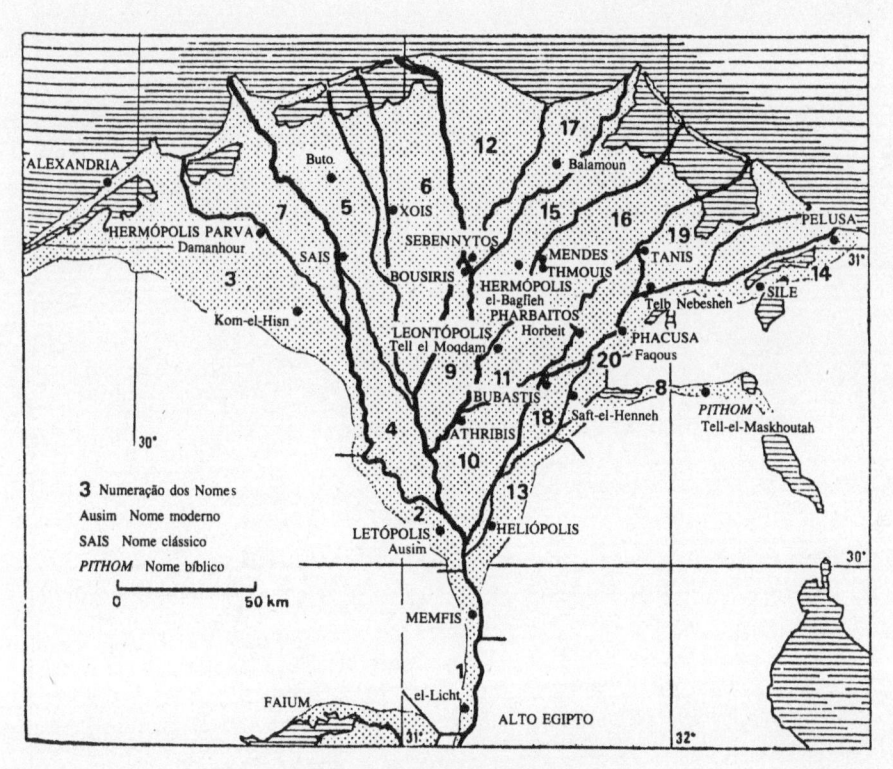

Mapa 2 – O BAIXO EGIPTO

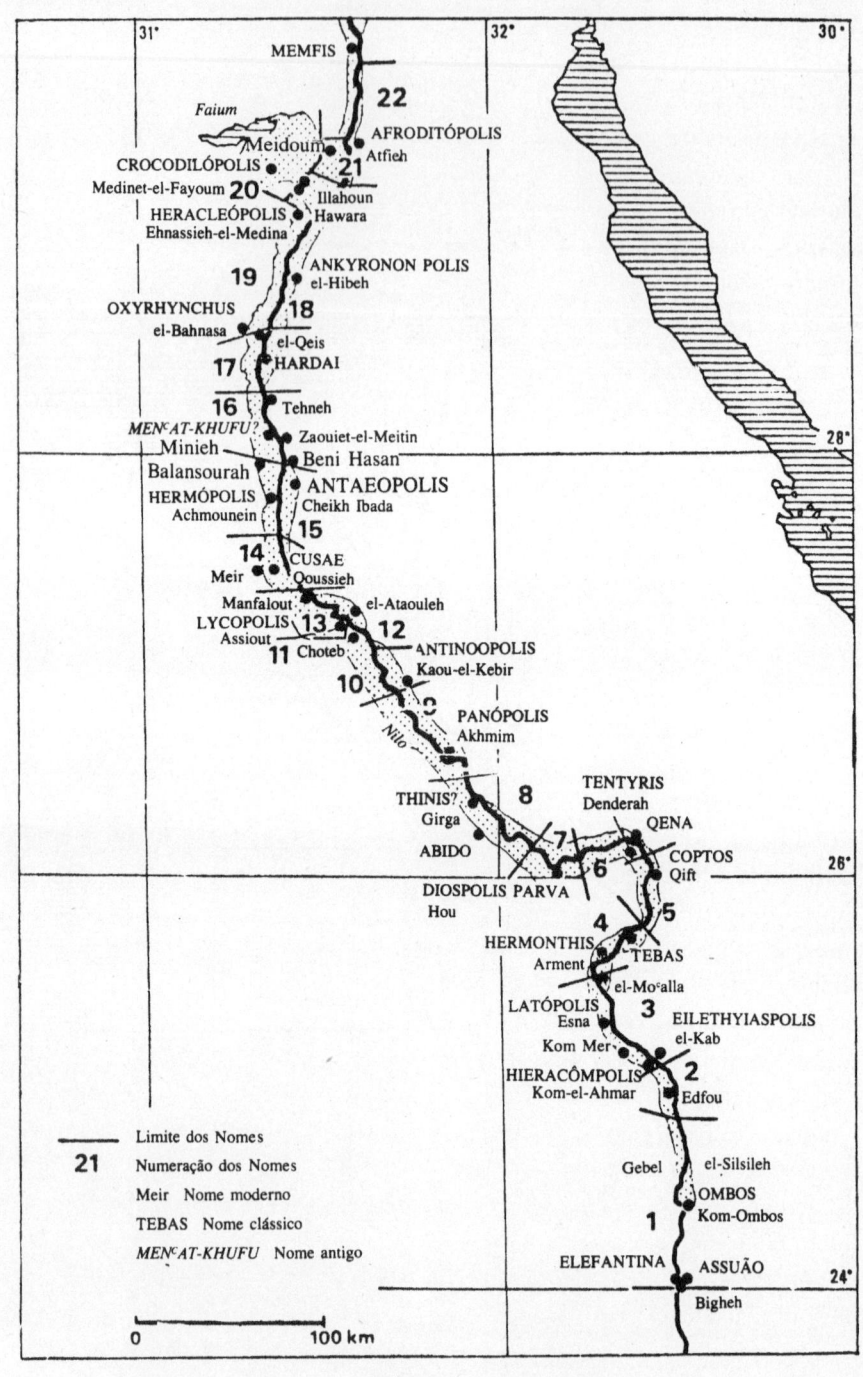

Mapa 3 – O MÉDIO E ALTO EGIPTO

4. Finalmente, o aparecimento da escrita egípcia, na mesma época, só poderia explicar-se por uma imitação da escrita que existia já nessa altura na Mesopotâmia.

A maior objecção que pode levantar-se a esta teoria é que ela é demasiado simples e não tem em conta a continuidade da evolução das culturas pré-dinásticas egípcias. Passa-se do tasiense/badariense ao amratiense, depois ao gerzeense/amratiense e, por fim, ao gerzeense recente, sem que haja alguma vez ruptura incontestável de uma fase à outra. Aquilo a que se chamou a «revolução gerzeense», ou seja, na realidade, o aparecimento da olaria cor de camurça com decoração vermelha no âmbito meridional, não interrompe a evolução interna do amratiense. Finalmente, se nos parece ser uma revolução, é talvez porque não conhecemos o local do Delta contemporâneo do amratiense meridional. Será necessário ver no aparecimento das decorações características do gerzeense no Sul o resultado de uma invasão estrangeira? Tudo se passa antes como se o desabrochar da civilização egípcia resultasse da amálgama do gerzeense setentrional com o amratiense meridional, ambos fornecendo sensivelmente o mesmo número de traços à civilização comum.

O facto de presumivelmente não ter havido invasão do país não significa por certo que o Egipto tenha vivido numa redoma. Há numerosas provas do contrário, como a importação de madeira, de metal, de obsidiana, de marfim, de objectos fabricados, inclusivamente, como certas olarias palestinas e «cilindros» mesopotâmicos da época dita de Jemdet Nasr. Por ocasião destas permutas com os povos vizinhos, ideias e técnicas devem ter-se espalhado no vale do Nilo, tanto mais facilmente quanto os desertos orientais e ocidentais, então menos áridos, eram ainda habitados, o que facilitava as trocas. Encontramos aqui o mesmo facto que no Neolítico: pela sua situação geográfica, tocando ao mesmo tempo na Ásia e na África, o Egipto estava bem colocado para aproveitar das inovações de uns e de outros, sem contar com o seu contributo próprio para o desenvolvimento da civilização. A sua forte organização política, que resultava das condições impostas pela valorização das terras do Vale, colocava-o em posição de aperfeiçoar as descobertas dos outros e de fazer numerosas inovações.

Basta-nos observar que, no termo do Pré-dinástico recente, como o testemunham a clava do rei Escorpião e a paleta do rei Narmer, o Egipto está doravante na posse de um sistema de escrita e de uma organização política sólida. A unificação permanente do Sul e do Norte marca o fim dos tempos pré-históricos e o início da história propriamente dita no Egipto. É essa história que vamos abordar seguidamente.

II. – O EGIPTO ARCAICO: AS DINASTIAS TINITAS (1.ª e 2.ª)(¹)

No fim do reinado de Narmer, o Egipto possui, pois, a sua língua, fixada num sistema de escrita que já não mudará e uma organização monárquica centralizada. Durante cerca de dois séculos, vai ser governado por duas dinastias originárias do Sul, da cidade de Tínis, próxima de Abido, donde o adjectivo *tinita*. As dinastias tinitas têm a sua capital administrativa em Mênfis, na ponta meridional do Delta, donde podem governar os reinos do Sul e do Norte, porque a unidade ainda precária só é realizada na pessoa do soberano.

As fontes da história egípcia tornam-se mais abundantes, porque as fontes literárias vêm completar as informações fornecidas pela arqueologia.

A Pedra de Palermo, as Listas reais e Máneton (cf. atrás pp. 75-77) conservaram-nos os nomes dos reis das 1.ª e 2.ª dinastias por ordem cronológica. O problema é encontrar a equivalência entre esses nomes e os fornecidos pelas fontes arqueológicas. Efectivamente, cada faraó possuía vários nomes que constituíam os títulos reais oficiais. Por razões que nos escapam, o nome utilizado por um faraó nos seus monumentos não foi o fixado para designá-lo pelos compiladores de listas, donde um certo número de incertezas.

Admite-se geralmente que a época tinita tenha durado dois séculos. Os primeiros estudos críticos da cronologia absoluta tinham fixado o início da monarquia tinita em 3200 a.C. Por diversas razões tem-se hoje tendência para baixar essa data em cerca de um século. O primeiro faraó egípcio teria, portanto, tomado o poder por volta de 3100 e a Época Tinita situar-

---

(¹) OBRAS A CONSULTAR. – C. Aldred, Egypt to the *End of the Old Kingdom*, Londres, 1965, caps. 4 e 5, pp. 43-64; A. Badawy, *A History of Egyptian Architecture*, I, *From the earliest Times to the End of the Old Kingdom*, Cairo, 1954; J.E.S. Edwards, *The Early Dynastic Period in Egypt* (cap. XI, pp. 1-70: *Cambridge Ancient History*, 3.ª ed., I, parte 2), Cambridge, 1971; W.B. Emery, *Archaic Egypt*, Harmondsworth (Penguin), 1961; A.H. Gardiner, *Egypt of the Pharaohs*, Oxford, 1961 cap. XV, pp. 400-427; W.C. Hayes, 1965 (cf. Bibliogr. cap. I atrás), cap. III, pp. 33-35; P. Kaplony, *Die Inschriften der ägyptischen Frühzeit*, Wiesbaden, 1963; A. Moret, *Le Nil et la civilisation égyptienne*, Paris, 1926, *La Monarchie thinite*, pp. 135-168; W.M.F. Petrie, *The Making of Egypt*, Londres, 1939; Z.Y. Saad, *The Excavations at Helwan, Art and Civilization in the First and Second Egyptian Dynasties*, Norman, Oklah., 1969; J. Vandier, 1952 (cf. atrás bibliogr. cap. I), 1, 2, *Les deux premières dynasties*, pp. 613-863; J. Vandier, *L'Epoque thinite*, dans E. Drioton, J. Vandier, *L'Egypte* («clio»), 4.ª ed., Paris, 1962, cap. IV, pp. 13-166; J.A. Wilson, *The Burden of Egypt*, Chicago, 1951, cap. III, pp. 43-68; R. Weill, *Recherches sur la Ire dynastie et les temps prépharaoniques*, Cairo, IFAO, 1961.

-se-ia entre 3100 e 2900 a.C. Fez-se notar que este lapso de tempo era muitíssimo curto para explicar alguns dos factos observados.

1. O primeiro faraó

A Lista real de Abido, o Papiro de Turim, assim como Máneton, concordam em dar o nome de *Menes* ao primeiro faraó egípcio. Mas nenhum documento encontrado até hoje traz este nome de maneira indiscutível. Admite-se geralmente, segundo a paleta de Hieracômpolis, que Narmer foi o primeiro rei a usar a dupla coroa do Alto e do Baixo Egipto. Tínhamos, portanto, dois nomes para uma única personagem: *Narmer* num monumento contemporâneo do reinado, e *Menes* nas fontes posteriores. Várias explicações foram propostas para explicar esta discordância. Para uns, Narmer e Menes seriam dois nomes que designavam a mesma personagem, para outros Narmer seria o predecessor de Menes, sendo este último o rei de Aha, cujo nome é conhecido por monumentos de Sacará. Terceira possibilidade, por fim, Narmer seria de facto Menes, e teria tomado o nome de Aha após a sua vitória sobre o Norte. Os três nomes aplicar-se-iam portanto a uma mesma e única personagem.

Se o rei «Escorpião» usou também ele a dupla coroa, tudo poderia ser posto em questão, e ele teria tanto direito a ser Menes como Narmer. A única dificuldade seria que, se fosse esse o caso, teríamos então nove soberanos da 1.ª dinastia atestados pelos monumentos, ao passo que Máneton apenas consigna oito.

Finalmente, perguntou-se se Menes terá verdadeiramente existido. O seu nome em fontes escritas proviria da leitura de um grupo de sinais hieroglíficos que quer dizer «alguém». Por outras palavras: «X». Os redactores das fontes mais antigas teriam, portanto, ignorado também eles qual era o nome do primeiro faraó do Egipto.

Como se vê, o problema do nome do primeiro rei egípcio é extremamente complexo e não pode ainda ser resolvido com certeza, embora, em igualdade de circunstâncias, a identificação de Menes com Narmer pareça a hipótese mais plausível.

Máneton qualifica as duas primeiras dinastias de «tinitas». Foram encontrados túmulos reais numa grande necrópole arcaica de Abido, portanto perto de Tínis, mas foram também descobertas, desta vez em Sacará, perto de Mênfis, grandes túmulos da mesma época. O uso egípcio foi sempre de enterrar os reis perto da sua residência, donde o dilema: se a necrópole real era em Abido, a capital deveria encontrar-se nas proximidades; mas que são então os grandes túmulos de Sacará? Se estes túmulos pertencem de facto a uma necrópole real, a capital deveria ser em Mênfis; neste caso, porquê túmulos reais em Abido?

Supôs-se que o faraó sendo ao mesmo tempo rei do Alto e do Baixo Egipto, teria tido também *duas* sepulturas, uma enquanto rei do Sul, outra como rei do Norte. Um dos dois túmulos deveria, portanto, ser um simples cenotáfio. Uma vez que tanto em Sacará como em Abido os túmulos foram pilhados, é difícil dirimir o dilema. Tal como para a identificação de Menes, ainda não há solução evidente e a discussão continua em aberto.

2. A 1.ª dinastia

Graças aos monumentos encontrados tanto em Sacará como em Abido, a ordem de sucessão dos reis da I dinastia pôde ser estabelecida. Tais documentos consistem sobretudo em pequenas placas de marfim ou ébano que evocam o acontecimento mais marcante ocorrido aquando da sua redacção sob um rei cujo nome é precisado. A I.ª dinastia fica, portanto, assim estabelecida (cf. quadro III, *infra*, p. 201):

x. Escorpião (?)
1. Narmer (Menes)
2. Aha
3. Djer (ou Khent) e Merit-Neit (talvez uma rainha)
4. Uadjy (ou Djet)
5. Den (antigamente lido Udimu)
6. Andjib (Miebis)
7. Semerkhet
8. Kaa

Narmer, se é de facto Menes, teria fundado Mênfis; contudo, exceptuando alguns objectos encontrados em Abido, os monumentos que no-lo dão a conhecer provêm todos de Hieracômpolis.

Aha é conhecido através de numerosos monumentos que fazem alusão a vitórias sobre os Núbios, os Líbios e, talvez, sobre Egípcios do Norte. A unificação do país teria, portanto, sido ainda precária sob o seu reinado. As mesmas fontes mencionam festas religiosas e a fundação de um templo em Saís para a deusa Neith.

Djer (ou *Khent*). Se é verdade que uma placa de Abido em seu nome faz de facto alusão ao nascer de Sóthis, será preciso admitir que o calendário solar teria sido adoptado sob o seu reinado, que deveria, portanto, incluir os anos 2785 – 2782 a.C., em cronologia absoluta. Djer conquistou a Núbia até à segunda catarata, onde foi encontrado o seu nome.

Supôs-se que uma rainha, *Merit-Neit*, tinha sucedido a Djer, mas Máneton, não a menciona, e nem sequer há a certeza de que este nome não designe efectivamente um rei.

A nomenclatura manetoniana passa directamente de Djer para *Uadjy* (ou *Djet*), conhecido também como «Rei-Serpente». Tal como Djer, fez expedições para fora do Egipto: o seu nome foi encontrado na estrada que leva ao mar Vermelho. O Museu do Louvre possui uma estela de basalto negro em seu nome.

A Uadjy sucede *Den*, conhecido através de objectos encontrados no seu túmulo de Abido. Um deles é uma placa que representa o rei levando a cabo os ritos da festa *Sed*, destinada a repetir a sagração e a renovar assim o poder do rei, em parte de essência mágica. Tal como os seus predecessores, Den teve uma actividade guerreira: uma placa mostra-o a castigar os Orientais. A Pedra de Palermo informa que ele fez um recenseamento geral do país.

Den teria reinado vinte anos após os quais *Andjib-Miebis* teria tido vinte e seis anos de reinado. A Pedra de Palermo atribui-lhe uma expedição contra os nómadas e a fundação de cidades. A eliminação frequente do seu nome nos monumentos faz pensar em perturbações políticas, talvez provocadas pelo seu sucessor *Semerkhet* que teria usurpado o poder. Este último reinou apenas dezoito anos e seguiu-se-lhe o rei *Kaa*, o último da dinastia, do qual nada sabemos, a não ser que, também ele, apagou o nome do seu antecessor nos monumentos e que celebrou uma festa Sed, o que implica um reinado de pelo menos trinta anos de duração. Assim termina a 1.ª dinastia à qual Máneton atribui dois séculos e meio de poder. O que se harmoniza bem com as datas recentemente obtidas graças ao C14 (3150 – 2925).

3. A 2.ª dinastia

A partir da 2.ª dinastia já não há dúvida de que a capital administrativa do Egipto está estabelecida em Mênfis. O simples facto de doravante já não haver túmulos reais em Abido bastaria para justificar a mudança de dinastia apontada por Máneton, que atribui nove faraós à 2.ª dinastia, se bem que os monumentos apenas tenham revelado até ao presente sete – talvez oito – que são (cf. quadro III, *infra*, p. 201):

1. Hotepsekhemuy.
2. Nebré (ou Raneb).
3. Nineter (ou Neterimu).
4. Uneg.

5. Senedj.
6. [Sekhemib] Peribsen.
7. Khasekhem-Khasekhemuy (talvez sejam de distinguir um do outro).

Hotepsekhemuy é o primeiro rei da dinastia. O seu nome («Aquele--que-aplaca-os-dois-ceptros») parece aludir a perturbações entre o Sul e o Norte que ele teria aplacado. Infelizmente, a partir do seu reinado as placas usadas durante a dinastia anterior são substituídas por sinais em rolos, que dão informações sobre a organização administrativa, mas nada dizem sobre os acontecimentos políticos. A Pedra de Palermo fornece apenas, para esta época, a ordem de sucessão dos cinco primeiros reis.

A Hotepsekhemuy, que teria reinado trinta e oito anos, sucede *Nebré* que teria reinado trinta e nove anos. Máneton acrescenta que, sob o seu reinado, «os bois Ápis em Mênfis, Mnevis em Heliópolis e o bode de Mendés foram adorados como deuses». De facto, estes cultos, pelo menos o de Ápis, remontavam já à primeira dinastia.

Nineter (ou Neterimu) sucede a Nebré. Máneton atribui-lhe quarenta e sete anos de reinado, precisando que foi então que «se decidiu que as mulheres poderiam exercer o poder real».

Os sucessores de Nineter são mal conhecidos. *Uneg* teria reinado dezassete anos, e o seu sucessor, *Senedj*, quarenta e um anos, ainda segundo Máneton.

Já desde antes da unificação do país, a realeza tinha como patrono o deus-falcão Hórus. *Hórus-N...* designava o rei. O Sul parecia não ter conservado a lembrança do deus Seth que era, no entanto, no amratiense, o deus do Alto Egipto, e da sua capital, Ombos. Ora, o sucessor de Senedj, depois de ter recebido o nome de *Hórus-Sekhemib*, tomou subitamente o de *Seth-Peribsen*. Não se conhecem as razões desta mudança de nome. É-se tentado a explicá-la por uma revolta do Norte contra o Sul; Peribsen teria sido obrigado a abandonar Mênfis, onde teria reinado um faraó rival, talvez o seu sucessor Khasekhem; em todo o caso, providenciou no sentido de ser enterrado em Abido tal como os seus distantes antepassados.

Depois do reinado de Peribsen, *Khasekhem*, que só é conhecido através dos monumentos de Hieracômpolis, teria refeito a unidade do Egipto; depois, conseguida essa vitória, teria tomado o nome de *Khasekhemuy*. Alguns historiadores, todavia, preferem considerar este último rei como um soberano diferente com o qual se encerram de maneira ainda muito mal conhecida a 2.ª dinastia e, com ela, o período tinita.

4. A monarquia tinita

Se é verdade que os traços essenciais da civilização egípcia estão adquiridos desde o fim do Pré-dinástico recente, é a Época tinita que precisa esses traços. A unidade do país, esboçada no Pré-dinástico, estava por consolidar. Com esse objectivo, os faraós tinitas parecem ter utilizado dois meios. Por um lado, a força, para reprimir as revoltas, por outro, uma política de aliança que se julga poder detectar no nome das rainhas, que, na primeira dinastia, são formados com o nome da deusa Neith, padroeira de Saís e do Egipto do Norte. Esta política era acompanhada por uma actividade que poderia qualificar-se de diplomática: Aha construiu, ou reconstruiu, o templo de Neith, e Djer visita os santuários de Buto e de Saís. A instalação da administração central em Mênfis, no centro do Baixo Egipto, que no Pré-dinástico se estendia do Faium até aos pântanos do Delta, obedeceria à mesma preocupação de presença e talvez de conciliação. Por fim, o nome da última rainha da Época tinita, Nimaát-Ápis, composto do nome de Ápis, o deus popular de Mênfis, mostra que os faraós da 2.ª dinastia consolidam também eles o seu poder aliando-se às famílias do Norte.

Tirando partido da paz interna, a monarquia tinita volta-se então para o exterior. Djer penetra na Núbia até à segunda catarata, Alia e Djer lutam contra os nómadas dos desertos limítrofes, designadamente os Líbios. Den repele os Beduínos do Leste e Andjib-Miebis bate-se vitoriosamente contra os nómadas dos desertos sul, sudeste e leste.

Salvo no que se refere à Núbia, onde os faraós tinitas penetram profundamente, a politica militar das duas primeiras dinastias parece ser sobretudo defensiva. Desencoraja as cobiças beduínas, e castiga talvez os Líbios por se terem aliado aos revoltados do Norte. As relações com o exterior não são necessariamente belicosas. A partir do Pré-dinástico, o Vale promove trocas com os seus vizinhos, sobretudo a Palestina. Na época tinita essas permutas intensificam-se. Joalheiros e talhadores de vasos utilizam pedras tiradas de pedreiras muito afastadas. A madeira é importada da costa palestina. A descoberta no Egipto de olarias palestinas e a de vasos egípcios em Biblos confirma as relações entre o Egipto e a Fenícia desde a época mais distante. Uadjy mandou gravar o seu nome na estrada que liga o Nilo ao mar Vermelho, e o nome de Nebré foi encontrado no deserto ocidental. Por fim, o marfim, o ébano, talvez a obsidiana, chegavam ao Egipto do longínquo Sul.

A Época tinita assiste ao estabelecimento de uma monarquia centralizada apoiada por uma administração que se aperfeiçoa pouco a pouco. A unidade do Egipto assenta na pessoa do rei. Os funcionários dependem directamente dele. Entre os mais importantes note-se o «adj-mer», que se tornará o chefe de província, o *nomarca*. Não é certo, embora seja possível, que já tenha havido um vizir. O *chanceler* está encarregado do recenseamento que se verifica de dois em dois anos e parece incidir sobretudo sobre o gado. Está à frente do tesouro que inclui celeiros para recolher as rendas em géneros. O dever essencial da monarquia é prever as más cheias do Nilo.

A administração tinita, ajudada pelo desenvolvimento da escrita parece ter sido eficaz: novas cidades são fundadas, vinhas plantadas, terras conquistadas ao deserto e aos pântanos. A capital administrativa fixa-se em Mênfis e aí permanecerá durante muitos séculos.

A própria monarquia organiza-se: as cerimónias de entronização fixam-se, a festa «Sed», ligada ao poder real, é evocada cada vez com maior frequência; cria-se uma corte à volta do rei com os seus títulos e o seu cerimonial. O faraó, representante e descendente do deus Hórus, é considerado como uma divindade.

As técnicas transmitidas pelas culturas pré-dinásticas melhoram: é a grande época da lapidação dos vasos de pedra. Os escultores criam as primeiras obras-primas da arte egípcia, tais como a estela do Rei-Serpente que está no Louvre e a estátua de Khasekhem do Cairo. Os metalurgistas sabem fazer estátuas de cobre e os joalheiros fabricam jóias admiráveis. O aperfeiçoamento das técnicas estende-se à arquitectura. Os túmulos são cada vez maiores e mais complexos: inteiramente de tijolos crus no início da 1.ª dinastia, neles aparece primeiro a abóbada apoiada sobre mísulas, depois a pedra talhada.

Temos poucas informações sobre a religião divina, já que um único santuário foi encontrado em Abido. Contudo, graças à Pedra de Palermo, sabemos que foram construídos ou aumentados templos pelos reis tinitas para os grandes deuses: Hórus, Rã, Osíris, Isis, Min, Anúbis, Neith, Sokaris. O culto dos animais sagrados desempenha já um papel importante.

O túmulo é considerado como a morada permanente do morto. Lá se acumulam alimentos, móveis, objectos de todo o género. São enterrados servos à volta do túmulo; é verosímil que fossem sacrificados aquando da morte do soberano para assegurar o seu serviço além-túmulo. Este costume desaparece em fins da 1.ª dinastia.

III. – O IMPÉRIO ANTIGO: AS 3.ª, 4.ª E 5.ª DINASTIAS([1])

Por volta de 2700 a.C., com a 3.ª dinastia começa o Império Antigo que durará até cerca de 2200. O Egipto unificado da primeira catarata até ao Mediterrâneo é uma monarquia de direito divino. O seu território agrícola está constituído, a religião fixada nas suas grandes linhas, enfim, a sua escrita, as suas técnicas e a sua arte estão definitivamente adquiridas. A civilização egípcia possui, doravante, todas as suas características, que praticamente não variarão até à conquista de Alexandre em 332 a.C.

1. A 3.ª dinastia

Aos olhos de muitos e dos próprios Egípcios, o Império Antigo constitui a idade de ouro desta civilização. O Império Antigo, de resto, não é mais que a continuação da Época Tinita e ignora-se por que razão Máneton faz começar a 3.ª dinastia na morte de Khasekhemuy.

Djéser e o complexo de Sacará. – A história da dinastia comporta numerosas incertezas: nem o número, nem a ordem de sucessão dos reis que a compõem são estabelecidos de maneira firme. Supôs-se durante muito tempo que Djéser fosse o primeiro rei da dinastia. Descobertas recentes mostraram que o Hórus *Sanakht*, seu irmão sem dúvida, tinha-o talvez precedido no trono. Deste Sanakht nada se sabe, a não ser que o seu monumento funerário foi sem dúvida o ponto de partida da pirâmide em degraus de Sacará. Uma única coisa é certa, Djéser, cuja figura domina a dinastia, era parente de Khasekhemuy, último rei da 2.ª dinastia, pela sua mãe Nimaat-Ápis, mulher deste último. Djéser tinha, portanto, direitos certos à coroa, embora o seu pai Khasekhemuy tenha podido ter herdeiros mais próximos que ele: filhos de uma primeira esposa, por exemplo.

O próprio nome Djéser (ou Zoser) só é conhecido através de monumentos tardios. O único nome atestado na pirâmide em degraus é o de *Netery-Khet*, e só *graffiti* do Império Novo e inscrições de época mais

---

([1]) OBRAS A CONSULTAR. – C. Alfred, cf. bibliografia, cap. II; K. Baer, *Rank and Title in the Old Kingdom*, Chicago, 1960; *Cambridge Ancient History*, vol. I, cap. XIV (W. Stevenson Smith); E. Drioton, J. Vandier, *L'Egypte*, cap. V-VI, Paris, 1962; I.E.S. Edwards, *The Pyramids of Egypt*, ed. revista., Harmondsworth, 1961: H.G. Fischer, *Dendera in the Third Millennium B.C.*, Nova Iorque, 1968; H. Goedicke, *Königliche Dokumente aus dem Alten Reich*, Wisbaden, 1967; W. Helck, *Untersuchungen zu den Beamtentiteln des ägyptischen Alten Reiches*, Glückstadt, 1954; J.-P. Lauer, *La pyramide à degrés*, Cairo, 1936-1959; G.A. Reisner, *The Development of the Egyptian Tomb*, Cambridge, Mass., 1934.

baixa nos indicam que Netery-Khet e Djéser constituem uma mesma pessoa.

Foi sob o reinado de Djéser que foi construída a pirâmide em degraus de Sacará, um pouco a sul das grandes pirâmides. Esta obra de Imhotep, arquitecto, médico, sacerdote, mágico e funcionário de Djéser, é o primeiro edifício inteiramente em pedra da civilização egípcia. O seu criador foi, mais tarde, divinizado. Os Gregos identificaram Imhotep com Asclépios, o deus da medicina, e adoraram-no sob o nome de Imuthés.

Com os seus seis andares de cerca de 63 m, a pirâmide em degraus é apenas uma parte de um grande conjunto. Supôs-se que o templo funerário que a completa era a réplica, em pedra, do palácio real em tijolos. A pirâmide é o resultado de modificações múltiplas. Foi inicialmente um simples *mastaba*, isto é, um paralelepípedo do mesmo tipo que as sepulturas das duas primeiras dinastias. O entrelaçado de corredores e de câmaras subterrâneas escavadas na rocha e que cobre a maciça alvenaria da pirâmide comporta onze câmaras funerárias que se supõe terem sido destinadas à família de Djéser. A norte da pirâmide, no templo destinado ao culto funerário, foi encontrada uma estátua do rei em tamanho natural.

A sul eleva-se o conjunto de construções mais importantes: um imenso pátio rectangular flanqueado a leste e a sul por capelas e câmaras anexas onde dois grandes pavilhões parecem simbolizar os reinos do Sul e do Norte. Outros edifícios mais pequenos seriam talvez santuários de deuses dos vários nomos. Supõe-se que o pátio e os edifícios se destinavam à celebração da festa Sed.

O complexo de Sacará está rodeado por um muro de cintura com ressaltos que encerra uma superfície de mais de 600 metros de comprimento por 300 de largura e imita, em pedra talhada, as fachadas de ressalto dos túmulos e palácios da Época Tinita. O monumento é, de facto, a imitação escrupulosa feita em pedra de uma arquitectura de tijolos crus e de madeira. A coluna é aqui utilizada pela primeira vez, mas permanece ainda ligada às paredes. Nas câmaras subterrâneas, algumas das quais são revestidas de faiança azul e de painéis de calcário esculpidos, foram encontrados vários milhares de vasos e de travessas de alabastro, xisto, pórfiro, brecha, quartzo, cristal de rocha, serpentina, etc. Alguns dentre eles tinham gravados os nomes dos faraós das 1.ª e 2.ª dinastias.

Os sucessores de Djéser. – A descoberta, em 1951, de uma pirâmide em degraus inacabada forneceu-nos o nome do sucessor de Djéser: *Sekhemkhet*. Este teria reinado apenas seis anos, donde a sua pirâmide inacabada. Esta descoberta permitiu, por comparação, atribuir à 3.ª dinastia uma outra pirâmide em degraus, também ela inacabada, cuja data não era segura, a de Zawiet-el-Aryan, a sul de Gizé.

Pode ser atribuída a *Khaba* cujo nome só é conhecido por raras taças de pedra dura. Teria reinado alguns meses apenas antes de *Nebkaré*, que sabemos ter sido o penúltimo rei da dinastia. O último rei, *Huni*, conhecido através de um bloco encontrado em Elefantina, teria começado a pirâmide de Meidum acabada por Snefru, primeiro rei da 4.ª dinastia.

A ordem de sucessão dos reis da 3.ª dinastia estabelecer-se-ia, portanto, do modo seguinte:

1. Sanakht, talvez o Nebka do Papiro Westcar.
2. Neterierkhet-Djéser, construtor da pirâmide em degraus.
3. Sekhemkhet-Djéser-Teti (?), conhecido pela pirâmide inacabada de Sacará.
4. Khaba, construtor da pirâmide inacabada de Zawiet-el-Aryan.
5. X..., talvez o Nebkaré da lista de Sacaré.
6. Huni, construtor da pirâmide em degraus de Meidum.

Como se vê, a história da 3.ª dinastia é ainda incerta. Só a existência de pelo menos seis reis é certa. Ora, Máneton enumera nove. A descoberta recente da pirâmide de Sekhemkhet mostra que as escavações ainda podem reservar surpresas.

Os nomes de três dos reis da dinastia (Sanatht, Djéser e Sekhemkhet) foram encontrados no Uadi Magara. É, portanto, à 3.ª dinastia que remontam as primeiras expedições egípcias na península do Sinai, destinadas sem dúvida a trazer de lá turquesas. Supõe-se que Huni fortificou Elefantina, e, com base num documento ptolemaico, que Djéser terá anexado toda a Baixa Núbia ao Egipto. É no entanto pelo complexo da pirâmide em degraus de Sacará que se pode ainda ajuizar melhor da obra da 3.ª dinastia. Ele atesta a importância dos ritos religiosos na entronização do rei. A arte egípcia está, doravante, na plena posse dos seus meios e vai desabrochar logo a seguir sob a 4.ª dinastia.

2. A 4.ª dinastia

Desde a Antiguidade a fama das grandes pirâmides valeu-lhes serem colocadas entre as Sete Maravilhas do mundo e, no entanto, os seus construtores estão longe de ser bem conhecidos. O número, assim como a ordem de sucessão dos reis da 4.ª dinastia não estão bem estabelecidos. Segundo Máneton, os quatro primeiros faraós seriam Snefru, Quéops, Quéfren e Miquerinos, mas as fontes mais antigas acrescentam Didufri – ou Radjedef – entre Quéops e Quéfren, assim como um ou dois faraós – segundo as fontes – entre Quéfren e Miquerinos.

Depois de Miquerinos, Máneton enumera quatro faraós mas o papiro de Turim apenas aponta dois. O mesmo desacordo para a duração dos reinados: Máneton atribui sessenta e três anos de reinado tanto a Quéops como a Miquerinos, ao passo que o Papiro de Turim lhes dá apenas vinte e três e dezoito, respectivamente.

As fontes arqueológicas não permitem, infelizmente, completar as falhas das fontes escritas. Alguns monumentos privados informam-nos um pouco sobre a vida quotidiana, mas os monumentos reais não nos esclarecem sobre os seus construtores. Para a exposição dos acontecimentos, seguiremos a ordem dos faraós tal como pôde ser estabelecida graças aos monumentos:

1. Snefru (vinte e quatro anos de reinado segundo o Papiro de Turim).
2. Quéops (egípc. Khufu, vinte e três anos de reinado, segundo a mesma fonte).
3. Didufri (Radjedef, oito anos de reinado).
4. Quéfren (egipc. Khaefré, duração de reinado desconhecida).
5. Miquerinos (egipc. Menkauré, dezoito anos de reinado).
6. Shepseskaf (omisso no Papiro de Turim).

Sem poder fixar datas absolutas para cada um dos reinados, pode dizer--se que a dinastia permaneceu no poder de 2700 a cerca de 2500 a.C.

Snefru. – A mudança de dinastia em Máneton não implica que tenha havido corte profundo entre a 3.ª e a 4.ª dinastia. *Snefru* é verosimilmente um filho de Huni da 3.ª dinastia. Filho de uma esposa secundária, confirmou sem dúvida os seus direitos à coroa casando com a sua meia-irmã Heteferés, herdeira directa de Huni. Trata-se de um modo de sucessão frequente no Egipto.

Graças à Pedra de Palermo, o reinado de Snefru é o mais bem conhecido da dinastia. De uma expedição à Núbia, regressou com 7000 prisioneiros e 200 000 cabeças de gado. Seguidamente venceu os Líbios, capturando 11 000 homens e 13 100 cabeças de gado. Além disso, fez várias expedições ao Sinai. A Pedra de Palermo menciona por fim múltiplas construções de templos, fortalezas e palácios em todo o Egipto. Foi sem dúvida para isso que enviou expedições marítimas ao Líbano (uma delas compreendia 40 navios de alto-mar), para trazer de lá madeira de construção.

Snefru acabou a pirâmide do seu pai em Meidum e, depois, mandou construir para si próprio duas pirâmides em Dahchur, a Sul de Sacará.

A partir de Snefru, a sepultura real ganha a sua forma definitiva para todo o Império Antigo: a pirâmide verdadeira, e não já em degraus.

A pirâmide, aliás, é apenas uma parte da sepultura: aquando do enterro real, o barco funerário começa por atracar a um primeiro edifício: o *templo do Vale*, onde chega, a partir do rio, por meio de um canal que corta a planície cultivada. Em seguida o sarcófago segue por uma *rampa* – ou calçada – coberta que conduz do templo do Vale ao *templo funerário* propriamente dito. Este está construído diante da face leste da pirâmide. Aí se celebra o culto do rei morto. As faces da própria *pirâmide* estão orientadas segundo os pontos cardiais. A câmara sepulcral é escavada no rochedo, sob a pirâmide; chega-se lá através de uma *galeria* cuja entrada é disfarçada após o enterro. Só Quéops mandará construir a câmara funerária mesmo no centro do monumento. Um muro de cintura rodeia, por fim, a pirâmide. Entre esse muro e a pirâmide são escavados fossos a todo o comprimento onde são depositados os barcos para uso do rei. A partir de Snefru todas as pirâmides incluirão doravante os quatro elementos: templo do Vale, rampa, templo funerário, pirâmide propriamente dita; só a decoração e as dimensões variarão de uma dinastia para a outra.

Quéops. – Quéops é filho de Snefru e de Heteferés, portanto, neto de Huni. Pouco se sabe acerca dos acontecimentos do seu reinado. É no entanto a ele que se deve o maior monumento jamais construído pela mão do homem: a grande pirâmide de Gizé. Quando nova, atingia uma altura de 144m (138m actualmente). A sua base, um quadrado quase perfeito, mede mais de 227m de lado e ocupa, portanto, uma superfície de 51 529 m^2, ou seja, mais de 5 hectares. É inteiramente construída em alvenaria aparelhada. Esta massa enorme nada representa, porém, comparada com a perfeição da construção. As faces estão rigorosamente orientadas segundo os quatro pontos cardiais. As esquinas constituem ângulos rectos quase perfeitos: o erro maior mal ultrapassa os 5'. Por fim, os blocos das sucessivas camadas estão colocados uns sobre os outros e uns ao lado dos outros sem argamassa, sendo no entanto impossível, segundo a comparação habitual, fazer deslizar entre eles a lâmina de uma faca, de tal modo estão perfeitamente ajustados.

Ao mesmo tempo que levantava a sua pirâmide, Quéops mandou também restaurar ou construir templos e pode deduzir-se que esta actividade arquitectónica é uma prova de boa administração do país sob o seu reinado, assim como da prosperidade económica do Egipto.

Didufri e Quéfren. – O reinado de *Didufri*, que sucedeu a Quéops, é mal conhecido. Abandonando Gizé, mandou construir a sua pirâmide em Abu-Roach a Nordeste de Gizé. Descobriu-se o seu nome gravado nas lajes que cobriam a fossa que abrigava um dos barcos de Quéops. O Papiro de Turim atribui-lhe apenas oito anos de reinado, o que explica talvez o facto de a sua pirâmide ter ficado incompleta.

O reinado de Didufri é tão obscuro quão ilustre é o de seu irmão mais novo, Quéfren (em egípc. Khaefré). Máneton atribui-lhe uma duração de sessenta e três anos, o que é por certo uma duração demasiada, porquanto ele deve ter reinado apenas cerca de vinte e cinco anos. A sua pirâmide foi construída em Gizé perto da de Quéops.

Embora um pouco mais pequeno que esta última, o monumento de Quéfren, construído sobre uma saliência do planalto desértico, parece tão grande como a Grande Pirâmide. O complexo funerário que o acompanha está em melhor estado. O templo do Vale, construído em blocos de granito monólitos, é impressionante. Foi lá que foi encontrada a estátua de diorito de Quéfren que se encontra no museu do Cairo, obra-prima da estatuária egípcia. Ao lado do templo do Vale, os arquitectos utilizaram um montículo isolado de calcário para esculpir uma esfinge, animal fantástico com cabeça humana e corpo de leão, representando Quéfren. A esfinge de Gizé tornou-se tão célebre como as grandes pirâmides.

A sucessão de Quéfren permanece imprecisa: uma lacuna do Papiro de Turim entre Quéfren e Miquerinos deixa o espaço suficiente para intercalar um nome entre estes dois faraós. Uma descrição do Império Médio conservou uma lista real que apresenta esta sucessão: Quéops, Didufri, Quéfren, Hordjedefré e Baefré. Estes dois últimos nomes são os de filhos de Quéops e poderia supor-se que eles reinaram efectivamente. Seria nesse caso o nome de um deles, Baefré, que conviria incluir na lacuna do Papiro de Turim.

Miquerinos e o fim da dinastia. – Filho de Quéfren, Miquerinos (em egípc. Menkauré), desposou a sua irmã mais velha. O filho mais velho do casal parece ter morrido antes do fim do reinado.

A pirâmide de Miquerinos foi construída na sequência das de Quéops e de Quéfren. Se o rei tivesse podido realizar o seu projecto de cobri-la inteiramente de granito vermelho, ela teria sido tão bela como as anteriores embora mais pequena. Infelizmente, ficou por acabar.

Sucessor de Miquerinos, *Shepseskaf* era provavelmente filho daquele e de uma esposa secundária. Para confirmar os seus direitos à coroa, desposou portanto, ao que parece, a sua meia-irmã, filha da Grande Esposa real. Com o seu reinado a dinastia começa a declinar. Shepseskaf é mesmo incapaz de acabar com pedra o conjunto funerário de seu pai, e tem de terminá-lo com tijolos. Para ele próprio renuncia a mandar construir uma pirâmide. O seu túmulo tem a forma de um enorme sarcófago. A alvenaria é ainda de boa qualidade, mas o monumento não pode comparar-se com as construções dos grandes reis da dinastia. O reinado de Shepseskaf não deve ter, por certo, excedido os sete anos.

A dinastia extingue-se de uma maneira confusa: as listas manetomarias enumeram quatro reis depois de Miquerinos. Destes faraós, à excepção de Shepseskaf, nada ficou nos monumentos, e podemos mesmo perguntar-nos se existiram de facto e se o poder não terá passado directamente para uma nova dinastia por morte de Shepseskaf.

Os acontecimentos ocorridos ao longo dos dois séculos que a 4.ª dinastia durou são pouco conhecidos. Os sucessores imediatos de Snefru ocupavam a Núbia: deixaram vestígios da sua passagem em Buhen. Devem ter-se interessado também pela Ásia, que lhes forneceu as madeiras para as suas construções. A grande barca de Quéops, recentemente descoberta, é em grande parte de cedro do Líbano. Os desertos leste e oeste tal como a península do Sinai foram regularmente visitados por expedições que procuravam minerais metalíferos ou pedras para as oficinas reais. Quanto aos Líbios, pode pensar-se que, depois das campanhas de Snefru, os faraós da dinastia souberam contê-los, senão mesmo controlar o seu território.

A 4.ª dinastia assiste ao desenvolvimento e ao aperfeiçoamento da administração real, por um lado, e ao grande progresso na arte, por outro. Monumentos privados aparecem doravante ao lado dos monumentos reais: estátuas de príncipes, princesas ou altos funcionários, relevos e pinturas nos túmulos de particulares. Aqueles limitam-se muitas vezes à figuração das ofertas e da refeição funerária, mas as cenas da vida privada começam a aparecer. As artes menores testemunham um gosto apurado e uma perfeição técnica que será, por vezes, igualada mas jamais ultrapassada seguidamente.

3. A 5.ª dinastia

Numerosos problemas subsistem ainda na ordem de sucessão, no número dos faraós e na duração dos reinados dos construtores das grandes pirâmides. Em contrapartida, para a 5.ª dinastia, conhece-se muito melhor quer a ordem de sucessão quer a duração dos reinados dos nove faraós que a compõem.

Os números de Máneton são certamente demasiado elevados, tanto por comparação com os de Turim como com as datas mais altas conhecidas pelos monumentos. Tendo em conta lacunas e incertezas de leitura do Papiro de Turim, pode calcular-se que a dinastia conservou o poder durante cerca de cento e trinta anos (2480 – 2350 a.C.).

	Papiro de Turim	*Máneton*
1. Userkaf	7 anos	28 anos
2. Sahuré	de 12 a 14 –	13 –
3. Neferikaré-Kakai	mais de 10 –	20 –
4. Shepseskaré-Izi	7 –	7 –
5. Neferefré-Raneferré	mais de 1 –	20 –
6. Neusserré-Iny	11 –	44 –
7. Menkauhor	8 –	9 –
8. Djedgaré-Isesi	28 ou 39 –	44 –
9. Unás	30 –	33 –
Duração total dos reinados:	114 a 127 anos	218 anos

Userkaf. – Parece realmente que *Userkaf*, o primeiro rei da 5.ª dinastia, descendia de um ramo mais novo da família de Quéops e era neto de Didufri. Não terá havido, portanto, ruptura absoluta entre as duas dinastias, tanto mais que Userkaf confirmou os seus direitos ao poder desposando uma filha de Miquerinos. Entretanto, um conto popular (Papiro Westcar) dá uma versão completamente diferente da chegada da 5.ª dinastia: o deus Rã em pessoas teria gerado os três primeiros reis da dinastia. O acontecimento ter-se-ia passado no tempo de Quéops, e a mãe teria sido a mulher de um grande sacerdote de Heliópolis. Não oferece dúvidas o facto de a lenda ter sido suscitada pela importância que o culto do deus Rã de Heliópolis assume sob a 5.ª dinastia. É, de facto, nessa época que o título *Filho de Rã* toma regularmente lugar entre os epítetos reais. A Pedra de Palermo enumera, por fim, as numerosas fundações pias da dinastia.

A pirâmide de Userkaf ergue-se em Sacará, perto da de Djéser. Este monumento, contudo, já nada tem de comparável com as pirâmides anteriores: não só é de dimensões muito mais modestas, como, em vez de ser de alvenaria plena, é constituído por um núcleo de pedras folgadas revestido de uma simples guarnição aparelhada. Todas as pirâmides da 5.ª dinastia serão construídas desta maneira, o que explica o facto de não terem resistido e se apresentarem hoje apenas como um amontoado informe de pedras.

Todavia, se Userkaf e seus sucessores se contentam com monumentos funerários mais simples que os da 4.ª dinastia, em contrapartida, todos eles constroem templos ao deus Rã. Ainda não se vê claramente por que é que cada um dos reis da dinastia edificou um templo pessoal à divindade heliopolitana; esse uso desaparecerá, de resto, antes do fim da dinastia.

Estes templos solares comportam, no meio de um largo pátio aberto, um obelisco construído sobre uma base em forma de tronco de pirâmide. Em frente, é implantado um grande altar que serve para os sacrifícios. Uma rampa, que sobe do Vale, dava acesso ao santuário. Construções anexas para o alojamento dos sacerdotes e a preparação dos sacrifícios eram dispostas à volta do pátio central. Fora da cerca, um simulacro de barca gigante, em pedra, erguia-se para o lado sul. Esta barca representava a barca que servia, acreditava-se, para o périplo solar celeste. Estes templos eram decorados com cenas gravadas, autênticos hinos em imagens em honra do deus Rã. A fauna e a flora criadas pelo deus eram aí representadas, assim como o desenrolar das estações.

O reino de Userkaf durou sete anos segundo o Papiro de Turim; é nesta época que as grandes famílias provinciais começam a apoderar-se do poder no Egipto.

Sahuré. – A Userkaf sucede seu filho *Sahuré*, que, segundo a Pedra de Palermo, permaneceu no poder durante catorze anos. Foi ele quem inaugurou a necrópole de Abusir que ficou a ser a do resto da dinastia. As paredes dos templos funerários e sobretudo os muros das rampas de acesso aos templos são agora decorados com baixos-relevos graças aos quais temos algumas informações sobre os vários reinados.

Sahuré fez campanha contra os Líbios e os Beduínos do Nordeste. Estava também em contacto com a costa siro-palestina, como testemunham as representações de ursos sírios e de estrangeiros barbudos nos baixos--relevos do seu templo. A Pedra de Palermo informa-nos, por fim, que ele fez uma expedição à longínqua região de Punt, perto da actual costa da Somália.

Os outros sete faraós. – *Kakai* (Neferirkaré) sucedeu a seu irmão Sahuré. Permaneceu no poder pelo menos dez anos, segundo a Pedra de Palermo, vinte segundo Máneton. Foi, aliás, sob o seu reinado que foi sem dúvida gravada a Pedra de Palermo. Possuímos também arquivos em papiro referentes à administração do seu templo funerário.

Shepseskaré-Izi e *Neferefré*, sucessores de Neferirkaré-Kakai, quase só são conhecidos pelos seus nomes. Um reinou sete anos, o outro vinte. *Neuserré-Iny* que lhes sucedeu é um pouco mais bem conhecido graças ao seu complexo funerário. Reinou verosimilmente cerca de trinta anos e enviou expedições ao exterior, designadamente ao Sinai.

Sétimo rei da dinastia, Menkauhor reinou oito anos e o único vestígio que dele temos é o seu nome gravado num rochedo do Sinai. *Djedkaré-Isesi*, seu sucessor, teve, pelo contrário, um longo reinado. Um texto contemporâneo menciona o vigésimo recenseamento do gado do seu reinado. Ora, tal recenseamento só se fazia de dois em dois anos, e daí se segue portanto que Isesi permaneceu no poder pelo menos trinta e nove anos. O Sinai, o uadi Hammamat e pedreiras perto de Abu-Simbel conservaram vestígios de expedições feitas durante o seu reinado. Um dos funcionários trouxe um anão da região de Punt. Por fim, as escavações de Biblos forneceram objectos gravados em seu nome.

Tal como o seu antecessor, *Unás*, o último rei da dinastia, teve um reinado de pelo menos trinta anos. É o primeiro faraó que mandou inscrever textos no interior da sua pirâmide. Esses textos, conhecidos sob o nome de *Textos das Pirâmides*, dão-nos informações sobre a religião funerária real.

A 5.ª dinastia termina com o reinado de Unás. É certamente menos rica em monumentos reais que a dinastia anterior. Em contrapartida, sob a sua vigência os particulares ganharam o hábito de decorar os seus túmulos, ou *mastabas*, com cenas inspiradas na vida de todos os dias. Aí se encontra, por isso, uma fonte incomparável de conhecimento para a história da civilização egípcia. A riqueza desses túmulos mostra também que o poder real começa a esboroar-se. Ao passo que sob Quéops, por exemplo, não havia comparação possível entre a altiva pirâmide real rodeada do seu complexo funerário, e os humildes túmulos de funcionários que se amontoavam à volta, a partir de Unás, pelo contrário, a sepultura real vai diminuindo de peso e os túmulos privados vão ganhando cada vez maior importância, de tal maneira que a única diferença que subsiste reside na própria forma do túmulo: pirâmide para o rei, *mastaba* para os particulares. A decoração dos túmulos privados pode resistir à comparação com os relevos das calçadas reais, por exemplo. Este enfraquecimento do poder real vai acentuar-se sob a dinastia seguinte.

IV. – O IMPÉRIO ANTIGO: UMA BRILHANTE CIVILIZAÇÃO(¹)

O domínio da civilização egípcia sob o Império Antigo vai da segunda catarata até às margens do Mediterrâneo. Pela sua extensão, o Egipto tornou-se assim um dos Estados mais poderosos da Antiguidade pré-clássica. A sua arte faz dela, de facto, uma das civilizações mais requintadas.

1. O Faraó e a administração

O Egipto não pode prosperar se os trabalhos exigidos pelo aproveitamento da cheia do Nilo não forem feitos a tempo para todo o país. A execução desses trabalhos torna necessária uma administração rigorosa. Sob o Império Antigo, o «Responsável pela Abertura dos Canais» da época Tinita continua a ser o chefe da província ou nomo, e depende directamente da autoridade real. Ele é, além disso, responsável pela justiça e efectua, de dois em dois anos, o recenseamento geral. Verosimilmente, possui de facto, dentro da sua província, todos os poderes que o rei detém sobre o conjunto do país.

Só as listas de títulos enumerados nos túmulos dos funcionários trazem algumas informações sobre a administração do Império Antigo. Tais títulos têm, aliás, um valor bastante desigual. Alguns parecem puramente honoríficos, tais como: «Companheiro único», «Conhecido do rei», que são uma sobrevivência da época arcaica; ou ainda como: «Chefe dos Segredos das coisas que um só homem vê», «Chefe dos Segredos do Rei em toda a parte», títulos novos atribuídos sem dúvida para bajular a vaidade póstuma dos defuntos.

Os títulos ligados ao serviço pessoal do faraó têm, sem dúvida, mais consistência. O mesmo sucede com os que se relacionam com o andamento

---

(¹) OBRAS A CONSULTAR. – C. Aldred, *Egyptian Art in the Days of the Pharaohs*, Londres, 1980; R.O. Faulkner, *The Ancient Egyptian Pyramid Texts*, Oxford, 1969; H. Goedicke, cf. Bibliogr., cap. III; J.C. Griffith, *The Origin of Osiris* (Münchner Agypt. Stud. 9), Berlim, 1966; H.W. Helck, 1954, cf. Bibliogr., cap. III; H.W. Helck, *Wirtschftsgeschichte des Alten Ägypten im 3. und 2. Jahrtaussend vor Chr.*, Leyde, 1975; N. Kanawati, *The Egyptian Administration in the Old Kingdom*, Warminster, 1977; N. Kanawati, *Governmental Reforms in Old Kingdom Egypt*, Warminster, 1980; E. Martin-Pardey, *Untersuchungen zur ägyptischen Provinzialverwaltung bis zum Ende des Alten Reiches*, Hildesheim, 1976; M.I. Moursi, *Die Hohenpriester des Sonnengottes von der Früzeit bis zum Ende des Neuen Reiches*, Munique-Berlin, 1972; G. Posener, *De la Divinité du Pharaon*, (Cah. Soc. Asiat., 15), Paris, 1960; W.S. Smith, *A History of Egyptian Sculpture and Painting in the Old Kingdom*, Boston e Londres, 1946; J. Vandier, *Manuel d'Archéologie égyptienne*, vol. III: *Les Grandes Epoques, La Statuaire*, Paris, 1958.

do domínio real e da corte. É o caso do «Responsável pelo guarda-roupa real», do «Médico do rei» e sem dúvida também dos chefes das oficinas: de tecelagem, de metalurgia, de marcenaria. As listas mencionam numerosos sacerdotes ligados ao culto, quer divino, quer dos templos funerários dos faraós. Esse clero não é especializado. Os títulos sacerdotais podem ser usados por funcionários civis.

Entre os departamentos administrativos, o *Tesouro* é um dos mais importantes. Incluía inicialmente uma «Casa Branca» e uma «Casa Vermelha»; no Império Antigo é unificado sob o nome de «Dupla Casa Branca». Recebe rendas em géneros que são depositados no «Duplo Celeiro» dependente do Tesouro. O «Duplo Celeiro» é administrado por um «Chefe do Duplo Celeiro». Cada nomo possui este organismo indispensável à remuneração do pessoal administrativo da província e à organização dos trabalhos de interesse geral: construção dos diques, manutenção dos canais, etc.

Na realidade, o Egipto só conheceu moeda mesmo no fim da sua história; todo o serviço tem, pois, de ser pago em géneros. Os altos funcionários recebiam os rendimentos de domínios que lhes estavam afectos; os pequenos funcionários recebiam porções de géneros, pão, peixe, cerveja, roupas como remuneração do seu trabalho.

Toda a autoridade vem do rei que é o senhor de toda a administração do país. Se se entenderem à letra os qualificativos juntos ao seu nome, ele é um verdadeiro deus sobre a terra: «Filho de Rã», descendente de Hórus, «Deus bom» (em egípcio *Nefer nefer*), do qual depende a ordem universal. O «escudo» que rodeia o seu nome é talvez um símbolo da marcha do Sol à volta do mundo. Tal como o astro celeste, o faraó é pois, em teoria, o senhor absoluto do Universo. A realidade é, evidentemente, bem mais modesta. No entanto, se o rei não é verdadeiramente «deus», no sentido que damos a esta palavra, participa em todo o caso da natureza divina. Segundo a crença popular, o deus Rã, em pessoa, tinha-se unido a uma mulher para gerar os reis da 5.ª dinastia. O poder real é, pois, realmente de origem divina, donde a importância do sangue na transmissão do poder. Sob o Império Antigo, o primeiro soberano de uma nova dinastia descende sempre de um ramo mais novo da dinastia anterior. Na maioria das vezes, reforça a sua autoridade casando com uma meia-irmã saída do ramo mais velho.

Monarca de direito divino, o rei tem todos os poderes: administrativo, judicial, militar e religioso; em princípio, ele é o único ser sobre a Terra que pode prestar culto aos deuses. Como lhe é impossível exercer pessoalmente todos estes poderes sobre o conjunto do país, procura ajuda nos seus colaboradores.

Na época arcaica, e ainda sob a 3.ª dinastia, parece que é o «Chanceler do Baixo Egipto» que dirige a administração central. Sob a 4.ª dinastia é o «Vizir» que ocupa o posto mais elevado. Na mesma altura, o título de «Chanceler do Baixo Egipto» cai em desuso e é substituído pelo de «Chanceler do deus», designando a palavra «deus» o faraó reinante. São os chanceleres do deus que, com muita frequência, dirigem as expedições reais fora do Egipto.

O vizir é o verdadeiro *alter-ego* do rei que nele delega todos os poderes; é por isso que ele parece ser escolhido, na maioria das vezes, entre os membros da família real. É já a partir da 5.ª dinastia que se vêem simples particulares ocupar este posto. Entre as múltiplas atribuições do vizir, a principal é, sem dúvida, a Justiça. A este título ele é «Sacerdote de Maat», deusa da Verdade, da Justiça e da Ordem universal. De facto, o vizir dirige toda a administração: Tesouro, Arsenal, Trabalhos agrícolas ou obras públicas, assim como serviços da corte. É ajudado por chefes de missão, que asseguram a ligação com a administração provincial.

Para que o vizir pudesse administrar eficazmente o país, era preciso que o Tesouro central conhecesse exactamente as reservas de que podia dispor em cada província, donde a necessidade de uma considerável correspondência administrativa. Um dos encargos essenciais do vizir é, portanto, o registo e a guarda dos *arquivos* onde estão consignadas as rendas devidas por cada domínio, os títulos de propriedade, os decretos reais, os contratos, os testamentos que lhe permitem controlar os ingressos do Tesouro.

Esta administração, muito complexa, assenta, na realidade, no *Escriba*. É ele que, à escala provincial, redige as listas e vigia os ingressos; reúne a documentação vinda das províncias que serve de base à administração central do vizir e dos seus ajudantes. Após a 1.ª dinastia pelo menos, o escriba egípcio dispõe de um instrumento incomparável para o seu trabalho: o «papiro». Obtidos a partir das fibras internas do *cyperus papyrus*, os «rolos» de papiro são leves, flexíveis e manejáveis. Permitem aos escribas efectuar facilmente todas as operações administrativas: listas do pessoal e do material, contabilidade, registo das actas, extractos do cadastro e, sobretudo, correspondência oficial. O único defeito do papiro, independentemente do tempo e do cuidado que exige para o seu fabrico, é a sua fragilidade. Inúmeros são os documentos administrativos ou literários que foram destruídos ao longo dos tempos. Deste ponto de vista, a civilização egípcia está em grande desvantagem em relação às civilizações mesopotâmicas em que os documentos em argila são muito menos vulneráveis que o papiro.

A importância do escriba na vida quotidiana é sublinhada pelas múltiplas representações da personagem que a arte do Império Antigo deixou. Ele é, de facto, a trave mestra de toda a administração e gostaríamos de saber que educação recebia para se formar. Mais tarde, cada cidade terá, ao que parece, a sua «Casa de vida» onde se preparavam os escribas, mas não se sabe se o Império Antigo já possuía esta instituição.

Os escribas deviam recrutar-se sobretudo entre os filhos dos funcionários. Contudo, como no Egipto não há castas, nada impede *a priori* um filho de camponês de se tornar escriba.

O exército, comandado em princípio pelo rei, não parece ter tido organização permanente no Império Antigo. Em caso de necessidade, as províncias forneciam recrutas escolhidos entre os jovens de uma certa idade. Os chefes de missão encarregados de comandá-los eram seguidamente designados pelo faraó e, nessa altura, assumiam um título militar.

2. As actividades económicas

A agricultura. – A agricultura constitui o recurso essencial do Egipto, mas discute-se ainda acerca do problema da propriedade do solo. Admitiu-se durante muito tempo que o rei era, juridicamente, o único proprietário da terra no Egipto. Entretanto, damo-nos conta de que, em certos contratos, a terra é alienável e que pode ser colocada na dependência permanente de um proprietário particular. É o caso, por exemplo, da constituição das dotações funerárias a favor de alguns privilegiados da fortuna. Enfim, há testamentos que mostram que a propriedade pode ser partilhada igualmente entre os filhos de um defunto. Tudo isso mostra, ao que parece, que a propriedade ou pelo menos a *exploração* do solo não pertence apenas ao faraó.

Entretanto, existem propriedades indiscutivelmente reais ao lado das terras que poderíamos qualificar como de direito comum. Essas terras estão arrendadas a funcionários especiais e parecem ter sido sobretudo ganhas ao deserto ou aos pântanos, graças ao aperfeiçoamento da irrigação. É sobre essas terras que o rei cobra os donativos que faz aos templos ou aos particulares para a constituição de fundos alimentares ou funerários.

A cheia do Nilo ritma fortemente a vida agrícola, fonte de toda a riqueza no Egipto. Em Setembro, a partir do momento em que as águas se retiraram, o camponês semeia os campos, limitando-se, na maioria das vezes, a lançar as sementes ao solo ainda mole, ou mesmo líquido. Alguns animais deixados no campo à solta encarregam-se de enterrar o grão ao pisarem o solo. Só quando a terra já está um pouco dura é que o camponês recorre à charrua ou à enxada para preparar o terreno para a sementeira.

As duas culturas de base são os cereais, trigo duro ou cevada, e o linho. No entanto, a aveia e o milho-miúdo são também conhecidos, embora mais raros. É o trigo que está na base da alimentação sob forma de pão, e depois, a partir do pão, sob a forma de cerveja. O linho serve naturalmente para a confecção de roupas, parecendo que a lã nunca foi usada com essa finalidade.

Uma vez os campos semeados, o trabalho do camponês limita-se à cultura de legumes nas terras próximas do rio ou dos canais. Essas culturas incluem a cebola, o pepino, o alho, a alface, o alho-porro. Exigem um trabalho constante. Com efeito, se a grande cultura não precisa de rega, pois os cereais e o linho crescem graças apenas à humidade acumulada no solo aquando da inundação, os legumes exigem uma rega feita com regularidade. O camponês tinha, por isso, de tirar a água quer do rio ou canal, quer de um reservatório instalado no centro do quintal.

A ceifa verificava-se quatro a cinco meses após as sementeiras. O trigo era cortado à foice, a meia-altura do caule. O linho era arrancado e descascado. A debulha dos cereais efectuava-se numa eira circular pisada por animais. Depois, o grão era joeirado e enceleirado em silos cilíndricos sob a vigilância de escribas contabilistas.

A criação de gado. – Independentemente das culturas, a criação de gado e a pesca desempenham ainda na economia do Egipto, no Império Antigo, um papel tanto maior quanto, até cerca de 2400 aprox., o vale está rodeado não de desertos como actualmente, mas de uma estepe abundante em pastos.

Os Egípcios tinham multiplicado as tentativas de domesticação nas épocas pré-dinástica e arcaica. As experiências prosseguem no Império Antigo: antílopes, nomeadamente o órix, são ainda criados para o abate, a hiena é domesticada, ao mesmo tempo, para o abate e para a caça. Numerosas espécies de patos, de gansos, de grous e de pelicanos povoam os pátios de criação das grandes propriedades.

Um pessoal numeroso ocupa-se da criação de gado, que se faz em dois tempos. Primeiro, o rebanho vive em liberdade nas pradarias próximas do rio ou no meio dos pântanos. É lá que se reproduz e se multiplica. Os pastores acompanham o rebanho, protegem-no, assistem às vacas, tratam dos bezerros, e vivem do leite e dos queijos. Alguns animais são, em seguida, seleccionados e transferidos para herdades de criação onde são engordados. Estes animais fornecem a carne para a mesa real ou principesca e para os altares dos deuses. O gado serve pouco no trabalho dos campos: raramente empregados à charrua, bois e vacas quase só são utilizados na altura da debulha ou para o reboque de cargas pesadas. O burro, em contrapartida, é o auxiliar permanente do camponês; é ele que transporta a colheita, pisa o campo acabado de semear e, mais do que os bovinos, debulha os cereais na eira.

A mesma especialização do trabalho no que se refere à criação das aves: primeiro, após a sua captura, são deixadas num aviário munido de um depósito de água e largamente abastecido de cereais. Em seguida, são daí retiradas para serem encerradas em recintos mais pequenos onde são diariamente engordadas à base de farinha até estarem prontas para o espeto. Também aqui numerosos escribas vigiavam e controlavam as operações.

Caça e pesca. – Os mastabas do Império Antigo representam com frequência o dono do túmulo a vigiar a caça no deserto e a pesca nos pântanos. A caça parece ter uma dupla finalidade: fornece, por um lado, um complemento de alimentação e novos exemplares para as tentativas de domesticação – é, de resto, por isso que ela é praticada tanto ao laço como ao arco e que os cães esfalfam a caça, mas agarram-na ainda viva; por outro lado, a caça tem um carácter religioso: os habitantes da estepe e do deserto dependem do deus Seth, irmão mas também assassino de Osíris; são, por isso, maléficos e devem ser destruídos. A função ritual que se pressente na caça dos animais selvagens encontra-se na do hipopótamo, cujo carácter religioso remonta à época pré-dinástica. A caça é praticada por um corpo de especialistas que parecem acumular esta actividade com a de guarda-fronteiras.

Os pântanos fornecem grandes recursos ao Egipto. O papiro, nomeadamente, indispensável para o escriba, mas também para o fabrico das coroas e dos cabos, assim como de embarcações ligeiras para a pesca e para a caça nas zonas aquáticas; e o peixe também, que constitui uma das bases da alimentação. Todos os meios são bons para o capturar: grande rede de arrasto, nassas variadas, linhas individuais de anzóis e, por fim, o arpão para as espécies de grandes dimensões. O peixe é preparado no próprio local: aberto ao meio, é posto a secar. É nos pântanos que os Egípcios capturam numerosas aves de passagem que os visitam. Estendem redes de grandes dimensões, que, ao sinal de um vigia, se abatem sobre as presas. A propriedade egípcia, real, clerical ou pertencente a um particular rico, constitui uma unidade económica que se basta a si própria. Inclui camponeses, pastores, caçadores, pescadores e, também, artífices que preparam as ferramentas necessárias à exploração e transformam as matérias-primas produzidas na propriedade. Todos os domínios, privados ou eclesiásticos, estavam sujeitos a pagamentos fixos ao Tesouro. No entanto, a partir da

5.ª dinastia, o rei adquire o hábito de, ao mesmo tempo, conceder imunidades de impostos tanto aos templos como aos particulares, e dar certas propriedades reais a particulares para lhes permitir organizar o seu culto funerário, ou aos templos para alimentar o serviço das oferendas divinas. Esta dupla prática empobrece os recursos do Estado e será talvez uma das causas do desmoronamento do Império Antigo.

As trocas. – Embora a agricultura e a criação de gado sejam as bases da economia do Egipto, não podem proporcionar-lhe todos os produtos indispensáveis ao desabrochar da civilização. O Egipto carece, nomeadamente, de madeiras de construção indispensáveis para a construção naval, da maior importância, dado que, no Egipto, todos os transportes se fazem por água, incluindo os relacionados com a construção dos grandes monumentos. O vale do Nilo também não possui jazidas mineiras; estas encontram-se nos maciços montanhosos por vezes muito afastados do rio. Ora, o desenvolvimento da economia obriga o Egipto a utilizar cada vez mais o metal. Tinha, pois, de abastecer-se de madeira e cobre, aos quais há que acrescentar as pedras raras ou semi-preciosas necessárias aos joalheiros assim como aos talhadores de vasos, e o incenso indispensável ao serviço divino diário.

As expedições encarregadas de trazer estes produtos são da responsabilidade do rei. Podem ser muito importantes: Snefru envia uma frota de quarenta navios à costa palestina, Sahuré não hesita em enviar navios à costa da Somália para de lá trazerem incenso. A península do Sinai é visitada com regularidade; os Egípcios procuram aí a turquesa e, talvez, o cobre. Este último provinha também do deserto oriental e da Núbia. O ouro é explorado nas minas orientais nas imediações de Coptos. Serve de padrão de referência nas transacções importantes. Finalmente, as pedreiras dos desertos, a leste, oeste ou sul, são exploradas pelas pedras duras procuradas tanto pelos arquitectos como pelos escultores e fabricantes de vasos.

Não parece que, ao lado deste grande comércio, essencialmente de Estado, o pequeno comércio tenha exigido a existência de uma classe da população. Os serviços são pagos em géneros, e o povo em geral contenta-se, ao que parece, com trocar o que possa ter de sobra para obter aquilo que deseja. Muito raras são as representações dessa troca: uma cena apresenta um hortelão a trocar legumes por um leque, e um artífice uma bilha por sandálias. O padrão de referência permitia transacções mais importantes: um funcionário vende uma casa por um conjunto de móveis que são avaliados em ouro. É aliás do mesmo modo que os escribas da 5.ª dinastia avaliam as mercadorias entregues ao Tesouro a título de rendas. Contudo, esse padrão não se traduz materialmente numa verdadeira moeda que teria facilitado o comércio.

3. A estrutura social

Corte e função pública. – No topo da hierarquia social encontram-se o rei e sua família que pode ser muito numerosa, pois que o soberano, ao contrário dos seus súbditos, pode ter várias mulheres legítimas. Fora da família real, não parece ter havido uma verdadeira nobreza hereditária: a corte é constituída pelos altos funcionários e pelos servidores pessoais do rei, que se mantém senhor quer da sua promoção quer mesmo da sua manutenção nesta classe privilegiada. Todavia, as necessidades do culto funerário, que tem de ser permanente, vão fazer que as funções tendam a tornar-se hereditárias, de tal modo que, no fim do Império Antigo, está em vias de formação uma classe dirigente.

Os escribas constituem a massa dos funcionários. Sabem ler, escrever, calcular, únicas condições exigidas para desempenharem as suas funções. Qualquer súbdito do faraó pode tornar-se escriba, mas o recrutamento deve tender a fazer-se nas famílias dos funcionários.

Nos seus escalões superiores, a função pública é fonte de riqueza que permite aos funcionários adquirir propriedades privadas. É, portanto, possível – tudo isso é ainda muito mal conhecido – que uma classe de proprietários fundiários esteja em curso de formação. Todavia, o costume egípcio que previa a partilha por igual dos bens entre os filhos por morte dos pais não favorece na prática a constituição de grandes propriedades, tanto mais que a parte legada a título inalienável para assegurar o culto funerário tende a transformar a propriedade em bens de mão-morta.

Camponeses e artífices. – No escalão inferior da hierarquia encontram-se os camponeses e os artífices. Nos grandes domínios, a mão-de-obra é muito especializada: o camponês propriamente dito ocupa-se unicamente da cultura, os pastores tratam do gado, os pescadores e caçadores exploram o deserto, a estepe e os terrenos pantanosos. Passa-se o mesmo com os artífices: marceneiros, pedreiros, cabouqueiros, fundidores, ourives. Os grandes trabalhos são executados por meio de trabalho obrigatório e não remunerado, sobretudo pelos camponeses depois da ceifa, quando estão livres. Era, então, necessário tratar dos diques e canais em vista da próxima inundação. Durante esta, por fim, em cerca de três meses o trabalho era orientado para a construção das pirâmides e monumentos diversos, que, construídos na orla do deserto, estavam ao abrigo da inundação.

Embora alguns contratos de recrutamento deixem supor a existência de uma mão-de-obra independente dos grandes domínios, a população rural estava, sem dúvida, mais ou menos ligada à terra. Contudo a escravatura absoluta não parece ter existido: algumas actas jurídicas aludem a transacções que afectam terras com os camponeses que as cultivam, mas, nos testamentos que chegaram até nós, não foi ainda encontrado nenhum legado que transmitisse servos aos herdeiros.

4. O culto dos deuses e a religião funerária

A religião desempenha um grande papel na civilização egípcia. A religião funerária, em particular, tem um lugar muito importante; desde o início do Império Antigo ela chega ao ponto de se distinguir da religião propriamente dita, embora ambas se dirijam às mesmas divindades. Ao passo que a religião propriamente dita é local, tendo cada nomo o seu deus principal e os seus deuses secundários, a religião funerária é universal: para todo o Egipto os deuses dos mortos e os ritos de enterro são os mesmos.

Exceptuando os templos solares da 5.ª dinastia, a maior parte dos templos do Império Antigo caíram em ruínas ou foram destruídos durante o Primeiro Período Intermédio; é por isso que é difícil estudar o culto provincial que neles se desenrolava. Entretanto, sob o Império Antigo, os grandes centros religiosos conheceram uma grande actividade. Foi aí que nasceram, de facto, as grandes narrativas mitológicas, nomeadamente as que explicavam a criação do mundo. As grandes cidades como Heliópolis, Hermópolis, Mênfis, tiveram cada uma delas o seu sistema divino que explicava a criação pelo aparecimento sucessivo de casais divinos que simbolizavam as grandes forças da natureza. Nomes e número dos casais variavam com os sistemas. É essa a religião culta elaborada pelo clero dos grandes templos. Ao lado dela, a religião popular, mal conhecida, parece estar mais ligada ao culto de animais sagrados cuja origem remonta à época pré-dinástica.

Os grandes deuses do Império Antigo são: Hórus, velho deus celeste adorado um pouco por toda a parte, Áton-Rá em Heliópolis, Ptah em Mênfis, Thot em Hermópolis e Min em Coptos. Osíris, deus do Delta, cujo culto é atestado desde a época arcaica, ganha cada vez mais importância. Chega de facto a ultrapassar deuses muito antigos como Hórus, o deus-falcão, e Anúbis, o deus-cão de Assiut. Entre as deusas, há que citar Hátor, deusa de Denderá, Ísis, originária do Delta tal como Osíris e que desde muito cedo é considerada como sua esposa, Neith de Saís, Uadjyt de Buto, e finalmente Nekhbet, deusa-abutre de El Kab.

Desde o Império Antigo os teólogos utilizam o sincretismo; é assim que os sacerdotes de Heliópolis assimilam quase todos os deuses provinciais ao seu deus: Rã. De igual modo, os de Mênfis identificam os grandes deuses do panteão a Ptah.

A religião funerária representa o carácter mais particular das crenças religiosas egípcias. Apresenta, ao mesmo tempo, um aspecto subterrâneo que remonta à época mais longínqua, quando os homens do Neolítico e do Pré-dinástico acreditavam que os mortos continuavam a viver no solo onde eram enterrados, rodeados das suas armas e de provisões; um aspecto estelar que parece manifestar-se durante o Pré-dinástico, quando alguns elementos da população criam que a alma, separada do corpo, se juntava às estrelas do céu setentrional; finalmente, um aspecto solar, reservado ao rei, que passava a eternidade em companhia do deus-sol a bordo da barca celeste.

Nos finais do Império Antigo, estes três aspectos tendem a fundir-se num único sistema, de resto cheio de contradições. O morto vive num mundo subterrâneo onde reina Osíris mas, ao mesmo tempo, pode acompanhar o Sol no seu curso diurno e nocturno, ou viver nos campos celestes. No entanto, uma condição é essencial para que o morto possa sobreviver no além-túmulo. É-lhe necessário um suporte material no qual a alma, ou antes, as almas do defunto possam vir integrar-se. O melhor suporte é o próprio corpo, donde o aparecimento, desde o Império Antigo, dos ritos de mumificação, destinados a tornar o corpo eterno. Entretanto, apesar de todas as protecções, o corpo pode desaparecer; por isso se prevêem estátuas para o substituir.

Ao mesmo tempo, multiplicam-se as práticas de inumação. O túmulo primitivo, simples fossa oval, é substituído pelas câmaras funerárias cada vez mais numerosas, desde o fim do Pré-dinástico. A sepultura complica-se ainda sob as primeiras dinastias e no Império Antigo até desembocar nos complexos das grandes pirâmides. Ao lado do rei, os particulares possuem também as suas «Moradas de eternidade»: os *mastabas* que encerram numerosas estátuas e sobretudo cenas decoradas que recordam o fabrico dos alimentos e dos objectos de primeira necessidade, graças aos quais o possuidor do túmulo fica com a garantia de ser eternamente provido dos bens deste mundo.

Para continuarem a subsistir no além-túmulo, os mortos têm necessidade de ser aprovisionados; essas provisões indispensáveis podem ser asseguradas pela piedade filial; por isso, os Egípcios têm tendência para solicitar a hereditariedade das funções, de modo a que os filhos mais velhos possam prover ao seu culto funerário. Uma outra maneira de aprovisionar o túmulo de um modo permanente é afectar-lhe rendimentos por contrato.

A realeza de Mênfis empobrece-se assim distribuindo grandes domínios ou terras cujos rendimentos são afectados à manutenção dos túmulos e ao seu aprovisionamento.

Os nossos conhecimentos sobre as crenças egípcias no Império Antigo são tirados sobretudo dos *Textos das Pirâmides*, compilação de fórmulas que proporcionam ao morto o meio para resolver todos os problemas que o esperam no Além. Embora esses textos fossem destinados ao rei morto, reflectem crenças que se estendem já ao conjunto da população. Descobrem-se neles duas correntes: numa delas, o papel essencial é devolvido a Rã, o deus-sol; na outra, o primeiro lugar é ocupado por Osíris, deus dos mortos. A religião osiriana ganhará cada vez maior importância ao longo dos tempos.

5. Arte, literatura e técnicas

Sob muitos aspectos, pode considerar-se a arte do Império Antigo como a mais perfeita de toda a civilização egípcia.

Túmulos e templos. – A arquitectura dá o passo decisivo a partir da 3.ª dinastia, quando abandona, para os grandes monumentos, o emprego do tijolo cru substituindo-o pela pedra. Primeiro é o calcário que é utilizado em pedras de pequeno porte, depois, muito rapidamente os arquitectos descobrem os recursos do novo material e empregam blocos cada vez maiores e juntam ao calcário pedras mais duras, como o granito e o basalto.

É na construção das pirâmides que os progressos são mais rápidos. Em cada reinado um novo complexo funerário se iniciava; por isso, a experiência adquirida na construção do complexo anterior podia dar todos os seus frutos, o que basta para explicar os progressos rápidos da arte de construir a partir de Djéser (Zoser).

As colunas que aparecem nos anexos da pirâmide em degraus, por exemplo, estão ainda, na 3.ª dinastia, metidas nas paredes; a partir da dinastia seguinte vêem-se aparecer pilares e colunas independentes para sustentar arquitraves. O pátio de pórtico torna-se, então, um dos elementos característicos da arquitectura egípcia. Os arquitectos sabem construir abóbadas de descarga, para aliviar a massa de alvenaria que pesa sobre as câmaras sepulcrais das pirâmides.

A estes progressos vem juntar-se o aparecimento da decoração arquitectural. Imhotep tinha já utilizado os fustes de colunas canelados e fasciculados, assim como capitéis florais: lírios e papiros. Se a 4.ª dinastia emprega muito o pilar quadrado de linhas sóbrias, utiliza também, e com frequência, a coluna de capitel palmiforme que se torna uma das características da arquitectura egípcia da 5.ª dinastia.

O granito, que pavimentava já as câmaras funerárias reais da 2.ª dinastia, é em breve utilizado na estrutura viva dos monumentos.

A sua utilização em blocos monólitos, quer como pilar, quer nas bases das paredes e como arquitrave, contribui para a beleza do templo do vale de Quéfren.

Escultores e pintores, tão hábeis como os arquitectos, trabalham tanto para os particulares como para o rei e sua família. O templo funerário de Quéfren forneceu por si só dezassete estátuas do rei maiores que o tamanho natural. As oficinas reais procuram, para as suas obras, as pedras mais duras, sem que a destreza dos artistas seja minimamente prejudicada. As estátuas de particulares, mais pequenas e de uma matéria menos dura, testemunham igualmente a mestria dos artistas do Império Antigo. Estes são tão hábeis no relevo como no alto-relevo. A partir da 4.ª dinastia, mas sobretudo sob a 5.ª, túmulos de particulares, calçadas das pirâmides e paredes dos templos solares são decorados com baixos-relevos notáveis.

Baixos-relevos e estátuas eram pintados com cores vivas, mas harmoniosas e os pintores sabiam executar pinturas murais cuja qualidade é pelo menos igual à das melhores obras dos escultores. As artes menores são bastante mal conhecidas, porque, infelizmente, a reiterada pilhagem dos túmulos só deixou subsistir muito poucos objectos. Todavia, a descoberta do túmulo de Heteferés, mãe de Queóps, prova que joalheiros e ebanistas era artistas dignos dos pintores e dos escultores.

Não temos nenhuma escultura em metal anterior à 6.ª dinastia, mas os textos informam-nos de que os metalurgistas sabiam fundir ou martelar estátuas.

Textos religiosos e «Instruções». – Fora dos *Textos das Pirâmides*, a literatura do apogeu do Império Antigo só é conhecida através de curtos textos autobiográficos e de um fragmento de *Instruções* reais. É preciso esperar a 6.ª dinastia para termos textos mais desenvolvidos. Contudo, textos um pouco posteriores, como as *Instruções de Kagemni*, ou as *Máximas de Ptahotep*, contêm sem dúvida muitas frases e provérbios do Império Antigo. Aliás, estes textos foram atribuídos pelos seus compiladores egípcios, o primeiro ao início do Império Antigo, porquanto Kagemni viveu sob Huni da 3.ª dinastia e Ptahotep na 5.ª dinastia. Ambos são sequências de textos de advertências práticas destinadas a ajudarem os jovens a atingirem os cargos de honra. São mais conselhos de boa educação que propriamente preceitos morais. A obediência ao pai e ao superior é recomendada, do mesmo modo que a virtude do silêncio e das boas maneiras em sociedade. Preconizam, enfim, a fidelidade e a benevolência para com os inferiores.

As técnicas. – Não nos chegou qualquer obra científica do Império Antigo; entretanto, nas épocas posteriores os Egípcios afirmavam de bom grado que as suas obras didácticas haviam sido copiadas a partir de manuscritos que remontavam a um ou outro dos grandes faraós menfitas. Tais afirmações são, por vezes, exactas; assim, veio a confirmar-se que a língua do Papiro Smith, o melhor tratado de medicina egípcia que possuímos, remonta, pelo menos para algumas das suas partes, ao Império Antigo.

A perfeição das técnicas, a partir da 3.ª dinastia, levou alguns autores a pensar que os Egípcios, a partir do império menfita, conheciam não apenas o ferro, mas mesmo o aço. Outros consideraram que os artífices sabiam endurecer o cobre por processos hoje ignorados. Todas estas afirmações são mais ou menos fantasiosas. Com efeito, os escultores não utilizavam ferramentas metálicas para talhar as pedras duras: serviam-se de cinzéis de pedra. Os cinzéis de cobre só eram utilizados para a escultura e a gravura da madeira, do marfim e das pedras moles como o calcário, o xisto e o alabastro.

Os metalurgistas sabiam fundir e soldar o metal tão bem como martelá-lo, gravá-lo, cinzelá-lo e rebitá-lo. Marceneiros e carpinteiros, com a ajuda de entalhes, encaixes e malhetes podiam construir barcas e navios de alto mar sem se servirem de pregos. Finalmente, os fabricantes de peças de faiança souberam conservar e aperfeiçoar a técnica de fabrico da massa esmaltada, conhecida sob o nome impróprio de «faiança egípcia», desde a pré-história do vale do Nilo.

V. – O FIM DO IMPÉRIO ANTIGO E O PRIMEIRO PERÍODO INTERMÉDIO (6.ª a 10.ª dinastia)(¹)

Quando os reis da 6.ª dinastia sucedem aos da 5.ª, o Império Antigo está no seu apogeu, e, no entanto, bastarão quatro reinados para que o Egipto passe de um regime forte e estável à anarquia.

1. A 6.ª dinastia e o fim do Império Antigo

Os reinados. – Como acontece com frequência, não há um corte nítido entre o reinado de Unás, último rei da 5.ª dinastia, e o de *Teti*, primeiro rei da 6.ª dinastia. Os mesmos funcionários passam do serviço de Unás para o de Teti e uma das mulheres deste último, Iput, mãe do futuro Pepi I, era sem dúvida filha de Unás. A mudança de dinastia ter-se-á devido, talvez, ao facto de Unás não ter tido herdeiro masculino directo e de o direito ao poder ter sido transmitido pela filha mais velha a seu marido, quer este tenha sido ou não ele próprio aparentado ao seu predecessor.

A 6.ª dinastia conta seis, talvez sete reinados e mantém-se no poder durante cerca de dois séculos e meio, de 2460 a 2190 a.C. aprox., mas o reinado de Pepi II, só por si, ocupa mais de um terço deste período:

1. Teti (Seheteptauy)
2. Userkaré
3. Pepi I
4. Merenré I
5. Pepi II
6. Merenré II (Antyemsaf)
7. (?). Nitocris (rainha).

(¹) OBRAS A CONSULTAR. – H. Brunner, *Die Anlagen der Ägyptischen Felsgräber bis zum Mittleren Reich*, Glückstadt, 1936; A.H. Gardiner, *Admonitions of an Egyptian Sage*, Leipzig, 1909; H. Goedicke, *The Protocol of Neferyt (The Prophecy of Neferti)*, Baltimore, 1977; F. Gomaa, *Aegypten während der Ersten Zwischenzeit*, Wiesbaden, 1980; W.C. Hayes, in *Cambridge Ancient History*, vol. I, cap. XX, § I-IV, Cambridge, 1961; W. Schenkel, *Memphis, Herakleopolis, Theben, Die epigraphischen Zeugnisse der 7-11 Dynastie Aegyptens*, Wiesbaden, 1965; J. Spiegel, *Soziale und weltanschauliche Reformbewegungen im alten Ägypten*, Heidelberg, 1950; H. Stock, *Die erste Zwischenzeit Ägyptens*, Roma, 1949; J. Vandier, cap. VI, em E. Drioton, J. Vandier (cf. Bibliografia geral); A. Volten, *Zwei altagyptische politische Schriften* (*Analecta aegyptiaca*, IV), Copenhaga, 1945; W.A. Ward, *Egypt and the East Mediterranean World 2200-1900 B. C., Studies in Egyptian Foreign Relations during the First Intermediate Period*, Beirute, 1971; H. E. Winlock, *The Rise and Fall of the Middle Kingdom in Thebes*, Nova Iorque, 1947.

Teti teria reinado durante cerca de doze anos. Máneton afirma que teria sido assassinado pela sua guarda pessoal. O seu nome foi encontrado em vasos em Biblos e é possível que tenha chefiado uma expedição à Núbia. Um dos raros documentos contemporâneos chegados até nós é um decreto que concede isenções de taxas ao templo de Abido.

Userkaré teve um reinado efémero. Só as Listas reais no-lo dão a conhecer. Houve quem se perguntasse se não tinha simplesmente ajudado a rainha Iput a exercer a regência no reinado de Pepi I, já que este era ainda muito novo na altura da morte de seu pai, Teti.

Pepi I reinou pelo menos quarenta anos, talvez mesmo cinquenta e três (Máneton). Retomando a política activa dos seus antecessores, enviou expedições à Ásia e à Núbia. Celebrou uma festa Sed. O facto essencial do seu reinado é o casamento com as duas filhas de um nobre da província, *Khui*, que serão as mães dos dois faraós seguintes. Esta união mostra a importância já ganha pelas famílias nobres da província.

Merenré I, o filho mais velho de Pepi I, reinou pouco tempo. Parece ter favorecido a nobreza da província à qual sua mãe pertence. Assim, nomeia Ibi, um primo materno, governador do 12.º nomo do Alto Egipto. É o início de uma linhagem de grandes feudais cujos túmulos, escavados na falésia de Deir-el-Gebrawi, fornecem numerosos documentos para a história do fim do Império Antigo.

Pepi II teve o mais longo reinado da história egípcia e talvez de toda a história universal. Com efeito, segundo Máneton, tinha seis anos por altura da morte de seu pai e teria morrido centenário após um reinado de noventa e quatro anos. A data mais alta atestada por um documento é a do ano 65, mas ele reinou durante muito mais tempo pois que o Papiro de Turim lhe atribui um reinado de pelo menos noventa anos, confirmando assim os dados de Máneton.

Durante a sua menoridade, a regência foi exercida pela mãe secundada pelo irmão desta última, o monarca de Tinis. Este último manteve-se em seguida como vizir. Durante a sua longa existência, Pepi II teve pelo menos quatro rainhas, mas parece ter sobrevivido à maioria dos seus filhos.

A lista de Abido informa-nos que o sucessor de Pepi II foi *Merenré II- -Antvemsaf*, que, segundo o Papiro de Turim, teria reinado apenas um ano. Efectivamente, com o desaparecimento de Pepi II começa já um período da história egípcia particularmente obscuro que os egiptólogos denominaram «Primeiro Período Intermédio». No entanto, as fontes literárias conhecem ainda um reinado após o de Merenré II, o da irmã deste último, *Nitocris*. Contudo, nenhum monumento veio confirmar a existência desta última.

A descentralização do poder. – Da 3.ª à 5.ª dinastia, a centralização do poder não parou de aumentar. Com a 6.ª dinastia inverte-se o processo e o poder descentraliza-se pouco a pouco até se precipitar na anarquia, ao que parece.

Duas causas simples parecem estar na base deste fenómeno: a prática das doações aos templos e aos particulares, começada sob a 4.ª dinastia, acentuou-se sob a 5.ª e ainda mais sob a 6.ª, de tal modo que o faraó empobrecido deixa de ser todo-poderoso. Ao lado dele, os grandes templos e, sobretudo, as famílias provinciais ganharam muita importância.

Parece que foi a nobreza da província a primeira beneficiária da generosidade real. Com efeito, para assegurar a boa administração do país, o rei é obrigado a ter um representante munido de poderes alargados em cada nomo. Por outro lado, os Egípcios, profundamente religiosos, procuram conseguir a transmissão das suas funções para o filho mais velho, que pode assim prover ao culto funerário. A herança das funções, que apresenta já inconvenientes para os postos subalternos, torna-se perigosa quando é concedida ao nomarca, que possui quase todos os poderes dentro da sua província: comando das tropas, direcção das obras públicas, controlo dos celeiros reais, exercício da justiça, talvez mesmo o controlo dos templos do nomo e dos seus domínios. Para evitar que os nomarcas ganhassem demasiado poder, teria sido necessário mudá-los com frequência; ao manterem habitualmente no mesmo posto os governadores, posto que em seguida eles transmitem ao seu filho mais velho, os reis da 6.ª dinastia contribuíram largamente para a perda da sua autoridade.

O poder real mantém-se bastante forte até cerca de 2260 e conserva a unidade do país. Os numerosos templos e monumentos deixados por Teti e Pepi I colocam-nos ainda entre os grandes faraós do Egipto. Parece mesmo que, nos seus primórdios, o papel da nobreza provincial terá sido benéfico. Djau, tio materno de Pepi II e nomarca de Tínis, velou pela estabilidade do país durante a menoridade do rei, e os governadores de Elefantina desempenham um papel preponderante na política externa do Egipto. Só durante o longuíssimo reinado de Pepi II o enfraquecimento da realeza parece acelerar-se.

A expansão egípcia. – O acontecimento mais importante da 6.ª dinastia é a expansão egípcia na Núbia e na Ásia. O Egipto estabelece, então, contactos directos ou indirectos com a Ásia, a Arábia (Punt), a África longínqua e talvez mesmo com Creta. Esta actividade é-nos conhecida através de numerosos textos, principalmente narrativas autobiográficas que datam dos reinados de Pepi I, Merenré e Pepi II. Os mais importantes são os de

Uni, que viveu sob Teti, Pepi I e Merenré, de Hirkhuf, contemporâneo de Merenré e Pepi II, e por fim de Pepinakht, funcionário de Pepi II. Estes textos foram encontrados, o primeiro em Abido, os outros dois em Assuão.

A narrativa de Uni fornece informações sob a administração da 6.ª dinastia. Pequeno funcionário sob Teti, Uni torna-se uma grande personalidade do Estado graças à protecção de Pepi I. Teve, então, de fazer frente a uma conspiração no harém real; a sua atitude agradou a Pepi I que o nomeou enviado especial ao exército a caminho da Ásia, sem dúvida da Palestina meridional. O exército era, então, constituído por contingentes egípcios formados nos nomos e por mercenários núbios e líbios. Uni, ao que parece, estaria encarregado de assegurar o bom entendimento entre as tropas e de velar no sentido de que elas não cometessem abusos. Esta expedição – surtida mais do que conquista, portanto os Egípcios regressam ao seu território após a destruição de algumas praças-fortes – foi seguida de cinco outras do mesmo género. Admite-se geralmente que estas surtidas chegaram até ao monte Carmelo, na Palestina.

Após a morte de Pepi I, Uni passou para o serviço de Merenré que o nomeou governador do Sul, da primeira catarata até Faium. Nesta altura, já o rei recebia apenas uma parte dos recursos provinciais, porquanto Uni é encarregado do controlo das «taxas destinadas à corte». Tinha, além disso, de organizar as expedições que iam procurar, nas pedreiras, as pedras necessárias para o sarcófago real e para as outras construções. Foi assim que chegou até Assuão e ao deserto oriental, em Hatnub. Para facilitar o transporte da madeira importada do Sul do Egipto, Uni mandou preparar cinco passagens nos rápidos da primeira catarata.

Hirkhuf, príncipe de Elefantina, pertence à geração seguinte. A maior parte da sua carreira decorreu sob Pepi ll. Ele foi um dos agentes da política externa da dinastia no Sul. Participara, já com seu pai, numa expedição a sul da segunda catarata em território núbio. Depois, retoma sozinho os caminhos do deserto. No decurso de uma terceira e de uma quarta expedição, penetra profundamente em África passando pelo deserto sudoeste e pelo oásis de Dakhleh. Regressa pelo Nilo carregado de incenso, de ébano, de peles de panteras, de marfim. Traz também um anão, o que enche de alegria o rei ainda muito jovem. Esta penetração egípcia em África, no fim do reinado de Merenré e no início de Pepi II, é pacífica.

Ao longo do reinado de Pepi II, a situação política evolve em África e, desde a sua primeira expedição, *Pepinakht* tem de promover a guerra: massacra as populações da Baixa Núbia e, na sequência da segunda, regressa com reféns e rebanhos. As dificuldades no Sul encontram-se no Leste onde Pepinakht, de regresso do Sul, tem de fazer uma incursão contra os Beduínos, destruindo um ou vários dos seus bandos.

No fim do reinado, um quarto funcionário, governador do Sul tal como Uni, colocado em Assuão, de nome *Sebni*, tem de avançar para o Sul à procura do corpo de seu pai morto na Alta Núbia no decurso de uma expedição anterior. Consegue trazer de volta o cadáver e pacificar a região. É recompensado com a oferta de terras. É desta forma que os grandes domínios privados crescem à custa do domínio real: Ibi, governador de nomo, pode, graças aos dons recebidos, afectar ao seu serviço funerário os rendimentos de onze aldeias ou domínios.

Sob as 4.ª e 5.ª dinastias tudo estava concentrado à volta da pessoa real, mesmo a vida de além-túmulo: os únicos cemitérios importantes são os que rodeiam a pirâmide do rei que provê às ofertas funerárias. Sob a 6.ª dinastia, pelo contrário, as províncias ganham tanta importância como a capital. Os títulos da administração central multiplicam-se, o que denota um enfraquecimento do poder, que é ainda agravado pela herança dos cargos que assegura a independência dos funcionários e particularmente dos governadores de províncias. Por isso, quando sobrevém uma crise dinástica por morte de Pepi II, a administração de Mênfis já não tem os meios para superá-la. Acaba por desaparecer, ao que parece, sob o efeito de uma revolução social.

2. O Primeiro Período Intermédio

O primeiro Período Intermédio é essa época confusa que separa o Império Antigo do Médio. Estende-se aproximadamente de *2200* a *2040 a.C.*, e compreende as dinastias 7.ª-10.ª, assim como uma parte da 11.ª. Para tomar o seu estudo um pouco mais claro, podemos dividi-lo em três fases: a primeira, época de rápida decomposição do regime do Império Antigo, é marcada por perturbações sociais e invasões estrangeiras. Cobre as 7.ª e 8.ª dinastias, e dura apenas cerca de quarenta anos. A capital mantém-se em Mênfis.

No decurso da segunda fase (9.ª-10.ª dinastias), os príncipes de Heracleópolis conseguem apoderar-se do poder. Segue-se um curto período de tranquilidade, mas as lutas internas recomeçam muito rapidamente. Uma parte do Egipto é ocupada por estrangeiros; os nomos que permaneceram independentes batem-se entre si: uns reconhecem a autoridade de Tebas, outros a de Heracleópolis.

Na terceira e última fase assiste-se ao estabelecimento de uma nova dinastia em Tebas, a 11.ª, que depois de ter reinado unicamente sobre a metade sul do Egipto consegue eliminar a 10.ª dinastia de Heracleópolis e governar sobre o conjunto do país mantendo Tebas como capital.

Primeira fase: a decomposição sob as 7.ª e 8.ª dinastias menfitas.
– A história das 7.ª e 9.ª dinastias é das mais obscuras. Trata-se de um período de anarquia dinástica.

A 7.ª dinastia inclui ainda, ao que parece, reis aparentados com a dinastia anterior, como Neferkaré II, que talvez fosse filho da quarta e última mulher de Pepi II. A história da dinastia é tão confusa que Máneton lhe atribui 70 reis que teriam reinado... setenta dias! Julgou-se durante muito tempo que era inteiramente imaginária; actualmente tem-se a tendência para atribuir-lhe nove reis que teriam conservado o poder apenas durante oito anos.

Os acontecimentos desta época só são conhecidos através de um único texto mas de uma importância capital. Esse texto (as *Admonições*), só nos chegou através de uma cópia tardia, e com falhas, da 19.ª dinastia. As informações que fornece, sem ordem lógica aparente, dizem respeito quer aos acontecimentos externos quer à situação interna do Egipto.

Do ponto de vista externo, as informações são vagas: dizem-nos, no entanto, que nómadas se infiltraram no Egipto e ocuparam o Delta. A política de intervenção egípcia na Ásia e na África foi abandonada e o poder central já não está em condições de enviar expedições ao estrangeiro, as quais, no entanto, seriam indispensáveis para a prosperidade geral do país.

Perturbações sociais parecem ter estado na origem deste enfraquecimento do poder central. O texto descreve-as com abundância de pormenores: «*A Sala do Julgamento, os seus arquivos são açambarcados. As repartições públicas são violadas e as listas de recenseamento são arrancadas [...]. os funcionários são assassinados e os seus papéis furtados.*»

Estas violências antigovernamentais são acompanhadas por uma completa subversão social: «*O porteiro diz: vamos embora e pilhemos [...] os pobres tornaram-se proprietários das coisas boas [...]. Portas, colunatas e paredes estão em chamas [...]. O ouro e o lápis-lazúli, a prata e a turquesa, a cornalina e o bronze, ornamentam o pescoço das criadas, ao passo que as donas de casa (dizem): Ah!, se ao menos tivéssemos alguma coisa para comer!*»

O texto é, no entanto, contraditório quanto às causas da revolução ou às suas consequências políticas. Umas vezes afirma: «*O rei foi raptado pela populaça [...]. Um punhado de homens sem lei conseguiu despojar o país da realeza [...]. A residência real foi desbaratada num instante.*» Outras, pelo contrário, exprime-se como se o soberano ainda reinasse e interpela-o:

«A justiça está contigo, mas o que tu espalhas através do país, com o bramido da revolta, é a confusão [...]. Ordena, pois, que te prestem contas.»

Procurou explicar-se esta contradição supondo que o rei legítimo fora derrubado e, depois, substituído por um rei reformador, idealista, mas fraco, que teria procurado em vão restaurar a ordem. O rei destronado teria sido Merenré II e o seu sucessor demasiado débil um faraó da 8.ª dinastia. A 7.ª dinastia seria, pois, inexistente ou corresponderia apenas ao muito curto período de completa anarquia que se teria seguido à queda do rei. Esta interpretação sedutora não se apoia, infelizmente, em nenhuma outra fonte, e tem contra ela o facto de a 7.ª dinastia ter, sem dúvida, existido realmente.

O texto que nos informa sobre estes acontecimentos é, ao que parece, de origem menfita e pensa-se, actualmente, que as perturbações descritas se limitaram à capital e seus arredores, sem atingirem o resto do Egipto. Para clarificar a situação há que esperar a descoberta quer de novas fontes, quer de uma melhor cópia do texto que acabamos de utilizar.

A 8.ª dinastia, que sucede à 7.ª, mantém-se ainda em Mênfis. A pirâmide de um dos seus reis foi encontrada perto da de Pepi II. Gravados nas paredes do templo de Coptos, decretos promulgados pelos seus últimos reis mostram claramente o enfraquecimento da monarquia menfita, que tem de sujeitar-se então a procurar a aliança dos governadores do Alto Egipto para poder manter-se no poder: o Império Antigo já está bem longe!

Sob os últimos reis da 8.ª dinastia, o Delta está ocupado por estrangeiros; o nomo tinita com Abido, tal como o nomo de Elefantina, porta da Núbia, são independentes; a autoridade real, com a ajuda dos príncipes de Coptos, já quase só controla a região menfita e seus arredores.

Segunda fase: As 9.ª e 10.ª dinastias heracleopolitanas e as lutas pela hegemonia. É então que, por volta de 2160, o príncipe de Heracleópolis se revolta contra o último rei de Mênfis e atribui a si próprio abertamente o título real do Alto e do Baixo Egipto. Esse príncipe é *Meribré-Kheti* conhecido pelos antigos como *Aktoés* e pelos autores modernos como *Kheti I*. Com ele começa a 9.ª *dinastia* dita heracleopolitana (2160-2130 a.C.).

Menesut – a Heracleópolis dos Gregos, hoje Ahnas-el-Medineh –, capital do novo faraó, era já um centro importante no Pré-dinástico. Era também, desde a Época Tinita, um grande centro religioso onde se adorava um deus-carneiro, Horquefi. Por fim, a sua situação geográfica tal como a política contribuía para assegurar o poder do seu chefe. Está no centro de uma das mais ricas províncias agrícolas do Médio Egipto, mantendo-se assim protegida quer dos asiáticos do Delta quer dos príncipes belicosos de Tebas e de Elefantina.

A 9.ª dinastia deixou poucos monumentos e as fontes principais da sua história continuam a ser Máneton e o Papiro de Turim. Dos treze reis que a teriam composto, só cinco nomes chegaram até nós; é bem provável que tenham sido só estes últimos a reinar verdadeiramente.

A própria forma de nomes como Neferkaré e Nebkauré indica que a dinastia pretende ligar-se à tradição monárquica menfita. De resto, se Heracleópolis é a residência do faraó, o centro administrativo parece ter permanecido em Mênfis.

Embora saibamos poucas coisas dele, Kheti I, o fundador da dinastia, ainda é o menos mal conhecido. Todo o Egipto livre, de Assuão até ao norte de Mênfis, parece reconhecer a sua autoridade. As fontes não permitem saber o que se passava no Delta.

Muito rapidamente querelas entre nomos, fomes e guerras vêm perturbar a unidade restabelecida por Kheti I e a dinastia desaparece na obscuridade após somente trinta anos de reinado (2160-2130 a. C.).

Com a chegada da 10.ª dinastia, que se mantém no poder durante perto de um século, de cerca de 2130 a 2040, conhecemos pelo menos os nomes dos protagonistas do drama. Heracleopolitana tal como a 9.ª, a 10.ª dinastia continua primeiro a reinar sobre o conjunto do Egipto não ocupado pelos estrangeiros, mas logo desde o início da sua vigência as nuvens acumulam-se no Sul, onde príncipes de Tebas com o nome de *Antef* consolidaram o seu poder. Por volta de 2133 recusaram a obediência ao poder heracleopolitano e assumiram o título de reis do Alto e do Baixo Egipto; a dinastia que eles assim fundam, a 11.ª, vai reinar paralelamente, no Sul, à de Heracleópolis, no Norte, o que dá o seguinte quadro:

10.ª dinastia (2130-2040)	*11.ª dinastia* (2133-2040)
Meryt-Hathor } (2130-2120) Nefekaré	Sehertauy-Antef I (2133-2118)
Wahkaré-Kheti III (2120-2070)	Wahankh-Antef II (2117-2068)
Merikaré (2070-2040 aprox.)	Antef III (2068-2060)
X... (alguns meses)	Seankh tawy-Mentuhotep (2060-2040)

A seguir a 2040 a 11.ª dinastia fica sozinha no poder.

A tomada do poder no Sul por Sehertay-Antef I consagra o aparecimento no Egipto de uma força inteiramente nova, a de Tebas. Sob o Império Antigo, Tebas é constituída por duas aldeias na margem direita do Nilo, uma que será mais tarde Luxor, e a outra Karnak. A capital da província é então Erment, em egípcio Iun-resyt, onde se levanta o templo de Montu, deus do nomo. Foi na sequência de lutas internas que Tebas se elevou ao primeiro plano, no Sul.

A partir da 8.ª dinastia, senão mesmo da 7.ª, os príncipes, governadores de províncias, haviam assumido a sua independência e já só nominalmente reconheciam o poder de Mênfis. Tinham o seu exército, o seu tesouro. Entre os mais poderosos desses nomarcas há que mencionar os de *Coptos*, durante muito tempo aliados aos reis menfitas, os de *Assiut*, que apoiaram os reis heracleopolitanos, os de *Khunu* (a Hermópolis grega, act. Eshmunein), sepultados em Sheikh-Said e El-Bersheh, e por fim os do nomo de *Oryx* cujos túmulos se encontram em *Beni-Hasan*. Estes nomos do Médio Egipto participarão com frequência, ora de um lado, ora de outro, nas lutas que põem em confronto Heracleopolitanos e Tebanos.

A mesma situação se verifica entre os nomos do Sul. Tebas só se tornou capital do quarto nomo durante a 9.ª dinastia e Erment, a antiga capital, permaneceu-lhe hostil. O nomo de Heracômpolis (Edfu) devia à sua importância religiosa o facto de desempenhar um papel considerável no Sul. O mesmo acontecia com o nomo Tínis, com Abido, na fronteira entre o Médio e o Alto Egipto, onde o culto de Osíris ganha cada vez mais importância. Estes dois nomos, entre outros, viam com preocupação os príncipes tebanos estenderem a sua autoridade. Tebas foi, pois, obrigada a lutar contra um certo número de nomos do Sul que se tinham aliado entre si sob a autoridade de Hieracômpolis.

Precisamente ainda antes do reinado de Sehertauy-Antef I, Hieracômpolis, com a ajuda de Elefantina, vai em socorro de Erment cercada por Tebas e o território tebano é invadido pelos confederados, fiéis de resto, sem dúvida por razões políticas, a Hieracleópolis. Tebas conseguiu, no entanto, vencer a coligação e tornar-se, sob Antef I, a senhora incontestada do Sul.

Por volta de 2120, a situação apresenta-se, portanto, assim: os nomos do Sul, submetidos desde Elefantina até Tínis, obedecem a Tebas. Os do Médio Egipto reconhecem mais ou menos a suserania de Heracleópolis. A Norte de Mênfis, a situação é confusa e pouco se sabe das relações entre Egípcios e nómadas asiáticos que ocupam o Delta.

Os reinados dos primeiros reis da 10.ª dinastia tal como os da 11.ª são ocupados na luta pela hegemonia. Abido constitui mais ou menos a fronteira entre as duas confederações. Kheti III consegue apoderar-se dela momentaneamente, mas é obrigado a abandoná-la. Heracleópolis, após este malogro, parece aceitar a divisão do Egipto em dois reinos independentes. Esta renúncia à luta é conhecida através de um texto contemporâneo: *Os ensinamentos a Merikaré*, espécie de testamento político de Kheti III a seu filho. Ao lado de conselhos muito gerais, o texto contém alusões claras aos acontecimentos da actualidade: «*Mantém boas relações com o Sul* [...]. *Não destruas os monumentos de outrem.*» Estes conselhos no sentido de não indispor os turbulentos vizinhos do Sul são acompanhados de sugestões em relação ao Norte: Kheti restabeleceu aí a autoridade central até ao braço de Pelusa, expulsou os nómadas e construiu cidades fortes onde instalou colonos a fim de impedir o regresso dos invasores. Ele implora a seu filho que siga a mesma política e se mantenha, portanto, em paz com Tebas.

As fontes de que dispomos não nos permitem saber se Merikaré seguiu os conselhos do pai. Mesmo que tenha havido então um acordo entre o Sul e o Norte, este foi de curta duração. Por morte de Merikaré, os Tebanos retomam a ofensiva. O último rei heracleopolitano, cujo nome ignoramos mesmo, é vencido. Não deve ter reinado senão por alguns meses.

A vitória de Sehertauy-Montuhotep marca o fim do Primeiro Período Intermédio. Tal como os primeiros reis tinitas tinham conseguido unificar o país, assim a dinastia tebana restabeleceu uma autoridade única para o conjunto do Egipto. A data de 2040 fixa, portanto, o início de uma nova época da história egípcia.

Terceira fase: A reunificação sob a 11.ª dinastia tebana. – Graças aos textos biográficos, numerosos nesta época, pode fazer-se uma ideia do modo como se operou a reunificação do Egipto. As lutas internas entre províncias transformaram-se, pouco a pouco, em lutas entre confederações de nomos. Alguns nomos do Sul, com medo de Tebas, não hesitaram em aliar-se a Heracleópolis. Outros, mais prudentes, não tomaram partido; foram recompensados por isso com o reconhecimento dos seus direitos, quando Tebas assumiu o poder. Os textos reflectem essa instabilidade política. Um dos príncipes de Hermópolis escreve: «*Armei as minhas tropas de recrutas e fui ao combate acompanhado da minha cidade* [...]. *Não havia mais ninguém comigo para além das minhas próprias tropas, ao passo que* [...]. *Núbios e Asiáticos, Alto e Baixo Egipto, estavam unidos contra mim.*» Com efeito, os adversários empregavam mercenários, designadamente os indígenas da Baixa Núbia. Os «modelos» de Assiut, muitas vezes reproduzidos, mostram-nos um desses corpos de archeiros núbios, que participaram nas lutas entre nomos. Pouco a pouco, as confederações estabilizaram-se e ficaram reduzidas a duas: a do Sul dirigida por Tebas, e a outra no Norte sob a autoridade de Heracleópolis, que lutaram entre si até à vitória final de Tebas.

Os textos do Primeiro Período Intermédio fazem continuamente alusão à fome e penúria que resultam da guerra civil. É, por exemplo, o nomarca de Hieracômpolis que descreve a terrível fome que devastou então o Alto Egipto, uma fome tal que houve mesmo, diz ele, casos de canibalismo. Outros textos assinalam fomes semelhantes. O mau estado da economia, assim como a anarquia política que durava desde 2130, conseguiu criar uma certa lassidão nos beligerantes, que ajudou os príncipes tebanos a apoderarem-se do poder.

Os reis heracleopolitanos tinham já dado início, por seu lado, à reunificação do Egipto recuperando os nomos do Delta. É o que afirmam os *Ensinamentos a Merikaré* onde Kheti III declara: «*No Leste* [do Delta] [...] *tudo ia mal* [...] *e a autoridade que deveria estar num só estava nas mãos de dezenas. Agora essas mesmas regiões trazem os seus impostos, o tributo é pago e tu recebes os produtos do Delta. Na fronteira* [...] *cidades foram implantadas e povoadas com habitantes provenientes das melhores zonas de todo o país, a fim de poderem rechaçar os Asiáticos* [...] *Fiz que o Delta os castigasse, capturei o seu povo, pilhei o seu gado. Já não tens de preocupar-te com o Asiático.*»

Assim, quando Sehertauy-Mentuhotep se apodera do reino heracleopolitano, graças aos esforços dos reis da 10.ª dinastia, o seu poder estende-se de imediato até às margens do Mediterrâneo.

Para o Sul, a situação é pior conhecida. Pouco antes da queda de Heracleópolis, Tebas controlava a Baixa Núbia pois um dos seus chefes militares afirma tê-la submetido e os Tebanos serviam-se de tropas nubianas. Consequentemente, em 2040 a.C. o Egipto estende-se da Baixa Núbia ao Mediterrâneo. Líbio, Núbiosa e Asiáticos são mantidos em respeito e o país pode levantar-se de novo após o longo período de perturbações e dissensões em que esteve mergulhado.

3. Artes e literatura do fim do Império Antigo e do Primeiro Período Intermédio

A civilização egípcia é ainda brilhante sob a 6.ª dinastia. Conserva as qualidades que fizeram a grandeza do Império Antigo. Contudo, as condições políticas novas vão, pouco a pouco, provocar uma evolução.

A provincialização da arte. – Mênfis continua a ser a capital artística do país durante a primeira metade da dinastia, mas, a partir do reinado de

Teti, os monumentos privados tornam-se tão importantes como os monumentos reais.

Com o reinado de Merenré, Mênfis perde o seu primado artístico. As cidades de província possuem, doravante, as suas necrópoles cujos túmulos são profusamente decorados. O estilo destas obras não iguala a perfeição das da 5.ª dinastia, mas ganham em pitoresco o que perdem em requinte. Entre as obras da 6.ª dinastia citemos uma estatueta em alabastro de Pepi II criança e a grande estátua de cobre de Pepi I. Esta, encontrada em Hieracômpolis, foi martelada sobre um núcleo de madeira. Estava ornada com elementos embutidos: tanga em ouro, peruca em lápis-lazúli.

A «provincialização» da arte, começada sob Merenré, acentua-se durante o Primeiro Período Intermédio. Cada nomo, poderia dizer-se, tem a sua escola artística. Os artífices destas pequenas cortes de província não têm o virtuosismo dos grandes artistas menfistas, mas as suas obras, sobretudo pinturas murais, têm, apesar da sua imperícia, uma espontaneidade que falta, por vezes, às obras do Império Antigo.

O Primeiro Período Intermédio forneceu, é claro, poucos monumentos reais. Graças a um novo costume funerário, legou-nos muitas estatuetas, humanas ou animais, cheias de vida. As cenas pintadas ou gravadas dos túmulos são, de facto, substituídas por um grande número de figurinhas. Este costume aparece no fim do Império Antigo e generaliza-se sob o Primeiro Período Intermédio. De pedra (alabastro ou calcário), ou, na maioria das vezes, de madeira estucada e pintada, estas figurinhas são destinadas a assegurar ao morto a posse dos bens necessários à vida de além-túmulo; por isso, incluem um grande número de servas ocupadas a moer o grão, a fabricar cerveja, ou trazendo ofertas, mas também se encontram magarefes abatendo as reses, pescadores, tecelões, marceneiros, etc. A situação política da época traduz-se pela presença de modelos de soldados: soldados de infantaria armados de lança e escudo, archeiros brandindo os seus arcos e as suas flechas. Estas estatuetas são muitas vezes de notar apenas pela justeza da postura, mas por vezes são também verdadeiras obras de arte.

Quando os Egípcios não podiam assegurar a posse de modelos deste género, mandavam pintar no interior do seu sarcófago os objectos indispensáveis à vida do Além.

Finalmente, vinda do Sul, uma nova categoria de objectos multiplica-se sob o Período Intermédio: as estelas pintadas ou gravadas, encarregadas de assegurar o que é indispensável ao defunto, que é representado sentado, sozinho ou acompanhado da sua mulher, diante de uma mesa pesadamente carregada de oferendas tão variadas quanto possível.

As raras estátuas desta época que se conhecem são de madeira; o artista fez incidir todo o seu esforço sobre o rosto e o corpo mantém-se rígido e desajeitado.

Uma actividade literária intensa. – O fim do Império Antigo e, sobretudo, o Primeiro Período Intermédio conhecem uma grande actividade literária que anuncia o Império Médio. As Máximas de *Djedefhor* e as de *Ptahotep* foram, pelo menos coligidas, senão mesmo compostas, no fim do Império Antigo. As *Admonições*, o *Conto do Camponês* (ou do Oasiano), e os *Ensinamentos a Merikaré* são do Primeiro Período Intermédio, tal como um outro texto célebre: o *Misantropo* ou *Diálogo do desesperado com a sua alma*.

O *Conto do Camponês* chegou-nos em vários manuscritos e dá-nos uma ideia dos gostos literários dos Egípcios das dinastias heracleopolitanas. O tema é simples: um camponês do Uadi Natrun, no deserto ocidental, «desce» ao Egipto para vender os produtos do oásis. Nas imediações de Heracleópolis, a sua pequena caravana excita a cobiça do administrador de um grande domínio que deles se apodera. O infeliz «oasiano» vai defender a sua causa junto de vários funcionários chegando ao próprio rei. O tema permite ao autor belos exercícios de estilo, e, de passagem, criticar a corrupção e a injustiça que reinam então no Egipto.

Os *Ensinamentos a Merikaré*, precioso para a história política, não o são menos do ponto de vista literário porque nos comunicam concepções egípcias da educação: *«Sê hábil em palavras de modo a poderes dominar. O poder de um homem é a linguagem. Um discurso é mais poderoso que qualquer combate.»* O *Misantropo* tem um lugar à parte nesta literatura. O tema é o de um homem desencorajado que é tentado a pôr fim a uma vida que julga detestável. A sua alma insurge-se, primeiro, contra tal decisão, mas depois dá o seu consentimento. Apesar das suas dificuldades o texto soube conservar muito do seu encanto melancólico: *«A quem falarei hoje? Ninguém se lembra do passado; ninguém hoje retribui o bem a quem foi bom para ele. A quem falarei hoje? Já não há justos, a terra está entregue aos iníquos. A quem falarei hoje? Estou submerso sob a miséria, já não tenho um amigo a quem possa confiar-me [...].*

A Morte está hoje diante de mim, como quando um doente se sente melhor de repente, como quando vagueamos pelos caminhos após uma grave doença. A Morte está hoje diante de mim como o odor do incenso [...]. Como uma aberta no céu após a tempestade. Como quando um homem aspira ao seu lar após anos de cativeiro.»

4. Para uma nova religião

A queda do Império Antigo teve também profundas repercussões sobre a religião. Sob o Primeiro Período Intermédio, os particulares apropriaram--se, a pouco e pouco, das prerrogativas funerárias reais, tais como estão consignadas nos *Textos das Pirâmides*. Tornam-se, no Além, reis em potência fazendo escrever esses textos nas paredes interiores dos seus sarcófagos. Por outro lado, o desaparecimento do Império Menfita favoreceu o regresso aos cultos provinciais. Deuses obscuros ou pouco conhecidos sob o Império Antigo ganham uma importância inesperada, tais como Upuaut de Assiut, Khnum de Elefantina, e sobretudo Montu de Tebas, que, após a vitória do Sul, se torna num dos grandes deuses do Egipto por assimilação com o deus Rã. Além destas mudanças e daquilo a que pôde chamar-se a «democratização» da religião funerária, é preciso notar também o desenvolvimento da religião osiriana durante o Primeiro Período Intermédio.

O culto de Osíris é atestado desde a época arcaica. Dentro dos grandes sistemas teológicos. Osíris figura juntamente com Ísis entre os casais divinos que estão na origem do mundo. Herói divinizado, a sua morte trágica e, depois, a sua ressurreição no mundo subterrâneo do Além fizeram dele o deus dos mortos por excelência. A este título tem, de resto, um lugar importante nos *Textos das Pirâmides*. Contudo, aos olhos dos teólogos menfitas ou heliopolitanos a sua importância não poderia comparar-se à do deus-sol Rã. Com o fim da época heracleopolitana, Osíris torna-se, pouco a pouco, o «grande deus», e doravante as peregrinações já não se fazem tanto a Heliópolis como a Abido onde se supõe que Osíris tivesse o seu túmulo principal. Todo o Egípcio deseja ser enterrado perto do templo do deus, ou, pelo menos, deixar uma marca da sua passagem em Abido. É essa a origem de numerosíssimas estelas encontradas no recinto sagrado. Abido torna-se o grande centro religioso do Egipto, o que explica a obstinação dos Heracleopolitanos e dos Tebanos em assegurar a sua posse.

O papel assumido por Osíris na religião, a partir do fim do Império Antigo, é acompanhado por uma evolução da moral. As ideias de justiça e de caridade espalham-se e particularmente a crença de que as nossas acções na Terra serão julgadas após a morte. É verdade que o julgamento do rei morto já existe nos *Textos das Pirâmides:* para ser admitido no círculo de Rã, o rei tem de estar «puro», isto é, ter passado pelos ritos de purificação, deve ser «justo», em sentido jurídico mais do que moral, enfim, deve estar «completo», ou seja, o seu corpo tem de estar intacto. O «passador», encarregado de fazer atravessar o lago que intercepta a entrada do Além, certifica-se, por meio de perguntas, de que todas estas condições estão preenchidas. O rei, em princípio, só pode passar se as suas respostas forem satisfatórias.

O Primeiro Período Intermédio desenvolve este julgamento alargando-o a todos os homens. Estas crenças desembocarão pouco a pouco na existência na religião egípcia de um verdadeiro «Tribunal dos mortos», presidido por Osíris, assistido dos deuses de todos os nomos. Quando o defunto comparece, o seu coração é colocado no prato de uma balança, encontrando-se no outro uma pluma, símbolo da deusa Mat, deusa da justiça e da verdade. Thot, deus da escrita, Hórus e Anúbis, prosélitos de Osíris, certificam-se de que o peso é justo e de que os pratos da balança se equilibram. Em caso afirmativo o morto é «justificado», caso contrário, é entregue à «Grande Devoradora», monstro de cabeça de crocodilo e corpo de hipopótamo, que as iluminuras dos papiros funerários do Império Novo representam, perto da balança, pronto a intervir. O epíteto osiriano de «Justificado», a seguir aos nomes de mortos, só aparece no meio da 11.ª dinastia, mas é seguro que as ideias que estão na sua origem se desenvolveram entre o fim da 6.ª e o fim da 10.ª dinastia. Para ser «justo» o Egípcio devia, acima de tudo, praticar a caridade, o que dá origem às afirmações expressas nas estelas: *«Dei pão ao que tinha fome, água ao que tinha sede, roupa a quem estava nu. Protegi a viúva e o órfão.»*

Esta atitude para com o próximo, que resulta talvez das condições do Egipto na época intermédia, encontra-se nos *Ensinamentos a Merikaré: «Não sejas maldoso, é bom ser benevolente. Procede de maneira que a sua lembrança dure graças a amor que inspiras [...]. Faz a justiça enquanto estiveres sobre a Terra. Consola o aflito, não oprimas a viúva, não prives um homem dos bens de seu pai.»* Estas fórmulas multiplicam-se, as ideias de justiça e de humanidade que elas exprimem estão presentes em todo o lado nos textos. Um nomarca glorifica-se, em tempos de fome, por ter alimentado não apenas os habitantes do seu nomo, mas também os dos nomos vizinhos.

Mais altruísta que a moral das civilizações vizinhas, a do Egipto decorre directamente do espírito religioso que então reina: *«Constrói monumentos para os deuses. Eles asseguram a sobrevivência do nome daquele que constrói para eles. Um homem deve fazer o que aproveita à sua alma [...]. Frequenta os templos, celebra os mistérios, entra nos santuários [...]. Sê piedoso. Certifica-te de que as oferendas são feitas [...]. Deus conhece aquele que age para ele.»*

Se a reunificação do Egipto pelos Tebanos pode comparar-se à unificação do Vale pelos faraós tinitas, há, no entanto, diferenças. O Império Antigo deixou nos espíritos a lembrança de uma época de ordem e de grandeza à qual as pessoas gostarão de referir-se, e que servirá de modelo às gerações futuras. Para vencer Heracleópolis, os reis tebanos foram muitas vezes obrigados a conciliar-se com os outros nomos; por isso, em muitos casos, os nomarcas conservam sob a 11.ª dinastia triunfante o poder que tinham adquirido desde o fim da 6.ª dinastia. Só em meados da 12.ª dinastia o poder real conseguirá retomar toda a sua autoridade.

Por fim, o exército, que desempenhara até então apenas um papel bastante apagado na civilização egípcia, torna-se uma preocupação importante do poder. São ainda os *Ensinamentos a Merikaré* que dão uma ideia deste facto novo: «*Ocupa-te dos teus jovens soldados*, aconselha Kheti III, e *garante um acompanhamento numeroso* [...]. *Aumenta o número dos teus fiéis recrutas* [...], *dá-lhes campos, recompensa-os dando-lhes gado* [...].» Cada nomo possuía as suas «classes» bem treinadas no combate pelas lutas do Primeiro Período Intermédio. Se se juntarem ao exército indígena os mercenários núbios e líbios, vê-se que força em potência estava à disposição do nomarca de um Egipto de novo unificado.

Assim, com a chegada de Nebhepet-Rá-Mentuhotep, o Egipto sai transformado das provações sofridas sob o Primeiro Período Intermédio. Os faraós tebanos têm nas mãos o poder militar e político que vai permitir-lhes afirmar, primeiro, o seu controlo sobre o Egipto e, depois, estabelecer a hegemonia egípcia sobre uma parte dos países vizinhos do Egipto.

VI. – O IMPÉRIO MÉDIO (segunda metade da 11.ª e 12.ª dinastias) (2060-1785)(¹)

Os inícios do Império Médio comportam ainda numerosas incógnitas. Tendo o unificador do Egipto sob a 11.ª dinastia usado sucessivamente vários nomes de Hórus, tinha-se podido acreditar na existência de três reis diferentes com o nome de Montuhotep. Admite-se actualmente que após o reino de Antef III três faraós apenas governaram o Egipto unificado:

Montuhotep I-Nebhpet-Rá, que usa sucessivamente os nomes de Hórus de Seankhibtauy, Neteryhedjet e Sematauy, reina de 2060 a 2009.
Montuhotep II-Seankhka-Rá, 2009-1998.
Montuhotep III-Nebtauy-Rá, 1998-1992.

N. B. – Em algumas obras, nomeadamente na *Cambridge Ancient History*, o nome de Montuhotep I é dado ao primeiro dos reis tebanos, quando a 11.ª dinastia governa apenas o Sul. Consequentemente, nessas obras, Montuhotep I-Nebhepet-Rá torna-se Montuhotep II e assim sucessivamente para os seus sucessores.

1. A 11.ª dinastia

Montuhotep I-Nebhepet-Rá. – Os nomes de Hórus sucessivamente usados por Montuhotep I delineiam as fases do seu reinado. Por morte de Antef III toma o nome de *Seankhibtauy*, «Aquele que faz viver o coração do Duplo País» (= o Egipto). Sob este nome conduz as suas tropas à conquista da parte Norte do Egipto. Usa-o ainda por volta de 2045, quando os Heracleopolitanos se libertam do jugo de Tebas e retomam Tínis. A guerra que então se

---

(¹) OBRAS A CONSULTAR. – C. Aldred, *Middle Kingdom Art in Egypt, 2300--1590 BC*, Londres, 1950; O. D. Berlev, *La population ouvrière de L'Egypte à l'époque du Moyen Empire* (em russo), Moscovo, 1972; O.D. Berlev, *Rapports sociaux en Egypte à l'époque du Moyen Empire* (em russo), Moscovo, 1978; R.O. Faulkner, *The Ancient Egyptian Coffin Texts*, 2 vol., Warminster, 1973-1977; W.C. Hayes, *A Papyrus of the late Middle Kingdom in the Brooklyn Museum*, Brooklyn, 1955; W.C. Hayes, cap. XX, § V-XVII em *Cambridge Ancient History* (cf. Bibliografia, cap. V); T.G.H. James, *The Hekanakhte Papers and other early Middle Kingdom Documents*, Nova Iorque, 1962; G.T. Martin, *Egyptian administrative and private name seals*, Oxford, 1971; W.J. Murnane, *Ancient Egyptian Coregencies*, Chicago, 1977; R. Parant, *L'affaire Sinouhé*, Aurillac, 1982; G. Posener, *L'enseignement loyaliste, Sagesse égyptienne du Moyen Empire*, Genebra, 1976; G. Posener, *Littérature et politique dans l'Egypte de la XIIe Dynastie*, Paris, 1956; K.I. Seyfried, *Beiträge zu den Expeditionen des Mittleren Reiches in die Ost-Wüste*, Hildesheim, 1981; W.K. Simpson, *The terrace of the Great God at Abydos: the Offerings Chapels of Dyn. 12 and 13*, New Haven-Filadélfia, 1974.

reacende leva à queda definitiva de Heracleópolis. Montuhotep toma, então, o nome de Netery-hedjet, que faz alusão à sua nova autoridade sobre o Norte. Quando a pacificação está completamente terminada, toma finalmente o nome de *Sematauy*, «Aquele que une o Duplo País» (= o Egipto).

A fim de pacificar o país, Montuhotep parece ter empregado simultaneamente a força e a diplomacia. É assim que, embora vencidos, os nomarcas de Hermópolis e de Beni-Hasan mantêm os seus títulos e que o de Assiut é simplesmente deposto.

Para assegurar a sua autoridade sobre o conjunto do Egipto, Montuhotep I emprega apenas funcionários tebanos quer como vizires quer como chanceleres. O «Governador do Baixo Egipto», tal como o inspector do décimo terceiro nomo do Norte ou o nomarca de Heracleópolis são também tebanos.

Os benefícios resultantes desta nova administração foram rapidamente visíveis tanto no interior como no exterior. A partir do momento em que é restabelecida a tranquilidade, Montuhotep retoma as relações com os países vizinhos do Egipto. Por volta de 2020, uma expedição penetra na Baixa Núbia; será seguida de várias outras. Estas incursões inauguram uma política de expansão para o Sul que prosseguirá na 12.ª dinastia. Tirando partido das perturbações do Primeiro Período Intermédio, a Baixa Núbia organizou-se em reino independente que incomoda o Egipto no seu comércio com o Sul; donde os esforços dos tebanos para a conquistarem. Sob Montuhotep I, a Núbia paga um tributo e já não se opõe à passagem dos Egípcios. Por fim, fornece mercenários ao exército egípcio.

Para Leste, o Egipto retoma as suas actividades nos desertos limítrofes. A partir do ano 2 do seu reinado, Montuhotep I envia uma expedição ao Hammamat. No Sinai, o facto de Sesóstris I aí dedicar uma estátua a Montuhotep deixa supor que foi este soberano que reabriu a rota das minas de turquesa e das jazidas de cobre. Isso implica também o controlo das tribos nómadas da península.

A Líbia, Montuhotep envia também expedições. Um dos chefes líbios é morto durante uma das campanhas. Por fim, os oásis ocidentais são visitados por destacamentos armados, do mesmo modo que os desertos sudoeste e sudeste, de um lado e do outro da Baixa Núbia, onde vagueavam os Medjayu, nómadas guerreiros que Montuhotep I afirma ter vencido.

O Egipto torna-se de novo também um foco artístico activo. Montuhotep aumentou numerosos templos no Alto Egipto até Abido. Mesmo em Tebas edifica um monumento de peso, a primeira sepultura real importante desde o reinado de Pepi II. Escolhe o magnífico local de *Deir-el-Bahari* e adopta o plano de uma pirâmide levantada sobre uma peanha e rodeada por um pórtico sob colunata. A alameda que conduz ao monumento estava ladeada de estátuas sentadas do soberano, de grés pintado.

Montuhotep II-Seankhka-Rá. – O filho mais velho de Montuhotep I morreu antes de seu pai, por isso foi um outro filho, já com a idade de cinquenta anos, que sucedeu ao unificador do Egipto. O seu curto reinado empregou-o sobretudo na construção de templos no Alto Egipto. A figura de um alto funcionário domina nesta época; *Henenu*, que servira já Montuhotep I, atravessou, à frente de 3000 homens, o deserto oriental até ao mar Vermelho onde embarcou para a região de Punt. Uma inscrição rupestre conservou a lembrança desta expedição durante a qual Henenu mandou escavar ou melhorar doze poços entre o Nilo e o mar. Uma vez chegado à margem, construiu ou reuniu navios que prosseguiram a viagem em direcção à costa do Sudão oriental. Enquanto os navios iam à procura do incenso de Punt, os homens que permaneceram em Hammamat cortaram blocos de brecha verde destinados às estátuas divinas. Esta reabertura das pedreiras do uadi Hammamat é acompanhada de uma grande actividade das minas do Sinai.

As condições de vida no Egipto do tempo de Montuhotep II são conhecidas graças à correspondência de um certo *Hekanakht*, dirigida ao seu filho mais velho. Hekanakht possuía uma quinta que o filho é encarregado de gerir na sua ausência. Antes de partir, Hekanakht deixou um inventário dos produtos da quinta durante o ano em curso e, depois, escreveu a seu filho duas longas cartas dando as directivas a seguir para o trabalho e precisando o que é necessário dar aos vários membros da família. A quinta inclui terras que são propriedades de Hekanakht e outras que arrenda. As rendas destas últimas são pagas em tecidos e em cereais. As cartas contêm também numerosos comentários contundentes sobre a conduta a manter em relação à família e aos criados. Finalmente, uma dela faz alusão a uma grave escassez de alimentos que grassava a Sul de Tebas, onde, segundo Hekanakht, «eles começam já a comer o homem».

Montuhotep III e o fim da 11.ª dinastia. – O Papiro de Turim faz terminar a 11.ª dinastia com o reinado de Montuhotep II, mas sabemos por outras fontes que decorreu um período de sete anos entre a morte deste rei e o início do reinado de Amenemet I. Foi durante este tempo que reinou Montuhotep III-Nebtauyré. O reinado deste último foi curto, sendo o ano 2 a data mais alta do seu reinado.

São principalmente inscrições de Hammamat que nos dão a conhecer o reinado de Montuhotep III. Ele enviou lá um vizir, Amenemet, à cabeça de 10 000 homens para trazer a pedra necessária à construção do sarcófago real. O interesse principal desta expedição reside na personalidade do próprio Amenemet, que dedicou quatro diferentes inscrições ao relato dos prodígios ocorridos ao longo da viagem: animais do deserto que indicam eles próprios, pelo seu comportamento, a pedra a explorar, chuva miraculosa, descoberta de novos poços. É possível que, onde não vemos mais que uma feliz confluência de circunstâncias, os Egípcios tenham visto manifestações da vontade divina, o que explicaria a razão por que Amenemet tem tanta preocupação em conservar a lembrança destes «milagres». Parece, de facto, que o chefe da expedição soube tirar partido do favor que os deuses lhe manifestaram: cinco anos após estes acontecimentos, o vizir Amenemet toma, de facto, o poder. Instrumento manifesto da vontade divina, Amenemet pôde assim ser escolhido pelo próprio Montuhotep. Isso explicaria a associação dos dois nomes numa taça de xisto.

Seja como for, herdeiro designado ou usurpador, nada permite afirmar que Amenemet I tenha tomado o poder de um modo violento, embora, sem dúvida, nem todos os Egípcios tenham aprovado a sua subida ao trono.

2. Os quatro primeiros soberanos da 12.ª dinastia

Amenemet I e o início da 12.ª dinastia. – Aquando da sua subida ao trono, Amenemet toma o nome de Sehetepibré. Parece que se manifestou então uma certa oposição. O vizir não era de facto de sangue real, como mostra claramente um texto popular, a profecia *post eventum* dita *de Neferty*. Esta descreve, numa primeira parte, as desgraças que vão abater-se sobre o Egipto, e numa segunda anuncia que um rei do Sul trará de novo a ordem e a prosperidade ao país; e desvenda o nome desse faraó: *Ameny*, hipocorístico de Amenemet. Trata-se de Amenemet I. O texto precisa que este Ameny «é filho de uma mulher Elefantina». Não esconde, portanto, as origens não reais do herói, parecendo, pelo contrário, insistir no facto. É o rei salvador que põe fim a um período de perturbações. Outros textos da 11.ª dinastia fazem alusão também a esses acontecimentos lastimáveis. A profecia de Neferty confirma, portanto, a existência de perturbações sob o reinado de Montuhotep III, ligadas ao desaparecimento da 11.ª dinastia e ao começo da 12.ª. O pai de Amenemet, fundador da nova dinastia, um certo Sesóstris, será considerado pelos Egípcios do Império Novo como o antepassado desta dinastia.

Amenemet I reorganizou o Egipto, restabelecendo, antes de mais, os limites tradicionais dos nomos entre si. Em seguida, reinstalou a capital administrativa do Egipto perto de Mênfis. As razões de tal facto são complexas, ao que parece. Por um lado, a família dos Montuhotep, afastada do poder, era sem dúvida ainda poderosa na própria Tebas. Consequentemente, a cidade era pouco segura para o novo soberano. Por outro lado, Tebas situada no centro do Alto Egipto está geograficamente mal colocada para ser a capital do Egipto. Mênfis, na ponta sul do Delta ocupa uma posição muito mais central, o que explica também por que razão fixa a sua capital nas proximidades. Dá--lhe o nome característico de *Ittauy*, o que significa «Aquela que conquista o Duplo País» (o Egipto), o que prova que Amenemet se propunha, da sua residência, vigiar os seus súbditos, tanto os do Norte como os do Sul.

O aparelho administrativo do Império Antigo foi destruído no decurso do Primeiro Período Intermédio e não parece que os faraós da 11.ª dinastia tenham procurado remediar este estado de coisas. Amenemet I, em contrapartida, parece querer reconstituir quadros e serviços administrativos. Ao fixar a capital administrativa nas imediações de Mênfis, capital do Império Antigo, e perto de Heracleópolis, capital da 9.ª e 10.ª dinastias, pode ter a esperança de reatar uma velha tradição administrativa. Tradição que o próprio Kheti III evoca quando, falando de Sacará-Mênfis, afirma: «Há lá funcionários desde o tempo da Residência real» (*Instruções a Merikaré*).

Contudo, os funcionários com experiência que Amenemet terá podido recolher na sua nova capital não podiam ser suficientes em número para as necessidades da nova administração. Vai, por isso, recorrer a uma verdadeira acção de propaganda para suscitar as vocações de novos funcionários. Sob o seu reinado, duas obras foram escritas para encorajar os Egípcios a entrar na administração real e para orientá-los nessa carreira. A primeira delas, *Kemyt*, «A Suma», foi composta no início do reinado pelo autor da *Profecia de Neferty*. Termina com uma frase que revela a sua finalidade: «Quanto ao escriba, em qualquer dos seus empregos da Residência, não é um infeliz.» As intenções da segunda obra, a *Sátira dos ofícios*, são ainda mais claros. O autor dirige-se aos futuros funcionários, exalta os estudos e a profissão de funcionário a que eles dão acesso e depois, comparando os vários ofícios possíveis, mostra que o de escriba é muito superior a qualquer outro.

Amenemet não tinha apenas de reorganizar um país acabado de sair da anarquia, faltava-lhe ainda elevar de novo o prestígio da monarquia que muito sofrera durante o Primeiro Período Intermédio, em que os contistas não hesitam em apresentar o rei em posições desagradáveis, ora odiosas ora mesmo humilhantes, o que teria sido impossível no Império Antigo, quando se atribuía ao faraó um pouco da natureza divina. Esta atitude do povo mostra até que ponto o prestígio real se desmoronou após o reinado de Pepi II. Para lutar contra essa tendência, Amenemet I procura ligar-se à realeza dos inícios do Império Antigo, designadamente a de Snefru, que parece ter mantido um prestígio que os seus sucessores, mais autoritários, detinham em menor grau.

Talvez também, sob a influência da religião e da moral osirianas, ele tente tornar a realeza mais humana. O seu filho atribuir-lhe-á estas palavras: «Dei aos pobres e alimentei o órfão. Procedi de modo que o homem simples possa ter as mesmas hipóteses que o que tinha peso.»

No entanto, a situação política era ainda demasiado instável, e os nobres da província demasiado poderosos para permitirem a Amenemet restaurar completamente a monarquia absoluta, tal como ela existia no Império Antigo. Consequentemente, contenta-se, por um lado, com vigiar a administração provincial delegando «controladores reais» junto dos nomarcas. Por outro lado, assegura a sucessão real ao instituir a *co-regência* do príncipe mais velho, em vida do pai, a fim de evitar tanto quanto possível as perturbações de sucessão.

O controlo real exerce-se sobretudo do ponto de vista financeiro sobre as taxas que os nomos devem ao governo central. É assim que se estabelece, pouco a pouco, uma colaboração de facto entre a administração real e a do nomarca, e possuímos algumas indicações demasiado raras, sobre o modo como funcionários reais e nomarcas geriam conjuntamente os bens do domínio nacional.

A fixação das fronteiras provinciais e o restabelecimento do cadastro constituíam já uma ingerência real na administração local do nomarca. Esse controlo prosseguiu ano após ano pela vigilância do pessoal, das terras e dos rebanhos pertencentes ao rei nos vários nomos.

O «Tesouro real» torna-se, pois, um dos organismos essenciais da 12.ª dinastia. Possui a sua própria frota e está inteiramente nas mãos de altos funcionários que residem na corte e, portanto, independentes dos nomarcas.

Para evitar a formação de novas confederações de nomos e todo o motivo de contestação na altura das sucessões que a poligamia real de facto torna sempre delicadas, Amenemet I associa o seu filho ao trono; trata-se de Sesóstris I. Participando já no poder, o sucessor assim designado podia resistir melhor a eventuais pretendentes. Este uso da co-regência será praticado por outros faraós da 12.ª dinastia.

A co-regência de Sesóstris I coincide com uma grande actividade do Egipto no domínio externo, como se Amenemet quisesse ver afirmar-se a autoridade do filho confiando-lhe o comando do exército.

Durante a primeira metade do seu reinado, Amenemet contentou-se, ao que parece, em liquidar os elementos estrangeiros que se tinham infiltrado no Delta; depois, para evitar a repetição de tais intrusões, construiu fortalezas ao longo das fronteiras, uma a Leste, contra os Asiáticos, outra a Oeste, contra os Líbios. Apesar da expressão «Muralhas do Príncipe» que designa a fortaleza oriental, não se tratava de muralhas contínuas, mas antes de fortes isolados que controlavam as passagens obrigatórias.

Nada indica que Amenemet I tenha conduzido expedições militares fora do Egipto durante a primeira metade do seu reinado. A situação muda quando Sesóstris I é associado ao trono. Parece que, então, o exército egípcio terá penetrado na Palestina. No Sul, a mesma actividade agressiva: Sesóstris I reinstala-se em Buhen no ano 25 de Amenemet I, o que permite a este último afirmar que submeteu os habitantes da terra de Uauat (Baixa Núbia) e... capturou os Medjayus (Beduínos do deserto núbio). No ano 29, nova expedição à Núbia e, na mesma altura, o exército egípcio está também muito activo nos desertos de leste, sudoeste e sudeste.

A profundidade da penetração egípcia no Sul é ainda matéria controversa. Foram encontradas em Kerma, no Sudão, a sul da terceira catarata, duas grandes construções em tijolos crus e, nas proximidades, um cemitério com sepulturas sob *tumuli* onde foram descobertas as estátuas de um certo *Hapydjefa* e de sua mulher. Este, nomarca de Assiut, é um contemporâneo de Sesóstris I. Na sequência desta descoberta, concluiu-se que Hapydjefa, governador egípcio do Sudão, fora sepultado em Kerma.

Tal conclusão é hoje vivamente contestada: a necrópole de Kerma forneceu objectos posteriores à 12.ª dinastia e a pergunta é se não será antes contemporânea da 13.ª dinastia. Por outro lado, é pouco provável que uma personalidade tão importante como Hapydjefa se tenha feito sepultar no Sudão, mesmo que lá tivesse morrido, dado sobretudo o facto de ele possuir um túmulo na sua capital, em Assiut.

Se for esse o caso, em vida de Amenemet I só a região que ia de Assuão à segunda catarata teria sido, de facto, conquistada. Sesóstris I, após a morte do pai, irá bem mais longe para Sul.

No Império Antigo, o inimigo principal do Egipto era a Líbia. No Império Médio, os Líbios são sempre perigosos e Amenemet mandou construir uma fortaleza no Uadi Natrum para se proteger deles. Por fim, no ano 30 do reinado, estando a Baixa Núbia já conquistada, Sesóstris volta-se contra os Líbios e penetra no seu território. É no regresso vitorioso que toma conhecimento da morte de seu pai. Havia então nove anos que era co-regente de Amenemet I.

Os acontecimentos que puseram fim ao reinado de Amenemet são conhecidos por intermédio de *Ensinamentos de Amenemés,* texto notável no qual o rei morto teria feito, do Além, a narração a seu filho do seu assassínio. Embora esta interpretação do texto tenha sido recentemente posta em dúvida, parece certo que Sesóstris I não estava no Egipto na altura do atentado, encontrando-se ainda na fronteira líbia. Teria sido lá que recebeu os mensageiros que vieram informá-lo da morte do pai e preveni-lo contra uma conjura que se tramava contra ele na corte. Sesóstris I partiu de imediato em marcha forçada para a capital, levando consigo a sua guarda pessoal.

Sesóstris I. – Sesóstris I retomou em mãos a situação, mas ignoramos de que maneira. Reinou sozinho durante trinta e oito anos e, dois anos antes da sua morte, associou ao trono seu filho Amenemet II. O reinado de Sesóstris I é um período de desabrochar para o Egipto tanto no interior como no exterior.

Já antes do fim do reinado do seu pai, Sesóstris I dirigira expedições à Núbia, sendo co-regente. Durante o seu reinado pessoal, é a nomarcas que confia a tarefa de prosseguir a penetração para o Sul. A partir do ano 18 do reinado, por volta de 1944 a.C., o exército venceu as dificuldades da segunda catarata e ultrapassou o reino de Kush, verosimilmente situado um pouco a sul daquela. Talvez Sesóstris, para proteger as suas conquistas, tenha mandado construir fortalezas ao longo do Nilo que, como Buhen, teriam precedido as grandes fortificações posteriores de Sesóstris III.

Com o Império Médio, a procura do ouro aparece entre os motivos da penetração egípcia na Alta Núbia. É nesta altura que as minas de ouro do Sudão começam a ser exploradas em proveito do Egipto.

Em relação aos Asiáticos, parece que Sesóstris I teve uma atitude pacífica. A exploração das jazidas de turquesa e sem dúvida também de cobre do Sinai, interrompida após o reinado de Pepi II, é retomada com vigor. No Império Antigo, as relações entre Egípcios e nómadas instalados na península eram tensas, como o mostram as cenas de guerra gravadas nos rochedos. Com a 12.ª dinastia as relações mudam: Asiáticos e Egípcios gravam as suas inscrições lado a lado, como se trabalhassem concertadamente na exploração das minas. A narrativa de Sinuhé, escrita nesta época, confirma o bom entendimento entre Egípcios e Asiáticos. Sinuhé estabeleceu-se na Ásia no início do reinado de Sesóstris I, e lá permanece durante mais de vinte anos. Durante todo este tempo, não menciona, na sua narrativa, nenhuma guerra entre o Egipto e um reino asiático. Os principados siro-palestinos, independentes do Egipto, mantêm com este excelentes relações: Egípcios instalaram-se lá e os mensageiros do faraó podem percorrer livremente os vários países sem serem incomodados.

As escavações do corredor siro-palestino forneceram numerosos objectos egípcios do Império Médio. Tais objectos trazem a prova de um considerável tráfico comercial entre o Egipto e a Ásia, nesta época. Esse tráfico era completado por uma «política de presentes» inaugurada por Sesóstris I. Em Ugarit (Ras-Shamra), foi encontrado um colar no estojo de Sesóstris I, e o conto de Sinuhé, por seu turno, evoca este costume de oferecer presentes aos príncipes estrangeiros, da parte do faraó, para manter as boas relações.

Os contactos pacíficos entre o Egipto e a Siro-Palestina põem talvez então em relações indirectas o vale do Nilo e Creta, servindo Chipre e a Síria do Norte de intermediários.

O restabelecimento do poder egípcio não se limita à Núbia e à Ásia. A partir da co-regência, os desertos orientais e ocidentais foram de novo controlados e, no seu reinado pessoal, Sesóstris I mantém o seu esforço: partindo da região tebana, os Egípcios vão até aos grandes oásis ocidentais. Para o lado da Líbia propriamente dita, a nordeste do Egipto, a campanha que precede o assassínio de Amenemet I (ou o atentado contra este) parece ter assegurado a tranquilidade ao Egipto e não há mais problemas com os Líbios durante o reinado pessoal de Sesóstris I.

Quando termina este reinado, o Egipto controla a Baixa Núbia, desde Assuão até ao sul da segunda catarata. Mantém relações cordiais com a Ásia e submeteu os Líbios. As suas expedições mineiras percorrem sem temor os desertos do oeste e leste. Esta irradiação exterior do Egipto é o resultado da prosperidade interna do país, restabelecida por Sesóstris I, embora este último pareça não ter mudado nada na política de seu pai para com os nomarcas. Estes, na sua maioria, asseguram uma boa administração local, sem abusarem, ao que parece, da independência que lhes asseguram a herança do seu cargo e a sua fortuna pessoal. Tendo permanecido fiéis a Sesóstris I aquando do assassínio ou do atentado contra seu pai, fornecem os contingentes de tropas necessários ao exército real.

O prestígio da realeza está restabelecido: se é verdade que o rei ainda usa o epíteto de *neter nefer* («o Deus bom»), na realidade comporta-se mais como um «super-homem» que como um deus, mas a sua autoridade é incontestada. O carácter humano deste poder, talvez sob a influência da religião osiriana, contrasta com a autoridade inumana da monarquia do Império Antigo.

Para assegurar a continuidade do poder legítimo, Sesóstris I associa ao trono seu filho Amenemet. Continua também a utilizar o «vizirato», mas fragmenta a autoridade do vizir: no início da 12.ª dinastia sucederam-se pelo menos cinco vizires. Todavia, sejam quais forem os limites da sua jurisdição, o vizir continua a ser o chefe da justiça e do conjunto da administração para a parte do território que lhe é confiada. É ele quem promulga as leis e conserva os arquivos. Além disso, é o responsável pela economia. Dispõe, portanto, de todos os poderes excepto sobre o exército e a polícia; apenas a extensão geográfica da sua autoridade é limitada, ao que parece.

Sesóstris I prosseguiu a reorganização da administração e o seu reinado é um período de desenvolvimento económico para o Egipto. As necrópoles provinciais provam a riqueza dos nomos nesta época. Os primeiros faraós da 12.ª dinastia procuram também novos recursos, em particular na valorização da Faium. O próprio Sesóstris I inicia esta política de desenvolvimento agrícola que será prosseguida pelos seus sucessores e, sobretudo, por Amenemet III.

Os numerosos monumentos construídos ou restaurados durante o reinado de Sesóstris I são uma prova do renovo económico do Egipto nesta época: de Alexandria e Assuão não há nenhum local importante que não tenha vestígios da sua actividade. A mais importante das empresas de Sesóstris I foi a restauração do templo de Heliópolis, determinada por razões ao mesmo tempo religiosas e políticas. Com efeito, Heliópolis é a residência do deus-sol Rã e a dinastia tem interesse em restabelecer em seu proveito a influência de um culto e de clero reconhecidos pelo conjunto do país. Por outro lado, o deus de Heliópolis é, por excelência, desde o Império Antigo, o deus protector da monarquia: o faraó usa o título de «Filho de Rã». Sesóstris decide, pois, afirmar-se como o descendente legítimo de todos os faraós que reinaram sobre o Egipto. Enfim, o templo é um grande centro de peregrinação; ao embelezá-lo, Sesóstris atrai a estima dos peregrinos.

Os sucessores de Sesóstris I (Amenemet II e Sesóstris II). – Sesóstris I, prosseguindo a obra de seu pai, restabeleceu uma monarquia organizada e forte; os seus sucessores imediatos apenas tiveram de manter e continuar o seu esforço.

Amenemet II, co-regente de seu pai durante um pouco mais de dois anos, prosseguiu a política de Sesóstris I: confirmou os nomarcas na hereditariedade das suas funções. No exterior, não teve necessidade de recorrer a qualquer campanha militar para manter o poder do Egipto. Continuam as expedições ao Sinai, onde exploram novas jazidas entretanto descobertas. A Ásia continua a manter relações correntes com o Egipto, como o provam tanto o Tesouro de Tod como os objectos em nome do rei ou de membros da sua família encontrados na Ásia. As relações comerciais estendem-se também para o Sudeste: foi estabelecido um porto no mar Vermelho na foz do Uadi Gawásis, e, sob Amenemet II, uma frota faz lá escala no regresso de uma expedição à região de Punt. Estas expedições são sempre um sinal de prosperidade do Egipto, confirmando quer a riqueza dos túmulos provinciais quer a importância da pirâmide real construída em Dahchur, ou ainda o esplendor do mobiliário funerário dos túmulos da família real cujas jóias se encontram entre os mais belos objectos da arte egípcia.

Sesóstris II, filho de Amenemet II, foi também ele nomeado co-regente e reinou três anos com seu pai. Morre após um reinado de cerca de dezanove anos durante o qual manteve a política dos seus antecessores tanto interna como externamente. Contenta-se com mandar inspeccionar as fortalezas da Núbia. A exploração das minas e pedreiras mantém-se activa tanto no Sinai como no Uadi Hammamat e testemunha a prosperidade económica do Egipto, confirmada aliás pelo número de construções empreendidas por Sesóstris II que se interessa também pelo desenvolvimento do Faium.

3. Sesóstris III e o fim da 12.ª dinastia

Os quatro primeiros faraós da 12.ª dinastia, depois de terem reunificado, pacificado, reorganizado o Egipto e restaurado a autoridade real, restabeleceram a prosperidade económica do país. A irradiação do Egipto impôs-se sem guerra no exterior, ao que parece. Internamente, a autoridade real é doravante respeitada, sem que as prerrogativas dos nobres provinciais tenham sido gravemente atingidas. A política dos faraós da segunda parte da dinastia vai revelar-se sensivelmente diferente.

Sesóstris III. – Parece que a forte personalidade, expressa no enérgico rosto das suas estátuas, terá eclipsado na memória dos homens a dos outros faraós da dinastia.

É sob o seu reinado que o Egipto do Império Médio vai atingir o apogeu.

Os primeiros faraós da 12.ª dinastia, chegados ao poder com a ajuda de alguns senhores feudais, tinham evitado tocar nas prerrogativas dos chefes de província; um dos primeiros actos de Sesóstris III foi exactamente o de eliminar o próprio cargo de nomarca, rompendo assim com a política de todos os seus antecessores. A partir do meio do seu reinado os textos deixam de mencionar nomarcas; doravante, as províncias são administradas directamente da Residência real por três serviços especializados (em egípcio *waret*): o do Norte, para o Delta, o do Sul, para o Médio Egipto, o da «Cabeça do Sul», por fim, para o Alto Egipto. Todos eles estão colocados sob as ordens do vizir. Sesóstris III restabelece, assim, uma administração muito centralizada, próxima do modelo que vigorava no Império Antigo.

No exterior, também Sesóstris III rompe com a política seguida pelos seus predecessores: são empreendidas campanhas militares tanto na direcção da Ásia como da África.

No Sul, entretanto, não parece que a Núbia se tenha tornado particularmente ameaçadora durante o reinado de Sesóstris II; é verdade que conhecemos mal o que se passou nos inícios do II milénio. Tudo parece indicar que, nesta época, e talvez graças à influência e à ajuda egípcias, a Alta Núbia se tenha povoado e desenvolvido rapidamente. Constituíu-se, assim, uma nova potência à volta de Kerma, entre a segunda e a terceira catarata.

As relações entre as duas potências, o Egipto por um lado e os Núbios de Kerma por outro, não foram inicialmente hostis. O Egipto, entrincheirado atrás dos seus fortes, detém-se na fronteira do novo Estado. Que se passou em seguida? Ninguém sabe. Sesóstris III, consciente talvez do perigo que representava para o Egipto um Estado núbio forte e organizado, actua com vigor no sentido de «derrubar Kush, a vencida». Dirige quatro expedições militares para o Sul, ultrapassando largamente a segunda catarata; em seguida, para reforçar as bases de apoio dessas expedições e proteger a fronteira meridional do Egipto, fortifica, por um lado, as instalações da segunda catarata e estabelece outras novas de Semné a Buhen. Por outro lado, promulga directivas muito estritas para impedir toda a infiltração de Núbios em direcção ao Egipto. A estela dita do ano 8, encontrada em Semné, é muito característica deste ponto de vista. Graças a mensagens enviadas pelos comandantes das fortalezas e que chegaram até nós, sabemos que essas instruções eram ainda seguidas sob os seus sucessores. Os fortes proibiam, de facto, a passagem de quaisquer tropas núbias através da região das cataratas.

No Nordeste, a coexistência pacífica com os Asiáticos parece chegar ao fim e as expedições mineiras têm de ser apoiadas militarmente. Desde o início do seu reinado, Sesóstris III comandou um exército na Ásia até *Sekmen* na Palestina (sem dúvida Siquém, um pouco a norte de Jerusalém). *Os Textos de enfeitiçamento* escritos em fragmentos de cerâmica encontrados no Alto Egipto e em Mirgissa, no Sudão, apresentam uma lista dos príncipes e povos asiáticos que testemunha, ao mesmo tempo, um grande conhecimento da situação política na Siro-Palestina e a ameaça que estes povos pareciam representar no fim da 12.ª dinastia para o Egipto.

Na altura da morte de Sesóstris III, o poder real central está no seu apogeu. O Egipto está ao abrigo das incursões estrangeiras tanto a Sul como a Leste. A eliminação do cargo de nomarca pôs nas mãos do soberano todos os poderes. Economicamente, o Egipto está florescente, como o testemunham quer o número das estátuas pertencentes à classe média, quer o dos monumentos reais.

Amenemet III. – Filho mais velho e co-regente de Sesóstris III, Amenemet III parece ter tido um reinado pacífico. Permaneceu quarenta e cinco anos no poder e este longo reinado foi consagrado ao desenvolvimento económico do país.

A exploração dos recursos económicos do Sinai é intensa: perto de 60 inscrições do reinado de Amenemet III foram encontradas lá. As outras regiões minerais, no Hammanamat e no Sul, parecem ter conhecido idêntica actividade. Todavia, é sobretudo o acabamento do sistema de barragens e de canais que valoriza o Faium, que fica sendo o principal título de glória de Amenemet III. Este sistema, ao regularizar e controlar a chegada das águas do Nilo pelo Balir Yussef, permite cultivar uma grande extensão de terras na depressão do Faium.

A riqueza do Egipto permite a Amenemet III multiplicar as construções. Os Gregos consideravam o *Labirinto* como «acima de tudo o que possa dizer-se». Este monumento não é mais que o templo funerário de Amenemet III. Situado em Hawara, perto do Faium, era talvez também o palácio do soberano e o centro administrativo do Egipto. Infelizmente está destruído e hoje é impossível fazer-se uma ideia desse edifício que, segundo Heródoto, ultrapassava em beleza as próprias grandes pirâmides.

O rei Hor e Amenemet IV. – Quando Amenemet III morreu, o Egipto fora governado durante um século, de 1880 a 1780 a.C. aprox., apenas por dois reis: Sesóstris III e Amenemet III. É possível que um dos filhos deste último tenha desaparecido antes do pai, depois de ter reinado alguns anos com ele. É assim que se explica, por vezes, a existência dos monumentos de um tal rei Hor encontrados perto dos de Amenemet III. No entanto, uma descoberta recente em Tânis permite pensar que o rei Hor pertenceria já à 13.ª dinastia.

4. A civilização egípcia no Império Médio

O Egipto conheceu no Império Médio uma das suas épocas mais brilhantes. O poder restaurado fez irradiar a cultura egípcia não apenas no interior das fronteiras mas também para o exterior do país. Doravante, o corredor siro-palestino tal como a Alta Núbia, sem estarem sob a autoridade directa do faraó, impregnam-se cada vez mais da arte e, sem dúvida, da literatura egípcia. Essa irradiação ultrapassa mesmo os países limítrofes e a Europa pré-helénica, por intermédio da Síria e de Chipre, começa a receber objectos egípcios. Doravante, a sombra da Europa perfila-se no horizonte do Egipto. Se é falso falar de um Império egípcio sob a segunda dinastia – na melhor das hipóteses este não teria ultrapassado, no Nordeste, a fronteira meridional da Palestina e, no Sul, os rápidos da segunda catarata –, não é menos verdade que o Egipto dos Sesóstris e dos Amenemet irradiou sobre os países que o rodeavam. Isso deve-se essencialmente à perfeição da sua arte e da sua cultura.

Os templos do Império Médio desapareceram, infelizmente, há muito tempo nos fornos de cal do Egipto moderno e contemporâneo. Quando, quase por milagre, foram preservados, apreciamos melhor a perda que a arte universal sofreu com o seu desaparecimento. Os relevos das suas paredes igualam em perfeição os do Império Antigo. As jóias e os objectos que nos chegaram mostram que os artífices do Império Médio tinham tanta perícia como os do Império Novo e muitas vezes mais gosto.

É sobretudo na escultura que a 12.ª dinastia atinge a perfeição. Os artistas do Império Médio substituem a imagem serena e impassível do faraó do Império Antigo pela de um homem a quem as vicissitudes da vida e do poder moldaram o rosto, muitas vezes trágico e atormentado. O vigor realista dos retratos de Sesóstris III e de Amenemet III é o melhor testemunho da perfeição e do universalismo da arte egípcia.

A literatura conhece, então, a sua idade de ouro. É dos textos do Império Médio que os Egípcios das épocas seguintes irão tirar os seus modelos. Foi recentemente demonstrado que estas obras haviam sido largamente inspiradas pelos próprios soberanos com uma segunda intenção política. Nada perdem com isso, nem do seu poder, nem do seu encontro. As *Aventuras de Sinuhé*, entre outras, continuam a ser, quatro milénios depois, «uma das obras-primas da literatura universal»; foi possível demonstrar que o *Conto do Náufrago* e as histórias maravilhosas do *Papiro Westcar*, estão na origem de algumas narrativas das Mil e Uma Noites, o que prova bem que conseguiram manter o seu encanto gerações após gerações.

A obra escrita do Império Médio não se limita à literatura propriamente dita; é também nesta época que são compostas numerosas obras científicas: papiros médicos e papiros matemáticos, nomeadamente. Por fim, a literatura religiosa é igualmente fecunda com a compilação e a redacção daquilo a que se chama os *Textos dos Sarcófagos* que servirão aos teólogos do Império Novo para a redacção do célebre *Livro dos Mortos*.

Assim, após o eclipse do Primeiro Período Intermédio, os faraós do fim da 11.ª e os da 12.ª dinastia souberam dar de novo ao Egipto uma prosperidade que, pela força das coisas, se traduziu num desabrochar da civilização egípcia em todos os domínios.

VII. – O SEGUNDO PERÍODO INTERMÉDIO E OS HICSOS
(da 13.ª à 17.ª dinastia) (1785-1580)([1])

Em toda a história do Egipto, não há período mais obscuro que o que vai do fim da 12.ª dinastia até ao advento da 18.ª. É um dado feliz o facto de a data da morte de Sebekneferuré e a tomada do poder por Amósis I da 18.ª dinastia terem podido ser fixadas com segurança, porque sem isso não nos teria sido possível avaliar o lapso de tempo que decorreu desde o fim da 12.ª dinastia até ao início do Império Novo, época que se convencionou denominar Segundo Período Intermédio.

Segundo as fontes antigas, mais de 200 faraós teriam reinado durante este período de cerca de dois séculos. Mesmo que esse número seja exagerado, as Listas reais e o Papiro de Turim, que conservou os nomes de 123 reis aos quais devem juntar-se os de outros faraós conhecidos através das outras listas ou dos monumentos, mostram que o número de soberanos se aproxima pelo menos de 150, e ultrapassa os 200 se se tiverem em conta todas as fontes.

Tendo a morte de Sebekneferuré ocorrido por volta de 1786, e tendo Amósis subido ao trono por volta de 1567 a.C., o Segundo Período Intermédio não pôde durar mais de 220 anos. Para colocar neste lapso de tempo perto de 200 reis seria necessário supor que cada um deles reinou apenas cerca de um ano. Ora, se é verdade que alguns terão conservado o poder apenas durante alguns meses, outros reinaram durante muitos anos: um deles mais de vinte e três anos, e um outro mais de quarenta! A duração extremamente breve dos reinados do Segundo Período Intermédio permanece ainda misteriosa em grande parte. As explicações que aludem a uma situação política muito perturbada em que golpes de estado se teriam sucedido uns aos outros, ou à existência de múltiplas dinastias paralelas que teriam reinado simultaneamente em vários pontos do país parecem desmentidas pelo facto de a autoridade central permanecer respeitada e de os faraós continuarem a construir, tanto no Norte como no Sul, durante

---

([1]) OBRAS A CONSULTAR. – J. von Beckerath, *Untersuchungen zur politischen Geschichte der zweiten Zwischenzeit in Aegypten*, Glückstadt, 1965; R.M. Engeberg, *The Hyksos reconsidered*, Chicago, 1939; Labid Habachi, *The Second Stela of Kamose and his struggle against the Hyksos ruler and his capital*, Glüsckstadt, 1972; Pahor Labib, *Die Herrschaff der Hyksos in Agypten una ihr Sturz*, Glückstadt, 1936; J. van Seters, *The Hyksos, a new investigation*, New Haven, Londres, 1966; H. Stock, *Studien zur Geschichte und Archäologie der 13. bis 17. Dyn Ägyptens*, Gluckstadt, 1942; J. Vandier, cap. VIII em E. Drioton e J. Vandier (cf. Bibliografia geral): R. Weill, *La fin du Moyen Empire égyptien*, 2 vol., Paris, 1918.

todo este período. Foi recentemente proposta como explicação uma alteração profunda do regime monárquico, pela qual o rei seria então eleito por um período de tempo muito limitado. Poderosos vizires teriam assegurado a permanência da autoridade. Finalmente, houve quem se interrogasse se uma deterioração do clima não terá arrastado consigo a condenação sistemática à morte dos faraós considerados responsáveis das fomes resultantes dessa degradação climática. Com efeito, no estado actual dos conhecimentos, é impossível explicar de uma maneira convincente esta superabundância de soberanos.

As fontes de que dispomos são das mais exíguas: Máneton conservou-nos apenas o nome dos reis, 217, e a duração total dos reinados, 1590 anos, número que não podemos aceitar. O Papiro de Turim apresenta alguns nomes, mas omite outros; a mesma incerteza reina na lista de Karnak e as de Abido e Sacará ignoram o Período no seu conjunto. Os monumentos contemporâneos, por fim, são raros. Isso explica por que razão se tentou tirar informações de uma categoria de objectos abundantes sob o Segundo Período Intermédio: os *escarabeus*. Infelizmente, estes são difíceis de datar com precisão e as indicações que fornecem só podem ser aceites com uma grande prudência.

Utilizando as várias fontes enumeradas, podemos distinguir três fases neste Segundo Período Intermédio (c.f. J. Vandier, *L'Egypte*, «Clio», 4.ª ed., p. 283):

– o Egipto antes dos Hicsos, 13.ª-14.ª dinastias;
– os Hicsos, 15.ª-16.ª dinastias;
– o reino de Tebas e a expulsão dos Hicsos, 17.ª dinastia.

Como a cronologia indica, há numerosas sobreposições de uma fase sobre a outra. Assim, nomeadamente, os Hicsos infiltram-se no Egipto a partir da 13.ª dinastia e a sua expulsão exigiu um longo período de tempo.

1. O Egipto antes dos Hicsos (13.ª e 14.ª dinastias)

Não é seguro que tenha havido ruptura entre a 12.ª e a 13.ª dinastia. É mesmo muito verosímil que o primeiro faraó da 13.ª dinastia tenha sido aparentado com os últimos reis da 12.ª.

As vicissitudes da 13.ª dinastia. – A 13.ª dinastia permaneceu no poder um pouco mais de 150 anos (de 1786 a 1633 a.C.), durante os quais 50 ou 60 reis ocuparam o trono. Cada um deles não teria portanto reinado, em média, mais que dois anos e meio, ou muito menos, com frequência, porque os monumentos e o Papiro de Turim coincidem na atribuição de 3, 4, 7, 8, 10 e mesmo 23 anos a alguns reinados, o que naturalmente reduz a duração média dos outros. Este carácter efémero do poder real levou a pensar que a 13.ª dinastia fora uma época de anarquia e de caos durante a qual vários soberanos estavam simultaneamente no poder (cf. atrás).

Descobertas recentes tendem a apresentar uma imagem diferente. Pergunta-se se a brevidade dos reinados não seria devida ao facto de os soberanos não serem mais que «fantoches» designados, talvez por eleição, por um período de tempo muito limitado, sendo o poder exercido na realidade pelos vizires.

Os reis da 13.ª dinastia parecem ter sido de origem tebana. A sua preocupação de legitimar os seus direitos à coroa é sensível na escolha dos nomes: Amenemet, Intef, Sesóstris, Mentuhotep figuram nos «protocolos» de vários dentre eles, embora o nome que aparece com mais frequência seja o de Sebekhotep.

De início, o Egipto continua a dominar a Núbia até Semné, onde os nomes dos primeiros faraós da dinastia estão gravados ao lado de Amenemet III. Reinam sobre o conjunto do Egipto, pois foram encontrados monumentos em seu nome na Núbia e no Alto Egipto. A influência egípcia faz-se ainda sentir fora das fronteiras, dado que o príncipe de Biblos continua a reconhecer a suserania do Egipto. A unidade do país mantém-se, assim, durante bastante tempo. A pirâmide de um dos faraós do meio da dinastia foi construída em Sacará, o que indica que o faraó continuava a reinar sobre o conjunto do Egipto, o que é confirmado pelo facto de se terem descoberto no Delta dois colossos em nome de um outro desses faraós.

Apesar da obscuridade que nos encobre os acontecimentos, a 3.ª dinastia reinou, portanto, eficazmente pelo menos durante um certo tempo. Os nomes de numerosos faraós são conhecidos não apenas pelas fontes escritas, mas também pelos monumentos que edificaram. É graças a estes que sabemos que, muitas vezes, estes soberanos não eram de origem real.

À instabilidade do rei, que reina apenas pouco tempo, opõe-se a continuidade da administração, como o testemunha a existência de arquivos que nos mostram a actividade de serviços como o do Tesouro ou aquele a que pôde chamar-se a «Secretaria do trabalho». São, de resto, esses mesmos arquivos que nos informam indirectamente sobre o que se passa então no Egipto. Assim, um papiro enumera uma longa lista de servidores, o que nos informa de que, sob um tal Sebekhotep, numerosíssimos Asiáticos estavam adidos ao serviço dos funcionários do Alto Egipto.

É difícil não ligar a presença destes Asiáticos no vale do Nilo à penetração dita dos «Hicsos» no Egipto, quer esses servidores tenham sido prisioneiros de guerra quer representem uma mão-de-obra vinda espontaneamente para o Egipto. Aliás, tanto num caso como noutro, a presença desses Asiáticos ao longo do vale deve ter facilitado a posterior tomada do poder pelos Hicsos, eles próprios vindos da Ásia.

Controlando os diferentes elementos fornecidos pelas fontes escritas e pelos monumentos, pôde fixar-se o reinado de um dos faraós da dinastia, de nome Neferhotep, em 1740-1730 a.C. Nesta data, o Egipto exercia ainda um controlo sobre a Síria, o que implica ao que parece, que o faraó continuava a governar o Delta. No Sul, Elefantina e Assuão, onde foi encontrada uma estátua e inscrições em nome desse mesmo Neferhotep, continuavam sob a autoridade central cuja capital parece ter estado sempre situada nas imediações de Ittauy, continuando assim a tradição dos faraós da 12.ª dinastia.

Com os sucessores de Neferhotep, décimo sétimo soberano aprox., o poder da 13.ª dinastia começa a esboroar-se no próprio Egipto. Com efeito, muito pouco tempo depois, a cidade de Avaris é ocupada pelos Hicsos. A autoridade dos soberanos no baixo Vale do Nilo diminui pouco a pouco. Um dentre eles teria mesmo sido obrigado a defender Tebas de ataques vindos do Norte. A partir do vigésimo quinto soberano aprox., acelera-se a decadência. Poucos monumentos desta época nos chegaram, embora alguns reis tenham reinado mais de dez e de vinte e cinco anos. É possível que, no fim da sua história, a 13.ª dinastia tenha sido vassala dos Hicsos.

Por volta de 1675 os «Hicsos» apoderam-se de Mênfis. A queda da cidade marca de facto o fim da 13.ª dinastia, embora o Papiro de Turim enumere ainda seis faraós. Esses já não serão mais que reizinhos, vassalos dos Hicsos do Baixo Egipto. No Alto Egipto governam apenas territórios reduzidos, por vezes talvez mesmo uma simples cidade.

Por volta de 1650, uma nova dinastia vai tentar salvar a independência daquilo que se mantém desocupado no território nacional. Será a 17.ª dinastia tebana que, depois de ter reconhecido durante muito tempo a suserania dos Hicsos, conseguirá expulsar os estrangeiros. Embora os seus soberanos estejam já no poder, Máneton tal como o Papiro de Turim continuam a considerar a 13.ª dinastia como a dinastia legítima até cerca de 1633.

No Delta ocidental: a 14.ª dinastia. – Durante toda a 13.ª dinastia e ainda durante alguns anos após a sua queda, os territórios pantanosos do Delta ocidental, um pouco à parte, continuam, ao que parece, mais ou menos independentes. Esta região é então governada pelos príncipes ou reis de Xois (act. Sakha), que constituem a *14.ª dinastia.* Máneton atribui-lhe 76 reis e uma duração de 184 anos. Teria, portanto, reinado à parte quer do

Alto Egipto quer do Delta de 1786 a 1603. No entanto, nada sabemos da sua história, porquanto só os nomes dos soberanos foram conservados no Papiro de Turim.

2. Os Hicsos (15.ª e 16.ª dinastias)

Flávio Josefo, na sua história da Judeia, cita uma passagem de Máneton que alude à invasão do Egipto pelos «Hicsos». Este nome significaria, segundo Josefo e Máneton, «Reis Pastores». Na realidade, ele provém de uma expressão egípcia, *Heqa khasut*, que quer dizer «Chefe dos Estrangeiros» e aparece no Egipto a partir da 12.ª dinastia antes mesmo da invasão Hicsos. Designa então os chefes de tribos asiáticas do corredor siro-palestino e dos desertos limítrofes.

A infiltração dos Hicsos e a 15.ª dinastia (os Grandes Hicsos). – Flávio Josefo, interpretando sem dúvida Máneton de uma maneira tendenciosa, atribui à invasão dos Hicsos um carácter brutal que provavelmente ela não teve. Seria preciso falar antes de infiltração progressiva e não de invasão brusca. A palavra «Hicsos» designa de facto apenas os «Chefes» dos Asiáticos que tomaram o poder no Egipto. Não há «raça» ou «povo» Hicso propriamente dito. Os invasores são essencialmente Semitas ocidentais. A sua vinda para o Egipto talvez esteja ligada à expansão amorrita na Ásia ocidental. Os próprios Egípcios chamavam-lhes ora *Amu*, ora *Setetyu*, ou simplesmente «homens do Retenu», ou seja, todos os velhos nomes utilizados desde o Antigo e Médio Império para designar os seus vizinhos da Siro-Palestina. Não tinham, portanto, a impressão de estar em presença de um povo novo, como Josefo pretenderia fazer crer.

A infiltração dos Asiáticos no Egipto começou, ao que parece, por volta de 1730 a.C., tendo sido a principal fase dessa infiltração a tomada de Avaris no Delta oriental. A data deste acontecimento capital pôde ser fixada por volta de 1720.

Instalados em força no Delta a partir de 1720, os Hicsos precisarão ainda de quarenta e seis anos para chegar até Mênfis e controlar então o conjunto do país. Este lapso de tempo é ocupado pela progressiva tomada de posse dos nomos do Delta, à excepção dos do Oeste governados pelos faraós da 14.ª dinastia. Tendo conseguido apoderar-se de Mênfis, os Hicsos assumem a titularidade faraónica completa. Constituem, então, a *15.ª dinastia* manetoniana.

Ressalta do texto de Máneton, utilizado por Josefo, que Avaris era a praça-forte que servia de apoio aos Hicsos. Por isso permaneceu a sua capital mesmo depois da tomada de Mênfis. Até Apófis, os faraós da 15.ª dinastia devem ter, se não governado efectivamente, pelo menos controlado o conjunto do Egipto, desde Gebelein pelo menos (um pouco a sul de Tebas) até aos confins marítimos do Delta. É possível que o seu poder se tenha mesmo estendido até à primeira catarata e à Baixa Núbia. A sul desta começava o reino de Kuch que, na altura da guerra de libertação, é independente. Em que momento é que Kuch se tornou independente? Não se sabe. Parece estabelecido que, durante uma grande parte da 13.ª dinastia, a Núbia permaneceu sob o domínio do Egipto até à segunda catarata. Foram encontradas em Semné, Uronarti e Mirgissa, impressões de sinetes, estelas e inscrições nos nomes de soberanos da dinastia, o que parece provar que o sistema defensivo estabelecido pela 12.ª dinastia de Buhen a Semné estava ainda nas mãos dos Egípcios.

É possível que seja apenas nos fins da 13.ª dinastia que a Núbia tenha retomado a sua independência. Ela estava, de resto, em relação com os invasores do Delta, porquanto foram encontrados em Kerma e em Mirgissa objectos e marcas de sinetes da época dos Hicsos.

A 15.ª dinastia compreende, segundo as fontes escritas, seis soberanos. Apenas três são conhecidos por meio de monumentos egípcios. A própria ordem da sua sucessão é incerta e é possível que, onde as Listas reais mencionam três faraós com o nome de Apófis, tenha havido de facto apenas um. É, portanto, difícil escrever uma história seguida dos faraós Hicsos. Os que conhecemos melhor são Khian e Apófis.

A administração egípcia, a julgar pelas inscrições, abre-se aos funcionários asiáticos, tendo sido um deles o «Tesoureiro» com o nome semítico de Hur. A sua actividade parece ter-se estendido desde Gaza, na Palestina, até Kerma, no centro do Sudão. Ao lado dos funcionários estrangeiros, houve Egípcios que permaneceram ao serviço dos invasores.

Foram encontrados numerosos monumentos com o nome de *Khian*, sem dúvida o terceiro faraó da série Hicsos, depois de *Maá-ib-Rá-Sheshi* e *Yakub-Hor* que só são conhecidos por meio de escarabeus. Os monumentos de Khian encontram-se desde Gebelein no alto vale até Bubastis no Delta. Fora do Egipto, foi encontrada uma tampa de vaso em Cnossos, na ilha de Creta, e um leão de granito em Bagdade, ambos com o nome de Khian inscrito em caracteres hieroglíficos. Apesar dessa ampla difusão de monumentos parece duvidoso que o poder real dos soberanos Hicsos se tenha estendido fora do Egipto para além das fronteiras do sul da Palestina. Todavia, os laços comerciais entre o Egipto dos Hicsos e os países do Mediterrâneo oriental parecem ter sido estreitos.

A Khian sucede *Ausserré-Apófis*, a quem o Papiro de Turim atribui quarenta anos de reinado. O nome «Apófis» é egípcio, transcreve uma forma «Ipepi» conhecida desde o Império Antigo. Foi encontrado no túmulo de Amenófis I um vaso de alabastro com o nome da filha de Apófis, a princesa *Herit*, e perguntamo-nos se esta princesa não terá desposado um príncipe tebano, transmitindo assim um pouco de sangue dos Hicsos aos faraós do Império Novo. Seja como for, Egípcios de Tebas e Hicsos parecem ter tido boas relações sob o reinado de Apófis. Só mesmo no fim do reinado é que o Egipto do Sul começa a sacudir a tutela asiática. Um texto literário conservou-nos a abertura das hostilidades que se verificou sob o reinado de Sekenenré, da 17.ª dinastia.

A múmia deste faraó foi encontrada no «esconderijo» de Deir-el-Bahari. Exibe múltiplos vestígios de feridas feitas por armas, e supôs-se que o rei tivesse sido morto durante um combate contra os Hicsos. É apenas uma hipóteses mas, na verdade, sedutora e verosímil.

O reinado de Sekenenré marca o início da expulsão dos Hicsos para fora do Egipto. Esta luta foi longa e outros soberanos sucederam a Apófis, mas este já perdera uma grande parte do Egipto. No meio do seu reinado, a fronteira entre Hicsos e Tebanos encontrava-se em Atfié, perto da entrada sul do Faium. O exército tebano fazia incursões em profundidade em território dos Hicsos até à própria Avaris. Na realidade, a partir de Sekenenré, a 15.ª dinastia dos Hicsos e a 17.ª dinastia tebana reinam paralelamente, a primeira no Norte, a segunda no Sul, desde a primeira catarata até Atfié no Egipto Médio.

A 16.ª dinastia (os Pequenos Hicsos). – Ao lado dos seis reis Hicsos que constituem a 15.ª dinastia e que por vezes são chamados os «Grandes Hicsos», outros soberanos asiáticos teriam reinado na mesma época: são os «Pequenos Hicsos» que Máneton agrupa na 16.ª dinastia. A própria existência desta dinastia é contestável. Na melhor das hipóteses, os seus reis teriam sido contemporâneos da 15.ª dinastia e deveriam, portanto, ser considerados mais como príncipes locais que como verdadeiros soberanos. Pergunta-se por que razão Máneton lhes atribuiu a honra de uma dinastia separada.

O Egipto sob os Hicsos. – É evidente que os Hicsos, contrariamente ao que os textos egípcios posteriores insinuarão, respeitaram a civilização egípcia. A sua «invasão» não foi tão violenta como relata Josefo. Ela deixou de ser vista sob a forma de uma invasão militar de tropas bem organizadas e superiormente armadas perante as quais o exército egípcio teria soçobrado. Só no fim da sua ocupação do Egipto é que os Hicsos introduziram o carro de guerra no vale do Nilo, assim como novos tipos de adagas, de espadas, o bronze e o temível arco composto de origem asiática. A dominação dos Hicsos parece ter-se imposto progressivamente: pequenos grupos de Asiáticos, penetrando no vale do Nilo então mal defendido, impuseram localmente a sua autoridade aos Egípcios, quando foram suficientemente numerosos, ajudados talvez pelos seus compatriotas instalados no Egipto desde a 13.ª dinastia.

Não é mais do que uma hipótese, mas que parece confirmada pela arqueologia. Não há mudança brutal nos costumes funerários e os cadáveres que poderiam ser de tipos estrangeiros, designadamente semitas, são pouco numerosos. A olaria dita de Tell-el-Yahudié, que durante muito tempo foi associada à invasão dos Hicsos no Egipto, apareceu lá de facto a partir do Império Médio. É uma olaria de importação que nada deve, ao que parece, aos invasores e que prova simplesmente como eram estreitos os laços comerciais entre a Ásia costeira e o Egipto dos Hicsos.

Flávio Josefo apresenta os Hicsos como pertencendo a uma raça única nova e pensou-se por vezes que eles incluiriam Hurritas e mesmo Arianos. Na realidade, os nomes Hicsos que nos chegaram são puramente semíticos do Oeste, e se houve entre eles elementos não-semíticos, não devem ter sido nem numerosos nem dominantes seja a que título for.

Em resumo, vê-se que a dominação Hicsos consistiu essencialmente uma mudança de governantes. Os recém-chegados impuseram-se a uma maioria mal governada. Só parecem ter sido numerosos no Delta oriental; de resto, governaram habitualmente com a ajuda de Egípcios autóctones.

Instalados no Egipto, os Hicsos receberam muito daqueles que dominavam politicamente. Os seus soberanos utilizaram exclusivamente a escrita hieroglífica; adoptaram os deuses egípcios. Se é verdade que tiveram uma preferência pelo deus Seth, que assimilaram a Baal ou Reshep, isso não os impediu de adorar o deus-sol Rã. Não apenas Khian se declara «Filho de Rã», como um faraó autêntico, como Apófis se diz «Filho carnal de Rã [...]. Imagem Viva de Rã sobre a Terra.»

Os Hicsos não eram, sem dúvida, suficientemente numerosos, ou não dispunham de um número suficiente de administradores competentes, para governar pessoalmente o país em exclusivo. Numerosos Egípcios de raça serviram-nos fielmente. Os Hicsos, longe de serem os Bárbaros descritos mais tarde pelas fontes egípcias, empreenderam a construção de templos e de edifícios. As estátuas, estelas e outras obras de arte da sua época, não despiciendas do ponto de vista artístico, são de uma qualidade pelo menos igual ao que produziam então as oficinas egípcias independentes do Sul. Finalmente, é ao período dos Hicsos que devemos algumas das melhores cópias de obras literárias ou científicas egípcias, tais como o *Papiro matemático Rhind*, datado do ano 33 de Apófis, ou o célebre *Papiro Westcar*, ou ainda o *Hino à Coroa* (*Papiro Golenischeff*). Parece, pois, que os reis Hicsos encorajaram a vida intelectual.

Se os Hicsos foram buscar muito ao Egipto, a sua ocupação, por provisória que tenha sido, modificou no entanto o curso da história faraónica. Pôde dizer-se que ela libertou definitivamente os Egípcios do seu complexo de superioridade que os fazia considerarem-se ao abrigo de todas as vicissitudes no seu Vale. Facto muito mais importante, a ocupação dos Hicsos pô-los em relações muito estreitas com o mundo asiático. Foi um pouco graças aos Hicsos que se estabeleceram inúmeros laços de sangue, de cultura, e mesmo de filosofia, entre o vale do Nilo e o Próximo Oriente asiático. Esses laços não foram quebrados, muito pelo contrário, pelos faraós do Império Novo.

3. O reino de Tebas e a expulsão dos Hicsos: a 17.ª dinastia

Agora, é preciso voltar um pouco atrás: a 17.ª dinastia só teve, de facto, independência real e autoridade sobre uma parte bastante considerável do Egipto sob os seus três últimos soberanos. A maior parte da sua história desenrolou-se sob a dominação dos reis Hicsos dos quais foram vassalos, e mesmo vassalos fiéis, sem dúvida.

A dinastia tebana. – Os primeiros príncipes tebanos aparecem por volta de 1650 aprox., durante o reinado de um dos primeiros faraós Hicsos e quando a 13.ª dinastia estava ainda teoricamente no poder. É o bastante para se avaliar quão confusa era então a situação no Alto Egipto, pois que lá se sobrepunham três poderes.

O Papiro de Turim conservou os nomes de quinze reis tebanos da 17.ª dinastia. Nove destes encontram-se nas Listas reais. Os monumentos, por seu turno, conservaram-nos os nomes de dez dentre eles. Por fim, na necrópole tebana, foram descobertos os vestígios dos túmulos de sete destes príncipes, ou foi estabelecida com segurança a sua existência quer pela descoberta de objectos em seu nome, quer pela menção da inspecção da sua sepultura sob a 20.ª dinastia. Este conjunto de documentos permitiu estabelecer a ordem de sucessão dos faraós da dinastia.

Estes são repartidos em dois grupos pelo Papiro de Turim. O primeiro inclui onze reis, o segundo apenas seis. O conjunto do primeiro grupo parece ter reinado cerca de quarenta e cinco anos, acabando-se o último reinado por volta de 1605, no início do reinado de Apófis.

É verosímil que o território governado pelos reis tebanos não ultrapassasse os oito primeiros nomos do Alto Egipto, de Elefantina a Abido. O resto do Alto Egipto e talvez uma parte do Médio eram dirigidos pelos sucessores da

13.ª dinastia. A Baixa Núbia, embora permanecendo talvez em boas relações com o Egipto do Sul, é independente sob o ceptro dos reis de Kush. A capital deste novo reino era, sem dúvida, Buhen. O Norte do Egipto é administrado pelos Hicsos que, além disso, fixam os impostos para o conjunto do Egipto; este é, portanto, inteiramente vassalo dos poderes dos Hicsos.

Os túmulos reais tebanos têm ainda a forma de pirâmides, como o atestam os processos-verbais de inspecção da 20.ª dinastia. No entanto, eram simplesmente construídas com tijolos crus por cima de uma câmara funerária escavada no rochedo perto de Deir-el-Bahari. Os sarcófagos reais são de madeira, de um tipo novo, mumiformes e não já rectangulares, como no Império Médio.

A vida intelectual em Tebas parece ter sido activa, como o era na corte dos Hicsos. Foi de facto no sarcófago de um Antef que foi encontrado o *Papiro Prisse*, que é por vezes chamado «o mais velho livro do mundo». As *Máximas de Ptahotep* que constituem o seu tema parecem ter sido muito populares durante a 17.ª dinastia. Os faraós, muito religiosos, levaram a cabo reparações nos templos, nomeadamente em Coptos e Abido.

Os primeiros reis da 17.ª dinastia. – Pensa-se que o primeiro dos faraós da dinastia tenha sido Nubkheperré-Antef V (os quatro primeiros Antef pertencem à 11.ª dinastia). Um texto datado deste soberano mostra que, na sua época, pequenos potentados reinavam ainda em certos territórios do Alto Egipto. Os reis tebanos reduzirão pouco a pouco essas «bolsas» refractárias e unirão todo o Alto Egipto sob a sua autoridade.

A Antef V sucedeu Rahotep que restaurou o templo de Min em Coptos – o mais velho santuário do Egipto –, assim como o de Osíris em Abido. Dois reis Antef sucederam-lhe, mas os seus reinados foram muito breves.

Sebekemsaf II – o primeiro pertence à 13.ª dinastia –, quinto faraó tebano, teve o reino mais longo da 17.ª dinastia: permaneceu dezasseis anos no poder. O seu sucessor, Djehuti, é mencionado na Lista real de Karnak, embora tenha ficado apenas um ano no poder. Foi seguido de Mentuhotep VI (os cinco primeiros Mentuhotep pertencem à 11.ª dinastia), que também reinou apenas um ano e foi substituído por Nebirieraut I, que permaneceu seis anos no trono. Um texto datado do seu reinado informa-nos sobre a organização administrativa do reino tebano, na qual o vizir continua a desempenhar um papel importante. Este texto informa-nos também que o reinado de Nebirieraut deve situar-se três gerações antes da de um certo Mereteprá-Ini da 18.ª dinastia que deve ter reinado por volta de 1680, o que colocaria o reinado de Nebirieraut por volta de 1620, ou seja, uns cinquenta anos antes do fim da 17.ª dinastia.

O primeiro grupo dos soberanos desta dinastia completa-se com os reinados de quatro faraós dos quais só conhecemos o nome por intermédio do Papiro de Turim.

Os três últimos soberanos da 17.ª dinastia e a libertação do Egipto. – O segundo grupo inclui cinco soberanos, os três últimos dos quais, os únicos que contam, foram os libertadores do Egipto. São eles: Sekenenré-Ra'á I, «o Mais Velho»; Sekenenré-Ta'á II, «o Bravo», e Kamés. A existência de dois reis que usaram o nome de Sekenenré-Ta'á é provada por um papiro que conservou o processo verbal da inspecção dos dois túmulos. Sekenenré-Ta'á II é designado por vezes pelo seu cognome de «Bravo»; outros textos chamam-lhe simplesmente «Sekenenré», forma que é empregada no *Conto da querela de Apópis e Sekenenré*, que, embora tardio, conservou uma tradição popular do indício das lutas pela libertação do Egipto. Informa-nos nomeadamente sobre a situação do Egipto nesta época: «Aconteceu que a região do Egipto caiu na miséria e não havia senhor como rei nesse tempo. E sucedeu que o rei Sekenenré foi então regente da cidade do Sul (Tebas). Mas a miséria reinava na cidade dos Asiáticos; estando o príncipe Apópis em Avaris, todo o país lhe trazia ofertas com os seus tributos» (trad. G. Lefebvre). A situação assim descrita não deixa qualquer dúvida: Sekenenré no Sul não é mais que um vassalo do rei hicso que de Avaris governa, pelo menos nominalmente, o conjunto do Egipto que lhe paga tributo.

As hostilidades entre Tebanos e Hicsos devem, portanto, ter começado apenas durante o reinado de Sekenenré-Ta'á II. Ele desposara sua irmã Aahotep; ambos eram filhos de Sekenenré I e de sua mulher Teti-sheri, que parece ter sobrevivido até à 18.ª dinastia já adiantada. A própria Aahotep sobreviveu ao marido e morreu durante o reinado de seu filho Amósis, primeiro faraó do Império Novo. Ta'á II, «o Bravo», morreu pelos trinta anos, como o provou a autópsia da sua múmia encontrada em Deir-el-Bahari, atravessada por golpes de espada. Seu filho Kamés sucedeu-lhe e prosseguiu a luta contra os Hicsos.

As peripécias dessa luta são conhecidas graças a um texto dividido em duas partes. A primeira é conhecida por duas versões: uma, em hieróglifos, gravada numa estela, a outra, em hierático, escrita numa tabuinha de madeira. A tabuinha remonta a uma data muito próxima dos acontecimentos que descreve; a estela, por seu turno, deve ter sido redigida precisamente após esses mesmos acontecimentos. Possuímos, assim, dois documentos contemporâneos dos acontecimentos que são relatados da maneira seguinte:

«O rei Kamés [...] era um rei excelente [...]. Ora, Sua Majestade falou no seu Palácio ao Conselho dos Grandes que constituem o seu séquito:

Gostaria de saber para que serve a minha força, quando um príncipe está em Avaris e outro em Kush e eu me encontro associado a um Asiático e a um Núbio, tendo cada qual a sua fatia deste Egipto? Nem sequer posso [...] [ir] até Mênfis que pertence ao Egipto, porque ele detém Hermópolis. Ninguém está tranquilo, esgotando-se [cada um] em servidão para os Asiáticos. Vou medir-me com ele e abrir-lhe a barriga, [porque] a minha vontade é libertar o Egipto e castigar os Asiáticos.

Os Grandes do seu Conselho replicaram: Repara, todos são leais aos Asiáticos até Cusae [...] estamos tranquilos na nossa parte do Egipto. Elefantina é poderosa e a parte média [do País] pertence-nos até Cusae. Os homens cultivam para nós o melhor das suas terras, o nosso gado [pode] transumar nos pântanos do Delta. Enviam-nos cevada para os nossos porcos. O nosso gado não é roubado e não há ataques [...]. Ele detém o país dos Asiáticos e nós temos o Egipto. Contudo, se [alguém] viesse à nossa terra [atacar-nos], levantar-nos-íamos contra ele. Mas eles desagradaram ao íntimo de Sua Majestade.»

A sequência do texto é fragmentária. O rei acaba por decidir a guerra e relatam-se os inícios da campanha contra os Hicsos. Durante esta, chega até Neferusi que arrasa porque esta se mantivera fiel aos Asiáticos.

Como se vê, no início do seu reino Kamés era ainda vassalo dos Hicsos apesar das campanhas de seu pai Sekenenré. O país permanece em grande parte sob a autoridade dos reis de Avaris. Não somente o Delta, mas uma parte do Médio Egipto mantêm-se em seu poder, até Cusae, um pouco a Norte da moderna Manfalut. No Sul, a Baixa Núbia é independente e governa o Sudão até às portas do Egipto, em Elefantina.

O texto mostra também que uma parte dos Egípcios se mantém fiel aos Asiáticos, como a cidade de Neferusi que se tornou, diz Kamés, num «ninho de Asiáticos».

Este documento, tão importante, pára nas primeiras hostilidades entre Tebanos e Hicsos, tanto na versão da tabuinha como na da estela. Felizmente, a sequência da narração foi encontrada, em 1954, gravada numa grande estela, utilizada de novo na base de uma estátua perto do segundo pilão de Karnak. Este texto descreve a frota tebana a caminho do Delta e atingindo a região de Avaris. A cidade resiste, e Kamés tem de contentar-se com insultar as mulheres que «do alto do Palácio de Apófis observavam a batalha». Afirma-lhes que «destruirá a morada de Apófis, cortará as suas árvores, levará as suas mulheres cativas e apoderar-se-á dos seus carros». Depois, o rei enumera os despojos recolhidos ao longo da incursão e alude à destruição das cidades do Norte fiéis aos Hicsos, o que confirma a presença de Egípcios ao lado dos Hicsos e combatendo por eles.

A passagem que se segue à narração da incursão contra Avaris relata a captura, num caminho do deserto, de um mensageiro de Apófis. Este enviava uma mensagem ao rei núbio de Kush para lhe pedir que se aliasse a ele contra Kamés e que enviasse desde logo um exército núbio para o Norte para tomar Tebas pela retaguarda. Kamés capturou o mensageiro e reenviou-o a Apófis.

Para terminar, Kamés descreve complacentemente o terror que se apoderou de Apófis na sequência da acção militar egípcia. Por fim, antes de regressar de novo à sua base no Médio Egipto, o exército egípcio fez também uma incursão contra o oásis de Barié, no deserto ocidental, quer para capturar rebeldes egípcios que lá se refugiavam, quer para bloquear uma das estradas entre o vale do Nilo sudanês e o Egipto. A estrada dos oásis será, de facto, uma das vias utilizadas pelas incursões dos Núbios, quando estes vierem a intervir no Egipto. Ao apoderar-se de Barié, Kamés antecipava-se assim a uma possível intervenção das tropas do rei Kush.

Este texto mostra, assim, o perigo que representava para o Egipto a existência de um poder organizado a sul das suas fronteiras. Isso explica por que razão o Império Novo e Amósis I, irmão de Kamés, não terão descanso enquanto toda a Alta Núbia não estiver conquistada. Revela-nos também um outro ponto importante: a incursão contra Avaris não conseguira destruir a cidade, mas tivera como resultado recuar a fronteira entre Egípcios e Asiáticos. Esta deixa de ser em Cusae, como antes da campanha, mas passa a fixar-se em Atfié, à entrada do Faium e nas proximidades de Mênfis. É de lá que partirão, sem dúvida, as campanhas do sucessor de Kamés. Estas campanhas foram longas e durante vários anos ainda os combates entre Hicsos e Asiáticos decorrerão em território egípcio.

A segunda estela de Karnak tem também o mérito de precisar os nossos conhecimentos sobre o fim do Segundo Período Intermédio. Até ao início do reinado de Apófis, o Egipto está inteiramente nas mãos dos Hicsos. Sekenenré II, durante todo o seu reinado, apesar do início das hostilidades, e o próprio Kamés, nos primeiros anos do seu poder, são vassalos de Apófis. É preciso esperar a campanha do ano 3 e a reconquista do Egipto até Atfié para que Kamés se torne verdadeiramente rei do Egipto, sendo a sua independência reconhecida doravante pelo próprio Apófis.

Quando o Segundo Período Intermédio termina com o desaparecimento de Kamés e o acesso ao trono de Amósis, o território egípcio não está inteiramente liberto, mas a autoridade do faraó já está suficientemente restabelecida aí para que Kamés tenha podido retomar a titularidade completa dos grandes faraós da 12.ª dinastia. Ele tinha de facto algum direito a traçar o seu próprio elogio, tal como pode ler-se numa das suas armas: «Sou um

Príncipe valoroso, o primogénito de Rã, o filho de Iah (o deus-lua), o filho de Thot e o filho de Rã, Kamés, vencedor para sempre». Não se sabe nem como morreu nem quanto durou o seu reinado. O seu sarcófago foi encontrado em Tebas em 1857, mas a múmia, em mau estado, ficou reduzida a pó antes de ter podido ser examinada, de modo que não se sabe nem como morreu, nem em que idade. O seu reinado deve, no entanto, ter sido breve. Com efeito, Kamés foi enterrado por Amósis, seu filho ou seu irmão, num sarcófago dos mais simples, tendo faltado o tempo para funerais solenes, o que parece ser sinal de uma morte prematura.

Quando o Egipto sai reunificado da longa crise, ainda muito mal conhecida, a que chamamos o Segundo Período Intermédio, a situação já não é, e nunca mais será, como era no Império Antigo e no Médio.

No Sul, novas forças se instalaram que constituem uma ameaça contra o Egipto. A Leste, o velho equilíbrio das potências modificou-se profundamente, novos impérios se criaram, todo o Médio Oriente asiático está em movimento. O Egipto, pelo seu Delta, está demasiado próximo de toda esta turbulenta Ásia para poder, doravante, desinteressar-se do que lá se passa. Por necessidade, ao Estado autocrático, fechado sobre si próprio, do Antigo e Médio Império, vai suceder um Estado agressivo, o do Império Novo. Para desempenhar um papel no concerto das grandes potências asiáticas que então surgiram, apenas os recursos do vale egípcio do Nilo são insuficientes, tanto em homens como em matérias-primas. É nesta época que aparecem no Egipto, no centro da região controlada pelos príncipes de Tebas, populações novas vindas do Sul. Os seus túmulos circulares, ligeiramente escavados no solo, valeram-lhes o nome de populações dos «Pan-Graves». Parecem estreitamente aparentadas com os Núbios de Kerma e do Grupo-C (cf. atrás, p. 153). Admite-se geralmente que são esses os *Medjaiu* de que fala Kamés: «tropas de Medjaiu velavam no tecto das cabinas (navios de guerra), para espiar os Asiáticos e destruir as suas instalações». Estes mercenários apareceram no Egipto a partir do fim da 13.ª dinastia, mas são numerosos sobretudo durante a 17.ª. O seu aparecimento no baixo vale do Nilo não é fortuito. Para vencer os Hicsos que iam buscar a sua força à Ásia, os Egípcios recorreram ao interior africano. Pôde assim dizer-se, com razão, que «a guerra de libertação dá a impressão de uma luta entre a Ásia e a África». Este acontecimento é prenhe de consequências; vai modificar inteiramente o curso da história egípcia.

Ao tomar o poder, por volta do ano 2000 a.C., os soberanos *tebanos* da 12.ª dinastia reinstalaram a capital perto do Delta para poderem governar melhor o Egipto. A 13.ª dinastia mantém a sua capital no mesmo local. Em contrapartida, os faraós da 18.ª dinastia, uma vez terminada a reconquista, manterão a sua capital em Tebas. Há uma razão para isso: só os recursos do alto vale africano podem permitir ao Egipto desempenhar o papel de uma grande potência. É lá que ele pode encontrar madeira, cobre, ouro e, sobretudo, uma inesgotável reserva de homens. Para conquistar, explorar e controlar estas regiões, é preciso que a capital esteja tão perto quanto possível da fronteira sul; o Delta está afastado de mais. Não é certamente por mero acaso que o estabelecimento da capital do Egipto em Tebas corresponde à conquista do Sudão até à quarta catarata; é de lá, de facto, que o Império Egípcio tira o essencial do seu poderio económico e militar.

VIII. – O IMPÉRIO NOVO (1580-1160)(¹)

Com a expulsão dos Hicsos do solo egípcio por volta de 1580 a.C. começa uma nova época da história do Egipto que se chama o Império Novo. A sua capital é em Tebas, diferentemente do Império Médio, cujos faraós residiam nas proximidades de Mênfis. Inclui as 18.ª, 19.ª e 20.ª dinastias. É a época em que a civilização egípcia conhece a sua maior irradiação para o exterior. Os faraós, os da 18.ª, 19.ª e inícios da 20.ª dinastia, designadamente, já não se contentam com reinar unicamente sobre o vale do Nilo, como os seus antecessores do Antigo e Médio Império. Governam directa ou indirectamente um império que se estende *grosso modo* da quarta catarata do Nilo até ao Eufrates, se bem que, com muita frequência, a parte asiática desta zona de preponderância egípcia tenha estado quer em rebelião, quer mesmo sob a autoridade de uma ou outra das grandes potências asiáticas. O Egipto esgotar-se-á pouco a pouco ao querer conservar as suas possessões orientais, o seu poderio diminuirá, e no fim do Império Novo o país conhecerá de novo um período confuso e perturbado, uma espécie de Terceiro Período Intermédio, como com frequência é denominado actualmente.

Do ponto de vista da civilização, o Império Novo é um período extremamente brilhante em que se fazem sentir as influências artísticas ou lite-

---

(¹) OBRAS A CONSULTAR. – C. Aldred, *Akhenalon, Pharaon of Egypt; a new Study*, Londres, 1968; C. Cerny, *A Community of workmen at Thebes in the Ramesside Period*, Cairo, 1973; C. Desroches-Noblecourt, *Toutankamon, vie est mort d'un pharon*, Paris, 1963; E. Craefe, *Untersuchungen zur Verwaltung und Gesghichte der Institution der Gottesgemahlin des Amun*, Wiesbaden, 1981; R. Hari, *Horemheb et la Reine Moutnedjmet, ou la fin d'une dynastie*, Genebra, 1965: W. Helck, *Materialen zur Wirtschaftgeschichte des Neuen Reiches*, 6 fascículos, Wiesbadan, 1960-1969; W. Helck, *Der Einfluss der Militärführer in 18. agyptischen Dynastie*, Lípsia, 1939: E. Hernung, *Untersuchungen zur Chronologie und Geschichte des Neue Reiches*, Wiesbaden, 1964; K.A. Kitchen, *Pharaon triumphant. The life and times of Ramses II*, Warminster, 1982; R. Krauss, *Das Ende der Amarnazeit: Beiträge zur Geschichte und Chronologie des Neuen Reiches*, Hildesheim, 1978; J. M. Krutchen, *Le Décret d'Horemheb*, Bruxelas, 1981; N. MacQuitty, *Ramses the Great, Master of the World*, Londres, 1978; B. Menu, *Le régime juridique des terres et du personnel attaché à la terre*, Lille, 1970; C.F. Nims, *Thebes of the Pharaohs*, Nova Iorque, 1965; D.B. Redford, *History and Cronology of the XVIIIth Dynasty of Egypt*, Toronto, 1967; J. Samson, *Amarna, City of Akhenaton and Nefertiti*, Warsminster, 1972; H.A. Schlögel, *Echnaton-Tutanchamun, Fakten und Texte*, Wiesbaden, 1983; F.J. Schmitz, *Amenophis I, Versuch einer Darstellung der Regierungszeit eines ägyptischen Herrschers der frühen 18. Dynastie*, Hildesheim, 1978; G. Steindorff e K.C. Seele, *When Egypt ruled the East*, 2.ª ed., Chicago, 1957; A.R. Schulman, *Military Rank, Title and Organisation in the Egyptian New Kingdom*, Berlim, 1964; C. Vandersleyen, *Les Guerres d'Amosis*, Bruxelas, 1971; E.F. Wente, *Rate Ramesside Letters (Studies in Ancient Oriental Civilisation*, t. 33), Chicago, 1967.

rárias dos países submetidos, ou com os quais o Egipto entrou em contacto: Ásia do Crescente Fértil, Mesopotâmia, mundo egeu. O Egipto conhece de novo um regime fortemente centralizado, tanto ou mais que no Império Antigo e sobretudo que no Império Médio; mas o Faraó já não é uma divindade inacessível: desde a sua mais tenra idade forma-se no ofício das armas, é um rei-soldado pelo menos tanto quanto um rei-deus, e a administração do país ressente-se das actividades militares do seu chefe.

Teria sido impossível aos faraós multiplicarem as conquistas na Ásia, de 1570 a 1320, se não tivessem podido dispor, além dos recursos do vale egípcio do Nilo, dos do vale núbio e, através deste, da África mais distante. Assim, o poderio recente do Egipto, saído das lutas de independência contra os Hicsos, assenta num imperativo: o domínio do alto vale do Nilo, da primeira à quarta catarata. Podemos e devemos perguntar-nos se a instalação da capital em Tebas, em vez de Mênfis, terá respondido unicamente a uma preocupação religiosa, ou sentimental, como muitas vezes se escreve. Vejo nisso também, por meu lado, uma necessidade política: Tebas situa-se mais ou menos no centro do Egipto, se se admitir que este já não se fica pela primeira catarata, mas se estende até à longínqua Dongola. Os recursos em ouro e, sobretudo, em homens que os faraós extraíam da parte mais particularmente africana do seu reino proporcionava-lhes o acréscimo de poder sem o qual a actividade de conquista na Ásia teria sido impossível. Isso explica por que razão, uma vez expulsos os Hicsos do Egipto, os primeiros faraós se lançaram contra os Núbios da região de Kush. A pacificação e, depois, a exploração do Alto Nilo eram a condição indispensável não apenas de uma paz duradoura no Egipto – o perigo de uma coligação asiático-kushita anti-egípcia tinha ficado demonstrado na época de Kamés –, mas também da expansão na Ásia que será apanágio da 18.ª dinastia.

1. O reinado de Amósis e os inícios da 18.ª dinastia (cerca de 1580-1510)
Amósis. – A chegada ao poder de Amósis, primeiro faraó da 18.ª dinastia, deve ter sido inesperada; o seu irmão Kamés desapareceu sem dúvida, pouco tempo depois da bem sucedida incursão nos territórios Hicsos. De facto, não se conhece nenhum monumento dele após o ano 3 do seu reinado; a sua sepultura parece ter sido improvisada apressadamente pelo seu irmão Amósis, como se a morte tivesse sido súbita.

Possuímos muito poucos documentos históricos para reconstituir a história do reinado de Amósis. Este, como o atestam os monumentos e Máneton, permaneceu no poder pouco mais de vinte anos (de 1580 aprox. a 1558 a.C.), durante os quais levou a cabo a luta contra os Hicsos, começada pelo seu pai Sekenenré II e prosseguida pelo seu irmão Kamés. A incursão deste último contra Avaris não fora suficiente, de facto, para expulsar os invasores para fora do Egipto. É mesmo verosímil que a própria Mênfis não tivesse sido reconquistada então. Foram, pois, necessárias longas campanhas para acabar com o inimigo. Foi sem dúvida apenas no ano 6 do seu reinado (por volta de 1565), talvez mais tarde ainda, que Amósis tomou e saqueou Avaris. Não satisfeito com ter libertado o solo egípcio, o exército penetrou na Ásia e tomou Sharuben, na Palestina meridional.

Afastada definitivamente a ameaça dos Hicsos, Amósis volta-se de imediato para o Sul. Precisou de pelo menos três campanhas consecutivas para dominar o reino de Kush; e a luta teve de ser retomada várias vezes pelos seus sucessores Amenófis I e Tutmés I, o que é insuficientemente indicativo de que o poder núbio não era assim tão descurável como poderia julgar-se. Admite-se que Amósis se contentou com reconquistar o Uauat, ou Baixa Núbia, da primeira à segunda catarata, e que não passou além de Buhen, onde mandou construir um templo. No entanto, a descoberta na ilha de Sai de monumentos em seu nome e no de Amósis-Nefertari, sua mulher, permite encarar a hipótese de uma penetração em profundidade no território sudanês. É igualmente a Amósis que é preciso fazer remontar a organização administrativa da Núbia com a criação do vice-reino da Núbia ou, segundo a expressão egípcia, dos «Filhos Reais de Kush», embora os governadores destes territórios recentemente conquistados não pareçam ter sido príncipes de sangue.

Amenófis I. – A expansão egípcia para o Sul foi prosseguida pelo sucessor de Amósis, seu filho Amenófis I. As datas do reinado deste último estão solidamente estabelecidas graças a um ponto de referência «sotíaco» (cf. atrás, p. 74), que permitiu calcular que o ano 9 do reinado se situa em 1541 ± 4 anos a.C. Amenófis I permaneceu no poder durante mais de vinte anos. Tal como seu pai, penetrou profundamente na Núbia, passando além da ilha de Sai. Foi encontrada uma estela em seu nome em Tombos, a jusante da terceira catarata, mas bastante a sul da segunda. Perto de 600 km das margens do Nilo, a sul de Assuão, são doravante controlados pelo Egipto.

Tirando logo partido da pacificação dos territórios do Sul, Amenófis I dá início à política de conquistas asiáticas que será a dos seus sucessores imediatos. Amósis não tinha praticamente passado além da Palestina do Sul, mesmo admitindo-se que tenha ainda empreendido uma campanha asiática no fim do seu reinado; a dar crédito a uma inscrição de Tutmés I, Amenófis I teria chegado até ao Eufrates de uma assentada, ou seja, ao ponto mais afastado jamais atingido pelos exércitos egípcios. De resto, estas expedições têm menos a ver com guerras de conquista propriamente ditas que com «incursões» destinadas a pilhar e a aterrorizar os países vizinhos, a fim de assegurar a tranquilidade da fronteira oriental do Egipto. Terminada a campanha militar, o exército regressa ao Egipto, carregado de despojos; quando muito assegura a promessa do pagamento de um tributo, ou a submissão ou aliança de tribos ou de cidades no interior dos países vencidos. Na melhor das hipóteses, o faraó deixa uma guarnição nos centros mais importantes e traz consigo, primeiro como reféns, depois como agentes de propaganda, os filhos das famílias dirigentes que serão educados no Egipto antes de serem reenviados para a sua pátria. Isso explica que, reinado após reinado, os faraós sejam obrigados a retomar as armas contra os seus vizinhos do Leste.

Tutmés I – Amenófis I era filho legítimo de Amósis e de Amósis-Nefertari, neto em linha directa dos Sekenenré que tinham levado a cabo a libertação do Egipto. Aquando da sua morte, em 1526 a.C., não deixa filho legítimo e o poder passa para o seu cunhado, Tutmés I, marido de sua irmã Amose.

Mesmo admitindo-se que Tutmés I tinha saído de um ramo real colateral pela sua mãe, Seniseneb, o seu acesso ao trono só se explica pela importância do papel das mulheres na dinastia real.

Em todas as épocas, as mulheres parecem ter tido no Egipto a possibilidade de transmitir ao seu marido o direito à coroa. Muitas mudanças de dinastia, designadamente no Império Antigo, explicam-se desse modo. A filha mais velha de um faraó que morreu sem herdeiro masculino transmitia o direito ao poder a seu marido, quer lhe fosse aparentado quer não, meio-irmão ou primo. Este novo faraó inaugurava então uma nova dinastia, como se vê em Máneton. Este uso é ainda mais evidente sob a 18.ª dinastia, em virtude do papel excepcional que as rainhas desempenharam no fim da 17.ª e no início da 18.ª dinastia. Aquando das lutas contra os Hicsos, as rainhas Tetisheri, mulher de Sekenenré I, e Aahotep, mulher de Sekenenré II, o Bravo, a própria mãe de Kamés e de Amósis, participaram activamente no governo. Parece mesmo que aquando da morte em combate de Sekenenré II terá sido a sua viúva quem reuniu as tropas e prosseguiu a luta durante a menoridade do filho. Amósis-Nefertari, filha e neta dessas heroínas, recebe em herança o seu prestígio (será de facto deificada, tal como seu marido e irmão Amenófis I), prestígio esse que transmite a sua filha Amose, mulher de Tutmés I.

Embora não fosse, portanto, filho de Amenófis I, Tutmés I sucedeu-lhe sem dificuldade. Tal como o seu antecessor, foi um rei-soldado. Durante o seu reinado de treze anos, consolidou o domínio egípcio sobre o Alto Nilo e prosseguiu o avanço até para além da terceira catarata, atingindo assim a rica região da Dongola. Na Ásia, seguiu os passos de Amenófis I e chegou até ao Eufrates. A sua morte inesperada por volta de 1512 vai abrir uma crise dinástica mas, antes de expormos as razões desta, temos de lançar um olhar retrospectivo, sobre a época importante que vai desde o advento de Amósis até à morte de Tutmés I.

A política externa desta época é clara. Uma vez expulsos os Hicsos, o Egipto assegura o seu poder sobre o alto vale do Nilo, o que lhe dá acesso não apenas aos recursos daquela que mais tarde se chamará a Núbia, mas também às matérias-primas da África mais longínqua. Com a ajuda desses recursos, os faraós lançam-se na aventura asiática e conseguem, graças a um exército bem treinado e combativo, assegurar, senão a conquista, pelo menos a hegemonia egípcia sobre uma parte do Próximo Oriente, entre a costa e o alto Eufrates.

Esta penetração, tanto na Ásia como na África, não deixa de ter repercussões na arte egípcia: desde o início da 18.ª dinastia, a arte síria e, por seu intermédio, a arte egeia começam a influenciar a arte do vale do Nilo.

Os documentos são demasiado raros para que se possa fazer uma ideia precisa da evolução na administração. Contudo, vê-se que o país se reorganiza rapidamente. Se o poder real continua a apoiar-se no vizirato, em contrapartida desaparecem os poderosos nomarcas e a autoridade concentra-se de novo unicamente nas mãos do rei. Este dispõe à sua vontade dos funcionários, designando-os ou destituindo-os com a mesma facilidade, do mesmo modo que um chefe supremo de exército nomeia ou desloca à sua vontade os comandantes dos destacamentos.

A arte, adormecida no Segundo Período Intermédio, conhece agora um vigoroso renascimento. São numerosos os templos cuja construção ou ampliação a nova dinastia leva a cabo, tanto em Tebas com o grande santuário de Ámon em Karnak, como em Abido, onde a religião osiriana continua a desenvolver-se.

A religião funerária real que, teologicamente, continua a estar estreitamente ligada ao culto solar, transforma-se nas suas manifestações materiais. A partir de Amenófis I, os faraós renunciam às pirâmides gigantescas dos seus predecessores do Antigo e Médio Império. Doravante, o templo funerário apresenta-se afastado do túmulo. Os acontecimentos demonstraram que a múmia real não está suficientemente protegida; o que a massa imponente da pirâmide não pôde assegurar-lhe, a segurança, será procurado no segredo. O templo funerário onde se desenrolam as cerimónias rituais é construído no Vale, onde permanece o clero encarregado de assegurar o seu serviço permanente. O túmulo, esse será dissimulado muito longe do respectivo santuário, num vale desértico da montanha tebana, chamada depois Vale dos Reis, onde, desde a chegada do faraó, uma multidão de artífices se afadiga a preparar na falésia de calcário um imenso hipogeu, com as paredes decoradas com cenas e textos religiosos. É lá que repousará, em múltiplos sarcófagos, a múmia real que, infelizmente, salvo raras excepções, não ficará mais protegida que as múmias dos faraós do Antigo e do Médio Império.

2. A crise dinástica dos anos 1500 e o reinado de Hatshepsut (1504-1482)
Tutmés II e a crise da sua sucessão. – Tutmés I desaparece prematuramente por volta de 1510. Tivera dois filhos e uma filha de Amose, a irmã do seu antecessor Amenófis I, mas os filhos tinham morrido antes dele. Do mesmo modo que em 1530, será uma mulher que transmitirá a seu marido o direito à coroa. A única diferença reside na personalidade da mulher, Hatshepsut, filha de Tutmés I e de Amose e neta de Amósis-Nefertari pela sua mãe.

Por morte de seu pai, Hatshepsut casa com Tutmés II, seu meio-irmão, filho de Tutmés I e de uma princesa real mas não da rainha Amose. Se este último tivesse tido uma descendência masculina legítima, a crise dos anos 1500 não se teria verificado certamente; mas a fortuna quis que Tutmés II morresse, após oito anos de reinado, deixando apenas uma filha do seu casamento com Hatshepsut, a princesa Neferure, e seu filho que tivera de uma esposa secundária, o futuro Tutmés III.

Que se passou exactamente aquando da morte de Tutmés II e nos dois ou três anos subsequentes? Parece que este terá tido tempo, antes de morrer, para designar como sucessor o seu filho Tutmés que se encontrava então com funções no templo de Ámon. Tutmés II teria, portanto, sido entronizado em 1504, e, para confirmar os seus direitos à coroa, teria talvez desposado a sua meia-irmã Neferure. Mas era ainda muito jovem e Hatshepsut, apoiada talvez por uma parte dos altos funcionários – ela era, aliás, de sangue real mais puro que o seu enteado e genro –, tomou o poder e os títulos de um faraó em pleno exercício de funções. Tutmés III desempenhou, então, o papel apagado de co-regente.

O reinado pessoal de Hatshepsut. – De 1504 a 1482, tirando partido, inicialmente, da grande juventude de Tutmés III, Hatshepsut actuou como rei absoluto. Ignorando o reinado do marido, liga-se directamente ao de seu pai Tutmés I, o grande conquistador, e chega ao ponto de fazer-se representar com uma indumentária masculina. Para reforçar ainda mais a sua posição política, afirma-se como filha do próprio Amon que, tal como

Zeus no mito de Anfitrião, teria tomado a aparência de Tutmés I para se unir à rainha Amose. Independentemente do incontestável direito ao poder que possuía enquanto descendente directa dos fundadores da 18.ª dinastia, parece que Hatshepsut terá sido consideravelmente ajudada, na tomada do poder absoluto, por altos funcionários tais como Ineni, governador de Tebas, Senenmut, intendente-chefe, seu favorito, a quem se deve o templo de Deir-el-Bahari, e sobretudo Hapusenenb, o grande sacerdote de Ámon, Parece de facto evidente que, na crise dos anos 1500, o clero de Ámon desempenhou um papel essencial, cujas vicissitudes nos escapam, mas que no entanto se adivinham, dir-se-ia, em filigrana.

Fundamentando-se no facto de que, por um lado, era difícil a uma mulher levar pessoalmente o exército ao combate, e, por outro, teria sido imprudente para a rainha confiar essa tarefa ao co-regente Tutmés III, a partir da altura em que ele tinha idade para tal, admitia-se geralmente que o reinado de Hatshepsut fora essencialmente pacífico, e que a expansão egípcia além fronteiras fora congelada então. No entanto, defendeu-se recentemente que pelo menos uma campanha militar, na Núbia, foi conduzida sob o seu reinado, talvez pela própria Hatshepsut em pessoa.

Seja como for, e mesmo que o prestígio militar tenha diminuído um tanto de 1504 a 1488, a verdade é que o reinado pessoal de Hatshepsut foi notável. Notar-se-á, a este propósito, o brilho das construções empreendidas pela rainha, tanto em Karnak no templo do seu pai Amon, onde mandou levantar vários obeliscos e construir uma belíssima capela de grés vermelho, como no resto do Egipto, e mesmo na Núbia, nomeadamente em Buhen e em Semné. Todavia, a obra-prima do reinado de Hatshepsut continua a ser o templo de Deir-el-Bahari, onde o seu favorito Senenmut lhe mandou levantar um templo funerário de uma grande beleza. Foi nos seus baixos-relevos que ficou imortalizada a grande proeza do seu reinado: a expedição à região de Punt; expedição pacífica que as cenas expõem fielmente com muitos pormenores, desde o embarque nos navios de alto mar para o longínquo estreito de Bad-el-Mandeb, até ao regresso triunfal da frota pesadamente carregada dos produtos da fabulosa terra de Punt: mirra, incenso, marfim, ébano, animais exóticos, madeiras odoríferas, passando pela entrevista dos enviados egípcios com o rei e a rainha do país.

Por volta de 1482, a rainha desaparece do meio dos vivos, e Tutmés III, mantido durante longo tempo afastado do poder, desforra-se fazendo desaparecer o nome da madrasta de todo o lado onde isso era possível nos monumentos que ela mandara construir, substituindo o seu nome, tanto pelo seu próprio nome como pelos de Tutmés I e Tutmés II, seus pai e avô, complicando assim singularmente a tarefa dos arquéologos e historiadores futuros. Os favoritos da rainha foram, na sua maioria, demitidos das suas funções e substituídos por homens da confiança do rei. Nos textos oficiais, Tutmés III fez constar que o seu reinado teria começado após a morte do pai, em 1504; morreu por volta de 1450.

3. O século dos Tutmés e dos Amenófis (1468-1367)

Com o poder pessoal de Tutmés III começa o período mais brilhante do Novo Império egípcio, aquele em que a política de expansão territorial dos Tutmésidas, inaugurada por Amenófis I e Tutmés I e II, foi prosseguida com energia por Tutmés III e seus sucessores imediatos, e conheceu os maiores sucessos. Durante este período de pouco mais de um século (1504--1372), dominado pela forte personalidade de Tutmés III, o poder directo do faraó estende-se desde as costas do Mediterrâneo até à quarta catarata no Alto Nilo. A sua hegemonia exerce-se, além disso, sobre o corredor siro--palestino, as zonas meridionais da Ásia Menor e chegava ao Eufrates.

As campanhas de Tutmés III. – O reinado pessoal de Tutmés III é bem conhecido graças a numerosas fontes: estelas reais, biografias de altos funcionários e, sobretudo, pelos *Anais* oficiais que o grande faraó mandou gravar nas paredes do santuário de Amon em Karnak. Estes *Anais* expõem, ano após ano, os acontecimentos importantes do reinado e principalmente as campanhas militares. No fim de cada ano, encontra-se a enumeração pormenorizada dos despojos e dos tributos estrangeiros que foram parar aos tesouros do deus Ámon e do rei.

O essencial da actividade militar passa-se na Ásia onde tiveram lugar dezassete campanhas sucessivas. Uma única expedição teve por teatro a Núbia; efectuou-se no ano 50, mesmo no fim do reinado, e não figura nos *Anais*, que param no ano 39. Contudo, nos tributos enumerados pelos *Anais*, encontramos em cada ano os produtos da região de Kush, e particularmente o ouro. É o resultado da actividade do «Filho real» ou governador da Núbia, cuja principal tarefa é a de encaminhar para o Egipto os produtos do Alto Nilo: gado, madeira, marfim, e sobretudo os escravos ou recrutas para o exército, e naturalmente o ouro, que desempenha um papel tão importante como as campanhas militares na diplomacia asiática dos Egípcios, como no-lo informará a correspondência de El-Amarna.

Ao mesmo tempo que assegurava de maneira definitiva a segurança da fronteira norte-oriental do Egipto, parece que a intervenção faraónica na Ásia tende essencialmente a manter o livre acesso ao corredor siro--palestino e aos seus portos. É de facto aí que o Egipto se abastece tradicionalmente, desde os alvores da história, de madeira de construção cuja falta é cruelmente sentida no vale egípcio do Nilo. Desde o início do II milénio e do aparecimento do bronze no Médio Oriente, é sem dúvida no Sinai, e depois em Chipre a partir do reinado de Tutmés III, que o Egipto encontra o cobre indispensável ao seu armamento. O estanho, para o fabrico do bronze, vem sem dúvida também da Siro-Palestina, que talvez tenha visto o nascimento da nova metalurgia. Para terminar, não nos esqueçamos nem da prata Cilícia, nem do gado grosso da Síria, nem dos artífices especializados que o Egipto do Império Médio sabia já apreciar.

Vê-se que, na economia de prosperidade e de luxo que o Egipto dos Tutmésidas conhece, o corredor siro-palestino é um fornecedor privilegiado. O faraó não é, aliás, o único a cobiçar a região. Se os Hititas da Cilícia se mostram temporariamente circunspectos, o mesmo não acontece com Mitanni, onde uma minoria indo-europeia governa uma população maioritariamente hurrita. Será o império mitaniano que estará na origem da resistência asiática à hegemonia egípcia na Siro-Palestina, e, para lhe pôr fim, Tutmés III, tal como os faraós do início da dinastia, será obrigado a levar as suas tropas até ao alto Eufrates.

A resistência mitaniana é favorecida pelas condições políticas que prevalecem no corredor siro-palestino. A região é de facto constituída por múltiplas Cidades-Estados que se opõem ou se aliam ao sabor das circunstâncias. É fácil a um Estado forte, e o Egipto praticou ele próprio essa política no Império Médio, comprar a aliança desta ou daquela cidade, ou simplesmente atraí-la para uma confederação apoiando as suas ambições locais. O jogo é subtil, mas sabemos, tanto pela *Narrativa de Sinuhé* e dos *Anais* de Tutmés III como pela correspondência de Tell-el-Amarna, que ele foi constantemente praticado no II milénio, tanto pelos Hititas como pelos Egípcios e pelos Mitanianos.

Salvo durante as últimas campanhas militares, será, pois, por interpostas pessoas que Mitanni lutará contra a hegemonia egípcia na Siro-Palestina. O príncipe de Kadesh, no Orontes, é a alma da resistência asiática; reunirá, a dar crédito às listas de cidades submetidas pelo exército egípcio, à volta de 350 cidades nas fileiras da confederação anti-egípcia. A sua capital, Kadesh, será tomada duas vezes por Tutmés III, o que basta para mostrar o carácter precário das conquistas asiáticas da 18.ª dinastia.

Apesar dos recursos do seu *hinterland* africano, o Egipto, sozinho, não podia subjugar completamente e, *a fortiori*, «colonizar» o corredor siro-palestino. Combinando pressão militar: vigilância de cidades estratégicas, tomada de reféns, terrorismo (destruição de colheitas e de árvores de fruto); e pressão diplomática: oferta de presentes, sobretudo de ouro, aos príncipes locais, o Egipto terá de contentar-se com estabelecer mais ou menos uma hegemonia de facto. Parece, pois, abusivo falar de império egípcio asiático no Império Novo, quando de facto o faraó nunca reinou sobre o conjunto dos territórios da Ásia Menor. Quando muito incluiu-os naquilo a que hoje chamaríamos a sua esfera de influência. Essa zona, que compreende o litoral siro-palestino, de Gaza até ao maciço ciliciano, os vales do Jordão e do Orontes, e, eventualmente, uma parte da margem ocidental do alto Eufrates, é extremamente instável. Tutmés III, por seu turno, terá de conduzir cartorze campanhas asiáticas para estabelecê-la e mantê-la minimamente.

Conhecemos essas campanhas através dos *Anais* do grande rei. A primeira, que envolve o Retenu, ou seja, a Palestina, é a mais pormenorizada, sendo o seu ponto culminante a batalha de Meguido. Graças talvez a um efeito de surpresa obtido ao utilizar uma via de acesso difícil, onde o exército inimigo não os esperava, os egípcios apoderam-se da cidade de Meguido, centro de reunião dos confederados. O príncipe de Kadesh, que comanda a luta, é posto fora de combate – pelo menos provisoriamente, dado que só será batido definitivamente no decorrer da sexta campanha – e Tutmés III parece decidido a vibrar um golpe decisivo no império Mitanni que, pela calada, encoraja a revolta permanente das cidades siro-palestinas.

Depois de ter organizado as bases marítimas na costa fenícia, o soberano lança o exército egípcio através do deserto, arrastando atrás de si, desmontados e colocados sobre carros, os navios que lhe permitirão atravessar o Eufrates. De Biblos, base de partida, a Karquemish, onde os confederados parecem ter sido batidos uma vez mais, passando por Katna e Alepo, as tropas percorreram mais de 375 km. Seguidamente, depois de ter feito uma demonstração na margem oriental do Eufrates, onde o exército inimigo se refugiara, Tutmés III retira-se do território mitaniano e regressa às suas bases de partida, divagando de passagem na caça ao elefante em Niyi. Como recordação desta expedição, deixa um estela na margem oeste do Eufrates, ao lado da de Tutmés I.

Como se vê, não poderá falar-se de uma conquista em sentido estrito, porquanto Tutmés III não só não ocupa o território de maneira permanente, como tem ainda de travar combates para chegar à costa, designadamente em Sendjar e na região de Tikhesi. No entanto, a demonstração de força do exército egípcio deu os seus frutos: muitas cidades, ou melhor, muitas potências bastante consideráveis, como a Assíria, a Babilónia, o Império Hitita, julgaram conveniente concitar os favores do belicoso faraó fazendo-lhe chegar presentes, que os escribas egípcios baptizaram de tributos. É incontestavelmente a época em que a influência egípcia irradia mais largamente. As suas frotas atingem mesmo o mundo egeu e, nos frescos tebanos, aparecem os enviados cretenses e micénicos vindos para comerciar com o Egipto, trazendo vasos, crateras e ritões de fina ourivesaria.

Após a campanha do Eufrates, a época das grandes expedições parece terminada e, até ao fim do reinado de Tutmés III, se exceptuarmos uma revolta de Beduínos e a campanha núbia, o exército contenta-se com manter a sua pressão por meio de operações de reduzido alcance.

Amenófis II. – Tutmés III morreu por volta de 1450, e o seu filho legítimo, Amenófis II, sucedeu-lhe sem dificuldade. Ele tinha sido de resto associado um ano antes ao trono. A ajuizar pela narração das proezas que entendeu mandar gravar nos monumentos, poderia qualificar-se Amenófis II de «rei desportivo», inigualável tanto no tiro ao arco como na qualidade de remador ou como cavaleiro. Teve de exercer essa força física no decurso das campanhas militares que se reactivaram cada vez mais sob o seu reinado, tanto no Sudão como na Ásia, onde umas quatro campanhas se terão eventualmente sucedido.

Essa é mais uma prova da fragilidade do domínio egípcio sobre a Ásia. Apesar das expedições punitivas, pilhagens e tomada de reféns, as cidades siro-palestinas não deixam de lutar pela sua independência, as revoltas sucedem-se às revoltas, e o pseudo-império egípcio não tem mais consistência sob Amenófis II que sob Tutmés III. O jogo das alianças continua subtilmente. Mitanni, até então o mais resoluto adversário do Egipto na Ásia, parece aproximar-se do faraó para contrabalançar o poderio hitita que desperta na Cilícia. De resto, as outras grandes potências interessadas no Médio Oriente, quer se trate de Ashur (Assíria), Sagar (Babilónia) ou dos próprios Hititas, não se ficam atrás e, a acreditar nas fontes egípcias, apressam-se, por meio da troca de presentes, a manterem, também elas, as boas graças egípcias.

Tutmés IV. – Amenófis II reinou vinte e cinco anos, de 1450 a 1425. Foi substituído pelo seu filho, Tutmés IV, cujo reinado, bastante breve (1425--1417), foi relativamente pacífico, apenas marcado por curtas campanhas na Ásia e na Núbia. É a Tutmés IV que se deve o maior obelisco conhecido (32m), que se levanta actualmente diante de São João de Latrão, em Roma, depois de ter sido erigido originalmente em Karnak. De resto, vendo bem as coisas, o principal mérito de Tutmés IV é o de ter sido o pai de um dos maiores faraós egípcios, Amenófis III (1417-1379).

O apogeu sob Amenófis III. – Amenófis III era filho legítimo de Tutmés IV e da rainha Mutemuia, que em tempos se julgou mitaniana na sequência da interpretação errada de uma carta de Tell-el-Amarna. Embora os faraós tenham aberto com frequência o seu harém a princesas estrangeiras – o que fazia parte do jogo diplomático corrente –, Mutemuia não era mais estrangeira do que o foram Tiyi, a esposa do próprio Amenófis III, ou Nefertiti, mulher de Amenófis IV.

Os trinta e oito anos de reinado de Amenófis III marcam o apogeu da civilização egípcia do Império Novo. Tirando partido da acção militar incessante de Tutmés III e de Amenófis II, o Egipto respira um pouco e vive, se assim se pode dizer, à sombra da força adquirida. Uma breve campanha na Núbia, no início do reinado, bastou para mostrar o seu poderio, e, durante o resto do reinado, Amenófis III parece ter preferido a diplomacia à força. As alianças com as famílias reinantes dos grandes estados vizinhos substituem as expedições militares. A bem dizer, as «mulheres» que o faraó pede aos soberanos de Mitanni, de Babilónia e de Arzawa, por exemplo, mantêm o estatuto de «esposas secundárias». A «grande esposa real», Tiyi, é egípcia, e nem sequer é de sangue real; as mulheres estrangeiras, como a jovem princesa mitaniana Taduguepa, só lá estão para certificar as respectivas famílias sobre a boa-vontade do Egipto a seu respeito, e reciprocamente.

Na Ásia, a situação envolve, e podemos perguntar-nos se, perante as tempestades que se anunciam, o Egipto poderia fazer-lhes frente em força, ele que, apesar da incansável actividade de um Tutmés III ou de um Amenófis II, só tinha conseguido, penosamente aliás, estabelecer uma esfera de influência, contestada sem cessar pelas potências e cidades asiáticas. Desde os inícios do reinado, os Hititas, sob o comando de Suppiluliuma, abrem as hostilidades contra Mitanni em cujo auxílio Amenófis III envia um contingente egípcio. Esta luta terminará, no entanto, com a derrota de Mitanni e a vitória hitita.

A situação na Ásia de então é relativamente bem conhecida, graças a uma importante descoberta arqueológica: em 1887, uma camponesa encontrou nas ruínas de Tell el-Amarna «tabuinhas» cobertas de textos cuneiformes, descoberta de tal modo inesperada no solo egípcio que numerosas tabuinhas foram perdidas ou destruídas antes de se compreender que se tratava da correspondência diplomática de Amenófis III e de Amenófis IV com soberanos asiáticos. As cartas de Tell el-Amarna informam-nos, entre outras coisas, que Mitanni e o Egipto estavam de boas relações, o que é confirmado pelos «escarabeus comemorativos» – que, por seu turno, mencionam a chegada ao Egipto de Kirgippa, filha de Sutarna, príncipe de Naharina (Mitanni), «acompanhada de 317 mulheres»; em contrapartida, as relações são mais tensas com o rei de Babilónia que se queixa de não ter notícias da sua filha, enviada também para o Egipto; ficamos também a saber que a Assíria se tornou vassala de Mitanni. O principal interesse destas cartas é mostrar, por um lado, a complexidade das relações diplomáticas no Médio Oriente a partir de meados da 18.ª dinastia, e, por outro, que as trocas comerciais estão na base das relações entre as várias potências. Assim, a Babilónia fornecia ao Egipto cavalos e lápis-lazúli, ao passo que Chipre lhe trazia cobre. Em troca das suas produções e da sua aliança, todos os Asiáticos pediam ouro ao Egipto. É assim manifesto que foram os territórios sudaneses que forneceram ao Egipto os seus meios de intervenção na Ásia: recursos minerais – sobretudo ouro – e homens. Deve-se mesmo perguntar se o despovoamento da Núbia, a partir da segunda metade da 18.ª dinastia, não terá sido provocado pela excessiva exploração do país, consequência da política asiática, mais do que por uma hipotética baixa de nível do Nilo que teria provocado o declínio da agricultura núbia.

Seja como for, após a campanha inibia do ano 5, o reinado de Amenófis III é pacífico. Assiste-se então a um desabrochar da civilização egípcia que pode e deve ser comparado a idêntico florescimento que se produzira tanto no Antigo como no Médio Império. Pôde mesmo escrever-se, e nós subscrevemos esta opinião: «Se só julgássemos o reinado de Amenófis III pelas obras de arte que nos deixou, seríamos tentados a fazer dele o maior reinado da história do Egipto» (J. Vandier).

4. A crise amarniana e o fim da 18.ª dinastia (1379-1314)

Problemas de sucessão. Quando Amenófis III morre, por volta de 1367, o seu filho Amenófis IV sucede-lhe sem dificuldade. Entretanto, o problema de uma co-regência mais ou menos longa dos dois faraós continua a ser um tema controverso, porque subsistem dificuldades para determinar os laços de família que uniram os últimos faraós da 18.ª dinastia. Parece, de facto, que Amenófis IV não teve descendência masculina; ora, três Tutmésidas reinaram ainda depois dele: Semenkhkaré, Tutankamón e Aya. Uma explicação desta sucessão é a de ver em Semenkhkaré e Tutankamón os maridos das filhas de Amenófis IV, tendo-lhes estas transmitido o direito à coroa, segundo o costume egípcio. Uma outra explicação, tendo em conta a inegável afinidade física que une os últimos Tutmésidas, faz de Semenkhkaré e Tutankamón não já genros, mas irmãos mais novos de Amenófis IV. Contudo, a diferença de idade muito sensível entre este e aqueles leva então a admitir que Amenófis III teria continuado a reinar após a subida ao trono do seu filho mais velho

Amenófis IV. Esta co-regência, cujo princípio está bem atestado no Egipto, teria durado perto de onze anos, o que explicaria o facto de Tutankamón, por exemplo, filho mais novo do casal Amenófis III-Tiyi, poder ter tido apenas cerca de nove anos aquando da morte do seu irmão mais velho; Semenkhkaré teria sido co-regente de Amenófis IV, mas teria morrido antes dele. Nesta hipótese, só Aya não teria ligação directa com a linhagem dos Tutmésidas; seria irmão da rainha Tiyi e, portanto, tio de Tutankamón, e teria obtido direitos à coroa ao desposar a sua sobrinha-neta, Ankhesenpaton, viúva de Tutankamón e filha de Amenófis IV e de Nefertiti; casamento de conveniência destinado a assegurar a continuidade da dinastia.

Amenófis IV, o herético. – Este problema de sucessão, uma espécie de crise dinástica larvar, complica-se com a crise religiosa. Com efeito, Amenófis IV, mais conhecido sob o nome de *Akhenáton*, ou Akhnaton, nome que tomou após a sua subida ao trono no ano 5 ou 6 do seu reinado (quer ele tenha sido então ou não co-regente de Amenófis III), é muitas vezes chamado o «faraó herético». É por vezes considerado como o primeiro dos grandes reformadores religiosos que a história já conheceu. Substitui o deus da dinastia, Amon-Rá, cujo templo está em Karnak, pelo culto de Áton, o disco solar, deus universal para o qual cria uma nova capital no Médio Egipto, em Tell-el-Amarna: Akhet-Áton, o «Horizonte de Áton», onde se instala com a corte e administração central.

De resto, Áton não é um recém-chegado ao panteão egípcio. Manifestação visível do deus-sol, Rã, é mencionado nos *Textos das Pirâmides* desde o terceiro milénio. Tutmés IV e Amenófis III parecem ter tido um culto particular para ele. Sob muitos aspectos, a «heresia» amarniana é, portanto, arcaizante, marca um retorno às concepções da religião solar do Império Antigo que a religião osiriana tinha senão obliterado, pelo menos relegado para segundo plano. Os hinos armanianos são muitas vezes parecidos com os hinos amonianos. O que é novo, no entanto, é o monoteísmo absoluto que caracteriza a religião professada por Akhenáton. Ao passo que os teólogos do início do Império Novo procediam por assimilação (tornando-se, por exemplo, o deus Ámon em Ámon-Rá, concebido como uma das formas dentre as 75 conhecidas, do deus Rã), Akhenáton menciona apenas um único deus, Áton, desaparecendo todos os outros, ou, pelos menos, passando para segundo plano.

O deus é representado sob a forma de um disco solar, no qual se inscreve um *uraeus*, como convém ao rei do Universo; do disco saem raios providos de mãos. *«Os raios de Áton são protecção, as suas mãos dão saúde e força»*, comenta um texto amarniano. O próprio Akhenáton é o filho, a incarnação na

Terra, do deus único; é adorado pela sua corte como um deus; só ele pode assegurar o culto. É, levada até à sua consequência extrema, a velha concepção egípcia do faraó «filho de Rã, do seu corpo». Esta religião não é, portanto, original e nova a não ser pelo carácter absoluto que o rei lhe dá. Osíris e os outros deuses funerários desaparecem; Áton e a sua hipóstase Akhenáton dispensam a vida tanto aos vivos como aos mortos. O hino a Áton que se encontra nos monumentos de El-Amarna foi traduzido em cananeu e é muitas vezes posto em paralelo com o Salmo 104 da Bíblia.

Se a religião do «rei herético» não é mais que um rejuvenescimento, um desenvolvimento da velha teologia heliopolitana, a arte amarniana, em contrapartida, é algo de muito novo. Não há dúvida de que Akhenáton é o único responsável por esta mudança de estilo destinada a pôr a tónica na sua própria divindade. Os traços pessoais do rei, notáveis pelas suas características quase patológicas, tornam-se o cânon da nova arte egípcia. Um dos grandes escultores do reinado afirma ter sido formado pelo próprio rei, o que não se afigura impossível.

A instalação do rei em El-Amarna e o estabelecimento do culto de Áton arrastaram consigo o declínio do templo de Ámon em Karnak. Perguntou-se por vezes se a «revolução» atoniana não terá tido motivos políticos. Graças aos grandes Tutmésidas que o tinham enriquecido após cada uma das suas campanhas militares, o domínio de Ámon tornara-se poderosamente rico; possuía terras na Ásia e na Núbia, enormes rebanhos, pedreiras, minas; tinha a sua própria polícia, a sua frota, as suas oficinas. Contudo, seria um erro ver nele um Estado dentro do Estado, pelo menos na 18.ª dinastia. Jamais os Tutmésidas prescindiram desse direito essencial do faraó: escolher o clero; os grandes sacerdotes de Ámon não fazem excepção à regra. O rei podia, portanto, pôr o clero na ordem, se tal fosse necessário, sem fazer revolução nem inventar um novo culto. Bastava-lhe destituir os sacerdotes demasiado independentes ou modificar a administração dos bens dos templos. Akhenáton determina o declínio do deus Ámon e das suas possessões transferindo simplesmente os rendimentos de Ámon, tal como os de outros deuses do Egipto, aliás, para o novo templo de Áton em El-Amarna. Ao que parece, foi só mesmo no fim do seu reinado, e por uma razão mal conhecida, que Akhenáton ordenou a eliminação dos nomes da tríade tebana, Amon, Mut e Khonsu, em todos os monumentos. Nesta altura, Ámon e o seu clero não apresentavam qualquer perigo para o rei.

Vimos anteriormente que a descoberta das tabuinhas de El-Amarna deu a conhecer numerosas cartas enviadas pelos soberanos asiáticos à corte do Egipto, assim como a cópia de respostas dirigidas pelo faraó aos seus correspondentes asiáticos. Essas cartas estão muitas vezes em mau estado, a sua língua é muito difícil, enfim não trazem nem data, nem por vezes o nome do destinatário. A sua classificação é, pois, ainda incerta. Apesar destas dificuldades, forneceram numerosas informações sobre a situação na Ásia, desde o fim do reinado de Amenófis III aos inícios do de Tutankamón.

A posição egípcia na Ásia enfraqueceu-se a partir do reinado de Tutmés III, sem que se deva atribuir a responsabilidade disso a Amenófis III ou a Akhenáton. Os Hititas, até então mantidos em respeito por Mitanni, intervêm com vigor no Médio Oriente a partir de 1370, graças à energia do seu novo rei, Suppiluliuma. Conseguem mesmo tomar a capital de Mitanni; embora aliado deste, o Egipto não intervém praticamente. Os Hititas impõem-se cada vez mais junto dos principados siro-palestinos, mas o Egipto, tirando partido da sua rivalidade com Mitanni, e depois com a Assíria, consegue só perder a sua influência sobre a região de Amurru – um mal menor, tendo em conta a situação.

O fim do reinado de Akhenáton é mal conhecido, sobretudo por causa da destruição das fontes amarnianas pelos Raméssidas. Se se aceitar a hipótese de uma longa co-regência entre Amenófis III e Akhenáton, este último, no ano 12 ou 13 do seu reinado, precisamente após a morte de Amenófis III, teria designado para lhe suceder Semenkhkaré, um irmão secundogénito, filho de Amenófis III e de Tiyi – ou talvez de Sitamon filha e mulher de Amenófis III. Semenkhkaré casa com Meritaton, filha de Akhenáton, e consolida assim os seus direitos à coroa, mas morre no ano 3 ou 4 do seu reinado, portanto, antes de Akhenáton. Parece ter residido em Tebas, e perguntou-se se não terá sido depois da sua morte que começou a «perseguição» a Ámon e da tríade tebana. Essa perseguição terá, pois, durado apenas dois anos, dado que Akhenáton morreu no ano 17 do seu reinado.

Tutankamón e Aya. – Aquando do desaparecimento de Akhenáton, o poder passa para Tutankamón, que parece ser de facto filho de Amenófis III e de Tiyi (ou Sitamon), tal como Semenkhkaré, com o qual se parecia muito fisicamente, tal como o provou um novo exame das suas respectivas múmias feito em 1963. Tutankamón, cujo nome era primitivamente Tutankáton, porque fora educado em Tell el-Amarna, tinha apenas nove ou dez anos na altura da morte de Akhenáton. Desposou sua sobrinha, talvez mais velha que ele, Ankhesenpáton, filha de Akhenáton e de Nefertiti. Dada a muito tenra idade do casal real, foi Aya, tio do rei pois que era irmão de Tiyi, e avô materno da rainha, quem exerceu, ao que parece, uma grande influência sobre a condução dos negócios do Estado e decidiu talvez o abandono de El-Amarna e a instalação em Mênfis, a velha capital.

No ano 4 do reinado de Tutankamón, a restauração dos cultos antigos foi um facto consumado. Não parece, no entanto, que deva atribuir-se a Aya a perseguição da memória de Akhenáton e da sua família. Foi sem dúvida ele, pelo contrário, quem assegurou a transferência para Tebas dos restos mortais da família amarniana, primeiro sepultados em El-Amarna, e que não ousou deixar perto da cidade agora abandonada e sem protecção. Os faraós raméssidas, e particularmente Ramsés II, serão os únicos responsáveis pela profanação da múmia de Akhenáton.

Sabe-se que foi Aya quem assegurou a sepultura de Tutankamón, falecido aos dezanove anos, que foi feita segundo as regras e com munificência, como provou a extraordinária descoberta do túmulo do jovem rei, em Novembro de 1922.

Tutankamón morreu sem descendência. Foram encontrados no seu túmulo os cadáveres de dois nados-mortos, sem dúvida seus filhos. No período ritual de setenta dias que separa o falecimento do enterro, a sua viúva, Ankhesenpáton, escreveu a Suppiluliuma, o rei hitita, pedindo-lhe um dos seus filhos para que ela pudesse desposá-lo e transmitir-lhe, assim, a coroa do Egipto. O facto era extraordinário; por isso o soberano hitita enviou um embaixador para se certificar. Seguidamente, decidiu enviar um dos seus filhos, que foi assassinado no caminho em circunstâncias obscuras.

Sublinhou-se como seria de facto improvável que Aya não tivesse tido conhecimento da diligência de Ankhesenpáton, se é que não terá sido ele próprio a sugeri-la. Após o insucesso desta manobra, desposou ele próprio a sua neta, mas reinou apenas quatro anos. Foi sepultado em Tebas.

Horemheb. – Com Tutankamón desaparecera o último descendente em linha directa dos grandes Tutméssidas; o reinado de Aya apenas prolongara por mais quatro anos, através de um subterfúgio, a hegemonia desta brilhante dinastia. Aya era sem dúvida demasiado idoso para ter filhos e a coroa passou para Horemheb, um general estreitamente ligado a Aya, uma vez que desposou Mutnedjemet, filha deste último e irmã de Nefertiti; também ele participara, portanto, na heresia amarniana – chamou-se primeiro Paatonemheb – e pode duvidar-se de que tenha sido responsável pela perseguição que se seguiu. Pode acontecer que tenha sido escolhido como co-regente por Aya e confirmado como soberano por um oráculo dado pelo deus Ámon. Durante um reinado de mais de um quarto de século (1337-1307 aprox.), reinstaurou a ordem tanto interna como externamente. Por meio de um édito, bem conhecido graças a uma estela encontrada em

Karnak, reorganizou os poderes públicos e restabeleceu a ordem social, eliminando a corrupção na administração; enfim, por meio de campanhas militares, restaurou um tanto a influência egípcia na Ásia sem, no entanto, voltar a dar-lhe a importância que tivera sob os primeiros Tutméssidas.

Antes da sua subida ao trono, Horemheb mandara construir em Mênfis, na necrópole de Sacará, um túmulo que foi desmantelado no século xix. Os baixos-relevos de lá provenientes estão dispersos por vários museus. Escavações recentes (1975) permitiram encontrar *in situ* um grande número de baixos-relevos, de um estilo excelente. São os últimos testemunhos da brilhante arte da 18.ª dinastia, onde no entanto já se adivinham os germes da decadência que começa com os Raméssidas. Horemheb foi enterrado no Vale dos Reis, não longe dos túmulos onde foram sepultados ou ressepultados os soberanos da época amarniana.

5. A chegada dos Ramsés e os inícios da 19.ª dinastia (1314-1235)

Na realidade, Horemheb não pertence mais à 18.ª dinastia que à 19.ª que vai suceder-lhe; mas Máneton coloca-o entre os Tutméssidas, logo a seguir a Amenófis III, aliás, como se Akhenáton, Semenkhkaré, Tutankamón e Aya não tivessem existido. Na sequência de Máneton, os historiadores fazem começar a 19.ª dinastia com o reinado de Ramsés I (1314-1312).

Ramsés I. – Horemheb, que não tinha descendentes, cedo designou para lhe suceder, fazendo-o co-regente, um dos seus companheiros de armas, Pa-Ramsés, oficial saído das fileiras, pouco mais novo que ele próprio. «Capitão dos archeiros», este torna-se general e, depois, vizir; tinha, portanto, uma experiência quer militar quer administrativa. Aquando da sua subida ao trono, mudou o nome para Ramsés-Meriamon (amado de Ámon). Era filho de um militar, também ele «capitão dos archeiros», originário do Delta oriental, o que explica o nome, Seti, usado pelo pai e pelo filho de Ramsés I, e que se liga ao nome do deus Setekh, transcrito sob a forma Seth pelos Gregos. Ramsés, tal como o seu filho Seti – o futuro Seti I –, comandara a fortaleza que protegia o Egipto dos Asiáticos, e foi sem dúvida pelas suas qualidades militares que foi escolhido por Horemheb, independentemente dos laços de amizade que poderiam ter unido os dois homens.

Na altura da morte de Horemheb, Ramsés I era já um velho; por isso, a partir do seu acesso ao trono, apoia-se no seu filho Seti, que, também ele, atingira os cinquenta anos. Seti I (1312-1298) tornou-se, assim, o herdeiro designado, e a sucessão deu-se sem incidentes, após o curtíssimo reinado de Ramsés I que desapareceu no ano 2 do seu reinado.

Seti I. – As campanhas militares de Seti I restabeleceram o poderio militar do Egipto na Ásia. Os baixos-relevos do templo de Karnak expõem os principais acontecimentos referentes a essas campanhas, a primeira das quais coincide com o ano da subida do rei ao trono. Seti I parece ter-se inspirado nas campanhas de Tutmés III. Tal como ele, teve o cuidado de assegurar a costa palestina antes de se lançar para o interior; em Kadesh, defrontou-se com os Hititas, mas a luta permaneceu indecisa. É a partir do reinado de Seti I que a fronteira ocidental do Delta começa a dar preocupações ao Egipto e o rei tem de fazer uma campanha contra os Líbios. De resto, acaba por confirmar o domínio egípcio sobre a Núbia, muito para além da terceira catarata, onde prossegue a exploração do ouro.

Seti I foi, antes do seu sucessor Ramsés II, um dos grandes faraós construtores do Egipto. No entanto, o seu reinado foi demasiado curto para que conseguisse levar a cabo todas as grandiosas construções que iniciara; muitas delas serão acabadas por Ramsés II. Os relevos do templo de Abido, tal como as pinturas do seu túmulo – o maior de todos os do Vale dos Reis –, testemunham a qualidade da arte na sua época.

Ramsés II. – O acontecimento interno mais importante do reinado de Ramsés II (1301-1235) é, sem dúvida, a instalação da residência real no Delta oriental, em Pi-Ramsés. A localização desta nova capital é ainda controversa, embora pareça verosímil que tenha ocupado o local da actual Khátana-Kantir mais do que o de Tânis, a actual San-el-Haggar, como se pensou durante muito tempo. Antes de deixar Tebas, Ramsés II procedeu à nomeação de um novo grande sacerdote à cabeça do clero de Ámon. O domínio do deus era demasiado importante para não ser confiado a um homem seguro. Este último, Nebunef, permaneceu fiel ao rei, libertando-o de toda a preocupação a propósito do Alto Egipto.

A mudança da capital resulta da evolução da conjuntura externa. No Oeste, a fronteira do Delta apresentava cada vez mais perigos. Desde o início do seu reinado, Ramsés II tem de repelir uma incursão de piratas Shardanes, precursores dos «Povos do Mar» que ameaçarão o Egipto no reinado seguinte. Os Shardanes são batidos e incorporados no exército egípcio onde vão, em breve, constituir o núcleo da guarda real. Para se proteger da Líbia, Ramsés II constrói uma fortaleza perto de El Alamein; foi lá encontrada uma estela em seu nome.

Todavia, é sobretudo a situação na Ásia distante que o Egipto deseja controlar; não há dúvida de que a presença real em Pi-Ramsés facilita as operações militares. Na Síria, sob a direcção do seu rei, Muwatalli, os Hititas retomaram a progressão para o Sul. É em Kadesh, cujo príncipe é seu aliado, que se confrontam com o exercício egípcio. As operações militares, conduzidas por Ramsés II em pessoa, são descritas em pormenor num texto literário bem conhecido, o *Poema de Kadesh*. A batalha, segundo o texto egípcio, ter-se-ia saldado numa vitória, mas isso permanece pelo menos incerto. A própria cidade de Kadesh não caiu, de facto, e o exercício egípcio teve de recuar apressadamente.

Durante uma grande parte do reinado, prosseguiram combates esporádicos na Palestina do Norte entre Egípcios e Hititas, até que, no ano 21, um tratado em boa e devida forma pôs fim a estes confrontos. A versão hitita deste tratado foi encontrada em Boghaz-Koi; está escrita em tabuinhas de argila, em cuneiforme babilónio. A versão egípcia é conhecida através de duas estelas levantadas em Tebas. Nos termos do tratado, os dois países parecem ter-se mutuamente reconhecido zonas de influência. A Palestina permanece como domínio privilegiado do Egipto. Infelizmente, o texto não precisa até onde se estende a zona hitita na Síria.

Cerca de treze anos após o estabelecimento do tratado, o entendimento entre os dois países é confirmado pelo casamento da filha mais velha do soberano hitita com Ramsés II já idoso. Mesmo no fim do reinado, a filha mais nova virá ao Egipto, sem que se saiba se se tratava de uma simples visita à sua irmã mais velha, ou se passou também a fazer parte do harém real.

O longuíssimo reinado de Ramsés II, que ocupou o trono durante cerca de setenta anos, foi sem dúvida o que nos deixou mais monumentos. Se muitos destes foram pura e simplesmente usurpados a faraós anteriores, incluindo faraós do Império Antigo, muitos outros são, de facto, obra original de Ramsés II; uma parte do templo de Abido, o Ramesseum em Tebas, a grande sala hipostila do templo de Ámon em Karnak, os dois templos hipogeus de Abu Simbel actualmente deslocados, bastariam por si sós para consagrar Ramsés II como um dos grandes construtores egípcios.

6. O aparecimento dos Povos do Mar e o fim da 19.ª dinastia

Em virtude da longevidade do rei, a maioria dos herdeiros parece ter morrido antes de seu pai. Foi o décimo terceiro dentre eles, já idoso, que subiu ao trono sob o nome de Mineptá (ou Meremptá). Com o seu reinado começa o declínio da 19.ª dinastia.

Mineptá e os Povos do Mar. – Mineptá é muitas vezes considerado como o faraó do Êxodo, embora, nas fontes faraónicas, nada venha corroborar a narrativa bíblica. A múmia do rei foi encontrada, pelo que este último não morreu no mar Vermelho perseguindo Moisés. De resto, parece que Mineptá terá sempre confiado o comando do seu exército a subalternos, permanecendo na sua residência do Delta. Assim, por exemplo, não parece ter participado pessoalmente no acontecimento mais importante do seu reinado: a luta vitoriosa contra os «Povos do Mar» que penetraram no interior do Egipto depois de terem ocupado a Líbia.

Na altura da morte de Ramsés II, o Império Hitita parece ter sentido dificuldades internas, causadas talvez pela insuficiência das colheitas devida, sem dúvida, a incursões dos Povos do Mar em território hitita. Seja como for, já não representa perigo para o Egipto e Mineptá continua a tratar o soberano como aliado. Enviou-lhe cereais para o ajudar a ultrapassar as suas dificuldades económicas. A Ásia mantém-se calma, portanto, e o Egipto não tem de intervir lá, salvo para reprimir uma revolta na Palestina; esta é mencionada numa estela egípcia, dita Estela de Israel, porque é a primeira vez que este país é citado nos textos egípcios, ao lado da Canaã, Ascalon e Gezer.

Contudo, se a fronteira oriental não causa preocupações a Mineptá, não acontece o mesmo com a fronteira ocidental. Desde a 12.ª dinastia e a campanha de Sesóstris I, as povoações líbias já só figuravam como memorial nas listas tradicionais que enumeram os inimigos do Egipto nas paredes dos templos. Durante perto de oito séculos, as relações entre a Líbia e o seu poderoso vizinho parecem ter sido pacíficas, limitadas a trocas comerciais. Com os reinados de Seti I e de Ramsés II, a situação evolui rapidamente no oeste do Egipto. Às tribos de Tehenu e de Temehu que, desde os inícios da época histórica, ocupam os confins ocidentais, juntaram-se, a partir de cerca de 1300, invasores nórdicos: Mashauash e Libu primeiro (que darão o seu nome à região, Líbia), Shardanes e outros em seguida. Em virtude da turbulência dos recém-chegados, a Líbia tornou-se uma fonte permanente de perigo para o Egipto.

No início do reinado de Mineptá, o chefe das tribos Libu, Meriai, parece ter assumido a liderança de um movimento em direcção ao Egipto. Comanda não apenas as suas próprias tropas, mas também as dos Mashauash, e, com estes, dos Luku, Akauash, Tursha, Shardanes, Shakalesh, todas elas tribos na sua maioria indo-europeias vindas do Norte, e que designaremos sob a denominação geral de Povos do Mar. É difícil não reconhecer nestes nomes novos os Lícios, Aqueus, Sardos, Maxoi, Sículos, dos autores clássicos; tribos que, ao fixarem-se, vão dar o seu nome não apenas à Líbia, mas também à Lícia, à Estrúria, à Sicília e à Sardenha. Trata-se, portanto, de um movimento étnico considerável, que apresenta um grande perigo para o Egipto cuja fronteira ocidental, não-obstante os trabalhos defensivos de Ramsés II, é aberta numa grande extensão.

A partir do ano 5 de Mineptá, as tropas líbias, sob o comando de Meriai, estão no Egipto, nas proximidades da cidade de Pi-ire, que se supôs próxima de Mênfis, sem no entanto se conhecer a sua localização exacta. O exército egípcio, que Mineptá reuniu à pressa, dirige-se ao seu encontro e consegue infligir-lhe uma pesada derrota, a serem aceites os números fornecidos pelas fontes egípcias: 6000 mortos e 9000 prisioneiros entre os Líbios. A avançada dos Povos do Mar é, pois, travada, mas trata-se apenas de uma pausa pois em breve os iremos encontrar de novo.

Cinco anos após esta vitória sobre os invasores líbios, morre Mineptá. O seu reino terá durado um pouco mais de dez anos.

Os últimos faraós da 19.ª dinastia. – Após os reinados brilhantes e bastante bem conhecidos dos seus quatro primeiros faraós, a 19.ª dinastia precipita-se num período, senão de anarquia, pelo menos de obscuridade. As sepulturas do Vale dos Reis mostram que três faraós pelo menos reinaram depois de Mineptá: Amenmés, Seti II e Mineptá-Siptá, aos quais há que juntar uma rainha Tausert que, segundo Máneton, terminou a 19.ª dinastia, e um usurpador, Iarsu, que detinha efectivamente o poder quando foi derrubado pelo fundador da 20.ª dinastia, Sethnakht.

Destes vários soberanos, só Seti II e, em menor grau, Mineptá-Siptá eram legítimos; Amenmés, Iarsu e, até certo ponto, a própria Tausert, embora fosse de descendência real, filha de Ramsés II ou de Meremptá, todos eles são usurpadores. Adivinham-se, na sombra, conluios estrangeiros. Bai, chanceler que desempenha um grande papel na subida de Mineptá-Siptá ao trono, é provavelmente um asiático; Iarsu, que detinha o poder no final deste período, é um palestino, e sendo a sua existência conhecida apenas por um texto, houve quem se perguntasse se acaso ele não constituiria uma e a mesma personagem com Bai.

Os faraós da 20.ª dinastia exageraram, sem dúvida, a anarquia que grassou no Egipto após a morte de Meremptá. Isso não quer dizer que esse período não tenha sido de declínio, marcado por perturbações internas, como o mostram os assassínios cometidos em Tebas, mesmo sob o reinado de Seti II, que foi no entanto o único soberano considerado legítimo nas Listas reais posteriores.

7. Os primórdios da 20.ª dinastia (1200-1160): Ramsés III

Sethnakht, que inaugurou a 20.ª dinastia (1200-1198), permanece apenas oito anos no poder; associou logo ao trono seu filho Ramsés III, cuja figura domina toda a dinastia. Durante os cerca de trinta e dois anos que o seu reinado durou, o último grande reinado do Império Novo, Ramsés III restabeleceu a ordem interna e, sobretudo, assegurou a paz externa repelindo os invasores vindos do Leste, e também do Oeste e do Norte. É a última fase da invasão dos Povos do Mar, pelo menos sob a sua forma activa. Batidas no campo de batalha, as tribos estrangeiras irão tirar a sua desforra nos séculos seguintes. Infiltrando-se pacificamente no país, criando aí raízes, chegarão mesmo, depois de egipcizadas, a tomar o poder.

De 1200 a 1160 aprox., as fontes da história do Egipto provêm essencialmente, por um lado, do templo funerário e do palácio que Ramsés III mandou construir em Tebas, na margem esquerda do Nilo, em Medinet-Habu – um dos monumentos mais bem conservados do vale do Nilo –, e, por outro, de uma série de textos reais, em papiros, que datam do fim do reinado de Ramsés III e do início do reinado do seu sucessor, nomeadamente do longo texto conhecido sob o nome de *Grande Papiro Harris*, do nome do seu adquirente.

Estas fontes, de origem real, são parciais e, particularmente no que se refere à situação interna do Egipto, exigem uma crítica. Para a situação externa, encontramos os factos essenciais nos belos baixos-relevos de Medinet-Habu: no decurso de três campanhas, durante os anos 5, 8 e 11 do seu reinado, Ramsés III vence as últimas vagas da invasão dos Povos do Mar.

As campanhas de Ramsés III. – A campanha do ano 5 é uma campanha terrestre. Batidos anteriormente por Meremptá, os Líbios refizeram-se e infiltraram-se no Delta, onde reconhecem mais ou menos a autoridade do faraó. É, portanto, em território egípcio, na fronteira ocidental, perto de uma cidade fortificada egípcia, que a batalha se desenrola. O exército estrangeiro, constituído por Libu, à frente da coligação, por Mashauash e por Seped, recém-chegados, defronta-se com o exército egípcio, que comporta mercenários shardanes. Os Líbios batidos no prélio, deixam 12 535 mortos no terreno. Não parece que o exército egípcio vitorioso tenha explorado a sua vantagem. Pensa-se, aliás, que esta revolta dos Líbios, no ano 5, resultava de uma manobra inábil de Ramsés III, que tentara impor-lhes um chefe, que era líbio, mas educado no Egipto.

Três anos depois, no ano 8 do reinado, uma nova ameaça se perfila: invasores dirigem-se para o Egipto, ao mesmo tempo por mar e por terra, vindos, segundo os textos egípcios, das ilhas do mar Egeu e sem dúvida das costas da Ásia Menor. Trata-se de uma verdadeira deslocação étnica, porque, ao lado dos combatentes, vêem-se mulheres e crianças em carros. A invasão, por um lado, segue o corredor siro-palestino em direcção ao istmo de Suez, e, por outro, ameaça a costa norte-oriental do Egipto. Entre estes invasores, nota-se a presença dos Dana – os Danaoi da *Ilíada* (?) –, dos Uauash, dos Shakelesh e principalmente – parecem de facto constituir o núcleo da vaga – dos Peleset e dos Tjekher; os Peleset de capacete enfeitado de plumas não eram mais que os Filisteus da Bíblia. O combate é, portanto, duplo: a marinha faraónica monta uma armadilha à frota invasora e destrói-a num dos braços orientais do rio, e em terra, os Egípcios, batem os coligados algures no Nordeste, sem dúvida bastante perto do território egípcio. Mais uma vez, os Egípcios não exploram a sua vantagem, e os Filisteus, repelidos do Egipto, instalam-se na costa asiática à qual darão o seu nome, a Palestina.

Três anos mais tarde, reaparece o perigo no Oeste onde, apesar das suas descobertas sucessivas no tempo de Meremptá e no ano 5 de Ramsés III, os Líbios se reorganizaram uma vez mais, depois de terem destruído ou subjugado as populações indígenas Tehenu. São então os Mashauash que, sob as ordens de Mesher, filho de Kaper, conduzem o exército líbio. Estão armados com uma nova espada que, a avaliar pelas representações de Medinet-Habu, devia medir de 1,50 a 2,00 m. Apesar da superioridade do seu armamento, os Líbios são derrotados e perdem mais de *2000* homens, aos quais se juntam cerca de 2000 prisioneiros, entre os quais figura o chefe da coligação, Mesher, que seu pai reclama em vão junto de Ramsés. Ainda desta vez, o exército egípcio era em parte constituído por mercenários, sobretudo Filisteus feitos prisioneiros no ano 8 e logo incorporados nas tropas faraónicas.

Após a vitória sobre a Líbia no ano 11 do reinado, Ramsés III não parece ter comandado mais nenhuma expedição militar importante. Os baixos-relevos de Medinet-Habu que fazem alusão a campanhas asiáticas longínquas são, ao que parece, simples cópias de cenas do reinado de Ramsés II que Ramsés III desejaria igualar. Se, mais ou menos, uma certa influência egípcia é mantida na Ásia próxima, já nada tem de comparável, no entanto, com a que vigorava sob os Tutmésidas, e limita-se sem dúvida à orla sul da Siro-Palestina. E é ainda preciso sublinhar que a costa está, doravante, nas mãos dos Filisteus e que o Egipto já a não controla.

O Egipto sob Ramsés III. – A leitura do *Grande Papiro Harris* dá a impressão de que, reorganizado por Ramsés III, o Egipto vivia então na opulência. Este documento enumera, de facto, as inúmeras dádivas do faraó aos vários deuses do Egipto, sendo de resto Ámon-Rá de Karnak o beneficiário principal das larguezas reais. Pôde calcular-se que tais dádivas representavam cerca de 10% das terras cultiváveis do país e 6% da sua população total. Se se acrescentar o que os grandes templos já possuíam anteriormente a Ramsés III, conclui-se daí que 30% das terras e 20% dos habitantes do Egipto tinham passado do domínio privado ou real para o domínio eclesiástico. O grande sacerdote de Ámon em Tebas tornou-se uma personalidade considerável, igual ou quase ao soberano.

Esta imagem de prosperidade que o *Grande Papiro Harris* nos apresenta deverá ser aceite sem reservas? Note-se que, na mesma altura, o rei, que aparentemente pode transferir para os templos, em dezenas de milhar de sacos, os rendimentos em cereais do país, é incapaz de fornecer os cinquenta sacos de trigo que deve aos artífices de Deir-el-Mediné que prepararam o túmulo real! De resto, o próprio rei, que dispõe despoticamente das riquezas do país, vê a sua autoridade achincalhada por um simples vizir, o de Athribis, que se revolta. Por fim, e principalmente, uma série de textos em papiro deixam adivinhar que conjuras várias minam o poder real no próprio interior do palácio. O papiro judiciário dito de Turim põe, de facto, ao nosso dispor o processo de um caso criminal em que estão implicados uma rainha, um príncipe real e altos funcionários. Inúmeras condenações à morte, por suicídio imposto, ou a atrozes mutilações terminam o processo. Julgou-se mesmo que Ramsés tivesse sucumbido na conjura, mas a descoberta da sua múmia intacta parece afastar tal hipótese.

O traço dominante do reinado é, sem dúvida, a importância crescente dos estrangeiros na política e na administração do Egipto. Ramsés III só conseguiu levar de vencida os invasores nórdicos apoiando-se nos mercenários bárbaros. Se é incontestável que o reinado de Ramsés III é ainda um dos grandes reinados do Império Novo, é preciso notar que o Egipto já não é o que era no início deste período. A beleza, a grandeza das construções raméssidas em Medinet-Habua não são em grande parte mais do que uma fachada prestigiosa, já que as realidades que se escondem por detrás delas são muito menos brilhantes.

Com efeito, o desaparecimento de Ramsés III (por volta de 1160) abre um longo período de crise e recessão que não será descabido denominar o Terceiro Período Intermédio.

CRONOLOGIA GERAL

Paleolítico	248000 – 6000 ([1])	a.C.
Neolítico	6000 – 4600	—
Pré-dinástico	4600 – 3150	—
Época finita (1.ª e 2.ª dinast.)	3150 – 2700 ([2])	—
Império Antigo (da 3.ª à 6.ª dinast.)	2700 – 2180 ([3])	—
Primeiro Período Intermédio (da 7.ª à 11.ª dinast., em parte)	2180 – 2040	—
Império Médio (do fim da 11.ª à 12.ª dinast.)	2040 – 1785	—
Segundo Período Intermédio (13.ª-17.ª dinast.)	1785 – 1580	—
(dominação Hicsos)	1720 – 1570	—
Império Novo (18.ª-20.ª dinast.)	1580 – 1080	—
Época Baixa (III Período Inter.) (21.ª-24.ª dinast.)	1080 – 715 ([4])	—
Dinastias kuchita e saita (25.ª-26.ª dinast.)	715 – 525	—
Primeira Época Persa (27.ª dinast.) } Últimas dinast. indígenas (28.ª-30.ª dinast.) } Segunda Época Persa e Conquista de Alexandre }	525 – 333	—

([1]) Para os períodos que vão do Paleolítico até ao fim do Pré-dinástico, as datas apontadas baseiam-se essencialmente em dados obtidos a partir do C 14 calibrado. A maioria apresenta margens de incerteza de 110-120 anos.

([2]) A partir da época histórica, as datas obtidas a partir do C 14 podem ser controladas pelas fontes históricas (Papiro de Turim, Máneton, etc.). A data de 3150 tem em conta a tradição e novas datas com base no C 14 calibrado que permitiram fixar o reinado de Narmer de 3125 a 3100 aprox. Contudo, Narmer talvez não seja de facto o primeiro soberano egípcio, donde a data de 3150, que dá lugar a pelo menos um antecessor.

([3]) Com o Império Antigo, as datas já são mais seguras graças às várias fontes que permitem remontar no tempo a partir da data sotíaca – esta segura, sem dúvida – do ano 7 de Sesostris III (= 1872 a.C.). Entretanto estas datas, como todas as que são obtidas desta maneira, comportam uma margem de incerteza de quatro anos.

([4]) A partir de 715, as datas podem ser controladas por múltiplas fontes egípcias e outras. Doravante elas são precisas até ao nível de cerca de um ano de possível erro.

QUADRO I

Cronologia das culturas paleolíticas do vale do Nilo(¹)

Datas (a.C.)(²)	Período	Tipologia	Locais principais		
			Núbios(³)	Desertos	Egipto e Faium
248 000 – 120 000	Paleolítico Inferior (ou Antigo)	Pré-Chelense e Chelense	Gebel Nakhara	Leste e Oeste	Abassié (Cairo) Plataformas de 33m
12 0000 – 40 000	Id.	Acheulense	Khor Abu Anga (Cartum) Arkin (Uadi Halfa)	Oásis ocidentais	Plataformas de 33m e de 16 m Faium
45 000 – 33 000	Paleolítico Médio	Mustierense (técnica Levallois)	Arkin	Id.	Id.
45 000 – 33 000	Id.	Ateriense		Id.	Id.
45 000 – 33 000	Id.	Khormusiense (I)	Khor Musa (Uadi Halfa) Dongola	Khargé	

(⁴)

25 000 – 16 000	Paleolítico Superior (ou Recente)	Segunda Catarata	Khargé	
18 000 – 15 000	Mesolítico (ou Epipaleolítico)	Khormusiense (II) Halfiense/ Fakhuviense[5]	Ballana	Esna-Edfu
16 000 – 15 000	Id.	Gemaiense	Ballana e Uadi Halfa	Kom Ombo Esna
15 000 – 9 000	Id.	Sebiliense	Segunda Catarata	Khargé	Kom Ombo Nag Hamadi Esna Faium
13 000 – 8 000	Id.	Qadan	De Gemai a Ballana	
Cerca de 7 500	Id.	Arkiniense	Margem oeste Uadi Halfa		Faium (= Faium B)

(¹) A espessura de limo depositado ao longo dos milénios pela inundação anual no vale egípcio do Nilo torna o fundo deste vale inacessível às escavações. Estes períodos só são, por isso, conhecidos através de locais que se encontram quer nas «plataformas» do Nilo no Alto Egipto, quer nas elevações próximas do Vale (Abassié, Gebel Amar, Gebel Mokatam, Montanha Tebana), quer perto das depressões antigas no deserto ocidental hbico (oásis de Dunkul, Kargé, Daklé, o Faium). Finalmente, a recente Campanha de Salvamento da Núbia revelou numerosíssimos locais pré-históricos, nomeadamente em território sudanês a sul e a norte de Uadi Halfa, locais que abalaram os nossos conhecimentos do Paleolítico Nilótico. Este é de uma extrema importância para a origem do Neolítico e do Pré-dinástico egípcios.

(²) As datas propostas são aproximadas. Assentam essencialmente na tipologia dos instrumentos líticos e na datação das camadas geológicas em que foram encontrados. Cobrem, portanto, largos períodos, que muitas vezes se sobrepõem.

(³) Entendemos por este termo o vale do Nilo desde Assuão até à confluência dos Nilos azul e branco em Cartum.

(⁴) De 33 000 a 25 000 a.C. aproxim., há um hiato na documentação, devido sem dúvida às vicissitudes das escavações.

(⁵) O termo Halfiense é aplicado a uma cultura paleolítica, bem documentada entre Ballana a norte de Uadi Halfa e Gemai a sul da segunda catarata; Fakhuriense, a uma cultura muito próxima e contemporânea descoberta no Alto Egipto.

QUADRO II

Cronologia do Neolítico e do Pré-dinástico no vale do Nilo

Datas([1])	Período	Nilo núbio	Alto e Médio Egipto	Faium	Delta([2])
5540 – 4500	Neolítico	Shaheinab Cartum variante Shendi (el-Gaba)	Badari A Hemamié	Faium A	Merimde Beni-Salame
4500 – 4000	Pré-dinástico Antigo	Shamarkiense Shendi (Kadada)	Aniratiense (Nagada I) Badari B (el-Katara)		Omari A (Heluan)
4000 – 3500	Pré-dinástico Médio	Grupo A (entre a primeira e a terceira catarata)	Gerzeense A (Nagada II)		Omari B
3500 – ?	Pré-dinástico Recente		Gerseense B (Nagada III)		Meadiense
? – 3150	Época pré-tinita ou arcaica				

([1]) As diversas culturas atestadas durante as datas apresentadas podem manter-se para além do período considerado.
([2]) Esta coluna compreende também os locais próximos do Cairo.

QUADRO III

Época Tinita

1.ª dinastia([1]):

X... ([2])	... – 3150	V. Den (Udimu)	3080 – 3000
I. Narmer	3150 – 3125	VI. Andjib	3000 – 2950
II. Aha	3125 – 3100	VII. Semerkhet	
III. Djer	3100 – 3090	VIII. Kaá	2950 – 2925
IV. Uadji	3090 – 3080		

2.ª dinastia, 2925 – 2700([3]):

I. Hotepsekhemui	V. Senedj
II. Nebré	VI. Peribsen
III. Nineter	VII. Khasekhem
IV. Uneg	VIII. Khasekhemui

([1]) Graças a numerosas datas com base no C 14 calibrado, e às durações de reinado fornecidas pela Pedra de Palermo, pelo Papiro de Turim e por Máneton, as datas do reinado dos faraós da 1.ª dinastia puderam ser fixadas; são no entanto muito aproximadas (cf. Fekri A. Hassan, *Radio-Carbon Chronology of Archaic Egypt*, JNES. 1980, 39, 203-207).

([2]) Não é seguro que Narmer seja de facto o primeiro faraó; pode ter sido precedido por um ou vários soberanos que, tal como o rei-Escorpião, teriam reinado tanto no Alto como no Baixo Egipto.

([3]) A ausência de datações com C 14 não permite individualizar as datas de reinados dos faraós da 2.ª dinastia; a sua duração média parece sensivelmente a mesma que para os faraós da 1.ª dinastia.

QUADRO IV

O Império Antigo, da 3.ª à 5.ª dinastia (2700 – 2460)

3.ª dinastia, 2700 – 2625:

I. Sanakht-Nebka	IV. Khaba
II. Neterierkhet-Djéser	V. Neferka (?)
III. Sekhemkhet	VI. Hu (ou Huni)

4.ª dinastia, 2625 – 2510:

I. Snefru	? Baufré
II. Kéops	V. Miquerinos
III. Didufri (Redjedef)	VI. Shepseskaf
IV. Kéfren	

5.ª dinastia, 2510 – 2460:

I. Userkaf	VI. Niuserré-Ini
II. Sahuré	VII. Menkauhor-Akauhor
III. Neferirkaré-Kakai	VIII. Djedkaré-Isesi
IV. Shespseskaré-Isi	IX. Unas
V. Neferefré	

QUADRO V

Fim do Império Antigo e Primeiro Período Intermédio
(2460 – 2040)

6.ª *dinastia, 2460 – 2190 aprox.:*

I. Teti	V. Neferkaré-Pepi II
II. Userkaré	VI. Menrenré II
III. Meriré-Pepi I	VII. Nitocris
IV. Merenré I	

7.ª *dinastia, 2190 (?) – ...?:*

Máneton apresenta para esta dinastia setenta reis, que teriam reinado setenta dias! É provavelmente fictícia; se existiu, foi por muito poucos anos, ou mesmo alguns meses.

8.ª *dinastia, 2190 – 2130 aprox.:*

Dinastia menfita muito mal conhecida. As Listas reais atribuem-lhe quer dezassete reis (Abido), quer oito (Papiro de Turim). Os nomes destes reis são com frequência os dos faraós mais antigos, como Neferkaré e Didufri. Os últimos reis desta dinastia reinaram sem dúvida sobre um território muito reduzido e são contemporâneos dos faraós das 9.ª e 11.ª dinastia.

9.ª – 11.ª *dinastias (paralelas), 2160 – 2040:*

9.ª – 10.ª herakleopolitanas	11.ª tebana
9.ª { I. Meribré-Kheti I II. Neferkaré III. Nebkauré-Kheti II	I. Antef I II. Antef II III. Antef III
10.ª { I. Meryathor (?) II. Uakharé-Kheti III III. Merikaré IV. X...(¹)	IV. Mentuhotep I V. Mentuhotep II

(¹) O nome deste rei, vencido por Mentuhotep II, perdeu-se.

QUADRO VI

O Império Médio (2040 – 1785)

11.ª dinastia (fim):

I.	Mentuhotep II	2040 – 2009
II.	Mentuhotep III	2009 – 1997
III.	Mentuhotep IV	1997 – 1991

12.ª dinastia:

I.	Amenemet I	1991 – 1962
II.	Sesóstris I	1962 – 1928
III.	Amenemet II	1828 – 1895
IV.	Sesóstris II	1895 – 1879
V.	Sesóstris III	1879 – 1843
VI.	Amenemet III	1843 – 1797
VII.	Amenemet IV	1797 – 1790
VIII.	Sebekneferuré	1790 – 1785

QUADRO VII

O Segundo Período Intermédio e os Hicsos

13.ª – 14.ª dinastias, 1785 – 1680:

Estas duas dinastias tebanas incluem trinta e quatro faraós. A duração média dos reinados é de três anos. Os nomes destes soberanos encontram-se em Drioton-Vandier, *L'Egypte*, Paris, 1962, pág. 629-630.

15.ª – 16.ª dinastias Hicsos, 1785 – 1680:

15.ª   I. Seuserenré-Khyan   III. Nebkhepeshré-Apopi II
       II. Auserré-Apopi I   IV. Aasehré
                                      V. Aakenenré-Apopi

16.ª, dita dinastia dos «Pequenos Hicsos», no Baixo Egipto. Os seus nomes são sobretudo conhecidos através dos escarabeus (cf. Gauthier, *Livre des rois d'Egypte*, II, 133 e ss., Cairo, 1908).

17.ª dinastia tebana, 1680(?) – 1580:

Os faraós tebanos são contemporâneos e vassalos dos soberanos Hicsos (para os seus nomes, cf. Drioton-Vandier, *l.c.*, p. 630). Só os quatro últimos, que prepararam e começaram a luta contra os Hicsos, merecem menção:

       I. Nebkheperré-Antef VI   III. Sekenenré-Taá II
       II. Senakhtenré-Taá I   IV. Kamés (ou Kamosis)

QUADRO VIII

O Império Novo (1580 – 1160)([¹])

18.ª dinastia, 1580 – 1314:

I.	Amósis	1580 – 1558
II.	Amenófis I	1557 – 1526
III.	Tutmés I	1526 – 1512
IV.	Tutmés II }	1512 – 1482
V.	Hatshepsut }	
VI.	Tutmés III	1504 – 1450
VII.	Amenófis II	1450 – 1425
VIII.	Tutmés IV	1425 – 1417
IX.	Amenófis III	1417 – 1379
X.	Amenófis IV – Akhenáton	1378 – 1354
XI.	Semenkhkaré }	
XII.	Tutankamón }	1354 – 1314
XIII.	Aya }	
XIV.	Horemheb }	

19.ª dinastia, 1314 – 1200:

I.	Ramsés I	1314 – 1312
II.	Seti I	1312 – 1298
III.	Ramsés II	1301 – 1235
IV.	Mineptá	1234 – 1224
V.	Amenmés	1224 – 1219
VI.	Mineptá-Siptá	1219 – 1210
VII.	Seti II	1210 – 1205
VIII.	Ramsés-Siptá }	1205 – 1200
IX.	Iarsu }	

Início do 20.ª dinastia, 1200 – 1160:

Sethnokht	1200 – 1198
Ramsés III	1198 – 1166
Ramsés IV	1166 – 1160

([¹]) Encontrar-se-á o último estado das pesquisas cronológicas em Trigger, Kemp, O'Connor e Lloyd, *Ancient Egypt, A Social History*, Cambridge, 1983, p. 184. O início da 18.ª dinastia está fixado em 1553 (em vez de 1580), ficando a data da morte de Ramsés IV estabelecida em 1153 (em vez de 1160). Para as 19.ª e 20.ª dinastias seguimos a cronologia de J. Vandier em *l'Egypte*, «Clio», 1962, p. 631.

CAPÍTULO SEGUNDO

A Mesopotâmia
até às invasões aramaicas do fim do II milénio

INTRODUÇÃO

A terra. – Na sequência dos historiadores gregos, considerou-se durante muito tempo a Mesopotâmia, a bacia do Tigre e do Eufrates, como uma unidade geográfica e histórica. Tal concepção, hoje caduca, não resiste à análise dos factos. A Mesopotâmia divide-se em quatro regiões de características muito diferentes, constituídas por oásis mais ou menos extensos, separados por estepes secas e pedregosas ou por pântanos.

A Norte, estende-se a Alta Mesopotâmia, suficientemente húmida para que a agricultura possa depender das chuvas de Inverno. Compreende a Assíria, rosário de oásis que se desfia ao longo do Tigre e dos seus afluentes, e a Djeziré, estepe desolada que serve de pastagem após os períodos de chuvas.

Vêm, em seguida, o vale do Eufrates e a planície aluvial, sujeitos às cheias caprichosas dos rios, as do Eufrates em Abril e as do Tigre em Maio. A paisagem é, pois, modulada pelas aluviões. É uma terra fértil; a raridade das chuvas torna, no entanto, necessário um sistema de irrigação complexo e altamente aperfeiçoado. Esta irrigação intensiva acabará entretanto por arruinar os solos fazendo que apareçam à superfície os elementos de sais que se encontram a alguma profundidade.

Mais a Sul, a região dos grandes pântanos é um autêntico mar de caniços rico em caça e em peixe. É o refúgio dos fugitivos e dos proscritos. Julgou-se durante muito tempo que, na Antiguidade, as costas do golfo Pérsico deviam encontrar-se mais a Norte do que se encontram nos nossos dias e que, consequentemente, as grandes cidades sumérias se situavam à beira do mar. Mas os trabalhos dos geólogos ingleses G.M. Lees e N.R. Falcon tendem a fazer admitir uma formação muito mais antiga da região baixa. As cidades ter-se-iam então erguido nas margens de uma laguna de água doce.

Por fim, a Sudeste, no prolongamento da planície, estende-se a Susiana, franja do Elão, banhada pelos cursos do Karum e do Kerkha cujos altos vales abrigam as rotas comerciais que conduzem ao planalto iraniano.

As várias partes da Mesopotâmia apenas têm em comum a ausência quase geral de minérios, de pedra e de madeira de construção. É à argila do solo que a Mesopotâmia vai buscar o tijolo, o seu único material de construção juntamente com a cana.

Importante encruzilhada de estradas, a planície não deixa de lembrar uma grande avenida comercial. Para além do golfo Pérsico, o tráfico marítimo estende-se até ao Indo. Na própria planície, as rotas fluviais são acompanhadas pelas rotas das caravanas que chegam até à Síria do Norte, às regiões de Katna, de Alepo ou de Karkemish. De lá partem as principais vias de comunicação para a Ásia Menor, Palestina e Egipto, e, ao longo das costas do Líbano, para Chipre, Creta e ilhas do mar Egeu. Compreende-se então como o desejo de possuir um porto seguro no golfo Pérsico pôde suscitar conflitos. É óbvio que a vontade de controlar o conjunto das rotas comerciais da planície está na origem da formação dos grandes impérios.

Os habitantes. – A unidade de habitação, quadro habitual da vida na Mesopotâmia antiga, é a cidade. O florescimento urbano é marcado pelas fundações de cidades de que os textos se fazem eco: Uruk, Acad, Shubat--enlil, Kalá são exemplos ilustres entre tantos outros. Cada soberano faz questão em dar o seu nome a uma cidade: Dûr-Kurigalzu, Kâr-Tukulti--minurta, Dûr-Sharrukin. O Estado mesopotâmico é, primeiro que tudo, uma cidade, à qual o príncipe está ligado por estreitos laços; é igualmente uma dinastia, legitimação do seu poder. Ao longo dos séculos, desenha-se um esforço de urbanismo, cujo alcance nos escapa ainda dada a insuficiência das escavações arqueológicas. Só se conhecem relativamente bem as cidades de Assur e de Dûr-Sharrukin. Em Emar, na Síria do Norte, foi assinalado o plano em tabuleiro de xadrez da cidade do II milénio. As cidades estão divididas em bairros separados por grandes artérias: bairro dos templos, bairro dos palácios, bairro dos negociantes. Um grande espaço desabitado é reservado aos jardins e aos pomares. Se é verdade que a vida política, administrativa e religiosa tende a concentrar-se no centro da cidade, nos palácios e nos templos, as portas constituem o pólo de atracção da actividade comercial.

O espaço camponês está igualmente estruturado. Podem assinalar-se três zonas por assim dizer concêntricas: pomares e hortas, terras cerealíferas, terrenos de pastagem. Sente-se nesta repartição o abrandamento do esforço humano, à medida que nos afastamos do centro urbano. Esta disposição das pastagens nas zonas marginais é significativa: com efeito, ao lado do citadino e do aldeão, o segundo elemento do povoamento da Mesopotâmia é o nómada criador de rebanhos.

Entre as duas comunidades as relações são constantes, quer de ordem económica quer militar. Os nómadas constituem, para os sedentários, recrutas de segunda ordem. A Mesopotâmia antiga não conhece os grandes nómadas cameleiros: estes só aparecem no último milénio antes da nossa era. São «pré-beduínos», que vivem na órbita do mundo sedentário, por vezes absorvidos por ele. São igualmente povos serranos que, passando o Verão nas montanhas da Arménia e do Curdistão, são de lá escorraçados pelo frio e pela neve; refugiam-se então na Alta Mesopotâmia, de clima mais clemente. A penetração dos nómadas no meio sedentário segue um movimento lento, pacífico no seu conjunto. Entretanto, crises periódicas cujas razões, provavelmente de ordem demográfica, são difíceis de captar, provocam catástrofes. São as invasões. A Mesopotâmia conhece essencialmente duas: Amorreus e Arameus. Mas a dinastia nómada novamente instalada no trono urbaniza-se rapidamente e acaba por adquirir a mentalidade do citadino sedentarizado de longa data.

As descobertas. – Até ao século XVIII ignorava-se tudo ou quase das civilizações que tinham florescido na Mesopotâmia, durante a Antiguidade. As ruínas dos palácios, dos tempos e das capitais dormiam pacificamente debaixo dos *tells*, montículos formados pela acumulação de diversos níveis de ocupação e areias que estão hoje disseminados pela bacia dos dois rios. Só a Bíblia conservara a lembrança de alguns lugares célebres: Ur na Caldeia, pátria de Abraão; Ninive, a orgulhosa capital dos soberanos assírios; a torre de Babel, que os Judeus deportados para Babilónia haviam contemplado. Também os autores clássicos, Heródoto, Beroso, Estrabão, Eusébio, para só citar estes, traziam alguns pormenores muitas vezes pitorescos, sempre isolados, sobre esse mundo desaparecido. E os numerosos viajantes que, desde Benjamim de Tudela no século XII, haviam percorrido a Mesopotâmia, não tinham sabido despertar o interesse dos sábios e dos letrados.

Só no início do século XIX foram empreendidos trabalhos de envergadura. G.F. Grotefend, na sequência de uma aposta, interpreta com êxito um epitáfio real aqueménida cuja cópia, trazida por um viajante holandês um século antes, possui. Foi assim dado o primeiro passo para a decifração das escrituras cuneiformes. Em 1802, publica um alfabeto persa antigo ao qual E. Burnouf e Chr. Lassen acrescentarão as últimas rectificações em 1836. Entretanto, em 1843, H.C. Rawlinson, cônsul geral britânico em Bagdade, recomeça tudo a partir do zero, decifrando a versão persa da inscrição aqueménida de Behistun. Oito anos mais tarde, depois de tê-la identificado, publica a sua versão babilónica. Na mesma altura, E. Hincks descobre o carácter ao mesmo tempo silábico e ideográfico da escrita babilónica. Rawlinson por seu turno, em 1851, mostra o seu carácter polifónico. Em 1853, E. Norris publica a versão elamita da inscrição de Behistun. Em 1857, finalmente, H. Fox Talbot propõe a Rawlinson, Hincks e J. Oppert a tradução simultânea de um texto cuja aquisição acaba de fazer. Os resultados são probatórios: as quatro traduções concordam nos pontos essenciais. A escrita cuneiforme está decifrada.

Entrementes, as escavações começaram. Infelizmente, a ausência de técnicas, a preocupação de descobrir monumentos importantes e, sobretudo, tabuinhas inscritas prevalecem sobre toda a decapagem metódica. Sendo então a Assíria a única região a fornecer relevos monumentais, acabou por ser saqueada, pilhada, por campanhas sucessivas. A partir de 1842 sucedem-se as missões: escavações em Nínive, começadas por P.E. Botta e continuadas por A.H. Layard, H. Rassam e W.K. Loftus; escavações de Dúr-Sharrukin (Khorsabad), conduzidas por P.E. Botta e V. Place. A zona baixa, onde as escavações de Larsa, Ur e Eridu só forneciam ruínas de argila, foi poupada um pouco. Por falta de descobertas memoráveis a missão de F. Fresnel marca passo. Todavia, em 1877, E. de Sarzec descobre em Tello, a antiga Girzu, novos monumentos que J. Oppert atribui fundamentadamente aos Sumérios. Será preciso esperar por 1887 para ver o alemão R. Koldewey referenciar pela primeira vez níveis arqueológicos. Estavam dados os primeiros passos.

O historiador dispõe, actualmente, de uma massa considerável de documentos para assentar os seus conhecimentos. Após um século de pesquisas, os resultados adquiridos parecem notáveis, mas estão longe de ser completos. Em muitos pontos a nossa ignorância continua a ser total. A própria cronologia só está estabelecida com segurança a partir do século XIV da nossa era. Nenhuma nomenclatura, nenhuma periodização proposta é ainda satisfatória. E, o que é mais importante, ignoramos tudo, ou quase, acerca dos principais actores da história mesopotâmica, os Sumérios. Eles são os artífices da civilização urbana. A sua origem é obscura, a sua língua não se liga a nenhum agrupamento linguístico conhecido. Quanto às estruturas sociais, ao modo de vida, ao pensamento religioso, os estudos não fizeram mais que abordá-los até este momento. Depara-se aqui uma dupla dificuldade devida à natureza das nossas fontes: estas, obra da classe dos escribas e dos letrados, reflectem uma imagem parcial e já subjectiva da realidade; e, por outro lado, estão impregnadas de uma mentalidade muito afastada da nossa. O obstáculo é de importância. Ultrapassá-lo exige um método rigoroso, uma análise longa e paciente. A hora das grandes sínteses ainda não está próxima.

BIBLIOGRAFIA

Indicar-se-ão aqui apenas as obras de referência, que incluem, na sua maioria, abundantes bibliografias.

1. Arqueologia:

G. Contenau, *Manuel d'árchéologie orientale*, t. 1-4, Paris, 1927-1947.
R.W. Ehrich (ed.), *Chronologies in old world archaeology*, Chicago, 1965.
R.S. Ellis, *A bibliography of Mesopotamian archaeological sites*, Wiesbaden, 1972.
H. Frankfort, *The art and architecture of Ancient Orient*, Harmondsworth, Penguin Books, 1958.
B. Hrouda, *Vorderasien 1. Mesopotamien, Babylonien, Iran und Anatolien*, Munique, 1971.
J.-Cl. Margueron, *Mésopotamie*, Genebra, 1965.
A. Moortgat, *Die Kunst des alten Mesopotamien*, Colónia, 1967.
A. Parrot, *Archéologie mésopotamienne*, 2 vol., Paris, 1946-1963.
A. Parrot, *Sumer*, Paris, 1960.
A. Parrot, *Assur*, Paris, 1961.
J. B. Pritchard, *The Ancient Near East in Pictures*, Princeton, 1954.
E. Strommenger e R. Hirmer, *Cinq millénaires d'art mésopotamien*, Paris, 1964.

2. Epigrafia. Colecções de textos:

A. Finet, *Le code de Hammurabi*, Paris, 1973.
R. Labat et al., *Les religions du Proche-Orient*, Paris, 1970.
J. B. Pritchard, *lhe Ancient Near Eastern Texts relating to the Old Testament*, Princeton, 1955, suplemento 1969.
M.-J. Seux, *Hymnes et prières aux dieux de Babylonie et d'Assyrie*, Paris, 1976.
E. Sollberger e J.-R. Kupper, *Inscriptions royales sumériennes et akkadiennes*, Paris, 1971.

3. Manuais gerais. História geral:

E. Ebeling, B. Meissner, E. Weidneretal., *Reallexikon der Assyriologie*, Berlim, 1928-(em curso).
The Cambridge Ancient History, Cambridge, 1964.
Fischer Weltgeschichte, t. 2-4, Francoforte, 1965-1967.
D. Arnaud, *Le Proche-Orient ancien*, Paris, 1970.
J. Deshayes, *Les civilisations de l'Orient ancien*, Paris, 1969.
P. Garelli, *Le Proche-Orient asiatique*, col. «Nouvelle Clio», 2 vol., Paris, 1969-1974.
P. Garelli, *L'Assyriologie*, col. «Que sais-je?», Paris, 1972.
G. Goossens, *Asie occidentale ancienne*, Histoire universelle (Encyclopédie de la Pléiade), t. 1. Paris, 1955.
W. Hinz, *Das Reich Elam*, Estugarda, 1964.
S.N. Kramer, *The Sumerians*, Chicago, 1963.
S.N. Kramer, *L'histoire commence à Sumer*, Paris, 1975.
A.L. Oppenheim, *Ancient Mesopotamia*, Chicago, 1964.

4. História das Religiões. História das mentalidades:

J. Bottéro, *La religion babylonienne*, Paris, 1952.
E. Cassin, *La splendeur divine*, Paris, 1968.
E. Dhorme, *Les religions de Babylonie et d'Assyrie*, col. «Mana», Paris, 1949.
D.O. Edzard, em *Wörterbuch der Mythologie*, Estugarda, 1965.
H. Frankfort, J. A. Wilson, T. Jacobsen, *The Intellectual Adventure of Ancient Man*, Chicago, 1946.
S.N. Kramer, *Sumerian Mythology*, Nova Iorque, 1961.
J. Nougayrol e J.-M. Aynard, *La Mésopotamie*, Religions du Monde, Paris, 1965.
J. Nougayrol, *La religion babylonienne* Histoire des Religions (Encyclopédie de la Pléiade), t. I, Paris, 1970.
J. Van Dijk, *La sagesse suméro-akkadienne*, Leyde, 1953.

I. – A PROTO-HISTÓRIA MESOPOTÂMICA

1. As comunidades camponesas

A revolução neolítica está na origem de uma transformação radical das condições de vida do homem pré-histórico. A descoberta, fundamental, da agricultura e da criação de gado tem como corolário imediato uma libertação: o homem deixa de estar sujeito às vicissitudes da recolecção e da caça. O *habitat* estabiliza-se no meio de uma paisagem já transformada. Comunidades aldeãs fazem, então, o seu aparecimento.

Na Mesopotâmia, a história destas comunidades é ainda demasiado pouco conhecida para que seja possível traçar um quadro de conjunto. Os nossos conhecimentos neste domínio estão totalmente dependentes das escavações arqueológicas que ainda se encontram nos seus inícios, no que se refere a estas épocas altas. Demasiado raras, reduzidas com frequência a simples sondagens, carecendo de meios, elas ainda só clarificam alguns momentos, importantes sem dúvida, da proto-história. A cronologia é imprecisa, a datação com carbono 14 dá resultados demasiado vagos; o método estratigráfico é mais satisfatório: parte do princípio segundo o qual as sucessivas camadas de ocupação do solo revelam uma ordem cronológica que vai do mais recente para o mais antigo, isto é, para o mais profundo. A comparação dos resultados obtidos em vários locais e o ponto de referência dos níveis contemporâneos permitem estabelecer uma cronologia relativa. A partir daí, podem distinguir-se vários períodos. Mas a ausência de terminologia precisa constitui um obstáculo suplementar. Com efeito, concordou-se em designar as grandes épocas de acordo com o nome do local onde foram identificadas pela primeira vez, o que pode dar origem a uma certa confusão.

As primeiras fundações. – Em Maio de 1948 descobriram-se, a leste de Kirkuk, os vestígios do mais antigo estabelecimento sedentário conhecido. Trata-se da aldeia de Kalaat Jarmo que remontaria a meados do VII milénio (cerca de 6750 segundo a datação com carbono 14). As escavações puseram à luz do dia umas vinte casas de paredes de lama – calcula-se em cerca de 150 pessoas a população da aldeia –, algumas sepulturas, vasos de pedra, fragmentos de obsidiana, figurinhas de animais e de «deusas-mães» em argila. A utensilagem desenterrada é exclusivamente lítica. Verifica-se a ausência total de cerâmica. Numerosas ossadas de cabras, de carneiros, de bois, de porcos e de cães demonstram a domesticação destes animais. A presença de grãos de trigo e de cevada documenta o desenvolvimento da agricultura.

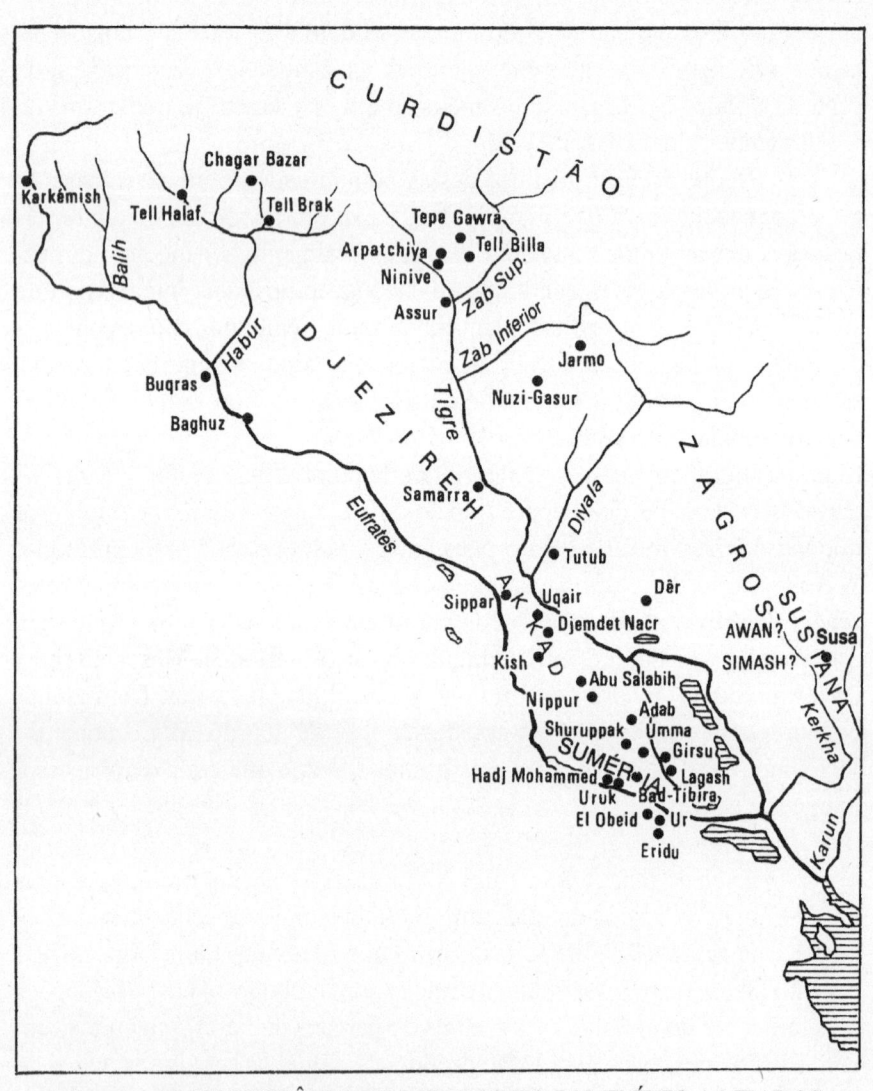

Mapa 1 – A MESOPOTÂMIA DE MEADOS DO 7.º MILÉNIO A MEADOS DO 3.º MILÉNIO

No VI milénio, a civilização de Hassuna – do nome de uma aldeia do vale do Tigre, a sul de Mossul – conhece a cerâmica. Esta é feita à mão, raramente polida; é pintada ou incisa, por vezes ambas as coisas. A pintura é baça, de cor vermelha-escura ou preta. Os temas decorativos são simples, sempre de inspiração não figurativa. As construções são feitas de taipa. A utensilagem, que ilustra a importância crescente da agricultura e da criação de gado (foices, machados, raspadeiras, buris) é essencialmente de pedra e de osso.

Também do VI milénio, a civilização de Samarra, denominada de acordo com o local de Samarra a norte de Bagdade, foi conhecida desde 1912. Encontramo-la em Nínive, em Baghuz, no Eufrates médio, e até na planície de Antioquia. As construções são de tijolo cru em formato grande. A cerâmica é monocromática, variando o tom do vermelho ao violáceo. Os motivos, de inspiração figurativa, mostram um gosto manifesto pela esquematização e pela abstracção; vê-se, por exemplo, uma dança de cabritos-monteses que se transforma em cruz de Malta. A cruz gamada, outro motivo frequentemente utilizado, tem talvez uma origem semelhante numa dança de quatro mulheres esguedelhadas.

Tell Halaf. – A civilização de Tell Halaf, no V milénio, mostra-se já muito mais complexa. Desde os vales do Tigre (Arpatchiya, Nínive) e de Habur (Tell Brak, Chagar Bazar, Tell Halaf), estende-se ao longo do Eufrates (Karkemish) e exerce a sua influência até ao Mediterrâneo (Ras Shamra) e Cilícia no Oeste, ao Sul do Iraque a Leste e à região do lago de Van no Norte. É bem conhecida desde as escavações do local de Arpatchiya, perto de Mossul. Fica-se impressionado pela frequência de edifícios circulares, alguns dos quais são precedidos de um vestíbulo rectangular. Desconhece-se ainda qual seria o destino destes *tholoi*. Foram já considerados fortalezas, celeiros, fornos, túmulos, santuários... É natural que não sejam simples casas de habitação. Constituem pelo menos uma componente característica da civilização de Tell Halaf. A cerâmica é de altíssima qualidade, ricamente decorada de temas naturalistas ou abstractos. Motivos novos, como os bucrânicos e os duplos machados gozam de grande favor, ao passo que a cruz gamada desaparece totalmente. O tema da «deusa mãe» está igualmente bem representado. Marcas de campânulas de argila e sinetes de pedras diversas testemunham o aparecimento da glíptica. A variedade das pedras utilizadas dá uma ideia da extensão das relações comerciais. A pedra, o osso e a argila continuam a ser os materiais preferidos para a utensilagem. Uma baixela de pedra foi encontrada em Arpatchiya. A grande novidade da época é a invenção de um processo para a fundição de certos metais, muito particularmente o cobre e o chumbo.

É sem dúvida na época de Tell Halaf que o sul do Iraque começa a ser habitado. Tal facto pode mesmo ter-se dado antes, se tivermos como ponto de referência alguns fragmentos de louça encontrados em Kish, Ur e Girsu, aparentados com a cerâmica de Hassuna. Os principais locais conhecidos nesta região são Kalaa Hadj Mohammed e Eridu. Kalaa Hadj Mohammed é um pequeno estabelecimento aldeão próximo de Uruk. Foi lá descoberta uma cerâmica feita à mão, de pintura geralmente brilhante, sempre monocromática (castanho-escuro, arroxeado, verde ou vermelho). Os temas decorativos são geométricos. Eridu, nas margens de uma laguna do Eufrates, é um local muito mais importante. Encontram-se aí nada menos que dezoito níveis de ocupação. No nível xvi pôde salientar-se o plano completo de um edifício. Trata-se de uma construção quadrangular dividida em duas por meio de pedras salientes. Um nicho contendo um pequeno pódio está implantado na parede do fundo. Um segundo pódio ergue-se no meio do compartimento. A presença deste nicho, a orientação dos ângulos para os pontos cardeais e o facto de a edícula se encontrar sob o zigurate mais recente de Ur-nammu fazem pensar que se está na presença de um templo. Quanto à cerâmica, ela é monocromática e decorada com motivos geométricos simples.

El Obeid. – Com a segunda metade do v milénio abre-se o período de El Obeid, que tira o seu nome de um sítio próximo da cidade de Ur. A nova civilização seria originária do Sul. Alguns arqueólogos consideram, de facto, que os níveis antigos de Eridu são a sua primeira manifestação. Seja como for, esta civilização estende-se pouco a pouco, e não sem violência, a toda a Mesopotâmia (El Obeid, Eridu, Gasur, Tepe Gawra, Nínive, Chagar Bazar, Ukair) e às regiões vizinhas (planície de Antioquia, Turquia, Irão). A aldeia de Arpatchiya apresenta as marcas das destruições e das pilhagens que acompanharam a sua progressão. Dois estabelecimentos são particularmente representativos desta época: Eridu, no Sul (níveis VI e VII), e Tepe Gawra, no Norte (níveis xix a xii).

O templo do nível VI de Eridu, construção de 23m por 12m, apresenta paredes regularmente aparelhadas de tijolo cru, o que supõe o uso de molde para fabrico de tijolos. Construído sobre uma grande plataforma, tem um plano complexo que prefigura o do templo sumério: grande sala central rodeada por um rosário de pequenos compartimentos anexos e provida de um altar numa das suas extremidades. No nível xiii de Tepe Gawra descobriu-se um conjunto de três templos construídos sobre uma esplanada de 30m². Um dos templos, de dimensões ligeiramente mais reduzidas que o de Eridu, 20m por 9m, apresenta um plano quase semelhante. Um queima-

-perfumes fornece indicações preciosas sobre a construção destes edifícios: nas suas paredes está figurado um edifício que comporta sete portas sobrepujadas de janelas triangulares e separadas por caneluras verticais.

A cerâmica utiliza, doravante, uma argila bem depurada. Introduz-se o uso da roda de oleiro. A decoração é monocromática, predominam os temas geométricos. Começam a aparecer timidamente figuras animais. Em Tepe Gawra pode mesmo observar-se uma representação humana, muito esquematizada é certo. Por outro lado, chegaram até nós figurinhas em terracota. Algumas dentre elas apresentam um fácies qualificado tradicionalmente de «ofidiano». A utensilagem continua a ser simples, a pedra e a argila são os materiais mais usados. A glíptica é abundante, sobretudo no Norte. É no domínio da metalurgia que se verifica a principal descoberta da época: assiste-se à implantação de um processo mais económico de fundição do metal; daí uma maior difusão de objectos manufacturados em metal, o que supõe além disso a possibilidade de fundir este último em moldes. O povo de Obeid controlou igualmente e tirou partido da força do vento, como o testemunha um modelo de barca em terracota proveniente de um túmulo de Eridu e que traz a indicação do sítio do mastro.

Em resumo, verifica-se que as comunidades camponesas, originalmente estabelecidas no sopé das montanhas, deixaram no VI milénio a zona do sopé e espalharam-se pelos vales dos rios para finalmente desembocarem na planície propriamente dita. As sondagens efectuadas no local de Bukras, no vale do Eufrates, nas imediações da foz do Habur, ilustram as dificuldades desta progressão. Dos três níveis sucessivos de ocupação, só o primeiro e o terceiro forneceram um mobiliário de carácter agrícola; o segundo reflecte um abandono momentâneo da actividade sedentária, sendo a utensilagem de tipo Paleolítico Superior. Não se conhecem as razões deste recuo, também verificado noutros lugares. Seja como for, a progressão dos estabelecimentos sedentários para regiões secas, onde a irrigação é necessária dada a insuficiência das chuvas, não pôde fazer-se sem a invenção de técnicas agrícolas novas e cada vez mais aperfeiçoadas.

A terra é a única fonte de riqueza, fornece o alimento assim como o material de construção. Para obter as matérias-primas que lhe faltam, a aldeia deve mostrar-se capaz de produzir um excedente alimentar. Este último serve de moeda de troca para as transacções comerciais. Nada se sabe acerca da organização política e social. Quanto às crenças religiosas, estamos reduzidos a simples conjecturas. É possível que, na época de Obeid, um deus-lua tenha sido venerado em Ur e que um culto do deus das águas tenha sido praticado em Eridu. Unico elemento positivo fornecido pela arqueologia, o culto das «deusas-mães» é universalmente atestado.

2. As cidades

A revolução urbana. – É uma segunda revolução que marca os verdadeiros inícios da história mesopotâmica: a revolução urbana. As perturbações que daí decorrem verificam-se na charneira dos IV e III milénios. Terão os seus prolongamentos até cerca de 2100 antes da nossa era. Este longo período é tradicionalmente subdividido pelos arqueólogos e pelos historiadores em várias fases: épocas de Uruk e de Djemdet Nasr, dinástica arcaica, império de Acad. Uma tal divisão pode parecer cómoda para o estabelecimento de pontos de referência cronológicos relativamente precisos, mas só debilmente reflecte a natureza dos acontecimentos que se desenrolam. Na realidade, estamos em presença de um período particularmente homogéneo, precisamente o da revolução urbana, que começa aquando da construção dos primeiros templos de Uruk e termina com a urbanização da Mesopotâmia do Norte sob os reis de Acad.

Os primórdios. – As incoerências no material arqueológico traduzem toda a confusão que presidiu aos primeiros passos da urbanização, nas épocas de Uruk e de Djemdet Nasr, uma e outra caracterizadas pela sua cerâmica. A de Uruk só progressivamente vai suplantando a de Obeid, sempre presente nas camadas arqueológicas. Vermelha ou cinzenta, conforme o grau de cozedura, não traz qualquer decoração. Ao mesmo tempo, aparecem formas novas. Reconhece-se nela a influência das artes do metal. Quanto à cerâmica de Djemdet Nasr, ela é inteiramente diferente. O uso da policromia é nela introduzido, a decoração geométrica e os temas naturalistas conhecem um novo desenvolvimento.

É igualmente estranho ver os templos da época de Uruk, construídos com tanto cuidado, abandonados muito pouco tempo depois. O conjunto arquitectónico descoberto no bairro de E.ana em Uruk é datado do nível IV. Trata-se de uma vasta esplanada delimitada por dois templos, uma sala de colunas e uma instalação de banhos. Um terceiro templo de dimensões impressionantes, 80m por 30, erguia-se a nordeste desta esplanada; foram encontradas as suas fundações em calcário. Todos estes templos apresentam o mesmo plano: uma grande sala cruciforme flanqueada por múltiplos compartimentos anexos. Algumas construções estão decoradas com mosaicos compostos de cones vermelhos, brancos e pretos, variadamente dispostos e figurando diagonais, gregas, triângulos e losangos. Um tal trabalho exigiria a presença de equipas coerentes, construtores e decoradores, de uma mão-de-obra numerosa que obedecia a instruções precisas e utilizando planos e esboços preparados antecipadamente e até aos mínimos pormenores. Tais realizações não podem conceber-se no quadro de uma economia camponesa.

Ora, a passagem da época de Uruk para a de Djemdet Nasr é marcada por uma mudança completa das práticas culturais, mudança cujo sentido e alcance nos escapam. Os templos do bairro de E.ana são destruídos, o seu mobiliário é reunido num edifício especialmente arranjado para esse efeito e um novo templo é construído num outro bairro, o de Kulaba. Presentemente, o templo levanta-se no cimo de uma alta plataforma, antepassado provável do zigurate.

Mas o aparecimento da cidade é, antes de tudo, um desfraldar de novidades. A invenção da roda revoluciona a arte do oleiro que, de ocupação doméstica passa a ser trabalho de especialista. O cilindro-sinete substitui o selo; o gravador encontra aí uma superfície gráfica muito maior, pode a partir de então ornar com motivos gravados todo o revestimento cilíndrico do sinete que se aplica sobre a argila. Esta nova superfície gráfica suscita composições novas, nas quais as cenas rituais detêm um lugar considerável. As artes do metal conhecem um grande florescimento, como o atesta a oficina de ferreiro descoberta em Uruk. O papel que os ferreiros devem ter desempenhado no processo de urbanização foi muitas vezes avançado pelos historiadores e pelos arqueólogos; alguns especialistas consideram-no absolutamente essencial, mas é difícil aceitar tais opiniões. É verdade que os nomes de Sippar e de Bad-tibira, cidades reputadas aos olhos dos antigos pela sua altíssima Antiguidade, evocam, aparentemente, o metal e a arte do ferreiro, mas trata-se muito provavelmente de etimologias populares ou segundas.

A grande inovação do tempo é, sem dúvida, a da escrita. As primeiras tabuinhas inscritas datam do nível IV de Uruk. Sendo a pedra rara, utiliza-se sobretudo a argila como suporte do texto. A escrita é ainda um sistema muito imperfeito que irá melhorando de descoberta em descoberta. Procura condensar-se numa pequena superfície um número importante de signos que exprimem um pensamento. As tabuinhas desta época estão cobertas de pictogramas que representam a silhueta dos objectos designados ou, mais geralmente, obedecem a uma simbólica que se encontra também na arte pictórica. A escrita, nos seus inícios, não procura reproduzir a flexão gramatical de uma frase ou de uma proposição, contentando-se com fixar na argila as palavras, os pontos essenciais da mensagem que se quer transmitir. Após alguns séculos de pesquisas, a descoberta do valor fonético do signo permitirá transcrever de modo mais perfeito a língua falada. Ao mesmo tempo, como não é fácil desenhar, sem rebarbas, linhas curvas em argila, os escribas optarão por quebrar os contornos dos desenhos e representar o signo pretendido por um conjunto de curtas incisões em forma de cunhas. O sistema torna-se cada vez mais abstracto. Assim nasceu a escrita cuneiforme.

A vida na cidade. – As cidades continuam a estar profundamente ligadas aos campos: os quintais e pomares penetram-nas, camponeses e trabalhadores agrícolas vivem nelas, os celeiros e as tulhas erguem-se no seu interior. O ritmo de vida continua a ser o dos trabalhos dos campos.

Ignoramos o grau de organização atingido pela cidade nova. Algumas representações figuradas provenientes de Uruk mostram um homem barbudo, vestido com uma túnica e com um turbante na cabeça. Armado com o arco ou a lança, recebe a submissão dos vencidos, assiste à execução dos prisioneiros ou caça o leão. Tratar-se-á do chefe da comunidade ou este é incarnado por essoutra personagem bem reconhecível nos documentos pela saia emalhada com que está vestido e que parece desempenhar um papel importante nas cerimónias ligadas ao culto da deusa Inanna? No estado actual das fontes é impossível dizê-lo. Um certo número de documentos, todos eles originários de Uruk excepto um único encontrado em Tell Billa, traz um desenho próximo do sinal gráfico *en*. Este signo designará mais tarde o «senhor» ou o «sacerdote»; mais precisamente em Uruk, *en* será o título real. Poderá atribuir-se esse valor ao nosso desenho? Não poderemos afirmá-lo categoricamente.

A residência do príncipe, sede do poder executivo, não é conhecida. É talvez o templo, que domina o conjunto da cidade com a sua massa imponente e desempenha um papel essencial na vida económica em virtude das suas propriedades fundiárias. Textos épicos mais recentes descrevem a recepção oferecida pelo rei de Uruk a uma embaixada estrangeira: a cena desenrola-se no pátio do templo. Mas o que talvez seja verdade em Uruk não o é necessariamente noutro lado. As escavações de Djemdet Nasr revelaram os vestígios de uma construção imponente que não é necessariamente um templo. Geralmente qualificado de «palácio-templo» pelos arqueólogos, a sua função precisa continua a ser um enigma. De resto, ainda está incompletamente escavado.

No domínio das artes figurativas, os temas da guerra e da caça fazem o seu aparecimento. Uma estela de Uruk representa uma caça ao leão. A execução dos prisioneiros nus, acocorados, com os braços ligados atrás das costas, é bem atestada pela glíptica. Encontradas em Uruk, estatuetas de personagens nus, igualmente acocoradas, braços e pernas atados, evocam a mesma cena.

As ideias religiosas do tempo ainda não nos são claramente perceptíveis. Os arqueólogos alemães pensam que em Uruk apenas terá havido dois templos simultaneamente ao serviço na cidade: estar-se-ia, portanto, em presença do culto de uma díade divina. As tabuinhas inscritas e os relevos permitem-nos identificar um certo número de divindades. As principais dentre elas são Inanna, deusa da fecundidade, An, deus do céu, e Enlil, deus da atmosfera.

A Mesopotâmia do Norte. – No norte da Mesopotâmia, foi em Tepe Gwara que foram as descobertas mais espectaculares. Estamos em presença de uma cidade fortificada. A muralha é fendida por duas grandes portas flanqueadas de torres e ligadas entre si por uma grande artéria que divide a cidade em duas. No centro da aglomeração encontra-se uma cidadela de plano circular à qual se tem acesso por uma rampa única. É de notar o facto de a construção principal que domina a cidade não ser o templo, mas a cidadela. O templo é de dimensões modestas. É concebido segundo um plano inteiramente diferente dos do Sul: é, segundo a expressão de Andrae, do tipo do *Herdhaustempel* com uma grande sala única. O fim do período é marcado pela construção de uma acrópole que apresenta um grupo de quatro templos, como se o elemento religioso ganhasse uma importância crescente na economia da cidade à medida que esta se desenvolvia.

Ao lado das descobertas feitas em Tepe Gwara, as escavações das outras cidades da Mesopotâmia do Norte parecem secundárias. Foi descoberta uma muralha em Gray Resh. Quanto ao templo de Tell Brak, designado sob o nome de *Eye-temple* pelos arqueólogos por causa das curiosas figurinhas de olhos proeminentes que lá foram encontradas, está decorado com mosaicos, reflecte talvez uma influência meridional.

O povoamento da Mesopotâmia. – Os primeiros habitantes da Mesopotâmia não eram seguramente Sumérios. É tudo o que é possível afirmar com base nos nossos conhecimentos linguísticos. Com efeito, a etimologia suméria não explica numerosos nomes geográficos – sem falar dos do Tigre e do Eufrates –, nem muitos termos técnicos referentes à agricultura (charrua, feitor, pastor, palmeira, etc.) ou ao artesanato (ferreiro, carpinteiro, tecelão, oleiro, etc.). A arqueologia mantém-se muda quanto a este problema e os resultados da antropologia são vagos.

É só na época de Djemdet Nasr que um texto de Uruk menciona o nome próprio sumério *En.lil.ti* («Enlil mantém em vida»). É o primeiro testemunho de uma presença suméria no sul do Iraque. Quem são os Sumérios? Donde vieram? Quando chegaram? As hipóteses pululam, mas certezas não há nenhuma. Seja como for, a simbiose com as populações mais antigas faz-se rapidamente, impondo aos Sumérios o seu alto nível de cultura.

Julgamos poder afirmar que, aquando da chegada dos Sumérios, populações semíticas movimentam-se já na região baixa mesopotâmica; um certo número de termos técnicos sumérios derivam, de facto, de raízes semíticas (comprar, cebola, escravo, etc.).

A tradição mesopotâmica. – O mitógrafo sumério conservará, nos seus escritos, a recordação das origens longínquas da sua história. Lembrar-se-á do tempo em que fora preciso arrancar às areias movediças, aos pântanos e às lagunas o próprio solo sobre o qual se erguerão os principais focos da sua civilização. Duas cidades, na sua opinião, detêm um lugar especial. Em primeiro lugar, Eridu, a morada do deus Enki, o organizador do mundo, e a primeira residência real depois de a realeza ter descido do céu. E em Eridu que a tradição fixa a morada dos Sete Sábios que transmitiram o seu saber a toda a humanidade. Em seguida vem Uruk, para onde a deusa Inanna trouxe os poderes divinos que regulam a ordem do mundo, depois de os ter retirado a Enki, no decurso de um banquete oferecido em sua honra. Pondo em relevo o papel preponderante que estas duas cidades desempenharam na alta Antiguidade mesopotâmica, a arquelogia parece confirmar os dados da tradição.

Susiana (Elão). – Separada do sul da Mesopotâmia por pântanos e lagunas, em contacto com o planalto iraniano através dos altos vales dos rios, a planície susiana sofre a influência dos seus dois vizinhos. O seu local mais importante é Susa. A mais antiga civilização conhecida é aparentada à de Obeid. Deixou uma cerâmica de altíssima qualidade cujos temas decorativos lembram os da Mesopotâmia. Esta alta civilização conhece uma paragem brutal em pleno desabrochar. Susa sofre, de facto, a repercussão da revolução urbana. A partir daí, abre-se uma nova fase da história da cidade, dominada pelo aparecimento de uma escrita pictográfica totalmente independente do sistema mesopotâmico, a escrita proto-elamita. No seu conjunto, os textos encontrados têm um claro carácter económico, embora a escrita ainda não esteja decifrada. Segundo toda a verosimilhança, trata-se de inventários ou actas de vendas. No meio de entalhes que correspondem a cifras reconhecem-se animais, vasos e utensílios diversos. É preciso concluir daí que, perante as mesmas necessidades, as escolas de escribas elamitas e mesopotâmicas elaboraram sistemas de modo autónomo. Susa afirma, portanto, a sua individualidade; a glíptica e a cerâmica, também muito afastadas das da Mesopotâmia, são outras expressões dessa mesma individualidade.

	Mesopotâmia do Sul	Mesopotâmia do Norte	Elão
7000			
		Jarmo	
6500			
6000			
		Hassuna	
5500	Fragmentos de louça em Kish, Girsu e Ur.		
		Samarra	
5000			
	Hadj Mohammed Eridu XV	Tell Halaf	
4500			
	El Obeid	Tepe Gawra XIX-XII	Susa A
4000			
3500			B
3000	Uruk V-IV	Tepe Gawra XI-VII	C
2800	Djemdet Nasr		
	Uruk III-II		

Fig. 1 – Quadro cronológico da proto-história mesopotâmica

II. – O DINÁSTICO ARCAICO

O período que se convencionou chamar «dinástico arcaico» é caracterizado pelo desenvolvimento da urbanização no sul da Mesopotâmia, mais precisamente nas margens da laguna, do Eufrates e ao longo de um canal que liga este rio ao Tigre. As cidades, continuamente aumentadas e restauradas, ou mesmo reconstruídas, acabam por se levantar sobre montículos artificiais que as punham ao abrigo das inundações. *Habitat* privilegiado por isso mesmo, elas acabam por tornar-se centros de pequenos Estados ciosamente agarrados à sua independência.

A cronologia do período deve muito à conjectura e à hipótese. Se as fontes escritas começam a tornar-se numerosas, a verdade é que a sua distribuição e o seu valor histórico são muito desiguais; deixam ainda muitos pontos na sombra; as inscrições reais dão apenas uma visão parcial da situação; os dados da historiografia mesopotâmica estão sujeitos a caução: Lista real suméria, inscrição do Tummal ou Crónica do Esangil são textos tardios escritos numa perspectiva que não é a do dinástico arcaico.

Este inicia-se por volta de 2800. Esta data pode ser avançada com a ajuda da cronologia egípcia, mais bem firmada: semelhanças no material arqueológico estabelecem, de facto, um sincronismo entre o período tinita e o de Djemdet Nasr. Chega ao fim com a fundação de Acad por Sargão, por volta de 2340. Os arqueólogos dividem-no em três subperíodos. Esta divisão pode parecer arbitrária, embora constitua uma cómoda hipótese de trabalho.

1. Os factos
O dinástico arcaico I (2800-2700 aprox.). – É muito mal conhecido. É a época do dilúvio. A tradição conta que, cansados do barulho feito pela humanidade, os deuses resolvem destruí-la. Um texto mítico acádico, recentemente descoberto nas reservas do British Museum, relata as diferentes fases da intervenção divina. Os deuses provocam, primeiro, uma terrível epidemia com o objectivo de dizimar a humanidade. Mas o estratagema falha e é também em vão que deixam que a seca devaste o mundo. Por fim, decidem provocar o dilúvio. Desta vez um único homem, fiel ao seu Deus, consegue sobreviver e assegura a perpetuação do género humano: é Ziusudra ou Shurupak da tradição suméria, Atrahasis ou Uta-napishtim da tradição acádica. Durante muito tempo, os arqueólogos procuram os vestígios deste dilúvio. Leonard Woolley julgou tê-los encontrado em Ur, mas os trabalhos posteriores não confirmaram a sua hipótese. A falta de marca visível na estratigrafia dos estaleiros de escavações, muitas opiniões foram emitidas, negando o acontecimento ou então reduzindo-o a uma catástro-

fe natural que teria marcado o fim da última glaciação. A possibilidade de uma inundação particularmente devastadora, mas localizada num local preciso, foi igualmente encarada. No entanto, nenhuma destas hipóteses é convincente pelo que o problema se mantém sem solução.

A Lista real suméria diz-nos que, a seguir ao dilúvio, a realeza, dom do céu, coube a Kish. Esta Lista real é o documento de referência para o estudo do dinástico arcaico. Apresenta a história mesopotâmica como uma sucessão de dinastias que, instaladas em cidades diferentes, estendem alternadamente a sua hegemonia sobre toda a Suméria. A sua interpretação dos factos é fortemente contestável: exprime as tendências imperialistas dos reis que a estabeleceram em fins do III milénio. Mas, se o carácter político do texto não oferece dúvidas, o seu valor histórico é de difícil apreciação. Terá de acreditar-se na existência do sentimento mais ou menos afirmado de pertencer a um mesmo conjunto, não obstante a existência de uma poderosa força centrífuga?

A existência de uma anfictionia das cidades suméricas é admitida por alguns historiadores. O seu centro seria Nippur que beneficia de um prestígio considerável. O próprio nome da Suméria, Kenger, designava originariamente a região de Nippur. A cidade nunca é capital de um Estado ou sede de realeza, é um centro religioso situado a meio caminho entre a Suméria e Acad. O seu deus, Enlil, é o chefe do panteão, é ele que confere a sua autoridade aos reis e aos príncipes. Um certo número de textos mais recentes alude à eleição de um chefe comum às cidades suméricas, realizando-se essa eleição em Nippur, possivelmente.

Outros historiadores julgam perfeitamente possível que, no início do dinástico arcaico, a Suméria tenha sido unificada sob a autoridade dos reis de Kish. A Lista real faz desta cidade a primeira capital, após o dilúvio. Quanto à lenda, considera um dos seus príncipes, Etana, «aquele que subiu ao céu», como o primeiro rei da humanidade. O título de «rei de Kish» implicará, mais tarde, a soberania sobre a Suméria e Acad.

É um problema inteiramente diferente o que é levantado por T. Jacobsen. Este sábio julgou encontrar em algumas fontes a lembrança de um sistema político no qual pretende reconhecer uma forma de «democracia primitiva». Vários mitos e narrativas épicas suméricas e acádicas apresentam, de facto, os deuses reunidos em assembleia à volta de um chefe. Nas cidades da época, a assembleia, reunindo conforme o caso os Antigos ou os homens em armas, teria sido soberana. O chefe, eleito, ter-se-ia contentado com dirigir o debate. Em caso de guerra, a assembleia teria designado para o decorrer do conflito um *lugal*, «grande homem», geralmente rico proprietário capaz de trazer tropas para a sua clientela.

O primeiro terço do dinástico arcaico continua, pois, a ser um período obscuro para nós. Há sem dúvida que ver detrás das narrações míticas e lendárias um fundo histórico. Terá de facto existido um reino de Kish, fundado por Etana?

O dinástico arcaico II (2700-2550 aprox.). – Ao lado dos textos épicos e mitológicos, os documentos contemporâneos tornam-se mais numerosos e com eles há mais e maiores certezas. No plano arqueológico, o uso do tijolo plano-convexo é atestado por todo o lado. As cidades rodeiam-se de sólidas muralhas; a de Uruk, por exemplo, atribuída a Gilgamesh, não tem menos de 9 km. O regime político característico do dinástico arcaico, o das cidades-Estados rivais e ciosas da sua independência, está no apogeu. As narrativas épicas que glorificam as proezas militares dos reis fazem-se eco desta situação.

Uma vez mais, é a história de Uruk que conhecemos melhor. Os reis usam lá o título de *en* e detêm, ao que parece, as funções de grande sacerdote da deusa Inanna. Residem no templo. Os dois primeiros são designados pela Lista real como descendentes do Sol; o segundo Enmerkar, passa por ser o fundador da cidade: é preciso entender, provavelmente, que ele reúne os dois bairros de E.ana e de Kulaba num mesmo aglomerado. Enmerkar é o herói de um ciclo de quatro epopeias que ilustram as relações entre Uruk e a Cidade-Estado de Aratta, cidade verosimilmente iraniana. Com a ajuda desta última, o rei de Uruk consegue libertar-se da opressão de um invasor vindo do Oeste. Os reis das duas cidades decidem, então, estabelecer relações comerciais, mas surgem os desentendimentos e estala a guerra; Uruk acaba por levar a melhor. Duas epopeias associam Enmerkar e Lugal-banda, seu sucessor no trono de Uruk. O rei mais ilustre da cidade é, sem dúvida, Gilgamesh, herói de numerosas composições literárias e da mais célebre epopeia da literatura mesopotâmica. Contestada durante muito tempo, a historicidade de Gilgamesh já não pode, actualmente, continuar a ser posta em dúvida. Sabe-se que ele restaura um templo em Nippur e se torna senhor de Kish pela sua vitória sobre Ma.

Na época de Gilgamesh, ou pouco tempo antes, duas outras cidades entram na história: Kish e Ur.

Em Kish, Mebaragesi é o mais antigo rei mesopotâmico de que se possuem inscrições; foram descobertas em Hafadje, a antiga Tubub, no vale de Diyala. É o pai de Alça, o adversário infeliz de Gilgamesh. A Lista real atribui-lhe a glória de uma campanha contra o Elão. As disputas de Kish com o Elão são conhecidas pela inscrição de um outro príncipe, Uhub, filho de Puzuzu, que se vangloria de uma vitória sobre Hamazi, um Estado elamita. Estas guerras têm, sem dúvida, como teatro o vale de Diyala: é de facto por ele que passam as estradas comerciais que levam da Mesopotâmia ao Irão. Uma população iraniana encontra-se aí misturada com um povoamento semítico.

Em Mes-ane-pada, Ur sai da penumbra. O seu sinete foi encontrado aquando das escavações. Ele arroga-se o título de «rei de Kish», exprimindo assim as suas pretensões à soberania sobre a Babilónia do Norte.

Outros reis usam o título de «rei de Kish». O mais conhecido é Mesalim. O seu nome não figura na Lista real, mas deixou inscrições em Abad e em Girsu. Sabe-se, pelo cone de Entemena, que arbitra um conflito entre Lagash e Umma. Há, pois, alguma possibilidade de ter reinado sobre um Estado que englobasse pelo menos as três cidades mencionadas. Nada se sabe sobre as suas origens; o seu deus pessoal é Ishtaran, o que parece aproximá-lo de Der, de cidade próxima da fronteira elamita.

O dinástico arcaico III (2550-2300 aprox.). – Presentemente, as inscrições reais e, de uma maneira geral, o conjunto das fontes contemporâneas compensam largamente as insuficiências da Lista real. As inscrições oficiais, feitas muitas vezes sobre pedra ou metal, juntam-se pela primeira vez os documentos de arquivos em argila, como os de Tello, a antiga Girsu, ou de Bismaya, a antiga Adab. Por fim, colecções literárias e textos lexicográficos foram encontrados em Fara, a antiga Shuruppak, e em Abu Salabih, cujo nome antigo ignoramos. Nestes textos, os reis da primeira dinastia de Uruk já são divinizados.

As guerras contra o Elão são uma das constantes deste período conturbado. Todo o rei de Lagash, à procura de glória militar, se gaba de uma vitória sobre o Elão. Dois outros conflitos marcam a história destes últimos séculos do dinástico arcaico: um opõe Uruk a Ur, outro Lagash a Umma. Estes conflitos reduzem-se a incidentes fronteiriços.

A história de Ur no dinástico arcaico III abre-se com o enigma dos célebres túmulos reais: reis e rainhas encontram-se acompanhados na morte por um grande número de homens e de mulheres. Um dos túmulos tem nada mais nada menos que setenta e quatro corpos. Tais hecatombes, atestadas numa menor escala também em Kish e talvez em Mari – mas o facto é muito contestável para esta última – são únicas na história da Mesopotâmia. A perfeita arrumação das sepulturas parece indicar que as vítimas são consencientes. Todos os textos que podem esclarecer-nos são mais recentes e nenhum faz directamente alusão a assassínios rituais ou suicídios colectivos. Pensa-se muito naturalmente na narrativa da «Morte de

Gilgamesh» em que o herói faz oferenda aos deuses por si próprio e pelos que repousam com ele: mulher, concubina, filho e servos. Podem também relacionar-se com isto os ritos que acompanham a morte do rei da Assíria e cuja lembrança é conservada por uma passagem bíblica: ao som da harpa e da lira, o soberano assírio parte para o Além com o seu cortejo de carpidores e carpideiras. Os túmulos de Ur evocariam o tempo em que, por morte do rei, os actores do rito funerário eram, no fim, efectivamente mortos? A hipótese é tentadora. Conservaram-se os nomes dos reis e das rainhas que lá estão sepultados: Mes-Kalam-du, seu filho A-Kalam-du e suas esposas, Pu-abi e A-Shusikil-dingira. A Lista real não lhes fez qualquer menção.

Algumas gerações mais tarde, um rei de Ur, En-Shakush-ana, apodera-se de Uruk e põe fim ao velho conflito entre as duas cidades. Inaugura a dupla realeza de Ur e de Uruk que durará até Sargão de Acad. Kish, Akshak e muito provavelmente Nippur estão-lhe submetidas. O seu sucessor, Lugal-Jinishe-dudu, conclui uma aliança com Entemena de Lagash. Depois dele, Lugal-Kisalsi será derrubado pelo rei de Umma, Lugal-zagesi.

Passada em silêncio pelo autor da Lista real, a dinastia de Lagash é fundada por volta de 2550 por Ur-nanshe; originário do Oeste, este príncipe estabelece-se em Lagash tirando partido das desordens provocadas, provavelmente, pelos Elamitas, na Suméria. É sem dúvida um semita, que de resto não esconde as suas origens estrangeiras. Grande construtor, o porto de Lagash deve-lhe o facto de se ter tornado numa das encruzilhadas mais movimentadas do golfo Pérsico.

O reinado de Eanatum (por volta de 2470), segundo sucessor de Ur-nanshe, marca o apogeu de Lagash. Depois de ter esmagado os exércitos de Umma, obriga esta cidade a ceder-lhe territórios contestados. Parte seguidamente em campanha contra Uruk, Ur e Akshak. Tendo-se apoderado de Kish, toma o título de «rei de Kish» e coloca-se sob a protecção de Inanna, deusa tutelar da cidade. Guerreia até à Síria do Norte e até à Assíria e teria posto fim à dinastia de Mari. Repele, por fim, uma invasão elamita. A lembrança das suas vitórias está para sempre perpetuada pela estela dos Abutres.

Os seus sucessores são menos gloriosos. Sob Eanatum, a cidade de Umma rebela-se e ataca de surpresa. Enanatum é morto. O seu filho, Entemena (por volta de 2430), domina de novo a situação e, para assegurar a sua defesa, conclui um tratado de aliança com Uruk. Após Entemena o poderio de Lagash declina. Aparecem usurpadores, bandos elamitas devastam o país. Aproveitando-se de um golpe de Estado, Uru'inimgina (por volta de 2330) toma o poder. Autor de uma colecção de leis, pretende pôr termo aos abusos dos seus predecessores restituindo à autoridade eclesiástica os bens que a família real lhe arrebatara. Mas o seu reino é curto, Lugal-zagesi de Umma expulsa-o de Lagash antes de se voltar contra Ur e Uruk. Uru'inimgina consegue, no entanto, manter-se à cabeça de um principado reduzido, estabelecendo a nova residência real em Girsu. Morre alguns anos mais tarde.

Sendo as fontes raras, a história das outras cidades mesopotâmicas permanece ainda na sombra. Uma longa narração, de autenticidade duvidosa e conhecida apenas através de cópias tardias, atribui a Lugal-ane-mundu de Adab o título de «rei das quatro regiões» na sequência da sua vitória sobre o Elão.

Nippur, como vimos tem um lugar à parte na história da Suméria. Centro do culto de Enlil, nunca aparece como parte comprometida num conflito. Nenhum texto fala de guerra conduzida contra ela ou de cerco que tenha sofrido; pelo contrário, todos os reis pretendem os favores do seu clero e do seu deus. En-shakush-ana traz-lhe os despojos de Kish. Todos os grandes soberanos fazem questão em honrar o seu templo, o Ekur, que restauram ou aumentam; a Crónica do Tummal, o bairro sagrado da cidade, dá conta dos seus trabalhos.

A história de Kish é muito mal conhecida. O último rei desta cidade é Urzababa; é derrubado pelo seu escanção, o futuro Sargão de Acad.

Ao longo do dinástico arcaico III, nenhuma cidade chega, pois, a impor-se de forma duradoura. Muito pelo contrário, as cidades estão sempre em guerra umas com as outras. Se algumas alianças se esboçam aqui e ali, acabam por ser raras e efémeras.

Com o reinado de Lugal-zagesi (por volta de 2320) abre-se o último capítulo da história do dinástico arcaico. Rei de Umma, destrói Lagash, obrigando Uru'inimgina a fugir e apodera-se da dupla realeza de Ur e de Uruk. Escolhe esta cidade para capital e faz-se reconhecer pelo clero de Nippur. A Lista real cita-o como o único rei da terceira dinastia de Uruk. A narração dos seus triunfos figura em vasos dedicados ao deus Enlil, em Nippur. Reúne sob a sua autoridade toda a Suméria e teria efectuado uma expedição até às costas do Mediterrâneo. O seu Império põe fim ao regime das Cidades-Estados. Um novo ideal político faz o seu aparecimento, mas não terá tempo de realizá-lo ele próprio, porquanto Sargão de Acad acabara por derrubá-lo do seu trono após uma longa guerra.

2. A Cidade-Estado

A organização. – O rei governa a cidade; é um grande proprietário. Quer seja *en*, como em Uruk, *lugal*, como em Ur, *ensi*, como em Lagash, ele é sempre o eleito dos deuses que representa na cidade. É o juiz supremo; é a ele que compete construir e restaurar os templos, manter os canais de irrigação e defender o país. A hierarquia entre os vários títulos reais é difícil de estabelecer, pois tiram os seus nomes dos usos locais. Os reis de Umma são qualificados de *ensi* pelos seus inimigos de Lagash, ao passo que eles próprios se consideram como *lugal*. Só a partir do reinado de Lugal-zagesi uma diferença de categoria aparece entre *lugal* e *ensi*, estando este último às ordens do primeiro. Com efeito, a instituição real tal como podemos captá-la a partir dos textos, parece de concepção recente; teria sido elaborada no fim do dinástico arcaico II.

Parece, de facto, que os historiadores modernos têm tendência para atribuir uma importância desmesurada ao título, mais tarde prestigioso, de *lugal-kishi*, «rei de Kish», título que os próprios Mesopotâmicos compreenderão, mas só nos II e I milénios, como «rei do universo». No dinástico arcaico, o *lugal-kishi* é um rei que obteve uma vitória sobre o norte da Babilónia, ainda que esse «norte» seja próximo da sua própria capital.

Se o *en* de Uruk parece deter os dois poderes, executivo e religioso, parece que não poderá dizer-se o mesmo do *ensi* de Lagash ou do *lugal*. Em Lagash, a administração dos bens do templo está nas mãos do *sanga*, que é mais um administrador que um sacerdote. A bem dizer, é totalmente anacrónico falar de uma separação dos poderes no dinástico arcaico. Quer o rei acumule quer não as funções de príncipe e de grande sacerdote, as relações entre os sectores do templo e do palácio são complexas, indo da coexistência à interdependência. Designado pelos deuses, o soberano tem necessidade da investidura do sacerdote; para evitar conflitos, alguns sacerdotes puderam ser escolhidos entre os membros da família real; inversamente, é conhecido, em Lagash, o exemplo de um *sanga* que será promovido a *ensi*.

A economia e a sociedade. – Sabemos agora, graças à onomástica, que os Semitas estão estabelecidos na Babilónia e na Suméria desde as origens da história. De resto, um texto de Abu Salabih está escrito em língua acádica. Há, pois, que considerar a sociedade mesopotâmica, no III milénio, como uma sociedade bilingue, mesmo admitindo que o elemento cultural sumério seja nela o mais forte.

Através das fontes, textos oficiais, contratos de cessão de bens imobiliários, textos administrativos e económicos, transparece a imagens de um sistema socioeconómico dominado pelo confronto entre duas concepções antinómicas das relações sociais de produção. Em resumo, assiste-se, ao longo do segundo terço do III milénio – e provavelmente já há muito tempo –, ao abandono progressivo de uma economia doméstica de auto-subsistência, em que a circulação dos bens, encerrados num tecido de laços muito complexos e socialmente valorizados, seguia os esquemas da dádiva, da prestação e da redistribuição, e cujo grupo social de base era a comunidade doméstica não igualitária, colectivamente gestionária da terra, geralmente dividido em classes de idades; em seu lugar, a Mesopotâmia opta por um sistema de economia complementar que considera os bens como mercadorias e em que a terra é objecto de uma apropriação individual. A hierarquia social reflecte a desigualdade da repartição do acréscimo de produção, estando a sociedade dividida, para nos ficarmos por uma apreciação, muito geral, entre ricos e pobres.

A história da Mesopotâmia é dominada, ao longo da época, pelas interferências entre estas duas concepções. Daí resultam tensões difusas e locais, por vezes breves incidentes de percurso. A sociedade já não está em condições de impor as suas normas; as célebres «reformas» de Uru´inimgina são um testemunho precioso, embora muito obscuro, desse estado de coisas.

O facto mais importante e de carácter irreversível é o progressivo desaparecimento dos grandes patrimónios, geridos colectivamente, e o açambarcamento da terra por indivíduos que se tomam seus proprietários. Ignoramos tudo acerca de um pequeno campesinato independente cuja existência não podemos avaliar e que está condenado, de facto, a uma agricultura de subsistência. Nesta época, a estrutura económica dominante é a grande exploração agrícola, quer se trate do palácio real, do templo ou do domínio privado. É principalmente o arquivo do domínio da rainha, em Girsu, que nos esclarece quanto ao seu funcionamento e à sua organização.

Os bens fundiários estão repartidos em três lotes principais: domínio do «senhor», destinado às necessidades do culto, as terras de subsistência, destinadas ao sustento do pessoal, e as terras de lavoura, dadas em arrendamento. Para a manutenção das suas terras e o funcionamento das suas oficinas e armazéns, o mesmo domínio emprega cerca de 1200 pessoas que pertencem a todos os ofícios necessários ao bom andamento de uma célula económica autónoma: agricultores, jardineiros, pastores, ferreiros, tecelões, operários da construção. A administração destes bens está confiada a um intendente, ficando a direcção nas mãos, de um *sanga*.

Os rendimentos das explorações agrícolas e os dos arrendamentos constituem a principal fonte de riqueza do domínio. O comércio longínquo proporciona metais e pedras preciosas que se vão procurar até ao Egipto ou nas regiões do Indo. Os gastos não são descuráveis: necessidades do culto, pagamento dos produtos importados, remuneração do pessoal que é feita em géneros.

Só para a cidade de Lagash são conhecidos uns vinte templos. Todos eles prestam contas a uma instância central: o *ê.gal*. É impossível saber se se trata do palácio do *ensi* ou do templo principal, já que *ê.gal* significa «grande casa» e tanto pode designar um como o outro.

O palácio, residência do rei, apresenta-se como um vasto complexo do mesmo tipo que o do templo, com a particularidade de o elemento militar desempenhar nele um papel essencial. Tal é, pelo menos, o caso em Shuruppak, onde as tabuinhas fazem menção de listas de tropas e de reparação de carros. Os efectivos são, geralmente, pouco elevados, entre 500 e 700 homens; as inscrições reais têm uma forte propensão para aumentá-los exageradamente.

A vida de uma cidade está admiravelmente resumida em alguns traços pelos dois painéis do célebre «estandarte de Ur», que figura respectivamente os trabalhos da guerra e da paz. O «estandarte», descoberto nos túmulos de Ur, é de facto um cofrezinho de madeira revestido com um mosaico de conchas. As cenas representadas estão dispostas em registos. Do lado da guerra, carros e homens de armas pisam os cadáveres de inimigos vencidos. Armados de lanças e de machados, os soldados usam capacete e capa cravejada. Prisioneiros nus e amarrados de pés e mãos são arrastados perante o rei que se mantém no meio do registo superior. Do lado da paz, homens conduzem ónagros ou levam fardos, outros tocam animais destinados ao sacrifício ou ao banquete que, acompanhado por uma orquestra, se desenrola no registo superior na presença do rei.

As correntes religiosas, intelectuais e artísticas. – O pensamento religioso continua a ser mal conhecido, dada a falta de documentos e na sequência da insuficiência dos estudos que lhe são consagrados. Cada cidade possui o seu próprio panteão, mostrando-se embora acolhedora para com as divindades estrangeiras. A preponderância teológica pertence incontestavelmente a Nippur. As listas divinas de Shuruppak e de Nippur descrevem um panteão agrupado à volta de uma tríade composta por Enlil, senhor da atmosfera, An, deus do céu, e Ninhursag ou Ninmah, deusa da fecundidade. Vêm seguidamente Enki, deus das águas, Narina, deus da Lua, e Utu, deus do Sol. A investigação sobre as origens do panteão de Nippur está apenas no início. Será necessário estudar múltiplas tradições locais antes de pretender compreender a sua estrutura, que não corresponde de modo algum ao desenvolvimento intelectual de uma ideia de base.

As escavações recentes de Abu Salabih puseram a descoberto perto de duzentas tabuinhas e fragmentos de tipo escolar. Possuímos assim, juntamente com a biblioteca de Shuruppak, duas colecções importantes de textos sapienciais, séries lexicográficas e composições hímnicas. Um mito em que figuram Abzu, o Tigre e o Eufrates, é consagrado ao deus Enlil Uma série de pequenos hinos deve relacionar-se com hinos aos templos conhecidos por versões mais recentes. Não se encontra qualquer referência ao deus Dumuzi que, no entanto, ocupa um lugar importante na religião suméria. Entre os textos sapienciais encontram-se as célebres «instruções de Shuruppak a seu filho», colecção de provérbios e de ditados atribuídos ao herói antediluviano. Por fim, além das listas geográficas, e dos catálogos de nomes de profissões, encontram-se listas divinas.

A arquitectura e as artes plásticas desenvolvem-se por todo o lado segundo os mesmos critérios e dão à civilização suméria o seu carácter unitário. Os templos apresentam todos a mesma disposição interna: a *cella* está rodeada por vários compartimentos anexos; chega-se lá através de um pátio dotado de um altar. A cerca do espaço sagrado tem habitualmente uma forma oval, como a do templo de Siri em Hafadje. Os palácios nada mais são que habitações particulares com pátio central; são simplesmente concebidos numa maior escala. O palácio «A» de Kish comporta uma sala com colunas. A escultura é de qualidade muito desigual, consoante as escolas. Os locais do Diyala forneceram obras muito frustres, estatuetas de corpo cilíndrico e de olhos exorbitados. As escolas de Mari ou de Lagash parecem menos timoratas. O monumento mais importante que foi conservado, infelizmente mutilado, é a estela dos Abutres que relata as guerras vitoriosas de Eanatum de Lagash. A narração é ilustrada por um baixo-relevo cujas cenas sucessivas estão dispostas em registos. Numa face aparece o deus Ningirsu, o grande deus de Lagash, que envolve na sua rede uma multidão de prisioneiros, um dos quais levanta a cabeça fora das malhas, sendo-lhe por isso vibrada uma mocada. Na outra face, Eanatum caminha à frente de um corpo de tropas, uma falange compacta e fortemente armada. O campo de batalha está juncado de cadáveres que servirão de pasto aos abutres. Num segundo registo, o rei, montado num carro, acaba à lançada um adversário do qual já só vê a cabeça.

3. A periferia

O Elão é o grande inimigo das cidades mesopotâmicas. Vivendo com os olhos voltados para a planície, os seus bandos armados vêm, repetidamente, assaltar e pilhar a Suméria. É muito particularmente o Estado de Lagash que é a vítima das suas incursões. Segundo a lista real, duas dinastias elamitas teriam sabido impor-se na Suméria, as de Awan e de Hamazi. Em contrapartida não se encontra qualquer vestígio de ocupação mesopotâmica no Elão, apesar das asserções de alguns reis de Kish.

2800	Kish					
	Etana					
2700		Uruk	Ur			
		Enmerkar	tabuinhas arcaicas			
		Lugalbanda				
	Mebaragesi					
	Aka	Gilgamesh				
2600					Der?	
			Mes-ane-pada		Mesalim	
						Mari
2550				Lagash		
			Mas-kalam-du	Ur-nansche		
			A-kalam-du		arquivos de Shuruppak	
				Akurgal	e Abu Salablh	Ebla
				Eanatum		
				Eanatum		
2450		En-shakush-ana		Entemena		
		Lugal-kinische-dudu		Uru'inimgina		
	Ur-zababa	Lugal-kisalsi				
2300		império de Lugal-zagesi				

Fig. 2 – *Quadro cronológico do dinástico arcaico*

Ainda possuímos poucas informações sobre a Assíria. No vale do Eufrates, Mari sofre fortemente a influência cultural mesopotâmica. Segundo os critérios paleográficos, as inscrições reais que lá foram encontradas remontariam à época de Mesalim.

É absolutamente impossível, actualmente, escrever a história da Síria do Norte no III milénio. Os arqueólogos italianos descobriram de facto muito recentemente um conjunto de arquivos de mais de 10 000 tabuinhas e fragmentos que testemunham a existência de um Estado poderosamente organizado e cujo centro é Elba, a actual Tell Mardikh. Os textos estão escritos numa língua semítica ainda desconhecida até agora; são documentos de carácter administrativo e económico, decretos reais e também textos mitológicos e sapienciais.

III. – O IMPÉRIO DE ACAD

Com a fundação de Acad por Sargão, uma dinastia de reis de origem semítica estende pela primeira vez o seu domínio a toda a Mesopotâmia. Este acontecimento assume uma importância considerável. Babilónios e Assírios têm consciência de que se abre, nesta altura, o período mais glorioso da sua história. Só alguns círculos, restritos mas influentes, fazem excepção, por razões políticas precisas. A tradição referente ao império de Acad é volumosa, indo da simples colecção de cópias de inscrições reais até à literatura épica, passando pelas crónicas e pelas colecções de presságios históricos; desde a época de Ur desenvolve-se o culto dos grandes reis de Acad, que sobreviverá até ao último rei de Babilónia, Nabónides; os últimos testemunhos que dele possuímos são mesmo da época persa. O próprio nome de Acad acaba por designar toda a Babilónia do Norte e as primeiras populações semíticas são ditas acádicas.

É preciso evitar ver nesta tomada do poder o resultado de um conflito racial entre Sumérios e Semitas. Esta evolução resulta de uma remexida dos povos. Ao lado dos Sumérios, grupos cada vez mais consideráveis de Semitas vivem no sul da Mesopotâmia. É o resultado de infiltrações e de imigrações seculares A capital dos Semitas era então Kish, mas vamos encontrá-los longe no Sul, em Shuruppak e em Lagash, em Abu Salabih igualmente, cujos textos, como se viu, contêm numerosos nomes semitas.

1. Os reis de Acad
A fundação do império. A obra de Sargão (2296-2240). – Uma lenda tardia faz de Sargão filho de um nómada e de uma sacerdotisa. Abandonado numa corrente de água como muitos outros heróis da Antiguidade, é recolhido por um jardineiro que o educa como seu próprio filho. A lenda precisa que ele nasceu na pequena cidade de Azupiranu, no Eufrates. O nome, derivado da produção local, o açafrão, ficou tal qual. A cidade não é conhecida de outro modo. Uma outra tradição faz de Sargão um oficial da corte do rei de Kish Ur-zababa. Seja qual for a parte de verdade contida nestes textos, é seguro que os antepassados de Sargão residem desde há muito tempo no vale do Eufrates, mais exactamente na Babilónia do Norte.

Por volta de 2300, Sargão revolta-se contra o rei de Kish, talvez após uma derrota sofrida por este último, e funda Acad, sua nova residência. As suas ruínas ainda não foram encontradas. Segundo os textos, a cidade encontrar-se-ia nos arredores de Kish ou de Babilónia, talvez nas margens do Eufrates. É sem dúvida nesta altura que o novo rei adopta o nome de

Sharrukin, que quer dizer «rei legítimo». Coloca-se, a partir de então, sob a protecção da grande deusa semítica Ishtar.

A cronologia do reinado não está estabelecida. Pensa-se que, num primeiro tempo, pacificou a Babilónia do Norte, juntando aos seus títulos o de «rei de Kish». Restaurou esta cidade que mantinha todo o seu prestígio de antiga capital. Sargão está então em condições de enfrentar o rei de Uruk, Lugal-zagesi. Após uma troca de mensageiros, estala a guerra. Travam-se trinta e quatro batalhas para conseguir pôr termo à resistência do rei de Uruk e dos seus cinquenta *ensi*. Lugal-zagesi, feito prisioneiro, é trazido até Nippur diante do deus Enlil. Ur, Lagash, Umma, todas as cidades da Suméria estão submetidas e as suas muralhas arrasadas. O comércio longínquo é, doravante, desviado para o norte de Acad.

É como grande conquistador que Sargão pode seguidamente voltar-se para o vale do Eufrates e para a Síria do Norte. Apodera-se de Tuttul e Mari; é provavelmente a ele que se deve a destruição de uma parte da cidade pré-sargónica. Após esta conquista, ocupa Ebla e a Síria do Norte e alcançaria a costa mediterrânica, proeza sem precedentes que Iahdunlim de Mari e Samsi-addu I da Assíria imitarão. O próprio Sargão se gaba de ter conquistado a «floresta dos cedros» e a «montanha de prata», entenda-se Taurus e Amanus. Segundo a tradição, teria mesmo atravessado o mar, estendendo as suas conquistas até Chipre e Creta. Alguns textos apresentam-no penetrando na Anatólia à custa de inúmeras dificuldades. Nada permite, no entanto, confirmar tais afirmações; julgou-se de facto reconhecer a representação de um vaso cilício num fragmento de escala acádica, mas o argumento é débil, tanto mais que a estela é posterior ao reinado de Sargão. Seja como for, estas expedições longínquas não desembocam, de forma alguma, em conquistas duradouras. São operações sem futuro, destinadas sobretudo a recolher uma massa de despojos o mais frutuosa possível.

Nenhum texto contemporâneo faz alusão às conquistas nórdicas. Só uma fórmula de nome de ano menciona a tomada de Simurrum. Os presságios históricos assinalam que Sargão conquistou Subartu, mas, dado que o termo designa o conjunto da Mesopotâmia do Norte, a informação é muito vaga. Parece, todavia, razoável atribuir-lhe a conquista da Assíria, já que os seus sucessores são senhores das grandes cidades do país, Nínive e Assur, onde a sua lembrança permanece ligada às construções piedosas. No Leste, as guerras conduzidas por Sargão contra o Elão são mais bem conhecidas. Entre os Estados vencidos figuram Awan e Warahshe. Luhishshan e os vários reizinhos elamitas reconhecem a autoridade do vencedor.

O fim do reinado virá a ser marcado por revoltas e numerosos movimentos de dissidência. Uma crónica relata que Sargão se confronta, então, com uma rebelião generalizada; chegaria mesmo a ser cercado na sua capital. Os seus sucessores terão de reconquistar a herança frágil que lhes terá legado.

Os filhos de Sargão. – Os dois sucessores de Sargão, os seus filhos Rimush (2239-2230) e Manishtusu (2229-2214), começam os seus reinados, tanto um como outro, reprimindo as revoltas. Curiosamente, a dar crédito à observação da Lista real, o filho mais novo precederia o mais velho no trono. Rimush afoga em sangue o levantamento das cidades de Sumer e de Acad. Ur, Lagash, Umma, Adab, Uruk, Kazallu conhecem todas a mesma sorte trágica. O chefe da revolta é um certo Kaku que usa o título de «rei de Ur». Rimush volta-se em seguida contra o Elão que entrou em secessão. Segundo as suas inscrições, constituiu-se uma coligação no território de Warahshe. O triunfo é total. É talvez a maior vitória do reinado, cujo fim é mal conhecido. Rimush teria sucumbido, vítima de uma revolução palaciana. A tradição relata que foi assassinado com golpes de cilindros-sinetes.

Tal como seu irmão, Manishtusu vê levantar-se contra ele uma coligação das cidades elamitas. Uma vez mais, a repressão é severa e os exércitos de Anshan e Sherihum são esmagados. Nesta altura, Manishtusu manda embarcar as suas tropas e atravessa o golfo Pérsico, conquista trinta e duas cidades e ocupa o Elão até às «minas de prata» e às pedreiras de basalto. São os únicos êxitos militares conhecidos por este rei, do qual a tradição conserva a imagem de um grande construtor. Parece interessar-se de um modo muito particular pela Assíria e pela região do Habur, fundando o templo de Ishtar em Nínive e mandando provavelmente construir a residência de Tell Brak. Uma falsificação célebre, da época neobabilónica, atribui-lhe o estabelecimento de privilégios e de rendimentos para o templo de Shamash, em Sippar. Um presságio histórico relata que também teria morrido vítima de uma conspiração de palácio.

Naram-Sin (2213-2176). – O seu filho Naram-Sin sucede-lhe, sendo o seu reinado longo e glorioso. Na opinião da tradição babilónica, ele alcança Sargão na primeira fila dos grandes reis e acaba por passar por seu filho. Na lenda que as une, as duas figuras são, ao mesmo tempo, complementares e opostas: Sargão é o modelo do grande rei construtor de império, ao passo que Naram-Sin, outro príncipe de pretensões universais, passa por ser o tirano responsável pela queda.

As inscrições da época reflectem uma mudança profunda nos títulos reais. Naram-Sin utiliza o determinativo divino diante do seu nome e faz-se representar envergando a tiara de chifres, reservada às divindades. Nos cilindros-sinetes, os seus servidores vão até ao ponto de denominá-lo «deus de Acad». Ao lado desta aparente divinização, um título novo é introduzido, o de «rei das quatro regiões», proclamando as pretensões à realeza sobre todo o universo.

Não é possível escrever a história do reinado e possuímos muito poucos critérios que permitam aferir as numerosas asserções da tradição e da lenda. Do conjunto dos textos, ressalta uma imagem confusa, um amontoado ambíguo de triunfos e de reveses que leva ao desastre final. Naran-Sin tem primeiro de combater a rebelião. No dizer do poeta, seria o mundo inteiro que se teria levantado contra ele, a começar pela própria região de Acad, a Suméria, mais longe o Elão, Warahshe e Magan, para além de Namar, Apishal e Mari. Só após várias campanhas os diferentes focos de revolta são dominados. Pelas inscrições reais conhecemos apenas uma única, que leva o rei em direcção a Ebla e Amanus. O cerco de Apishal tornou-se um episódio lendário que entrou na literatura hepatoscópica.

Uma vez a ordem restabelecida, Naram-Sin teria avançado até ao Mediterrâneo. No Norte e Leste conservam-se as provas materiais dos seus triunfos. A estela de Sippar comemora a sua vitória sobre os Lullubi. Um relevo rupestre foi encontrado no local, em Daband-i-Gawr. Uma outra estela de vitória foi descoberta perto de Diyarbekir. No Leste, o rei controla perfeitamente a cidade de Susa, que ele embeleza e da qual faz um grande centro administrativo. Da região de Magan, cujo rei Manium vence, traz importantes despojos. E na segunda parte do reinado que surgem as dificuldades. O rei de Awan já conseguiu libertar-se do juramento de fidelidade a Acad, tratando com o seu rei de igual para igual. A tradição reterá que Naram-Sin atraíu sobre si a cólera dos deuses por algum sacrilégio cometido para com eles.

Shar-Kali-sharri (2175-2150). – Shar-kali-sharri, filho e sucessor de Naram-Sin, já não usa o título de «rei das quatro regiões»; é, mais simplesmente, «rei de Acad». Susiane (Elão) liberta-se definitivamente do jugo acádico e o seu rei vai ao ponto de conduzir uma expedição militar à Babilónia. Uruk revolta-se, provavelmente às ordens de Ur-nigin. No Nordeste, o aparecimento dos Guti faz que uma pesada ameaça se faça sentir nas fronteiras. A confusão chega ao extremo; um arrendatário de terras lamenta-se por já não poder dedicar-se às suas ocupações habituais sem ser vítima das incursões e espoliações devidas aos invasores. O Estado já não é capaz de pôr cobro à situação. Shar-kali-sharri consegue, no entanto, uma vitória sobre o rei guti Sarlagab, e uma outra sobre os nómadas Amorritas. Estes êxitos não terão sequência. Por sua morte – ele conhecerá o mesmo fim que Rimush –, tudo se desmorona.

2. O império

A organização. – Pela primeira vez na sua história, a planície mesopotâmica, a Assíria e o vale do Eufrates encontram-se reunidos sob a autoridade de um só e mesmo rei. O império estende-se para Oeste até ao Bali e ao curso superior do Habur; uma fortaleza avançada vigia talvez os movimentos dos nómadas do deserto sírio ou as manobras dos reis de Ebla; no Norte, engloba a Assíria e a região de Kirkuk; no seu apogeu, inclui Susiane e uma parte das costas do golfo Pérsico.

As conquistas levam a uma imensa concentração de riquezas muito mais que à constituição de um Estado poderosamente organizado e estruturado. De uma maneira geral, o império apresenta-se como um grande conjunto heterogéneo que o rei se esforça por administrar com flexibilidade; cada soberano tem de reconquistá-lo aquando da sua subida ao trono. O Estado acádico é um império em perpétuo devir. Nas regiões possuidoras de um passado histórico já importante, os reis mantêm em vigor as estruturas antigas; é esse o caso da Suméria. Noutros sítios, como na Assíria ou no Habur, inovam, desempenhando um papel motor no desenvolvimento urbano: várias cidades são fundadas, algumas dentre elas são dotadas de fortificações.

Os soberanos acádicos desencadeiam uma política original que se pode resumir em três pontos: uma postura universalista; a afirmação, sempre reiterada, da vitória militar; um esforço centralizador que coloca a pessoa do soberano no centro do processo político ao qual ele dá impulso. Em última análise, só se pode falar de império na medida em que o soberano detém todos os poderes; é da sua presença física que decorre o processo de governo. O emprego do determinativo divino que antecede o nome real, exaltação da função soberana, é a mais alta expressão deste princípio. O título de Naram-Sin explana perfeitamente este estado de coisas. Já Sargão se contentara, na estela encontrada em Susa, com o qualificativo *sharru*, «rei», sem julgar necessário acrescentar-lhe um determinante geográfico: ele é o rei por excelência. Reter-se-á que a época de Acad é aquela em que o poder real se impõe definitivamente, face a qualquer outro poder.

O rei delega nas províncias um enviado pessoal que usa o título de *ensi*. Algumas fontes relatam que Sargão confia o governo das cidades desde o Mediterrâneo até ao golfo Pérsico aos *dumu Akkad*, isto é, aos «cidadãos de Acad»; por esta expressão há que entender sem dúvida a comitiva do rei, aqueles que o acompanharam, sejam eles Sumérios ou Acadianos, aquando da fundação da nova capital. Estes governadores são, juntamente com as guarnições militares, os únicos representantes do poder central nas províncias. Alguns deles são membros da família real. Ur constitui excepção, já que princesas reais lá residem na qualidade de grandes sacerdotisas do deus Narina. A primeira, Enheduana, é filha de Sargão; a segunda, Enmenana, é filha de Naram-Sin.

A bem dizer, a exiguidade de informações que possuímos sobre a administração não permite apreciar a eficácia do sistema. Os escribas parecem desempenhar um grande papel, mas, na ausência dos arquivos da capital, não se pode adiantar nenhum dado preciso; a única certeza que temos é que são eles os proprietários da maior parte dos cilindros-sinetes inscritos conhecidos actualmente.

O exemplo da província de Lagash é uma ilustração perfeita da debilidade da implantação acádica. Com uma superfície de cerca de 1600 km², conta com trinta e quatro povoações. Sargão apodera-se dela, insistindo sobretudo na tomada de Eninmar, o porto de Lagash, o que deixa entender em que espírito se desenrolam as operações militares do conquistador. A cidade participa na revolta generalizada contra Rimush. Vencida, é governada por um «cidadão de Acad» na época de Manishtusu, tendo uma parte das suas terras sido distribuída pelos soldados vencedores. Sob Naram-Sin, é um certo Lugal-ushumgal, provavelmente originário de Uruk, que se torna seu governador. Este rompe os laços que o ligam ao poder central sob Shar-kali-sharri e proclama a sua independência.

O instrumento da vitória, o exército, sofre modificações importantes em relação ao do dinástico arcaico. A falange suméria, pesadamente armada, avançando em fileiras cerradas, dá o lugar a um exército mais móvel e mais ágil, que inclui archeiros e soldados de infantaria munidos de machados e lanças.

A economia e a sociedade. – Os reis de Acad concentram o essencial das suas riquezas na capital, Acad. Esta atitude deixa entrever um segundo aspecto da centralização, a centralização geográfica. Sob Sargão, o próprio grande comércio internacional é também desviado para o porto da nova capital: este rei gaba-se, de facto, de fazer acostar aos cais de Acad os navios de Tilmun, Magan e Meluha, ou seja, do Bahrein, das costas do Oman e das regiões do Indo. A narrativa da «cólera de Enlil contra Acad» celebra também todas as riquezas acumuladas. De um modo mais geral, as expedições militares e as conquistas não são mais que operações de pilhagem destinadas, pelos despojos que proporcionam, a assegurar à Mesopotâmia matérias-primas, madeira, pedras e metais. Estes despojos são entesourados e generosamente distribuídos aos amigos políticos, oficiais e altos funcionários, e, muito naturalmente, aos templos e às forças invisíveis. Um tal comportamento pode surpreender, *a priori*, num universo de privações em que a existência quotidiana é tão frágil; na realidade, estas colocações e doações de bens têm um objectivo evidente: manter a coesão dos grupos sociais que compõem a casta dirigente e celebrar a pessoa do soberano.

Os bens da coroa não se reduzem aos despojos acumulados; o rei é também um grande proprietário fundiário e compra grandes extensões de terras, quando elas não são directamente atribuídas pelo direito de conquista. A inscrição do Obelisco de Manishtusu é um exemplo eloquente disso mesmo: por cerca de 150 kg de prata – sem contar com os presentes e outras liberalidades – o soberano faz a aquisição de vários domínios cuja superfície total se eleva a mais de 300 ha.

Ao mesmo tempo, os reis de Acad concedem terras aos seus oficiais e funcionários. Procedendo assim, favorecem uma nova ordem social na qual a categoria social e a riqueza vão decrescendo conforme o grau de afastamento do poder político, por outras palavras, do próprio rei.

Cada exploração permanece, como anteriormente, uma unidade económica completa com as suas granjas, os seus armazéns e as suas oficinas. Nas terras do rei, tal como nos domínios privados ou nos templos, os trabalhadores continuam a ser remunerados em bens de consumo. Essas explorações vivem no regime de auto-subsistência, que é completado pelos indispensáveis contributos devidos aos raptos e às pilhagens.

Em resumo, os Acadianos promovem um sistema económico de tipo palaciano, sistema de autarcia temperada pela tomada de despojos e caracterizado pelo desenvolvimento de uma classe dirigente funcional de proprietários fundiários que se identifica com o aparelho de Estado.

A vida intelectual e artística. – A adaptação da escrita cuneiforme à língua acádica é, doravante, um facto consumado e, timidamente, textos literários acádicos fazem o seu aparecimento. É verdade que os escribas não chegam a desfazer-se completamente do aspecto ideográfico da escrita, inventando aliás novos ideogramas; mas mostram-se capazes de criar um sistema fonético relativamente simples, que comporta cerca de cento e vinte signos, cada um dos quais tem, quando muito, duas leituras possíveis.

A literatura sumérica continua a ser a mais rica; atribui-se à própria filha de Sargão, Enheduana, uma intensa actividade literária nesta língua. Deve-se-lhe a célebre *Exaltação de Inanna* e, mas tal facto é muito menos seguro, a compilação de uma colecção de hinos para os templos. Um texto religioso de Nippur é um testemunho particularmente eloquente do florescimento de escritos mitológicos, mas está infelizmente muito deteriorado. Possuímos, além disso, encantações em acádico e em sumério. Por fim, um género literário novo, o das inscrições triunfais, geralmente redigidas em acádico, mas por vezes bilingues, faz o seu aparecimento.

Divindades novas, em cujas primeiras filas se reconhecem Ilaba, o deus dinástico, Dagan e Annunitum, vêm enriquecer o panteão sumério que continua a existir, mas cujos membros são assimilados a outros deuses, de origem semítica. As divindades, outrora estreitamente ligadas a um local ou a uma cidade, tendem a tornar-se poderes cósmicos. Não está excluído que Naram-Sin tenha tentado impor por todo o lado o culto de Nergal.

A arquitectura é ainda mal conhecida. Alguns edifícios e templos encontrados no Diyala apresentam apenas uma visão suméria. O edifício mais importante é o chamado «palácio de Naram-Sin», descoberto em Tell Brak. Trata-se de um entreposto poderosamente fortificado, cuja cerca amuralhada tem 10m de espessura; internamente, o edifício está concebido como um caravançarai; é verosímil que um andar tenha podido abrigar a residência de um governador.

As artes plásticas e a glíptica estão, em contrapartida, bem testemunhadas e ilustram uma das mais altas épocas da arte mesopotâmica. Sob o reinado de Naram-Sin, a escultura liberta-se totalmente da influência suméria do dinástico arcaico. Na estela de Sippar, o artista abandona a composição em registos e centra toda a cena do triunfo do rei: este é muito maior que todas as outras personagens, enverga a tiara de chifres e sobe como vencedor uma montanha, pisando os inimigos sob os seus pés. A glíptica produz representações fortemente personalizadas, executadas como resposta a uma encomenda precisa; o repertório iconográfico é parcialmente renovado e muito variado.

3. A queda de Acad. Os Guti.

Após a morte de Shar-kali-sharri, a competição pelo poder provoca a ruína da instituição imperial. A realeza cristalizara nela uma soma considerável de poderes e de riquezas; além disso, tudo procedia do rei vencedor. Esta situação suscitou as rivalidades, pelo que as revoltas se foram sucedendo na história do império. Nesta altura, desenham-se duas correntes: se alguns procuram afirmar-se como os continuadores dos soberanos caídos, indo até ao ponto de retomarem os seus títulos, outros, nostálgicos talvez da antiga ordem política das Cidades-Estados, contentam-se com tirar partido da situação para recuperarem a sua independência. Entre os competidores salientam-se os nomes de Dudu (por volta de 2150) e de seu filho Shu-durul (por volta de 2130), verosimilmente originários do Diyala. Mas a pobreza das fontes nem sempre permite distinguir entre uns e outros. Também não permite estabelecer uma cronologia precisa.

Um povo serrano do Nordeste, os Guti, tenta aparentemente tirar partido desta queda para intervir na planície. A historiografia mesopotâmica identifica-o de bom grado com o instrumento da justiça divina exercida contra Naram-Sin. Com efeito, é provavelmente sob o seu reinado que os

Guti fazem o seu aparecimento na pessoa do seu rei Erridupizir, que faz uma incursão na Mesopotâmia e se arroga a titularidade real acádica; usa mesmo o título de «rei das quatro regiões». Shar-kali-sharri tem dificuldade em contê-los e, após a sua morte, tentam novas incursões com êxitos moderados. Um dos seus reis, Elulumesh, deve talvez identificar-se como um pretendente à coroa imperial acádica do mesmo nome. Outros exercem uma suserania, apenas nominal na verdade, sobre a cidade de Umma. Entretanto, em outros sítios, fazem mais figura de vencidos. Por fim, alguns documentos administrativos tendem a mostrar que minorias guti mantêm, aqui e ali, relações pacíficas com os seus vizinhos. Segundo toda a verosimilhança pode pensar-se que o seu objectivo principal consiste apenas em controlar os grandes eixos comerciais ao longo do Tigre.

4. A periferia

Em Susiane, a presença de um grande número de textos administrativos acádicos reflecte a profundidade da influência de Acad; Rimush integra a região no Império.Ali, como noutros sítios, a ocupação tem como finalidade essencial a exploração económica dos recursos locais. Entretanto, por volta de 2160, o governador de Susa, Kutik-inshushinak, torna Susiane independente. Segundo as Listas reais, ele é o último representante da dinastia de Awan. Mantendo ainda o acádico nas suas próprias inscrições oficiais, serve-se, no entanto, também da língua e da escrita linear elamitas. Pelas suas conquistas e pelas suas construções piedosas, Kutik-inshushinak é a maior figura do seu tempo. Mas o seu reino desaparece com ele, ao mesmo tempo que o emprego da escrita linear. É possível que Susiane se tenha tornado presa dos Guti, mas não temos a certeza disso.

O Império de Acad tem também de fazer face a outros inimigos nas montanhas do Norte, os Lullubi e os Hurritas. Uns e outros sofrem a influência cultural acádica. Os Hurritas constituem, na fronteira norte e noroeste, uma série de pequenos reinos dos quais os mais conhecidos são os de Urkish e de Nawar. Um dos seus reizinhos deixou uma dedicatória a Nergal, escrita em acádico.

É preciso esperar os resultados das escavações italianas de Tell-Mardikh/Ebla para nos pronunciarmos sobre as transformações da Síria do Norte nesta segunda metade do III milénio. Ela sofre, sem dúvida, tal como Egipto, o contragolpe das invasões que atingem a Palestina por volta de 2300. É povoada por Semitas, como o provam os textos de Ebla ou como o testemunha o nome do rei de Arman, Rish-Adad, vencido por Naram-Sin.

A queda do Império de Acad deixa a Assíria devastada à mercê dos nómadas e seminómadas. É provavelmente a época qualificada pela Lista real assíria como sendo a dos «reis que viviam sob a tenda».

IV. – O IMPÉRIO DE UR

1. A Mesopotâmia do Sul e a expulsão dos Guti

Com o desmoronamento do poder político acádico, a Suméria encontra-se partilhada entre vários pequenos Estados. Entre eles, o melhor conhecido é o de Lagash, habitualmente governado por uma dinastia fundada por Ur-bau (2164-2144). Curiosamente, esta época de guerras e de invasões parece marcar para ele um período de paz e de prosperidade. Com efeito, exceptuando a alusão a uma vitória militar conseguida sobre o Elão e Anshan, as fontes relatam apenas trabalhos de irrigação, construções, restaurações e dedicações de templos. O comércio é próspero: pelas estradas do golfo Pérsico e do Eufrates são importados os materiais de construção, os metais e as pedras preciosas. A madeira de cedro e as pedras de cantaria vêm de Amanus, o cobre, o ouro e a diorite de Magan e de Meluha. As estradas do Norte parecem cortadas, pelo menos não se faz menção delas nos textos. Mas não há que deixar-se iludir pelo carácter incompleto das fontes. Há, de facto, nos arquivos de Girsu, índices de pauperização, frouxos mas evidentes.

Ur-bau parece controlar Ur, onde manda designar uma das suas filhas como grande sacerdotisa do deus Narina. Sucedem-lhe os seus três genros: Gudeia, Ur-gar e Nammahani. Dos três é Gudeia (2144-2124) o mais ilustre. Domina uma boa parte da Suméria, nomeadamente todos os portos do golfo Pérsico. As suas inscrições foram encontradas em Ur, Adab, Bad-tibira, Uruk e Larsa. Não pode afirmar-se que Nippur faça parte dos seus Estados, já que as estátuas que oferece a Enlil não constituem uma prova suficiente. À frente do Estado mais poderoso da Mesopotâmia do Sul, Gudeia parece estar de boas relações com os seus vizinhos. A dar crédito às suas numerosas e longas inscrições, só se vangloria de um único êxito militar. Gudeia apresenta-se mais como construtor que como cabo-de-guerra. Para construir o *E.ninnu*, templo do deus Ningirsu, não regateia nem despesas, mandando vir com grandes custos os materiais mais raros, nem mão-de-obra, que vai buscar mesmo ao Elão. É sobretudo conhecido, aos olhos dos historiadores modernos, como o instigador de escritos religiosos sumérios de um altíssimo valor literário e de um arte plástica de grande qualidade. Conservam-se dois cilindros de argila, suportes dos mais longos documentos literários sumérios conhecidos – perto de quatrocentas linhas – e mais de trinta estátuas, geralmente com inscrições.

A glória militar cabe ao rei de Uruk, Utu-hengal (2123-2113). Ele atribui a si próprio a vitória que teria permitido expulsar os Guti para fora da Mesopotâmia. O recontro decisivo com Tirikan, último presumível rei dos

Guti, tem lugar a um meio-dia de caminho de Umma. Tirikan, vencido, foge na direcção de Nippur. Pequena batalha, sem dúvida, e seguramente vitória de alcance limitado, dado que Nammahani de Lagash parece, pouco depois, cooperar com os Guti, e os reis de Ur continuarão a combatê-los incansavelmente. Se o seu êxito militar não terá praticamente consequências, Utu-hengal sabe como explorá-lo para fazer dele uma arma política excepcional ao serviço das suas ambições. Apresentando-se como o libertador do país, quer tomar nas suas mãos os destinos da Suméria e reivindica a realeza universal. Imortaliza a memória da sua vitória numa narrativa de inspiração épica em que se coloca sob a protecção do grande antepassado Gilgamesh, como herdeiro legítimo de uma antiga tradição.

Ignora-se como organiza o seu reino e qual a sua extensão. O seu poder está solidamente estabelecido no Sul, mas o seu reinado é curto, uma vez que, ao fim de sete anos, é derrubado por Ur-nammu, um dos seus governadores, colocado em Ur. As circunstâncias concretas desta usurpação são totalmente desconhecidas.

2. Os reis de Ur

Ur-nammu. – Para afirmar a legitimidade da sua jovem realeza, Ur-nammu (2112-2095) apressa-se a fazer valer os laços de parentesco que o ligam a Gilgamesh e faz de Lugalbanda o pai mítico da dinastia que acaba de fundar. Alguns historiadores desejariam ver nele um filho de Utu-hengal, mas a descrição dos reis de Ur sobre as suas origens não permite praticamente sustentar tal hipótese. Transfere para Ur a sede da capital. Uruk conserva, no entanto, um lugar privilegiado como residência da rainha; o príncipe herdeiro faz lá o seu primeiro serviço militar na qualidade de governador.

Ur-nammu prossegue a obra empreendida pelo seu predecessor: pacifica o país, toma Lagash, cujo *ensi*, Nammahani, condena à morte, e instala lá um dos seus. Embora as suas inscrições quase só se encontrem na Suméria, o novo título real, «rei da Suméria e de Acad», de que está investido, deixa supor que o seu Estado engloba igualmente a região de Acad.

Uma vez traçadas as fronteiras do Estado, Ur-nammu dedica-se à organização e à administração do reino. O seu «código» de leis testemunha o sentimento de justiça social do legislador. Infelizmente perdido em grande parte, constitui um esforço consciencioso no sentido de regularizar a actividade comercial e de estabelecer em bases sólidas a ordem social.

As suas inscrições apresentam-no, por outro lado, como um grande construtor. Edifica o zigurate de Ur, rodeia a cidade de uma muralha, aumenta os cais do porto para facilitar o comércio longínquo, empreende um vasto programa de irrigação. As divindades de Ur, Narina e Ningal não são as únicas a beneficiar da sua magnificência; todos os grandes deuses da Suméria, Enlil, Enki, Inanna, Utu vêem os seus templos restaurados e engrandecidos, nas suas respectivas cidades.

Ur-nammu encontra uma glória póstuma na literatura suméria. Um hino conta quais são, para toda a Suméria, as consequências desastrosas da sua morte e da sua descida aos Infernos. É possível que tenha encontrado a morte num confronto com um bando guti.

Os sucessores de Ur-nammu. – Durante um século, a nova dinastia de Ur, a terceira segundo a Lista real, assegura à Babilónia um período de paz e de prosperidade.

Shulgi (2094-2047) continua as construções e as restaurações de monumentos. Reorganiza o exército introduzindo nele um corpo de infantaria ligeira. É o autor de uma reforma dos pesos e medidas. Reina sem dificuldades aparentes durante vinte e três anos. Uma vez bem instalado no trono paterno, toma os títulos de «rei das quatro regiões» e de «deus do seu país». A segunda parte do reinado é mais atribulada. Entre o Zab superior e a região de Anshan, são quinze campanhas que o arrastam para além do Tigre; o objectivo procurado é o controlo das estradas comerciais do Norte. Esse controlo passa pela conquista de dois nós vitais: Simurrum e Urbilum (Arbela). Simurrum é, só por si, objecto de cinco expedições militares. As vitórias encontram um prolongamento natural na actividade diplomática: Shulgi tenta obter o apoio dos Elamitas fazendo aliança com as famílias reais de Anshan e de Marhashi; dá as suas filhas em casamento aos príncipes destes Estados. Mas a paz é precária e de curta duração. Shulgi morre, deixando o conjunto das fronteiras do Leste e do Norte em efervescência. É o seu filho Amar-Suen (2046-2038) que consegue o êxito decisivo ao destruir a cidade de Urbilum. A partir de então, a autoridade de Ur deixará praticamente de ser contestada nos territórios transtigrinos.

Mas o perigo está noutro sítio, vem dos Amorreus seminómadas do médio Eufrates. A penetração de elementos amorreus na bacia mesopotâmica, pacífica no seu conjunto, é conhecida pelas fontes desde o reinado de Shar-kali-sharri. Na época de Shu-sin (2037-2029), sucessor de Amar-Suen, a sua progressão torna-se perigosa.

No terceiro ano do seu reinado, Shu-Sin levanta contra os nómadas todo um sistema de defesa conhecido sob o nome de «Muro dos Amorreus». Mas, sob Ibbi-Sin (2028-2004), eles ultrapassam todas as barragens e espalham-se por todo o país. A situação ir-se-á deteriorando progressivamente. O rei vê-se obrigado a fortificar Nippur e a reforçar a muralha da capital. Sinal da instabilidade que se instaura é o facto de os arquivos económicos das grandes cidades se calarem uns depois dos outros. É o que acontece com os de Umma, Lagash, Nippur e Eshunna. Grassam a fome e a inflação. A cidade de Ur é a mais atingida. O Elão – Susa ora conquistada por Shulgi – entra por sua vez em dissidência. Ibbi-Sin mostra-se incapaz de restabelecer aí a sua autoridade. Um oficial originário de Mari, Ishbi-erra, recebe o encargo de defender os territórios fronteiriços do Oeste. Ibbi-Sin cede-lhe o governo de Isin e de Nippur. Os seus poderes são imensos, controlando designadamente o abastecimento da capital. Por fim, o próprio Ishbi-erra revolta-se contra o seu rei. Em 2003, o império de Ur desmorona-se sob os golpes conjugados dos nómadas do Oeste e dos Elamitas. Multiplicam-se as defecções dos governadores que aderem à causa de Ishbi-erra ou proclamam a sua própria independência. Os Elamitas, aos quais se juntam os montanheses do norte do Elão, os Su, entram na planície e cercam Ur que põem a ferro e fogo. Ibbi-Sin morre miseravelmente cativo no Elão.

3. O império

A organização. – As fronteiras do império são difíceis de precisar. É verdade que são flutuantes, sobretudo no Zagros onde a guerra grassa em estado endémico. No Oeste, a autoridade dos reis de Ur estende-se até Mari. É reconhecida em Biblos. Os xeques das tribos seminómadas do deserto são, aos olhos da administração imperial, interlocutores válidos ao mesmo título que os *ensi*, príncipes independentes dos Estados urbanos. O próprio império não parece estender-se para além de Assur, junta por Shulgi à herança recebida de seu pai, e de Tell Brak, onde se faz menção do nome de Ur-nammu. Só duas fronteiras podem ser fixadas com certeza: uma passa às portas de Gasur, a futura Nuzi, que está nas mãos dos Hurritas; a outra encontra-se no limite do Estado de Simashki, centro da oposição elamita após a tomada de Susa por Shulgi.

Para governar o império, os reis de Ur criam uma enorme máquina burocrática, pesada, minuciosa e de infinitas ramificações. Em toda a história mesopotâmica, a época de Ur ficará como a do estatismo mais avançado: por intermédio dessa administração, a influência do palácio é omnipresente.

À frente do Estado, os reis detêm todos os poderes. Chefes do executivo, tomam todas as decisões; senhores da administração, nomeiam os governadores e os funcionários; juízes supremos, administram a justiça e impõem as leis. Shulgi, contrariamente a seu pai que se contentou com o título de «rei da Suméria e de Acad», proclama as suas pretensões à monarquia universal. Faz-se divinizar e honrar em templos. Com ele, é todo um culto real que faz o seu aparecimento, sobretudo nas regiões excêntricas onde a cultura suméria não penetrou as mentalidades. Este culto é um factor de unidade, que assegura uma certa coesão religiosa e, ao mesmo tempo, a fidelidade ao império. A divinização não eleva o rei ao nível dos deuses, mas exalta nele as virtudes do protector do país.

A chancelaria está colocada sob as ordens de um *sukkalmah*, termo convencionalmente traduzido por «grão-vizir». É o mais alto funcionário do Estado. O seu papel político permanece obscuro; supervisionando o conjunto da administração, dando ordens aos encarregados de missão, participa fortemente na centralização do Estado e concentra nas suas mãos poderes importantes. Conhece-se a carreira de um deles, um tal Ir-Nanna que, ao mesmo tempo que *sukkalmah*, é *ensi* de várias cidades, entre as quais Lagash, e governador militar das províncias orientais.

À cabeça de cada província encontra-se um *ensi*, governador de funções civis e judiciárias, nomeado pelo rei. A seu lado, o *shagin* detém a autoridade militar. Os seus cargos são reforçados. Mas a distinção nem sempre é assim tão simples entre ambas as funções; um pode de facto substituir o outro, como em Mari, onde o *shagin* dirige o exército, os trabalhos dos campos e a actividade urbana. Alguns territórios fronteiriços são confiados a príncipes locais que fizeram o seu juramento de submissão, mas também neste caso não há uma política sistemática. Se o *ensi* pode permanecer no seu posto quando da mudança de reinado, as mudanças, provavelmente devidas a razões de segurança, são bastante frequentes. Assim Zarriqum, governador de Assur, é promovido para Susa por Amar-Suen; já sob Shulgi, Kallamu, governador de Eshnunna, foi transferido para Kazallu. Os governadores das grandes cidades da planície são obrigados a uma contribuição regular em géneros para o templo de Nippur. É a instituição do *bala* na qual se quis ver a sobrevivência da antiga anfictionia das cidades sumérias.

No final do império, as regiões fronteiriças e o seu sistema de defesa são confiados a altas personalidades, como um tal Urdunana cuja autoridade se estende de Arbela ao golfo Pérsico. Da mesma maneira, Ishbi-erra é encarregado por Ibbi-Sin do controlo de toda a fronteira oeste.

As competências dos governadores estendem-se até à manutenção do pessoal subalterno. Este, muito numeroso e variado, exerce no seu conjunto funções de vigilância. As suas relações com o governador são difíceis de apreciar. É igualmente difícil fazer-se uma ideia da hierarquia administrativa: alguns títulos correspondem de facto a actividades temporárias ou ocasionais e a polivalência das funções parece ser prática corrente. As pequenas aglomerações são dirigidas por um *hazannum*, uma espécie de presidente da câmara do qual nada sabemos.

Para melhor vigiar as engrenagens da sua administração, os reis de Ur recorreram a encarregados de missão, *sukkal*. As suas aptidões exercem-se nos mais variados domínios. É tentador ver neles o elo de ligação entre os diferentes níveis da pirâmide burocrática e o poder central.

Por fim, alguns textos fazem alusão à existência de uma assembleia, conduzida por um *gal-zu-unkina*, «chefe de assembleia». Ignoramos quem faz parte dessa assembleia e quais são os seus poderes e atribuições. Sabemos apenas que ela representa a Suméria e que o rei lhe comunica as suas decisões.

A economia e a sociedade. – Temos apenas uma visão muito incompleta da economia, porquanto as fontes só nos fornecem informações sobre o sector estatizado. Nada sabemos acerca da propriedade privada, cuja existência é, no entanto, difícil negar. Os templos detêm um poder considerável, mas não nos chegou nenhum dos seus arquivos; as suas relações com o Estado são mal conhecidas: é um facto que este último se esforça por diminuir as suas riquezas e controlar as suas actividades. O palácio provê em parte às suas necessidades. Assim, para abastecer o templo de Enlil em Nippur, Shulgi cria um grande mercado de gado em Puzrishdagan; lá se juntam os animais oferecidos sucessivamente pelos governadores das cidades da planície; aquando das escavações, foi encontrada a escrituração meticulosa dos escribas reais. Por outro lado, os altos dignitários dos templos são nomeados pelo rei. Segundo uma tradição já antiga, a grande sacerdotisa do deus Narina em Ur é uma princesa real. É sabido que, no fim do império, Ibbi-Sin se reserva o direito de recorrer aos tesouros dos templos para equilibrar os cofres do Estado.

A agricultura está fortemente hierarquizada. Assiste-se a reagrupamento das terras em grandes conjuntos. Foi possível mostrar que, na província de Lagash, as terras estão subdivididas em distritos, os distritos em domínios, os domínios em campos e em parcelas. A distinção já conhecida no dinástico arcaico entre «campo de subsistência» e «campo de lavoura» é mantida. Em Ur, a actividade agrícola está directamente colocada sob a responsabilidade da família real. Noutros sítios, é o governador que a toma a seu cargo. Tem sob as suas ordens o «escriba» e o «chefe de boi» ao qual é atribuída uma terra, a «terra do boi», tirada do domínio real.

No domínio da indústria e do artesanato, o Estado tende a reagrupar e organizar a produção em oficinas e fábricas. Os sectores mais conhecidos são os da metalurgia e da tecelagem. O bronze é produto corrente, o ferro continua a ser raro. A prata serve de moeda corrente desde há muito tempo, embora a cevada continue a ser o padrão de referência. O ouro é reservado

	ACAD	URUK	LAGASH	GUTIUM	ELÃO
2300	Sargão (2296-2240) Rimush (2239-2230)				Luhishshan
2250	Manishtusu (2229-2214) NaramSin (2213-2176)		Ki-Ku-id Engilsa Ur'a	Erridupizir	Epirmupi Hita
2200	Shar-kali-sharri (2175-2150)	Ur-nigin	Lugal-ushumgal	Sarlagab	Kutik-inshushinak
2150	Anarquia Dudu (cerca de 2150) Shu-Durul (cerca de 2130)	Ur-gigir	Ur-bau (2164-2144) Gudeia (2144-2124) Ur-ningirsu (2124-2119)		
2100	UR Ur-nammu (2112-2095)	Utu-hengal (2128-2113)		Tirikan	
2050	Shulgi (2094-2047) Amar-Suen (2046-2038)				
2000	Shu-Sin (2037-2029) Ibbi-Sin (2028-2004)				

Fig. 3 – *Quadro cronológico das épocas de Acad e de Ur*

aos trabalhos de ourivesaria. Desde a sua fundição até ao acabamento, o metal é trabalhado em oficinas especializadas. A mão-de-obra, livre ou servil, está organizada em equipas colocadas sob as ordens de contramestres ou de vigilantes. Os homens livres são retribuídos e gozam de uma independência maior ou menor consoante o seu grau de qualificação. Todos os estádios do trabalho são objecto de controlo rigoroso: a quantidade de metal fornecido e o peso das peças fabricadas são minuciosamente anotados e registados. A inspecção é ainda mais severa quando se trata, naturalmente, de metais preciosos; as próprias perdas são assinaladas para evitar toda a negligência ou roubo. Os principais centros do trabalho do metal são Ur, Lagash e Umma; há provavelmente que acrescentar-lhes Mari e Susa.

Os mercadores, *damgar*, procuram o cobre nas regiões situadas a leste do Tigre e na Anatólia. A prata vem do Elão. Ur possui o monopólio do ouro, encaminhado através do golfo Pérsico a partir de Dilmun, Magan e Meluha ao mesmo tempo que o marfim, as pedras preciosas – sobretudo o lápis-lazúli – e as pedras de cantaria. É desconhecida a proveniência do estanho. Estes mercadores trabalham por conta dos organismos oficiais que representam, seja o palácio seja o templo. As suas atribuições oficiais nem por isso os impedem de realizar lucros pessoais ou de se empenharem em negócios por sua própria conta. Em troca dos produtos importados, são exportados os excedentes da produção agrícola e da criação de gado: cereais, frutos, peixe, lãs e peles. Foram encontradas tabuinhas que estabelecem verdadeiros balanços das importações e das exportações.

Entesourados nos templos ou no palácio, os lucros da economia são investidos nas obras públicas: escavação de canais ou construção de estradas, levantamento de fortificações ou restauração de templos.

Fora dos membros da burocracia e do aparelho político e administrativo, a sociedade está fundamentalmente dividida em homens livres e escravos. Os textos jurídicos, muito numerosos, constituem um contributo considerável para basear os nossos conhecimentos. O «código» de Ur-nammu introduz reformas humanitárias a favor dos pobres. Verifica-se o aumento de uma camada social desfavorecida cujos membros são designados pelo qualificativo de *mashen* em sumério, *mushkhenum* em acádico. São obrigados a vender a sua força de trabalho e o palácio emprega-os nas suas oficinas e armazéns. Dispõem de uma liberdade reduzida. Na outra extremidade da escala social, vê-se despontar uma casta de funcionários e de mercadores enriquecidos; uns e outros sabem tirar partido da sua situação no processo administrativo e económico. Toleradas pelo Estado e beneficiando por vezes de empréstimos proporcionados pelos templos, desenvolvem-se empresas privadas.

Os escravos são de duas espécies, consoante a sua origem. Uns, *ir* ou *geme*, domésticos dos dois sexos, são condenados de direito comum ou pessoas que, expostas a dificuldades financeiras, se vêem na necessidade de vender os seus serviços; são bem tratados, beneficiam da personalidade jurídica e podem possuir bens. Os outros, *namra*, são prisioneiros de guerra; trata-se sobretudo de Elamitas; empregados nas fábricas do Estado, não têm qualquer estatuto. Por vezes, o rei incorpora-os nas suas guarnições militares.

A população do império é essencialmente urbana. Gravita à volta dos armazéns e dos entrepostos dos templos ou do palácio. O país parece muito povoado; a cidade de Ur deve contar com cerca de 200 000 almas. De trinta e quatro povoações na época acádica, a província de Lagash passa para noventa e quatro.

Os textos distinguem três grupos étnicos. Aos Sumérios e Acadianos estabelecidos desde longa data vêm juntar-se os Amorreus. Instalados em cidades como Umma ou Lagash, são facilmente reconhecidos graças à onomástica ou ao qualificativo de MAR.TU que acompanha os seus nomes. Estão perfeitamente integrados no conjunto da população. São, na sua maioria, empregados nos serviços públicos.

4. A civilização mesopotâmica no fim do III milénio

Considerando o número considerável de textos sumérios que nos chegou da época de Ur, esta foi com frequência, e erradamente, qualificada de «renascimento sumério» ou, mais simplesmente, de «neo-suméria». Mas não poderemos deixar-nos equivocar pelo carácter incompleto das fontes. A vastidão da biblioteca suméria de Nippur é, na verdade, impressionante. Mas uma série de inscrições reais em língua acádica, e mesmo alguns nomes reais, provam o uso simultâneo e o carácter oficial de ambas as línguas. Algumas cartas da correspondência administrativa atestam igualmente isso mesmo. Por fim, não poderá esquecer-se que os Acadianos, tal como os Sumérios, participam no bom andamento do Estado, partilhando os cargos e as funções mais elevados.

O centro da vida intelectual é a *eduba*, a «casa das tabuinhas». É, em primeiro lugar, a escola dos escribas, dirigida por um mestre que é assistido por ajudantes e vigilantes. A disciplina é severa. Na sua maioria, os alunos-escribas param os seus estudos bastante cedo para desempenharem funções diversas em todos os ramos da administração; só alguns prosseguem estudos mais longos, estudam textos literários simples, recopiam textos históricos, mitos ou epopeias, ou melhor, põem-nos na devida forma. A *eduba* torna-se, assim, um centro de criação literária e a sua biblioteca nada tem a invejar à dos templos.

Os géneros literários são muito variados: colecções de provérbios e de fábulas, hinos aos deuses e aos reis, lamentações sobre as cidades destruídas. Pode supor-se que, se tantos textos são então registados é porque a tradição religiosa perde força e vigor. Ao mesmo tempo, o sumério, que sofre a influência do acádico, tende a tornar-se a língua de cultura: as longas listas lexicográficas, algumas das quais remontam à época de Uruk, ver-se-ão em breve duplicadas com a sua tradução acádica.

O fundador da III dinastia de Ur, Ur-nammu, é um dos maiores construtores de todo o Oriente antigo. Com ele, o zigurate ganha a sua forma definitiva de torre em andares. Na maioria das vezes, é verdade, como em Eridu e em Uruk, não faz mais que completar ou aumentar edifícios mais antigos. O zigurate de Ur é a sua obra-prima. Ainda se conserva até ao segundo andar. É um maciço de tijolos crus rodeado por uma armação de tijolos cozidos. As suas dimensões na base são de 62 m por 34 m. Na face nordeste, três escadas conduzem a uma plataforma donde partia uma escada única que dava acesso ao topo. Centro do santuário, o zigurate eleva-se no meio de um vasto pátio, faz parte de um conjunto delimitado por uma cerca e que compreende ainda três outros corpos de construção. O plano do templo sofre uma modificação importante: o antigo edifício cultural em eixo dobrado em cotovelo é substituído por uma *cella* larga ou longa. No exterior do espaço sagrado encontra-se a necrópole real.

No domínio das artes plásticas, é marcante o empobrecimento do repertório esculpido; o conjunto da produção é aparentemente muito frio, toda a atenção está voltada para as manifestações do culto. A glíptica trata incansavelmente o mesmo tema da introdução do fiel diante do seu deus. Distinguem-se dois centros artísticos de características muito diferentes: Mari e Eshunna. Só as figurinhas e relevos em terracota beneficiam das múltiplas facetas da imaginação popular.

V. – O PERÍODO PALEO-BABILÓNICO

Os séculos que se seguem às queda do império de Ur e que precedem a unificação da Babilónia sob o ceptro do rei Hamurabi contam-se entre os mais agitados da história mesopotâmica. Pela primeira vez, pela sua variedade e riqueza, as fontes permitem-nos apreciar o conjunto da situação política e social do Oriente antigo. Os reis de Isin tentam, inicialmente, assegurar a sucessão dos de Ur, mas não podem impedir por muito tempo nem a progressão dos nómadas, nem o estabelecimento das dinastias amorreias. A Mesopotâmia torna-se, durante dois séculos, um mosaico de pequenos Estados rivais com os quais as velhas estruturas políticas e administrativas sumérias desaparecem. Desenha-se um novo equilíbrio entre o reino de Alepo na Síria, a Assíria na Mesopotâmia do Norte e a Babilónia no Sul. É principalmente Babilónia que sai engrandecida da aventura. O Império efémero de Hamurabi confere-lhe o papel de capital histórica da Mesopotâmica do Sul.

É difícil de caracterizar esta época tão rica em acontecimentos; os qualificativos habitualmente admitidos de «período de Isin-Larsa» ou de «período dos reinos combatentes» dão apenas uma ideia sumária e incompleta da situação. Por analogia com a cronologia egípcia, tentou-se propor o termo de «período intermédio», mas os impérios de Ur e de Babilónia não têm nem a vastidão nem a longevidade dos Estados faraónicos. É, efectivamente, um período de invasões, como a Mesopotâmia conhecerá ainda outros ao longo da sua história.

1. A herança do império de Ur

O reino de Isin. – Vimos como Ishbi-erra (2017-1985) se revoltara contra Ibbi-Sin. Apoderara-se então do poder real que instalara em Isin, cidade situada a uns trinta quilómetros a sul de Nippur. Detinha já a antiga capital religiosa das mãos dos seus antigos senhores e é-lhe portanto fácil atribuir agora a sua tomada do poder de Enlil. Uma vez assim assegurada a sua legitimidade, vê voltar-se para ele um certo número de governadores da antiga administração imperial. À maneira dos reis de Ur, arroga-se o título de «rei das quatro regiões», que implica pretensões à soberania universal, e faz proceder o seu nome do determinativo divino. Ishbi-erra é o exemplo típico do usurpador.

Por falta de fontes, os limites do novo Estado são difíceis de precisar. No seu essencial, a nossa documentação é, de facto, constituída pelos arquivos, de carácter económico, da capital. Sabemos que Ishbi-erra combate os Elamitas e progride no Norte em direcção a Arraa e ao Zab Inferior, mas não atinge as fronteiras do império de Ur. Nem todos os governadores do defunto império se ligaram, de resto, a ele; houve mesmo alguns, como os de Eshnunna, mais ambiciosos que os outros, que tirando partido do enfraquecimento do poder central tinham proclamado a sua independência ainda antes da morte de Ibbi-Sin; outros, como o de Der, haviam esperado a queda do Império para lhes seguir o exemplo. Nem sequer é seguro que a autoridade de Ishbi-erra se estenda sobre toda a Baixa Mesopotâmia; entre outras cidades, a cidade de Larsa poderia de facto escapar-lhe.

Isin torna-se, entretanto, o Estado mais poderoso. No vigésimo segundo ano do seu reinado, Ishbi-erra afirma a sua superioridade face aos seus adversários expulsando a guarnição elamita ainda instalada nas ruínas de Ur. Esta acção vistosa assegura-lhe o primeiro lugar aos olhos dos seus contemporâneos e permite-lhe, ao mesmo tempo, reforçar o seu poderio económico restabelecendo as relações comerciais com as regiões costeiras do golfo Pérsico. Isin é, doravante, capaz de proporcionar à Mesopotâmia um período de paz de mais de meio século.Ishbi-erra implanta um sistema administrativo inspirado no de Ur. Dá igualmente início à reconstrução da antiga capital.

Os seus sucessores, Shu-ilishu (1984-1975) e Iddin-dagan (1974-1954), prosseguem a sua obra. Shu-ilishu retoma o título real de Ur e traz para o seu templo a estátua do deus Nanna, arrebatada outrora pelos Elamitas. Restabelece as relações comerciais com o Norte e o Leste. O reinado pacífico de Iddin-dagam, consagrado inteiramente às fundações piedosas, marca o apogeu da dinastia. A literatura de língua suméria conhece um último e brilhante sobressalto. Tal como na época de Ur, dois géneros literários são particularmente apreciados: os hinos reais e as lamentações sobre as cidades destruídas. Os primeiros cantam a paz reencontrada, fazendo o elogio das restaurações e dos grandes trabalhos empreendidos pelos soberanos. Entre os segundos, a composição literária mais célebre é a *Lamentação sobre a destruição de Ur*, escrita por ocasião da reconstrução da cidade.

No domínio religioso, os deuses do Oeste implantam-se solidamente. Assim, o deus Dagam toma o seu lugar no panteão de Isin ao lado da antiga deusa tutelar da cidade, Ninisina.

Esta actividade espiritual, a paz restabelecida e a prosperidade recuperada por algum tempo, nem por isso devem fazer esquecer a chegada cada vez mais maciça de populações nómadas. Por detrás da estabilidade aparente das instituições, os sinais prenunciadores da queda fazem o seu aparecimento a partir do reinado de Ishme-dagan (1953-1935). Sinal infalível do mal-estar que se espalha é o facto de o rei multiplicar as reformas sociais, concedendo privilégios e isenções. É assim que a cidade de Nippur se vê liberta de toda a obrigação de imposto. Ao mesmo tempo, as incursões e destruições provocam ruínas e a bancarrota. O príncipe de Assur, Ilushuma, considera a altura oportuna para fazer campanha na Babilónia e o rei de Isin é incapaz de lhe fazer frente. Possuímos algumas relações destes acontecimentos. Um presságio histórico menciona uma derrota diante da cidade de Kish; as destruições causadas pelos nómadas e o saque de Nippur constituem o tema de uma lamentação.

O sucessor de Ishme-dagan, Lipit-ishtar (1934-1924), é o último representante da dinastia fundada por Ishbi-erra. É o autor de uma colecção de leis que se inscreve na linha das reformas iniciadas por Ishme-dagan: o prólogo anuncia a supressão de encargos e concede privilégios fiscais. Esta colecção passará por exemplar aos olhos da posteridade e será ainda citada como tal na época neo-assíria.

No fim do seu reinado, Lipit-inshtar confronta-se com as ambições de um amorreu recém-chegado à Mesopotâmia, Gungunum, que se faz proclamar rei de Larsa. O próprio Estado de Isin desagrega-se. O exemplo de Gungunum é largamente seguido; por todo o lado, os Amorreus arrebatam o poder. A guerra grassa em estado endémico. Finalmente, Gungunum toma Ur, pondo fim às pretensões dos monarcas de Isin à sucessão dos reis de Ur. Lipit-ishtar reinará em breve apenas sobre um pequeno Estado que se estende às imediações de Isin e de Nippur.

Os Estados rivais. – Os reis de Isin não são os únicos a querer ter a sua parte na herança do império de Ur. Sob o reinado de Ibbi-Sin outros governadores haviam julgado que chegara o momento de proclamar a sua independência, mas políticos menos subtis que Ishbi-erra, agindo talvez com demasiada precipitação, não souberam reunir à sua volta as simpatias necessárias para apoiar as suas ambições. Também é verdade que, residindo nas províncias excêntricas, à margem dos círculos políticos dos grandes centros do Sul, eles não tinham as mesmas facilidades que Ishbi-erra para impor a sua autoridade na planície.

Diyala, a cidade de Eshnunna adquire a sua independência desde o início do reinado de Ibbi-Sin, sob o governo de Ituria, cujo filho, Ilshu-ilia, conhecido como escriba ao serviço de Ibbi-Sin, toma o título de «rei do país de Wariun», isto é, do país de Eshnunna. Os seus sucessores são pouco conhecidos. O mais célebre é Bilalama, que mantém boas relações com o Elão e repele vários grupos de nómadas amorreus.

A cidade de Der, ponto de referência importante nas estradas comerciais entre o Elão e a Mesopotâmia, torna-se igualmente independente. Um certo Nidnusha assume lá o título real e junta ao seu nome o determinativo divino. Um outro rei desta cidade, Anum-muttabbil, gaba-se de um êxito conseguido sobre os seus vizinhos iranianos. Contudo, a cidade deve perder rapidamente a sua autonomia, porquanto, antes de subir ao trono de Isin, Ishme-dagan é o seu governador.

No sul da Mesopotâmia, Lagash e Larsa parecem escapar aos reis de Isin. Tal facto é importante, porque, se é de facto exacto, apresenta-se como uma grave ameaça que pesa sobre as relações comerciais de Isin com o golfo Pérsico. Algumas fontes parecem indicar que um amorreu, Naplanun, teria fundado uma dinastia em Larsa ainda em vida de Ibbi-Sin. Um texto de Girsu cita uma outra personagem, Samium, talvez um dos sucessores de Naplanum. Mas arquivos de Larsa permanecem mudos quanto a esta época. Nenhuma inscrição real anterior a Zabaia, filho de Samium, foi encontrada no local.

Mais afastada, Assur sai da esfera política babilónica. Após a queda de Ibbi-Sin, liberta-se de toda a dependência em relação ao Sul. Puzurashshur funda já uma dinastia da qual não se sabe quase nada. O rei usa o título de *ishshiakkum*, forma acádica do sumério *ensi*. As nossas fontes só fazem alguma luz sobre um único desses soberanos, Ilushuma, o terceiro representante da dinastia. Ele fortifica de facto a capital, provê ao seu abastecimento em água potável e constrói um templo dedicado a Ishtar. O facto marcante do reinado é a campanha conduzida na Babilónia, provavelmente durante o reinado de Ishme-dagan. É-nos contada como um simples passeio militar. Ilushuma declara ter estabelecido a liberdade para os Acadianos num certo número de cidades: Nippur, Ur e alguns centros da margem leste do Tigre, principalmente Der. Não é impossível que tenha de atribuir-se a ele e não aos nómadas amorreus o saque de Nippur. Mas o sentido da sua inscrição mantém-se ainda obscuro. A sua intervenção tem verosimilmente um objectivo comercial preciso, o de abrir aos mercadores assírios um mercado a que antes não tinham acesso.

O Elão. – Desde a chegada dos Guti, o rei de Elão reside em Simashki e não já em Susa. A Lista real elamita menciona uma dinastia de doze reis deste país. Ignoramos quase tudo acerca deles, já que as nossas fontes provêm de Susa que, na época de Ur, está integrada no Império. Reina lá a paz suméria e os reis de Ur restauram e constroem numerosos edifícios susianos. É em Simahski que reagrupam as forças hostis aos novos senhores e, durante o reinado de Ibbi-Sin, o Elão rebela-se. Desempenha um papel determinante na queda do império e as suas tropas saqueiam Ur.

Só um pouco mais tarde, com o reinado de Indattu I (1970-1945 aprox.), os documentos se tornam mais explícitos. O emprego da língua acádica e dos títulos da época de Ur – o rei usa os títulos de *ishshiakkum* de Susa e de *shakkanakum* de Elão – põem em evidência a dependência cultural em relação à Mesopotâmia. Indattu fortifica Susa. No fim do seu reinado, torna-se rei de Simashki e de Elão. Sucede-lhe seu filho Tanruhuratir (1945-1924 aprox.). Sabemos que desposa uma princesa de Eshnunna, filha de Bilalama. Desta união nasce Indattu II que a tradição considera como o último representante da dinastia. As suas inscrições evocam os seus êxitos militares e as suas construções. Os seus sucessores já não desempenham qualquer papel; conhecemos unicamente os seus nomes e a sua fraqueza é confirmada pelos êxitos elamitas de Gungunum de Larsa. Pouco depois, Eparti funda uma nova dinastia, que durará até ao fim do século XVI.

2. A Mesopotâmia dividida

Os nómadas. – O fim da dinastia de Ishbi-erra assinala o abandono da estrutura estatal forjada pelo império de Ur e, ao mesmo tempo, a irrupção dos nómadas em todos os escalões de vida política.

Desde a época de Acad, estes nómadas são chamados pelos textos *mar.tu* em sumério e *Amurru* em acádico. Ambos os termos designam simplesmente o Oeste nas suas respectivas línguas. Convencionou-se hoje designar estes nómadas colectivamente sob o nome de Amorreus, sem que isso esconda o facto de que tal palavra não significa nada de preciso, para além de uma eventual origem geográfica. Como os Amorreus acabaram por adoptar o acádico e a escrita cuneiforme, não conhecemos a sua língua; o seu onomástico aproxima-os, no entanto, dos Cananeus.

Os arquivos do palácio real de Mari familiarizam-nos com o seu modo de vida e o seu grau de organização. Não conhecem o camelo que só será domesticado no século XIII ou XII antes da nossa era. Criadores de cabras e ovelhas, a sua economia é complementar da dos sedentários e as relações entre as duas comunidades são permanentes. As suas deslocações são lentas e de fraca envergadura, limitadas pelas proximidades das terras cultivadas, dos rios e dos pontos de água potável. Estas movimentações obedecem a um ritmo anual. Mas as suas condições de vida são precárias e o deserto alimenta mal. A pressão que exercem sobre a orla do deserto é, pois, constante, mais ou menos forte consoante o rigor do tempo. Atraídos pelo mais elevado modo de vida e pela maior riqueza dos sedentários, multiplicam as incursões ou, pelo contrário, isolados ou em pequenos grupos, entram na planície fértil e nela se instalam em definitivo. Em algumas épocas, e por razões que nos escapam, quiçá a sobrepopulação ou a fome, espalham-se pela planície e estabelecem-se corno senhores nas cidades conquistadas. Mas só o conseguem de facto quando o poderio político dos sedentários já estava previamente minado por querelas internas ou crises económicas. Neste caso, a resistência ao invasor, fraca ou mal organizada, esboroa-se. O enfraquecimento do poder político coincide, além disso, com o encerramento das estradas comerciais, mal protegidas contra a pirataria, e com um encurtamento das zonas de cultura. Os nómadas não fizeram cerimónias em apoderar-se das terras assim abandonadas e em servir-se delas como bases para novas conquistas. Curiosamente, os nómadas saídos do deserto sedentarizam-se rapidamente e voltam as suas armas contra os seus irmãos ainda errantes. É o que acontece no início do II milénio.

As perturbações que se seguem no fim do império de Ur abrem todas as grandes portas da Mesopotâmia às invasões amorreias. As cidades do médio Eufrates são submersas pela vaga cuja guarda avançada se espalha pela Babilónia e até à Suméria. Fixam-se principalmente na margem leste do Tigre onde fundam vários pequenos Estados, mas, em todo o lado onde isso lhe é possível, arvoram-se em senhores.

É nesta época que se situa provavelmente a migração do clã de Abraão. Partido de Ur, toma o caminho do Oeste em direcção a Harran. Inflecte seguidamente para o Sul e chega ao Egipto; de lá regressará mais tarde para se fixar na Palestina.

À primeira vista poderão estranhar-se estes deslocamentos de Leste para Oeste. Não diz o provérbio, tratando-se dos Árabes, que o Iémen é o seu berço e o Iraque o seu túmulo? Mas a verdade é que, quanto ao essencial, na Mesopotâmia antiga, terras agrícolas e terras de criação de gado estão estreitamente imbricadas. Entre cada cidade, no limite das terras de cultura, estendem-se pastagens onde vagueiam os nómadas. A fusão de ambas pode fazer-se a tal ponto que se torna por vezes difícil distinguir o pastor profissional, ao serviço de um grande proprietário ou do próprio rei, do pequeno nómada que conduz os seus rebanhos.

É claro que os nómadas não deixaram vestígios de qualquer espécie. São os testemunhos dos seus vizinhos sedentários que nos permitem conhecê-los. A correspondência real de Mari, por exemplo, e muito particularmente as trocas de cartas entre os reis e os seus agentes, dão-nos uma ideia da sua importância e do papel que eles podem desempenhar. No início do II milénio constituem três grandes confederações de tribos: os Haneanos, os Benjaministas e os Suteanos.

Os Haneanos são um povo seminómada submetido ao rei de Mari. Encontramo-los num vasto território entre o Djaghjagh e o Balih. Vêm estabelecer-se no Eufrates após a queda da III dinastia de Ur. Alguns indícios mostram que estão em vias de sedentarização; possuem já, além dos seus acampamentos, alguns estabelecimentos fixos nas margens do Eufrates. Não se lhes conhecem reis, sendo dirigidos pelos «Antigos» e por um grupo de notáveis. Geralmente vendem os seus serviços ao rei de Mari, seja ele qual for. Servem designadamente como tropas auxiliares nos seus exércitos, constituem guarnições locais e montam guarda à fronteira do deserto. As querelas são raras e de alcance limitado. Esta aliança é a condição primeira do seu florescimento. Não está excluído que os reis da dinastia de Mari sejam de origem haneana: sabe-se que o deus Lim, patrono da dinastia, é um deus importante do panteão haneano.

Os Benjaminitas são muito mais turbulentos. Os seus acampamentos estão espalhados ao longo do Eufrates. Encontramo-los mesmo na região de Alepo e no curso médio do Orontes. Apesar do seu nome de «Filhos do Sul», é a partir do Norte que eles vêm estabelecer-se na região de Mari. As suas relações com este reino são tensas, ou mesmo hostis. Ataques, golpes de mão e correrias dão origem a um estado de guerra permanente. Os Benjaminitas não desdenham, se for caso disso, aliar-se a potências estrangeiras, quer se trate do rei de Harran quer do de Eshnunna. São ainda nómadas, e as fontes permitem acompanhar uma parte das suas deslocações periódicas à procura de pastagens. Poderosamente organizados sob a autoridade dos seus reis e dos seus notáveis, não hesitam em atacar cidades fortes, durante o seu peregrinar. Conhecemos os nomes de várias tribos da sua confederação. Algumas dentre elas internaram-se profundamente no sul da Mesopotâmia. Os Amannu e os Iahruru instalaram-se na região de Sippar, outros fixaram-se perto de Ekallatum. Vamos encontrá-los mesmo no território de Uruk, cujo rei, Sin-kashid, usa o título de «rei de Uruk e de Ammanum».

Os Suteanos são conhecidos desde a época de Rim-Sin, rei de Larsa. Fazem parte da coligação que une contra Larsa as cidades de Isin, Uruk e Babilónia. A correspondência de Mari traça deles um retrato pouco lisonjeiro. São rapinantes inveterados, que actuam essencialmente nas estradas onde passam as caravanas. Percorrem a estepe de Mari a Palmira e a Katna e aventuram-se até às imediações da Babilónia. Por vezes, alistam-se como mercenários nos exércitos babilónios. Alguns pequenos grupos, relativamente restritos, sedentarizam-se, mas constituem uma excepção.

Até ao início do I milénio, os Suteanos continuarão os seus actos de banditismo e pilhagem. Alistam-se de bom grado como mercenários ao serviço dos pequenos reis sírios em conflito incessante uns contra os outros. Em várias alturas, Assírios e Cassitas são obrigados a repeli-los; aparecem então ao lado dos Arameus e são eles que destroem o templo de Sippar. Fazem a sua última aparição ao lado de Merodach-baladan II, que apoiam na sua revolta contra Sargão II da Assíria.

Os Estados urbanos. O Sul.

Larsa. – O poderio de Larsa afirma-se após a tomada de Ur e do seu porto por Gungunum (1932-1906). O novo soberano pode, então, tomar o título de «rei da Suméria e de Acad». Consagra o seu reinado à realização de um duplo objectivo. O primeiro, no plano internacional, visa desenrolar as relações económicas com os países ribeirinhos do golfo Pérsico. Com esta finalidade, a posse de Lagash e de Ur, os dois grandes portos do golfo, permite a Larsa escoar todo o tráfico de mineral de cobre e de metais preciosos. O segundo objectivo, de ordem interna, consiste em melhorar o abastecimento, cada vez mais difícil, dos grandes centros urbanos em água potável. O rei dá assim início a um vasto programa de irrigação. No que se refere aos assuntos militares, Gungunum lança uma ofensiva contra o Elão. Um texto de Susa, datado do seu reinado, parece provar que ele ocupa a cidade durante algum tempo. Por fim, dedica-se ao restauro dos templos caídos em ruína e fortifica as principais cidades do país para obviar a qualquer eventualidade.

O seu filho, Abisaré (1905-1895), prossegue a sua obra e retoma as hostilidades contra Isin que se torna ameaçadora. Não pode impedir o rei de Isin de reconquistar Ur e caberá a seu filho, Sumuel (894-1866), rectificar a situação. Por meio de uma série de vitórias que o levam até Kazallu, Kish e Nippur, aumenta consideravelmente a extensão dos seus Estados. Mas, no fim do seu reinado, virá a sofrer um certo número de reveses, de acordo com um texto que se refere ao desvio das águas do Tigre em proveito de um rival cujo nome não é, infelizmente, mencionado. A fome grassa em toda a região de Larsa e tem como consequência um vasto movimento de revolta que leva ao poder um homem novo, provavelmente originário de Lagash, Nur-adad (1865-1850). Este restabelece a ordem; o seu reinado é inteiramente dedicado ao restauro das ruínas e ao arranjo dos canais de irrigação. Deve-se-lhe nomeadamente a construção do palácio de Larsa, do templo de Enki em Eridu e de vários templos em Ur. O seu filho, Sin-idinnam (1849-1843), acaba os trabalhos de restauro iniciados pelo pai e restabelece o curso normal do Tigre. Os seus exércitos obtêm êxitos importantes sobre Babilónia e Eshnunna, cujo território é devastado. Em contrapartida, é incapaz de esmagar a resistência que lhe opõem Uruk e Isin. Esta última disputa-lhe tenazmente a posse da cidade de Nippur.

Aos reinados de Nur-adad e de Sin-idinnam corresponde o período mais florescente do Estado de Larsa. A tradição palaciana, seguindo o exemplo de Isin, exalta a pessoa do soberano nos hinos reais. A introdução deste género literário em Larsa está provavelmente ligada ao domínio sobre Nippur; ele desaparecerá com Rim-Sin. O primeiro rei de Larsa objecto de uma tal composição é Nur-adad. Um presságio histórico faz talvez alusão à inauguração do templo de Shamash por Sin-idinnam.

Não se sabe quase nada dos seus três sucessores, Sin-iribam, Sin--iqisham e Silli-adad. Aparentemente conseguem manter o controlo sobre Ur e Nippur. Em 1835, Larsa cai sob o domínio de Kazallu. Este dura apenas um ano, pois que, a partir de 1834, Kudurmabug, xeque de Iamutbal, instala o seu filho Warad-Sin no trono de Larsa (1834-1823). O irmão deste último, Rim-Sin, suceder-lhe-á (1822-1763). Estes dois reinados são excepcionalmente prósperos. A superfície das terras cultiváveis é aumentada graças a grandiosos trabalhos de irrigação. São inúmeras as fundações piedosas dos dois soberanos; interessam-se muito particularmente pelas cidades de Ur e Nippur, e no Ebabbar, pelo templo de Shamash em Larsa. Warad-Sindota a cidade de Ur de uma poderosa muralha. No plano militar, Rim-Sin esmaga, em 1810, uma coligação que inclui Isin, Babilónia e Uruk. Seguidamente, ataca Uruk, que cai em seu poder em 1803. Pouco depois, entra triunfalmente em Isin. A partir de então, reina sobre o mais poderoso reino da Babilónia, merecendo o seu título de «rei da Suméria e de Acad». Em 1763, Hamurabi põe brutalmente fim a este período de glória.

Isin. – No trono de Isin, Ur-ninurta (1923-1896) é um homem novo. O seu reinado é mal conhecido e terá morrido assassinado. O seu filho Bur-Sin (1895-1874) apodera-se de Ur em detrimento de Larsa, mas só consegue lá manter-se durante três meses. Temos poucas informações sobre o fim de dinastia. Os reis continuam a usar o título de «rei da Suméria e de Acad». Mostram-se muito preocupados com os problemas agrícolas. Um deles manda construir uma muralha à volta de Isin. Uma crónica tardia conta a morte do rei Erra-imitti, asfixiado ao comer uma iguaria durante uma refeição. O seu sucessor, Enlil-bani, é talvez um substituto real que, colocado no trono, consegue lá manter-se e assumir o poder efectivo. Os últimos reis reinam apenas sobre a capital e seus arredores imediatos. A cidade cai, então, nas mãos de Rim-Sin.

Uruk. – Por volta de 1865, Sin-kashid (1865-1833 aprox.) funda uma dinastia em Uruk. É aparentado à tribo Amnanum, uma parte da qual estava fixada nos campos à volta. Sin-kashid restaura E.ana e constrói um palácio. Perante as ambições do seu poderoso vizinho, Larsa, e demasiado débil para resistir-lhe sozinha, Uruk procura a aliança de Babilónia. Sin-kashid inaugura esta política por meio do seu casamento com Shallurtum, filha do rei de Babilónia, Sumulael. Seguidamente, Uruk dá também início a uma aproximação com Isin. Em 1821, um certo Anam (1821-1817), já conhecido como alto funcionário sob o reinado de Sin-gamil, apodera-se do trono; saiu de um ramo colateral da antiga família reinante. O seu filho, Irdanene, participa na coligação contra Larsa. O último rei da dinastia é Nabi-ilishu, vencido por Rim-Sin em 1803.

Babilónia. – Cerca de trinta anos antes de Sin-kashid, uma outra dinastia de origem nómada instalara-se na Babilónia. Desde a queda do Império de Ur, a cidade não tinha feito falar dela. Sob o império, era administrada por um *ensi*. Em 1894, Sumuabum faz dela um principado independente. Não se lhe conhecem inscrições. Aparentemente, morre sem deixar filhos, pois Hamurabi e Samsu-ditana nunca se referem a ele, mas dizem-se descendentes do seu sucessor, Sumulael. Pode supor-se que ele se torna senhor das cidades vizinhas. Depois, dele, Sumulael (1880-1845) aumenta o reino, apoderando-se de Kish e de Marad. Os seus sucessores, Sabium, Apil-Sin e Sin-muballit são sobretudo conhecidos pelas suas actividades de construtores. Sin-muballit (1812-1793) participa na coligação vencida por Rim-Sin, em 1810. Em 1792, Hamurabi torna-se rei da Babilónia.

Os estados de segunda zona. – Por falta de fontes, a história dos outros Estados babilónios permanece obscura. É provável que o seu papel histórico tenha sido dos mais apagados. Apenas possuímos os nomes de alguns príncipes e das fórmulas de nomes de anos de várias cidades como Kazallu, Marad ou Sippar. Um rei de Kish evoca uma guerra conduzida contra os seus vizinhos; por seu turno, um rei de Malgium faz menção de perturbações sociais a que põe fim.

Nem todos os nómadas optam por estabelecer-se nas cidades. Alguns grupos, mais numerosos que os outros, formam novos Estados; é o caso de Iamutbal e de Idamaras, situados nas regiões transtigrinas. Os seus nomes têm provavelmente origem no do herói epónimo da tribo. As deambulações da tribo de Idamaras deram origem a dois Estados deste nome, um situado na Alta Mesopotâmia, o outro próximo do reino de Eshnunna. São conhecidos os nomes de alguns príncipes de Iamutbal; um deles, Sumu-iamutbal, é contemporâneo de Sumulael de Babilónia; um outro, Kudurmabug, é o pai dos dois últimos reis de Larsa.

Os Estados urbanos. O Diyalá. – O vale do Diyalá está inteiramente sob a autoridade dos reis de Eshnunna. Escapa, portanto, à atomização do poder político que é de regra em todos os outros sítios. Só a cidade de

Tuttub (Hafadje) conhece, por volta de 1900, um breve período de independência.

Até Ibapiel I (por volta de 1830), os sucessores de Ilshu-ilia usavam o título de *ishshiakkum*, «príncipe»; em 1830, com Ipiq-adad II, tomam o título de *sharrum*, «rei», e, exceptuando um deles, adoptam o uso do determinativo divino. Ipiq-ada leva a cabo uma campanha militar em direcção ao Eufrates, conquistando Rapiqum e ameaçando o norte da Babilónia. O seu objectivo é controlar as vias comerciais que passam pelo vale do Eufrates. O seu filho, Naram-Sin, prossegue a obra paterna, levando mais longe as conquistas. Atinge o curso superior do Habur; as fórmulas de nomes de anos fazem menção da tomada de cidades afastadas. Naram-Sin domina provavelmente a Assíria durante uma parte do seu reinado.

Sob o reinado do seu sucessor, Dadusha, a situação parece invertida. Apesar de uma derrota sofrida por Ishme-dagan, então governador de Ekallatum, Samsi-addu da Assíria parece impor a sua autoridade a Eshnunna. A hipótese, na verdade, baseia-se apenas em indícios ténues. Seja como for, a partir da morte do monarca assírio, o novo rei de Eshnunna, Ibalpiel II, está em condições de retomar a ofensiva. Guerreia contra a Assíria e conduz os seus exércitos até às imediações de Mari. As suas inscrições celebram as suas vitórias sobre Hana e Subartu.

As relações entre Eshnunna e o Elão são, no seu conjunto, excelentes. Os arquivos de Mari apresentam os dois Estados como perfeitamente unidos por laços de amizade. Segundo estes mesmos arquivos, o Elão desempenharia nesta aliança o papel principal.

Em 1763, Hamurabi apodera-se de Eshnunna e integra-a nos seus Estados.

No local de Tell Harmal, os escavadores iraquianos encontraram dois exemplares do «código» de Eshnunna, colecção de sentenças reais precedida de uma tabela. Tendo-se perdido parcialmente o prólogo, ignoramos o nome do rei que a mandou redigir. A arqueologia, a paleografia e a língua conjugam-se para apontar um dos grandes reis que reinaram na segunda metade do século XIX. Este «código» seria, portanto, um pouco anterior ao de Hamurabi.

Os Estados urbanos. O vale do Eufrates. – O fim das invasões amorreias e a estabilização das novas populações permitem a reabertura das estradas comerciais do Eufrates. O vale do rio, torna-se, então, objecto de lutas encarniçadas que opõem vários reinos. Os mais conhecidos dentre eles são Terka e Mari. Em Terka reina Ilakabkabu, pai de Samsi-addu, o futuro rei da Assíria. Vencida por Iaggid-lim de Mari, Terka perde bem depressa a sua independência e Samsi-addu, obrigado a fugir, encontra refúgio na Babilónia.

As origens da dinastia de Mari são obscuras. O período que separa a época dos *ensi* vassalos do império de Ur e o aparecimento de Iaggid-lim continuava ainda para nós praticamente desconhecido. Entretanto, tudo leva a crer que coincide com a chegada dos Haneanos, com os quais a dinastia parece aparentada.

O fundador do poderio de Mari é Iahdun-lim (1825-1810 aprox.), filho de Iaggid-lim. Com ele, os Haneanos submetem-se à autoridade urbana. Restaura as muralhas de Mari e de Terka, constrói uma cidade que tem o seu nome e empreende um grande programa de irrigação e de abastecimento das cidades em água potável. Para coroar a sua obra, conduz uma campanha triunfal nas margens do Mediterrâneo e no Líbano. No caminho de regresso, esmaga de passagem vários pequenos reis do médio Eufrates que procuravam cortar-lhe o caminho.

Entretanto, Samsi-addu, solidamente instalado no trono de Assur, está impaciente por vingar seu pai. Marcha sobre o Eufrates à frente das tropas, apodera-se de Mari e retoma Terka. Confia Mari a seu filho, Iasmah-addu. A correspondência trocada entre o pai e o filho mostra toda a atenção que Samsi-addu dedica à sua nova conquista. Por sua morte, Zimri-lim (1782--1759), filho de Iahdun-lim exilado no reino de Alepo, expulsa Iasmah-addu e reconquista o trono.

Tendo pacificado os seus Estados, Zimri-lim volta-se para os pequenos reinos da região do Habur dos quais se torna aliado ou protector. Por outro lado, graças às suas alianças com Alepo e Babilónia, pode fazer de Mari o principal ponto de ligação comercial do vale do Eufrates. Os arquivos económicos e os monumentos encontrados aquando das escavações testemunham a imensa riqueza acumulada na cidade. É por Mari que passam a madeira e as pedras de cantaria que fazem tanta falta na planície mesopotâmica. É através de Mari que o mineral de estanho é encaminhado desde o Irão até às costas mediterrânicas. O horizonte dos arquivos ganha, então, Creta, a Ásia Menor, o Irão e a Palestina.

O palácio é o ponto central da actividade económica. As suas riquezas e o seu luxo fazem a admiração dos reis vizinhos. É um imenso edifício de mais de 250 compartimentos e pátios, uma parte do qual remonta à época de Ur: a célebre cena da investidura real, particularmente bem conservada, remontaria, de facto, ao fim do III milénio. O núcleo do palácio, com a sala do trono, ordena-se à volta de dois pátios aos quais se chega pela única entrada, situada na parte norte. As pinturas murais inspiram-se em temas históricos. As paredes das salas de audiência e dos pátios estão cobertas de armazéns e de oficinas, de um centro administrativo e de um depósito de arquivos que forneceu já mais 20 000 tabuinhas.

Mas todo este estendal de luxo dá uma falsa impressão de segurança. Os Beduínos, sobretudo os Benjaminitas e os Suteanos, fazem pesar sobre Zimri-lim uma ameaça constante. As revoltas de cidades submetidas não são raras. Os reis de Eshnunna não escondem as suas ambições de conquistar um centro económico de uma tal importância. Não serão no entanto eles a dar o golpe mortal, mas o rei de Babilónia. Apesar da aliança que o liga a Zimri-lim, Hamurabi apodera-se de Mari em 1759, sendo a cidade saqueada.

Os Estados urbanos. A Assíria. – Com a dinastia de Puzur-ashshur, a Assíria apresenta-se como principado acádico. País pobre por natureza, enriquece-se através do comércio; todo o seu esforço concentra-se de facto na penetração dos mercados estrangeiros e na implantação de colónias. Nos textos que aludem à sua pessoa, o rei é, aliás, apresentado mais como um importante homem de negócios que como monarca absoluto; é verdade que carecemos enormemente dos arquivos da capital e não poderá tirar-se uma conclusão definitiva apenas das fontes capadócias. Aparentemente, o seu poder está limitado à cidade de Assur e seus arredores imediatos. Na sua qualidade de juiz supremo, usa o título de *waklum*, mas o de *ishshiakkum* do deus Asur é o mais corrente.

As colónias assírias da Capadócia ([1]) – É sob o reinado de Erishum I (1920-1900 aprox.), sucessor de Ilushuma, que os mercadores assírios se implantam na Capadócia, no centro da Anatólia. Nesta época, a Capadócia é o foco de uma nova cultura, a dos Hatti. Está fragmentada em pequenos principados relativamente débeis e incapazes de se entenderem entre si. A sua população é heterogénea, dominando, no entanto, o elemento hitita ou hititizante; é ele que fornece os quadros políticos. O Estado mais poderoso é o de Burushhattum cujo soberano é o único a usar o título de «grande príncipe». Dando crédito a uma epopeia, *Rei do combate*, cujo herói é Sargão de Acad, supôs-se durante muito tempo que o estabelecimento dos mercadores assírios na Capadócia remontava ao III milénio. A hipótese, indemonstrável e arriscada, tem poucas hipóteses de vir alguma vez a ser comprovada; a análise das diferentes edições da epopeia tende, aliás, a afastá-la definitivamente.

Dirigido a partir de Assur por um certo número de grandes famílias, o comércio assírio está poderosamente estruturado. Os mercadores agru-

---

([1]) Sobre estas colónias, cf. também infra, p. 149.

pam-se em pequenas colónias, os *Kâru*. Os mais importantes possuem as suas próprias agências disseminadas pelos vários principados do país, os *wabaratu*. Todos dependem de um *kârum* central situado em Kanish, a actual Kültepe. Dotado de armazéns e de bancos, autorizado a cobrar taxas e dispondo de prerrogativas judiciárias, o *kârum* está habilitado a entabular transacções com os príncipes locais. A instituição é protegida por tratados concluídos com os poderes locais, fornecendo estes últimos escoltas militares e recebendo em troca, sob diversas formas, uma parte dos benefícios realizados. O teor destes tratados deve variar muito consoante o poderio dos príncipes, estando provavelmente os mais fracos dentre eles sob a dependência do *kârum*.

O *kârum* de Kanish está colocado sob a autoridade da cidade de Assur. Aí, são os magistrados epónimos da cidade e o rei, ou mais geralmente os ricos proprietários, que avançam com os fundos e vigiam as redes. Os mercadores fazem o resto. Se é que de facto ele existiu, o limite entre as actividades de interesse privado e de interesse público é, portanto, difícil de traçar. Seja como for, uma parte dos impostos cobrados reverte para o tesouro de Assur; assim, é todo o país que se vê enriquecido pelo comércio capadócio.

As casas de comércio têm um carácter familiar. No seu conjunto, os meios que põem em acção são modestos mas as tarifas praticadas permitem lucros substanciais; em alguns casos, aproximam-se mesmo dos 100%. As trocas comerciais são de duplo sentido: os Assírios exportam para a Capadócia tecidos e estanho; em troca, importam cobre, cujo monopólio do comércio detêm, e repatriam os capitais, em ouro ou em prata, provenientes das vendas.

Após um século de intensa actividade, a situação deteriora-se. A Ásia Menor é sacudida por abalos internos; a cidade de Kanish é incendiada. As colónias assírias estão periclitantes após uma última recuperação de actividade; tendo reconstruído Kanish, os mercadores assírios tentam, de facto, mas em vão, relançar uma aparência de actividade comercial. Além disso, a situação torna-se crítica na própria Assíria. Se o sucessor de Puzur-ashshur II, Naram-Sin, é o rei de Eshnunna do mesmo nome, há que supor que a guerra devasta o país. Erishum II consegue restaurar a dinastia de Puzur-ashshur, mas ele próprio acaba por ser derrubado por um príncipe de origem amorreia, Samsi-addu. Segundo alguns documentos arqueológicos, pareceria que algumas colónias terão sobrevivido até à época de Zimri-lim.

A Assíria sob Samsī-addu. – Samsi-addu I (1815-1782) pertence a um clã nómada estabelecido em Terka e expulso pelo rei de Mari. Encontra refúgio na Babilónia e, depois de alguns anos de exílio, parte para a Assíria e apodera-se de Ekallatum. A partir daí, conquista todo o país. Após três anos de lutas, expulsa Erishum II do trono de Assur.

Com ele, a Assíria abre-se lentamente à influência do Sul. Formado no seu exílio na escola babilónica, Samsi-addu traz com ele o culto de Enlil; é em honra deste deus que constrói a sua nova capital, Shubat-enlil. Introduz, ao mesmo tempo, o uso do dialecto babilónio e adopta o título e a concepção reais da época de Acad.

Mas as suas ambições não se ficam pela soberania sobre a Assíria; para o Leste, confronta-se com o rei de Eshnunna, frente ao qual a sorte é vária; para o Norte, disputa a região de Arbela aos montanheses turukeanos; para o Oeste, estende as suas conquistas até ao curso superior do Habur. Foi provavelmente por um dos seus agentes que Iahdun-lim de Mari foi assassinado; ocupa então o vale do Eufrates até à foz do Balih, obrigando Zimri-lim a fugir. Na Síria, para neutralizar o seu principal adversário, o rei de Alepo, faz aliança com os Estados de Karkemish e de Katna. Chegado ao apogeu do seu poder, conduz uma expedição até às margens do Mediterrâneo, onde levanta estelas comemorando as suas proezas; esta campanha coloca-se na linha do mais puro estilo da tradição acádica. Sob o seu domínio, a Assíria tornou-se a primeira potência da época.

O império é vasto e próspero, atravessando pelas grandes estradas comerciais, englobando os vales férteis do Habur e do Eufrates. Incansavelmente, a partir da sua capital Shubat-enlil – a identificação da cidade com Chagar-bazar não é de aceitar –, Samsi-addu vigia tudo, interessa-se pessoalmente por todos os problemas administrativos. Está rodeado por um estado-maior e por uma chancelaria notáveis. Os arquivos de Mari e de Tell Shemshara conservaram, em parte, a correspondência que troca com os seus representantes e os seus filhos, Ishme-dagan e Ishmah-addu, vice-reis respectivamente de Ekallatum e de Mari. O primeiro está encarregado de vigiar os serranos do Norte e as actividades dos reis de Eshnunna. O segundo responde a partir de Mari pelos deslocamentos dos nómadas e pelas actuações do rei de Alepo. A posição de Iasmah-addu é a mais difícil de sustentar, tanto mais que Zimri-Lim, herdeiro da dinastia expulsa, mantém-se vivo, e o vice-rei nem sempre se mostra à altura da sua tarefa: as cartas com reprimendas do pai não faltam.

As questões militares são tratadas com grande cuidado. Guarnições estacionam permanentemente em todas as grandes cidades. Aquando das campanhas, procede-se a um levantamento de tropas, quer entre os sedentários quer entre os nómadas. No regresso, estas tropas são desmobilizadas. Podem ser numerosas e estão dotadas de um material de certo muito considerável; no cerco de Nurrukum, o exército assírio compreendia 60 000 homens.

É impossível, por falta de dados cronológicos, escrever a história do reinado em todos os seus pormenores. As referências às campanhas militares são numerosas. Com a tomada de Nurrukum e de Arrafa, Samsi-addu procura seguramente reforçar a sua fronteira leste sobre o Zab Inferior. Na outra extremidade do império, faz campanha contra Harran. As relações com Eshnunna são mal conhecidas; parece que, no fim do reinado, a cidade reconhece a autoridade do rei da Assíria.

A sua ambição leva o monarca e proclamar-se «rei da totalidade», à maneira dos reis de Acad, e, tal como eles, invoca o patrocínio em Enlil ao qual dedica um templo em Assur. Restaura também o templo de Ishtar que Manishtusu, outrora, mandara construir.

Samsi-addu morre em 1782. A sua morte anuncia o desmembramento do império. Ishme-dagan, que lhe sucede (1781-1782), faz pálida figura comparado com o pai. A partir do seu advento, os exércitos de Eshnunna agitam-se e apoderam-se de Rapiqum, donde sobem o curso do Eufrates em direcção a Mari. Ao mesmo tempo, em circunstâncias que desconhecemos, Iasmah-addu é expulso de Mari. Zimri-lin, que recuperou o seu trono, vai até ao ponto de arrebatar o Alto Habur aos Assírios. Shubat-enlil está perdida. Zimri-lim beneficia, por isso, da ajuda militar de Iarim-lim, de Alepo.

Ishme-dagan mantém-se à frente de uma Assíria muito enfraquecida pelas conquistas dos seus vizinhos. É muito possível que não deva às suas próprias qualidades o facto de ter permanecido no trono de Assur, mas a Hamurabi da Babilónia, cujas primeiras vitórias põem em perigo os vencedores de ontem. As várias versões da Lista real assíria atribuem-lhe, no entanto, um reinado de quarenta a cinquenta anos. Sobreviveria, portanto, ao próprio Hamurabi, do qual possivelmente é vassalo. Depois dele, abre-se um longo período de anarquia em que os «filhos de ninguém» disputam entre si o poder, mas as fontes calam-se acerca disso. A Assíria deixa de desempenhar qualquer papel político até ao reinado de Assurubalit I.

3. O império de Babilónia

A ascensão de Babilónia sob Hamurabi. – Com o reinado de Hamurabi (1792-1750), Babilónia conhece a glória de um império efémero. O soberano, que tem a seu favor qualidades excepcionais, tem um agudo sentido da diplomacia, mas sabe bater com força, na altura azada. O império de Babilónia é sua obra pessoal. Embora frágil e sem originalidades em muitos domínios, a sua obra afirmar-se-á até se tornar exemplar. Babilónia torna-se, sob o seu reinado e o do seu sucessor, no centro de uma actividade

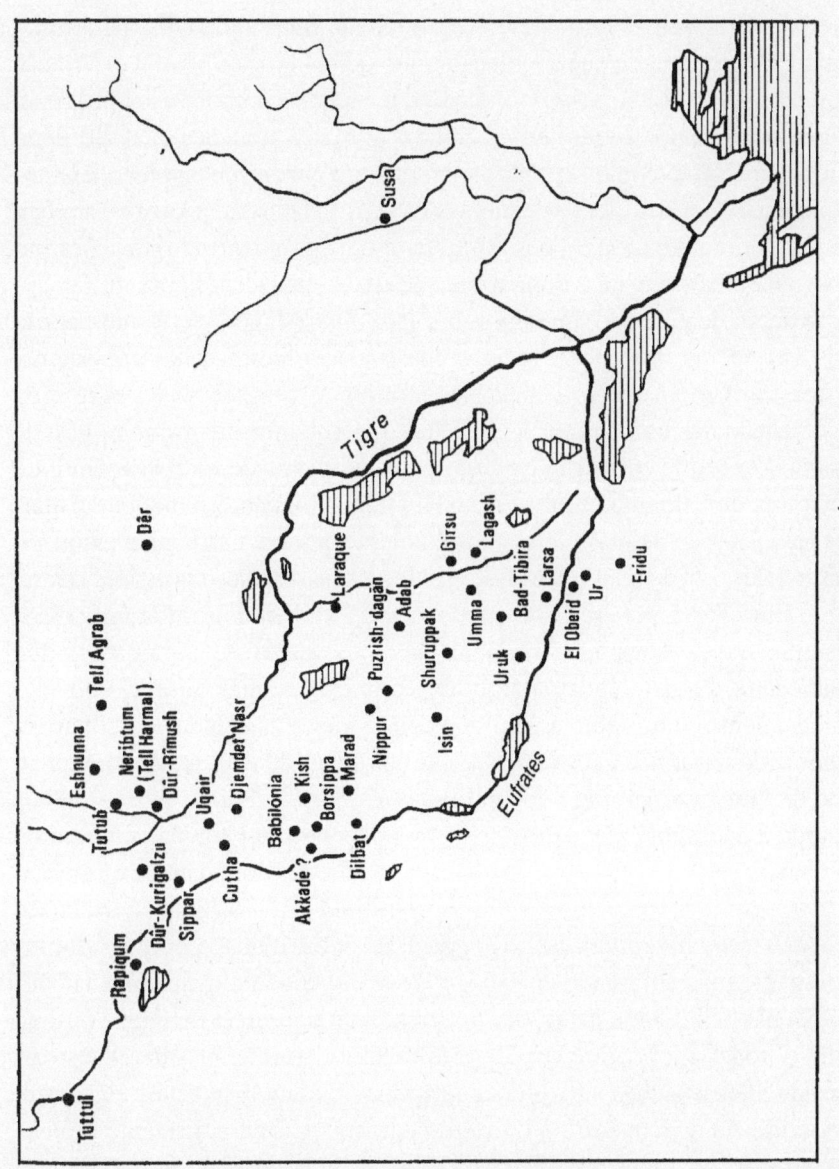

Mapa 2 – A BABILÔNIA

cultural e de uma produção literária intensas que marcarão toda a posterior história da Mesopotâmia.

A cronologia do reinado é bem conhecida. Utilizando alternadamente promessas e ameaças, diplomacia e força, Hamurabi constitui, em menos de trinta anos, um Estado que corresponde ao império de Ur, tendo a menos o Elão. É verdade que a situação internacional joga a seu favor. Após a morte de Samsi-addu, a Assíria já não é mais que a sombra de si própria e os grandes Estados entram em disputa à volta dos seus despojos. Só Rim-Siri se apresenta como sério opositor. Agindo com circunspecção, Hamurabi começa por fortificar as cidades dos seus Estados, depois arrebata Isin a Rim-Sim e aproxima-se perigosamente de Larsa tomando posições em Uruk. Mas, para Larsa, a hora ainda não tinha chegado. Hamurabi faz um movimento de diversão, marcha sobre Iamutbal, Malgium e Rapiqum, depois do que, durante quinze anos, prepara a sua ofensiva mais importante, ao mesmo tempo que se ocupa nas cerimónias religiosas da praxe e na organização das conquistas. É em 1764 que obtém a sua primeira grande vitória sobre uma coligação que agrupa os exércitos de Elão, dos Guti, de Malgium, de Eshnunna e da Assíria. Hamurabi encontra, sem dúvida, aliados para reforçar as suas fileiras; infelizmente, porém, não conhecemos nenhum deles. Em 1763 toma Larsa, eliminando assim o seu principal adversário. Em 1762 entra em Eshnunna e anexa Ekallatum. Por fim, em 1759, Malgium cai em seu poder e os seus exércitos lançam-se contra Mari, que é saqueada. Pouco depois, Hamurabi completa as suas vitórias com um sucesso conseguido sobre a Assíria e com o saque da cidade de Eshnunna. O nome de Assur não é mencionado nas narrativas de vitórias, mas figura ao lado de Nínive no prólogo do «código». Hamurabi é, doravante, o senhor de toda a Mesopotâmia. Morre três anos depois de ter travado os últimos combates.

O declínio de Babilónia e a chegada dos Cassitas. – A obra de Hamurabi mantém-se em estado de esboço e o seu sucessor Samsu-iluna (1749-1712) não tem tempo de acabá-la. Conduzido por um certo Rim-Sin, que toma o poder em Larsa e em Ur, todo o sul do país se revolta. Após três anos de intensas lutas, a revolta é reprimida e as muralhas de Ur e de Uruk arrasadas. As de Isin sofrem o mesmo destino, mas aí, o dirigente do movimento de rebelião consegue fugir. Em breve, é todo o País do Mar, nas margens do golfo Pérsico, que está em efervescência. Eshnunna, por seu turno, entra em dissidência. Por toda a parte, e até nas proximidades de Sippar, o rei vê-se obrigado a levantar linhas de fortificações. A revolta junta-se, por fim, a ameaça da invasão estrangeira, a dos Cassitas.

Povo serrano do Leste, os Cassitas são já conhecidos na Babilónia, onde vêm oferecer os seus serviços como trabalhadores braçais ou como soldados. Mas, bem depressa, à infiltração sucede a ameaça de invasão. No Diyalá, os reis babilónicos constroem fortalezas para contê-los. Por fim, a vaga é desviada para outro lado: iremos encontrar os Cassitas no território do reino de Hana.

As revoltas e as guerras não fazem mais que agravar a situação económica já muito má. O regime agrário está em queda, os beneficiários de *ilku* asseguram cada vez menos o serviço do rei. Os preços sobem, as moratórias sucedem-se às moratórias: as mais célebre dentre elas é o édito de Ammi-saduqa (1646-1626); é, ao mesmo tempo, o único documento marcante de todo este período. Alguns enriquecem à custa do bem-público e, pouco a pouco, vê-se esboçarem-se novas relações sociais.

O próprio Estado decompõe-se, o poder esboroa-se, o reino é cada vez mais reduzido. Os últimos reis da dinastia já só reinam sobre Babilónia e Sippar. Finalmente, por volta de 1595, o rei hitita Mursili I toma Babilónia de assalto e, ao retirar-se, deixa a cidade nas mãos de recém-chegados: os reis cassitas.

4. Os Estados urbanos e a civilização na época paleo-babilónica

A organização dos Estados. – Hamurabi retoma o velho título de «rei das quatro regiões» que pretende exprimir a soberania sobre a terra inteira. Ele é o «Sol» dos povos e impõe a todos a sua autoridade e a sua lei. Reina como senhor absoluto, aparentemente sozinho: não se lhe conhecem ministros nem conselheiros. A sua competência estende-se desde os problemas cruciais de política externa e administrativa até aos assuntos mais humildes e banais. Este mesmo traço de carácter tinha já impressionado na postura de Samsi-addu. É, decididamente, escondida por detrás de uma titularidade ainda inteiramente inspirada no passado, uma nova concepção da realeza que se manifesta: vemos impor-se a imagem do senhor que dispõe da sua comitiva e dos seus súbditos como um chefe de família pode dispor dos seus. O próprio valor das palavras deve ver-se assim modificado, mas é difícil, aqui, apreciar o alcance da mudança. A grande difusão do título real *sharrum* de que se prevalecem muitos príncipes de segunda categoria e a existência, atestada pelo menos pelos arquivos de Mari, dos reis vassalos de outros reis, ilustram a depreciação do termo. Nem todos os reis usam, de resto, este título; o de Der diz-se *shakkanakkum*, o de Assur, como vimos, *ishshiakkum ou waklum*, conforme se refere às suas funções de grande sacerdote ou de juiz supremo e chefe da assembleia da cidade. Assinale-se, de passagem, que o mesmo termo *isshiakkum* designa tão-só, na Babilónia de Hamurabi, um simples caseiro. Por outro lado, nota-se que, fora dos reis da dinastia de Isin, o uso do determinativo divino diante do nome real se tornou inteiramente excepcional: é uma simples evocação da titularidade dos reis de Ur.

A máquina administrativa elaborada pelos reis de Ur não sobreviveu à fragmentação e à instabilidade políticas. É verdade que a organização e a administração hamurabianas, tanto quanto as conhecemos, não constituem um modelo típico. Cada Estado tem as suas próprias, reflexos da personalidade do soberano e das condições impostas pelo meio. Na Assíria, Samsi-addu associa os seus filhos ao poder na qualidade de vice-reis e confia-lhes a vigilância das zonas fronteiriças mais ameaçadas. Antes dele, os reis da dinastia de Puzur-ashshur não controlavam directamente as questões económicas e administrativas, que dependiam das instâncias urbanas, o *bitalim* ou o *bit limmim*. Em Mari, Zimri-lim governa ao mesmo tempo populações sedentárias e nómadas. As primeiras dependem directamente do poder central ou estão confiadas a príncipes vassalos; quanto às segundas, o rei procura insistentemente estar bem relacionado com os seus xeques. O reino de Eshnunna constitui a excepção: é o único a manter, até à sua queda, a estrutura administrativa da época de Ur. Hamurabi divide a Babilónia em províncias que confia a oficiais e a governadores que lá o representam. As cidades são administradas por presidentes, assistidos pela assembleia dos antigos. O poder judicial está confiado aos juízes reais e a administração financeira aos «chefes dos mercadores». As diferenças locais tendem a diluir-se em favor de uma centralização cada vez mais acentuada, da qual a uniformização do calendário marca uma fase importante. De uma maneira geral, a ligação pessoal é a única que assegura a fidelidade dos súbditos, assumindo por isso uma importância capital: a carreira dos oficiais e dos dignitários depende dela. Eles têm de prestar sempre contas ao rei das suas actividades e este último não hesita, se for caso disso, em condená-los à morte.

A economia e a sociedade. – A passagem da época de Ur ao período babilónico antigo é marcada por uma mudança profunda na natureza das nossas fontes: os arquivos do sector público dão lugar aos arquivos privados. Ter-se-á o cuidado de não tirar daí conclusões definitivas sobre eventuais transformações económicas e sociais.

Em Isin, sob o reinado de Bur-Sin, vemos iniciar-se o processo de secularização dos bens dos templos, podendo particulares fazer a sua compra. Na mesma época e na mesma cidade, textos estabelecem a venda de bens da coroa. Considerada em si mesma, a secularização dos bens dos templos

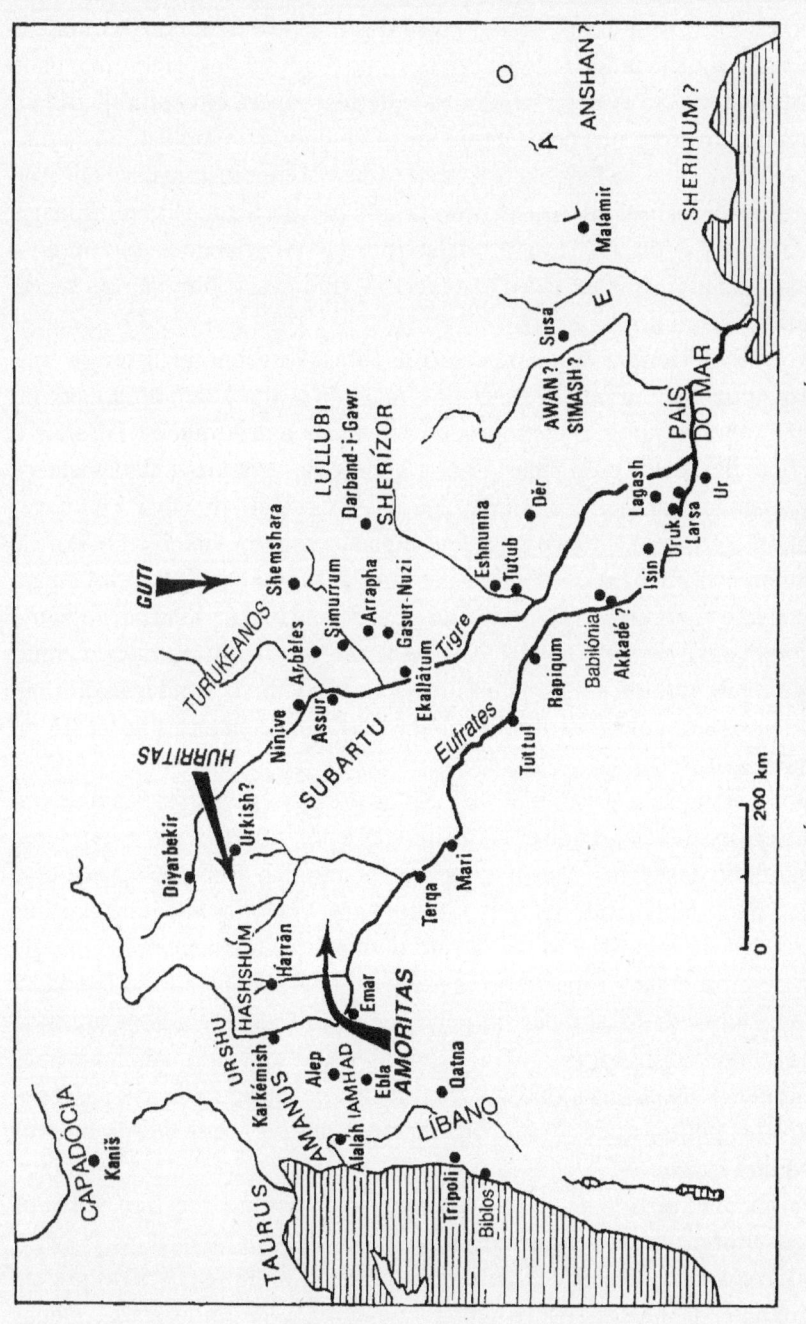

Mapa 3 – O PRÓXIMO ORIENTE DO MEIO DO 3.º MILÉNIO AO FIM DA 1.ª DINASTIA DE BABILÓNIA não é uma novidade na Mesopotâmia, mas perde agora o seu carácter excepcional, anormal ou transitório, para entrar definitivamente nos hábitos e costumes. Os reis de Uruk apoderam-se dos bens dos templos da cidade e encontram aí a sua única fonte substancial de rendimentos. Hamurabi pede contas ao clero. Se lhes faz numerosas ofertas, espera em contrapartida o pagamento dos resgates pelos prisioneiros de guerra e empréstimos a juro baixo. Fornecedor de fundos, o templo torna-se uma instituição bancária. A instituição das sacerdotisas-naditu do templo de Shamash em Sippar é esclarecedora a este respeito: arrendatárias das propriedades do templo e também banqueiras, elas são o testemunho vivo da intromissão do sector privado no domínio religioso.

Ao mesmo tempo, a deterioração da situação económica faz-se sentir pesadamente. Durante dois séculos, as guerras devastam toda a Mesopotâmia, com o que isso comporta de pilhagens e destruições. Diminui a superfície das terras cultivadas, grassa a fome nas grandes cidades que se despovoam, os campos são pouco seguros. O exemplo de Diyala foi particularmente posto em relevo pela investigação contemporânea. Os reis de Eshnunna não poupam os esforços para travar o fluxo dos nómadas e para fixar ao solo a população atemorizada e em fuga. Bilalamá vai até ao ponto de fundar uma «cidade nova». Após a derrocada do Estado de Eshnunna, Hamurabi retoma a mesma política, mas em vão. A população diminui mais de um terço e é constituída em boa parte por elementos nómadas ou seminómadas.

De uma maneira geral, todos os reis da época são obrigados a uma política de irrigação de grande envergadura para pôr um travão ao movimento de abandono das terras. Mas o empobrecimento das massas é tal que essa política não é suficiente. Os reis multiplicam, então, as medidas sociais, as isenções de impostos, o perdão de dívidas. Alguns soberanos vão ao ponto de promulgar vários decretos nesse sentido ao longo do seu reinado. A prática torna-se de tal modo corrente que os reis a ela recorrem, aquando da sua subida ao trono. Hamurabi não escapa à regra geral. Às moratórias vêm juntar-se as tarifas reduzidas. Mas a sua aplicação é duvidosa e o seu número faz pensar que se trata mais de votos emitidos que de verdadeiros preços dos artigos.

Paralelamente, o palácio procura reagir por outros processos. Paga os serviços prestados em bens de consumo saídos dos domínios reais, e exige, em contrapartida, prestações de serviço. Estes domínios, os *ilku*, podem ser alugados indiferentemente a toda a pessoa que presta os seus serviços ao palácio, do simples soldado ou artífice ao mercador e ao sacerdote. São teoricamente inalienáveis, mas, sob certas formas, podem ser transmitidos por herança. O remanescente dos bens do palácio é confiado a arrendatários, colonos ou simples agricultores.

O comércio está nas mãos dos mercadores, os *tamkaru*. Abastados, muitas vezes descendentes de funcionários enriquecidos do império de Ur, fortemente organizados em corpo profissional, sabem impor-se. Hamurabi encarrega o seu chefe, o *wâkil tamkâri*, da cobrança dos impostos; colocado sob a autoridade directa do governador de província, a sua actividade consiste também em controlar o conjunto das transacções comerciais. A importação-exportação fornece grandes lucros, mas o mercador pode fazer também ofício de banqueiro. Frequentemente, parte em missão às ordens do palácio.

Neste fervilhar político em que os Estados se fazem e se desfazem, as guerras levaram a melhor sobre a ordem social. Sucessivamente, os reis de Isin, de Eshnunna e de Babilónia tentam impor a ordem promulgando colecções de leis. Ao fazê-lo, não fazem mais que homologar uma situação de facto, à qual dão uma aparência de fundamento jurídico. Estas colecções são abusivamente chamadas «códigos» pelos modernos; são, na realidade, corpos de decisões reais mais ou menos agrupados por matérias e apresentados segundo um formulário simples. Não têm qualquer valor normativo. O seu enunciado conserva o carácter concreto da sentença de um juiz, sendo neles importantes as lacunas. Para citar apenas um exemplo, no capítulo das leis de Hamurabi consagrado aos maus-tratos infligidos pelo filho ao pai, nota-se a ausência do parricídio. Aparecem, por fim, algumas contradições nos julgamentos feitos e as sentenças não têm «nem a universalidade, nem a coerência, nem o carácter constantemente obrigatório daquilo que entendemos por lei». Mais significativo ainda é o facto de o exame dos documentos contemporâneos mostrar que, salvo uma ou duas excepções, aliás muito duvidosas, nenhum contrato nem processo de julgamento faz referência à colectânea.

Apesar do seu carácter imperfeito, estes documentos têm o grande mérito de dar a conhecer as estruturas sociais do tempo. Em Eshnunna, a população é dividida simplesmente em duas categorias, a dos cidadãos livres e a dos não-livres. Na Babilónia, aparece uma terceira classe, a dos *mushkenu*, intermediária entre as classes dos *awilu*, homens livres, e dos *wardu*, servidores e escravos. A sorte do *mushkenum* é pouco invejável: empregado pelo palácio, vende-lhe a sua força de trabalho em troca de protecção. Quanto ao escravo, ele beneficia de personalidade jurídica, pode desposar uma mulher livre e possuir bens; conserva sempre a possibilidade de ser liberto. De uma maneira geral, a sorte do escravo nunca é, na Mesopotâmia, tão penosa como o será nas grandes propriedades da Sicília ou da Itália na época romana.

Alguns textos fazem, por fim, aparecer uma distinção entre as populações acádicas e as populações amorreias, mas as informações que contêm são demasiado vagas para que seja possível tirar daí qualquer conclusão sobre as relações existentes entre as várias comunidades. Ignoramos naturalmente tudo acerca dos que não têm qualquer estatuto jurídico, como os deportados políticos ou os prisioneiros de guerra.

A vida religiosa, intelectual e artística. – A ascensão de Babilónia sob Hamurabi leva com ela a do seu deus, Marduk, que se arroga o primeiro lugar no panteão. Na verdade, é difícil de saber quando pôde fazer-se essa elevação do deus de Babilónia à realeza suprema entre os deuses. O próprio Hamurabi respeita muito o panteão sumério e só no tempo de Abi-eshuh é que começa a aparecer uma literatura exaltando Marduk. Quanto à identidade do deus que figura na estela de Hamurabi conservada no Museu do Louvre, está longe de estar assegurada e os especialistas hesitam entre Shamash e Marduk.

Seja como for, as concepções religiosas evoluem e verifica-se uma ordenação do panteão oficial. As velhas divindades sumérias, Enlil, Enki-Ea, Inanna-Ishtar, conservam o favor popular e os seus respectivos cleros mantêm-se poderosos. O deus Amurru faz um aparecimento tão breve como brilhante. No vale do Eufrates, Dagan substitui Enlil como deus supremo. Em Mari, é o deus Lim, protector da dinastia local, que vem à cabeça, assimilado ora a Dagan, ora ao Sol. Na Assíria, onde reinam os deuses Assur e Adad, o panteão começa a abrir-se a certas divindades hurritas; mas este movimento só ganhará importância a partir do século XVI; entrementes, Samsi-addu introduz nele algumas divindades do panteão babilónio.

Os escribas babilónios legaram-nos um fundo inesgotável e variado. É por seu intermédio que possuímos cópia de numerosos textos literários sumérios; na sua grande maioria, as obras da época de Ur só nos são conhecidas pelas suas cópias paleo-babilónicas. São eles que compõem, em língua acádica, as primeiras versões da *Epopeia de Gilgamesh* e do *Poema de Atrahasis*. O autor da *Epopeia de Gilgamesh* vai beber abundantemente nas fontes sumérias, que utiliza aliás com muita liberdade. Conta a história de uma amizade, faz o retrato de um herói cuja desmesura o leva a ofender os deuses e que parte em vão à procura da imortalidade. É para ele a altura de pôr os grandes problemas que afectam o homem, os do mal e da morte. *O Poema de Atrahasis*, que resume quanto ao essencial as concepções da tradição de Eridu, apresenta a criação do homem como a de um criado ao serviço dos deuses. É com considerações de tipo malthusiano que o mitógrafo completa a sua narrativa e tenta explicar as vicissitudes da condição humana.

Com estas obras, às quais vêm juntar-se os hinos e os primeiros elementos do *corpus*, divinatório, a língua babilónia é promovida à categoria de língua literária. O sumério que se tornou língua morta, constitui objecto de numerosos estudos; aparecem manuais bilingues e dicionários. O seu prestígio, no entanto, continua a ser grande, já que é ainda utilizado para a composição de inscrições reais. A sua gramática sofre, no entanto, fortes alterações.

Face a uma tal riqueza literária, a produção artística espanta pela sua banalidade e frieza. Os seus traços dominantes são um academismo insípido e uma total ausência de espírito criativo. Tais características são perfeitamente ilustradas pelo relevo que orna a estela do «código» de Hamurabi. Vê-se nele o rei em adoração perante uma divindade sentada num trono, envergando uma quádrupla tiara com chifres e tendo na mão o anel e o bastão, símbolos do poder. A glíptica reproduz infatigavelmente o tema da apresentação. Mais uma vez, a produção de figurinhas de terracota impõe-se pela variedade e espontaneidade.

5. A Síria do Norte e os principados hurritas

Os reinos amorreus. – A imagem que os arquivos de Mari nos oferecem da Síria do Norte é em todos os pontos semelhante à da Babilónia: um mosaico de Estados independentes dirigidos por dinastias amorreias. Três dentre eles adquirem uma certa importância: os reinos de Karkemish e de Katna são aliados de Samsi-addu e desenvolvem-se sob a sua protecção; o terceiro Estado, de longe o mais poderoso, é o reino de Iamhad.

Porta do Taurus, ponto de chegada das estradas comerciais anatólicas, o reino de Karkemish beneficia de uma situação privilegiada, invejada pelos seus rivais. Katria, no meio da rica planície de Homs, é a encruzilhada das estradas do Eufrates ao Mediterrâneo. As comunicações com o mar fazem-se pelo porto de Trípoli. A sua aliança com Samsi-addu, cujo filho, Iasmah-addu, desposa uma filha do rei de Katna, põe-nos ao brigo das ambições do seu poderoso vizinho, o rei de Iamhad. Mas, por morte do monarca assírio, ficam limitados às suas próprias forças e a sua posição torna-se tanto mais crítica quanto Zimri-lim, de Mari, é aliado do rei de Iamhad. Encontram finalmente a sua salvação numa reviravolta política: a conclusão de um tratado de paz entre Iamhad e Katna. É bem possível que

ISIN	LARSA	BABILÔNIA	URUK	ESHNUNNA Itūria Ilshu-ilia	ASSÍRIA	IAMUTBAL	ELÃO
	Naplānum Emisum						
Ishbī-erra 2017-1985							
							Indattu I cerca de 1970-1945
Shū-ilishu 1984-1975					Puzur-ashshur I		
Iddin-dagān 1974-1954	Samium 1976-1942			Dêr Nidnūsha			Tan-ruhuratir cerca de 1945-1925
				Anum-muttabbil	Ilushuma		
Ishmē-dagān 1953-1935	Zabāia 1941-1933						
Lipit-ishtar 1934-1924	Gungunum 1932-1906				Erishum I		Indattu II
Ur-ninurta 1923-1896	Abisarē 1905-1895				Ikūnum		
		Babilónia Sumuabum 1894-1881					
Bur-Sîn 1895-1874	Sumuel 1894-1866					Iamutbal	
Lipit-Enlil 1873-1869		Sumulael 1880-1845	Uruk Sîn-kāshid cerca de 1865-1833	Ipiq-adad II	Sargão I	Sumu-iamutbal	
Erra-imittī 1868-1861	Nūr-adad 1865-1850						Eparti cerca de 1860
					Puzur-ashshur II		

Isin	Larsa	Babilônia	Cassitas	Eshnunna	Assíria	Mari	Alepo	Elão
Enlil-bani 1860-1837	Sîn-idinnam 1849-1843	Sabium 1844-1831			Narām-Sîn	MARI Iaggid-lim cerca de 1830		Shilhaba cerca de 1830
Zambia	Sîn-iribam							
Iter-pisha Urdukuga Sîn-māgir 1827-1817	Sîn-iqisham Sillī-adad Warad-Sîn 1834-1823	Apil-Sîn 1830-1813		Anam cerca de 1821-1817		Iahdun-lim cerca de 1825-1810	Kudurmabug	
				Dādusha	Erishum II			
Damiqi-lishu 1816-1794	Rîm-Sîn 1822-763	Sîn-muballit 1812-1793		Ibālpiel II	Samsiaddu I 1815-1782	Iasmaḫ-addu	Alep	
		Hamurabi 1792-1750		Irdanene cerca de 1816-1810	Ishmē-dagān 1781-1742	Zimrilim 1782-1759	Iarim-lim	
		Samsu-ilūna 1749-1712	Cassitas				Hamurabi	
		Abī-eshuh 1711-1684	Gandash Agum I		Adasi			Kutir naḫḫunte cerca de 1730
		Ammī-ditana 1683-1647						
		Ammī-saduqa 1646-1626						
		Samsu-ditana 1625-1594						

Fig. 4 – *Tábua cronológica da época babilónica antiga*

Zimri-lim tenha actuado no sentido da reconciliação, uma vez que estavam em jogo os interesses económicos de Mari.

O reinado de Iamhad ou de Alepo, segundo o nome da sua capital, atinge o seu apogeu sob Iarim-lim, protector de Zimri-lim e fiel aliado de Babilónia, e sob Hamurabi, seu sucessor. Consegue fazer frente às tentativas de Samsi-addu e, após a derrocada do poderio assírio, os seus exércitos chegarão até à região de Der, na fronteira do Elão.

Estendendo-se das margens do Eufrates até ao Mediterrâneo, o reino é o lugar de passagem privilegiado para as caravanas; estas, vindas da Mesopotâmia e passando por Alepo, chegam ao Mediterrâneo em território do pequeno Estado vassalo de Alalah. Os arquivos descobertos neste último local constituem o feliz complemento dos de Mari. Pode avaliar-se em cerca de meio século o intervalo que separa a morte de Zimri-lim da fundação, em Alalah, de uma dinastia vassala de Alepo. As riquezas acumuladas graças aos lucros comerciais permitem a construção de um palácio e de poderosas fortificações. O palácio levanta-se num ângulo da muralha da cidade. Os seus contornos são muito irregulares. Um grande pátio separa os aposentos oficiais da ala residencial. Havia pelo menos um andar, senão mais. Para reforçar as paredes, foram emparedadas traves de madeira como divisórias de apoio.

Finalmente, após um século e meio de êxito e de prosperidade, os «grandes reis» de Alepo sucumbem sob os golpes dos Hititas. Hattusili marcha sobre Alalah da qual se apodera, conseguindo assim cortar a estrada vital do Mediterrâneo. Faz, em seguida, um movimento giratório, para isolar e desorientar o seu adversário. Nenhuma fonte nos diz se ele se apodera de Alepo. O seu filho, Mursili, consolida estas conquistas, antes de lançar as suas tropas contra Babilónia.

Com o desaparecimento do grande reino de Alepo, a Síria do Norte precipita-se numa época obscura donde se verá sair, alguns tempos mais tarde, o reino hurrita de Mitanni.

Os Hurritas.([1]) – Os Hurritas devem ter chegado à Mesopotâmia do Norte desde a época acádica, coincidindo o fim desse período com o reforço das suas posições em Urkish, pátria do deus Kumarbi. Podem acompanhar-se, ao longo dos séculos posteriores, as grandes linhas da sua expansão. Na época de Ur podemos localizá-los na margem leste do Tigre. Nomes hurritas são atestados pouco depois nos arquivos assírios da Capadócia. Vários textos religiosos hurritas foram descobertos em Mari. Encontramo-los ainda em Chagar Bazar e em Alalah, embora em pequeno número nesta última ci-

---

([1]) Cf. também infra. p. 348.

dade. Em Alepo, fazem parte da comitiva real. Atravessaram, portanto, o Eufrates provavelmente no século XIX. A inexistência política da Assíria, o enfraquecimento da Babilónia após a morte de Hamurabi e o pouco interesse manisfestado pelos reis de Alepo na Alta Mesopotâmia favorecem, sem dúvida alguma as suas empresas. São suficientemente poderosos para fundar, no norte de Alepo, alguns principados, como os de Urshu e de Hashshum. Serão provavelmente estes pequenos Estados que virão a formar, uma vez reunidos, o núcleo do reino mitaniano. A sua existência está bem atestada pelas narrativas dos reis hititas. Hattusilli relata como todo o país se levantou contra ele, à excepção da capital Hattusa, e como põe fim aos principados de Urshu e de Hashshum. No seu regresso de Babilónia, Mursili tem, por sua vez, de repelir um ataque conduzido pelos Hurritas da Alta Mesopotâmia.

Se o papel político dos Hurritas só aparece no dealbar do século XV, a sua influência cultural e religiosa é já profunda. É provavelmente através deles que os Hititas aprendem a escrita cuneiforme mesopotâmica. Os hititas não puderam, de facto, ter relações directas com o império de Ur e não foram as colónias assírias da Capadócia, cuja existência é demasiado efémera, que puderam desempenhar o papel de ligação. Pelo contrário, a partir do século XVIII, com as vitórias hititas na Síria do Norte, a influência hurrita torna-se cada vez mais forte na Anatólia.

Ao mesmo tempo, os Hurritas tentam organizar num sistema coerente as diferentes concepções religiosas dos grandes povos com os quais estão em contacto. Ao lado dos grandes deuses sumérios, o panteão hurrita conhece Teshup, o deus da tempestade, e o seu paredro Jepat. A figura central dos principais textos míticos é a do deus Kamarbi, chamado o «pai dos deuses». Os textos descrevem-no surgindo num dado momento na esfera divina onde assegura o primeiro lugar. Mas é daí rapidamente desalojado por Teshup, ao qual tenta, então, arrebatá-lo de novo. Nestes textos, abundam as figuras divinas mesopotâmicas.

6. O Elão

A história do Elão na época da I dinastia de Babilónia é relativamente bem conhecida pelos arquivos jurídicos e económicos encontrados em Susa e em Malamir. É verdade que possuímos apenas uma única inscrição real, mas, tal como os Elamitas prestam muitas vezes juramento pelo nome do príncipe reinante, os textos jurídicos fervilham de dados históricos. Outras fontes, de segunda mão pois que datam do século XII, trazem algumas indicações complementares.

O reino elamita apresenta-se como uma federação dirigida por três personagens; as regras de sucessão assentam no princípio do fratriarcado.

Em primeiro lugar vem o rei que usa o título de *sukkalmah* e reside em Susa; este título real é comummente traduzido por «grande regente», mas os textos acádicos de Mari dão-lhe o sentido de «rei». A seu lado, encontra-se o vice-rei que usa o título de *sukkal* de Elão e de Simashki; é o irmão mais novo do rei, chamado a suceder-lhe. A terceira personagem é o governador, *sukkal*, da província de Susa; é o filho mais velho do rei. O pai e o filho vivem na capital federal; a residência do vice-rei não é conhecida.

No meio do século XIX, a dinastia de Simashki é derrubada e um certo Eparti toma o título de «rei de Anshan e de Susa». O seu reinado parece curto. O seu filho, Shilhaha, sucede-lhe, reinando conjuntamente com sua irmã que é *sukkal* de Susa. A sua celebridade ultrapassa largamente a de seu pai e serão considerados pela tradição posterior como os verdadeiros fundadores da dinastia. É Shilhaha quem introduz o título de *sukkalmah*.

Os arquivos de Mari elucidam-nos sobre os propósitos expansionistas dos reis de Elão. Sabemos assim que é concluída uma aliança entre o Elão e Eshnunna. O rei de Elão dirige-se a Eshnunna com o seu exército e, a partir daí, os aliados marcham conjuntamente contra Idamaras. São repelidos por Zimri-lim e Hamurabi que vão em socorro do seu aliado. Mais tarde, o Elão desempenha ainda um papel importante numa coligação contra a Babilónia, depois do que desaparece da cena política mesopotâmica.

É só por volta de 1730, quando se desmorona o poderio babilónico, que Kutir-nahhunte, o novo *sukkalmah* de Elão, pode comandar uma incursão mortífera contra Babilónia, pondo tudo a ferro-e-fogo. Nenhum texto contemporâneo menciona o facto, que nos é relatado pelos escritos mais tardios de Shilhak-inshushinak (1150-1120), glorificando os altos feitos do seu predecessor, e de Assurbanípal, que traz de novo para Uruk a estátua da deusa Nana que fora levada por Kutir-nahhunte. Este episódio não teve seguimento.

A dinastia dos *sukkalmah* acaba um século mais tarde e os seus últimos representantes não são para nós mais que nomes alinhados numa lista dinástica. É preciso esperar o século XIV para que a dinastia de Ike-halki faça, de novo, do Elão uma grande potência.

O traço marcante da época é a profunda acadização do país. Os nomes acádicos são numerosos. O emprego corrente da língua acádica aponta-a como língua oficial. Além disso, alguns deuses do panteão mesopotâmico, como Inanna, Enki ou Nergal, fazem a sua aparição nos textos. O único documento conhecido em língua elamita é uma inscrição real que parece testemunhar a derrota sofrida perante os exércitos de Hamurabi. O rei, cujo nome se perdeu, designa-se muito modestamente como «governador de Elão»; o título real desapareceu.

VI. – A MESOPOTÂMIA DE 1600 A 1100: OS ESTADOS

Durante mais de um século, o Próximo Oriente está mergulhado numa «idade obscura»; o equilíbrio precário que os dois grandes reinos de Alepo e de Babilónia haviam realizado está, doravante, quebrado. Mas, desta vez, a invasão é feita pelos povos do Norte e não pelos nómadas semitas do deserto; estes últimos aliviaram há muito a pressão que exerciam. Os Cassitas e os Hurritas são provavelmente eles próprios empurrados para o Oeste por novas migrações indo-europeias. Quando a sua onda atinge a Mesopotâmia, perdeu já muito da força e vigor. Não obstante, o movimento estende-se até às margens do Mediterrâneo; alguns elementos indo-iranianos acompanham-no. Quando, no século XV, as fontes de informação reaparecem, encontramo-nos em presença de dois grandes Estados bem constituídos: o Mitani hurrita no Norte e, no Sul, a Babilónia cassita que tem o nome de Karduniash.

1. A Babilónia

A chegada dos Cassitas à Babilónia. – Nos primeiros anos do século XVI, o rei dos Hititas, Mursili I, depois de ter neutralizado as cidades de Urshu e de Karkemish, desde o curso do Eufrates e toma de assalto a Babilónia. A queda da cidade tem uma importância mais simbólica que real, já que, nessa altura, a Babilónia não é mais que a capital de um Estado minúsculo. Em contrapartida, a progressão dos exércitos hititas abre o caminho à invasão cassita, cujos dirigentes sobem ao trono que ficara vago.

Sobre a origem dos Cassitas pouco sabemos. Vêm do Irão e atingem a Mesopotâmia, na região de Krmansha, no início do II milénio. É talvez para se proteger das suas incursões que Samsu-iluna constrói, perto de Hafadje, a fortaleza de Dur-Samsu-iluna; a primeira menção dos Cassitas nos documentos babilónicos data, de facto, do nono ano do seu reinado. A língua dos Cassitas, que abandonam em favor do acádico a partir do momento em que se estabelecem na Mesopotâmia, é mal conhecida; não é nem indo-europeia, nem semítica; não pode ser aproximada nem do sumério nem do elamita, e igualmente pouco do hurrita.

Os esforços dos últimos reis da primeira dinastia da Babilónia têm como efeito desviar os Cassitas para o Noroeste. A onomástica revela a sua presença no reino de Hana que se estende entre Mari e Habur. Um dos reis deste Estado tem o nome tipicamente cassita de Kashtiliashu. Ao mesmo tempo, descobre-se a presença de colónias cassitas em vários pontos do território babilónio, por exemplo, em Sippar e em Nippur. Um texto de Babilónia menciona a casa de um certo Agum que usa o título cassita de *bukashum*. No seu conjunto, são comunidades de trabalhadores temporários, de especialistas da criação do cavalo, por vezes contingentes de soldados.

A dinastia cassita. – O estabelecimento da cronologia dos primeiros reis cassitas é um problema espinhoso. O primeiro rei que conhecemos é Agum-kakrime ou Agum II, mas a Lista real babilónica atribui-lhe um certo número de predecessores, como um tal Gandash que seria contemporâneo de Samsu-iluna e que é talvez o antepassado mítico da dinastia; a seu respeito possuímos apenas um texto da época neobabilónica, mas tal documento tem todas as possibilidades de ser falso.

Os primeiros reis cassitas. – Com Agum II e Karaindash aparecem as inscrições originais. Agum, que se situa na descendência de Hamurabi e declara consolidar o trono de seu pai, usa os títulos de «rei dos Cassitas», «rei dos Acadianos» e «rei de Babilónia». O Sul ainda lhe escapa, pois está desde Samsu-iluna nas mãos dos reis do País do Mar. Um destes, Gulkishar, aproveitando da intervenção hitita, reforça a sua posição e avança até Der. Um misterioso tratado sobre o fabrico do vidro está datado do primeiro ano do seu reinado. O último rei do País do Mar, Ea-gamil, é vencido pelo Cassita Ulamburiash; a Babilónia é então unificada sob a autoridade dos Cassitas e Karaindash poderá usar um pouco mais tarde o título de «rei de Súmer e de Acad».

Recém-chegados à Babilónia, os primeiros reis cassitas esforçam-se por fazer reconhecer a legitimidade do seu poder. É com essa finalidade que Agum II vai procurar, à região de Hana, as estátuas de Marduk e do seu paredro Sarpanitu, levadas pelos Hititas aquando da incursão de Mursili; de resto, não se sabe por que razões os raptores as abandonaram durante a sua retirada. Por outro lado, para assentar a sua influência, os reis recorreram a distribuições de terras.

O apogeu da dinastia. – Com Kurigalzu I começa o apogeu da dinastia. O seu nome permanece indissociavelmente ligado à fundação de Dur-Kurigalzu, a nordeste de Bagdad; concebida primeiro como uma praça forte, a cidade torna-se residência real. O rei retira-se para lá, provavelmente para escapar às intrigas do clero de Babilónia. A sua devoção vai, aliás, mais para Enlil que para Marduk; dois dos seus filhos têm nomes teofóricos construídos sobre Enlil. Ambicioso, toma o título de «rei do universo» que os seus sucessores conservarão e faz preceder o seu nome do determinativo divino.

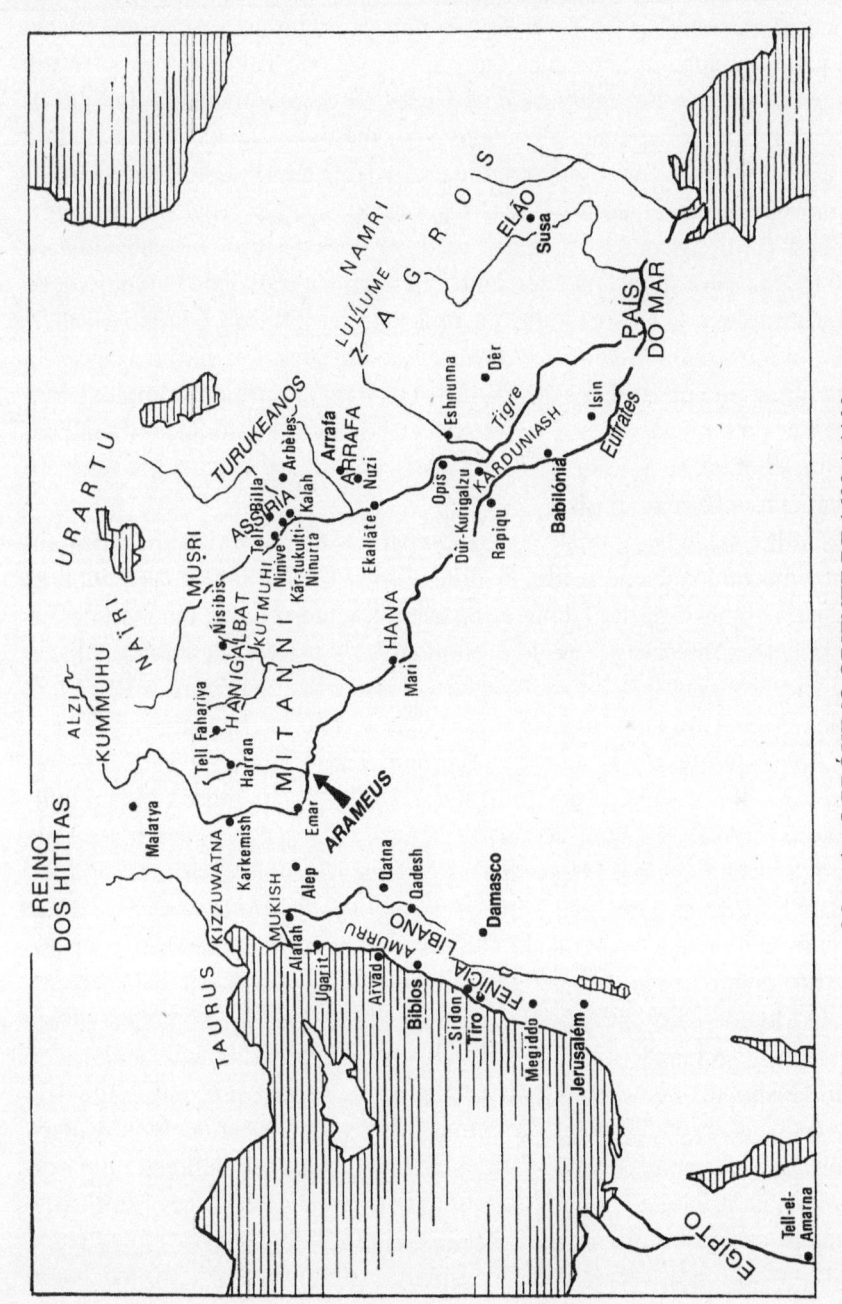

Mapa 4 – O PRÓXIMO ORIENTE DE 1600 A 1100

No plano internacional, as relações com a Assíria são tensas, mas a verdade é que as querelas se limitam a alterações de fronteiras. A Babilónia procura, por outro lado, fazer-se reconhecer como uma grande potência pelo Egipto; após um encontro entre Karaindash e Tutmés III abre-se um longo período de paz entre os dois países. A correspondência de Tell el--Amarna é um testemunho eloquente disso mesmo. A aliança entre as duas cortes é reforçada por casamentos sucessivos; fazem-se com uma constância tal que se é tentado a ver nisso, como aliás já foi proposto, uma verdadeira política económica: em troca de princesas reais, o Egipto fornece o ouro que permite o financiamento dos grandes trabalhos de construção empreendidos para o prestígio da dinastia cassita. Sob Burnaburiash II (1375-1347), a Babilónia não vê sem inquietação a Assíria libertar-se do jugo mitaniano e ameaçar suplantá-la no xadrez internacional, entabulando relações de amizade com o Egipto. Segue-se uma confusão diplomática; no fim de contas, o novo rei da Assíria, Assurubalit I, dá a sua filha em casamento a Burnaburiash.

O filho saído desta união sucede ao pai. O seu reinado é curto. Empreende uma campanha no médio Eufrates contra os Suteanos, mas a nobreza cassita, perante o reforço do poderio assírio, teme ver nele um mau defensor dos seus interesses e prefere eliminá-lo. A reacção de Assurubalit ao anúncio do assassínio do seu neto é violenta. Marcha sobre a Babilónia onde impõe Kurigalzu II (1345-1324), que seria o seu bisneto.

Após a morte de Assurubalit, Kurigalzu tenta impor-se na Síria, mas sem êxito pois é vencido por Enlil-narari. A derrota dá lugar a uma rectificação de fronteira. Algum tempo mais tarde, Kurigalzu repele um ataque elamita dirigido pelo rei Hurpatila e persegue o seu adversário até ao interior do Elão. Susa é tomada. Entre os despojos, o rei traz uma placa dedicada outrora a Inanna pela vida de Shulgi; vota-a a Enlil, juntando à inscrição anterior quer o seu nome quer a narração da tomada do palácio de Susa.

O filho de Kurigalzu, Nazi-maruttash (1323-1298), completa a vitória de seu pai efectuando uma campanha contra as regiões situadas a Norte do Elão, designadamente na região de Namri. Concluiu, por outro lado, um acordo de assistência recíproca com o rei dos Hititas, Muwatalli. A aproximação entre as duas cortes fora já esboçada por Suppiluliuma, que desposara uma princesa babilónia. A correspondência do rei hitita Hattusili, o sucessor de Muwatalli, mostra o seu respeito pela letra do tratado. Quando Kadashman-turgu, sucessor de Nazi-maruttash, morre em 1280, deixando um filho, Kadashman-enlil II, ainda demasiado jovem para suceder-lhe, Hattusili mostra-se muito preocupado com a educação do príncipe. Mas o regente, o *resh sharri* Itti-marduh-balatu, que se opõe à aliança hitita, ganha a confiança do jovem rei. Segue-se um período de tensão entre os dois países. Por fim, argumentando com o facto de os babilónios deixarem sem castigo os nómadas Ahlamu que atacam as suas caravanas de mercadores, Hattusili rompe as relações.

Sob Nazi-maruttash, recomeça a guerra com a Assíria. Esta vê com maus olhos a intervenção babilónica na região de Namri. Por outro lado, um forte sentimento anti-assírio nasce na Babilónia, na sequência das campanhas muito dispendiosas que os dois Estados conduziram conjuntamente contra os Suteanos e que parecem tanto mais escusadas aos Babilónios quanto estão menos expostos que os seus vizinhos assírios às incursões dos nómadas. No conjunto, os exércitos assírios levam a melhor no terreno e cada conflito dá lugar a uma rectificação de fronteira à custa dos Babilónios.

Declínio e queda dos Cassitas. – Kadashman-enlil II (1279-1265) faz já uma pálida figura ao lado dos seus predecessores. Depois dele, a crise económica e a derrota vão arrastar a dinastia cassita para a sua queda. Numerosos textos provenientes de Nippur e de Dur-Kurigalzu, e datados dos reinados de Kudur-enlil I (1264-1255) e Shagarakti-shuriash (1255-1242), atestam o empobrecimento geral: partidas de famílias inteiras, ruínas e endividamentos já não têm conta. No entanto, estes reis continuam a mandar construir monumentos. Shagarakti-shuriash teria construído o Eulmash de Sippar.

Kashtiliash IV (1242-1235) herda de seu pai uma Babilónia muito enfraquecida. Dois assaltos sucessivos vão, sob o seu reinado e pouco depois da sua morte, pôr termo ao poder dos Cassitas. O primeiro é obra dos Elamitas, cujo rei, Untash-napirisha, efectua uma incursão contra a Babilónia. Entre os despojos trazidos para Susa foi encontrada a estátua quebrada de um deus babilónio. Muito mais consequente é o segundo ataque, perpetrado por volta de 1230 pelo assírio Tukulti-ninurta I e que termina ao que parece, numa verdadeira ocupação da Babilónia. O episódio em si mesmo é relativamente bem conhecido: as inscrições de Tukulti-ninurta fazem dele um relato breve mas eloquente, e um poema épico dá a entender que a guerra é longa e brutal. As muralhas da Babilónia são arrasadas e uma parte da população é deportada para a Assíria. O palácio e os templos são pilhados, a estátua de Marduk é levada juntamente com o resto dos despojos. A sequência dos acontecimentos é que é muito menos clara. Segundo certas fontes, parece que Tukulti-ninurta terá reinado durante sete anos sobre a Babilónia por intermédio de um vice-rei, depois do que os grandes do reino se terão revoltado, colocando Adad-shuma-usur, filho de Kashtiliash, no trono de seu pai. Esta filiação é atestada por uma inscrição recentemente descoberta. Entretanto, a Lista real babilónica separa os reinados de Kastiliash e de seu filho não por um interregno assírio, mas por dois reinados, os de Enlil-nadin-shumi e de Kadashman-harbe II, dois nomes que figuram em inscrições oficiais encontradas em Ur. Muitas hipóteses foram avançadas para tentar explicar esta situação confusa: o Assírio terá dominado apenas uma parte da Babilónia, sendo a resistência dos Cassitas suficientemente forte para se lhe opor em outros sítios, nomeadamente no Sul.

Os Elamitas aproveitam-se desta confusão para atravessar o Tigre mais uma vez. Apoderam-se de Isin, marcham sobre Nippur e retiram-se depois de terem saqueado a cidade de Der. Pouco depois da tomada do poder por Adad-shuma-usur (1218-1189), fazem uma nova incursão, pilhando Marad.

O poderio assírio desmorona-se após a morte de Tukulti-minurta, assassinado no decurso de um revolta nobiliária comandada por um dos seus filhos. Adad-shuma-usur pode, sem dificuldades, invadir a Assíria à frente das suas tropas e impor o seu protegido, Ninurta-apil-ekur, no trono de Assur. Esta reviravolta rápida da situação em proveito da Babilónia é singular e podemos perguntar-nos se não estaremos a ser enganados pela insuficiência das fontes. Tudo isto é tanto mais estranho quanto o rei de Babilónia não traz para Esangil a estátua de Marduk.

Seja como for, a Babilónia goza então de um período de tranquilidade. Melishihu (1182-1174) e seu filho Marduk-apla-iddin (Merodach-baladan) (1173-1169) reinam sobre um país em paz. Contudo, sob Zababa-shuma-iddina (1160), o novo rei da Assíria, Ashurdan, retoma a ofensiva e atravessa a fronteira babilónica. Não será, no entanto, dele, ainda demasiado débil, mas sim dos Elamitas que virá o golpe mortal. O avanço do exército assírio para o Diyala inquieta o Elão e leva Shutruk-nahhunte a intervir. Passando por Eshnunna, desce o curso do Diyala e alcança Sippar que cai nas suas mãos. Apodera-se em seguida de Dur-Kurigalzu, Kish e Acad. Tudo o que a Mesopotâmia possui de glorioso, o obelisco de Manishtusu, a estela de Naram-Sin, o código de Hamurabi, tudo isso é levado para Susa.

O último rei cassita, Enlil-nadin-ahi, tenta em vão resistir durante três anos (1159-1157). Shutruk-nahhunte nomeia seu filho, Kutir-nahhunte, governador da Babilónia. Este apodera-se de Nippur. Enlil-nadin-ahi e uma boa parte da nobreza babilónia acabam por cair cativos. A estátua da deusa Nana de Uruk e, uma vez mais, a de Marduk, conhecem o caminho do exílio.

A segunda dinastia de Isin. – Após o fim da dinastia cassita, a ocupação elamita prossegue numa boa parte de Babilónia. Acompanhada de pilhagens e de massacres, deixará uma memória sinistra. Mas os Babilónios reassumem-se e o ocupante vê levantar-se contra ele uma forte oposição na região de Nuzi. Ao mesmo tempo, em Isin, Marduk-kabit-ahheshu reúne à sua volta um embrião de Estado e expulsa os Elamitas. Infelizmente, nada sabemos acerca do seu reinado (1156-1139). Temos um único indício do poderio recuperado: por morte do rei da Assíria Ashshur-dan, em 1134, os Babilónios estão em condições de intervir nos assuntos internos assírios para apoiar a candidatura de Ninurta-ashshur ao trono real. É igualmente nesta altura que a estátua de Marduk é trazida de novo para a Babilónia.

Pouco depois, Ninurta-nadin-shumi (1130-1125) faz campanha contra a Assíria. Alcança Albela, mas a aproximação do exército assírio e dos seus carros fá-lo voltar atrás sem ousar sequer travar batalha. Seu filho, Nabu-kudurri-usur I (Nabucodonosor) (1124-1103) e quem lhe sucede. Conduz duas campanhas contra o Elão. A primeira redunda num malogro; o exército babilónio, dizimado por uma epidemia, parece ter sofrido uma derrota no Kerkha. Depois de ter recolhido presságios favoráveis, o rei regressa ao Elão algum tempo mais tarde. Uma caminhada esgotante, em pleno calor, condu-lo até Susa à custa de múltiplas dificuldades; trava a batalha decisiva no Kerkha. Vencido, o rei do Elão, Hutelutush-inshushinak, encontra a sua salvação na fuga. Foi a intervenção dos carros babilónicos que parece ter sido determinante para o resultado da batalha. Este sucesso põe fim às incursões dos Elamitas; é, além disso, coroado pelo regresso da estátua de Marduk a Babilónia. Nestas guerras contra a Assíria, Nabucodonosor conhece uma sorte menos feliz e sofre dois reveses.

Na Babilónia, Nabucodonosor deixa a lembrança de um grande construtor. Como já o tinham feito os seus predecessores, restaura as ruínas causadas pelos Elamitas, muito particularmente o Ekur de Nippur e o Esangil de Babilónia. O seu reinado é marcado por uma actividade literária de alta qualidade. É certamente na sua época que Marduk chega ao primeiro lugar no panteão babilónico. Príncipe piedoso na melhor tradição babilónica, «sol» do seu povo a exemplo de Hamurabi, «rei do universo», a sua forte personalidade valeu a Nabucodonosor I entrar na lenda.

Seu filho Enlil-nadin-apli reina apenas durante pouco tempo e morre sem deixar filhos; é o seu tio, Marduk-nadin-ahhé (1098-1081), quem lhe sucede, recebendo em herança um território que se estende de Ur a Rapiqu e ao Zab inferior. Empreende trabalhos de construção em Ur e em Nippur. As suas relações com a Assíria são tensas. Num primeiro tempo, obtém algumas vitórias e atribui-se-lhe o rapto das estátuas de Adab e de Shala em Ekallate, mas, face a Teglate-falasar I, a situação inverte-se. Se um primeiro ataque assírio tem apenas como resultado uma correcção da fronteira, o segundo assalto leva Teglate-falasar até Dur-Kurigalzu, Sippar, Babilónia e Opis. A Babilónia é pilhada e o palácio real incendiado. A resistência babilónica prossegue ainda algum tempo e o rei da Assíria teve necessidade de duas batalhas com carros para acabar com ela.

Em 1081, Marduk-nadin-adhe desaparece em circunstâncias obscuras. A Assíria tal como a Babilónia são atingidas nesta altura por grande fome que, segundo dizem os cronistas, leva mesmo os habitantes das cidades à prática do canibalismo. Pouco tempo antes, um novo adversário surgira do deserto do Oeste: os nómadas arameus, escorraçados da Síria pelas invasões dos Povos do Mar. Sob o reinado de Marduk-shapik-zeri (1080-1068), a Babilónia e a Assíria chegam a um acordo para lutar contra ele. Mas já é tarde de mais; apesar de uma vitória babilónica, a pressão dos nómadas torna-se cada vez mais perigosa. As muralhas da Babilónia são reforçadas, o que não impede que Marduk-shapik-zeri seja derrubado por um príncipe arameu, Adad-apla-iddina (1067-1046). Suspeita-se que o rei da Assíria, Ashshur-bel-kala, terá favorecido essa situação. A subida de um arameu ao trono de Babilónia não trava, porém, a vaga destruidora dos nómadas. Os Suteanos saqueiam o templo de Shamash em Sippar; perde-se a estátua do deus e o culto é interrompido. Nippur também não escapa à sua fúria destruidora. O frenesi dos seus assaltos serve de fundo histórico à epopeia de Era. A guerra civil instaura-se e põe termo à II dinastia de Isin.

2. O eclipse da Assíria e o poderio de Mitani

Após a passagem dos exércitos hititas de Mursili, a geografia política da Alta Mesopotâmia é completamente transformada. Um poderoso Estado, o Mitani – ou Hanigalbat, os termos são sinónimos –, constituiu-se em circunstâncias que nos escapam inteiramente. Na origem desta situação há que supor a chegada maciça de novos elementos hurritas misturados com Indo-Iranianos. A população hurrita é particularmente numerosa em Alalah e em Arrafa, dois reinos vassalos do Mitani, e espalha-se em direcção ao Sul até Ugarit e alguns elementos avançados vão até à Palestina. Abdi-hepa, príncipe de Jerusalém, tem um nome semítico de devoto à grande deusa hurrita Hepa(t); os reis do Mitani e os príncipes de algumas cidades sírias, em contrapartida, têm nomes indo-iranianos. Por outro lado, os representantes da nova aristocracia dos combatentes montados em carros são designados pelo termo de *maryannu*, derivado do védico *marya,* que significa «jovem». Estas verificações fizeram crer na existência de uma aristocracia indo-iraniana que se teria imposto aos Hurritas. Na realidade, não é isso que se passa; as fontes, essencialmente os textos de Nuzi, mostram que a simbiose entre os dois elementos de população é já antiga.

O núcleo do Mitani estende-se à volta da sua capital, Washshukanni. Esta ainda não foi encontrada pelos arqueólogos e, faltando-nos os seus arquivos, temos de contentar-nos, para conhecer a história do reino, com as alusões feitas pelos reis hititas ou pela correspondência, sem dúvida muito rica, encontrada em Tell el-Amarna, no Egipto. Além da capital, o Estado compreende um certo número de principados vassalos, entre os quais Mukish, Arrafa e a Assíria.

Os principados vassalos de Mitani
Mukish. – Entre os sécs. XVIII e XV nenhuma fonte permite acompanhar a história da capital, Alalah, que então não é mais que uma cidade provincial do reino de Alepo. Após a queda da dinastia amorreia, nota-se um forte crescimento da população hurrita.

O primeiro rei de Mukish é Idrimi. Uma estátua que o representa traz uma longa inscrição contando as peripécias da sua vida movimentada. Filho do rei de Alepo, Ilim-ilimma, é escorraçado por uma revolta, provavelmente fomentada por instigação do Mitani. Depois de ter errado durante vários anos entre tribos nómadas, conseguiu reunir um certo número de partidários seus e foi retomar a posse do seu reino, não sem previamente ter reconhecido Barattarna, rei do Mitani, como suserano. Não foi autorizado a reentrar em Alepo e estabeleceu a sua nova capital em Alalah. Alepo é confiada a um governador mitaniano.

Mukish conserva, apesar de tudo, uma certa autonomia. O rei pode tratar livremente com as potências vizinhas, como o Estado de Kizzuwatna. Idrimi vai mesmo até ao ponto de conduzir por sua própria conta operações militares contra algumas cidades hititas. Os despojos que recolhe nestas expedições servem para embelezar o seu novo palácio.

No plano interno, o rei dirige a administração, detém o poder judicial e reforma o culto. Apoia-se, para governar, na poderosa aristocracia militar e fundiária dos *maryannu*, ricos proprietários obrigados à manutenção de um carro de guerra.

Os sucessores de Idrimi parecem dispor de uma liberdade de acção mais restrita, tendo-se a autoridade do rei do Mitanni reforçado aparentemente: contrariamente a seu pai, Nikmepa, filho e sucessor de Idrimi, tem de aceitar a arbitragem de Washshu-kanni no conflito que o opõe ao rei de Kizzuwatna.

Arrafa. – Na outra extremidade do Mitani, o reino de Arrafa estende-se para sul do Zab inferior, perto da fronteira que separa a Assíria da Babilónia, na actual região de Kirkuk. A existência deste reino é bem conhecida graças às cerca de cinco mil placas acádicas descobertas em Nuzi, a actual Yorgan-tepe. Os textos são escritos num acádico pouco comum onde abundam expressões hurritas: é que o hurrita é a língua falada. A onomástica corrobora largamente esta constatação: basta ver os nomes dos reis de Arrafa, Kibi-teshup, Ithi-teshupa, Shilwa-teshup, Akiia, para disso nos convencermos.

A exemplo de Mukish, Arrafa reconhece a autoridade do rei de Washshukanni. Tropas mitanianas estão aquarteladas nas cidades do reino e são mantidas a expensas do Estado. O rei de Arrafa dispõe, no entanto, das suas próprias tropas: milícias aquarteladas às portas das cidades ou guarda real. Não se conhece a natureza das relações que Arrafa mantém com a Assíria, o país vizinho, mas as relações com a Babilónia parecem boas.

A meio do século xiv, a cidade de Nuzi é inteiramente destruída, ignora-se por quem: a documentação tem uma paragem brusca. Pouco depois, o reino de Arrafa será integrado na Babilónia.

A Assíria. – Salvo algumas informações lacónicas fornecidas pelas Listas reais, nada sabemos ou quase da história da Assíria no século xvi. Está colocada sob a autoridade de uma nova dinastia fundada por um certo Adasi, por volta de 1700. O príncipe usa simplesmente o título de *ishshiakku*, isto é, de «sacerdote» do deus Assur e reconhece a suserania mitaniana. Na realidade, possuímos apenas poucos indícios testemunhando a sua sujeição: o rei Saushsatar do Mitani leva de Assur para o seu palácio de Washshukanni portas de grande valor; mais tarde, um rei mitaniano estará ainda em condições de enviar por duas vezes a estátua de virtudes curativas do Ishtar de Nínive ao faraó doente. A onomástica revela, aqui como alhures, uma forte proporção de população hurrita.

Mas outros indícios fazem pensar que a Assíria suporta mal o peso dessa autoridade ou, pelo menos, beneficia de uma autonomia bastante ampla. Sabe-se que os Assírios impõem várias vezes aos Babilónios correcções de fronteira e parecem, portanto, conduzir uma actividade militar e diplomática independente. Puzur-ashshur III assina um tratado de amizade com Burnaburiash I. Sabemos também que este mesmo Puzur-ashshur constrói uma muralha à volta da sua capital, gesto geralmente considerado como um acto de insubordinação. Essa muralha foi provavelmente destruída, dado que, algum tempo mais tarde, Ashshur-bel-nisheshu tem de levantá-la de novo. Além disso, por volta de 1400, Ashshur-nadin-ahhé II procura entabular relações diplomáticas com o Egipto.

Os reis de Mitani

Os primeiros soberanos. – O mais antigo documento político do Mitani é sem dúvida o sinete dinástico de Shuttarna, filho de Kirta. É o fundador da dinastia. O seu sucessor, Barattarna, só é conhecido pela inscrição de Idrimi, rei de Alalah, e por um texto de Nuzi que faz alusão ao seu falecimento. Somos assim informados de que o rei foi incinerado. Mas é só com Saushatar, filho de Parsatatar, que se encontra uma personagem historicamente definida. Com ele, o Mitani torna-se a primeira potência do Próximo Oriente, sendo certo, no entanto, que beneficia do apagamento momentâneo das forças egípcias e hititas da cena política internacional. Artatama de Mitani só concede a sua filha ao faraó Tutmés IV depois de ter recebido o seu pedido sete vezes: esta é uma atitude de chefe de Estado importante.

As campanhas de Tutmés III na Síria e no Eufrates enfraquecem durante algum tempo o Mitani, sem, no entanto, lhe vibrarem golpe demasiado rude. Depois de tomar Megido e Kadesh, o faraó domina os Mitanianos em Alepo, depois em Karkemish, mas não ocorre nenhuma grande batalha: os exércitos mitanianos esquivam-se. O relato de Tutmés sobre uma das suas campanhas refere-se apenas a um despojo irrisório de dez prisioneiros e menos de duzentos cavalos; captura igualmente sessenta carros de guerra. Após a partida das tropas egípcias o Mitani retoma a iniciativa e consolida as suas posições na Síria do Norte. Só a Fenícia e a região de Kadesh continuam sob o controlo egípcio. Sob o reinado de Amenófis II, após alguns episódios de segunda ordem, como a captura pelo exército egípcio de um agente mitaniano, ambas as cortes dão início a uma reaproximação. Durante três gerações as suas relações serão boas. Coincidem, de resto, com o novo enfraquecimento do Egipto e, sobretudo, com o renovado poderio hitita cuja intervenção é temida por todos os pequenos reis sírios.

Tushratta. – Após a morte de Shuttarna II abre-se uma grave crise dinástica. O herdeiro ao trono é assassinado e o seu jovem irmão, Tushratta, torna-se rei do Mitani. Um pretendente excluído, Artatama, faz então apelo aos Hititas e Suppiluliuma aproveita a ocasião para intervir. Mas averba uma primeira derrota e Tushratta pode enviar ao faraó, seu aliado após um curto período de desavença, presentes tirados dos despojos para selar a amizade reencontrada.

Uma segunda intervenção hitita é, desta vez, coroada de êxito. Procurando separar Mitani do seu aliado egípcio, Suppiluliuma marcha em direcção à Síria do Norte que ocupa sem travar combate; só a falta de água o impede de atingir Biblos. Faz do Líbano a sua nova fronteira. Surpreendido, Tushratta esboça em vão uma contra-ofensiva. Tendo fracassado, manipula habilmente os pequenos reis sírios ambiciosos e ávidos e consegue organizar um levantamento das cidades sírias contra o novel ocupante. Quase toda a Síria, Alepo, Alalah, Katna, Kadesh e mesmo Damasco tomam parte nele. A reacção de Suppilulima não se faz esperar: em vez de atacar a coligação da frente, consegue do rei de Alshe autorização para atravessar o seu território e aparece no próprio centro do Mitani, diante das muralhas de Washshukanni. Tushratta põe-se em fuga, abandonando a capital. Suppiluliuma não julga necessário persegui-lo e marcha sobre a Síria onde esmaga o exército dos coligados.

Apesar da perda da sua capital, Tushratta procura desforrar-se e ataca os Hititas perto de Karkemish. Beneficia da ajuda de um exército egípcio que se encaminha para Kadesh. Mas Suppilulima mantém-se senhor da situação e os Egípcios retiram as suas tropas sem sequer travar combate. Além disso, a morte de Tutancamon anuncia uma reviravolta política: o Egipto abandona o Mitani e procura, doravante, a aliança dos Hititas. No plano militar, estes tomam Karkemish e, uma vez mais, a Síria é pacificada.

O fim da dinastia. – Tushratta é assassinado algum tempo após a derrota. Aratama pode, enfim, ter acesso ao trono tão desejado. Mas reina apenas nominalmente; com efeito, Ashshur-uballit da Assíria, que se libertou do jugo mitaniano, partilha na verdade o seu reino com Antarabal, rei de Alshe. Para obter os favores dos novos senhores «de facto», Artatama e seu filho Shuttarna são obrigados a dispersar as riquezas acumuladas pelos seus predecessores. Mas a guerra civil instala-se. É nesta altura que, sob a direcção de Akit-teshup, um grupo de nobres hurritas foge da Babilónia com cerca de duzentos carros de guerra. No entanto, não encontram aí o asilo que esperavam. Mattiwaza, filho de Tushratta, consegue, por seu lado, chegar ao país hitita, reclamando ajuda e assistência a Suppiluliuma que se apressa a conceder-lhas, indo até ao ponto de lhe oferecer a filha em casamento. É, para o hitita, uma nova ocasião para intervir nos assuntos internos do Mitani.

Forte com este apoio, Mattiwaza atravessa o Eufrates, apodera-se de Harran e entra em Washshukanni. Shuttarna, vencido, faz apelo aos Assírios. O Mitani é, a partir de então, dividido em duas metades: uma é de obediência hitita, a outra, que doravante usa sozinha o nome de Hanigalbat, entra na esfera de influência assíria.

A morte de Suppiluliuma isola Mattiwaza, que já só pode contar com as suas próprias forças. Assurubalit torna-lhe a vida dura. Por volta de 1340, conduz os seus exércitos pelo alto Eufrates. Em 1300, o novo rei da Assíria, Adad-narari, apodera-se do Hanigalbat, cujo rei, Shattuara, se torna seu vassalo. Por várias ocasiões, os seus sucessores tentam revoltar-se, mas em vão. Por volta de 1270, Shattuara II tenta uma última vez recuperar a sua independência com a ajuda militar dos Hititas e dos Arameus. É vencido e o Hanigalbat torna-se província assíria.

3. A Síria do Norte no meio do II milénio

A Síria do Norte, esquartejada entre as influências egípcias, hititas e mitanianas, é, nesta altura, um foco de intrigas onde todas as reviravoltas políticas são possíveis.

O reino de Amurru. – No centro de todas as movimentações diplomáticas e militares encontra-se uma personagem complexa: Abdi-ashirta, rei de Amurru. Jogando um jogo duplo, ou mesmo triplo, sucessivamente aliado e adversário de uma ou de outra potência, procurando constantemente colocar o seu interesse do lado mais forte, consegue engrandecer o seu reino. Tirando partido da passividade da política egípcia, apodera-se de todos os postos e entrepostos egípcios da Síria do Norte. O Egipto reage apenas no último momento, só a tempo de salvar Biblos. É por ocasião da contra-ofensiva egípcia que Abdi-ashirta encontra a morte em circunstâncias desconhecidas.

O seu filho, Aziru, retoma por sua conta a política paterna. Torna-se senhor de metade das possessões egípcias da Ásia. À força de conduzir, como seu pai, uma política variável, mas sempre cheia de promessas em relação ao Egipto e aos Hititas, Aziru acaba por apoderar-se de Biblos e encontra-se, a partir daí, em posição de força. O tratado que conclui com o rei de Igarit e nos termos do qual se compromete a defender o seu aliado, se este for atacado, mostra-o claramente. Mas não pode fazer frente durante muito tempo aos exércitos hititas e, finalmente, tem de prestar juramento de fidelidade a Suppiluliuma, que respeitará até à sua morte ([1]).

Ugarit. – A Síria goza de uma certa prosperidade apesar da insegurança que aí reina. O exemplo mais brilhante é-nos fornecido por Ugarit, que conhece, desde a segunda metade do século XIV até meados do século XIII, uma verdadeira idade de ouro. Único local escavado sistematicamente, é a mais conhecida das cidades sírias. As placas cuneiformes, cartas e memórias de mercadores em dialecto local, arquivos administrativos e diplomáticos em acádico, língua internacional do tempo, constituem testemunhos de primeira ordem. Os escribas de Ugarit são os inventores de um novo sistema gráfico: o cuneiforme alfabético, que compreende trinta signos.

O reino de Ugarit estende-se ao longo da costa mediterrânica, no meio de uma planície fértil e de encostas cobertas de vinhas e olivais. Dispõe de quatro portos a pouca distância do Egipto e de Creta. As caravanas chegam até às cidades de Emar e de Karkemish através de Alepo, e depois alcançam

---

([1]) Cf. também infra, p. 353.

a Babilónia passando pelo vale do Eufrates. Outras estradas atravessam o território de Mukish e penetram na Anatólia. Ugarit junta às suas actividades comerciais o fabrico de armas e de utensílios de metal: a sua baixela de bronze está espalhada em todo o mundo antigo, do mesmo modo que os seus tecidos e as suas púrpuras.

Os primórdios da sua história são mal conhecidos. A cidade é já florescente no século XVIII. No século XV está provavelmente colocada sob a autoridade do rei do Mitani. No início do século XIV, entra na esfera de influência egípcia. O rei Ammish-tamru declara-se servidor fiel do «Sol», que é na altura Amenófis III. Na época de Nefertiti uma parte do palácio e vários bairros da cidade são destruídos por um incêndio. Não se sabe se é um assalto inimigo ou um tremor de terra que se encontra na origem do sinistro; seja como for, o palácio é reconstruído e embelezado, tornando-se um dos maiores do Próximo Oriente; é o centro de toda a actividade económica do reino.

Após a grande ofensiva síria de Suppiluliuma, a cidade passa para a esfera hitita ([1]). Um tratado de aliança liga o seu rei, Nikmadu, a Suppiluliuma, a quem paga tributo. A mudança de suserano não diminui em nada a actividade económica da cidade. O palácio é aumentado ainda mais. Sob Nikmepa, Ugarit junta-se às outras cidades sírias revoltadas contra Mursili II. Vencida, perde um terço dos seus territórios. Seguidamente, salvo alguns saltos de humor, as relações da cidade com os reis hititas manter-se-ão boas, sem que isso impeça o comércio com o Egipto. Por volta de 1200, a cidade desaparece brutalmente, arrasada aquando da invasão dos Povos do Mar.

4. O renascimento político da Assíria

Assurubalit e seus sucessores. – Assurubalit (1365-1330) é o artífice do renascimento assírio. Deixou poucos documentos; possuímos principalmente duas cartas encontradas em Tell el-Amarna. A primeira é a de um príncipe que se dirige respeitosamente ao faraó, seu superior, oferecendo-lhe um certo número de presentes. A segunda, mais tardia, é de longe a mais interessante: o rei da Assíria designa-se nela como o grande rei, «irmão» do faraó. Alguns especialistas avançaram que a Assíria se libertava do jugo mitaniano e mesmo de uma eventual ocupação babilónia com a ajuda do Egipto. Na realidade, a reconstituição dos acontecimentos é muito delicada, já que os dados que iluminam este período com uma luz muito débil são contraditórios.

([1]) Cf. infra, p. 353.

O primeiro acto político do novo rei é dar uma das suas filhas em casamento a Burnaburiash II da Babilónia. A sua actividade militar é pouco conhecida, sendo celebrado como vencedor dos Subareanos e de Musri. Após o assassínio do seu neto, intervém na Babilónia onde instala Kurigalzu no trono. Os seus sucessores prosseguem a mesma política agressiva, guerreando contra Babilónia e contra os montanheses do Leste e do Norte, muito particularmente contra os Turukeanos.

Com Adad-narari I (1307-1275) começa a expansão assíria, que vai durar perto de oitenta anos e fazer da Assíria uma grande potência. Mas, incapaz de manter duma forma duradoura as suas conquistas, entra numa queda que será ainda mais rápida que a sua ascensão.

Adad-narari guerreia contra os Cassitas, os Gútios, os Lullume e os Subareanos. Arrafa faz parte dos seus Estados. O seu esforço militar volta-se principalmente contra o Hanigalbat, ao qual impõe tributo. Para celebrar as vitórias na Alta Mesopotâmia, pavoneia-se com o título de «rei da totalidade» e tenta fazer-se reconhecer como tal pelos Hititas, cuja resposta irónica constitui uma clara resposta negativa a tal intento.

Pouco depois de instalado no trono paterno, Shulmanu-ashared I (1274-1245) (Salmanasar) confronta-se com um novo inimigo, o Urartu, confederação de pequenos Estados hurritas que se estende do Zab superior ao lago de Van. A população rude e belicosa vive do trabalho do metal e da criação de cavalos. Após uma vitória conseguida sobre Musri, Salmanasar volta-se por sua vez contra o Hanigalbat em revolta. A repressão é feroz e o país é, então, anexado à Síria.

Tukulti-ninurta I. – Quando Tukulti-ninurta I (1244-1208) sobe ao trono da Assíria, o país protege-se atrás de uma série de Estados vassalos sobre os quais o novo rei vai ainda reforçar a sua autoridade. No ano da sua entronização, marcha contra Uqumeni e os Gútios. Estabelece no Zagros todo um sistema de tratados de dependência, em vez de tomar directamente em mãos a administração destas regiões montanhosas, o que exigiria um desdobramento de forças demasiado considerável.

Tendo consolidado as suas fronteiras do Norte, o monarca penetra, à frente das suas tropas, na região de Nairi e anexa o reino de Alzi. As suas campanhas levam-no até territórios que nenhum rei assírio jamais pisara antes dele. Diz-se vencedor de quarenta reis e vangloria-se de ter conquistado todos os países até ao lago de Van. Outras guerras conduzem-no ao Eufrates, contra os nómadas arameus e suteanos. Os seus adversários furtam-se incessantemente à luta e o exército assírio vê-se forçado a adaptar-se a uma guerra de desgaste. A Assíria está no apogeu do seu poder, estendendo-se do Zab inferior até ao Eufrates, englobando o Mitani e alargando a sua influência a uma parte do Urartu.

Tukulti-ninurta marcha, então, sobre a Babilónia. Kashtiliash é esmagado e feito prisioneiro. Os Cassitas são deportados para Kalah, a muralha de Babilónia é arrasada e a estátua de Marduk levada para a Assíria. A narração mais pormenorizada desta guerra é a epopeia de Tukulti-ninurta; a responsabilidade do conflito é aí atribuída aos Babilónios, que teriam invadido o território assírio com desprezo pelos tratados anteriores. É por este motivo que Kashtiliash, que ainda por cima se esquece de pedir os presságios favoráveis antes de iniciar a campanha, é vencido e que os deuses abandonam a Babilónia à vingança assíria. Tukulti-ninurta completa seguidamente a sua vitória tomando Rapiku, Mari e Hana. A partir daí assume a realeza babilónia, é o «rei de Karduniash», «rei da Suméria e de Acad», «rei de Sippar e de Babilónia», mas não sabemos se ocupa toda a Babilónia nem como a administra.

A sua vitória sobre a Babilónia faz de Tukulti-ninurta o maior general do século XIII. Evita, no entanto, atacar frontalmente os Hititas. Uma única vez, aquando das suas operações militares no reino de Alzi, o vemos atravessar o Eufrates e trazer prisioneiros hititas. Gabar-se-á, no final do seu reinado, de ter feito 28 000 prisioneiros. Por seu lado, os Hititas, mais do que entrar em guerra aberta com a Assíria, procuram estabelecer um bloqueio económico do lado sírio.

Todas estas guerras não têm unicamente como finalidade estabelecer um talude protector à volta da Síria. São igualmente empresas económicas. Os países conquistados são uma fonte de enriquecimento graças à pilhagem e à imposição de um tributo. Através da conquista, o rei procura também controlar as vias comerciais: a do país dos Luflume permite desviar para a Assíria o comércio dos metais, pedras e madeiras de construção que, até então, transitava pela Babilónia. A anexação do reino de Alzi e de uma parte do Urartu abre os caminhos da Anatólia e do Irão; indirectamente, é verdade, tem como efeito fechar os mercados sírios.

Em Assur, Tukulti-ninurta manda construir um palácio e aumenta o templo de Ishtar que fora danificado por um incêndio. Mas abandona bem depressa a antiga capital para instalar-se numa nova residência que manda construir de raiz, Kar-Tukulti-ninurta.

Personagem excepcional, a epopeia faz entrar Tukulti-ninurta na lenda. Ele é o «Sol de todos os povos», a força guerreira por excelência, o fogo destruidor. Traz o dilúvio à terra dos Gútios. A sua campanha contra o país de Katmuhi é comparada a um tremor de terra. A magnificência de Kar-Tukulti-ninurta reflecte o esplendor do soberano.

Mas, após mais de vinte anos de sucesso e de glória, Tukulti-ninurta conhece, por sua vez, a derrota. Uma oração que ele dirige ao deus Assur faz presumir que o Zagro está em efervescência e que os Hititas se movimentam para a Alta Mesopotâmia. A própria nobreza assíria se revolta contra o seu rei, que acaba por morrer assassinado por um dos seus filhos na sua nova capital. A Assíria está esgotada pelas guerras incessantes, pelas conquistas efémeras que as revoltas obrigam a recomeçar continuamente; é incapaz de manter um exército suficientemente importante para exercer um controlo eficaz e permanente sobre o conjunto dos territórios submetidos.

Os soberanos de 1207 a 1116. – O assassino de Tukulti-ninurta teria sido Ashshur-nasir-apli ou Ashshur-nadin-apli, não se sabe ao certo. O segundo sobe ao trono em 1207. O seu reinado é marcado por uma inundação do Tigre que danifica gravemente a cidade de Assur. Com ele começa a desintegração do poderio assírio. Não faltam os pretendentes para a disputa do trono. A dar crédito a uma carta do rei de Babilónia, Ashshur-narari III (1203-1198) vê levantar-se diante de si um certo Iluhadda, descendente de Eriba-adad e representante das pretensões de uma outra família ao trono real. Iluhadda é apoiado pelos Babilónios. O seu filho, Ninurta-apil-ekur, tem de fugir para a Babilónia donde volta para derrubar Enlil-kudurri-usur, um filho de Tukulti--ninurta. Tal como seu pai, é partidário do rei de Babilónia. Sob o seu reinado, os Arameus começam a tornar-se ameaçadores, interrompendo as relações comerciais com o Oeste, precisamente na altura em que a Assíria, tal como a Babilónia, sofre cruelmente da penúria. O facto é tanto mais grave quanto, na mesma altura, o Elão assume o controlo do Zagro e do Diyala.

Mal sobe ao trono, o novo rei Ashshur-dan (1179-1134) reage com vigor e expulsa os Elamitas das suas fronteiras. Marcha para o Diyala onde se apodera de um certo número de cidades, cuja população deporta para a Assíria. Nada mais conhecemos do seu reinado. Teria mandado destruir o templo de Anu-Adad sem ter tido tempo de iniciar os trabalhos de reconstrução. O seu filho Ninurta-tukulti-ashahur não chega a reinar doze meses. Derrubado por um irmão, Mutakkil-nusku, parte para o exílio na Babilónia onde se dedica à restauração de um templo. Um arquivo de cerca de cem tabuinhas datadas do seu reinado informa-nos sobre a organização do palácio. Nelas se fala sobretudo de fornecimento de gado assegurados pelos governadores das províncias e pelos povos vassalos; este gado serve para os banquetes do rei e dos seus familiares e para a alimentação dos leões do jardim zoológico real. Estes textos informam-nos igualmente de que o país dos Suteanos está sujeito à autoridade do rei e que oficiais assírios estão colocados num território que vai de Nisibis ao Zagros.

Com Ashshur-resh-ishi (1123-1116) a Assíria retoma uma parte do seu prestígio. O rei vangloria-se das suas vitórias sobre os Arameus, os Gútios e os Lullume. Vence várias vezes os exércitos babilónicos. Na capital, Assur, restaura o templo de Ishtar.

Teglate-falasar I. – O xadrez político internacional está totalmente transformado, quando Tukulti-apal-esharra (Teglate-falasar I) (1115-1077) faz de novo da Assíria uma grande potência. A grandeza dos Elamitas já é só letra morta; o Império hitita é espezinhado pelos povos trácio-frígios; a Síria está em efervescência, os Arameus são rechaçados para o Eufrates pelos Povos do Mar.

A partir do primeiro ano do seu reinado, Teglate-falasar volta-se contra os Mushki, ramo dos povos trácio-frígios que atravessou o Taurus e desce o vale do Tigre em direcção a Nínive. Durante meio século, os Mushki ocupam as regiões de Alzi e de Purulumzi e espalham-se na direcção de Kummuhu (a Comagena). Teglate-falasar faz uma grande carnificina: cinco reis são vencidos à frente de um exército de 20 000 homens. O vencedor levanta pirâmides de cabeças, recolhe despojos consideráveis e faz numerosos prisioneiros. 6000 Mushki que se haviam juntado ao exército assírio antes da batalha são integrados nas suas fileiras. Uma expedição punitiva para além do Tigre reduz a pó os últimos grupos de fugitivos que mostram ainda vontade de resistir. Os príncipes vencidos tornam-se vassalos da Assíria e os seus filhos partem como reféns para Assur.

No ano seguinte, Teglate-falasar apodera-se de Subartu, ataca os Gasga e pacifica as tribos nómadas que vagueiam através do território do antigo Mitani. Dirige-se seguidamente para o Norte, ataca a região de Nairi que atinge a oeste do lago de Van e inflige aos seus reis e seus aliados uma pesada derrota. No ponto extremo onde o leva a sua campanha, manda gravar uma estela. Regressa à Assíria, trazendo, uma vez mais, despojos consideráveis; aos vencidos é imposto um tributo de 12 000 cavalos e 2000 cabeças de gado. O país de Malatya, ocupado sem combate, tem de pagar um tributo de 100 quilos de chumbo.

Duas outras campanhas levam o rei às costas do Mediterrâneo. Em Arvad, embarca para um passeio no mar durante o qual pesca um narval e um delfim. Os reis de Biblos e de Sídon fazem a sua submissão; o próprio faraó oferece-lhe um elefante. No caminho do regresso, manda abater cedros do Líbano.

Após cinco anos de reinado, Teglate-falasar está no auge do seu poder. A Babilónia está calma; uma única sombra vem toldar o quadro das suas inúmeras vitórias: a chegada dos Arameus. O rei persegue-os sem descanso e, para combatê-los, atravessa vinte e oito vezes o Eufrates e trava catorze batalhas. Mas os nómadas esquivam-se e regressam, cada vez mais numerosos.

É já no fim do seu reinado, após uma incursão babilónica contra Ekallate, que se resolve a atacar a Babilónia. Conduz duas campanhas contra ela. Uma é dirigida contra Diyala, a segunda, mais importante, condu-lo, através de Sippar e Dur-Kurigalzu, à própria Babilónia. A cidade é saqueada, mas a resistência babilónica só será, no entanto, completamente aniquilada mais tarde, após duas batalhas campais.

Grande soldado, Teglate-falasar nem por isso descura os palácios e os templos do seu país. Reforça as muralhas de Assur e de Nínive, reúne uma biblioteca e manda ordenar o direito consuetudinário. As suas caçadas perto de Harran ficaram célebres. A sua morte abre, na Assíria, uma nova querela dinástica. Os sucessores tentam em vão manter uma presença assíria em Urartu e conter os Arameus, mas não há nenhuma força séria capaz de opor-se aos nómadas. A insegurança e a fome levam os habitantes a abandonar as cidades para se refugiarem nas montanhas.

5. O Elão

As fontes locais não permitem apreciar as repercussões das invasões do século XVI sobre o Elão. A onomástica faz aparecer um grande número de nomes hurritas. Temos de contentar-nos com uma tal observação. Só na época de Kurigalzu nos é de novo permitido seguir o fio dos acontecimentos. Sabemos que este rei consegue uma vitória sobre um certo Hurpatila. Segundo o seu nome, Hurpatila seria de origem hurrita. Talvez seja o fundador de um pequeno reino limítrofe da Babilónia. Kurigalzu leva a sua acção até Susa, mas não pode manter-se lá muito tempo; um movimento nacionalista coloca Ike-halki (à volta de 1350-1330) no trono de Elão.

O filho de Ike-halki, Pahir-ishshan, contemporâneo de Nazi-maruttash, é o artífice da renovação elamita, cujo ponto culminante é alcançado nos reinados de Untash-napirisha e de Kiten-hutran (1242-1222 aprox.). Untash-napirisha organiza uma incursão contra a Babilónia, mas é sobretudo conhecido como fundador da cidade santa de Dur-Untash, a actual Tchoga-zambil. Kiten-hutran retoma uma política agressiva contra a Babilónia. Atravessa o Tigre, entra em Nippur, cujos habitantes massacra, e expulsa os Babilónios de Der. A intervenção de Tukulti-ninurta faz-lhe perder todo o benefício das suas vitórias. Encontrará a morte aquando de uma segunda incursão contra a Babilónia ou durante uma revolução de palácio. Com ele, extingue-se a dinastia de Ike-halki.

Após um período de perturbações, uma nova dinastia, fundada por Hallutush-inshushinak (1205-1185), leva o Elão ao cume do poder, o que será obra de Shutruk-nahhunte (1185-1155). Para consolidar a sua autoridade, este apoia-se nas velhas tradições, suporte dos sentimentos nacionalistas. Consagra o conjunto do seu reinado à conquista de Babilónia. As estelas relatam as suas numerosas vitórias: Eshnunna, Dur-Kurigalzu, Sippar, Opis, Acad, nenhuma cidade é poupada. Os principais testemunhos da história mesopotâmica, desde a estela de Naram-Sin até ao código de Hamurabi, são trazidos como despojos para o Elão. Após a tomada de Babilónia, confia a seu filho Kutir-nahhunte o governo do país conquistado. Ele próprio regressa a Susa, onde dedica os despojos ao deus Inshushinak. Morre pouco depois, deixando inacabadas algumas das suas dedicações; é por isso que o código de Hamurabi conserva, numa das suas faces, um espaço martelado e vazio. Na Babilónia os últimos núcleos de oposição são reduzidos. As estátuas de Marduk e de Nana tomam o caminho de Susa.

Após o curto reinado de Kutir-nahhunte (1155-1150 aprox.), Shilhak--inshushinak (1150-1120) sobe ao trono de Elão, ao mesmo tempo que, por detrás da bandeira dos príncipes de Isin, a Babilónia reencontra a sua independência.

Mais que qualquer outro, o novo soberano deseja incarnar a unidade nacional. Apresenta-se o herdeiro das antigas dinastias de Simashki e de Anzan. Em todas as cidades do Elão, e muito particularmente em Susa, dá início a um importante programa de construções. Grande soldado, as suas estelas comemoram os seus altos feitos guerreiros; traz grande quantidade de despojos e de escravos das suas guerras contra os montanheses do Zagro. Interessa-se essencialmente pelo curso superior do Diyala e pela região de Kirkut, ambos encruzilhadas das estradas comerciais mais frequentadas. A única diversão, neste esforço militar, é uma expedição conduzida contra a Babilónia. Mas, em vez de explorar a vitória, o rei regressa a Susa; este regresso marca o fim das pretensões elamitas sobre a Babilónia.

O seu sucessor, Hutelutush-inshushinak (1120-1110), deixa a Nabucodonosor a iniciativa das operações militares. Vencido perto de Susa, morre pouco depois da derrota. O poderio elamita já não passa então de letra morta. O Elão já não é citado nas fontes mesopotâmicas antes do fim do século IX. É verdade que no dealbar do I milénio, o Irão conhece um período de mutações. Uma situação inteiramentem nova vai instaurar-se com a chegada dos Medos e dos Persas.

O local de Dur-Untash conserva ainda hoje a recordação dessa passada grandeza. Destruído por Assurbanípal, nunca mais foi habitado depois, e por tal facto as suas ruínas estão relativamente bem conservadas. O território da cidade está rodeado por uma grande muralha no meio da qual o santuário principal, também protegido por um muro, forma um quadrado de 40 m de lado. No centro levanta-se o zigurate do templo do deus Inshushinak, ainda conservado numa altura de 25 m. A sua reconstituição é fácil. Facto desconhecido na Mesopotâmia propriamente dita, onde estes monumentos são massas compactas de tijolos, o primeiro andar compreende aqui um certo número de compartimentos abobadados, acessíveis a partir de cima por meio de escadas. Outra novidade, as escadas não precedem os patamares do zigurate, mas são encaixadas de maneira a formarem verdadeiras gaiolas. A área sagrada inclui, além disso numerosos pequenos templos, todos eles concebidos segundo o mesmo esquema: um grande compartimento construído em largura, contendo um ou dois pódios, e um compartimento estreito em eixo dobrado em cotovelo.

Foram descobertos em Susa fragmentos de um cenário arquitectural muito próximo do do templo cassita de Uruk: figuras de homem-touro de palmeira e de deusa alternam numa parede com ressaltos. A obra está datada dos reinados de Kutir-nahhunte e de Shilhak-inshushinak.

Na religião, as tradições locais permaneceram muito vivas. Por detrás do universo das grandes divindades do panteão nacional subsiste uma multidão de divindades locais, conhecidas ocasionalmente pelas maldições ou pelos textos de consagração. A cabeça do panteão oficial, a grande deusa Pinikir cede o lugar ao deus de Susa, Inshushinak, cujo nome os reis espalham em todo o mundo mesopotâmico. Da vida religiosa em si mesma não sabemos praticamente nada. A arqueologia fornece, no entanto, alguns elementos interessantes, como uma mesa de sacrifício rodeada de serpentes ou a reprodução de um lugar de culto no qual dois oficiantes nus rezam perto de dois altares com degraus.

Babilónia	Assíria	Mitani	Síria		Elão
		Kirka	Alalah		
Cassitas		Shuttarna I	Ilimilimma		
Agum II					
		Baratarna	Idrimi		
Burnaburiash I					
	Puzur-ashshur III	Parsatatar	Saushsatar		
			Niqmepa		
Agum III	Ashshur-nādin-ahhē I	Artatama I			
Kadashmanharbe I	Enlil-nāsir II				
	1432-1427				
	Ashshur-nārārī II				
	1426-1420			*Amarru*	*Ugarit*
	Ashshur-bēl-nishēshu	Shuttarna II			Ammishtamru I
	1419-1411				
Kurigalzu I	Ashshur-rīm-nishēshu		Abdi-ashirta		
	1410-1403				
	Ashshur-nādin-ahhē II	Tushratta			Niqmadu II
Kadashman-enlil II	1402-1393		Aziru		
	Erība-adad I				
Burnaburiash II	1392-1366				
1375-1347					
	Ashshur-uballit I	Artatama II			
	1365-1330	Mattiwaza			
Karahardash					Hurpatila
Nazi-bugash					Ike-halki
Kurigalzu II					
1345-1324					

Nazi-maruttash 1323-1298	Enlil-nārārī 1329-1320 Arik-dēn-ili 1319-1308 Adad-nārārī I 1307-1275	Shattuara	Niqmepa	Pahir-ishshan Untash-napirisha
Kadashman-turgu 1297-1280 Kadashman-enlil II 1279-1265 Kudur-enlil 1264-1256 Shagarakti-shuriash 1255-1243 Kashtiliash IV 1242-1235 Enlil-nādin-shumi 1234-1228 Kadashman-harbe II 1227-1225 Adad-shuma-iddina 1224-1219 Adad-shuma-usur 1218-1189	Shulmānu-asharēd I 1274-1245 Tukulti-ninurta 1244-1208 Ashshur-nādin-apli 1207-1204 Ashshur-nārārī III 1203-1198 Enlil-kudurri-usur 1197-1193		Ammishtamru II	Kiten-hutran cerca de 1242-1222 Hallutush-inshushinak 1205-1185 Shutruk-nahhunte 1185-1155
Melishihu 1188-1174 Marduk-apla-iddin I 1173-1160 Zababa-shuma-iddina 1160	Ninurta-api-lekur 1192-1180 Ashshur-dān I 1179-1134			Kutir-nahhunte cerca de 1155-1150

Fig. 5 – *Tábua cronológica da Mesopotâmia entre 1600 e 1100 (continuação da figura na página seguinte)*

Babilónia	Assíria	Mitani	Síria
Enlil-nādin-ahi 1159-1157			Shilhak-inshushinak 1150-1120
Isin			
Marduk-kabit-ahhēshu 1156-1139			
Itti-marduk-balatu 1138-1131	Ninurta-tukulti-ashshur 1133		
Ninurta-nadin-shumi 1130-1125	Mutakkil-nusku		
Nabû-kudurri-usur I 1124-1103	Ashshur-rēsh-ishi 1123-1116		Hutelutush-inshushinak 1120-1110
Enlil-nādin-apli 1102-1099	Tukultī-apal-esharra 1115-1077		
Marduk-nādin-ahhē 1098-1081			
Marduk-shāpik-zēri 1098-1081	Asharēd-apil-ekur 1076-1075		
Adad-apla-iddina 1067-1046	Ashshur-bēl-kala 1074-1057		
Marduk-ahhē-erība 1045			
Marduk-zēra-xx 1044-1033			
Nabû-shumu-libūr 1032-1025			

Fig. 5 – *Tábua cronológica da Mesopotâmia entre 1600 e 1100*

VII – A MESOPOTÂMIA DE 1600 A 1100: SOCIEDADES E CULTURAS

1. A organização dos Estados

Para o conjunto dos estados mesopotâmicos da segunda metade do II milénio, a guerra tornou-se uma realidade quotidiana. Cada reino é obrigado, para sobreviver, a dotar-se de um poderoso exército, equipado com as armas mais modernas e mais dispendiosas. A sociedade, no seu conjunto, vive em pé de guerra. Os grandes reis são, acima de tudo, ilustres generais. O menor insucesso pode ter as mais dramáticas consequências: invasão estrangeira ou encerramento das rotas comerciais, condenando o país à asfixia. Neste contexto, a Babilónia faz figura de país pacífico, porque menos exposta que os seus vizinhos assírio e mitaniano às provocações dos nómadas do Oeste e dos montanheses do Norte. Não escapa, no entanto, aos abalos internos e às devastações elamitas e assírias.

O rei. – Primeira figura do Estado, o rei concentra nas suas mãos todos os poderes. É o chefe supremo dos exércitos e responsável pela política externa. Controla o conjunto da administração e o essencial do comércio internacional. Os seus imensos domínios asseguram-lhe rendimentos importantes. Detém um lugar à parte na sociedade, entre os deuses e os homens.

Na segunda metade do II milénio, há duas espécies de reis: os que os textos designam como *sharru rabu*, «grande rei», e os outros. Os primeiros são os *belu*, «senhores» dos outros, que são os seus *ardu*, seus «servidores»; quanto aos segundos, beneficiam, no interior dos seus Estados, de todas as prerrogativas e de todos os privilégios devidos à sua categoria, mas, em relação ao seu suserano, quase não são mais que funcionários, membros do sistema administrativo.

A imagem do rei renovou-se profundamente em relação às épocas anteriores, apesar do seu conservadorismo aparente nos títulos e protocolos da corte. Pela primeira vez, no Oriente antigo, o rei já não aparece principalmente como o senhor de uma cidade, mas formam-se grandes Estados, que nada têm de comum com os agregados de pequenas Cidades-Estados que se tinham conhecido até então. Desenvolve-se, na Assíria, um forte sentimento nacional, ao mesmo tempo que a unidade da Mesopotâmia do Sul se torna a regra e já não a excepção.

O conceito de legitimidade funda-se na antiguidade da raça. A sucessão faz-se habitualmente de pai para filho, mas o trono pode sempre ser conquistado pelas armas. Não faltam os exemplos de usurpações; é preciso notar, no entanto, que têm origem, com algumas excepções, em membros da família reinante. Na Assíria, os reis fazem apelo, nas suas inscrições, a uma longa genealogia, que não hesitam por vezes em forjar inteiramente, para justificar o seu acesso ao trono. Uma tal ideologia, com a instituição do eponimato, eleição anual dos grandes do reino que darão o seu nome ao ano, assegura, para além das querelas dinásticas, uma certa estabilidade do Estado, que a Babilónia ignora. Aqui, se se esboça a tendência de manter a função real dentro de uma mesma família, a legitimidade assenta no valor pessoal do soberano, na sua aceitação por parte do todo-poderoso clero de Marduk. O rei abdica, de facto, todos os anos, por ocasião da cerimónia do Ano Novo, depondo os atributos da sua função diante da estátua do deus supremo; o grande sacerdote entrega-lhos de novo em seguida, solenemente. Mesmo que esta cerimónia já não tenha mais que um valor simbólico é, no entanto, reveladora do papel que o clero pode desempenhar; adivinha-se a gravidade dos conflitos que podem surgir. Uma das razões que levam Kurigalzu a construir uma nova residência real é certamente a vontade de se subtrair às intrigas do clero de Babilónia.

O rei da Assíria, pelo contrário, é, ao mesmo tempo, o sacerdote do deus Assur. A capela que abriga o trono do deus é contígua ao palácio onde se desenrolam as principais cerimónias religiosas. Aí, o rei oferece aos deuses grandes banquetes e participa como actor nas cerimónias rituais e nos sacrifícios. É ele quem nomeia o clero, introduz as novas festas e fixa a sua data e cerimonial.

A administração. – À excepção de algumas funções particulares, a organização administrativa dos vários Estados do Médio Oriente é muito parecida. É relativamente bem conhecida através dos arquivos assírios. Na Babilónia, as fontes só são abundantes para a época da dinastia de Isin, mas não há, verosimilmente, ruptura com a época precedente. A titularidade dos funcionários e dos dignitários mantém-se essencialmente acádica; nota-se, no entanto, a presença de alguns termos novos, trazidos pelos Cassitas ou pelos Hurritas.

Um certo número de oficiais rodeia o rei. Os seus cargos são algo imprecisos, tal como os dos *sha resh sharri*, encarregados ocasionalmente da direcção dos trabalhos de interesse geral ou da vigilância de uma província; sob a II dinastia de Isin, as suas funções parecem mais especificamente militares. Conhecemos alguns deles: são grandes proprietários fundiários que possuem carros de guerra e cavalos. Outros oficiais são os *sukkallu*; em Nuzi, o seu cargo é, por vezes, assumido pelos príncipes, *mâr sharri*. O *kartappu* faz igualmente parte do pessoal da corte; o facto de ser sempre mencionado à cabeça das listas de testemunhas nos actos oficiais sugere que as suas funções são importantes. Finalmente, um certo número de oficiais subalternos está à disposição do soberano; estabelecem uma ligação entre o poder central e a administração provincial; são encarregados de missões de segundo plano e assistem os *sukkallu*.

A administração do palácio, tal como a dos templos, está confiada a um *Shatammu*. Este tem em dia os registos das entradas e saídas de bens; possuímos, da lavra de um deles, um texto que faz a lista dos objectos roubados num templo. Está igualmente encarregado da disciplina.

À cabeça da província encontra-se o governador, *bel pâhati* ou *shaknu*. As funções precisas que ele é chamado a desempenhar não são conhecidas. Vemo-lo controlar as operações do cadastro, perseguir os fugitivos ou encarregar-se dos prisioneiros. A seu lado ou sob as suas ordens, o *shakin mâti* dirige a administração da província. O governador de Nippur usa o título de *guennaku*. Algumas regiões fronteiriças ou submetidas há pouco tempo são confiadas aos chefes de tribos ou aos príncipes locais que fizeram juramento de submissão. A administração assíria conhece o *hashshuhlu*, herdado do Mitani, responsável por uma província inteira ou apenas por um distrito. Parece mais particularmente encarregado dos problemas de intendência.

As cidades e as aldeias estão colocadas sob a autoridade de um presidente, *hazannu*. Administração, fisco, polícia e justiça são do seu domínio. Contrariamente às de Babilónia, as grandes cidades assírias, ou pelo menos Assur, gozam de alguns privilégios: o rei deve dar conta das suas actividades à assembleia dos cidadãos da sua capital. Entre os funcionários de menor categoria, *laputtu* e outros *aklu*, o *shakin temi* será chamado mais tarde a tornar-se governador de província.

Incapaz de exercer uma vigilância eficaz sobre todas as engrenagens da máquina administrativa, o palácio ouve de bom grado a *vox populi* para chamar à ordem um funcionário em falta. Em caso de denúncia, são feitos inquéritos e os culpados de delitos punidos. Mas os meios postos em acção devem ser fracos, os exemplos de processos são raros, embora muitos funcionários, mesmo zelosos, saibam aumentar a sua fortuna à custa da colectividade de que estão encarregados.

O exército e a guerra. – Nestes períodos conturbados, o exército é objecto de todos os cuidados. Com o aparecimento do carro de guerra puxado por cavalos, importação dos Cassitas e dos Hurritas, tornou-se um instrumento excessivamente dispendioso.

Unidades de carros estão integradas em todos os exércitos mesopotâmicos, acabando por ser, normalmente, o instrumento da vitória. Na Babilónia, os carros estão colocados sob as ordens de um *shakrumash*; o termo é novo, de origem cassita, como de resto os nomes de muitas partes do próprio carro; é que os Cassitas, e depois deles outros povos, souberam introduzir neste instrumento, conhecido há já vários séculos, aperfeiçoamentos técnicos tais que, de veículo pesado e dificilmente manejável, veio a tornar-se uma máquina de guerra leve e rápida. Dantes, protegido por um largo painel frontal e assente em quatro rodas cheias, o carro era puxado por ónagros; empregado na perseguição dos inimigos em fuga, quase não era utilizado nas batalhas. O novo carro está montado sobre duas rodas de raios e atrelado a cavalos; a sua caixa, constituída por uma armação de ferro coberta de couro, foi aligeirada. Muito mais manejável, tem uma utilidade táctica evidente para a ruptura da frente inimiga. O carro de combate é, doravante, muito distinto do veículo de transporte, pesada carreta de quatro rodas puxada por bois ou mulas. Uma parelha de carro comporta dois cavalos, sendo um terceiro mantido de reserva. A equipagem é composta por três homens: um condutor, um archeiro e um picador; inspira-se no modelo mitaniano, como o mostra o nome de *hanigalbateano* dado, na Assíria, ao picador. Os homens usam todos cota de malha, peitoral e capacete; os cavalos são revestidos de uma carapaça.

O fabrico do carro de guerra e sua manutenção tornam-se um dos elementos essenciais da actividade económica de um país. A entrega de carros faz parte dos pagamentos anuais exigidos pelo palácio, que os armazena nos seus arsenais, confiados, em Nuzi, ao *shakin biti*, na Assíria, ao *hashshuhlu*.

O cavalo, conhecido já de longa data na Mesopotâmia, era pouco utilizado. Torna-se, juntamente com o carro, o bem nobre por excelência, objecto do comércio real. O palácio de Nuzi faz a sua aquisição em troca de tecidos e de vestuário. Nas suas fórmulas de delicadeza, os reis nunca deixam de mencionar os cavalos do seu interlocutor. A Babilónia torna-se a terra da criação de cavalos por excelência. Os métodos de adestramento são revolucionados pela introdução de técnicas novas trazidas pelos novos senhores, como o mostra o tratado mitaniano de hipologia que abunda em termos técnicos indo-iranianos.

O rei e os altos dignitários da corte e dos templos são os únicos que podem possuir cavalos. O exército tem grande necessidade deles. É nas montanhas do Zagro que se reconstituem as manadas da planície, enfraquecidas pelos calores do Verão ou pela alimentação demasiado abundante e dizimadas pelas guerras.

Os combatentes em carro e o pessoal de manutenção constituem o núcleo de um exército permanente. A infantaria é, sem dúvida, recrutada na altura de cada campanha que se desenrola no Verão, quando os trabalhos agrícolas estão terminados. Cada proprietário fundiário, ou seja, cada membro da nova aristocracia dos combatentes em carro, é obrigado a fornecer um dado contingente de tropas a pé. Sabe-se que, na Assíria, uma certa classe da população está adstrita ao serviço militar: são os *hupshu*. As leis prevêem o caso em que têm de partir em campanha e aqueles em que, feitos prisioneiros, deixam as suas mulheres na necessidade. Mas as sangrias diminuem gravemente o potencial militar e, a partir de Teglate-falasar, faz-se apelo a mercenários e a contingentes de estrangeiros para engrossar as fileiras. O exército está dividido em duas alas, coisa que os textos distinguem escrupulosamente e em todas as circunstâncias, tanto no acampamento como no campo de batalha.

Com o seu cortejo de cidades saqueadas, de populações deportadas, de famílias arruinadas e dispersas, a guerra transforma profundamente a mentalidade dos antigos Mesopotâmios. A Babilónia recordará durante muito tempo com horror as devastações causadas pelos exércitos elamitas. Mas a fraqueza do Estado não lhe permite reagir com todo o vigor desejado; para ele, a guerra tem sobretudo um carácter defensivo. O corpo de *élite*, os carros de guerra, criado pelos Cassitas, sofre as consequências das derrotas dos últimos anos da sua dominação. Conhece um último assomo de força sob Nabucodonosor I e, depois, desaparece progressivamente. No século VIII será totalmente inexistente.

O imperialismo assírio cedo fez assimilar a guerra a uma luta cósmica contra as forças do mal. A epopeia de Tukulti-ninurta canta as alegrias do combate e faz do rei de Assur o instrumento da justiça divina. A guerra trava-se sob os auspícios divinos: o rei não parte para o combate sem ter previamente consultado os oráculos e recebido presságios favoráveis. O adivinho caminha à frente dos exércitos, como já acontecia em Mari. O deus Assur apresenta-se com um aspecto guerreiro. É sintomático que o país, a capital e o deus tenham o mesmo nome de Assur. Shamash, o deus do Sol, é o fogo destruidor, justiceiro dos inimigos da Assíria. Com Salmanasar I assiste-se à elaboração de um ritual, ao qual os seus sucessores juntarão incessantemente novos elementos. É uma orgia de massacres e de mutilações que nos descrevem os relatórios oficiais. Vai-se até ao ponto de juntar a poeira das cidades vencidas e incendiadas e espalhá-la diante das portas da capital onde é diariamente pisada pelos vencedores. O que não é assírio é assimilado à barbárie que perturba a ordem do mundo, pelo que tudo é permitido para destruí-lo. É verdade, sem dúvida, que a Assíria conta com o efeito psicológico dos massacres para intimidar as populações e evitar as revoltas. Estas, quando apesar de tudo estalam, são severamente reprimidas: empala-se, esfola-se, queima-se, levantam-se pirâmides de cabeças degoladas.

A Babilónia detém, nesta ideologia, um lugar à parte. O seu alto nível de cultura fascina a aristocracia assíria. É a terra do deus Shamash, adorado no grande santuário de Sippar. É a terra de Enlil, cujo paredro Ninlil se torna a esposa do deus Assur. É provável que um bom número de Assírios veja na destruição de Babilónia e no rapto da estátua de Marduk por Tukulti-ninurta um acto grave que corre o risco de atiçar a cólera dos deuses contra a Assíria, e ao mesmo tempo uma inabilidade política que pode provocar uma reacção nacionalista babilónica. O poeta esforça-se, então, por justificar a pilhagem e atribui aos vencidos a responsabilidade do conflito. Deste ponto de vista, a epopeia de Tukulti-ninurta é um escrito de circunstância.

2. A economia e a sociedade

Com o aparecimento de guildas, organizações de estrutura legal ou familiar, a distinção, até então desconhecida na Mesopotâmia, entre sector privado e sector público, tende a aparecer e a manifestar-se. A economia mantém-se, no entanto, fortemente estatizada. Os bancos privados existem, mas ainda só detêm um lugar dos mais modestos.

As fontes da época cassita são pouco numerosas. Limitam-se a alguns lotes de arquivos provenientes de Nippur e de Dur-Kurigalzu; nenhuma delas é anterior ao reinado de Burnaburiash II. Convém juntar a estes arquivos documentos de um género novo, os *kudurru*. Se a Assíria está mais bem documentada que a Babilónia, é preciso reconhecer que os seus arquivos, sejam eles provenientes de Assur, de Tell Billa ou de Tell Fahariyah, estão ainda insuficientemente estudados.

O papel do Estado. – Os textos descrevem uma economia agrícola dominada pela marca do palácio e do Estado. No seu conjunto, a actividade económica é débil; o Diyala, se pode servir de exemplo, transforma-se em estepe quase abandonada. Dos quatrocentos locais habitados no século XVI, restam apenas trinta e dois no século XII. As guerras fronteiriças não dão tréguas aos habitantes e numerosas famílias fogem para regiões mais hospitaleiras.

O palácio faz valer os seus direitos em todos os domínios. Os reis cassitas poucas liberdades deixam às cidades e aos templos, cujas contas controlam meticulosamente. Reservam por vezes para eles próprios a função de *guennaku* de Nippur. Os recrutamentos de homens e impostos para o exército são muito limitativos e pesam fortemente sobre a economia.

Cada colectividade é obrigada, entre outras coisas, a entregar anualmente um carro de guerra ou peças sobresselentes. Ora, é sabido que, por volta de 1100, na Babilónia, um carro de guerra equipado custa 100 siclos, ao passo que uma vaca custa 12 e uma capa 2. Só o Estado está em condições de fazer investimentos importantes para empreender trabalhos de envergadura. Por fim, o comércio externo é objecto de uma atenção muito particular por parte do rei. Importa-se para a Babilónia grande quantidade de ouro, de materiais de construção e de cavalos.

O rei possui bens fundiários de que é proprietário a duplo título, o de administração e o da coroa. São imensos domínios agrícolas, com os seus gados de parceria, os seus celeiros, os seus armazéns, o seu pessoal. A falta de fontes impede, porém, que possamos avaliá-los. São regidos pelo poder central ou pelos palácios provinciais. É a eles que o rei destina uma parte dos despojos recolhidos. Teglate-falasar gaba-se do grande número de cavalos que traz das suas campanhas.

Algumas terras reais são concedidas a particulares, tendo eles o encargo de corresponder a obrigações civis ou militares. Tais concessões podem atingir superfícies importantes: conhecemos algumas de 40 ha. Na eventualidade de o beneficiário não corresponder às suas obrigações, o rei tem a liberdade de lhe retirar a concessão e confiá-la a um terceiro mais merecedor. Em caso de falecimento, a coroa retoma o lote, que será novamente atribuído a outro pretendente. A administração regional tem minuciosamente em conta estas modalidades de concessão e os fornecimentos que elas proporcionam.

A propriedade privada. – A propriedade privada existe, sendo geralmente de dimensões modestas. Mas, mesmo em relação a ela, o rei conserva um direito de vigilância. Textos jurídicos assírios informam-nos, de facto, de que, se a venda das terras é autorizada, está no entanto sujeita a uma legislação severa. O acto tem de ser confirmado pela autoridade real e ser conhecido de todos para evitar toda a possibilidade de contestação e para que cada qual possa fazer valer os seus direitos, se for caso disso. Um arauto está encarregado de tornar pública a transacção em curso. Em caso de delito, o Estado pode ir até ao confisco puro e simples.

Em Nuzi, sendo os bens fundiários teoricamente inalienáveis, recorreu-se à prática da adopção: em troca de um presente equivalente ao preço de compra, o adoptado-comprador recebe do seu parente adoptivo-vendedor o bem de que este quer desfazer-se. Este uso está na origem das grandes fortunas, como a de Tehip-tilla, filho de Puhi-shenni, que se faz adoptar mais de cento e vinte vezes.

Alguns documentos demonstram a existência de formas de propriedade colectiva. O facto era bem conhecido no III milénio, mas a legislação hamurabiana, ao instituir o regime da família restrita, contribuirá fortemente para o seu desaparecimento. Vemo-lo renascer na época cassita.

A sociedade. – As fontes assírias dos séculos XV e XIV traçam os retratos de algumas famílias recém-enriquecidas e ilustram os primeiros passos da nova aristocracia. Todavia, talvez se trate apenas de casos particulares que não têm valor de exemplo.

Na Babilónia, os reis cassitas gratificam os seus dignitários e oficiais com doações importantes. Kurigalzu doa, assim, uma propriedade a um oficial, herói da guerra contra Subartu. Os reis da II dinastia de Isin perpetuam esta tradição: Mardu-nadin-ahhé oferece um domínio a um *shakrumash*, em agradecimento pelos eminentes serviços prestados pela sua unidade de carros nas guerras contra a Assíria. Uma tal política tem como consequência primeira a transformação completa da aristocracia fundiária babilónica. Os antigos proprietários são despojados dos seus bens em proveito dos recém-chegados, cuja fidelidade à dinastia está inteiramente assegurada. Esta jovem aristocracia é essencialmente constituída, como por todo o lado no Médio Oriente, pelos *mariannu*, os combatentes de carro; a grande propriedade fundiária encontra-se, portanto, estreitamente ligada à arte da guerra. Mas os recém-chegados já não têm vagar para porem a render os seus domínios, por causa dos seus cargos no Estado, e a agricultura sofre com isso. Os proprietários desapossados, por seu turno, fazem tudo o que está ao seu alcance para poderem entrar de novo na posse dos seus bens; daí se seguem processos intermináveis.

As doações reais são solenemente registadas nos *kudurru*. Estes documentos, guardados nos templos, assumem uma forma inteiramente nova. São estelas ovóides, de dimensões médias, cobertas pelos símbolos das divindades garantes da transacção. O próprio texto, seguindo um formulário estereotipado, começa pela descrição da concessão, assinala as circunstâncias que presidiram à dádiva e faz a lista das isenções concedidas. Cita finalmente a lista das testemunhas e menciona as maldições em que incorreria quem transgredisse as disposições tomadas; tais medições são comuns em períodos de instabilidade.

Ao lado da aristocracia dos funcionários e dos oficiais, proprietários de cavalos, de carros de guerra e de bens fundiários, encontra-se a massa laboriosa dos sujeitos a corveia, *mushkenu* na Babilónia, *hupshu* na Assíria, em Alalah, em Ugarit e em Nuzi. É verdade que, para eles, as isenções existem e multiplicam-se com o tempo, mas a sua sorte é miserável. Só o rei pode conceder as isenções.

A sociedade rege-se pela lei. Infelizmente, possuímos apenas magros fragmentos do direito consuetudinário assírio, recolhidos pelos cuidados de Teglate-falasar I. O texto mais bem conservado é consagrado ao estatuto da mulher. Comparada com as colecções mais antigas, a brutalidade dos castigos é impressionante: mutilações várias para todas as espécies de delitos, empalamentos e privação de sepultura por aborto voluntário; reflecte assim o endurecimento dos costumes. Mas, em numerosos casos, é o marido que pode fixar a pena, e, se poupa a sua mulher, os seus cúmplices serão poupados pelo rei; é o que acontece com o adultério, que é normalmente sancionado com a pena de morte. Deve-se ao mesmo Teglate-falasar I a compilação dos éditos que regulamentam a vida quotidiana do harém real. Reina aí uma grande severidade; a vigilância minuciosa, instaurada pelos reis frequentemente ausentes, dá ao harém real a imagem de um prisão dourada.

3. Artes, letras e religião

Curiosamente, é na época em que o poderio político da Babilónia é descurável que a sua cultura domina o conjunto do mundo oriental. É sobretudo a Assíria que aí vai buscar muita coisa: tira de lá a inspiração literária, copia os títulos dos seus reis, venera alguns dos seus deuses. O ritual babilónico do Ano Novo faz a sua entrada em Assur por volta de 1200. A corte assíria emprega de bom grado escribas babilónicos. As belas orações de Tukulti-ninurta e de Ashshur-nasir-apli I reflectem a influência profunda exercida pelo Sul. Mas, para além da Assíria, a literatura babilónica é retomada pelos escribas de Ugarit, de Tell el-Amarna e de Bogazkoi. O babilónio torna-se a língua diplomática. Os recursos literários assírios são, por outro lado, estimulados pelas vitórias militares. Cassitas e Hurritas trazem, ao mesmo tempo, as suas tradições próprias. Obras totalmente estranhas à Mesopotâmia dos séculos anteriores aparecem então.

A arquitectura. – Isso é particularmente verdadeiro em arquitectura, onde se fica impressionado pelo carácter imponente das construções empreendidas. Para nos convencermos disso, basta lançarmos um rápido olhar à planta do palácio de Dur-Kurigalzu: nunca antes se projectara uma tão grande construção. Logo ao lado, o zigurate domina a planície com a sua massa imponente; com os seus 57 m de altura, a sua ruína impressiona ainda hoje. De uma maneira geral, os Cassitas são grandes construtores. Restauram, entre outras, a cidade de Ur, outrora destruída pelos últimos representantes da primeira dinastia da Babilónia. Kurigalzu levanta lá de novo o *temenos*, com o seu grande pátio, as suas paredes com ressaltos e as suas portas em arco de volta inteira. O edifício mais característico é o templo construído por Karaindash em honra de Inanna, em Uruk. A planta, com a sua *cella* e o seu vestíbulo, anuncia o templo *in antis*. O edifício é rodeado por um muro com ressaltos de tijolo modelado. Estão nele dispostos nichos, que abrigam figuras de deusas e de deuses que transportam um vaso donde saem fiozinhos de água. Pelas imbricações das suas vestes, os deuses são caracterizados como deuses da montanha. As deusas trazem uma vestimenta com pregas muito finas. Motivos geométricos separam as diferentes figuras. Este uso do tijolo modelado em relevo é uma inovação. Obtém-se, por este processo, uma decoração orgânica da arquitectura.

Na Assíria, Tukulti-ninurta começa o «novo palácio» de Assur com os materiais de construção trazidos como despojos das suas numerosas campanhas; mas, sem mesmo esperar pelo seu acabamento, decide construir uma nova capital que terá o seu nome, Kar-Tukulti-ninurta. Depois dele, Ashshuar-resh-ishi e Teglate-falasar são os autores de um curioso templo duplo dedicado a Anu e Adad. As duas *cellae*, muito alongadas, prolongam-se mesmo à ilharga entre os dois zigurates. O conjunto é precedido de um grande pátio protegido por uma cerca e acessível por uma porta monumental concebida em ziguezague.

Raro vestígio do século xv, o palácio de Idrimi, em Alalah, ajusta-se à volta de um grande compartimento com a forma de salão rectangular. Chega-se lá através de um vestíbulo com pilares de madeira que assentam em bases de basalto. O edifício incluía um andar superior, hoje perdido.

Artes plásticas e artes menores. – O alto e o baixo-relevo chegaram até nós num estado demasiado fragmentário para que seja possível ajuizar acerca deles. O altar de Tukulti-ninurta é a sua melhor ilustração. É um pedestal cúbico, estando uma das faces ornada com um relevo. O rei, representado ao mesmo tempo de pé e de joelhos, reza diante de um pódio isomorfo ornado com um símbolo enigmático – talvez a tabuinha e o estilete do deus Nabu. O pedestal deve ter servido de suporte a um símbolo divino, talvez do deus Nusku ao qual se dirige a dedicatória. Os *kudurru* dão uma outra imagem de escultura, mais ingénua e mais desajeitada. A superfície que o texto deixa livre na pedra está inteiramente coberta de símbolos divinos sobrepostos. Acontece, por vezes, o rei e o donatário estarem igualmente figurados.

As paredes dos palácios estão cobertas de frescos. Esta decoração pintada lembra, geralmente, arquitectura em divisória de tabique. Os restos encontrados nas ruínas de Kar-Takulti-ninurta permitem reconstruir painéis cobertos de motivos heráldicos, animais ou monstros que flanqueiam uma árvore estilizada. Composições de homens em marcha e temas florais foram descobertos em Dur-Kurigalzu. Nos frescos do palácio de Nuzi, nota-se a presença de palmas, cabeças de bovídeos e de rostos humanos no meio de motivos arquitectónicos.

Tal como para a época de Hamurabi, as terracotas, desprovidas de todo o convencionalismo, são a expressão mais rica e mais figurada da arte do tempo; os prótomos de animais encontrados em Dur-Kurigalzu dão uma impressão de vida surpreendente.

A glíptica sofre uma profunda mudança; a representação figurada cede o lugar à inspiração. Os motivos gravados compõem-se simplesmente de um adorador ou de um deus; a inscrição, de zonas múltiplas, inclui muitas vezes uma oração. A glíptica assíria é fortemente influenciada pela arte mitaniana: encontram-se nela, com profusão, animais, seres híbridos ou divindades; geralmente, nos cilindros-sinetes assírios, as cenas estão mais bem ordenadas do que nos exemplares mitanianos.

A literatura. – Subestimou-se durante muito tempo, se é que não se ignorou mesmo, a capacidade criadora da época cassita. Estamos acostumados a ver no escriba cassita o exegeta dos textos mais antigos, como a *Epopeia de Gilgamesh* e algumas colecções de encantamentos ou de magia. É verdade que é a ele que devemos as séries canónicas dos textos divinatórios; é igualmente a ele que devemos numerosas traduções justalineares de textos sumérios – nesta última disciplina, a escola de Nippur adquire grande nomeada; contudo, uma obra como a exaltação do rei Kurigalzu divinizado, verdadeiro apelo à prosperidade, não poderá enganar: os Cassitas souberam mesmo inovar. Além disso, a tradição conservará os nomes de um certo número de escribas, que não eram, por certo, simples copistas. A actividade criadora da época cassita e, depois dela, da II dinastia de Isin, começa actualmente a sair da sombra.

O *Justo Sofredor* é uma das mais antigas obras que possuímos desta época. Embora votado inteiramente à glória de Marduk, o texto desenvolve uma moral de um profundo pessimismo. A história é a de uma nobre e piedosa personagem abandonada pelo seu deus e sobre a qual se abate todo o tipo de desgraças. Perde a confiança do rei e o respeito dos que o rodeiam, torna-se miserável e cai doente. Mas através de três sonhos toma conhecimento de que o deus lhe é favorável e, de facto, recupera a saúde, a riqueza e as honras. Se é verdade que o poema tem um fim feliz, nem por isso a lição deixa de ser tirada: o homem não é mais que um instrumento impotente nas mãos de um deus distante do qual não sabemos o que esperar; nem a justiça, nem a magia podem contrariar a sua vontade.

Por volta do ano 1100, Saggil-kênam-ubbib compõe a *Teodiceia Babilónica*, poema acróstico que põe o problema da intervenção da justiça divina na marcha do mundo. A obra é apresentada sob a forma de debate, à maneira da antiga tradição literária suméria que opunha personagens míticas. Dos dois letrados postos em cena, um, perseguido pela infelicidade e pelo infortúnio, cai num pessimismo que o leva à revolta; o outro esforça-se por fazer reluzir a seus olhos os princípios elementares da moral e da religião. Por fim, o pessimista acaba por render-se. A conclusão do poema vai ao encontro da do *Justo Sofredor*, ultrapassando-a: se os deuses são responsáveis pela justiça, são-no igualmente pelo mal.

Um outro poema, de forma e de tom muito diferentes, evoca os mesmos temas. É o diálogo entre o senhor e o seu servo. A obra é datada do fim do II milénio. Expõe as tergiversações do senhor que o servo se apressa sempre a aprovar. Por detrás da ironia e da sátira do diálogo, é a mesma filosofia desencantada que surge: a maneira como ambos conduzem o mundo é imprevisível para o homem.

O poema de Era, de Kabti-ilâni-marduk, para além da trama mitológica, chega também às mesmas conclusões. Marduk, iludido pelo deus da peste, Era, aceita deixar a Babilónia, abandonando a cidade e o país inteiro ao frenesi mortífero de Era e dos seus acólitos. Por fim, convencido pelos argumentos de Ishum, Era deixará a Babilónia renascer das suas cinzas. O poema evoca a lembrança dos massacres causados pelos Suteanos, do rapto da estátua de Marduk por poderosos inimigos, da subida ao trono de Babilónia de monarcas estrangeiros. A sua filosofia vai ao encontro dos grandes temas da literatura sapiencial: como é que a protecção dos deuses não pode salvar o mundo da desordem e da destruição?

Por seu lado, os Assírios começam a redigir anais para perpetuar a memória das suas conquistas e das suas vitórias. Imitando as narrativas hititas, os escribas de Adad-narari I contam, segundo um esquema lógico, as actividades militares do rei. Já antes deles, os de Enlil-narari e de Arik-den-ili tinham redigido crónicas, das quais só nos chegaram alguns fragmentos. A obra-prima da época é a epopeia de Tukulti-ninurta; é já anunciada pela narração das vitórias de Adad-narari sobre Nazi-maruttash; ilustra perfeitamente a nova ideologia desenvolvida pelo imperialismo assírio. Por outro lado, os reis começam a abrir-se à literatura e reúnem bibliotecas. Tukulti-ninurta tira partido do saque de Babilónia para aumentar o pequeno número de textos babilónicos que possui. Este conjunto, aumentado pelas colecções de presságios, hinos, orações e textos lexicográficos reunidos na época de Salmanasar, constitui o fundo da biblioteca construída por Teglate-falasar I no templo de Assur.

A religião. – A concepção da divindade é a de um deus distante cuja atitude e reacções são incompreensíveis para o entendimento humano. Em face do deus, a submissão é de regra, mas uma submissão misturada de cepticismo. O homem reconhece, sem dúvida, os seus erros, as suas falhas em relação ao deus, mas a sorte que lhe é reservada apresenta-se-lhe como desproporcionada à falta cometida. A Crónica de Esangil relata, entre outros acontecimentos, como o poderio de um rei como Nara-Sin de Acad pôde desmoronar-se a partir do momento em que não cumprira uma oblação de peixes. Em contrapartida, a magia e a astrologia estão muito na moda.

Paralelamente, a religião oficial descobre personalidades divinas novas. Se é verdade que os reis cassitas se fazem devotos dos deuses babilónios – Agum apresenta como seu ponto de honra fazer regressar as estátuas de Marduk e de Sarpanitu outrora levadas pelos hititas –, não deixam no entanto de introduzir no panteão as suas próprias divindades, Shukamuna e Shumaliya, que serão até ao fim os deuses protectores da dinastia e possuirão a sua capela na cerca do palácio. Os seus nomes aparecem ao lado de Nusku, o fogo, e de Belit-ekalli, a «senhora do palácio». O panteão mantém-se, no entanto, dominado pelas três figuras de Anu, Enlil e Ea. Sobretudo Enlil é objecto de uma devoção muito particular, por parte dos Cassitas.

Sob a II dinastia de Isin, é pelo contrário Marduk que se torna a figura suprema do panteão babilónico. Os novos reis querem insistir, tanto quanto lhes é possivel, naquilo que os distingue dos seus antecessores. Assim, de Dur-Kurigalzu a capital é de novo trazida para Babilónia, e a omnipotência de Enlil recai sobre Marduk cujo culto atinge um fausto inigualado. Babilónia torna-se uma cidade santa, Marduk concede ao seu rei, Nabucodonsor, um destino sem igual.

É certamente nesta época que os escribas compõem o célebre *Poema da Criação*. Os seus sete cantos abrem-se sobre a evocação do mundo primitivo em que as águas do céu e da terra se misturam, para acabar na apoteose dos cinquenta nomes de Marduk que acaba de triunfar sobre as forças do mal. As noções de criação e de realeza estão nele indissociavelmente ligadas: o deus criador só aceita criar o universo com a condição de ser designado pelos seus pares como o soberano universal.

No topo do panteão assírio encontra-se o deus nacional, Assur. A seu lado, Shamash goza de uma grande popularidade. Um e outro, à sua maneira, personificam as virtudes guerreiras da Assíria em armas. Um momento essencial da vida religiosa é a cerimónia da *takultu*, festim anual em que tomam parte os deuses e o rei; é uma espécie de rito de invocação que procura manter os deuses assírios nos seus templos e atrair os deuses estrangeiros que se pretende deixem as suas antigas residências.

Sem por isso subverter as suas tradições, a Assíria aceita Marduk ao mesmo nível dos seus deuses, mas é Assur quem o substitui na cerimónia do Ano Novo. A influência hurrita é igualmente profunda. A onomástica reflecte o sucesso do deus Adad, correspondente assírio do hurrita Heshup.

Os cultos dos deuses indianos Mitra, Varuma e Indra, introduzidos pelos famosos *maryanni* no Médio Oriente, não parecem ter sobrevivido à ruína do Mitani. Não encontramos vestígios deles na Assíria. É de resto difícil de apreciar a vivacidade que tais cultos possam ter tido, pelo facto de possuirmos apenas um número muito restrito de documentos referentes à religião mitaniana. O tratado concluído entre Suppiluliuma e Mattiwaza comporta uma lista divina onde se reconhece, ao lado da tríade indiana, um certo número de divindades hurritas como Teshup, Kushuh e Shimegi, e o deus-lua de Harran; nela figuram igualmente as divindades mesopotâmicas Anu, Enlil e Ninlil. A carta dirigida por Tushratta a Amenófis III contém outros nomes: a deusa Shaushka, que não é senão Ishtar de Nínive, e Ea *sharru*, igualmente originário da Mesopotâmia onde é bem conhecido como «rei da sabedoria».

Os textos religiosos, mitológicos e litúrgicos descobertos em Ugarit constituem os mais antigos testemunhos sobre a religião cananeia. O ciclo de Baal, deus da chuva e da tempestade, é o grupo de textos mais importante. Chegado tarde à religião de Ugarit, é com dificuldade que Baal estabelece o seu primado. Tem, em primeiro lugar, de vencer Yam, o deus do mar e, depois, tem de conquistar por meio de árdua luta a autorização para construir um palácio. Uma vez reconhecida assim a sua realeza, vê levantar-se contra ele um novo inimigo, Mot, personificação da morte. Desta vez, Baal sucumbe e morre; mas sua irmã Anat, que partira à sua procura, racha a meio Mot. Baal pode então retomar o seu lugar no trono. A última parte do ciclo não é mais que um mito agrário: Baal comanda a chuva fecundante do Inverno mediterrânico, ao passo que Mot ilustra os rigores do Verão. Atira para último plano, mas sem o eliminar, o deus El, que permanece como divindade soberana dotada de uma sabedoria insondável. Apesar da sua riqueza, os mitos não nos permitem traçar um quadro completo do panteão ugarítico e várias listas mencionam nomes divinos que nunca aparecem nas narrativas mitológicas.

CONCLUSÃO

Dilaceradas pelas querelas dinásticas e vítimas da guerra civil, a Assíria e a Babilónia já não estão, no fim do II milénio, em condições de se oporem vitoriosamente à entrada maciça dos Arameus e dos Caldeus, tribos nómadas de semitas que, por razões obscuras, fogem das estepes síria e arábica para se estabelecerem na planície mesopotâmica.

As populações desguarnecidas, sujeitas à fome, abandonam as cidades mal defendidas e onde a vida se torna impossível. Certas fontes evocam mesmo cenas de canibalismo. Os santuários e os seus deuses, tornados presas fáceis, são devastados e pilhados pelos recém-chegados.

Mas, como já antes várias vezes se verificara, o invasor acabará por se deixar moldar na matriz da cultura mesopotâmica e por aceitar o seu quadro.

CAPÍTULO TERCEIRO

Os Hititas até ao fim do Império

INTRODUÇÃO

As fases da redescoberta dos Hititas

Há apenas um século que os Hititas saíram do longo esquecimento a que um infeliz concurso de circunstâncias os votara. A Bíblia mencionava de facto por várias vezes os Heths, entre outros povos da Siro-Palestina; mas nada indicava que tivessem podido desempenhar um papel de alguma importância no Próximo Oriente antigo. Apresentaram-se a uma nova luz graças ao fundador da egiptologia, Champollion, que descobriu em Karnak e publicou um documento de grande interesse histórico. Era o tratado que Ramsés II assinara com o «Grande Príncipe de Kheda», no ano XXI do seu reinado (1270 a.C.). Dezasseis anos antes, o mesmo faraó combatera outro príncipe de Kheta diante de Qadeš, na Síria. Um escriba chamado Pentaur elaborara uma narrativa épica pormenorizando vários episódios da campanha. Houvera, portanto, no século XIII uma potência capaz de rivalizar militarmente com o Egipto e de manter com ele relações diplomáticas em pé de igualdade. Mas era, então, impossível localizá-la com precisão. Por outro lado, e para um período mais tardio (séculos XI-VIII a.C.), os anais dos reis da Assíria relatavam os seus conflitos com reinos da Síria do Norte e do Tauro, alguns dos quais se chamavam «Hatti».

Por outro lado, os viajantes que percorriam o Próximo Oriente no século XIX tinham assinalado na Síria do Norte e na Anatólia inscrições esculpidas em pedra, constituídas por sinais hieroglíficos, mas diferentes da escrita egípcia. Em 1834, Ch. Texier observara algumas perto da aldeia turca de Boğazköy, a cerca de 150 km a leste de Ancara. No local chamado

Yazīlīkaya («Penedo gravado»), tais hieróglifos acompanhavam todo um conjunto de figuras rupestres dispostas em duas procissões. A hititologia nasceu quando A.H. Sayce atribuiu, em 1876, essas inscrições e relevos aos Heths ou Hititas do Antigo Testamento. Os vinte últimos anos do século XIX acabariam por assistir à descoberta de outras inscrições hieroglíficas hititas, nomeadamente no Tauro e no Anti-Tauro, na Síria do Norte, por exemplo em Kargamiš, no Eufrates.

Em 1887, as escavações de El-Amarna (Egipto) haviam posto à luz do dia um depósito de arquivos constituídos por placas de argila cozida cobertas de sinais de escrita cuneiforme. A maior parte estava escrita em acádico, língua semítica da Mesopotâmia que se tornara no veículo da diplomacia no II milénio a.C. Pequenos reis sírios assinalavam nelas aos faraós da XVIII dinastia, Amenófis III e Amenófis IV-Aquenáton, os movimentos de tropas do rei hitita Suppiluliuma, em meados so século XIV. Esta mesma alta personalidade dirigira a Aquenáton uma mensagem de felicitações por ocasião da subida ao trono do faraó. Mas, entre as tabuinhas, duas estavam escritas numa língua desconhecida. O seu editor, J.A. Knudtzon, assinalou em 1902 semelhanças com as línguas indo-europeias. Ora, E. Chantre trouxera de Boğazköy, alguns anos antes, fragmentos de tabuinhas na mesma escrita e na mesma língua.

A descoberta decisiva já não tardaria. Em 1905, H. Winckler e Th. Macridy-Bey empreendem escavações na estação de Boğazköy. Encontram lá as imponentes ruínas de Hattusa, capital do Império hitita no II milénio. Até 1912, os arqueólogos alemães desenterram milhares de tabuinhas e de fragmentos cobertos de signos cuneiformes. Os textos em acádico confirmam rapidamente a hipótese de que o rei hitita era um dos «Grandes» entre os soberanos do Próximo Oriente. Mas os documentos mais numerosos estão escritos numa língua desconhecida, já atestada pelas duas placas de El-Amarna. Em 1915, o assiriólogo checo B. Hrozny demonstra que esta língua pertence à família indo-europeia. A partir de então, um grupo de sábios alemães, a que se juntaram mais tarde especialistas de outros países, consagram-se à edição, transcrição e tradução de textos hititas. Esta tarefa está ainda actualmente em curso, fornecendo-lhe ainda matéria os museus de Ancara, Istambul e Berlim. A publicação de fragmentos até agora inéditos vem frequentemente completar a leitura de tabuinhas já conhecidas.

As descobertas de Boğazköy permitiram resolver a questão da presença dos Hititas, ao mesmo tempo, na Anatólia e na Síria. No II milénio, o seu reino tinha como núcleo o interior do arco do rio Marassantiya (clássico Halys, turco Kizil Irmak) e por capital Hattusa. A partir daí, Suppiluliuma constituiu um império estendendo as suas conquistas e

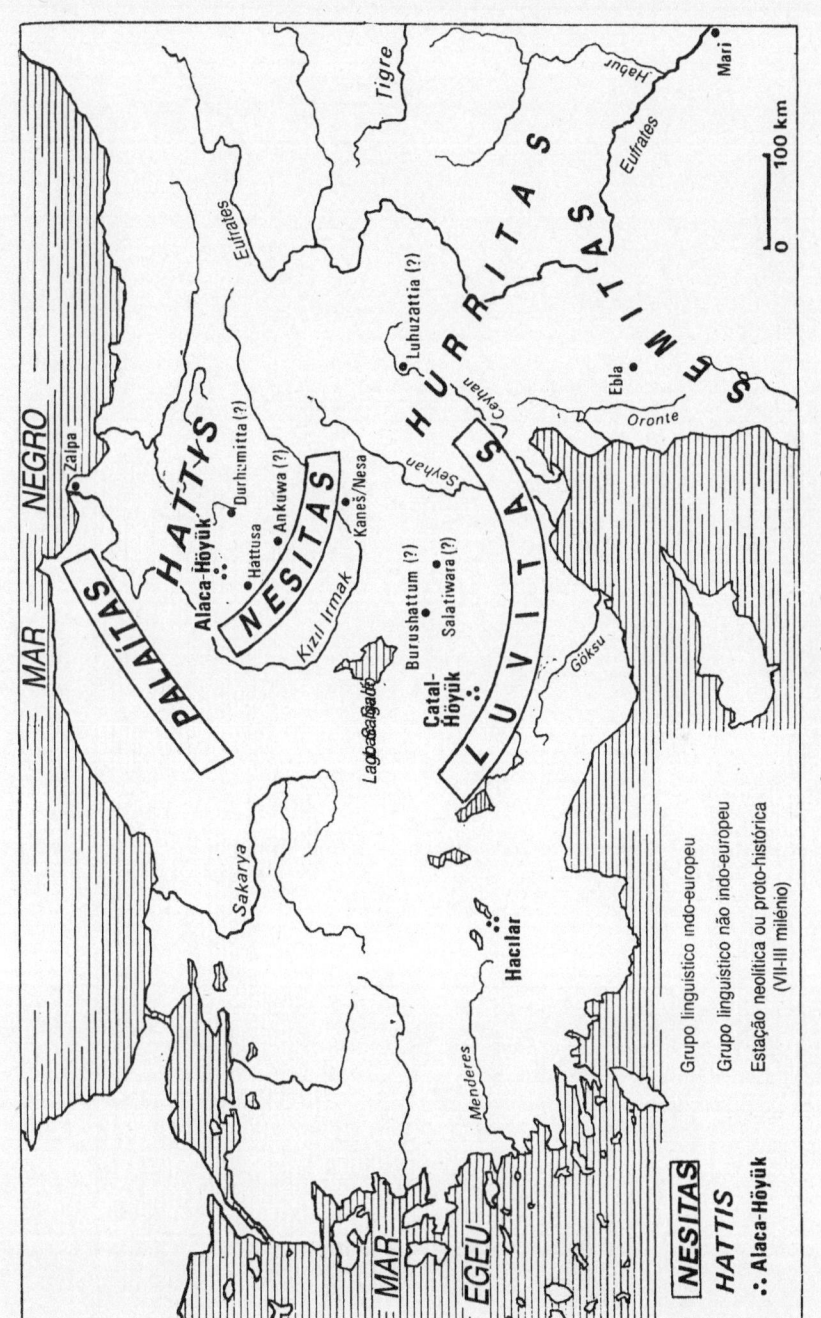

Mapa 5 – A ANATÓLIA NO INÍCIO DO II MILÉNIO a.C.

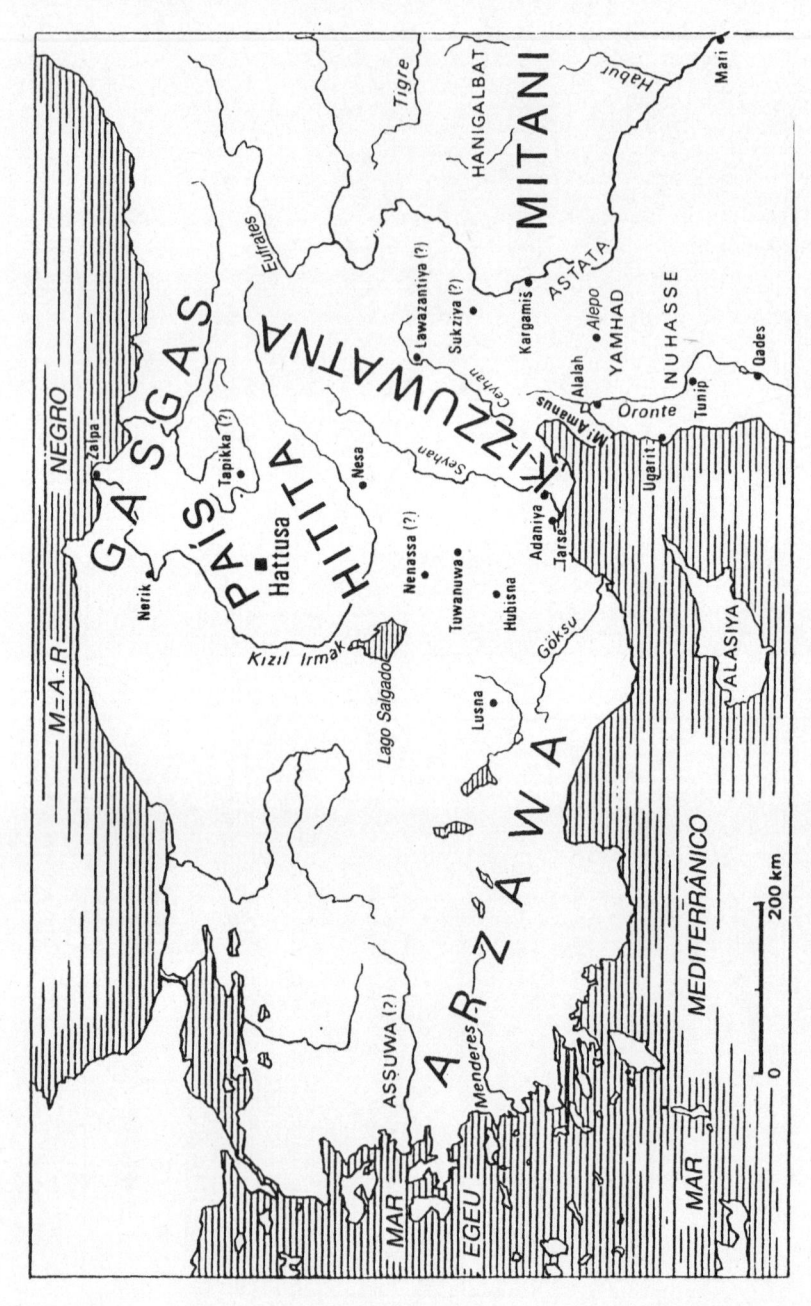

Mapa 6 – A ANATÓLIA NO TEMPO DO ANTIGO REINO HITITA
(SÉCS. XVI-XV)

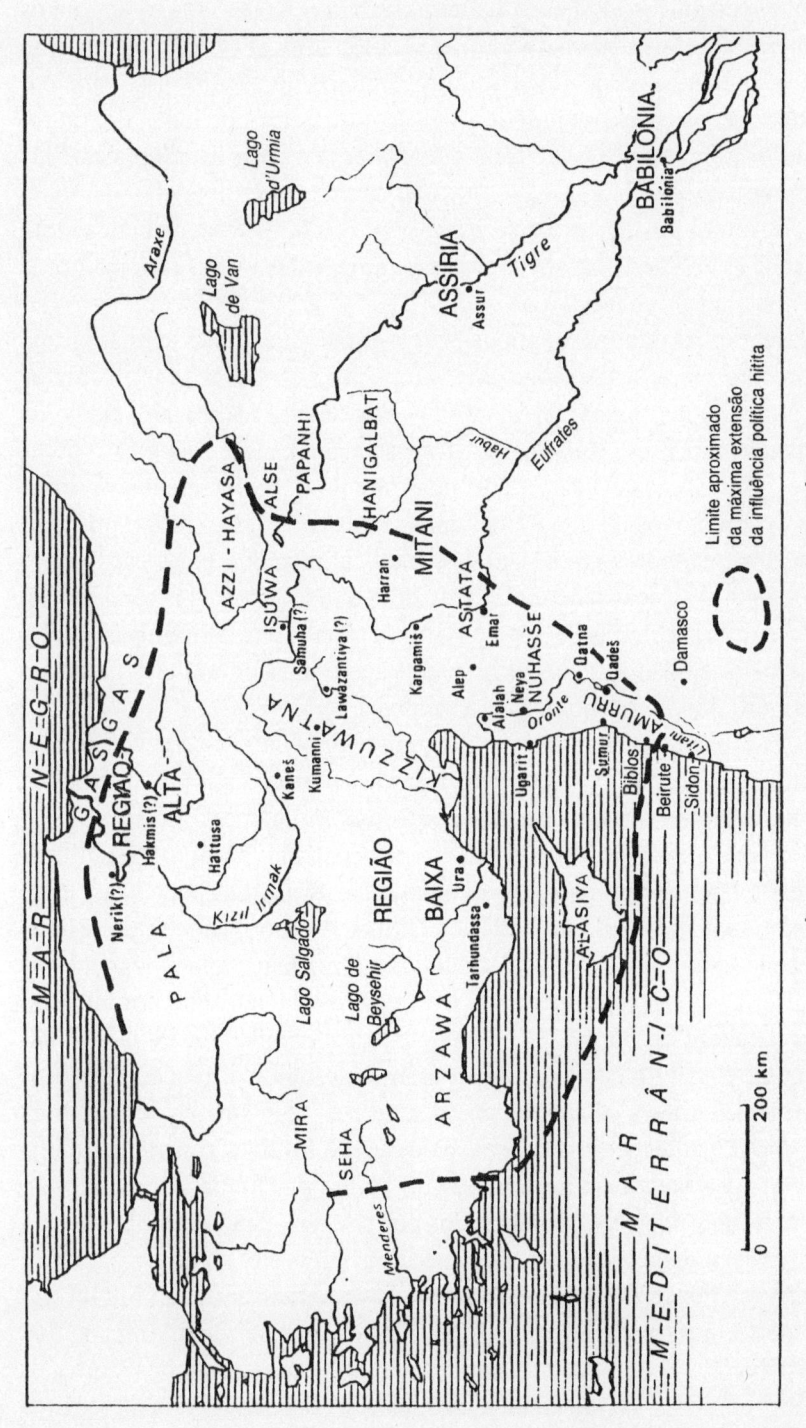

Mapa 7 – O PRÓXIMO ORIENTE NO TEMPO DO IMPÉRIO HITITA
(1380-1180)

anexando territórios, nomeadamente na Síria do Norte. Foi então que os Hititas entraram em contacto com o Egipto, presente na Palestina e no Líbano. Após a ruína do Império hitita (inícios do século XII), principados «neo-hititas» mantiveram-se na Síria e de ambos os lados do Tauro; desapareceram pouco a pouco sob os ataques dos conquistadores assírios (fins do século VIII – inícios do VII). São estes Neo-Hititas que os redactores do Antigo Testamento devem ter conhecido. Mas quando Heródoto percorreu as regiões anatólicas e sírias, a recordação e o próprio nome dos Hititas já se tinham perdido.

Entre as duas guerras mundiais, ao mesmo tempo que os alemães prosseguiam as escavações de Boğazköy, vários novos estaleiros foram abertos pelos arqueólogos turcos na Anatólia (Alaca Hoyok, Kultepe-Kaneš), na Síria pelos franceses (Ras-Shamra-Ugarit, a norte de Lattaquié) e pelos ingleses (Tell Açana-Alalah, perto de Antioquia). A documentação enriquece-se com novos textos. As tabuinhas ditas capadócias foram primeiro conhecidas pelo comércio das antiguidades alimentado pelas escavações clandestinas. As escavações regulares de Kultepe, levadas a cabo por B. Hrozný e depois pela Sociedade de História turca, contribuiram para esclarecer a história dos pequenos principados anatólicos anteriores à fundação do Antigo Reino hitita (inícios do II milénio).

Os monumentos hieroglíficos juntam-se à documentação cuneiforme. Os Hititas praticaram de facto duas escritas. Importaram, provavelmente por intermédio da Síria, a escrita cuneiforme originária da Mesopotâmia; mas, por outro lado, criaram o seu próprio sistema, de tipo hieroglífico. Este fenómeno de digrafia é excepcional na história, mas pode avançar-se uma explicação para isso no caso dos Hititas. A escrita cuneiforme estava reservada às administrações real e religiosa. Uma longa aprendizagem formava escribas, necessariamente pouco numerosos e gozando por tal facto de uma situação de importância na sociedade. A argila constituía um material cómodo para tal uso. Quanto à escrita hieroglífica, só a conhecemos no II milénio através de monumentos rupestres e de sinetes de membros da família reinante, de funcionários e de sacerdotes. De origem puramente indígena, aparentando-se no seu espírito ao brasão, funda-se no emprego de pictogramas por vezes combinados em charada. Era assim mais «legível» para as populações locais, que encontravam nestes signos imagens do seu universo material e mental. A queda do Império assistiu ao fim do uso dos cuneiformes. No I milénio, os hieróglifos, que se tornaram cada vez mais silábicos, serviram para toda a espécie de usos (inscrições reais, dedicações religiosas, cartas de negócios, etc.). A decifração dos hieróglifos hititas exigiu muitos esforços, já que os documentos da época imperial bilingues, ou antes dígrafos, são apenas originários dos sinetes. Os resultados dos primeiros trabalhos foram consolidados pela descoberta em Karatepe (Cilícia), em 1947, de inscrições bilingues, em fenício e em hieroglífico, gravadas em ortostatos. Também no domínio dos hieróglifos prossegue a publicação de textos, ao passo que a leitura dos signos pode ainda ser melhorada.

Estas diferentes fontes, por lacunares que sejam ainda, permitem traçar um quadro da história e da civilização hititas. Mas os nossos conhecimentos poderão evoluir, à luz de trabalhos em curso ou futuros. Num passado bastante recente, alguns autores avançaram argumentos sólidos para pôr de novo em questão o lugar cronológico de todo um grupo de documentos históricos até então datados do fim do Império. Esta proposta equivale a situá-los agora cerca de dois séculos mais cedo, nas origens da dinastia imperial (cf. *infra*, p. 343 e ss.). Quanto ao conjunto dos textos religiosos, continua por explorar em grande parte.

Convém, por fim, notar que o termo «hitita», que serve para designar este povo e a sua civilização, é o resultado de uma deslocação de sentido. Esta palavra deriva de «Hatti». Os Assírios do I milénio utilizavam-no para designar as regiões do Sul da Anatólia e do Norte da Síria, assim como as suas populações. No II milénio, o mesmo termo aplicava-se ao centro da Anatólia, isto é, ao arco do Kizil Irmak, e depois por extensão a todos os territórios submetidos à autoridade dos soberanos de Hattusa. Ora, o advérbio *hattiti*, que deriva de Hatti, referia-se então à língua não indo-europeia falada pela população da região antes daqueles que denominamos Hititas. Estes praticavam a língua «nesita», do nome de Nesa (= Kaneš), uma das suas primeiras capitais. Se a denominação de Nesitas apresenta a vantagem de não se prestar a confusões com a dos Hattis não indo-europeus, acabou no entanto por não se impor no uso corrente. É por isso que continuamos a falar dos Hititas.

Além destes, a Anatólia viu chegar, no início do II milénio (ou no fim do anterior), outras populações que falavam línguas aparentadas ao nesita. Na época imperial sobrevivia sob forma de língua litúrgica o palaíta da região de Pala no nordeste de Hattusa. Em contrapartida, o luvita estava bem vivo: do sudoeste da Anatólia, avançou para a capital hitita no século XIII; as inscrições hieroglíficas foram redigidas até ao I milénio num dialecto luvita; a última manifestação escrita desta língua foi o lício dos sécs. V e IV.

A área de extensão máxima da civilização hitita na época do Império tem por limites o Eufrates até Emar-Meskene, depois uma linha que vai em direcção à foz do Nahr-el-Kelb, e o Mediterrâneo. A Norte, os Hititas foram afastados do mar Negro, a partir dos últimos reinados do Reino Antigo, pelos

Gasgas das montanhas do Ponto. Para o Oeste, os limites mantêm-se incertos: os monumentos rupestres de estilo hitita que se vêem perto de Izmir, em Karabel e em Sipyle, saem do quadro hitita propriamente dito.

BIBLIOGRAFIA

Obras gerais sobre o Próximo Oriente antigo:
The Cambridge Ancient History, I-II, 3.ª ed., Cambridge, 1971-1975.
J. Deshayes, *Les civilisations de l'Orient ancien*, Paris, 1969.
Fischer Weltgeschichte 2.-3., Die Altorientalischen Reiche I-II, Francoforte, 1965, 1966.
P. Garelli, *Le Proche-Orient asiatique*, «Nouvelle Clio» 2, Paris, 1969.

Obras de conjunto sobre os Hititas:
A. Goetze, *Kleinasien*, 2.ª ed., Munique, 1957.
O.R. Gurney, *The Hittites*, reimpressão revista, Harmondsworth, 1981.
H. Otten, Das Hethiterreich, in H. Schmöckel (ed.), *Kulturgeschichte des Alten Orient*, Estugarda, 1961.
G. Walser (ed.), *Neuere Hethiterforschung*, Historia, Heft 7, Wiesbaden, 1964 (compilação de contributos sobre vários aspectos da história e da civilização hititas).

Fontes cuneiformes:
Os textos hititas estão catalogados no *CTH*: E. Laroche, *Catalogue des textes hittites*, Paris, 1971; Catalogue des textes hittites, premier supplément, *Revue hittite et asianique*, XXX (1972), pp. 94-133, Paris. Estes documentos serão citados pelos seus números do *CTH* onde o leitor encontrará com facilidade as referências bibliográficas necessárias.
Foi traduzido um bom número de textos hititas, sobretudo em alemão. Encontrar-se-á uma antologia de textos variados traduzidos em inglês por A. Goetze em J.B. Pritchard (ed), *Ancient Near Eastern Texts Relating to the Old Testament*, 3.ª ed., Princeton, 1969. Pode ler-se em francês, entre outras coisas, a *Autobiographie* de Hattusili III (*CTH* 81) e o mito *Telibinou* (*CTH* 324) traduzidos por E. Laroche em *Les écrivains célèbres*, *I: L'Orient ancien*, Paris, 1961.

História geral:
P. Garelli, *Les Assyriens en Cappadoce*, Paris, 1963.
A. Goetze, *Kizziwatna tina the problem of Hittite Geography*, New Haven, 1940.
S. Heinhold-Kramer, *Arzawa*, Texte der Hethiter 8, Heidelberga, 1977.
Les Hourrites, Actes de la XXIVᵉ Rencontre assyriologique internationale, Paris, 1977, *Revue hittite et asianique*, XXXVI (1978), Paris.

Ph. H. J. Houwink Ten Cate, *The Records of the Early Hittite Empire* (*c*. 1450-
-1380 *B. C.*), Leyde, 1970.

F. Imparati, *I Hurriti*, Florença, 1964.

A. Kammenhuber, *Die Arier im Vorderen Orient*, Heidelberga, 1968.

H. Klengel, *Geschichte Syriens im 2 . Jahrtausend v. u. z.*, I-II, Berlim, 1965, 1969.

J. Nougayrol, *Poiais royal d'Ugarit*, III-N, Paris, 1955, 1956.

E. von Schuler, *Die Kaškdäer*, em Beitrag zur Ethnologie der alten Kleinasien, Berlim, 1965.

F. Sommer, *Die Ahhijava Urkunden*, Munique, 1932.

Línguas e escritas:

J. Friedrich, *Hethitisches Elementarbuch*, I-II, 2.ª ed., Heidelberga, 1960, 1967.

J. Friedrich, *Hethitisches Keilschriftle rebuch*, I-II, Heidelberga, 1960.

E. Laroche, *Les hiéroglyphes hittites*: *L'écriture*, Paris, 1960.

E. Laroche, *Les noms des Hittites*, Paris, 1966; Les noms des Hittites; supplément *Hethitica*, IV (1981), pp. 3-58, Louvain-la-Neuve.

E. Laroche, Les écritures d'Asie Mineure, état des déchiffrements, *in* J. Leclant (ed.), *Le déchiffrement des écritures et des langues*, Colloque du XXIXe Congrès international des Orientalistes, Paris, 1973.

B. Spuler (ed.), *Altkleinasiatische Sprachen*, Handbuch der Orientalistik, Leida-
-Colónia, 1969 (contributos de J. Friedrich e A. Kammenhuber).

Instituições:

S.R. Bin-Nun, *The Tawananna in the Hittite Kingdom*, Texte der Hethiter 5, Heidelberga, 1975.

J. Danmanville, Anatolie hittite, *Histoire mondiale de la Femme, Préhistoire et Antiquité*, Paris, 1965.

J. Friedrich, *Staatsvenrdge des Hatti-Reiches*, I-II, Lípsia, 1926, 1930.

O.R. Gurney, Hittite Kingship, *in* S. H. Hooke (ed), *Myth, Ritual and Kingship*, Oxford, 1958.

H. Hoffner, *Alimenta Hethaeorum*, New Haven, 1974.

F. Imparati, *Le leggi ittite*, Roma, 1964.

A. Kammenhuber, *Hippologia hethitica*, Wiesbaden, 1961.

E. von Schuler, Gesellschaft, B. bei den Hethitern, *Reallexikon der Assyriologie* 3., Berlim-Nova Iorque, 1957-1971.

E. von Schuler, *Hethitische Dienstanweisungen für höhere Hofund Staatsbeamte*, Archiv für Orientforschung, Beiheft 10, Graz, 1957.

E. Weidner, *Politische Dokumente aus Kleinasien*, Boghazkoy-Studien 8-9, Lípsia, 1923.

Religião:
S. Alp, *Beiträge zur Erforschung des hethitischen Tempels*, Ancara, 1983.
K. Bittel, *Boğazköy-Hattuša IX. Das Felsheiligtum Yazīlīkaya*, Berlim, 1975.
O.R. Gurney, *Some Aspects of Hittite Religion*, Schweich Lectures 1976, Oxford, 1977.
A. Kammenhuber, *Orakelpraris, Träume und Vorzeichen bei der Hethitern*, Texte der Hethiter 6, Heidelberga, 1976.
E. Laroche, La prière hittite: vocabulaire et typologie, *Annuaire de l'Ecole pratique des Hautes Etudes*, V^e section, 1964-1965, Paris, pp. 3-29.

Arte e literatura:
E. Akurgal e M. Hirmer, *Die Kunst der Hethiter*, Munique, 1961.
K. Bittel, *Hattusa, the Capital of the Hittites*, Nova Iorque, 1970.
K. Bittel, *Les Hittites*, «L'Univers des Formes», Paris, 1976.
E. Laroche, La littérature hittite. Les littératures hourrite et ourartienne, *Encyclopédie de Ia Pléiade, Histoire des Littératures*, I, 2.ª ed., Paris, 1977, pp. 119-136.

I. – FORMAÇÃO E VICISSITUDES DA MONARQUIA HITITA

1. As colónias assírias da Capadócia

Os primeiros documentos escritos provenientes da Anatólia são obra de mercadores assírios estabelecidos em feitorias que haviam fundado na Capadócia, perto das localidades indígenas ([1]). Foi em Kultepe, no local da antiga Kaneš ou Nesa, não longe de Kayseri na Anatólia central, que foram encontradas, na sua maioria, as tabuinhas ditas «capadócias». Alisar, geralmente identificada como a antiga Ankuwa, e Bağazköy-Hattusa também forneceram algumas. Segundo a cronologia comummente admitida, podemos datar de meados do século XIX a.C. os primeiros arquivos capadócios. O período que documentam durou provavelmente uma centena de anos. Esta estimativa funda-se nos oitenta nomes conservados de epónimos, esses dignitários assírios que davam o seu nome ao ano em curso. A quase totalidade das tabuinhas foi encontrada na camada arqueológica IIb de Kultepe. Um depósito de cinzas mostra que uma destruição violenta pôs fim a este período por volta de 1750. A actividade comercial deve ter recuperado, mas em menor escala e por um tempo mais breve, antes do silêncio completo da documentação escrita. Esta consiste principalmente em notas de contabilidade, contratos, minutas de processos e cartas. É graças a ela que podem reconstituir-se a organização dos mercadores assírios, a estrutura da sociedade indígena em que estavam implantados, as relações que mantinham com as populações anatolianas.

Os comerciantes tinham-se organizado segundo regras estritamente hierárquicas. Haviam fundado *kâru* (singular *kârum*, literalmente «cais», depois «mercado», incluindo os edifícios) em vários pontos da Ásia Menor. Estes estabelecimentos eram, portanto, feitorias comerciais. A palavra *kârum* designava igualmente a autoridade que dirigia o organismo comercial. No conjunto dos *kâru* da Anatólia, o de Kaneš desempenhava o papel de escritório central, com funções não apenas comerciais mas também fiscais e judiciais. Dependia das autoridades da metrópole, a cidade de Assur. Nas cidades importantes da Capadócia, as feitorias locais dependiam da de Kaneš, ao passo que uma simples agência, a *wabarâtum*, bastava para servir uma localidade de menor importância. Os mercadores mantinham-se cidadãos de Assur, permanecendo, portanto, estrangeiros em relação às autoridades locais indígenas.

([1]) BIBLIOGRAFIA ADICIONAL. M. Ichisar, *Les archives cappadociennes du marchand Imdilum*, Paris, 1981; M.T. Larsen, *The Old-Assyrian City-State and its Colonies*, Copenhaga, 1976; L.L. Orlin, *Assyrian Colonies in Cappadocia*, Haia-Paris, 1970.

Graças a cotejos mais ou menos conseguidos e segundo o conteúdo das cartas, podem localizar-se, pelo menos aproximadamente, as feitorias assírias. Conhecem-se assim, a sudeste de Kaneš, Hahhum, Hurama, Mamma, Timilkia, Luhuzattia, Tegarama; a norte, Hattusa, Durhumitta e Zalpa; a sudoeste, Wahsusana e Burushattum. Esta última devia revestir uma importância particular, a julgar pela frequência com que é mencionada na correspondência dos mercadores. As feitorias controlavam as importações de tecidos de luxo e de estanho, assim como as exportações de cobre e de metais preciosos. Funcionavam como banco, não apenas para os comerciantes assírios, mas também para os indígenas. A taxa de juro nos empréstimos podia atingir para uma mina de prata (= 60 siclos) três siclos de prata por mês, o que perfaz, segundo o nosso modo de cálculo, 60% ao ano. Uma parte das taxas que as feitorias cobravam sobre as transacções ia para os dinastas locais; outra para o tesouro de Assur. Finalmente, as autoridades dos *kâru* julgavam, segundo o costume da sua metrópole, os assuntos relativos ao direito comercial, seguindo um processo de arbitragem.

Foi a antroponímia fornecida pelos textos capadócios que permitiu reconhecer a presença de populações de língua indo-europeia na Ásia Menor a partir do século XIX: os nomes dos indígenas são quase sempre hititas, por vezes luvitas. A população não era, aliás, homogénea, pois que nela se encontram também algumas personagens com nome hatti, sem contar com alguns raros hurritas. Entre estes, nota-se Anum-Hirbi, príncipe de Mamma. Mas só se poderá fazer um juízo mais completo sobre a parte respectiva de cada etnia e sobre o grau da sua interpretação quando todas as tabuinhas capadócias tiverem sido publicadas. O número de textos editados eleva-se presentemente a cerca de 3 500 num total de mais de 15 000.

Atendo-nos apenas à arqueologia, não teria sido praticamente possível suspeitar de uma presença indo-europeia: nem o emprego de uma cerâmica nova, nem um modo de vida diferente do dos anteriores ocupantes do solo a revelam. Portanto, mais que de uma invasão, tratou-se de uma instalação progressiva, de uma infiltração de recém-chegados que trazem as suas línguas, vivendo em simbiose com os indígenas e adoptando os seus traços de civilização. Estamos em face de um fenómeno que o Próximo Oriente não deixou de conhecer ao longo da sua história. Quanto à origem geográfica destes indo-europeus, é geralmente admitido que se teriam movimentado através do Cáucaso, talvez em meados do III milénio.

Tal como do ponto de vista étnico, também politicamente o meio anatólio em que viviam os mercadores assírios não era homogéneo. A região estava dividida em múltiplos principados, na maioria das vezes minúsculos. Entre os dinastas, Warsamma, Kalkiasu, Labarsa, Pirwa tinham seguramente nomes hititas, e talvez também Warpa; um certo Inar tinha o nome de uma deusa hatti, e Pithana podia ter a mesma origem; citámos atrás um nome hurrita. Qualquer que tenha sido a extensão do seu território, os príncipes anatólicos eram totalmente independentes uns dos outros. Os Assírios designavam-nos quase sempre pelo título de *rabu* («chefes»). Eram assistidos por funcionários e pareciam particularmente ciosos da sua soberania como ilustra eloquentemente a passagem seguinte:

> «Assim [fala] Anum-Hirbi, príncipe de Mamma. A Warsamma, príncipe de Kaneš, diz: "Tu escreveste-me nestes termos: 'O Taisameano [é] meu servo; fá-lo-ei calar. Tu também, por tua vez, manda calar o Sibuheano, teu servo!' Dado que o Taisameano [é] teu cão, porque é que ele se reúne com outros reis? O Sibuheano, meu cão, reúne-se por acaso com outros reis? Um príncipe de Taisama tornar-se-á um terceiro príncipe connosco? Quando o meu inimigo me destruíu, o Taisameano abateu-se então sobre o meu país, devastou doze das minhas cidades, capturou o gado grosso e o pequeno dizendo [para si]: 'O príncipe está perdido; apanhei[-o] na armadilha!' Em vez de defender o meu país e de me apoiar, incendiou o meu país e espalhou um fumo infecto. Quando o teu pai Inar cercou durante nove anos a cidade de Harsamma, acaso o meu país invadiu o teu? Desviámos um [único] boi ou um [único] carneiro?"»

Em resumo, portanto, que cada príncipe vigie os seus súbditos, que os impeça de invadirem o território do vizinho e de elevar-se acima da sua condição. Ter-se-á notado além disso que o destinatário da carta de Anum--Hirbi, Warsamma de Kaneš, tinha um nome hitita, ao passo que o de seu pai, Inar, era hatti.

A que título se tinham estabelecido os Assírios na Ásia Menor? Várias razões contradizem a hipótese de expansão territorial de um pretenso império assírio, nesta época. Os títulos dos reis da Assíria antes de Šamši-Adad I (1749-1717) nunca comportam a fórmula «rei da totalidade», expressão da pretensão à hegemonia. Também não se encontram vestígios de uma eventual conquista militar na Anatólia: quando se fala de exércitos nos textos capadócios, trata-se tão-só dos príncipes indígenas. Os Assírios não se sentiam, de facto, ligados à região; regressavam à sua terra natal no fim da carreira. Não compravam terras no local, nem sequer exploravam o subsolo: os metalurgistas tinham nomes indígenas. Por fim em parte alguma se faz menção de governadores assírios. Se, portanto, a Assíria não exercia a dominação política ou militar na Anatólia, está por definir a natureza das relações entre os seus mercadores e os autóctones. Alguns casos ilustrarão a variedade das situações. O príncipe de Wahsusana (no sudoeste do lago Salé) pediu para «prestar o juramento» depois de ter sucedido a seu pai. O *kârum* local respondeu que avisava o de Kaneš que deveria decidir tratar quer directamente com o príncipe, quer por intermédio da feitoria mais próxima. Nessa altura receber-se-ia o juramento. Teria sido o dinasta um protegido das autoridades do *kârum*? Nada prova que tivesse de prestar um juramento de fidelidade. Se assim não fosse, não se teria pronunciado no sentido de renovar um acordo comercial. Aqui, as relações parecem cordiais. Mas o tom do príncipe de Tamnia era-o menos: recusou-se a jurar perante os enviados de um feitoria local, apesar do presente que eles lhe tinham trazido para captar a sua boa disposição. Ameaçou fortificar a sua cidade, um verdadeiro *casus belli*, se as pessoas de Kaneš não viessem elas próprias. Também neste caso não é precisada a natureza do juramento. Um terceiro caso desemboca num insucesso assírio. Um mercador enviara o seu filho a Hahhum (Anti-Tauro) como portador de uma mensagem para o príncipe do lugar. O jovem, acompanhado de compatriotas estabelecidos na região, subiu por várias vezes ao palácio, mas o príncipe multiplicava os subterfúgios: tinha outras preocupações, acabava de estalar uma revolta, sentia o seu trono ameaçado. Por fim, as, negociações abortaram. Outros potentados locais davam, no entanto, prova de um grande respeito para com os mercadores. Um deles não hesitava em declarar-lhes: «Sou vosso filho, respeitarei o juramento!» Não poderemos, pois, reduzir as relações entre Assírios e Anatólicos a um modelo único. A situação variava segundo os lugares e a importância dos interlocutores. Mas, mesmo nos grandes centros, não se observa início de uma qualquer preponderância política assíria. Passagens de cartas confirmam-no: comerciantes temiam que o grande príncipe de Burushattum os impedisse de atingir o seu objectivo. Mesmo em Kaneš, os Assírios não podiam permitir-se tudo: um dos seus notáveis, Pusu-ken, foi posto na prisão por contrabando, por ordem da princesa da cidade. É entretanto certo que estas feitorias, bem organizadas e ricas, exerciam uma influência considerável sobre as dinastias indígenas, que aliás acolhiam de bom grado este comércio estrangeiro: proporcionava-lhes, de facto, produtos de luxo, o estanho indispensável ao fabrico do bronze e, não se esqueça, o produto das taxas. Em última análise, os Assírios conheceram um século inteiro de verdadeiros êxitos na Capadócia. O facto de um organismo comercial se ter elevado à categoria de parceiro de entidades políticas é um acontecimento bastante notável.

Profundas perturbações, tanto na Ásia Menor como na Assíria, acabariam por trazer a ruína das colónias comerciais. Durante o século XVII, um movimento de unificação política afirmou-se na Anatólia com os reis de

Kussara, Pithana e seu filho Anitta. Se a localização desta cidade permanece ainda imprecisa, sabemos no entanto que os reis hititas posteriores a consideravam o berço do seu poderio. Pithana e Anitta aparecem nos textos capadócios. O segundo é neles sucessivamente designado como «Grande da escada» (= chefe da cidadela), príncipe, e depois grande príncipe. Mandou redigir uma proclamação, de que foi encontrada uma cópia em Boğazköy (*CTH* I): Anitta exalta aí a obra dos unificadores das terras anatólicas, o seu pai e ele próprio; dá a si próprio o título de Grande Rei, como os futuros soberanos hititas; traça a lista dos territórios conquistados: Nesa de que fez a sua capital, Ullama perto do lago Salé, Hattusa que destruiu e votou à execração, Salatiwara perto do Tauro, Zalpa no mar Negro. O grande príncipe de Purushanda (= Burushattum) teve de oferecer a sua submissão e enviar a Anitta as insígnias da realeza. Toda a Anatólia média, do Tauro à costa pôntica, lhe pertencia. A ausência aparente de Kaneš entre as conquistas de Anitta intrigou durante muito tempo os investigadores, tanto mais que uma lâmina com o seu nome fora encontrada na camada arqueológica I*b* de Kultepe. De facto, Kaneš e Nesa não são mais que as duas formas do nome da mesma cidade, como o atesta um texto hitita arcaico (*CTH* 3).

Não se pode afirmar com certeza que a conquista de Anitta tenha sido a causa da destruição final de Kaneš. Na mesma altura, as actividades comerciais dos Assírios cessaram completamente na Capadócia. Os êxitos de Anitta tê-las-ão posto em dificuldade? Por outro lado, sabe-se que o reino assírio conheceu, após a gloriosa época de Šamši-Adad I, uma fase de desagregação política e territorial. Zimri-Lim de Mari (médio Eufrates) recuperou o trono de seus pais e apoderou-se do alto Habour, cortando assim as comunicações entre Assur e a Anatólia central.

2. *O antigo reino hitita*
Labarna. – Por falta de fontes contemporâneas, as origens do antigo reino são mal conhecidas([1]). Pode apenas tentar-se uma reconstituição com a ajuda dos textos deixados por Hattusili I (1590-1560 aprox.) e do *Rescrito de Telibinu* (*CTH* 19) cujo preâmbulo evoca os acontecimentos anteriores ao seu reinado. Segundo este documento, o primeiro rei ter-se--ia chamado Labarna. Seguidamente, este nome foi utilizado sob a forma *tabarna* – como título real (cf. *infra*, p. 387). Deste *Labarna*, nada mais sabemos para além do que é dito no *Rescrito*:

([1]) BIBLIOGRAFIA ADICIONAL. – Os textos históricos que datam do Antigo Reino estão catalogados sob os números CTH 4 a 39. H. Otten, *Das Siegel des hethitischen Grosskönigs Tahurwaili*, Mitteilungen der Deutschen Orient-Gesellschaft, 103 (1971), pp. 59-68. Berlim.

«Outrora, Labarna era Grande Rei; e então os seus filhos, os seus irmãos, os seus parentes por aliança e pelo sangue, os seus soldados estavam unidos. E o país era pequeno; mas por todo o lado onde ia em campanha, submetia pela força o[s] país[es] inimigo[s], e não cessava de devastar os países, e aniquilava-os; e do mar fez a sua fronteira. E quando regressava de campanha, os seus filhos iam a todos os países, a Hubisna, Tuwanuwa, Nenassa, Landa, Zallara, Parsuhanda, Lusna; e administravam os países, e as grandes cidades eram solidamente mantidas.

Como a sequência do texto consagrado aos reinados de Hattusili I e de Mursili I retoma, no que a eles se refere, fórmulas semelhantes, ser-se-ia tentado a ver nisso um simples efeito de estilo. Mas a lista das cidades, situadas, na sua maioria, a sul e sudoeste do arco do Kizil Irmak, já não figura após o reinado de Hattusili I, o que dá a este pormenor um certo carácter de autenticidade.

Hattusili I. – Depois Hattusili tornou-se rei. Possuímos vários documentos que emanam dele. Nestas *Actas* (*CTH* 4), ele apresentou-se como «Hattusilli, Tabarna, Grande Rei, rei do país hitita, homem de Kussar». Assim se ligava à cidade de Anitta, o conquistador de Kaneš. O *Edito de Hattusili* (*CTH* 5), bilingue acádico-hitita, foi proclamado em Kussar(a), mas encontra-se nele uma precisão importante. Foi sob o reinado de Hattusili que a sede da realeza foi transferida para Hattusa (por volta de 1590). Fica-se igualmente a saber que o rei usava, de início, o mesmo nome do seu predecessor, o «filho do (seu) avô» (= o seu tio), Labarna. Apesar da maldição outrora lançada por Anitta sobre Hattusa, o novo rei não hesitou em estabelecer-se lá e em tomar como nome um derivado do da própria cidade. Hattusili significa de facto «o Hattusiano». Tal como o fizera Labarna, Hattusili aumentou os seus domínios, sobretudo na direcção sudeste. Foi sem dúvida o primeiro rei hitita a aparecer para além do Tauro. A travessia da alta barreira de montanhas impressionou as imaginações a ponto de uma narrativa de carácter mitológico (*CTH* 16 a) contar que um touro abriu com os seus chifres uma passagem ao rei e ao seu exército. Os Hititas chegaram, assim, às terras quentes da Cilícia e da Síria, terras de antigas e ricas civilizações. Seguidamente, os conquistadores anatólicos viriam por várias vezes a seguir este mesmo caminho. A partir do ano II do seu reinado, Hattusili apoderou-se da cidade síria de Alalah (actualmente Tell Açana), que destruíu, como o nível VII das escavações parece confirmá-lo. De regresso, tomou a cidade principal de um principado hurrita, Uršu. Regressou a Hattusa carregado de ricos despojos. No ano seguinte, fez uma incursão em Arzawa, no sudeste da Ásia Menor. Mas os hurritas de Hanigalbat (região do alto Habur) atacaram-no pela retaguarda e invadiram o país hitita. Houve cidades que desertaram e só Hattusa foi poupada. Obrigado a regressar à pressa, Hattusili puniu Nenassa, Ullama e Sallahsuwa por falta de fidelidade. Segundo o que se sabe acerca da sua localização, o inimigo tinha, de facto, podido avançar pela Capadócia dentro. Os dois anos seguintes foram consagrados a campanhas de importância secundária. No ano VI, o rei lançou-se em vastas empresas. O seu objectivo era Hassuwa, no Anti-Tauro, cidade que ajudara os Hurritas. Apesar do apoio das tropas do rei de Alepo, Hassuwa foi vencida na batalha do monte Adalur (Amanus?) e depois destruída. Hattusili gabou-se deter sido o primeiro (rei hitita) a atravessar o Eufrates com o seu exército. Fê-lo para atingir a cidade de Hahhu, situada, portanto, a leste do rio. Segundo uma narrativa épica (*CTH* 15), o rei de Alepo teria enviado o general Zucraši como reforço para o cerco de Hassuwa. Esta personagem é, por outro lado, conhecida como testemunha de uma acta encontrada na camada VII de Alalah, anterior por conseguinte à destruição da cidade por Hattusili. Se o hitita não conseguiu tomar a grande metrópole política e religiosa da Síria do Norte, Alepo, o poderio deste reino foi, no entanto, afectado: no preâmbulo de um tratado posterior (*CTH* 75), o rei hitita Muwatalli lembrará que Hattusili pusera fim à grande realeza de Alepo. Talvez tenha sido a doença, ou um ferimento, que pôs termo às campanhas sírias do Grande Rei. Estas deixaram uma lembrança duradoura. Além do episódio da travessia do Tauro, conhece-se uma composição literária em acádico a propósito do cerco de Uršu (*CTH* 7). Curiosamente, ela mostra que a política do rei não tinha só partidários: o exército hitita não faz aí muito boa figura, porquanto os oficiais se mostram negligentes, o comando carece de coordenação, as ordens são mal executadas e a traição campeia. Teremos de ver nisto a reacção de tarimbeiros esgotados por campanhas contínuas e que aspiram a receber a sua parte dos despojos amontoados? Já lá vai o tempo, como escreverá Telibinu, em que «o país era pequeno», mas unido. O rei teve de punir severamente os dignitários desleais (*CTH* 8).

    O fim do reinado foi marcado por uma áspera atmosfera de conspirações de palácio e de intrigas de notáveis. O velho rei, doente, ditou as instruções referentes à sua sucessão. Numerosos eram, de facto, aqueles que, no seio da sua própria família, espreitavam o momento em que o poder passaria a estar ao alcance das suas mãos. Huzziya, filho de Hattusili e governador de Tapassanda, viu castigada a sua falta de fidelidade. Um outro príncipe de sangue, Hakarpili, governador de Zalpa, fomentou uma rebelião a solicitação dos «Anciãos». Uma filha do rei ouvia com complacência as recriminações dos habitantes de Hattusa e deixava-se arrastar para uma revolta que provocou grandes destruições. O herdeiro designado, o jovem Labarna, filho da irmã de Hattusili, mostrava-se sem coração e pouco leal, cedendo complacentemente às sugestões de sua mãe e de seus irmãos e desprezando os conselhos do rei. Também Hattusili reagiu com firmeza. Escolheu para sucessor, adoptando-o, o menino Mursili, provavelmente um dos seus netos. Do *Testamento político* do velho soberano (*CTH* 6), extraímos alguns princípios de conduta que dirigiu então ao seu novel herdeiro: «Até ao presente, nenhum membro da minha família agiu segundo a minha vontade. Mas tu, Mursili, meu filho, tu deves respeitá-la. Respeita a palavra de teu pai! Se respeitares a palavra de teu pai, comerás pão e beberás água. Quando fores adulto, come duas ou três vezes por dia, e contenta-te com isso! E quando fores velho, bebe até te fartares! E poderás então descurar a palavra de teu pai!» Mas Mursili era ainda jovem; Hattusili lançou um apelo patético ao exército, que convocara expressamente, a fim de que protegesse o herdeiro do trono, até este poder deter ele próprio as rédeas do poder.

Mursili I. – Parece, de facto, que um período de regência separou a morte de Hattusili I da subida do seu sucessor designado ao trono. Mursili I (1555--1530 aprox.) completou o plano de campanha do seu avô. Ao ocupar o antigo reino de Yamhad (Alepo), dispunha de uma base para a grande operação do reinado. Por meio de um golpe audacioso, abateu-se sobre a Babilónia, tomou-a, saqueou-a e pôs fim à dinastia que Hamurabi tanto ilustrara. Este acontecimento está datado de cerca de 1531. À primeira vista, esta conquista – que de facto não teve futuro, porquanto o vencedor se retirou de imediato – é bastante surpreendente. Poderá ver-se nela o desejo de elevar-se de chofre à categoria de grande potência no Próximo Oriente, tomando a mais prestigiosa das cidades? Pode também pensar-se que ao apoderar-se de Yamhad, Mursili retomara a seu cargo a política deste reino. Uma geração antes, Yarim-Lim III de Alepo, o futuro adversário de Hattusili I, é assinalado num documento de Mari: nele vemo-lo queixar-se de Babilónia e ameaçá--la de destruição. Parece, por fim, paradoxal que Mursili se tenha lançado numa empresa tão longínqua, quando os Hurritas continuavam a ameaçar a sua retaguarda. B. Landsberger propôs uma explicação fundada na presença durante vários séculos, de uma dinastia de reis cassitas na Babilónia. Os Cassitas tinham descido dos Zagros e tinham-se infiltrado até ao médio Eufrates. Vindo de Alepo, Mursili não deixou de atravessar o seu território, o que não pôde certamente fazer sem o seu acordo. Teria, portanto, tomado Babilónia por conta dos seus aliados que, entrementes, vigiavam os Hurritas. E, em todo o caso, certo que as relações entre Hattusa e a Babilónia cassita foram seguidamente marcadas por uma confiança recíproca. Mursili trouxe da expedição a Babilónia despojos tão consideráveis que teve de abandonar uma parte deles no caminho de regresso. Deixou em Hana (na confluência do

Habur e do Eufrates) as estátuas das divindades babilónicas Marduk e Sarpanitu. Um rei cassita, Agum II, acabaria por repatriá-las mais tarde. Pode relacionar-se este abandono com uma batalha contra os Hurritas. Regressado à sua capital, Mursili reencontrou nela a atmosfera shakespeariana da Corte, o que o impediu de tirar partido dos seus êxitos militares. Morreu vítima de uma conjura montada pelo seu cunhado Hantili. Abriu-se, então, um período de perturbações marcadas por assassínios. A própria existência do reino foi posta em questão.

Hantili. – Estamos muito mal documentados sobre o reinado de Hantili, já que as passagens do *Rescrito de Telibinu* a ele referentes são muito fragmentárias. O autor insiste no horror que lhe inspira o crime de Hantili e as suas funestas consequências. O castigo divino não se faz esperar: um inimigo lançou-se sobre o reino. Um testemunho muito posterior, a *Autobiografia de Hattusili III* (cf. *infra*, p. 364), afirma que os Gasgas, esses rapinadores das montanhas pônticas, se teriam então apoderado de Nerik, o grande santuário do deus da Tempestade. Teriam assim expulso os Hititas da região por três séculos. Ora, faz observar E. von Schuler, nenhum texto cronologicamente próximo de Hantili cita localidades setentrionais quando a ele se refere; pelo contrário, todos os lugares onde o vemos actuar estão situados a sul do país hitita. Neste caso, o inimigo podia muito bem ser hurrita. A passagem do texto redigido no século XIII seria tão-só um restauro, uma reconstituição de um passado que se tornara já obscuro na época imperial. Hantili esforçou-se por conservar as conquistas de Mursili. Fez campanha na região do médio Eufrates (Astata, Kargamiš), sem grande sucesso, ao que parece. É que os Hurritas, agora organizados num reino de Mitani, também se encontravam lá. Também se fala de uma história que envolve uma rainha e príncipes na cidade de Sukziya (Boybey-pinari, a leste de Maras?). Segundo H. G. Güterbock, Hantili teria expulso a família reinante local. Para A. Goetze, a rainha hitita e os seus filhos teriam sido capturados pelos Hurritas e levados para Sukziya. O perigo ameaçava, em todo o caso, o próprio coração do reino hitita. Hantili declarou ter sido o primeiro rei a fortificar cidades (*CTH* 11): curiosa maneira de tirar prestígio de uma situação provavelmente desastrosa! Por seu turno, a arqueologia confirma que a capital foi munida de muralhas por volta de 1520.

A sucessão de Hantili. – O reinado de Hantili acabou, como começara, num banho de sangue. Zidanta, um dos membros da conjura contra Mursili I, trabalhava então para a sua própria fortuna. Como a morte do rei se aproximava, mandou assassinar Piseni, filho de Hantili, e todos os que podiam ter pretensões ao trono. Tendo-se tornado rei, não tardou em ver levantar-se contra si o seu próprio filho, Ammuna. Este eliminou o pai e tomou o seu lugar. O novo reinado viu ainda agravar-se sensivelmente a situação, sem que os exércitos hititas pudessem contrariá-la. Houve províncias que se revoltaram, entre as quais Adaniya (região da actual Adana) e Arzawa (sudoeste anatólico). Novas potências políticas apareciam no flanco sudeste; o reino de Kizzuwatna (Cilícia e Tauro oriental), o de Alalah que retomara a sua liberdade de acção. O seu rei, Idrimi, que se tornara protegido do rei hurrita Barattarna de Mitani, saqueou as cidades hititas. Por morte de Ammuna, recomeçaram as violências internas na Corte. O chefe da guarda, Zuru, fez desaparecer duas famílias, talvez aparentadas com o rei defunto. Um certo Huzziya tornou-se, então, rei. A sua irmã tinha como marido Telibinu, o autor do *Rescrito*. Quando este suspeitou que o cunhado queria assassiná-lo juntamente com a mulher, antecipou-se, destronou Huzziya, mas contentou-se em desterrá-lo juntamente com os seus cinco irmãos. Depois de tantos crimes, Telibinu dava provas de clemência: «Não lhes façam mal!... Eles fizeram-me mal, eu não lhes farei mal!»

Telibinu. – Após a sua subida ao trono, por volta de 1500, Telibinu tomou a ofensiva contra os inimigos do reino, nos confins do mundo hurrita. Os seus adversários eram a cidade de Hassuwa na Comagena, um certo Lahha em Lawazantiya (região de Elbistan). Foi talvez nesta altura que o hitita procurou e obteve a aliança de Isputahsu, Grande Rei de Kizzuwatna, com quem concluiu um tratado (*CTH* 21). Este rei é, por outro lado, conhecido através de um exemplar do seu sinete encontrado em Tarso, sinete que inclui o mais antigo espécime atestado de escrita hieroglífica «hitita». O *Rescrito* refere ainda uma conjura urdida por dignitários e a morte, talvez violenta, da rainha e do seu filho. No entanto Telibinu manteve a sua política de clemência. Para ele, o sangue chamava mais sangue, pelo que era preciso pôr fim ao encadeamento mortal das vinganças. Por isso, desterrou os culpados e reduziu-os à condição de camponeses. Renunciou à noção de responsabilidade colectiva: em caso de condenação à morte, a pena só se aplicaria ao culpado, e não à sua parentela. A lembrança dos tempos passados servia de exemplo: quando a família real, os Grandes e o rei estavam unidos, o reino conhecera a glória militar e a prosperidade. Depois, a desunião conduzira aos desastres. Foi para eliminar uma causa de desordens sangrentas que Telibinu fixou a regra de sucessão ao trono. Durante muito tempo, como vimos, o assassínio fora o meio habitual de acesso ao poder. Doravante, o herdeiro legítimo seria o filho do rei defunto e de uma esposa real de primeira categoria. Se não existisse, tomar-se-ia um filho de esposa de segunda categoria. Na sua falta, casar-se-ia a filha de uma esposa de primeira categoria e o seu marido tornar-se-ia rei. A lei era aplicável a todos: os dignitários não poderiam mais pensar no crime para se apoderarem da realeza; o rei em exercício não teria mais o direito de designar o seu sucessor. Em caso de violação do direito, a assembleia a que Telibinu se dirigia então (cf. *infra*, p. 386) teria a ver com o assunto e julgaria o culpado, mesmo que se tratasse do próprio rei. Se não conhecemos nenhum exemplo de aplicação destas disposições penais, sabemos no entanto que a sucessão do rei Muwatalli (cf. *infra*, p. 368) foi regulada pelo seu irmão Hattusili segundo o *Rescrito de Telibinu*. À falta de um herdeiro de primeira linha, foi elevado ao trono um filho de concubina, Urhi-Tešub, que reinou sob o nome de Mursili III.

O período que vai do fim do reinado de Telibinu a meados do século xv continua a ser um dos mais obscuros da história hitita. As fontes históricas esgotam-se, ou são de datação controversa. Nem sequer a sucessão dos reinados está assegurada. Tinha-se posto alguma esperança na utilização das listas de oferendas às imagens dos reis mortos (*CTH* 660). Ora, o estudo destas listas mostrou que elas compreendem também nomes de personagens que nunca reinaram. Além disso, pelo menos um rei, Tahurwaili, atestado por um tratado com Eheya de Kizzuwatna e um sinete, não figura em nenhuma dessas listas. Ele seria o sucessor imediato de Telibinu. Depois, reinou Aluwamma, filho ou genro do anterior. Hantili II, Zidanta II e Huzziya II não são praticamente para nós mais do que nomes. É, evidentemente, vão, tentar, na actualidade, datar os seus reinados.

3. *As origens da dinastia imperial*

Trabalhos filológicos e as descobertas arqueológicas de Masat Hoyuk permitem actualmente que se faça uma ideia do período que se estende de meados do século xv até à subida ao trono de Suppiluliuma I (por volta de 1380) ([1]). Estabeleceu-se assim a existência de várias personalidades de linhagem real: Tudhaliya I, marido da rainha Nikkalmati, seu filho Arnuwanda I e sua irmã Asmunikal. Um rei, Tudhaliya II, reinando conjun-

---

([1]) BIBLIOGRAFIA ADICIONAL. – Os textos históricos atribuídos por certos autores a este período estão catalogados sob os números CTH 133, 137-140, 142-- 144, 146-147. S. Alp, *Die hethitischen Tontafelentdeckungen auf dem Masat-Hoyuk, vorläubiger Bericht*, Belleten, XLIV (1980), 173, pp. 25-29, Ancara; O. Carruba, *Die Chronologie der hethitischen Texte und die hethitische Geschchte*, Zeitschrift der Deutschen Morgenländischen Gesellsschaft, Supl. I (1969), p. 226ss., Berlim; O. Carruba, *Beiträge zur mittelhelhitischen Geschichte*, Studi uiicenei ed egeo-anatolici, XVIII (1977), pp. 137-195, Roma; H. Otten, *Die hethitischen historischen Quelleu und die altorientalische Chronologie*, Wiesbaden, 1968; T. Opgüç, *Excavations at Masat Hoyük and Investigations in its Vicinity*, Ancara, 1978.

tamente com uma rainha Satatuhepa (?), é atestado por duas marcas de sinete em tabuinhas encontradas no palácio de Masat, incendiado por volta de 1400. Continua, no entanto, a ser impossível traçar a lista completa dos soberanos segundo a sua ordem de sucessão para este período.

O seu estudo apareceu a uma nova luz quando alguns investigadores (H. Otten, O. Carruba, Ph. H. J. Houwink ten Cate) propuseram datar desta época um conjunto de textos atribuídos até então ao fim do Império. Ao passo que A. Kammenhuber continua a ater-se à interpretação tradicional, os partidários da redatação fundam a sua tese em argumentos de ordem paleográfica e filológica. A disposição do texto nas tabuinhas e o aspecto dos signos cuneiformes apresentam traços intermédios entre os dos documentos do Antigo Reino e os da época imperial. De igual modo, a língua associa formas arcaicas a formas recentes. Os factos históricos relatados por estes documentos haviam servido para explicar o desaparecimento do Império no início do século XII. Neles se fala, de facto, de revoltas nas províncias periféricas. Mas a situação político-militar anterior à carreira de Suppiluliuma I não era diferente. Ainda não se pode provar por argumentos históricos (sincronismos, cotejos) que este conjunto de textos é muito anterior a 1380, mas também não se pode demonstrar o contrário. As questões de escrita e, sobretudo, de língua parecem de facto bem estabelecidas, pelo que nos colocamos do lado dos partidários da redatação.

Tudhaliya I. – A estrutura da reconstituição histórica desta época é constituída pelos *Anais*, mais ou menos fragmentários, de dois reis, Tudhliya I e seu filho Arnuwanda I (*CTH* 142 e 143). Ligam-se-lhe outros documentos contemporâneos (tratados, instruções oficiais, doações, orações, etc.), assim como alusões em textos posteriores (anais, preâmbulos de tratados). Ph. H. J. Houwink ten Cate descreve Tudhaliya, o fundador da dinastia imperial, como um monarca completo, activo, guerreiro, vitorioso, caçador e mesmo legislador, mais tarde. O facto de ele ter conduzido campanhas em todas as direcções é suficientemente elucidativo sobre a situação em que encontrara o reino hitita. Rotomou a tradição dos reis conquistadores, Hattusili I e Mursili I. Conseguiu reconquistar os territórios que tinham submetido e que, depois, tinham desertado. A sua primeira campanha conduziu-o a Arzawa, ou seja, às regiões de língua luvita do sudoeste anatólico. Durante a seguinte guerreou no Kizzuwatna. Este país mantivera já relações com os Hititas, nomeadamente no tempo de Telibinu. Mais tarde, afastara-se deles para se aproximar do seu poderoso vizinho, o reino hurrita de Mitani (por volta de 1450). Parece, de facto, que Tudhaliya anexou o Kizzuwatna, o que lhe abria o caminho da Síria do Norte. Não se sabe se foi durante a mesma campanha que destruíu os reinos de Alepo e de Mitani, como o assegura o preâmbulo do tratado de Muwatalli com Talmi-Šarruma de Alepo (cf. *infra*, p. 365).

Durante a segunda parte do seu reinado, Tudhaliya associou ao trono o seu filho Arnuwanda: as duas personagens usavam, então, conjuntamente o título de Grande Rei. Em conjunto marcharam vitoriosamente contra Arzawa, mas mantiveram aí na chefia do estado o príncipe autóctone Kupanta-dKAL. Este, porém, revoltou-se após a partida dos Hititas. Vencido de novo, acabou por fugir abandonando a sua família e consideráveis despojos. Na mesma região e na mesma época, um certo Madduwatta fazia-se conhecer pelas suas primeiras proezas (*CTH* 147). Esta personagem fugira da casa de Attarissiya, «o homem de Ahhiya», para encontrar refúgio na Corte hitita. O Grande Rei confiara-lhe um território para administrar em seu nome. Descontente com um papel que considerava subalterno, Madduwatta lançara-se em iniciativas pessoais contra Arzawa e, depois, contra Attarissiya. As coisas correram-lhe mal, porquanto, só se salvou graças a uma intervenção armada hitita. Não sendo o reconhecimento o seu forte, atraiu para a sua clientela uma cidade até então sujeita ao rei hitita e fez aliança com Kupanta-^{d}KAL, nessa altura em guerra contra Tudhaliya. Esta afronta não o impediu de reencontrar as boas graças do Hitita, do qual obteve um novo comando: deveria proteger uma província vigiando a fronteira do lado de Arzawa. Apesar das ordens em contrário, ocupou a totalidade deste último país. O facto de Tudhaliya ter tolerado uma tal atitude da parte de um subordinado explica-se talvez pela preocupação com outras campanhas em que estava envolvido. Com efeito, guerreou no Nordeste em Assuwa, no Norte contra os Gasgas e no Leste em Isuwa, e além disso contra o Mitani. Ao todo, as campanhas deste rei haviam alargado a dominação hitita do oeste da Ásia Menor à região de Malatya e à Síria do Norte (Alepo).

Arnuwanda I e Tudhaliya II. – O reinado pessoal de Arnuwanda I viria a ser menos feliz. Povos outrora vencidos procuravam a sua desforra, designadamente os Hurritas. Os príncipes súbditos do Grande Rei já não obedeciam. Nos departamentos orientais do reino, um certo Mida de Pahhuwa estava praticamente em estado de rebelião (*CTH* 146). No Oeste, Madduwatta avançada cada vez mais anexando territórios que dependiam do rei hitita e aliciando os seus notáveis. Com o seu antigo inimigo, Attarissiya, formou uma coligação que fez mesmo uma incursão até Alasiya (Chipre).

Uma grave ameaça pesava então sobre o próprio centro do país hitita, a dos Gasgas. A presença destes rapinantes durante o Antigo Reino foi posta em dúvida por aquele que os estudou, E. von Schuler (cf. *supra*, p. 341). Seja como for, a partir do seu aparecimento na história, eles nunca deixaram praticamente de perturbar o sossego dos senhores de Hattusa. Eram montanheses seminómadas que estavam estabelecidos nas espessas florestas da cadeia Pôntica. Tinham, assim, separado os Hititas de uma região que estes últimos haviam habitado desde antes da época de Anitta, as margens do mar Negro. Os Gasgas praticavam a criação de porcos e a tecelagem do linho, o que lhes valia, não se sabe bem porquê, o desprezo dos seus vizinhos do Sul. Não tinham qualquer organização estatal, o que convinha aos reis hititas que teriam tudo a temer de um eventual monarca que federasse os Gasgas. Apenas conheciam a tribo como organização sócio-política. Cada uma delas tinha o seu campo de acção particular em território hitita. Por isso, era impossível a um exército regular submetê-los completamente: a partir do momento em que um bando fora vencido, os seus sobreviventes refugiavam-se nas montanhas, ao mesmo tempo que um outro podia lançar, noutro lado, uma nova expedição de pilhagem. Feito o golpe, os Gasgas regressavam o mais depressa possível à sua base de partida, com despojos constituídos principalmente por cabeças de gado. Era provavelmente a necessidade que lançava estes rapinantes sobre as terras hititas. Segundo um texto de Masat (*Mst* 75/15), um grupo de Gasgas apoderou-se das colheitas de súbditos do Grande Rei, depois de uma invasão de gafanhotos ter devastado as suas próprias. Por outro lado, parece que estas tribos terão sido acolhedoras para com os hititas que queriam escapar aos constrangimentos do reino. Quando o poder era forte em Hattusa, as incursões dos Gasgas, por incómodas e irritantes que fossem, nunca tinham consequências verdadeiramente perigosas. Mas quando a autoridade enfraquecia, ou se afastava da capital, os Gasgas afoitavam-se, ocupavam partes do território hitita e conseguiam manter-se lá durante muito tempo.

Foi nomeadamente o que aconteceu com a cidade de Nerik, sede de um importantíssimo santuário do deus da Tempestade. A *Autobiografia de Hattusili III* faz remontar este episódio ao reinado de Hantili, mas já atrás ficou dito o que se podia pensar acerca disso. Em contrapartida, Arnuwanda e a rainha Asmunikal deixaram um documento a respeito de Nerik (*CTH* 375). Podemos, pois, consignar ao seu reinado a perda desta cidade sob os ataques dos Gasgas. Sabemos por intermédio de Hattusili III que o local foi devastado e a região permaneceu deserta até ao século XIII. Arnuwanda tentou fazer frente ao perigo concluindo alianças com algumas tribos contra outras. Mandou provavelmente redigir as instruções destinadas aos oficiais, chefes das guarnições das cidades do Norte e comandantes das praças fronteiriças (cf. *infra*, p. 391 e ss). Não se tem praticamente a impressão de que tais medidas tenham sido seguidas de resultados palpáveis. A oração *CTH* 376C traça um quadro sombrio do reino nesta época: os Hurritas, o Kizzuwatna, o Arzawa estavam em guerra; os Gasgas agitavam-se, assim como cidades e regiões hititas. Um texto de Hattusili III (*CTH* 88) mostra-nos os inimigos penetrando de todos os lados nas fronteiras e ocupando largas porções do território hitita. A arqueologia completa estas informações. Hattusa foi então incendiada e pilhada. A praça fronteiriça de Tapikka (Masat Hoyuk) devia ter caído antes; tabuinhas encontradas no local aludem à ameaça gasga, algumas cartas dirigidas ao rei não puderam partir antes da catástrofe que reduziria a cinzas o palácio do seu governador, contemporâneo de Tudhaliya II.

Ao passo que o reino hitita via, assim, a sua existência posta em causa, o seu vizinho do Sudoeste, Arzawa, conhecia a sua hora de glória. O seu rei, Tarhundaradu, correspondia-se directamente, em língua hitita, com a Corte do Egipto. Nas duas cartas arzavianas encontradas em El-Amarna (*CTH* 151 e 152), cartas essas que foram os primeiros documentos hititas cuneiformes conhecidos (cf. *supra*, p. 324), fala-se de um casamento entre a filha de Tarhundaradu e Amenófis III (1403-1364). Uma passagem desta correspondência confirma, além disso, que Hattusa ardera.

Suppiluliuma I toma o poder. – As condições da chegada ao poder de Suppiluliuma I, o fundador do Império hitita, continuam rodeadas de uma certa obscuridade. Deve observar-se que praticamente ele nunca se referiu a seu pai. Só uma marca de sinete encontrada em Masat diz na sua legenda cuneiforme: «[Sinete de Supppilullíuma, [Grande] Rei [do país hitita, filho de Tudhailiy]a, Grande Rei, h[erói]». Se a restauração proposta por S. Alp fosse confirmada, Suppiluliuma seria, pois, descendente do rei Tudhaliya II, conhecido igualmente pelos documentos do mesmo local. Quando os reis sucessores de Suppiluliuma apresentarem seguidamente a sua genealogia, não a farão remontar para além deste último. Este facto permite pensar que Suppiluliuma não tinha qualquer direito de reinar e que deve ter-se apoderado do trono em condições repreensíveis. O seu filho Mursili II, numa oração a propósito da peste (*CTH* 378, I), deixa-nos adivinhar a verdade. Oficiais tinham assassinado Tudhaliya «o jovem», herdeiro legítimo sem dúvida. Suppiluliuma terá suscitado – ou deixado realizar-se – o crime? Um fragmento do início das *Actas de Suppiluliuma* (*CTH* 40) mostra-no-lo antes da sua chegada à frente de um exército contra Arzawa. Assim, o general de sangue real que já dera as suas provas militares ter-se-ia desembaraçado, ou teria sido oportunamente desembaraçado, do candidato legítimo. As regras de sucessão ao trono outrora promulgadas por Telibinu foram, portanto, violadas.

4. Os Hurritas: génese e apogeu de Mitani

Já encontrámos os Hurritas por ocasião das campanhas dos reis hititas no Kizzuwatna e na Síria do Norte ([1]). A palavra «hurrita» serve para qualificar um povo e a língua que ele falava, mas raramente uma entidade política. Quando se fala aqui e ali do «rei de Hurri» (= país hurrita), não se pode ter a certeza de que a expressão designe sempre o mesmo território. Pelo contrário, os nomes de Mitani ou Hanigalbat definem bem um Estado, o poderoso império hurrita que os Hititas tiveram de combater desde o fim do século XVI e que Suppiluliuma I viria a abater.

O reino de Mitani. – A partir do III milénio, a influência dos Hurritas fazia-se sentir em Ebla-Tel Mardikh (Síria), onde duas das suas divindades tinham dado o nome a meses do calendário local. A onomástica hurrita, muito particular, é reconhecida na Síria do Norte, na Alta Mesopotâmia, na Anatólia do sudeste. No século XXII, os Hurritas formavam pequenos principados (Urkis, Nawar) entre o Habur e o Eufrates, na região da actual Mardin. Estavam presentes a leste do Tigre na época de Ur III (século XXI). Vimos que figuravam, embora em pequeno número, entre as personagens nomeadas nas tabuinhas capadócias, como Anum-Hirbi, príncipe de Mamma no Anti-Tauro. Considera-se actualmente que a sua instalação na Síria, num meio essencialmente semítico, se fez por um lento movimento de infiltração, a partir de um ponto que se procura nas montanhas da Arménia e do Curdistão. A população dos principados que formaram apresenta sempre um carácter misto, hurro-semítico. A parte da Anatólia em que tinham estabelecido Hurritas no II milénio, o Kizzuwatna, tinha um fundo de população luvita.

No último terço do século XVI, os pequenos Estados hurritas da Síria do Norte foram, pouco a pouco, unificados, em circunstâncias mal conhecidas, num vasto conjunto, o Mitani. Este império tinha como capital a cidade de Wassuganni. Procura-se a sua localização algures no alto Habur, mesmo no centro da zona hurritizada. Na mesma altura aparecem, na documentação antropónimos cuja etimologia é indiscutivelmente indo-ariana. Mais tarde, no tratado concluído entre Suppiluliuma e Mattiwaza de Mitani (cf. *infra*, p. 357), invocar-se-ão os deuses védicos Mitra, Varuna, Indra e os gémeos Nasatyas. Os comandos de carros de guerra mitanianos eram constituídos por *maryanni*, termo que se relacionou com o sânscrito *marya*

([1]) BIBLIOGRAFIA ADICIONAL. – H. G. Güterbock, The Hurrian Element in the Hittite Empire, Cahiers d'histoire mandiale, 11 (1954), 2, p. 383-394; G. Wilhelm, Grundzüge der Geschichte und Kultur der Hurriter, Darmstadt, 1982.

(«jovem, herói»). Pensa-se que uma aristocracia indo-ariana se teria imposto a grupos hurritas, numa época e num lugar indeterminados, antes da fundação do Mitani. A sua coabitação deve ter sido longa, dado que desembocou numa fusão completa. A língua oficial do Mitani era o hurrita; eram hurritas também os nomes usados pelas irmãs e filhas de reis com nomes indo-arianos. Só permaneciam sânscritas as palavras que não tinham equivalente em hurrita, porque os Hurritas ignoravam, antes dos seus contactos com os Indo-Arianos, as noções a que essas palavras se aplicavam. Era o que acontecia com os nomes de certas divindades, assim como com os termos do vocabulário técnico da hipologia (cf. *infra*, p. 396).

Mitani ocupou o lugar cimeiro da cena política no Próximo Oriente asiático até meados do século XIV. Os primeiros reis, Suttarna I, filho de Kirta, e Parsasatar, são pouco conhecidos. O reinado do seu sucessor Saustatar (segundo quartel do século XV) constituiu a idade de ouro do Mitani. Das suas campanhas vitoriosas na Assíria, trouxe como despojos portas de ouro e de prata para o seu palácio de Wassuganni. Segundo uma placa marcada com o seu sinete, é claro que o seu poder se estendia no leste até aos Zagros. Resolveu um diferendo entre o Kizzuwatna e Alalah, prova de que a sua autoridade chegava até ao Mediterrâneo, numa região outrora conquistada pelos Hititas. A expansão mitaniana acabou por se chocar, na Síria, com as forças egípcias que lá reapareciam com Tutmés III (1490-1436). Depois de alguns êxitos iniciais contra Kadeš (a sul do lago de Homs), na Fenícia e em Nuhašše (a sudeste de Alepo), o faraó atravessou o Eufrates, reeditando o exemplo do seu predecessor Tutmés I (finais do século XVI). Mas os Mitanianos esquivaram-se perante o invasor, furtando-se às batalhas campais para lançarem golpes de mão inopinados. O egípcio abandonou, então, a partida. Proporcionou a si próprio uma satisfação diplomática recebendo no seu quartel os reis adversários do Mitani, entre os quais o Babilónio e o Hitita. Durante longos anos, as expedições egípcias sucederam-se na Síria sem resultados decisivos; a táctica dos Hurritas permitia-lhes frustrar os planos do inimigo. Os príncipes sírios não estavam seguros; com efeito, Tutmés III teve de retomar Tunip, assim como Kadeš que tinha de novo à frente um protegido de Mitani. Uma espécie de paz de facto deve ter-se estabelecido no final do reinado do faraó. A subida ao trono de seu filho, Amenófis II, foi assinalada na Síria por revoltas que reprimiu duramente durante alguns anos. Não enfrentou directamente o Mitani, ainda que agentes desta potência trabalhassem então clandestinamente a sudoeste de uma linha que ligava Ugarit e Kadeš, ou seja, em plena zona de influência egípcia. Todavia, em breve se esboçou uma aproximação entre o Egipto e Mitani. Com efeito, a sua luta não tinha podido desembocar na vitória de um ou do outro; o despertar hitita sob Tudhaliya I perturbava o equilíbrio militar e diplomático do Próximo Oriente. Mensageiros egípcios vieram propor a Artatama de Mitani que uma das suas filhas casasse com Tutmés IV. Este foi o primeiro de uma série de casamentos reais. Será seguido dos de Giluhepa, filha de Suttarna II, com Amenófis III, depois de Taduhepa, filha de Tusratta, com Amenófis IV-Aquenáton. Perante a constituição desta aliança entre as duas grandes potências, os principados sírios depressa compreenderam de que lado estava a sua salvação. Alepo abandonou uma vez mais os Hititas para passar de novo para a dependência de Mitani. Este exemplo foi rapidamente seguido pelo Kizzuwatna, provavelmente na época fértil em desastres de Arnuwanda I ou do seu sucessor. Artassumara, filho de Suttarna II, limitou-se a passar pelo trono de Mitani. Após o seu assassínio sucedeu-lhe o seu irmão mais novo Tusratta, pouco antes de 1380.

Mitani e os Hititas. – Vimos já, a partir da época de Hattusili I e de Mursili I, que atracção sentiam os Hititas, habituados ao áspero planalto anatólico, pelas ricas planícies do Kizzuwatna e da Síria do Norte. Quando o poder enfraquecia em Hattusa, estes países escapavam-lhe, quer para retomarem a sua independência, quer para regressarem à órbita de Mitani. Mas logo que os reis hititas podiam fazê-lo, olhavam de novo para além do Tauro para concluírem alianças como a de Telibinu com Isputahsu de Kizzuwatna. Tudhaliya I restabelecera as armas hititas neste reino e em Alepo, acontecimento que precipitara provavelmente a reconciliação hurro-egípcia. Mas este sucesso em breve ficou comprometido.

Os países que vão constituir a parada das lutas mitano-hititas estavam desde há muito sujeitos a uma forte influência cultural hurrita. A população de Kizzuwatna era constituída por Luvitas que falavam uma língua próxima da dos Hititas, e por Hurritas. Divindades hurritas compunham o panteão da metrópole síria de Alepo. Perguntou-se além disso se a família de que saiu Suppiluliuma I não seria de origem kizuvatniana. É que os seus membros usavam, de facto, nomes hurritas antes da sua chegada. O novo rei só tomava um nome de reinado hitita quando subia ao trono. As guerras de Suppiluliuma contra Mitani teriam, por isso, assumido um aspecto quase fraticida, opondo duas monarquias de tradições comuns. A luta não impedia, aliás, os Hititas de absorverem numerosos aspectos culturais dos seus rivais. Adoptaram os deuses hurritas que entraram em grande número na lista canónica das divindades testemunhas e garantes dos tratados (sécs. XIV-XIII); no fim do Império, honrar-se-á um panteão hurrita na capital (cf. *infra*, p. 414 e ss). Os Hititas sabiam reconhecer o valor militar dos seus adversários: um palafreneiro mitaniano, Kikkuli, veio ensinar aos exércitos hititas os métodos de treino nas evoluções dos carros de guerra; esta personagem é o autor do mais antigo tratado de hipologia conhecido (*CZH* 284).

5. *Fundação do Império hitita: Suppiluliuma I e o aniquilamento de Mitani*
A partir de Suppiluliuma I, a sucessão dinástica dos reis hititas é conhecida sem interrupção até ao fim do Império([1]). A documentação torna-se mais abundante, com descrições de reinados, documentos diplomáticos e administrativos, correspondência. Graças aos nomes dos escribas que firmavam verdadeiras dinastias de pais, para filhos podemos datar outros textos, designadamente religiosos, pelo seu cólofon (assinatura das tabuinhas). A fonte principal para a história do reinado de Suppiluliuma (1380--1340 aprox.) é constituída pelo conjunto dos fragmentos das suas *Actas* (*CTH* 40). Esta obra foi composta pelo seu filho Mursili II. As informações são completadas pelos tratados encontrados em Boğazköy, assim como por documentos de El-Amarna (Egipto) e de Ras-Shamra-Ugarit (Síria).

A guerra contra Mitani foi o grande assunto do reinado, mas o rei teve de esperar uma vintena de anos para poder consagrar-lhe todos os seus esforços. Pouco depois da subida ao trono, uma primeira tentativa não teve, de facto, resultados muito encorajadores. Originou-se num conflito dinástico em Mitani, de que o hitita tentou tirar partido. Vimos que Tusratta só conseguiu obter o trono depois do assassínio do seu irmão mais velho, Artassumara. Um certo Artatama pretendeu, então, ter direitos superiores aos de Tusratta, que talvez fosse seu irmão. Decepcionado nas suas esperanças, o pretendente fez o que fará mais tarde Mattiwaza, filho de Tusratta. Fugiu para os Hititas e pediu o seu apoio. Encantado por ter à sua disposição um candidato ao trono mitaniano, Suppiluliuma fez com ele um acordo de assistência. A intervenção hitita falhou, porque os Hurritas ripostaram com um contra-ataque em Isuwa (região da actual Matatya). Esta questão só é conhecida do lado mitaniano. Tusratta escreveu, de facto, a Amenófis III para lhe anunciar o envio de presentes tirados de pilhagens feitas entre os Hititas.

As questões da Anatólia. – Suppiluliuma tinha, então, outras preocupações na própria Anatólia. Sabe-se como a situação fora grave lá antes da subida ao trono. Ainda que o futuro rei tivesse então, cometido verdadeiras façanhas, teve de esperar ainda muitos anos para assumir o controlo efectivo da Ásia Menor. Quando podia, assinava tratados com os reinos

---

([1]) BIBLIOGRAFIA ADICIONAL. – Os textos históricos que datam do reinado de Suppiluliuma I estão catalogados sob os números CTH 40-53 e 153-154.

vizinhos, mas tais acordos precisavam bem a superioridade do hitita sobre o seu parceiro. Assiste-se aqui à formação progressiva do Império. À volta do país hitita que dependia directamente da sua autoridade, o Grande Rei organizou uma constelação de pequenos reinos dependentes e sujeitos a obrigações fiscais e militares, em troca da sua protecção (cf. *infra*, p. 401 e ss.). Os casamentos principescos forneciam um meio de reforçar e garantir a aliança, tanto mais que a princesa hitita casada com um pequeno rei tinha precedência sobre todas as outras esposas. Assim, Suppiluliuma, ao renovar um tratado anterior com Hukkana do Azzi-Hayasa (no leste do alto Eufrates, fora do mundo hitita), deu-lhe como esposa a sua irmã. Nesta altura, lembrou ao seu novo cunhado, que talvez tivesse necessidade da advertência, que os casamentos entre irmão e irmã eram punidos com a morte entre os Hititas. Do lado do Kizzuwatna, na região que constitui tampão com Mitani, o Grande Rei preparava o futuro assinando um tratado com o rei Sunassura que se comprometeu a nunca mais conduzir uma política estrangeira independente. No sudoeste, Arzawa cortara toda a ligação com Hattusa, como o mostraram as cartas de Tarhundaradu a Amenófis III (cf. *supra*, p. 347). A independência arzawiana não foi duradoura. No final do reinado de Suppiluliuma, o país era administrado em nome do rei por um certo Uhhaziti, personagem aliás pouco segura. No extremo Oeste, Kukkuni de Wilusa submeteu-se sem combate. No Norte, em contrapartida, continuavam as incursões gasgas. Suppiluliuma não pôde, evidentemente, esmagar completamente os bandos de rapinantes, apesar das reiteradas expedições punitivas. Acabou por contentar-se com estabelecer guarnições em postos fortificados para controlar as infliltrações dos Gasgas. É a solução clássica, embora muitas vezes ineficaz, adoptada pelos exércitos regulares contra forças de guerrilha. Quando Suppiluliuma pôde levantar-se definitivamente contra Mitani, confiou a seu sobrinho, Hutubiyanza, governador do Pala, o cuidado de vigiar a fronteira norte com os corpos de tropas.

A primeira campanha síria. – Na partida que ia jogar-se no Próximo Oriente entre Hititas e Mitanianos, um terceiro parceiro, o Egipto, teria podido insinuar-se e favorecer um ou outro dos adversários. No início do reinado de Suppiluliuma, as relações com Amenófis IV eram correctas, mas frias. O faraó não enviara os presentes de uso aquando da subida ao trono. Mas Mitani também não fora favorecido, embora uma filha de Tusratta, Taduhepa, fosse a mulher de Amenófis. Aos reiterados pedidos de presentes feitos pelo sogro, o egípcio fazia ouvidos de mercador. É que o futuro Aquenáton estava então preocupado com a sua grande reforma religiosa e não queria, por isso, comprometer-se com a Síria. Em última análise, a atitude passiva do Egipto encorajava Suppiluliuma. A Síria estava, naquela altura, dividida em duas zonas de influência: a egípcia, a Sul, e a mitaniana, a Norte. A esta última pertenciam os importantes reinos de Kargamiš no Eufrates, de Alepo, de Mukis com a sua capital Alalah, de Nuhašše entre o cotovelo do Eufrates e o Orontes. No vale do mesmo rio, a região de Neya obedecia a dinastias hurritas que mantinham relações amigáveis com Mitani. O Egipto controlava as estradas por onde poderiam vir as invasões, a costa fenícia (Biblos, Sumur, Ugarit), a depressão de Bekáa (Kumidu). A presença egípcia era assegurada por comissários do faraó, mas também pelos pequenos principados locais. Ora, a fidelidade de alguns deles era duvidosa, balançando ao sabor das armas. Será uma tal política de báscula, perigosa mas necessária à sua sobrevivência, que Amurru (Montanha libanesa) conduzirá com êxito.

Suppiluliuma empreendeu, portanto, a sua primeira campanha síria e conquistou toda a Síria do Norte até ao Líbano. Somos informados a este respeito pelo tratado que assinou mais tarde com Mattiwaza de Mitani, tratado esse que comporta, segundo o uso hitita, uma evocação das relações anteriores entre as partes contraentes. Tusratta contra-atacou a sul de Ugarit. O governador egípcio de Biblos, Rib-Addi, escreveu a Amenófis IV que o rei de Mitani chegara a Sumur e que só renunciara a marchar sobre Biblos pela falta de água. Não quereria o Mitaniano juntar às suas as forças egípcias da Síria? Estas não tinham, aparentemente, tal intenção. Os pequenos príncipes sírios, outrora dependentes de Mitani, alguns mesmo hurritas, juraram fidelidade a Suppiluliuma. Ele impôs, assim, tratados de protecção a Nuhašše, Alepo, Alalah e sem dúvida também a Ugarit que se separou do Egipto. O rei da cidade costeira, Amnistamru I, advertiu o faraó de que os Hititas estavam próximos e não poderia resistir à pressão que se exercia sobre ele. No entanto, Ugarit não rompeu completamente com o seu antigo protector. Suppiluliuma pode não ter exigido dela uma submissão absoluta, para não dar ao Egipto um pretexto para intervir.

Situado na orla dos territórios doravante passados para a obediência de Suppiluliuma, Amurru estava em posição delicada. A sua sorte foi ter sido, então, governado por duas personalidades notáveis: Abdi-Asirta e seu filho Aziru. Eles conseguiram manobrar habilmente entre as grandes potências, conservar a sua autonomia, aumentar o seu domínio. Oficialmente, Amurru era súbdito do Egipto, mas o seu pior inimigo era precisamente Rib-Addi, representante do faraó em Biblos! Este funcionário meticuloso e fiel ao seu rei acusou Abdi-Asirta de fazer jogo duplo, ou mesmo triplo. Enegrecido sem dúvida algo exageramente, o quadro da situação comportava, no entanto, uma larga parte de verdade. Reconhecido como chefe dos Amorreus por Amenófis III, Abdi-Asirta tirara partido disso para implantar um reino que estendera na direcção de Damasco e da costa fenícia à custa de Rib--Addi. Apesar de reiterados pedidos, o governador de Biblos não recebeu do Egipto as tropas que lhe teriam permitido conter os apetites do seu rival. O amorreu conquistou, um após outro, os pontos de apoio egípcios na região. Biblos só foi salva por um pequeno corpo expedicionário enviado *in extremis*. Abdi-Asirta teria podido agir impunemente, porque dispunha de amigos seguros na corte do faraó. Estes faziam ver a Amenófis IV o interesse que representava um Amurru poderoso na fronteira norte, ao mesmo tempo que Suppiluliuma acabava a sua primeira campanha síria. Foi então que Abi-Asirta morreu assassinado em circunstâncias obscuras. Mas Aziru, seu filho, foi seu digno sucessor.

Provavelmente pela mesma época, Suppiluliuma contraiu o seu último casamento. Convencido da eficácia diplomática dos casamentos reais, desposou uma princesa da dinastia cassita da Babilónia conhecida sob o nome (ou o título?) de Tawananna. No espírito do rei, esta união deveria trazer-lhe a neutralidade benevolente, senão mesmo o apoio, da grande potência mesopotâmica em caso de conflito. Com efeito, Tusratta preparava a sua desforra reunindo uma vasta coligação que incluía Isuwa e vários principados sírios que atraíra fora do campo hitita. Em Nuhašše, depôs um protegido de Suppiluliuma, Sarrupsa, para o substituir por um homem seu, Addu-nirari; ganhou para a sua causa Alepo, Alalah e Neya, mas não conseguiu arrastar Nikmadu I de Ugarit. Deste modo, os coligados ameaçavam o reino hitita nos seus flancos leste e sudeste. Mas Suppiluliuma fora avisado daquilo que se tramava contra ele com o apoio do rei destronado de Nuhašše. O infeliz tivera tempo de pedir ajuda antes de desaparecer. O hitita tinha, pois, um bom pretexto para intervir de novo.

A segunda campanha síria. – Estratego confirmado, Suppiluliuma não atacou na Síria onde estavam à sua espera, mas no Leste. Efectuando um movimento giratório, castigou Isuwa e, depois, desceu sobre a capital do Mitani. Wassuganni foi tomada e saqueada. Renunciou a perseguir Tusratta que fugira, preferindo apanhar os Sírios revoltados pela retaguarda. Apoderou-se de Alepo e de Alalah, ao mesmo tempo que Neya oferecia a sua submissão. Ugarit era desbloqueada. Continuando para o Sul, os Hititas tomaram Katna e Nuhašše cujo rei, Addu-nirari, solicitou em vão a ajuda egípcia. Penetraram mesmo na zona de influência do faraó atingindo Kadeš cujo rei e filho deportaram, e depois Damasco. Nikmadu de Ugarit veio, então, ao quartel-general hitita estabelecido em Alalah. Recompensado pela sua neutralidade avançou mais e ligou-se formalmente a Suppiluliuma. Um tratado delimitou as suas fronteiras; teve de pagar tributo e oferecer presentes ao rei, à rainha, aos príncipes de sangue real e aos grandes dignitários importantes.

A chegada de Suppiluliuma a Damasco interessava directamente Amurru. O seu novo rei, Aziru, aproveitou a segunda campanha síria para entrar em relações com Suppiluliuma. Nem sequer procurou escondê-lo do faraó. Inquieto, Amenófis IV enviou Aziru junto dele, mas o amorreu ia adiando, pretextando não poder ausentar-se enquanto as tropas hititas estivessem nas redondezas. Na realidade, participou a seu lado no saque de Katna! O egípcio dirigia a Aziru mensagem sobre mensagem para o censurar por, entre outras coisas, receber o embaixador hitita ao passo que despedira sem audiência o enviado de El-Amarna. Aziru prometeu vir explicar-se, mas mais tarde. Estava então ocupado numa intriga com Aitakkama, o filho do rei destronado de Kadeš que se tornara protegido de Suppiluliuma. Os dois cúmplices fomentaram uma rebelião nas cidades costeiras contra o Egipto e tentaram, mas sem êxito, um assalto sobre Damasco. Em Biblos isolada, estalaram revoltas, tendo uma parte dos notáveis passado para o lado de Amurru. Rbi-Abdi foi expulso da cidade e procurou refúgio em Beirute. Implorou a clemência de Aziru que não hesitou em entregá-lo aos Sidónios, que o fizeram desaparecer. A posição do amorreu nunca fora tão sólida. Amenófis IV intimou-o uma vez mais a vir justificar a sua traição e a sua aliança com Aitakkama. Aziru decidiu-se por fim, com uma bela audácia. Sabe-se mal o que se passou no Egipto. A manhosa personagem parece ter feito frente com sucesso às acusações, graças às suas ligações pessoais com um alto funcionário da corte, Dudu. Pôde também tirar partido das movimentações provocadas pela morte do faraó e pela subida ao poder do jovem Tutankamon. Do Egipto, continuava entretanto a manter relações com o seu irmão que administrava Amurru na sua ausência. Fazia o mesmo com Aitakkama que actuava concertadamente com os Hititas. Um dos seus corpos de exército comandado por Lupakki operava em Bekáa; um outro encontrava-se em Nuasse sob as ordens de Zida, irmão de Suppiluliuma. Aziru regressou, então, ao seu país. Pensa-se que tenha feito, nesta altura, um acordo com Nikmadu de Ugarit. Durante a estada de Aziru no Egipto, o seu irmão tivera algumas dificuldades com Ugarit, a propósito da província de Siyannu. Contra uma forte soma de dinheiro, o amorreu renunciou aos seus direitos e comprometeu-se a socorrer Nikmadu em caso de agressão. Foi provavelmente pela mesma altura que Aziru entrou francamente na aliança hitita. A presença de um forte exército hitita nas proximidades pesou, sem dúvida, na sua decisão. Mas valia mais para ele encontrar-se no campo do sucesso, que permanecer sob uma autoridade que já nada podia oferecer-lhe. Convém todavia precisar, a favor de Aziru, que viria seguidamente a permanecer inquebrantável na sua fidelidade ao rei hitita, mesmo em caso de revés. A perspicácia de Aziru indicara-lhe quem levaria a melhor nas campanhas futuras.

A terceira campanha síria. – Mitani conservara, na margem ocidental do Eufrates, a importante praça-forte de Kargamiš, ao passo que a região circundante caíra já nas mãos dos Hititas. O comandante do exército hitita na Síria, Telibinu, um filho de Suppiluliuma, ausentara-se para cumprir deveres religiosos em Kizzuwatna. Os Mitanianos aproveitaram-se disso para atacar a partir da sua testa-de-ponte. O comandante hitita interino, Lupakki, foi encerrar-se numa cidade fortificada. Na mesma altura, um exército egípcio marchava sobre Kadeš através de Bekaa. A réplica de Suppiluliuma foi rápida. Reuniu, na Anatólia, um novo exército que confiou a Zida e ao príncipe herdeiro Arnuwanda. Foi desbloquear o exército hitita da Síria e, depois, montou o cerco a Kargamiš. Outras tropas marcharam contra os Egípcios e expulsaram-nos de Bekaa. Nesta altura, Suppiluliuma juntou-se aos seus homens sob as muralhas de Kargamiš.

Aí, recebeu uma surpreendente mensagem da rainha do Egipto, viúva recente de Tutankamon: «O meu marido morreu; não tenho filhos. Diz-se que tens muitos filhos; se me deres um, ele tornar-se-á meu marido. Jamais tomarei por esposo um dos meus súbditos!» Suppiluliuma reuniu o seu conselho e declarou-lhe que nunca na sua vida lhe acontecera uma coisa tal. Temia que se tratasse de uma armadilha e enviou um alto dignitário, Hattusaziti, para tirar a limpo os sentimentos da soberana. No ano seguinte, o enviado regressou com uma nova carta da rainha que se indignava com as reticências do hitita. Suppiluliuma escolheu, então, o seu filho Zannanza e enviou-o para o Egipto. A hesitação do Grande Rei fez-lhe perder a oportunidade de colocar um príncipe da sua casa no trono dos faraós. Uma facção da Corte egípcia era hostil a esse casamento e tivera tempo de tomar as suas disposições. Zannanza nunca chegou ao destino; foi assassinado no caminho, para o maior proveito de Ai, que tomara, entretanto, o poder e dera uma aparência de legitimidade à sua usurpação desposando a rainha. O que ela tanto temia acabara por acontecer. Para vingar a morte do filho, Suppiluliuma lançou um ataque em Bekaa. Os prisioneiros então feitos pelo exército hitita e trazidos para a Anatólia espalharam a peste no império. Durante longos anos, o país viria a sofrer as suas devastações.

Durante a missão de Hattusaziti no Egipto, Kargamiš caíra após um cerco de uma semana e um único assalto. Mursili II não deixou de sublinhar que o seu pai respeitou os templos juntamente com a cidade alta. A cidade baixa, pelo contrário, foi entregue à pilhagem: a prata, o ouro e o bronze afluíram a Hattusa no regresso dos vencedores. Os prisioneiros eram inúmeros, 3330 só para o palácio. A tomada da cidade marcava o ponto final da conquista da Síria do Norte. Chegou, então, a altura de organizá-la politicamente. Suppiluliuma criou lá dois reinos que confiou a dois dos seus filhos. Telibinu, já grande sacerdote do Kizzuwatna, tornou-se rei da metrópole religiosa, Alepo. Piyassili, que tomou nesta altura o nome hurrita de Šarri-Kušuh (satisfação de amor-próprio para os seus novos súbditos, ou tradição familiar?), foi entronizado como rei de Kargamiš.

Suppiluliuma regressou à Anatólia. No rio Marassantiya (Kizil Irmak), recebeu uma outra notícia surpreendente. Mattiwaza, o filho do seu adversário Tusratta de Mitani, vinha refugiar-se junto dele. Melhor, pedia-lhe que o ajudasse a reconquistar o trono. Com efeito, os reveses sofridos aquando da terceira campanha síria haviam provocado uma revolução de palácio entre os mitanianos. Tusratta fora assassinado. Para os contemporâneos, esta morte não podia ser senão um castigo infligido pelo grande deus Tešub. O filho do antigo pretendente Artatama (cf. *supra*, p. 351), Suttarna III, tomou o título de rei, à falta da realidade do poder. Os vizinhos tornaram-se ambiciosos. Ale (região a norte do Mitani) e a Assíria apoderaram-se de uma parte do território. Assur-uballit levou as portas de ouro e de prata, outrora troféu de Saustatar (cf. *supra*, p. 349). Suttarna não reagia e entregou mesmo aos Assírios os nobres hurritas que tinham tentado resistir-lhes. Um grupo conduzido por Akit-Tešub conseguiu chegar a Babilónia onde foi massacrado. Mattiwaza, que escapara desde a morte de seu pai a toda a espécie de inimigos, chegou, pois, ao país hitita onde Suppiluliuma o acolheu muito bem.

O hitita ofereceu ao príncipe fugitivo recolocá-lo no seu trono, mas Mattiwaza preferia agir sozinho, pelo menos aparentemente. Tornou-se, por tratado (*CTH* 52), protegido do Grande Rei e desposou uma sua filha. Assumiu o comando das tropas hititas postas à sua disposição, conjuntamente com Piyassili de Kargamiš. Retomaram Harran e Wassuganni, mas a sua marcha teve de deter-se no Habur. Os Assírios barravam-lhe a passagem em nome do seu protegido Suttarna III. A partir de então, já não existia poderio político mitaniano. Restavam apenas dois estados que serviam de tampão: o Mitani ocidental que passara para a órbita hitita, e o oriental, chamado também Hanigalbat, reserva de caça assíria.

Suppiluliuma morreu pouco depois, vítima sem dúvida da peste trazida pelos prisioneiros egípcios. Não podem contestar-se os êxitos do seu reinado, o restabelecimento da situação na Ásia Menor, o aniquilamento político e militar do Mitani, a conquista duradoura e a sólida organização da Síria do Norte. De um reino enfraquecido, ameaçado de todos os lados, fizera um império. Este termo impõe-se de facto para qualificar, doravante, a monarquia hitita. O soberano de Hattusa já não era apenas o senhor de um território e de populações relativamente homogéneas. Federava sob a sua autoridade Anatólicos, Sírios, Hurritas. Pelas suas conquistas e êxitos diplomáticos ganhara um lugar entre as grandes potências.

Algumas sombras ofuscam, no entanto, este brilhante quadro. Inteiramente absorvido pelas questões siro-mitanianas, Suppiluliuma descurara as da Anatólia. No sudoeste, uma revolta incubava em Arzawa onde Uhhaziti conduzia a sua própria política sem ter em conta os interesses do Grande Rei. Os Gasgas haviam ocupado, no norte, territórios hititas. A capital, apesar dos trabalhos de fortificação levados a cabo nesta época, continuava ameaçada e, mais grave ainda aos olhos dos contemporâneos, o rei descurara os seus deveres religiosos: as festas já não eram celebradas regularmente. A peste era, portanto, tão-somente o justo castigo por estas faltas. A seguir ao desaparecimento do conquistador, a revolta estalou por todo o lado, no Mitani, no Kizzuwatna, em Arzawa, nos Gasgas. Mas o império tinha a sorte de ter à sua frente homens de valor.

6. *O apogeu do império hitita*
Os filhos de Suppiluliuma I, Arnuwanda II e Mursili II. – Por morte de Suppiluliuma, seu filho, o príncipe herdeiro Arnuwanda, que já se distinguira nos campos de batalha sírios, tornou-se Grande Rei([1]). Mas caíu doente quase de imediato e morreu após alguns meses de reinado. Pensa-se que também terá sido vítima da peste que vitimara seu pai. Teve, no entan-

---

([1]) BIBLIOGRAFIA ADICIONAL. – Os textos históricos que datam do apogeu do Império estão catalogados sob os números CTH 57 a 113 e 155 ss. D. Arnaud, D. Beyer e J. Margueron, *Emar, un royaume sur l'Euphrate aux temps des Hittites*, Musée d'Art et d'Essai, Paris, 1982; K. Bittel, Karabel, *Mitteilungen der Deutschen Orient--Gesellschaft*, 98 (1967), pp. 7-21, Berlim; E. Edel, *Ägyptische Ärzte und ägyptische Medizin mn hethistischen Königshof*, Göttingen, 1976; Ph. H.J. Houwink Ten Cate, *The Early and Late Phases of Urhi-Tešub's Career*, Anatolian Studies presented to H.G. Güterbock, pp. 123-150, Istambul, 1974; G. Kestemont, *Accords internationaux relatifs aux ligues hittites (1600-1200 av. J.-C.). Dossier C: le dossier égyptien*, Orientalia Lovaniensia Periodica, 12 (1981), pp. 15-78, Lovaina; E. Laroche, *La bibliothèque royale de Hattusa*, Archiv Orientalni, XVII (1949), pp. 7-23, Praga; E. Laroche, *Documents hittites et hourrites, Meskene-Emar, dix ans de travaux*, 1972-1982, pp. 53-60, Paris, 1982; H. Otten, Puduhepa. *Eine hethitische Königin in ihren Textzeugnissen*, Mogúncia, 1975; A. Ünal, *Hattušilliš III, Texte der Hethiter 3-4*, Heidelberga, 1973; J.A. Wilson, *The Texts of the Battle of Qadeš*, American Journal of Semitic Languages and Literatures, XLVIII (1927), pp. 266-287, Chicago.

to, tempo de confirmar seu irmão Piyassili-Šarri-Kusuk à frente do reino de Kargamiš, esse sustentáculo da presença hitita na Síria. Kizzuwatna, que se rebelara, foi reconduzido à obediência. Como posteriormente não se falará mais de perturbações, nem mesmo da existência de um reino com esse nome na região, supõe-se que terá sido Arnuwanda II que o incorporou definitivamente nos domínios directamente dependentes de Hattusa.

Um filho mais novo de Suppiluliuma subiu seguidamente ao trono: Mursili II (1339-1306 aprox.), que era ainda um jovem. Contudo, depressa manifestou a energia do seu carácter, sabendo fazer frente de todos os lados numa luta de longo alcance. Os acontecimentos do seu reinado são conhecidos pelos *Anais* que ele mandou redigir (*CTH* 61). Existem duas redacções. Os *Anais decenais* resumem a descrição das campanhas que o rei conduziu pessoalmente nos primeiros dias do seu reinado. Constituem, de facto, uma acção de graças para com a deusa Sol de Arinna, rainha do país hitita e protectora de Mursili. Pode pensar-se que datam de uma altura em que o rei julgava ter acabado com os perigos que ameaçavam o Império. Mas, de facto, as coisas não se passam assim, porquanto a outra versão, os *Anais desenvolvidos*, relata uma vintena de anos de expedições conduzidas não apenas pelo rei mas também pelos príncipes e pelos generais. Infelizmente, as nossas lacunas em geografia hitita impedem-nos de acompanhar os seus pormenores, muitas vezes muito precisos, no mapa ou no terreno.

Nos dez primeiros anos, Mursili teve como objectivo militar e político manter e restabelecer o poder hitita em todo o lado onde ele era posto em questão. Teve, pois, de combater, no Norte, os Gasgas, no Leste, Azzi-Hayasa, no Sudoeste, Arzawa. Este termo aparece nos textos com várias acepções. Uma delas é geográfica, designando tudo o que, do ponto de vista dos Hititas, se encontrava para além da planície de Konya. No sentido político, existia na região um reino do mesmo nome, mas que a não continha necessariamente toda ela. Este Estado de Arzawa tivera, pouco antes da subida ao trono de Suppiluliuma I, relações com o Egipto (cf. *supra*, p. 347). O conquistador trouxera-o para a dependência hitita. Em nome do rei, Uhhaziti, «homem de Arzawa», controlava o país e exercia a sua autoridade sobre as províncias vizinhas de Hapalla, de Mira e do rio Seha. A localização destas regiões deve ser provavelmente procurada entre o lago de Beysehir, a Lícia e o alto Hermos. Uhhaziti encontrava-se, portanto, à frente de uma espécie de constelação política que englobava, sob o nome de Arzawa, todas estas regiões. Aproveitou-se da mudança de reinado em Hattusa para romper todos os laços de dependência e conduzir a sua própria política.

Mursili foi, no entanto, impedido de tratar imediatamente dos assuntos arzawianos. É que as tribos gasgas tiravam também partido da situação devastando as zonas nor-orientais do país hitita. Enquanto os flagelava, o rei nem por isso descurava o que se passava no Sudoeste. Enviara lá o seu «Grande-do-Vinho» (título militar) Nuwanza, tendo como missão vigiar a fronteira. Além disso, fazia que os seus partidários actuassem na região. Manapa-Tarhunda, príncipe do Seha expulso pelos seus irmãos, encontrara refúgio junto de Suppiluliuma; por intervenção de Mursili, pudera retomar a posse dos seus bens patrimoniais, talvez mesmo desde o reinado de Arnuwanda II. Um outro refugiado, Mashuiluwa de Mira, reocupou uma parte do seu país em nome do seu cunhado, o Grande Rei. Uhhaziti, por seu turno, procurava apoios. Conseguira atrair a si Manapa-Tarhunda. Uma aliança com o rei de Ahhiyawa permitiu-lhe apoderar-se de uma região até então submetida ao rei hitita, a de Millawanda. Este nome, transcrito noutros lados por Milawata, foi relacionado com o da colónia grega de Mileto (Μίλητος < *Μιλξτος). A variante gráfica prova, em todo o caso, que os escribas hititas entendiam mal um nome para eles estrangeiro. Se esta região pôde depender politicamente de Hattusa, não era certamente hitita do ponto de vista etno-linguístico. Mas não se poderá afirmar a identificação com Mileto. De resto, o nome de uma outra região, liciana na época clássica, a Milíade, corresponde fonema por fonema, segundo as regras da transcrição grega dos topónimos anatólicos, a Milawata/Millawanda.

O caso de Ahhiyawa é, por seu lado, objecto de uma controvérsia desde que, em 1924, E. Forrer propôs que se visse nesse reino os Aqueus dos poemas homéricos. F. Sommer dedicou-se, nos seus *Ahhijava Urkunden* (1932), a refutar esta hipótese através de uma crítica cerrada de todos os testemunhos sobre o Ahhijawa nos textos de Boğazköy. Actualmente, o estado da documentação cuneiforme é mais ou menos o mesmo. Este país aparece, sob uma forma ligeiramente diferente (*Ahhiya*), no episódio de Madduwatta (cf. *supra*, p. 345). Os *Anais* de Mursili permitem afirmar que se situava no Oeste, pois que mantinha relações com o Arzawa, e também porque se chegava lá por mar. Segundo outros documentos datados quer do reinado de Mursili, quer do de Muwatalli (*CTH* 181-182), gentes de Ahhiyawa actuavam no oeste da Anatólia; o seu rei tinha mesmo um representante em Milawata, que beneficiava, de resto, de uma ampla liberdade de acção, dado que nem sempre mantinha o seu soberano ao corrente dos seus feitos e gestos. As relações entre Ahhiyawa e Hatusa eram cordiais, porque se fala da estada que o irmão do rei de Ahhiyawa fez na Corte hitita. Mais tarde, sob Tudhaliya IV, o Ahhiyawa será quase considerado como parceiro das grandes potências, Egipto, Babilónia e Assíria. Comerciava então por mar com a Síria e também com a Assíria. A arqueologia traz indícios a favor da equação Ahhiyawa = Aqueus. A presença de Micenenses é atestada perto de Ugarit. Na Anatólia ocidental, foram descobertos não apenas objectos micénicos que provam a existência de um comércio entre Gregos e indígenas, mas também vestígios de instalação (necrópole micénica de Müskebi, por exemplo). Pode; pois, pensar-se que colonos vindos da Grécia continental (Argólida, Tebas?), estabelecidos em alguns pontos da costa micrasiática, que mantinham com a sua metrópole apenas laços muito ténues, estiveram metidos nas intrigas dos dinastas anatólicos. Tais contactos só podiam ser iniciativas individuais e esporádicas da parte de mercadores ou de *condottieri* aqueus que vagueavam como crianças perdidas pelas margens do mundo hitita. Em tais condições, não se poderá falar de influências culturais de uma civilização sobre a outra.

No ano III do seu reinado, ao mesmo tempo que rechaçava ainda alguns grupos gasgas, Mursili mandou devastar a região de Milawanda. O seu protegido Mashuiluwa venceu Piyama-^{d}KAL, um filho de Uhhaziti de Arzawa. Nesta altura, o rei dirigiu ao seu adversário uma declaração de guerra em boa e devida forma. Para as necessidades da campanha, que viria a durar dois anos, chamou como reforço o seu irmão Šarri-Kušuh de Kargamiš. Venceu, por sua vez, Piyama-^{d}KAL na fronteira e fê-lo prisioneiro. Uhhaziti, que fora ferido por um meteorito, abandonou a sua cidade de Apasa ao vencedor e refugiou-se numa ilha com o resto dos seus. O final da temporada foi consagrado por Mursili ao cerco vitorioso de um cabo fortificado, o monte Arinnanda. Depois de ter passado o Inverno em Arzawa, o rei soube da morte de Uhhaziti. Um filho deste último, Tapalazunaili, tentou em vão continuar a luta. Bloqueado numa cidadela, fez uma sortida nocturna e fugiu, mas a sua família e as suas bagagens caíram nas mãos dos Hititas. Uma passagem fragmentária dá-nos conhecimento de que um filho de Uhhaziti (Tapalazunauli?), refugiado em Ahhiyawa, foi entregue a Mursili pelo rei deste país. Após a sua vitória, o Gande Rei reorganizou Arzawa. O termo deixou, a partir de então, de ser empregado na sua acepção política. O seu território foi provavelmente incorporado em parte nos domínios directamente dependentes de Hattusa. O resto serviu para recompensar os príncipes protegidos. Mashuiluwa recebeu, além de Mira, a região de Kuwaliya; um certo Targasnalli ficou com Hapalla. O caso de Manapa-Tarhunda era mais litigioso, porque o senhor do Seha traíra ao tomar o partido de Uhhaziti. Contudo, quando Mursili viu chegar, em atitude de súplica, mágicas do Seha tendo à frente a própria mãe de Manapa-Tarhunda, ficou tocado e concedeu-lhes o perdão. Apesar da sua recente felonia, o príncipe foi confirmado nos seus títulos e funções, obtendo mesmo ainda a região de Asharpaya.

Após uma campanha tão brilhante, foi necessário voltar às tarefas menos exaltantes da manutenção da ordem nas fronteiras gasgas. Nesta altura,

Mursili passou à contra-ofensiva e conseguiu recuperar territórios perdidos nos tempos de seu pai e de seu avô. As expedições punitivas eram conduzidas segundo um esquema imutável: após uma incursão dos rapinantes num sector da fronteira hitita, o rei fazia avançar o seu exército que queimava as localidades gasgas, recolhia gado e prisioneiros, até à submissão, sempre provisória, do adversário; no ano seguinte, era preciso recomeçar noutro sítio, ou até no mesmo local.

No ano VII, o Egipto tentou, sem êxito, fomentar uma revolta na Síria, no Nuhašše. Šarri-Kušuh de Kargamiš conseguiu restabelecer a ordem. Na mesma altura, Mursili desencadeava as hostilidades contra Azzi-Hayasa que rompera as boas relações entabuladas em vida de Suppiluliuma I (cf. *supra*, p. 352). Mas, no ano IX, o rei abandonou o comando para ir a Kizzuwatna celebrar a festa da deusa Hebat de Kumanni. Šarri-Kušuh juntou-se-lhe, mas morreu pouco depois. Este falecimento obrigou Mursili a ocupar-se ele próprio dos negócios sírios, porque Kargamiš não tinha, a partir de então, rei titular. Nesta altura, os Assírios apareciam no Eufrates. O seu rei, Assur-ubalit, tinha provavelmente anexado o que restava do Mitani, pois que não se ouve falar mais de Mattiwaza. A presença do rei hitita bastou para fazer recuar a ameaça. Durante este tempo, dera-se uma nova rebelião em Nuhašše, com Aitikkama de Kadeš. Azzi não podia deixar de tirar partido do afastamento do seu adversário. Mursili despachou Nuwanza para esta frente. Enviou um outro general para Nuhašše, ao passo que ele próprio actuava em Astata, a sul de Kargamiš. As escavações de Meskene--Emar confirmam a narrativa dos *Anais*. Puseram a descoberto, entre outras coisas, as fortificações de que Mursili muniu a cidade, posto avançado do Império em pleno mundo semítico. De regresso a Kargamiš, organizou a Síria hitita assegurando as sucessões dinásticas nos reinos protegidos. Talmi-Šarruma, sucedeu a seu pai Šarri-Kušuh em Kargamiš; Ari-Tešub tirou partido em Kadeš do assassínio do seu pai rebelde, Aitakkama; os herdeiros de Aziru, em Amurru, e de Nikmadu, em Ugarit, beneficiaram da fidelidade dos seus pais. Na altura da confirmação de Nikmepa de Ugarit, foram delimitadas as suas fronteiras com Alalah. Vê-se então desenhar-se uma tendência para restringir a autonomia dos principados sírios em proveito do rei de Kargamiš. A partir de então, foi dele que passou a depender Siyannu, destacado de Ugarit. Mais do que nunca, ele desempenhou o papel de um vice-rei hitita que controlava e dirigia a organização político--militar da Síria do Norte.

Entrementes, Nuwanza conseguira desbloquear a cidade hitita de Kannuwara cercada pelas tropas de Azzi. No ano seguinte, Mursili assumiu pessoalmente o comando do exército que deveria conquistar o país inimigo. Conseguiu a vitória praticamente sem combate, porque os soldados vieram oferecer-lhe a sua submissão quase de imediato.

Após dez anos de grande actividade, a situação do Império estava restabelecida, senão completamente estabilizada. É claro que, em seguida, foi necessário renovar periodicamente as expedições aos Gasgas. No décimo segundo ano, Mashuiluva de Mira revoltou-se, mas praticamente não encontrou apoio na sua terra, porquanto os seus próprios súbditos apelaram para o rei hitita. Mursili deu-lhes como príncipe o seu sobrinho, filho adoptivo do rebelde, Kupanta-^{d}KAL. Esta investidura foi sancionada por um tratado (*CTH* 68). O mau estado de conservação dos *Anais desenvolvidos* não permite afirmar que o Mitani foi recuperado. Podemos, no entanto, depreendê-lo, porque as tropas de Naharina (= Mitani) viriam a figurar, no reinado seguinte, nas fileiras hititas na batalha de Kadeš (cf. *infra*, p. 365). Sabemos, aliás, que a Assíria teve nesta altura muitos problemas com os seus vizinhos das montanhas e do deserto. É, portanto, possível que tenha sido obrigada a retirar as suas forças de entre o Habur e o Eufrates.

Chegaram-nos alguns ecos dos acontecimentos internos do Império. Pelas orações de Mursili (*CTH* 378), sabemos que a peste não deixou de devastar o país durante longos anos. O rei sofreu de afasia durante algum tempo. Para o espírito profundamente religiosos de Mursili, estes males eram o castigo de negligências para com as divindades (cf. *infra*, p. 386). A vida da Corte foi perturbada pelas manobras da rainha-mãe, a última esposa de Suppiluliwna I. Como era de uso entre os Hititas (cf. *infra* p. 386 e ss.) ela continuava a desempenhar um importante papel político e religioso. A conduta desta princesa de origem babilónica suscitava muitas críticas. Foi acusada de ter desviado bens pertencentes a templos. Facto mais grave, teria usado de magia para causar a morte a Gassulaziya, a jovem mulher de Mursili. Levada perante o tribunal, foi condenada ao desterro. Não sabemos o que lhe aconteceu posteriormente, mas Mursili teve de jurar perante os deuses que agira sempre para com ela segundo a justiça. Dado o lugar ocupado pela rainha na sociedade hitita, a recordação desta história infeliz viria ainda a pesar na consciência do neto de Mursili.

Nada sabemos da situação material dos povos do Império. Entretanto, o estado de mobilização permanente agravado pela peste deve ter pesado muitíssimo sobre os seus ombros. Os *Anais* quase só se preocupam com questões militares e diplomáticas. Deste ponto de vista, o reinado de Mursili foi incontestavelmente brilhante. Consolidou a herança de seu pai; o Império continuava a estender-se do Líbano e do Astata no Sul, até às montanhas do Ponto no Norte. A anexação de Azzi-Hayasa alargara o domínio hitita para além do Alto Eufrates. Se não podemos traçar com precisão o seu limite a Oeste, este devia certamente englobar a maior parte da Anatólia.

Muwatalli e a batalha de Qadeš. – A Mursili II sucedeu o seu filho Muwatalli (1306-1282 aprox.). Muito poucos documentos emanam directamente deste rei. Em contrapartida, as fontes egípcias dão informações sobre a batalha de Qadeš. Sobretudo, a *Autobiografia* do seu irmão Hattusili III (*CTH* 81) traz numerosas precisões e permite reconstituir a trama dos acontecimentos, à falta das suas causas reais. O texto de Hattusili foi, de facto, redigido vários anos após a morte de Muwatalli, com a finalidade de legitimar a deposição do seu filho e sucessor Mursili III (Urhi-Tešub) (cf. *infra* pp. 368-369). Temos, pois, razões para ver aqui uma versão pelo menos parcelar e parcial dos factos que levaram à usurpação de Hattusili. Este opõe, na sua argumentação, a atitude de seu irmão para consigo e a do seu sobrinho. Ao passo que a confiança teria reinado entre Muwatalli e ele próprio, Urbi-Tešub, mal aconselhado, tê-lo-ia tratado injustamente, a ponto de o obrigar à revolta.

Alguns pormenores permitem, entretanto, matizar a imagem das relações entre os dois irmãos. Ainda em vida do seu pai, Hattusilli caíu doente. Em sonhos, Muwatalli veio aconselhar Mursili que fizesse do jovem príncipe um sacerdote de Šauška de Samuha. Hattusili apresentou este episódio como o primeiro passo da sua gloriosa carreira, nunca mais lhe tendo faltado, seguidamente, a protecção da deusa. Pode perguntar-se se o sacerdócio não teria representado um meio para pôr de lado uma personagem de cujas ambições já se teria suspeitado. Por outro lado, Hattusili viu serem-lhe confiados pelo seu irmão, que se tornara Grande Rei, postos muito importantes: general e chefe da guarda, juntamente com a administração do País-Alto (províncias a nordeste de Hattusa). Esta promoção valeu-lhe muitos ciúmes, entre os quais os do antigo titular da função, Arma-Tarhunda, seu parente. Tendo sido acusado, talvez já por aspirar à realeza, Hattusili teve de submeter-se a um ordálio para se justificar. Muwatalli renovou-lhe a sua confiança e entregou-lhe o comando da infantaria e dos carros. Depois, o rei partiu, indo instalar-se no País-Baixo (Licaónia, Cilícia Traqueia), levando com ele as estátuas dos deuses e dos reis defuntos. Mais tarde, Hattusili viria a declarar não ter aprovado esta transferência (*CTH* 383). Muwatalli rompia com a tradição que fazia de Hattusa a capital desde há três séculos. Sabemos que a cidade foi destruída, por esta altura, pelos Gasgas. Por outro lado, o rei foi guerrear em Arzawa. Como Hattusili não o acompanhou nesta expedição, a *Autobiografia* não faz dela qualquer relato. Mas conhecemos, pelo menos, os seus resultados. Um tratado (*CTH* 76) renovou o juramento de fidelidade ao Grande Rei de um país do Oeste, Wilusa. O seu príncipe chamava-se Alaksandu; é difícil não ver neste nome o modo como os escribas hititas entendiam o nome grego de Alexandros. No Seha, o filho de Manapa-Tarhunda (cf. *supra* p. 361) desposou a irmã de Muwatalli. Um casamento diplomático vinha assim completar o efeito das demonstrações de força para assegurar o poder hitita nas regiões de Arzawa.

O afastamento do rei encorajou o ardor belicoso dos Gasgas. Durante dez anos, não se pôde, por causa deles, fazer as sementeiras em regiões que, no entanto, constituíam o núcleo do país hitita. Hattusili relata que o inimigo atravessou o Kizil Irmak na região de Kaneš. Um pouco mais tarde, Muwatalli encarregou o seu irmão de repelir um ataque geral, mas confiou-lhe poucas tropas. Terá sido por falta de meios, ou por desconfiança? Hattusili levou alguns contingentes auxiliares; talvez já tivesse então começado a constituir uma clientela pessoal. Conseguiu a vitória em Hahha, no Anti-Tauro. Vê-se, portanto, a dimensão do recuo das forças hititas colocadas sob as ordens do governador do País-Alto. Depois deste êxito, preocupou-se em reinstalar na sua terra os hititas que haviam sido deportados pelos gasgas. Segundo a *Autobiografia*, foi essa a primeira proeza de Hattusili. Teve ainda de repelir seguidamente uma nova tentativa de invasão, ainda com efectivos limitados.

Foi então que Muwatalli estabeleceu a sua nova capital no País-Baixo, em Tarhundassa (actualmente Meydancik kalesi, perto de Gülnar, na Cilícia Traqueia). Este local difícil, numa região de recursos limitados, talvez tenha sido escolhido para se aproximar do teatro de operações sírio. Mas nem Suppiluliuma I, nem Mursili II, que lá tinham combatido, haviam julgado útil abandonar Hattusa. É preciso, a este propósito, pensar no estado em que se encontrava a cidade após as incursões gasgas. Será preciso pensar também no interesse que Muwatalli poderia ter em afastar-se de um irmão activo e ambicioso? Oficialmente, este último continuava a gozar da confiança do irmão mais velho. Recebeu a administração das regiões reconquistadas, juntamente com o trono de Hakmis (actualmente Amasya?); um sinete hieroglífico confirma que usava o título de «rei do País-Alto». O seu poder estendia-se sobre todo o norte do país hitita, da Paflagónia ao alto Eufrates, mas Hattusa estava excluída. O prestígio da antiga capital, mesmo arruinada, era ainda demasiado grande para que fosse entregue ao general vitorioso. Na sua zona, Hattusili que reforçava o *limes*, fez acordos com algumas tribos para poder utilizá-las contra as outras.

Nesta altura, as questões sírias atraíram de novo a atenção do rei hitita. Pouco depois da sua subida ao trono, Muwatalli renovara o tratado com o seu primo Talmi-Šarruma de Alepo (*CTH* 75). Em seguida, a nova dinastia egípcia, a 19.ª, tomara a iniciativa na Síria, após o eclipse devido às preocupações religiosas da época amarniana. Seti I conduzira uma expedição vitoriosa contra a cidadela hitita de Qadeš. O Amurru, protegido do Grande Rei, encontrava-se a partir de então em posição delicada. O seu rei, Bentešina, desertou abertamente aquando da chegada ao poder de Ramsés II (1290). Muwatalli ganhou, no entanto, tempo para se preparar para ripostar, enviando ao Egipto presentes de felicitações pela subida ao trono. No ano V do seu reinado (1286), Ramsés conduziu um poderoso exército de quatro divisões, pela estrada do Litani e do Orontes. Segundo as fontes egípcias, o hitita reunira tropas de todas as regiões do seu império: Naharina (= Mitani), Arzawa, Masa, Pitassa, Arawanna, Karkisa, Lukka, o país gasga, Kizzuwatna, Kargamiš, Ugarit, Alepo, Nuhašše, Kadeš. A *Autobiografia* assinala apenas a presença de Hattusili, o que deve significar que desempenhou apenas um papel modesto na questão. O texto egípcio fala de um efectivo de 35 000 homens e 3 500 carros nas fileiras hititas; mas é sabido o valor que deve atribuir-se a tais precisões. Muwatalli juntou as suas tropas perto da fortaleza de Qadeš, no Orontes a sul do lago de Homs, para a batalha decisiva. Ramsés comprazeu-se a mandá-la representar nas paredes dos templos que, em seguida, mandou construir. O escriba Pentaur compôs uma narrativa em tom épico das proezas do faraó. Nos baixos--relevos egípcios, a fogosidade demonstrada por Ramsés no seu carro evoca naturalmente uma vitória arrebatadora.

 A realidade é, de facto, menos gloriosa. Mal informado sobre a posição dos Hititas – ele julgava-os ainda na região de Alepo –, o faraó deixara que as quatro divisões se espalhassem na estrada. Assim, quando estabeleceu o seu acampamento depois de ter atravessado o Orontes, já só estava acompanhado pela sua guarda pessoal e pela divisão de Amon. A segunda, a de Rã, estava ainda a atravessar a vau, ao passo que os outros se encontravam ainda em Amurru. Então, dois espiões hititas capturados por uma patrulha deram conhecimento a Ramsés de que Muwatalli estava por detrás de Qadeš, com o grosso das suas tropas. O egípcio enviou o seu vizir e um oficial para apressar a marcha dos retardatários. Mas os Hititas tinham-se movimentado com os seus carros para sul da cidade. Separaram Ramsés da sua retaguarda, dispersando a divisão de Rã. Os fugitivos lançaram-se desordenadamente no acampamento do faraó. A dar-lhe crédito, ele ter-se--ia lançado, sozinho no seu carro, para fazer uma carnificina entre os carros hititas. Os soldados de Amon sentiram-se provavelmente encorajados por isso, tanto mais que o inimigo não procurava explorar a vantagem, limitando-se a saquear as bagagens egípcias. A chegada oportuna do contingente de Amurru salvou Ramsés do cerco. Dividiu em várias partes os rapinantes, mas as forças do seu adversário não tinham sido seriamente desmanteladas. Após várias horas de luta, o faraó teve de dar ordem de retirada, o que a propaganda egípcia apresentou como um regresso triunfal. Os Hititas mantiveram-se à distância, não tendo qualquer interesse em travar uma nova batalha. Hattusili acompanhou o seu irmão até Damasco, em plena zona de influência egípcia, e ocupou este território durante algum tempo. Vê-se que um tal facto desmente completamente os comunicados de vitória de Ramsés. No melhor dos casos, a campanha de Qadeš não foi, portanto, para o Egipto mais que um golpe inútil. Os seus objectivos bélicos, a ocupação e a conquista da Síria do Norte, não foram alcançados; o Amurru foi obrigado a regressar à autoridade hitita. Dentešina pagou a sua deserção com a liberdade e o exílio. Ramsés guerreou, é claro, posteriormente na região, mas nunca fora dos limites da sua zona de influência. Pode supor-se que os Hititas não foram estranhos às revoltas dos príncipes sírios contra o faraó.

As actividades de Muwatalli primeiro em Arzawa, depois na Síria, tinham-no levado a descurar os interesses hititas no Mitani. Os Assírios atacaram Sattuara, sem dúvida um descendente de Mattiwaza. Vencido, foi obrigado por Adad-nirari I ao pagamento de um tributo. Mais tarde, Wasasatta, filho de Sattuara, revoltou-se e chamou em seu auxílio o rei hitita. Não estando disposto a criar um novo inimigo, Muwatalli nada fez. O mitaniano foi esmagado e o seu reino anexado à Assíria. Adad-nirari comunicou a sua vitória a Muwatalli e propôs-lhe um encontro na Síria, chamando-o «meu irmão», segundo o uso diplomático entre reis. O furor expresso na resposta de Muwatalli trai o seu despeito: «Por que me falas de fraternidade?... Acaso somos, eu e tu, nascidos da mesma mãe?» (*CTH* 171). O rei hitita media agora as consequências do seu erro. O Império hitita deixava de estar protegido por um Estado-tampão no médio Eufrates.

O desenrolar da campanha síria foi fértil em acontecimentos importantes para a carreira posterior de Hattusili. Enquanto se encontrava ainda na Síria, soube que o seu rival, Arma-Tarhunda, retomara as maquinações contra ele. Juntamente com a sua família, o intriguista entregava-se a práticas de magia; mesmo Samuha, a cidade santa de Šauška, a divina protectora de Hattusili, estava cheia de malefícios. Antes de regressar aos seus domínios do País-Alto, fez um desvio por Lawazantiya no Kizzuwatna. Por ordem de Šauška, tomou aí por esposa uma sacerdotisa, Puduhepa, filha do sacerdote Bentipsarri. Após o seu casamento, Hattusili teve de apressar-se em direcção a Hakmis que se sublevara e caíra nas mãos dos Gasgas. Uma vez restabelecida a ordem e proclamada Šauška rainha de Hakmis, voltou-se de novo contra Arma-Tarhunda. Este intentara um novo processo contra ele perante Muwatalli. A *Autobiografia* silencia curiosamente o motivo da acusação. Teria a ver com os manejos pessoais do irmão do rei? O rei de Hakmis contra-atacou acusando os seus adversários de um dos crimes mais graves punidos pelo Código hitita, a bruxaria. Esse era seguramente um meio para os desacreditar completamente. Julgou, além disso, acertado precisar que um filho de Arma-Tarhunda, Sippaziti não estava no número dos culpados. Terá sido generosidade, ou a preocupação de ter nele um dependente? Entregues a Hattusili juntamente com a sua fortuna, os condenados podiam temer o pior. Magnânimo, o rei contentou-se com exilá-los para Chipre; entregou-lhes mesmo metade dos seus bens, sendo os restantes consagrados a Šauška.

Até aqui, deduz-se a existência de uma política pessoal de Hattusili da interpretação de algumas passagens da *Autobiografia*. A prova absoluta disso mesmo é-nos trazida pelo preâmbulo do tratado que viria a assinar mais tarde com Bentešina de Amurru (*CTH* 92). Com efeito, reconheceu claramente que, depois de Qadeš, reclamou a Muwatalli o príncipe sírio que caíra, para estabelecê-lo com a sua família em Hakmis. Para alargar a sua clientela, não hesitava em tomar sob a sua protecção uma personagem cuja traição fora manifesta.

Mursili III (Urhi-Tešub.) – Muwatalli morreu sem deixar herdeiro nascido de uma rainha; mas tivera um filho, Urhi-Tešub, de uma concubina. Dada a diferença de idade entre os dois filhos de Mursili II, o príncipe não devia ser muito mais novo que seu tio Hattusili. Pôde, portanto, exercer responsabilidades nos negócios do Império no fim do reinado de seu pai. Ph. H. J. Houwink ten Cate, ao interpretar o texto *CTH* 297.7 como uma oração justificativa (cf. *infra*, p. 422), suspeita de algum desacordo entre Muwatalli e o seu herdeiro, a propósito da rainha-mãe Tanuhepa, viúva de Mursili. Por respeito pela memória do irmão, diz ele, Hattusili elevou o sobrinho ao trono. Não fazia mais que aplicar o *Rescrito* de Telibinu (cf. *supra*, p. 342-43). O novo rei tomou, para reinar, o nome de Mursili III. Este príncipe de filiação de segunda linhagem pretendeu, ao escolher um nome duplamente glorioso, ligar-se à tradição dinástica. Mas depois de tê-lo deposto, o seu tio nunca o designará a não ser pelo seu nome de nascimento, por uma espécie de *capitis deminutio*. Este pormenor prova que os reis hititas mudavam de nome aquando da sua subida ao trono. Nota-se igualmente que Urhi-Tešub usa um nome que pertence à antroponímia hurrita (cf. *supra*, p. 351). Quanto à atitude de Hattusili, ela era de facto hábil. Seguia escrupulosamente as disposições da lei, esperando, ao mesmo tempo, que o sobrinho lhe ficasse grato por não ter procurado excluí-lo.

Da actividade do novo rei conhecemos apenas o que dela nos disse Hattusili. Convém, pois, aceitar este testemunho com reservas. Mursili III fez de novo de Hattusa a capital do Império. Este retorno visava um duplo objectivo: por um lado, reatar com a tradição monárquica hitita; por outro, vigiar de mais perto um tio activo e ambicioso. Nesta altura, Hattusili reconquistava a cidade santa de Nerik, que caíra há muito tempo nas mãos dos Gasgas e fora abandonada. Ora, o deus da Tempestade de Nerik não deixara de ocupar um lugar importante na religião oficial. Ao restaurar a presença hitita em Nerik e ao reinstaurar lá o culto de que se fez sacerdote, Hattusili acrescentava um toque suplementar à sua imagem de príncipe piedoso. Os seus confrades do clero saberiam apreciar este gesto. O rei viu o perigo e retirou a seu tio províncias que Muwatalli lhe confiara em tempos. Deixou-lhe, no entanto, o trono de Hakmis e o sacerdócio de Nerik. Não se sentia ainda suficientemente poderoso para o afastar completamente. Durante sete anos, Hattusili teve a prudência de conter-se, ao mesmo tempo que mantinha laços com os que se queixavam de Urhi-Tešub. Com o passar do tempo, o soberano julgou possível retirar a seu tio as suas últimas dignidades. Hattusili passou então à revolta, fazendo de Šauška de Samuha o juiz da querela com o sobrinho. A clientela pacientemente constituída ao longo dos anos acompanhou-o: dignitários, reis provinciais e mesmo Gasgas. Urhi-Tešub enviou, então, Sippaziti contra os revoltados. Pensou encontrar um refúgio em Samuha, mas a deusa do lugar, a protectora do seu adversário, entregou-o a Hattusili fazendo que as muralhas se desmoronassem. O vencedor sabia que o sobrinho ainda tinha partidários, designadamente em Mira (cf. *infra*, p. 371) e, por isso, poupou-o. Enviado a Nuhašše para comandar algumas praças-fortes, Urhi-Tešub não desesperava de ir a retomar o poder. Por isso, urdiu intrigas. Uma vez descoberto, tentou fugir para Babilónia, mas foi capturado e desterrado «para os lados do mar». O seu cúmplice, Sippaziti, foi expulso para fora das fronteiras do Império. Do seu lugar de exílio (Chipre, outros dizem, o Egipto), tentou interessar as potências estrangeiras pela sua corte, mas sem êxito.

Hattusili III, o usurpador: a «pax Hethitica». – Se Hattusili III (1275--1250 aprox.) chegava finalmente ao trono, a verdade é que não podia esconder que tal acontecera à custa de uma usurpação. Por um sentimento pouco habitual no Próximo Oriente antigo, mas típico da atitude dos Hititas perante os deuses ou os seus juízes (cf. *infra*, p. 422), sentiu necessidade de se justificar. Foi com essa finalidade que redigiu a sua *Autobiografia*, que é, ao mesmo tempo, uma defesa justificativa e uma acção de graças para com a deusa Šauška de Samuha. Como é que poderia ser considerado culpado do que quer que fosse, se sempre tinha agido segundo as directivas que a divindade lhe transmitira em sonhos? Não se tinha ela encarregado dele desde a sua mais tenra idade, altura em que, criança enferma, os dias do príncipe pareciam contados? Consagrado a Šauška a conselho de Mutawwalli inspirado pela deusa, Hattusili não deixara de ser cumulado dos seus favores. Graças a ela, saiu ilibado de todas as acusações contra ele lançadas pelos seus inimigos. No regresso da campanha da Síria, desposou, por ordem da deusa, Puduhepa, filha de um sacerdote de Šauška. A sua mulher soube, também por um sonho, a que glorioso destino estava destinado Hattusili. Foi Šauška, por fim, quem indicou aos Grandes do reino para que lado se inclinaria a balança, aquando do conflito entre o tio e o sobrinho.

Mas o rei de Hakmis soube não contar apenas com a ajuda divina. Lembremo-nos da protecção que concedeu a Bentešina de Amurru. O Sírio depressa viu a sua utilidade. O tratado que o reintegrava nos seus direitos (*CTH* 92) lembra todos os benefícios que Hattusili lhe prodigalizara na desgraça. Um duplo casamento selava os laços que uniam Amurru ao Império. Um filho do Grande Rei, Nerrikkali (= «o Nerikiano»), desposou uma filha de Bentešina, ao passo que este último recebia por mulher Gassulawiya, filha do seu protector. Assim, Hattusili colocara um homem que lhe devia tudo na região meridional do Império, frente ao Egipto.

O reinado de Hattusili III e de Puduhepa – é de facto impossível dissociar a acção de um e a do outro – foi incontestavelmente a grande época da história hitita. Aquando da sua subida ao trono, nenhum dos problemas pendentes na altura da morte de Muwatalli, quer referentes ao Egipto quer à Assíria, encontrara solução. Os Grandes Reis anteriores tinham sido guerreiros mais que diplomatas. A partir do seu desaparecimento, fora necessário que o sucessor recomeçasse a sua obra. Foi esse o mérito de Hattusili e de sua mulher; estabelecer uma espécie de *pax Hethitica* de que beneficiou o Próximo Oriente até depois da morte do seu filho e sucessor, Tudhaliya IV.

Depois de Qadeš, nenhum acordo diplomático regulara a situação entre os Hititas e o Egipto. Com a Assíria existiam relações, mas tensas, desde que Urhi-Tešub maltratara o embaixador de Adad-nirari I. Por esta razão, este último não enviara os presentes habituais aquando da subida ao trono de Hattusili. O novo rei nem por isso ficou excessivamente melindrado. A carta que enviou ao assírio (*CTH* 173) é cortês. Menciona, além disso, um rei de Hanigalbat cujo estatuto em termos de direito internacional se ignora. Permite, em todo o caso, pensar que Hititas e Assírios já não estavam em contacto directo no médio Eufrates. Compreende-se, assim, melhor a atitude conciliadora de Hattusili para com a Assíria. No entanto, o perigo subsistia. Para se precaver, o Grande Rei procurou desenvolver as boas relações que prevaleciam desde há muito com os reis cassitas de Babilónia (cf. *supra*, p. 340). Kadasman-Turgu assinou um tratado de assistência mútua com Hattusili. Enviou-lhe, seguidamente, um exorcista para tratá-lo de uma doença. Um arrefecimento diplomático viria a marcar a menoridade de Kadasman-Ellil II. Um ministro assirófilo exercia, então, a regência na Babilónia. Com a maioridade do jovem rei, Hattusili conseguiu uma melhoria das relações. A Babilónia parecia aliás temer que as suas comunicações ao longo do Eufrates fossem cortadas pela Assíria. Uma princesa babilónia entrou, na mesma altura, para a família real hitita.

No Egipto, Ramsés II acabara por reconhecer o malogro da sua política em relação ao Império hitita. A mudança de reinado em Hattusa forneceu-lhe a ocasião para fazer aberturas. Em duas cartas (*CTH* 155), saudou Hattusili com o título de Grande Rei, reconhecendo-o, portanto, como seu igual. Sabendo da sua precária saúde, enviou-lhe um médico. Conhecemos mal as negociações que viriam a entabular-se seguidamente. Mas o seu resultado foi o famoso tratado egipto-hitita, assinado no ano XXI do reinado de Ramsés (1270). O seu texto chegou-nos em duas versões que, vale a pena sublinhá-lo, concordam no essencial. O faraó mandou gravá-lo em hieróglifos egípcios nas paredes do templo de Amon em Karnak. Cópias do original acádico foram encontradas em Boğazköy (*CTH* 91). O seu conjunto constitui o primeiro documento da história do direito internacional. Está redigido segundo as formas do direito hitita (cf. *infra*, p. 400 e ss.) e assenta no princípio da reciprocidade entre as duas partes. Curiosamente, não comporta cláusulas territoriais, quer porque tenham constituído objecto de uma placa anexa que teria desaparecido, quer porque não tenham sido julgadas necessárias, pois que as coisas permaneciam como estavam. O acontecimento foi saudado por uma troca de felicitações mútuas entre as duas Cortes. Assim, os arquivos de Hattusa conservam cartas da mulher de Ramsés, Naptera (= Nefertari), do filho e mesmo da mãe do faraó. É interessante notar que, quando Ramsés escrevia a Hattusili, dirigia igualmente a Puduhepa uma carta do mesmo teor. Era conhecido no Egipto o lugar eminente da rainha hitita no governo (cf. *infra*, p. 386 e ss.), assim como a forte personalidade daquela que então exercia essas funções.

Foi pouco depois da assinatura do tratado de paz que Urhi-Tešub fez de novo falar de si. O príncipe de Mira interessava-se pela sua sorte e interveio nesse sentido junto de Ramsés. A usurpação de Hattusili não fora, pois, unanimemente aceite no Império. A resposta do faraó (*CTH* 166) ao dinasta anatólico deu-lhe a conhecer – ou lembrou-lhe – a nova situação diplomática entre os Hititas e o Egipto. Acrescentava a título de precisão o que Hattusili decidira para acertar a situação do seu sobrinho. Ramsés deveria tratar do licenciamento das tropas do ex-rei que, em troca, entregaria os seus bens. Nada indica nesta carta que Urhi-Tešub estivesse no Egipto, mas encontrava-se muito provavelmente numa região próxima da influência egípcia (Chipre, costa síria?). O faraó que renunciava doravante a manter relações directas com um protegido do rei hitita, avisou este último da diligência do príncipe de Mira, comunicando a Hattusa uma cópia da resposta que lhe dera.

Tendo-se tornado excelentes, as relações egipto-hititas não podiam deixar de desembocar num casamento real. Também aqui os textos de Boğazköy completam a informação fornecida pela *Estela do Casamento* de Abu Simbel. O documento egípcio celebra a chegada da princesa hitita como um milagre inaudito, querido pelos deuses no ano XXXIV de Ramsés (1257). O acontecimento fora precedido de uma troca de correspondência destinada a precisar o montante do dote e as condições da viagem; combinou-se mesmo um encontro pessoal entre Hattusili e o seu novo genro (*CTH* 157 a 161). Este projecto não pôde concretizar-se por causa de uma nova doença do rei hitita. Mas o escultor de Abu Simbel teve conhecimento do assunto, porque nos mostra o «Grande Príncipe dos Hititas» conduzindo a filha ao marido. Alguns anos mais tarde, uma outra filha de Hattusili veio juntar-se à sua irmã no harém do faraó.

Nas cartas que Ramsés e Hattusili trocavam, a cortesia diplomática não excluía uma certa familiaridade. O hitita pedira que lhe enviassem do Egipto um médico para assistir sua irmã «Matazani» (erro do escriba egípcio por Massanuzzi) que teria de dar à luz. Um mensageiro egípcio trouxe a resposta seguinte: «Matazani, a irmã do meu irmão, o rei, teu irmão, conhece-a. Terá ela cinquenta anos? Não! Tem sessenta!... Não se pode preparar para ela um remédio para fazê-la ainda dar à luz!» Apesar das suas dúvidas e por respeito pelo pedido do seu correspondente, Ramsés mandou, no entanto, partir um obstetra e um sacerdote perito em esconjuros. Ignora-se o que aconteceu a seguir...

Do lado da Mesopotâmia, Hattusili pretendeu talvez tirar partido de uma situação sempre delicada, a mudança de reinado que então ocorria na Assíria. Suscitou um ataque do seu aliado babilónico contra o novo rei Salmanasar I. Este não tardou a ripostar no Hanigalbat. Apesar de Sattuara II ter apelado aos Hititas para que viessem em seu auxílio, a verdade é que o seu reino, último vestígio do poder mitaniano, desapareceu definitivamente. Tratava-se, sem dúvida, de um insucesso para Hattusili porque, doravante, deixaria de ter uma barreira que protegesse, para além do Eufrates, os seus domínios da Síria do Norte.

Embora não possuamos narração contínua do reinado de Hattusili III comparável aos *Anais* de Mursili II, podemos fazer uma ideia da sua actividade no interior do Império. Após a usurpação, recompensou como convinha os que o haviam ajudado na empresa. É verosímil que tenha intervindo na região de Lukka (= Lícia?). Tarhundassa, decaída da sua categoria de capital desde o regresso de Urhi-Tešub a Hattusa, foi elevada a reino protegido, com um filho de Muwatalli, Kurunta, à sua frente (*CTH* 97). Mas como o país era pobre, foi necessário pouco depois reduzir o montante das obrigações impostas a Tarhundassa. Hattusili não hesitara em procurar o apoio de alguns bandos gasgas para tomar o poder. Mas não cometeu a imprudência de romper inteiramente com a política que os seus predecessores haviam conduzido frente aos seus incómodos vizinhos. Um decreto precisou aos habitantes de uma cidade repovoada pelos cuidados do rei, Tiliura, que os Gasgas não deviam nela penetrar fosse a que pretexto fosse (*CTH* 89).

Ao longo da sua carreira, Hattusili pôde contar com a colaboração da mulher Puduhepa. A tradição hitita concedia, sem dúvida, direitos consideráveis à rainha, mesmo no domínio político. Mas nenhuma outra soberana usou dele tão amplamente. Vimos que recebia os duplicados da correspondência diplomática dirigida ao rei. Ramsés II e Bentešina submetiam-se a este costume. Puduhepa resolveu pessoalmente, sem que Hattusili tenha julgado útil intrometer-se, assuntos referentes aos reinos protegidos (Ugarit, Alasiya). Julgou processos e marcou com o seu sinete minutas de julgamento. A saúde cronicamente débil do rei tornava provavelmente necessária a participação activa da rainha nos negócios do Estado. Mas a forte personalidade de Puduhepa devia, por certo, incluir um pronunciado gosto pelo exercício do poder. Foi também no domínio religioso que a influência da rainha foi considerável. Originária da província hurro-luvita do Kizzuwatna, introduziu os cultos do seu país natal. Levou, além disso, o seu marido a empreender a vasta reforma religiosa que viria a ser prosseguida sob o reinado de seu filho, Tudhaliya IV (cf. *infra*, pp. 375 e 414). Para introduzir um pouco de ordem na fusão das divindades de origens diversas, estabeleceram-se sincretismos. Foram chamados para a capital sacerdotes kizuvatnianos para restaurarem cultos oficiais, quando Hattusa foi levantada das suas ruínas (cf. *supra*, p. 364). De igual modo é levada por diante a reconstituição da biblioteca e dos arquivos, obra em que foram utilizados escribas de língua materna luvita (cf. *infra*, p. 378).

Quando Hattusili morreu, por volta de 1250, nunca o Império hitita se encontrara numa situação internacional e interna tão favorável. Duas grandes potências, o Egipto e a Babilónia, estavam em paz e em boa amizade com ele. A Assíria, que deixara imprudentemente aproximar-se do

Eufrates, não tentava atravessá-lo. Nenhuma perturbação se assinalara na Anatólia. Os próprios Gasgas pareciam tranquilos. Puduhepa assegurou a transição. A rainha reinou ainda algum tempo conjuntamente com o seu filho Tudhaliya.

Tudhaliya IV. – Segundo os documentos diplomáticos conservados do reinado de Tudhaliya IV (1250-1220 aprox), a acção política do novo rei continuou a de seu pai. Em cada mudança de reinado nos principados protegidos, renovou os tratados em vigor. Neste particular domínio verifica-se um progresso no uso da língua nacional do Império, o hitita, em detrimento da língua diplomática, o acádico. Até então todos os tratados impostos a Amarru desde Suppiluliuma I haviam sido redigidos na língua internacional da época, embora a chancelaria de Hattusa tenha podido fazer a sua tradução hitita para as suas necessidades próprias. O tratado que Tudhaliya concedeu a Šauškamuwa, filho de Bentešina, existe apenas na versão hitita. Será de atribuir este facto a um sentimento mais profundo, nos súbditos sírios, de integração no Estado hitita? Na mesma altura, em Emar, no Eufrates, notáveis de nomes semíticos ou hurritas mandavam gravar sinetes com legenda hieroglífica «hitita». Pode também pensar-se que o número de escribas que sabiam acádico ia diminuindo. De resto, a correspondência dirigida à Assíria encontrada em Bogakzkoy, para o reinado, inclui apenas cartas em hitita.

Uma passagem do tratado de Šauškamuwa de Amurru (*CTH* 105) deixa entrever uma novidade no concerto das potências do mundo de então. O escriba enumerara os Grandes Reis do seu tempo: o hitita, o egípcio, o assírio, o babilónio. Escrevera também «o rei do país de Ahhiyawa» (cf. *supra*, p. 358), mas emendou e eliminou este nome na tabuinha, sem no entanto o apagar completamente. Assim surgia uma potência com que devia contar-se, sem que isso fosse ainda efectivamente admitido. No que se refere aos outros principados protegidos, Ulmi-Tešub de Tarhundassa sucedeu a seu pai Kurunta (*CTH* 106); na Síria, Tudhaliya regulou o divórcio de Ammistamru II de Ugarit (*CTH* 107) e litígios fronteiriços entre dinastias locais (*CTH* 111 e 112).

As questões da Assíria tinham uma importância completamente diferente. Após o total esmagamento de Hanigalbat, Salmanasar podia suscitar uma revolta em Alepó contra os Hititas. A cidade é, de facto, citada no tratado de Šauškamuwa entre as que seriam susceptíveis de rebelar-se. Tudhaliya aliviou as obrigações de Ugarit, (*CTH* 108), provavelmente para lhe permitir consagrar-se melhor à vigilância de Alepo, ao passo que o rei de Kargamiš montaria a guarda no Eufrates. Mais tarde, o Grande Rei tentou distender as relações com Assur. Saudou a subida ao trono de Tukulti-Ninurta (1243) com os presentes de *uso* (*CTH* 177). Entrou em relação com o todo-poderoso ministro assírio, Baba-ah-iddina (*CTH* 178). Tendo tido conhecimento de que os Assírios planeavam uma expedição a Subartu (Alta Mesopotâmia), a chancelaria de Hattusa avisou-os de que a região montanhosa de Papanhi, a leste da actual Diyarbakir, estava cheia de perigos. Na realidade, desejava pouco ver a Assíria avançar demasiado na região. Como seria de esperar, Tukulti-Ninurta passou além. Saqueou Subartu, atravessou mesmo o Eufrates e fez prisioneiros entre os súbditos de Tudhaliya. Perante as reclamações deste último, protestou ruidosamente a sua inocência. Mas, no fim do seu reinado, gabou-se de ter feito 28 800 prisioneiros hititas. Tudhaliya, que não tinha ilusões quanto a esta atitude, tomou medidas de retaliação sem precedentes na história do Próximo Oriente. Decretou o bloqueio económico da Assíria. Uma passagem do tratado de Šauškamuwa de Amurru precisa as suas modalidades:

«[...] como o rei da Assíria é inimigo da minha Majestade, que seja também teu inimigo! Os teus mercadores não devem ir à Assíria; não deixes os seus mercadores penetrarem no teu país, nem atravessá-lo! Se algum chegar à tua terra, captura-o e envia-o à minha Majestade!»

Segundo o tratado, o amorreu deveria conduzir a sua infantaria e os seus carros no caso de a guerra vir a estalar. A oportunidade não se proporcionou, porque Tukulti-Ninurta voltou-se seguidamente para a Babilónia onde pôs fim à dinastia cassita.

Alasiya (= Chipre) fazia desde há algum tempo parte da esfera dos interesses hititas. Hattusili III exilara para lá opositores. Puduhepa mantinha correspondência com o seu rei. Segundo Suppiluliuma II, seu pai Tudhaliya IV conduziu uma expedição até à ilha e conquistou-a, pelo menos parcialmente. Era a primeira vez que os Hititas se lançavam numa empresa ultramarina. Pode supor-se que terá tido como objectivo assumir o controlo das jazidas de cobre cipriotas. Tudhaliya recorreu, por certo, aos serviços dos súbditos da costa síria. A ilha mantinha, de resto, a sua função de lugar de exílio; dois príncipes de Ugarit foram obrigados a fixar lá residência e tiveram de prestar juramento perante a deusa hurro-síria Šauška de Steppe. Consciente dos êxitos da sua política e desejoso de afirmar o seu poder, Tudhaliya intitulou-se no seu sinete «rei do universo». Foi aparentemente o único rei a actuar deste modo, à imitação dos reis assírios que aspiravam ao domínio universal desde Adad-nirari I (início do século XIII).

Tudhaliya consagrou-se, para além das questões militares, a tarefas mais pacíficas. Acabou a reconstrução e o arranjo de Hattusa. A cidade que as escavações põem à luz dia, os templos designadamente, data em grande parte do seu reinado e do de seu pai. A alguma distância da capital, mandou edificar o santuário rupestre de Yazīlīkaya (cf. *infra*, p. 414 e ss.). Prosseguiu a obra de restauração dos arquivos e da biblioteca, mandando procurar e recopiar os textos antigos. É essa empresa que nos permite reconstituir, tanto quanto possível, a história e a civilização dos Hititas. No domínio religioso, continuou a reorganização dos cultos pondo em ordem os templos e o recenseamento do pessoal e dos objectos de culto (cf. *infra*, p. 412 e ss.).

7. O fim do Império Hitita

De Arnuwanda III, filho e sucessor imediato de Tudhaliya IV, não se sabe praticamente nada([1]). Com efeito, os documentos que outrora se datavam do seu reinado são agora atribuídos a uma época anterior (cf. *supra*, p. 343 e ss.). Nem sequer se pode avaliar a duração da sua passagem pelo trono. O seu irmão, Suppiluliuma II, viria a ser último rei do Império hitita. Os textos contemporâneos insistem na lealdade de que os Grandes deram prova ao deixá-lo aceder ao trono. O mesmo se diga dos juramentos que lhe prestaram os altos funcionários (*CTH* 124--125). De resto, encontram-se alusões a eventuais perturbações do país hitita. Em todo o caso, a Síria mantinha-se bem dominada. Talmi-Tešub de Kargamiš via renovar-se o seu tratado (*CTH* 122). Uma fome, cujas causas se ignoram, atingiu certas regiões do Império. O filho de Ramsés II, Merneptah, assinala, numa inscrição, que enviou então cereais por mar aos Hititas. Foi talvez nesta altura que foram requisitados navios de Ugarit para transportarem trigo até ao porto cilício de Ura. Os textos de Ras-Shamra fazem-se eco de ameaças dirigidas contra as costas anatólia e síria, mas o inimigo não é nomeado de outro modo. Há quem relaciona estas notícias inquietantes com certos pormenores da conquista de Chipre (*CTH* 121). Suppiluliuma, tal como antes seu pai, desembarcou na ilha depois de ter travado três batalhas navais. Ignora-se que adversário terá expulso os Hititas, talvez o que anteriormente foi citado. Na mesma narrativa, o rei hitita informa-nos de que mandou fazer uma estátua de

---

([1]) BIBLIOGRAFIA ADICIONAL. – Os textos históricos que datam do fim do Império estão catalogados sob diversos números (CTH 121 a 126). D. Arnaud, *Les Textes d'Emar et la chronologie de la fin du Bronze récent*, Stiria, LVII (1975), Paris; E. Laroche, *Suppiluliuma II, Revue d'Assyriologie*, 47 (1953), pp. 70-78, Paris; E. Laroche, *Nisantas, Anatolica*, III (1969-1970), pp. 93-98, Leida.

seu pai, com uma inscrição comemorando os seus altos feitos. Preparou--lhe além disso um mausoléu (cf. *infra*, p. 424). O mesmo texto põe na boca de Suppiluliuma a genealogia de que se vangloria: «Eu [sou] Meu Sol, *o tabarna* – Suppiluliuma, Grande Rei, rei do país hitita, herói, neto de Hattusili, Grande Rei, herói.» São, palavra por palavra, os termos da grande inscrição hieroglífica de Nisantas em Boğazköy.

O Império poderá ter conhecido, então, algumas dificuldades, mas nada nos documentos cuneiformes permite pressagiar a catástrofe que se abateu sobre ele. Como testemunho directo temos apenas os vestígios de uma destruição total de Hattusa pelo fogo. Outros locais anatólicos conheceram a mesma sorte, sem que se possa afirmar se foi na mesma altura, nem *a fortiori* obra do mesmo inimigo. A destruição da capital arrastou consigo o desaparecimento das estruturas políticas, religiosas e administrativas do Império, mesmo que grupos hititas tenham podido manter-se aqui e ali na Anatólia. O uso da escrita cuneiforme cessou bruscamente, o que nos priva de documentação escrita. As raras inscrições hieroglíficas atribuíveis aos sécs. XII-XI não fazem mais do que atestar a sobrevivência das tradições do grande império anatólico.

Por outro lado, o início do século XII foi um período agitado em todo o Próximo Oriente. A Mesopotâmia e a Síria começavam a sofrer os efeitos das migrações de um povo nómada, os Arameus. Em Emar, posto avançado hitita no médio Eufrates, os últimos documentos são datados de 1187. No ano VIII do seu reinado, o faraó da XX dinastia, Ramsés II, conseguiu esmagar, mas apenas no Delta, os «Povos do Mar». Estes invasores tinham vindo pelo Sul da Anatólia e pela costa síria, destruindo tudo à sua passagem e pondo fim à existência de Ugarit. É difícil atribuir-lhes igualmente a destruição do centro do Império Hitita. Mas este ficou com isso muito provavelmente enfraquecido. Quanto à identificação de quais foram os que beneficiaram desse enfraquecimento, estamos reduzidos a conjecturas. Podemos optar entre os Gasgas e os Frígios. Os primeiros são provavelmente assinalados no Tauro oriental por Tiglate-Pileser I da Assíria (1112-1074); o seu passado não deixa de assinalar expedições destruidoras ao país hitita. Os segundos teriam vindo dos Balcãs ao sabor dos movimentos de populações do início do século XII. Quando se fizer luz de novo sobre a Anatólia central, vê-los-emos instalados em vez dos Hititas. Homero cita-os entre os aliados dos troianos. Os arqueólogos detectaram um nível de ocupação frígio no local do que fora Hattusa.

II. POPULAÇÕES, LÍNGUAS E ESCRITAS

A quase totalidade dos documentos escritos provenientes do mundo hitita do II milénio é constituída por tabuinhas de argila cozida onde os escribas tinham gravado com o seu cálamo signos cuneiformes. Os vários idiomas que utilizavam permitem traçar um quadro etno-linguístico da Anatólia nesta época.([1])

1. O fundo étnico pré-hitita: os Hattis

Ignora-se a origem das populações que ocupavam o planalto analítico antes do aparecimento dos Hititas. As escavações dos últimos decénios, as do local já urbano de Çatal Hoyuk (VII-VI milénios), as de Hacilar (IV milénio) e as de Alaca Hoyuk (depois de 2300 a.C.) puseram em evidência a existência de importantes civilizações na Ásia Menor, e isto desde a época neolítica. Contudo, por falta de testemunhos escritos, permanecem para nós no domínio na pré-história.

Os Hititas do II milénio chamavam «hatti» à língua falada por aqueles que os tinham precedido no país de Hatti (= país hitita) no anel do Kizil Irmak. Os Hattis residiam na região cujo nome usavam pelo menos desde o III milénio. Esta população, que à falta de melhor consideramos indígena, coabita durante muito tempo com que a trouxe o uso dos dialectos anatólicos da família indo-europeia. Como bons pagãos, os recém-chegados adoptaram as divindades dos Hatti, juntando-as às suas próprias. Ora, por um facto frequente na história das religiões, os Hititas honravam os deuses na língua do seu povo de origem. É assim que textos religiosos de Boğazköy reproduzem narrativas, cantos e fórmulas em língua hatti. Por vezes, estão também traduzidos em hitita. Embora se esteja ainda longe de compreender completamente os textos hattis, pode afirmar-se que se trata de uma língua aglutinante, que utiliza, com maior frequência, prefixos do que sufixos. Não está ligada a nenhum grupo linguístico conhecido. Não se sabe quando fixar a data em que começou a falar-se, nem delimitar a área geográfica da sua prática na Anatólia. Ao que parece, era empregada na época das feitorias assírias. A onomástica de Kaneš forneceu alguns nomes

---

([1]) BIBLIOGRAFIA ADICIONAL. – E. Benveniste, *Hittite et indo-européen*, Paris, 1965; O. Carruba, *Das Palaische: Texte, Grammatik, Lexicon, Studien zu den Bogazkoy-Texten 10*, Wiesbaden, 1970; E. Laroche, *Dictionnaire de la langue louvite*, Paris, 1959; E. Laroche, *Hieroglyphen, Hethitische, Reallexikon der Assyriologie*, 4, Berlim-Nova Iorque, 1975 (em francês); E. Laroche, *Glossaire de la langue hourrite*, *Revue hittite et asianique*, XXXIV (1976), XXXV (1977), Paris; P. Meriggi, *Manuale di eteo geroglifico*, I-II, Roma, 1966, 1975.

que puderam ser identificadas como hattis. Será preciso preencher as lacunas que subsistem no conhecimento da língua. O hitita importou dela vários elementos (nomes de divindades, títulos de dignitários, objectos). Na época imperial, já não era mais que uma língua morta, quando os escribas de Hattusa anotaram as fórmulas já citadas. As religiões são, de bom grado, conservadoras em matéria de língua litúrgica.

2. *A origem dos Hititas*: *a sua língua*

Três das línguas atestadas pelos documentos anatólicos, o hitita-nesita (cf. *supra*, p. 329), o luvita e o palaíta, constituem em conjunto o grupo anatólico da família indo-europeia. Discussões sem fim – das quais não estavam ausentes as preocupações ideológicas contemporâneas – tiveram como objecto o *habitat* primitivo dos Indo-Europeus. A arqueologia pré-histórica, que por definição trabalha apenas com documentos mudos, não permite evidentemente atribuir este ou aquele local a populações que falam uma língua indo-europeia. Por outro lado, não é de modo algum necessário supor uma invasão acompanhada por uma renovação completa do *stock* étnico para justificar o aparecimento de uma língua nova num país. A sua extensão pode ter-se feito por contacto, pela infiltração de recém-chegados. Estes adoptavam o modo de vida do meio humano em que se instalavam e traziam-lhe, em troca, o seu falar. Um fenómeno deste género produziu-se em Creta durante o último período do palácio de Cnossos (Minóico recente II): num contexto cultural directamente saído da época anterior, sem corte arqueológico que permita aventar a sua chegada, as tabuinhas redigidas em linear B revelaram, aos seus decifradores, a presença de Gregos.

Não há praticamente dúvida de que os dialectos anatólicos foram trazidos para a Ásia Menor pelo Norte. Dois itinerários são plausíveis: o dos Balcãs e o do Cáucaso. A preferência encaminha-se actualmente para o segundo, sem razões verdadeiramente decisivas é verdade, por falta de provas arqueológicas. A presença hitita está assegurada no início do II milénio na onomástica de Kaneš. Ora, os escavadores insistem fortemente no facto de que nada no modo de vida desta época indica uma mudança. Como se sabe, por outro lado, que a civilização dos Hititas estava fortemente impregnada de traços culturais hattis, é-se levado a empurrar para o III milénio a sua instalação na Anatólia central. Embora tenham sido o primeiro ramo a divergir do tronco comum indo-europeu, não é de espantar que se encontrem entre eles factos de cultura próprios dos outros povos desta família linguística. Em contrapartida, a sua longa simbiose com os Hattis permitiu-lhes incorporar um grande número de vocábulos tanto civis como religiosos.

Os Hititas impuseram, a sua língua pouco a pouco. É verdade que o seu vocabulário só em parte é indo-europeu. Recém-chegados, foram buscar aos seus predecessores as palavras de que necessitavam para designar objectos ou instituições precisas. A história do inglês desde a conquista normanda fornece um exemplo comparável. Ainda que uma grande parte do léxico seja de origem latina, quer por intermédio do francês, quer por derivação erudita, ninguém põe em dúvida o carácter germânico desta língua. De igual modo, os dialectos anatólicos são incontestavelmente indo-europeus. Tem-se o costume de distinguir entre as línguas desta família o grupo do tipo *centum* (grego, itálico, germânico, céltico, tocariano) e o do tipo *satem* (indo-iraniano, arménio, traco-frígio, balto-eslavo). O ramo anatólico está ligado ao primeiro grupo caracterizado por uma fonética mais conservadora. Este último traço aproxima o hitita do latim. Por exemplo, o relativo-interrogativo hitita *kuis* («qui») é idêntico ao latino *quis*. Foram feitas aproximações com outras línguas indo-europeias: o hitita *ker/kard* – face ao grego κηρ/καρδια («coração»); o hitita *sakuwa* («olhos») explica o germânico *saihvan* («ver», donde o alemão *sehen* e o inglês *see*). Uma ausência notada no vocabulário anatoliano é a dos nomes de parentescos do tipo *pater, mater*, etc., o que pode confirmar a antiguidade de época em que estes dialectos se separaram uns dos outros.

A história como língua escrita cobre, desde o período das feitorias assírias e as origens do Antigo Reino até aos últimos documentos imperiais, o espaço de seis séculos. O facto de ele ter evoluído não deve, pois, surpreender; o contrário é que seria de espantar. Mesmo o francês do *Journal officiel* actual difere do da *Gazette de France* de Renaudot. O hitita tendeu a desenvolver, com o tempo, uma sintaxe própria; modificou certos aspectos das suas declinações, confundindo casos até então distintos; além disso, carregou-se de elementos lexicais luvitas. Tudo somado, conheceu a sorte de um grande número de línguas.

3. *Os outros dialectos anatólicos*

O luvita. – Alguns autores, como J. Mellaart, pensam que os Luvitas teriam invadido o Oeste e o Sul da Anatólia a partir de 2300 a.C., data marcada na estratigrafia por um nível arqueológico de destruição maciça. Se as regiões em que se observam os vestígios desta catástrofe são, de facto, aquelas em que se falou posteriormente o luvita, nada prova, no entanto, a chegada dos Luvitas nessa altura. Como no caso dos Hititas, pode pensar-se igualmente numa infiltração numa época indeterminada (fim do III – início do II milénio). Tinham-se igualmente aproximado alguns topónimos anatolianos terminados em *-nta e -ssa* de topónimos egeus pré-

-helénicos em –νθος e –σσος. Seria a prova de que os Luvitas teriam estado na Grécia continental e no Arquipélago antes de chegarem à Ásia Menor? De facto, os radicais dos nomes de lugares anatólicos encontram-se tanto em hitita como em luvita. Quanto às semelhanças entre vocábulos pré-helénicos e luvitas – mesmo admitindo que algumas são perturbadoras, como Παρνασσός / Parnassa –, ainda não foi encontrada qualquer explicação. Não temos, portanto, nenhuma razão particular para pensar que a chegada e o modo de instalação dos Luvitas tenham sido diferentes dos Hititas.

Ao passo que estes últimos se haviam estabelecido no anel do Kizil Irmak, os primeiros fixaram-se mais a sul. Uma linha ligando o lago Salé (Tuz Golu) ao Anti-Tauro e ao Golfo de Alexantreta marca os limites do domínio luvita; a norte estendia-se o dos Hititas, a leste a zona hurro-semítica; a oeste, os limites são imprecisos (Pisídia, Lícia?). Se se quiser estabelecer uma relação entre os dados linguísticos e os da geografia política do II milénio, observar-se-á que as populações de Arzawa (sudoeste anatólico) e do Kizzuwatna (Cilícia e Tauro oriental) – esta última parcialmente, pois que contava também com Hurritas – eram de língua luvita.

Dialecto anatólico, o luvita apresenta evidentes afinidades com o hitita. É assim que muitas vezes a um tema hitita em *-a-* corresponde um tema luvita em *-i-* (hitita *anua-* perante o luvita em *-i-* (hitita *anna-* perante o luvita *anni-*, «mãe»). A morfologia e a fonética apresentam traços geralmente mais evoluídos, que vão no sentido de uma simplificação. O número de casos da declinação é mais reduzido que no hitita. As consoantes dentais finais desaparecem na pronúncia e na grafia: hitita *melit* = luvita *malli*, «*mel*».

O uso da língua luvita viria a progredir no Império hitita por causa de uma circunstância histórica particular. Já vimos que o rei Muwatalli transferira a sede do governo de Hattusa, destruída por uma incursão gasga, para Tarhundassa, em pleno país luvita portanto (cf. *supra*, p. 364). Foi então que escribas luvitas devem ter entrado em número crescente na administração imperial. Quando a Corte reocupou a capital tradicional, tudo tinha de ser reconstituído, designadamente os arquivos reais e religiosos. Hattusili III e Puduhepa – também ela de origem kizuvatniana – empregaram nessa tarefa funcionários de tendências luvitas. Se estes escribas escreviam de facto em hitita, utilizavam no entanto aqui e ali palavras, construções vindas da sua língua materna. Esta era de resto tão próxima do hitita que era fácil a passagem de uma para a outra. Mas os especialistas da escrita mantinham-se conscientes das suas diferenças, dado que assinalavam com uma marca particular as expressões e palavras luvitas num texto hitita. O uso do luvita não deixa de estender-se. Uma das últimas inscrições hieroglíficas da época imperial, a de Nisan Tas em Boğazköy, foi redigida nesta língua (cf. *supra*, p. 377). Enfim, ao passo que o hitita desaparecia com o Império, o luvita viria a perdurar no I milénio a.C.

O palaíta. – Tal como hitita e o luvita, o palaíta deriva do mesmo antepassado suposto, o anatólico comum. Dos três dialectos, este é o mais arcaico e aquele cujo uso escrito foi mais reduzido. Com efeito, era apenas utilizado no culto do deus Zaparwa, divindade que pertencia, em todo o caso, ao fundo hatti. Quanto à região de Pala, donde derivou a palavra «palaíta», localiza-se a nordeste de Hattusa, entre Kastamonu e Çankiri, na zona que, na época clássica, se chamava Blaena. A raridade dos documentos escritos em palaíta e a sua extrema especialização levam a pensar que ele já não se usava como língua viva quando foi anotado na época imperial. Tal como no caso do hatti, só a força de uma tradição litúrgica teria permitido a transmissão de uma língua já morta quando foi escrita.

4. *As línguas estrangeiras*

O hurrita. – Já assinalámos que ignoramos a origem geográfica exacta dos Hurritas. A sua linguagem é de tipo aglutinante, mas sem qualquer relação com o hatti. Os textos hurritas actualmente conhecidos provêm de Boğazköy, de Ras-Shamra-Ugarit e de Tel Harri-Mari. Junta-se-lhes, nos arquivos egípcios de El Amarna, a carta dirigida a Amenófis IV por Tusratta de Mitani (cf. *supra*, p. 352). A documentação que, sem dúvida, forneceria a capital mitaniana, Wassuganni, faltará enquanto os esforços para reencontrá-la permaneceram infrutíferos. Com o material disponível, a leitura do hurrita progride, embora lentamente. Gostaríamos de saber mais, tanto mais que se suspeita da importância da contribuição hurrita para a civilização dos Hititas. Entre estes últimos, o número de nomes próprios hurritas atesta o prestígio que lhes está ligado. Observou-se desde há muito que os reis da dinastia imperial usavam, antes da sua subida ao trono, um nome hurrita: Urhi-Tešub reinou sob o nome de Mursili III, depois teve de retomar o seu nome inicial após a sua deposição; Tudhaliya IV chama-se, primeiramente, Hismi-Sarruma. As rainhas Asmunikal, Taduhepa, Tanuhepa, Puduhepa tinham nomes metafóricos hurritas. A reorganização começada por Hattusili III e Puduhepa assistiu à hurritização da religião oficial. O melhor exemplo disso mesmo é proporcionado pelo santuário de Yazĭlĭkaya (cf. *infra*, p. 414 e ss.). Os hieróglifos «hititas» são lá utilizados para escrever em hurrita o nome de divindades hurritas. É preciso acrescentar que elementos da civilização mesopotâmica foram conhecidos na Anatólia hitita por intermédio dos Hurritas.

Os textos hurritas de Boğazköy eram essencialmente destinanos ao uso religioso. Também se encontram numerosos termos técnicos hurritas nos rituais originários do Kizzuwatna, esse país onde a influência cultural hurrita era considerável e onde Puduhepa tinha nascido. Uma boa parte dos textos mitológicos redigidos em hitita, o mito do deus Kumarbi, por exemplo, os raros espécimes de composições literárias, como os romances de Appu e de Kessi, foram traduzidos do hurrita (cf. *infra*, p. 428 e ss.).

O sumério e o acádico. – As duas línguas mesopotâmicas eram praticadas em Hattusa exclusivamente pelos escribas. Foram lá introduzidas ao mesmo tempo que a escrita cuneiforme. No início do Reino Antigo, os soberanos hititas mandaram vir letrados para redigir os documentos oficiais, quer em acádico, quer em versão bilingue acádico-hitita. Foi assim que se constituíram uma escola e uma tradição de escribas. Ora, a aprendizagem dos cuneiformes passava pela da língua para a qual tinham sido inventados em finais do IV milénio: o sumério. Foram encontrados em Boğazköy, assim como em outros locais do Próximo Oriente, vocabulários sumérios-acádicos que serviam de manuais de leitura e de escrita. Os futuros escribas trabalhavam sobre traduções com o texto original à vista. Um bom número dos documentos em acádico e em sumério são, portanto, textos escolares. Outros têm um carácter religioso (mitos, orações, rituais). Por fim não se esqueça que o acádico foi, no II milénio, entre os Hititas tal como em todo o Próximo Oriente, a língua das relações internacionais. Era utilizado para redigir os tratados e as cartas diplomáticas.

A formação dos escribas hititas explica por que aparecem nos seus textos palavras e expressões em acádico ou em sumério (acadogramas, sumerogramas). Este recurso a processos de alografia foi-se desenvolvendo com o tempo. Com efeito, aquele que redigia ou copiava a tabuinha podia escolher entre uma grafia hitita que exigia numerosos signos e um sumerograma (ou um acadograma) mais curto, é claro que não hesitava. Tratava-se, portanto, de uma espécie de estenografia que permitia poupar tempo e espaço. O inconveniente para nós é que ignoramos, por falta de equivalências, a leitura fonética hitita de termos tão correntes que eram sempre alografados. É esse, por exemplo, o caso de «cavalo», expresso pelo sumerograma ANŠU.KUR.RA.

5. *Os hieróglifos «hititas»*

O uso da escrita cuneiforme estava ligado à existência de uma burocracia real e religiosa. O desaparecimento desta última, no fim do Império arrastou consigo a ruína de uma tradição de escribas que tudo somado, estava enraizada no país. Com efeito, os signos cuneiformes, de um aspecto muito abstracto, não «falavam» às populações anatólicas. Estas, por seu lado, sentiram a necessidade de uma escrita que pudessem compreender imediatamente, cujos signos fizessem referência à realidade física e mental da sua terra e do seu tempo. Foi assim que nasceram os hieróglifos hititas. Esta denominação devida A.H. Sayce remonta às origens da hititologia. O hábito conservou-a, embora ela corresponda mal à realidade linguística. De facto, não se conhecem inscrições hieroglíficas em língua hitita.

Geralmente concorda-se em datar do século XV a.C. o aparecimento dos hieróglifos. O mais antigo espécime actualmente conhecido é o sinete encontrado em Tarso (Cilícia) do rei Isputahsu de Kizzuwatna, contemporâneo de Telibinu. Como se viu, este país não fazia parte do mundo hitita, mas sim do luvita. Raros antes de Suppiluliuma I, os hieróglifos estão, no entanto, presentes em sinetes reais encontrados em Boğazköy e em Masat. O seu uso espalhou-se durante o Império. A sua área de distribuição (Anatólia central e meridional, Cilícia, Síria do Norte até ao médio Eufrates) corresponde exactamente à extensão territorial dos Hititas nessa época. Após a queda do Império, a escrita hieroglífica viria a persistir até ao início do século VII a.C.

Os documentos hieroglíficos da época imperial são, acima de tudo, constituídos por sinetes e inscrições sobre pedra. Eram «destinados a acompanhar representações divinas ou humanas, a materializar o seu nome, o seu epíteto, o seu título» (E. Laroche). Originariamente, os hieróglifos funcionavam, portanto, à maneira do brasão; eram «armas falantes». Cada signo evocava, para os Anatólicos um objecto, uma instituição, uma ideia e a sua significação era, para eles, evidente. Para transcrever os nomes próprios, recorreu-se ao enigma, depois ao silabário. Os signos silábicos podiam ser obtidos por acrofonia. O seu valor fonético era, então, o do início da palavra representado pelo signo: por exemplo, uma mão que dá (*Laroche*, n.° 66) vale *pi*, do verbo *piya-*, «dar».

Os sinetes reais, os dos Grandes Reis tal como os reis protegidos, são por vezes dígrafos, que ligam uma legenda hieroglífica na parte mais estreita à sua transcrição cuneiforme disposta em coroa no contorno. Tais objectos podiam, com toda a evidência, servir nas relações com o mundo extra-anatólico. Estes sinetes permitiam obter os primeiros resultados na tarefa de decifração, ao dar equivalências entre hieróglifos e cuneiformes, ainda antes da Segunda Guerra Mundial. Estas primeiras inscrições heroglíficas quase não são mais que assinaturas, espécies de cartões de visita. Não se pode praticamente encontrar neles sintaxe, o que torna difícil reconhecer nelas uma língua determinada. No fim do Império, com o desenvolvimento do silabismo, tornam-se possíveis identificações: hurrita no santuário rupestre de Yazĭlĭkaya perto de Boğazköy, luvita na própria capital (Nisan Tas).

III – AS INSTITUIÇÕES HITITAS

É, para já, impossível traçar um quadro exaustivo das instituições hititas([1]). Mas o seu estudo encontra as fontes nos textos históricos já utilizados, assim como em documentos administrativos e jurídicos e até religiosos.

1. A realeza

A natureza do Estado evoluiu, na Anatólia, ao longo da história. Quando os Assírios traficavam nos seus entrepostos da Capadócia, tinham por parceiros apenas príncipes isolados, ciosos da sua autoridade e da sua independência. No entanto, um deles, Anitta de Kussara, conseguiu reunir vários principados e realizar, assim, o primeiro esboço do reino hitita. Esta personagem foi igualmente o primeiro a assumir, no Próximo Oriente, o título de Grande Rei. O reino só se afirmou verdadeiramente no ínicio do século XVI com Hattusili I. Os documentos que esclarecem, aliás modestamente, as origens do Reino Antigo dão testemunho de uma organização ainda patriarcal. O rei reinava rodeado de membros da sua família. A alguns deles confiava a administração das várias províncias. «Rei» dizia-se em hitita «*hassu*», isto é, «aquele que é de bom nascimento», «o mais *racé* [no sentido do século XVII europeu] dos nobres». Esta definação sugeriu a alguns autores a ideia de que o rei hitita teria, outrora, sido escolhido entre a nobreza, até mesmo eleito. Na verdade, ignoramos totalmente se alguma vez foi assim.

O *Testamento político* de Hattusili I (*CTH* 6) mostra-nos o rei tentando manter a realeza na sua família, embora tenha tido de afastar os seus filhos

---

([1]) BIBLIOGRAFIA ADICIONAL. – Os textos referentes às instituições estão catalogadas sob os números CTH 221-225 (doações reais), 231-250 (recenseamentos), 251-275 (instruções e protocolos) e 291-297 (direito). A. Archi, *Il «feudalesimo» ittita, Studi micenei ed egeo-anatolici*, XVIII (1977), pp. 1-18, Roma; J. Danmanvile, *Etat, économie, societé hittites, Revue hittite et asianique*, XXIX (1971), pp. 5-15, Paris; I.M. Diakonoff, *Die hethitische Gesellschaft, Mitteilungen des Instituts für Orient forschung*, 13 (1967), pp. 313-366, Berlim; A. Goetze, *Warfare in Asia Minor, Iraq*, XXV (1963), pp. 124-130, Londres; Gonnet, *La titulature royale hittite au IIe millénaire avant J.-C., Herhitica*, III (1979), pp. 3-108, Lovaina; H. G. Güterbock, *Authority and Law in the Hittite Kingdom, Journal of the American Oriental Society*, supl. 17 (1954), pp. 16-24, New Haven; V. Korosec, *Hethitische Staatsverträge*, Leipzig, 1931; R. Lebrun, *Considérations sur la femme dans la societé hittite*, Hethitica, III (1979), pp. 109-125, Lovana; N. Oettinger, *Die militärischen Eide der Hethiter, Studien zu den Bogazkoy-Texten 22*, Wiesbaden, 1977; H. Otten e V. Soucek, *Dans Gelübde der Königin Puduhepa an die Cöttin Lelwani, Studien zu den Bogazkoy-Texten I*, Wiesbaden, 1965; X. de Planhol, *Anciens openfields méditerranéens et proche-orientaux*, Colloque de géographie agraire, Rennes (1963), pp. 9-34.

rebeldes. Proclamou o neto, Mursili, como seu sucessor perante o *panku*-, assembleia de soldados e de oficiais. Pretendeu ver-se nele uma instituição política que fazia contrapeso aos poderes do rei. Este seria designado ou aceite pelo exército; não teria sido mais que o *primus inter pares* dos chefes de clã. Mas o texto do *Testamento político* não permite decidir se a designação do presumível herdeiro tinha de receber o assentimento da assembleia para ser válida, ou se trataria de uma simples apresentação. A natureza desta assembleia pode ser precisada pela etimologia do seu nome. *Panku*- é, antes de tudo, um adjectivo de origem indo-europeia que significa «grosso, espesso, maciço». Substantivado, designa, portanto, a «massa», ou seja, uma qualquer reunião de homens.

Que esta palavra tenha tido várias acepções é confirmado pelo *Rescrito de Telibinu* (CTH 19). Após a longa série de assassínios que a dinastia reinante conhecera, o rei dirigiu-se a um conselho (*tuliya*-) composto por dignitários da corte e, provavelmente, por membros da família real. Deu-lhes parte das regras que, doravante, regeriam a sucessão ao trono (cf. *supra*, p. 342). Era assim formalmente estabelecido o princípio da monarquia hereditária. Mas seria indispensável que o *tuliya*- ratificasse a decisão real para a tornar executória, ou ele foi pura e simplesmente posto perante o facto consumado? O *Rescrito* nada precisa quanto a isso. Na evocação dos acontecimentos passados, fala-se do *panku* que condenou à morte conspiradores a quem Telibinu poupou, no entanto, a vida. De futuro, os dignitários a quem ele dirigia deveriam ser o *panku*- do rei que «implicasse com seu irmão ou sua irmã» e que tivesse feito correr sangue injustamente. Diz-se um pouco mais à frente que eles deveriam, nesse caso, convocar o *tuliya*-. Por fim, deveriam ser o *panku*- das altas personagens que «praticassem o mal». Aqui, o *panku*- parece ter desempenhado um papel judicial. Seria distinto do *tuliya*-? Será preciso pensar que o *panku*-, após as reforma de Telibinu, terá visto as suas funções limitadas a poderes de polícia judiciária, e que o *tuliva*- terá sido o tribunal encarregado de julgar os crimes de alto gabarito? Continua, em todo o caso, a ser difícil ver, nessas assembleias, corpos políticos deliberativos. Nem Hattusili I, nem Telibinu lhe submeteram as suas decisões para discussão ou aprovação. O seu funcionamento viria a cair rapidamente em desuso, pois que deixam de ser atestados ulteriormente.

O rei reinante usava os dois títulos de «Meu Sol» e de *tabarna*. O primeiro foi, sem dúvida, importado do Egipto, por intermédio da Síria. Já utilizado por Hattusili I, só se tornou de uso geral com o Império. O seu equivalente hieroglífico era o disco solar alado que coroa o escudo real. Mas o rei hitita nem por isso era considerado um deus vivo, à semelhança de outro rei-sol, o faraó. Só após o falecimento «se tornava deus», segundo a expressão consagrada para anunciar a sua morte. Juntava-se então à linhagem dos seus antepassados. A sua estátua era objecto de um culto (cf. *infra*, p. 423 e ss.). Tal como nas religiões indo-europeias primitivas, a realeza estava ligada entre os Hititas ao culto dos manes e aos ritos de fecundidade (cf. *infra*, p. 420).

Data igualmente do Reino Antigo o segundo título, o de *tabarna-*. Nas fórmulas bilingues, este termo hatti tem como tradução hitita *labarna-*. Reconhece-se nele o nome do predecessor de Hattusili I, Labarna. Esta palavra teria sofrido uma evolução semântica comparável à do latim *Caesar*, sobrenome masculino que se tornou título imperial romano.

Um terceiro título, «Grande Rei», servia para designar indiferentemente o rei reinante e os seus predecessores defuntos. Sempre sumerografado, embora seja seguramente uma criação anatólica, ignora-se ainda a sua leitura hitita. O Grande Rei opunha-se aos simples reis, seus subordinados, que administravam as províncias do Império (cf. *infra*, p. 391 e ss.). Viu-se que Hattusili III foi primeiro rei do País Alto, antes de se tornar Grande Rei pela sua usurpação. O rei dos Hititas revia-se nos seus iguais: os outros Grandes Reis eram os do Egipto, da Babilónia e da Assíria. Finalmente, o enunciado dos títulos reais hititas era completado por uma ou outra das expressões «rei do país da cidade de Hatti» ou «rei do país de Hatti». A primeira foi empregada tanto sob o Reino Antigo como durante o Império; a segunda, apenas sob o Império. Vê-se assim a passagem de uma concepção urbana do poder real para uma concepção territorial mais ampla, imperial portanto, em relação com a expansão hitita nos sécs. XIV-XIII. Os títulos reais eram completados, após o nome do rei, com epítetos tais como «herói», «favorito do deus X» (ou «da deusa Y»). Estes títulos figuravam nos sinetes reais sob a forma de uma legenda hieroglífica ao centro, repetida no contorno em cunciformes.

Detentor de poderes alargados, o rei hitita nem por isso era proprietário do país. Este pertencia, de facto, às divindades, das quais o soberano era apenas o representante. A este título, tinha de prestar-lhes contas da sua gestão. Era responsável perante elas do bem-estar dos seus povos. Se, por exemplo, a peste viesse a declarar-se, ele dizia, ou mandava dizer, orações para implorar à misericórdia divina o fim da epidemia. Perguntava-se então qual teria sido a falha real causadora da calamidade (cf. *infra*, p. 422 e ss.). A missão de que os deuses tinham investido o rei compreendia numerosas funções. A de grande sacerdote tinha a primazia sobre todas as outras. As festas da planta AN.TAH.ŠUM e da destreza (cf. *infra*, p. 419) confirmam que, para os Hititas, a função real estava ligada ao culto dos mortos e à regeneração da natureza. Esta crença explica por que razão certas cerimónias não podiam desenrolar-se na ausência do rei e da rainha. Foi assim que se viu Mursili II interromper a sua campanha de Azzi para ir celebrar Hebat, em Kumanni. Quando se verifica como o calendário estava carregado, já que certas festas duravam várias dezenas de dias, podemos perguntar-nos como é que o rei hitita ainda tinha tempo para governar. Parece, de facto, que detinha todos os poderes reais: legislativo, executivo e judiciário. Delegava-os, sem dúvida, no plano local. Os funcionários que o representavam eram assistidos por um conselho dos Anciãos. Mas era sempre possível apelar para o rei. Este era, além disso, o chefe dos exércitos e da diplomacia. Ele era, assim, a pedra angular do Estado.

A seu lado, a rainha («Grande dama» nos documentos hieroglíficos) tinha um papel excepcional no Oriente antigo. Desde a época dos entrepostos, os mercadores assírios tinham tido de relacionar-se com princesas que exerciam funções de governo (cf. *supra*, p. 335). A rainha hitita assistia o rei em todas as suas funções, tanto religiosas como políticas. Tal como ele, também tinha o seu sinete particular. Partilhava, além disso, com ele um sinete específico com os dois nomes. Grande sacerdotisa, podia oficiar sozinha. Usava geralmente o título de *tawananna-*, que se considera como o equivalente feminino de *tabarna-*. Até à origem da dinastia imperial, a *tawananna-* era a irmã ou a filha do rei reinante. A sua mulher usava o título de (grande) rainha. Foi Asmunikal (cf. *supra*, p. 343) quem reuniu pela primeira vez os dois títulos na sua pessoa. Seguidamente, rainhas foram *tawananna-* sem no entanto serem filhas ou irmãs do rei. A soberana mantinha-se tal até à sua morte; se sobrevivesse ao marido, a nora não era mais do que a mulher do soberano reinante. O caso da viúva de Suppiluliuma I (cf. *supra*, pp. 362-363) informa-nos casualmente de que ela governava a casa do rei e o país hitita. Os funerais da rainha davam lugar à mesma manifestação de fausto que os do soberano; a sua estátua recebia também um culto. Puduhepa, cuja forte personalidade marcou tão profundamente os reinados de Hattusili III e de Tudhaliya IV, não usou o título de *tawananna-*, mas o título até então unicamente masculino de «Meu Sol». É sabido o papel que desempenhou nos assuntos diplomáticos, políticos e judiciais. Teve de usar ao máximo os poderes que a tradição concedia à rainha, porque nenhuma outra ocupa um tal lugar na documentação. Ela é, aliás, a última que conhecemos. Ignoramos, de facto, se depois de Puduhepa houve esposas reais que usaram o título de rainha.

A poligamia era reconhecida, pelo menos para o rei. A rainha não era, portanto, a única esposa do soberano. Era imediatamente seguida da mulher de segunda categoria, cujo filho, como vimos, podia tornar-se rei em certas circunstâncias. Em contrapartida, os filhos das mulheres de terceira ou quarta categoria não podiam ter aspirações à sucessão de seu pai.

O príncipe herdeiro usava o título, de origem hatti, *tuhkanti-*, termo cujo sentido exacto é desconhecido. Tomava parte, como tal, nas cerimónias religiosas. Hattusili III fez de seu filho Tudhaliya o «servidor de Šauška de Samuha». Alguns presumíveis herdeiros prepararam-se para a sua função de rei exercendo comandos militares, como Arnuwanda II e o próprio Tudhaliya. Em contrapartida, a associação ao trono do filho por parte de seu pai, tal como a praticou Tudhaliya I com Arnuwanda I, mantém-se um fenómeno isolado.

2. A sociedade

Convém, ao que parece, distinguir, na sociedade hitita, a Corte das outras categorias. As pessoas que rodeavam o rei formavam, de facto, um mundo à parte e provavelmente fechado ao comum dos mortais. Em caso de infracção às leis, os seus membros dependiam apenas do tribunal real. Contando nas suas fileiras os príncipes e princesas de sangue e os reis protegidos, a alta sociedade hitita compreendia, além disso, os altos dignitários, muitas vezes saídos da família real, sempre nobres. Estes últimos detinham as altas funções civis, militares e sacerdotais. Deste modo, Telibinu, filho de Suppiluliuma I, foi sacerdote do santuário de Kumanni no Kizzuwatna antes de ser entronizado como rei de Alepo, ao passo que seu irmão Piyassili recebia o reino de Kargamiš. As princesas reais que o pai casava com os seus protegidos serviam assim para reforçar os laços de dependência.

O palácio estava povoado por um numeroso pessoal organizado em corpos colocados sob a autoridade de um chefe. Havia, assim, oficiais do palácio, guarda-costas, escribas, escudeiros, pastores, cozinheiros, escanções, arautos, etc. Estes títulos, estão escritos em acadogramas ou em sumerogramas. A sua leitura literal não esclarece praticamente a realidade destas funções. O facto não é raro na história dos títulos áulicos: o *maior domus* merovíngio («administrador do palácio») não era desde há muito tempo um «mordomo». Os «príncipes» hititas não eram todos «filhos de rei», como o sumerograma poderia fazer crer. O «Grande-do-Vinho» Nuwanza é conhecido por ter exercido um comando militar sob o reinado de Mursili II. Os escribas devem ter importado títulos mesopotâmicos, sem terem sempre em conta o seu significado primeiro, para designar os altos dignitários da Corte hitita. Todas estas personagens tinham o seu sinete, tanto os homens como as mulheres. A sua igualdade jurídica é assegurada por uma documento de Ugarit. Um plenipotenciário do rei hitita assinou uma acta oficial com o seu nome em cuneiforme e marcou-a com o sinete pessoal de sua mulher.

A nossa principal fonte para conhecer as outras classes da sociedade hitita continua a ser, por incompleto que ele nos pareça, o *Código* (de facto, a compilação das leis). Ele estabelecia uma distinção entre as pessoas livres e as que o não eram. Entre as primeiras, seríamos tentados a catalogar os mercadores, os camponeses, os artesãos. Ora, figuravam nestas duas últimas categorias numerosos deportados civis (sumerograma NAM. RA) cujo estatuto nem sequer era evocado pelas leis. Despojos de guerra apreciados, estes cativos deviam representar uma parte notável da mão-de--obra. Os *Anais de Mursili II* relatam precisamente o número dos que o rei trazia no fim de cada campanha. Acrescentam que as capturas dos oficiais hititas eram «inúmeras». Os deportados eram, em geral, colocados pelo rei nos seus domínios ou oferecidos a templos. Serviam nomeadamente para repovoar as regiões devastadas, para substituir nas explorações agrícolas os homens requisitados para o serviço militar. Ligados à terra, não podiam deslocar-se. O *voto de Puduhepa* (*CTH* 585) é uma doação da rainha ao templo da deusa Lelwani. Entre os bens aí referidos encontram-se numerosos deportados. A doadora interveio mesmo na sua vida privada doando crianças a famílias que as criavam.

Ignora-se como é que os Hititas obtinham escravos. Ao contrário do deportado, o escravo tinha um estatuto jurídico e gozava de alguns direitos. Podia adquirir bens, interpor uma acção judicial, desposar uma mulher livre sem que esta entrasse, por isso, na condição servil. Mas o senhor exercia poderes alargados sobre o escravo. Podia vendê-lo e comprá-lo, se cometesse uma falta contra ele. O valor que o *Código* reconhecia ao escravo era inferior ao do homem livre. Se tivesse sofrido um dano corporal, a compensação devida era apenas metade da prevista para o homem livre. Inversamente, o escravo culpado só era condenado a metade da pena.

Uma lacuna na nossa documentação diz respeito à classe dos sacerdotes. As instruções aos servidores dos templos (*CTH* 264) deixam, todavia, entrever uma hierarquia de grandes e de pequenos sacerdotes.

3. *A administração*

O Palácio. – Se o Reino Antigo tinha podido satisfazer-se com uma administração rudimentar, as necessidades do Império eram muito mais complexas. A frente da administração central encontrava-se o Grande Escriba. A importância da sua posição é assegurada pela lista dos beneficiários dos «presentes» que o rei de Ugarit devia dar após a sua entrada na esfera de influência hitita. O chefe dos escribas vem nela imediatamente depois do rei, da rainha e do príncipe herdeiro. Pode pois ver-se nele, com razão, uma espécie de primeiro-ministro. Nesta mesma lista, segue-se o chefe dos escudeiros e o dos cocheiros. O seu lugar na hierarquia explica-se numa civilização em que o cavalo e o carro de guerra desempenhavam um papel importante (cf. *infra* p. 396).

Os eunucos (literalmente «homens de cabeça») da comitiva do rei eram encarregados de missões diplomáticas. No palácio, deviam informar o soberano das conversas malévolas que pudessem escutar. Mas tinham de silenciar tudo o que se referia à vida do seu senhor. Além disso, deviam ter cuidado com tudo o que pudesse manchar a pureza ritual do rei. As suas funções em relação às mulheres continuam a ser mal conhecidas. Estas últimas eram objecto de um respeito particular. Lê-se no tratado de Suppiluliuma I com Hukkana de Haysa que «as pessoas não devem aproximar-se das mulheres do palácio, nem dirigir-lhes a palavra, mesmo que sejam hieródulas; mas (é preciso) afastar-se logo delas e deixar-lhes o caminho livre».

Os governadores. – A administração local estava longe de ser uniforme em toda a extensão do Império. O centro da Anatólia, o núcleo do primeiro reino, estava confiado a governadores de províncias. Estamos particularmente bem informados sobre os que tinham o encargo das zonas fronteiriças (*CTH* 261). Estes «senhores da torre de vigia» (hitita *auriyas isha-*, acadograma BEL MADGALTI) eram, de algum modo, os margraves do reino. O local de Masat (Tapikka) era uma dessas praças que vigiavam as movimentações dos Gasgas. As instruções dadas aos chefes de postos insistiam, em primeiro lugar, no seu papel militar. Tinham o controlo sobre as fortalezas disseminados ao longo da fronteira. Deviam controlar as suas guarnições, assim como o bom estado dos edifícios, sem esquecer o fecho dos ferrolhos, portas e janelas! Esta preocupação pelo pormenor, que as cartas de Masat confirmam, desvenda-nos a vida quotidiana destes postos avançados isolados e a sua perpétua insegurança. Todas as noites, os camponeses e o gado vinham para dentro das cercas defensivas que eram cuidadosamente fechadas. Voltavam a sair só no dia seguinte, depois de as sentinelas terem confirmado a ausência de inimigos. O governador de uma zona fronteiriça não devia descurar o aprovisionamento de lenha em caso de cerco, mas o risco sempre presente de incêndio devia impedi-lo de deixar que as fortalezas se transformassem em caravançarais.

Neste escalão da hierarquia verifica-se a ausência de separação de poderes e de especialização das competências. O governador ocupava-se do sector agrícola velando pelas sementeiras e pelas ceifas, pela manutenção das calhas de irrigação e pelas plantações nas hortas. Administrava a justiça, pelo menos no que se refere aos assuntos correntes, porque as causas importantes dependiam do tribunal real. Recomendava-se-lhe que fosse equitativo, que não admitisse excepções a favor dos Grandes ou dos seus; devia, pelo contrário, mostrar-se igualmente atento às camadas humildes. Exigia-se dele que fosse íntegro e que não aceitasse presentes. Devia agir segundo a justiça, em todas as circunstâncias. Era assistido, nas suas funções judiciárias, pelo chefe da aldeia e pelo conselho dos Anciãos. Devia seguir o costume do lugar, que tinha aplicação, segundo se dizia, desde toda a eternidade. Onde era de uso a pena de morte, pois que a aplicasse; mas se habitualmente se condenava ao desterro, então que desterrasse! No domínio religioso, o governador tinha a responsabilidade pelo bom estado de conservação dos templos, pela reconstrução dos que haviam sido arruinados pelo inimigo ou pela usura do tempo. Incumbia-lhe a implantação de um novo clero nos lugares dedicados ao culto. Por fim, do ponto de vista estritamente administrativo, geria os domínios do rei e controlava os deportados, mandava cobrar os impostos e realizar os trabalhos para a manutenção dos caminhos e canais, exercia os poderes de polícia. Dado que era representante do rei, tinha de dar-lhe conta com regularidade da sua actividade por meio de relatórios.

Os governadores tinham autoridade sobre funcionários de um escalão menos elevado que administravam circunscrições menos extensas. Estes «homens importantes» (sumerograma LÚ DUGUD) comandavam também destacamentos de tropas e proferiam sentenças. Em caso de falta contra a disciplina militar, o seu superior hierárquico devia capturá-los e remetê-los ao rei.

A escala da aldeia, nota-se uma certa partilha da autoridade. Esta era conjuntamente exercida pelo presidente do município (acadograma HA-ZANNU) e pelo conselho dos Anciãos, sem prejuízo da presença de um representante do rei. Um texto explica que o presidente assegurava a ordem e a segurança, tanto de dia como de noite. Um outro, que faz alusão à «cidade do deus», permite que nos interroguemos se certas cidades não seriam administradas pelas autoridades religiosas. Os santuários célebres de Arinna, Zippalanda e Nerik talvez estivessem nessa situação. Seja como for, sabe-se que gozavam de algumas imunidades e que escapavam em particular aos trabalhos obrigatórios (cf. *infra* p. 406). Não podemos deixar de fazer um paralelo com a descrição feita por Estrabão (XII, 2,3) de Comana da Capadócia na época de Augusto. A cidade-santuário, a antiga Kumanni dos Hititas, assim como a sua população, era administrada pelo grande sacerdote da deusa local.

Enquanto os domínios que dependiam do rei hitita se limitaram ao planalto central da Anatólia e às suas imediações, o soberano pôde exercer neles a sua autoridade por intermédio de homens escolhidos entre a sua comitiva pela confiança que inspiravam. Quando um funcionário era nomeado, prestava um juramento de fidelidade ao seu senhor segundo o uso corrente nas sociedades em que a escrita tem um uso limitado. Eram-lhe então entregues as suas instruções (*ishiul*, literalmente «laço», donde, «contrato»). Alguns funcionários dispunham de uma declaração de poderes muito alargada. A este título, usavam um sinete em nome do rei. Tal facto explica por que razão se conhecem, para o mesmo rei, vários sinetes diferentes. Havia mesmo alguns falsos. Uma lei previa a pena de morte em caso de abuso ou de fraude para quem tivesse usurpado assim o nome real.

Os príncipes protegidos. – Do reino inicial, as conquistas de Suppiluliuma I tinham feito um império por agregação de províncias e de populações diversas. Tornou-se, portanto, necessário adaptar os métodos administrativos às novas realidades. Não poderá, bem entendido ver-se nisso uma reforma decidida enquanto tal. Tratou-se, isso sim, de uma série de criações à medida das necessidades e das circunstâncias. Quando um território entrava na esfera de influência hitita, quer pela conquista, quer de modo mais ou menos deliberado, o rei impunha ao seu chefe, a título pessoal, aquilo a que pode chamar-se um tratado de protectorado. Ora, os Hititas designavam este acordo pela mesma palavra (*ishiul*) que as instruções aos funcionários. O príncipe protegido estava, portanto, na mesma situação jurídica em relação ao rei que o governador de uma zona fronteiriça.

Não poderá ver-se nesses tratados acordos entre Estados. Redigidos segundo um modelo estabelecido, instauravam entre o Grande Rei e aquele que se tornava seu protegido laços pessoais, de homem a homem. No título, o rei hitita apresentava-se apenas com os seus títulos e a sua genealogia: «Assim fala o Meu Sol X, Grande Rei, rei do país hitita, herói, filho de Y, Grande Rei, rei do país hitita, herói, neto de Z, Grande Rei, rei do país hitita, herói.» Mas aquele a quem o tratado se destinava não era nomeado nesta parte do texto. As duas partes contratantes não eram, portanto, postas em pé de igualdade. A redacção continuava por uma evocação histórica das relações anteriores até ao acontecimento que levara o príncipe local a entrar na dependência hitita. A este título, os tratados constituem uma fonte essencial para o estudo da história interna do Império. Depois, vinha a lista das obrigações. O protegido não devia revoltar-se nem conduzir uma diplomacia independente. Tinha, doravante, os mesmos amigos e os mesmos inimigos que o Meu Sol; tinha de acompanhá-lo com os seus homens na guerra, fosse ela defensiva ou ofensiva, mas não podia aspirar a receber uma parte dos despojos. Devia remeter para o país hitita os fugitivos que chegassem ao seu território, mas não podia esperar reciprocidade: o Grande Rei não extraditava os refugiados. De futuro, o protegido dirigir-se-ia todos os anos à capital para aí renovar o juramento de fidelidade ao rei hitita e à sua descendência. Era-lhe vivamente aconselhado que mandasse ler frequentemente, em voz alta, a tabuinha do tratado. Por fim, estava obrigado ao pagamento de um tributo bastante pesado, a avaliar pelo que o rei de Ugarit tinha de pagar. No caso do reino de Tarhundassa cujos recursos se mostraram insuficientes, Tudhaliya IV concedeu uma diminuição dos pagamentos.

Em troca dos serviços que lhe eram devidos, o Grande Rei garantia ao seu protegido a plena disposição dos seus poderes no interior das suas fronteiras. Estas eram cuidadosamente delimitadas num documento anexo. O tratado só era válido para aquele a quem fora concedido. Se este último fosse expulso do país por uma revolta, o rei hitita não reconheceria o usurpador, mas deveria ajudar o seu protegido. O acordo previa as querelas de sucessão. O herdeiro legítimo seria aquele que o príncipe local designasse e que o Grande Rei reconhecesse como tal, fossem quais fossem as pretensões da parentela ou as recriminações dos nobres. Se o jovem príncipe fosse desapossado, faria apelo à ajuda do seu protector. Esta última disposição permitiu a Mursili II intervir a favor Manapa-Tarhunda do Seha e de Mashuiluwa de Mira. O fim do tratado colocava a sua boa execução sob a garantia das divindades classificadas segundo uma ordem quase canónica (cf. *infra* p. 413 e ss.). Fórmulas de maldição ameaçavam aquele que infringisse as disposições do tratado.

O herdeiro só podia suceder ao seu predecessor depois de o rei lhe ter concedido um novo tratado. Este pormenor confirma o carácter eminentemente pessoal das relações existentes entre o protector e o protegido. Enquanto um novo tratado não fosse formalmente estabelecido, o rei hitita reservava-se o direito de administrar directamente o território em questão. Após a morte de Šarri-Kušuh de Kargamiš, Mursili II regulou pessoalmente os assuntos sírios, nomeadamente em Astata. A renovação do tratado proporcionava a oportunidade de uma revisão das obrigações ou do traçado das fronteiras. Assim, o Grande Rei dispunha de um meio de controlo suplementar sobre os seus subordinados.

Certos príncipes locais, os *kuirwana-*, gozavam de um estatuto particular. Esta palavra foi relacionada com o grego homérico κοιρανος. Os reis do Kizzuwatna, Mitani (após as campanhas sírias de Suppiluliuma I) e Arzawa (antes de Mursili II) usavam, nomeadamente, este título. Parece que este terá proporcionado aos seus beneficiários vantagens em matéria tributária. O facto de um pequeno rei pertencer, por nascimento ou por casamento, à dinastia imperial conferia-lhe um prestígio suplementar. Além disso, constituía para o Grande Rei um meio para ligar mais estreitamente a si uma província. Os tratados precisavam, por vezes, que a princesa hitita casada com um príncipe local teria a categoria de primeira esposa e que só os seus filhos estariam vocacionados para suceder a seu pai. Para reforçar o seu domínio sobre a Síria do Norte, Suppiluliuma I estabeleceu lá como reis dois dos seus filhos (cf. *supra* p. 356). Desta maneira, ramos da família imperial ganharam raízes aí. Se o papel do rei de Alepo parece ter-se limitado à cidade, aliás metrópole religiosa, o de Kargamiš era um verdadeiro vice-rei que dispunha de uma delegação de poderes extensiva a todos os protegidos sírios do rei hitita. É o que se manifesta na leitura dos documentos de Ugarit.

Pode verificar-se, ao longo da história do Império, um reforço do domínio do Grande Rei sobre os seus protegidos e seus territórios. O Kizzuwatna desapareceu como reino depois de Suppiluliuma I. Foi certamente incorporado nos domínios que dependiam directamente do governo central. Os últimos *kuirwana-* conhecidos são do tempo de Muwatalli. As múltiplas revoltas a que Mursili II teve de fazer face mostram-nos a fragilidade do edifício administrativo do Império. Quando o rei hitita estava afastado, ou era jovem, os protegidos eram tentados a deixar de cumprir as suas obrigações, ou mesmo a rejeitar o jugo. Esta tentação era tanto mais forte quanto a enormidade das distâncias e a lentidão das comunicações, muitas vezes cortadas pelos rigores do Inverno anatólico, a isso convidavam permanentemente. O exemplo do príncipe de Mira (cf. *supra* p. 371) mostra que liberdades podiam permitir-se alguns subordinados. Só graças à honestidade diplomática de Ramsés II, que disso deu conhecimento a Hattusili III, é que conhecemos as manobras de um protegido de fidelidade pelo menos suspeita. A pertença à família reinante também não era uma garantia de obediência ao soberano legítimo. As circunstâncias da subida ao trono de Suppiluliuma III e a usurpação de Hattusili III são outros tantos exemplos de violação da lei de sucessão. Apesar das lacunas da documentação, parece de facto que os reis hititas consagraram uma grande parte da sua actividade e do seu tempo a percorrer o Império para se mostrarem às populações, manterem os príncipes fiéis aos seus juramentos de fidelidade, sufocarem as revoltas e repelirem as incursões inimigas. Uma tal tarefa, que absorvia as forças humanas e os recursos materiais, tinha algo de desesperado, apesar do valor dos Grandes Reis. É talvez aqui que se encontra a explicação da ruína súbita do Estado hitita no início do século XII.

4. O exército

Acabamos de ver o lugar que as operações militares tiveram na história da monarquia hitita no II milénio. Não tendo fronteiras naturais, teve de bater-se para sobreviver, mas também para conquistar, conservar ou recuperar as ricas regiões do Sul e do Sudeste. Nos textos cuneiformes, a ideia de «exército» é frequentemente expressa pelos sumerogramas componentes da expressão «soldados (e) cavalos», isto é, a infantaria e os carros. O carro de guerra existia já no Próximo Oriente na época de Sumer (III milénio). Mas tratava-se então de um engenho pesado de quatro rodas cheias, puxado por burros e sem virtualidades de manobra. O carro ligeiro de duas rodas de raios, atrelado a cavalos, trouxe uma verdadeira revolução na táctica. O mérito da sua invenção é geralmente atribuído aos mitonianos. Espalhou-se rapidamente no século XVI até ao Egipto e à Babilónia. Para tirar o melhor partido da nova arma, era preciso submeter os cavalos a uma alimentação e a um treino peculiares. É do que nos dá conta um tratado de hipologia (*CTH* 284), o mais antigo actualmente conhecido, redigido em hitita e encontrado em Boğazköy. Os Hititas tinham, de facto, feito apelo aos serviços do palafreneiro Kikkuli do Mitani para organizar o seu corpo de carros de guerra. A presença no vocabulário técnico de termos que se encontram no sânscrito confirma o lugar ocupado pelo elemento indo-ariano entre os Hurritas do Mitani. Os Hititas inovaram na maneira de combater com o carro de guerra. Ao contrário dos Egípcios, que nele colocavam apenas dois homens, eles punham três: um cocheiro, um combatente que manejava o arco ou a lança e um portador de escudo protector. Com as funções de ataque e de defesa assim especializadas, cada soldado podia consagrar toda a sua atenção e energia à sua tarefa específica. Lançados em massa na carga, os carros mostravam-se de uma terrível eficácia nos combates em campo aberto. O mais célebre foi o que opôs, em Qadeš, Muwatalli a Ramsés II.

Quando era preciso combater em terreno difícil, na montanha ou na floresta, a infantaria recuperava o papel de primeiro plano que detivera antes da introdução dos carros de combate. E o mesmo sucedia aquando das operações de cerco ou de defesa das praças-fortes. Vestido com uma túnica curta, os rins cingidos com uma peça de tecido, com um capacete dotado de orelhas, tendo um machado e a adaga ao lado, os deus da «Porta do Rei» em Boğazköy dá-nos a imagem do soldado de infantaria hitita do tempo do Império.

A arquitectura militar hitita deixou imponentes vestígios. A muralha fortificada de Hattusa, reconstruída na época imperial, era balizada por torres quadradas e construída com tijolos crus reforçados por traves, sobre um envasamento de blocos ciclópicos. O seu traçado foi estabelecido tomando como apoios os abruptos picos rochosos naturais. Uma dupla muralha defendia o lado mais exposto. Uma poterna feita no aterro que suportava a frontaria permitia o acesso directo ao exterior. O último reduto de defesa era constituído pelo palácio real. As narrativas de campanhas militares citam-nos, aqui e ali, assaltos lançados contra praças-fortes inimigas. Nos *Anais de Mursìli II*, diz-se que este rei tomou, por duas vezes, fortalezas reduzindo-as à fome e à sede.

Em virtude da rudeza do Inverno anatólico, as operações começavam apenas na Primavera para terminarem com o Verão. No resto do ano, o rei consagrava-se aos seus deveres civis e religiosos. Mas uma parte das tropas permanecia em armas, para manter os postos fronteiriços face aos Gasgas ou ao Arzawa. O recrutamento do exército era muito variado. Na data e lugar fixados pelo rei, quando os signos eram propícios, viam-se chegar na Primavera as tropas propriamente hititas constituídas por homens livres convocados, sendo os contingentes conduzidos e comandados pelos príncipes protegidos, estando cada corpo equipado à maneira do seu país de origem. Conhecem-se mesmo casos em que prisioneiros de guerra foram seguidamente incorporados no exército imperial. As instruções militares e os textos históricos informam-nos um pouco sobre a organização interna do exército. Os oficiais («senhores de soldados e de cavalos») obedeciam a um ou vários generais designados pelo rei e escolhidos entre a sua comitiva. Corpos especializados, comandos de exploradores, de engenharia, trem de campanha, assistiam o grosso das tropas. Salvo para Qadeš, e mesmo assim com reservas, não temos qualquer informação sobre a importância dos efectivos envolvidos numa campanha.

Os *casus belli* dos Hititas eram os de sempre: incidentes de fronteira, revoltas de países conquistados ou protegidos, intrigas diplomáticas, querelas de sucessão, conflitos de interesses entre grandes potências, etc. Mas, aos olhos do rei hitita, um motivo parecia justificar particularmente a guerra: a recusa de um vizinho de entregar os súbditos do Grande Rei, quer tivessem sido capturados quer se tivessem refugiado fora do reino, Antes de dar início às hostilidades, o rei hitita tomava as precauções jurídicas necessárias para se colocar ao abrigo das normas do direito. Com efeito, os Hititas consideravam a guerra como um processo de que os deuses eram os juízes. Era, portanto, indispensável que fossem cumpridos os ritos religiosos adequados e que as formas jurídicas fossem respeitadas. Assim, a guerra seria justa, no sentido romano do termo. O rei escrevia, portanto, ao seu futuro adversário para o intimar a entregar os súbditos hititas. Em caso de recusa, faziam uma declaração de guerra em boa e devida forma que fazia recair a responsabilidade do conflito sobre a parte recalcitrante. A mesma preocupação de justificar a entrada em guerra aparece no preâmbulo do tratado acordado entre Suppiluliuma I e Sanassura de Kizzuwatna:

«O povo de Isuwa fugiu perante Meu Sol e refugiou-se no país hurrita. Eu, Meu Sol, mandei dizer assim aos Hurritas: 'Remete-me os meus súbditos!' mas o Hurrita respondeu assim a Meu Sol: 'Não! Estas populações tinham vindo outrora para o país hurrita e fixaram-se nele. E verdade que regressaram seguidamente ao país hitita como fugitivos. Mas agora o rebanho escolheu o seu estábulo, está definitivamente no meu país!' E assim o Hurrita não extraditou os meus súbditos... e eu, Meu Sol, notifiquei assim o Hurrita: `Se alguma região se separar de ti e vier para o país hitita, que acontecerá?' O Hurrita respondeu-me: 'Acontecerá exactamente o mesmo!' Agora, o povo do Kizzuwatna é um rebanho hitita e escolheu o seu estábulo. Abandonou os Hurritas e veio para Meu Sol. O país do Kizzuwatna alegrou-se muito com a sua libertação!».

Assim, Suppiluliuma podia justificar a tomada de controlo de uma rica província e o domínio sobre uma importante posição estratégica pela via da jurisprudência. Melhor, o precedente fora-lhe fornecido pelo seu próprio adversário hurrita.

Tal como, mais tarde, em Roma, a guerra era em primeiro lugar uma questão dos deuses. Consultavam-se os oráculos antes de se iniciar a campanha. O rei, tal como o exército, devia estar ritualmente puro. Uma derrota obrigava a levar a cabo uma lustração que incluía um sacrifício sangrento. As vítimas eram cortadas em duas partes e as tropas desfilavam entre as metades. O mérito da vitória era, evidentemente, atribuído às divindades. Não marchavam elas à frente do rei e dos seus homens? Nas suas declarações de guerra, os Hititas apresentavam-na como um ordálio ou um duelo judiciário. Assim, em Uhhaziti de Arzawa que tinha insolentemente recusado submeter-se, Mursili II replicou: «Vamos! Combatemos e que o deus da Tempestade seja o nosso juiz!» De igual modo, quando o futuro Hattusili III se preparava para depor o seu sobrinho Urhi-Tešub, apelou aos deuses antes de pegar em armas:

«Como é que eu lhe fiz guerra? Não foi baixamente. Revoltei-me acaso em cima do carro (= em tempo de guerra?) ou revoltei-me no palácio? Dirigi-lhe um ultimato: `Entraste em litígio comigo. Tu, tu és um Grande Rei, mas eu, [...] eu sou rei de uma única fortaleza! Vamos! Que Šauška de Samuha e o deus da Tempestade de Nerik sejam os nossos juízes!'».

A guerra não tinha como objectivo destruir fisicamente o inimigo. Mursili II gabou-se de uma vitória alcançada sobre Azzi com um mínimo de perdas: nem um só oficial hitita fora morto. Ele preferia que o inimigo se submetesse de preferência a ter de combatê-lo. Não vemos os reis hititas vangloriar-se dos seus êxitos militares no estilo cruel dos conquistadores assírios do I milénio. O próprio Mursili contou assim a submissão da região do rio Seha, no ano IV do seu reinado:

> «Logo que Manapa-Tarhunda (o príncipe do Seha) soube da chegada de Meu Sol, enviou um mensageiro ao meu encontro para me dizer o seguinte: 'Meu senhor, não me mates! Mas toma-me ao teu serviço; e aqueles que se refugiaram junto de mim, entregá-los-ei ao meu Senhor!' Mas eu respondi-lhe assim: 'Quando os seus irmãos te tinham expulso do teu país, eu confiei-te ao povo de Karkisa e mandei-lhe mesmo presentes em teu favor. Mas apesar disso, não me acompanhaste; pelo contrário, seguiste o meu inimigo Unhaziti. E agora, iria fazer de ti meu servidor? 'Teria então prosseguido o meu caminho e tê-lo-ia aniquilado, mas ele enviou a sua mãe ao meu encontro. Ela veio, caiu a meus pés e falou assim: 'Nosso Senhor, não nos destruas! Mas toma-nos, ao teu serviço!' E porque uma senhora viera ao meu encontro e caíra a meus pés, perdoei a essa senhora. E foi por isso que não fui ao país do rio Seha.»

O adversário, um subordinado desleal em todo o caso, encontrou, pois, perdão por causa dos sentimentos cavaleirescos de Mursili II. Vale a pena notar, por fim, que os reis hititas do Império nunca se fizeram representar como guerreiros, mas sempre como sacerdotes.

Nem por isso poderá negar-se que os Hititas saqueavam os locais habitados, incendiavam-nos e desterraram as suas populações. Algumas expedições proporcionavam-lhes despojos consideráveis, como por exemplo, a incursão de Mursili I sobre a Babilónia. Após os seus dois anos vitoriosos em Arzawa, Mursili II traçou deles o seguinte balanço:

> «E como eu havia conquistado todo o país de Arzawa, os prisioneiros que eu, Meu Sol, conduzi ao palácio, todos juntos, eram 66 000 prisioneiros. Quanto aos oficiais de infantaria e de carros hititas, os prisioneiros e o gado grosso e miúdo que eles trouxeram, eram inumeráveis.»

A guerra era, portanto, para os Hititas uma fonte de poderio material e humano. É de facto evidente que eles atribuíam a maior importância ao facto de enfraquecer o adversário privando-o de uma parte da sua população, o que limitaria posteriormente as suas faculdades de recuperação e, portanto, as suas possibilidades de desforra. Inversamente, o vencedor tirava partido da força de trabalho assim arrebanhada (cf. *supra* p. 388). Por outro lado, havia muito pouca preocupação com a homogeneidade étnica das populações; um deportado representava um par de braços para o trabalho, e pouco importava então a sua origem ou língua.

5. O direito

As relações internacionais. – Em hitita, duas palavras exprimem o estado das relações que o Grande Rei mantinha com os outros governantes: *kurur* e *taksul*, que geralmente se traduzem por «guerra», e «paz». Estes termos aplicavam-se tanto aos príncipes locais como aos reis cuja categoria era reconhecida como igual à do senhor de Hattusa: o egípcio, o assírio, o babilónio. Com efeito, a etimologia destas duas palavras revela que elas correspondiam a realidades mais complexas. *Kurur* pertence à família do verbo que significa «cortar»; era a ausência de relações, a sua ruptura ou o estado de guerra aberta. De igual modo *taksul* (do verbo que quer dizer «tornar igual», donde «conciliar, conceder») designava as relações sancionadas por um contrato em boa e devida forma, o tratado. Assim, um príncipe só podia ser, frente ao rei hitita, seu inimigo, seu protegido ou seu aliado.

Vimos mais atrás como uma dinastia local entrava na esfera de influência hitita. Havia, além disso, acordos que regulavam as relações entre grandes potências na base de uma estrita igualdade. O mais célebre, porque possuímos o texto através das duas tradições, egípcia e hitita, é o que foi assinado por Ramsés II e Hattusili III. Tal como no caso dos outros tratados internacionais encontrados em Bogazkôy, a sua forma jurídica está conforme ao direito hitita. O título nomeia conjuntamente as partes contratantes, com os seus títulos respectivos. Ambas eram assim colocadas ao mesmo nível, ao contrário do que se via nos tratados «desiguais» (cf. *supra* p. 393). Era toda a diferença entre um diploma concedido e um tratado negociado. O relato histórico que se segue evoca sucintamente as relações anteriores entre os Hititas e o Egipto. O presente tratado restabelece a «fraternidade» entre elas, como no tempo de Suppiluliuma; este pormenor prova, pois, a existência de um acordo anterior. A aliança egipto-hitita trazia consigo um compromisso recíproco de não-agressão, uma garantia de ajuda mútua contra o ataque de terceiros e a extradição dos fugitivos. O texto prossegue com a lista dos deuses-testemunhas dos dois países e apelo às suas maldições e bênçãos. À última hora, juntou-se um parágrafo que previa a amnistia para os fugitivos que seriam enviados para o seu país de origem. Ao contrário dos tratados de protectorado, este não fixava qualquer limite à soberania dos reis contraentes. Estabelecia, nas suas relações, o princípio da reciprocidade absoluta. Este obrigou o redactor a numerosas repetições em princípio desnecessárias, mas o espírito jurídico dos Hititas não queria, nesta questão, dar lugar à mínima dúvida. Há, no entanto, uma excepção a esta regra: o parágrafo que diz respeito à sucessão dinástica que se aplicava apenas ao reino hitita. Ramsés comprometia-se a ajudar o filho de Hattusili se os nobres quisessem impedi-lo de aceder ao trono por morte de seu pai. A ausência de reciprocidade neste caso será devida a um esquecimento do escriba ou a circunstâncias particulares da subida de Hattusili ao trono? Sabe-se que Urhi-Tešub se mantinha activo nesta altura. O egípcio, por seu lado, não tinha claramente semelhantes temores. O texto original, perdido, do tratado estava gravado em acádico numa placa de prata cuja descrição nos é fornecida pela versão egípcia. Trazia os selos de Hattusili e de Puduhena que as suas divindades protectoras mantinham abraçados. Não podemos deixar de fazer o paralelo com a imagem de seu filho Tudhaliya IV na câmara B de Yazīlīkaya (cf. *infra* p. 423). Tal como nos outros tratados, o documento principal não comportava cláusulas territoriais. Vimos já como Hattusili reforçou ainda mais os laços com Ramsés concedendo-lhe sucessivamente duas das suas filhas em casamento. Um tratado da mesma natureza deve ter vigorado entre a dinastia cassita de Babilónia e o Império hitita. Sabe-se também que princesas babilónias desposaram membros da família reinante em Hattusa, como Tawanana, a última mulher de Suppiluliuma I.

Embora nenhuma disposição de direito internacional conhecida o precise expressamente, vê-se que os príncipes protegidos dependiam da justiça do Grande Rei. Uma passagem da carta de Hattusili III a Kadasman-Ellil II de Babilónia (*CTH* 172) informa que Bendesina de Amurru ultrajara o babilónio. Hattusili respondeu-lhe que obrigaria o seu protegido sírio a justificar-se: «Bentesina é meu servidor; se ele ultraja o meu irmão, acaso não me ultraja também a mim?» O hitita não queria dar pretexto a uma potência estrangeira, mesmo amiga e aliada, para se imiscuir nos assuntos internos do Império.

As relações com os príncipes protegidos. – No que se refere ao direito que regula as relações entre os príncipes locais e o rei hitita, temos, além dos tratados de que já se falou, documentos jurídicos e judiciais provenientes de Ugarit. O seu rei, Ammistamru II, desposara a irmã de Šauškamuwa de Amurru. Na sequência de uma falta grave cuja natureza nos não é comunicada, a princesa refugiara-se junto de seu irmão. Este último recusou-se a reenviá-la a seu marido. Ammistamru voltou-se então para o seu protector para que ele atendesse às suas reclamações. O julgamento veio, brutal e sem apelo: ou Šauškamuwa entregava a princesa a seu marido, ou perderia o trono. O acusado, sem possibilidade de desculpar-se, não tinha mais nada a fazer senão submeter-se, o que fez efectivamente. No caso do divórcio entre uma princesa hitita e um rei de Ugarit, vemos a sentença dada pelo rei de Kargamiš que actuava como delegado do Grande Rei. Tudhaliya IV resolveu um conflito fronteiriço entre dois dos seus protegidos sírios, os reis de Ugarit e de Siyannu. O poder real intervinha também em matéria comercial. Por queixa de Nikmepa de Ugarit, Hattusili III proibiu aos mercadores kizuvatnianos de Ura, que dependiam directamente dele, que se estabelecessem em permanência na cidade síria. Um barqueiro de Ugarit queixara-se de que o seu barco se tinha afundado. Puduhepa deu a sentença seguinte: que o queixoso jurasse que o naufrágio fora causado por malquerença, e que o culpado o indemnizasse. A intervenção do poder central podia, pois, estender-se a assuntos de direito privado.

Os laços entre os príncipes protegidos e o Grande Rei era, como se viu, da mesma natureza que os que o ligavam aos funcionários e dignitários. Ninguém se espantará, pois, de ver um tribunal real pronunciar-se sobre uma questão de desvio de bens em que era acusado um tal Ura-Tarhunda, filho de Ukkura. Possuímos uma parte do processo (*CTH* 293). A rainha, provavelmente Puduhepa, tinha confiado à guarda desta personagem carros, gado, tecidos, armas e outros objectos de cobre e de bronze. Tudo isto desaparecera. A soberana era parte litigante, mas não poderá precisar-se se ela presidia também ao tribunal. Mesmo que tenha sido esse o caso, não podemos deixar de saudar a minúcia com que o processo foi conduzido dando todas as garantias ao arguido. Depois de o seu pai e ele próprio terem prestado juramento no templo da deusa dos infernos, Lelwani, foram ouvidos os depoimentos das testemunhas sob juramento. O defensor pôde intervir acerca de cada uma delas. Perdeu-se a sequência do processo, bem como o veredicto e a sentença. Nem por isso deixa de parecer que este tipo de casos não era objecto de qualquer forma de justiça expeditiva.

O direito privado. – Para o direito privado conhecemos uma compilação de leis a que impropriamente se chama o *Código* (*CTH* 291-2). Com efeito, apresenta-se como uma colecção de casos que têm a ver com aquilo que para nós é o direito civil e o direito penal. Cada caso é acompanhado da sanção prevista. Estas leis estão contidas em duas séries intituladas de acordo com as suas primeiras palavras «*Se um homem...*» e «*Se uma vinha*». O conjunto está ainda incompleto, embora novos fragmentos venham regularmente juntar-se às versões já conhecidas. Foram reconhecidas várias versões sucessivas que mostram que, com o tempo, as penas se foram suavizando, desde o Reino Antigo até Tudhaliya IV. Não sabemos se as duas séries representavam as leis hititas na sua integralidade. Notam-se nelas importantes lacunas a propósito da adopção, da herança e dos contratos. Talvez estes domínios dependessem do costume, do qual sabemos o respeito em que era tido.

A família. – O direito da família tratava principalmente do casamento. Quando se tratava de pessoas de condição livre, era precedido de noivado sancionado por um presente do futuro marido à jovem noiva. Se os pais desta tomavam a iniciativa de uma ruptura, tinham de devolvê-lo ao noivo. Se a jovem era, entretanto, levada por um terceiro, este tinha de reembolsá-lo. O rapto podia ter consequências sangrentas que, no entanto, não tinham sanção penal:

> «Se um homem rapta uma mulher e se move uma perseguição no seu encalço, se morrerem dois ou três homens, não há lugar a compensação.»

Será de ver aqui o vestígio de um casamento por rapto que tinha valor legal? Habitualmente, a futura mulher recebia, dos seus pais, um dote, ao passo que o jovem noivo lhe entregava uma oferta simbólica, o *kusata-*. Podia ainda dar-se a ruptura. Se ela fosse imputável aos pais da rapariga, o noivo tinha direito a uma indemnização igual ao dobro do *kusata-*. Se fosse ele que tivesse mudado de opinião, perdia-o. Muito se discutiu sobre a natureza dessa oferta. Para alguns, seria o vestígio de um casamento por compra. Para outros, devia selar o acordo entre as duas partes, não sendo, em todo o caso, indispensável à validade do casamento. Era manifesto o parentesco entre as leis hititas referentes ao casamento e o direito babilónico. Contudo, a união matrimonial apresentava, na Anatólia, um traço próprio desta sociedade: o lugar da mulher. A mãe da jovem noiva participava ao lado do pai na fase preparatória das núpcias. Pelo menos na alta sociedade, as mulheres dispunham de uma assegurada igualdade jurídica com os homens. O *Rescrito de Telibinu* previa a mesma pena para aquele que fizesse mal ao seu irmão ou à sua irmã. Foram encontrados sinetes com os nomes dos dois membros de um casal. Por fim, a existência de sinetes unicamente femininos prova que as suas detentoras dispunham de plena capacidade jurídica.

Quando o casamento não envolvia duas pessoas livres, as formalidades eram mais simples. O *Código* precisava apenas que:

> «se um homem livre toma por mulher uma escrava, coabitando e tendo filhos, se seguidamente se separarem, cada um deles fica com metade

dos bem; mas o homem fica com os filhos, excepto um que a mulher conserva».

A regra era idêntica se um escravo desposara uma mulher livre, ou se o casamento fora entre dois indivíduos de condição servil. Não conhecemos praticamente os efeitos do divórcio entre duas pessoas livres.

Após o seu casamento, a mulher habitava normalmente em casa do marido. Mas podia também morar com o pai; o genro usava, então, um nome que significava «aquele que entrou» (na casa do seu sogro). No primeiro caso, o dote revertia para o marido por morte da mulher. Quando o marido era o primeiro a morrer, a viúva era a herdeira. Ignora-se o que acontecia no segundo caso, porquanto a tabuinha está partida.

A mulher hitita tinha o direito de expulsar o seu filho de sua casa; bastava-lhe, para isso, colocar simbolicamente a roupa deste diante da porta da casa. O aborto era proibido e passível de uma multa mais forte para as mulheres livres que para as escravas. O adultério da mulher era severamente punido. Apanhados em flagrante, os cúmplices podiam ser mortos impunemente pelo marido. Se ele não reagisse de imediato, o caso devia ser apresentado perante a justiça real. O *Código* é omisso, em contrapartida, quanto ao adultério do marido... Em matéria de violação, a lei introduzia uma distinção conforme o acto fora ou não levado a cabo ao alcance da voz de um lugar habitado. No primeiro caso («em casa»), presumia-se a cumplicidade da vítima, pois poderia ter pedido socorro. No segundo caso («no monte»), o homem era culpado e passível de pena de morte. Havia interditos proibindo as relações sexuais entre parentes próximos, mesmo por afinidade. Mas, por morte de um homem casado, o seu irmão, ou na falta o seu pai ou o seu sobrinho, devia desposar a viúva. A instituição do levirato era, portanto, reconhecida pelas leis hititas.

As penas. – A compilação das leis contém numerosas disposições referentes aos danos às pessoas e aos bens. A lei de talião era ignorada, e a pena de morte excepcional, traços que dão ao direito hitita um carácter particularmente humano para a época. A pena capital só estava prevista para o caso de rebelião contra o rei ou um alto dignitário, a rebelião de um escravo contra o seu senhor, a bestialidade, a bruxaria praticada por um escravo, a violação e o adultério. A mutilação do nariz ou das orelhas só era praticada sobre os escravos culpados de roubo ou de incêndio voluntário. A responsabilidade colectiva só era considerada no caso de rebelião contra o rei.

A pena mais corrente era o pagamento de uma compensação. Pelo homicídio voluntário de um homem livre, o culpado devia fornecer quatro pessoas, mas apenas duas se a vítima fosse um escravo. Se a morte de homem fora provocada involuntariamente, a sanção era reduzida a metade. Na maioria das vezes, a compensação era calculada em peso de prata:

> «Se alguém cegar um homem livre, ou se lhe partir os dentes, devia outrora pagar uma mina (t = 60 siclos) de prata; doravante, pagará vinte siclos de prata. Se alguém cegar um ou uma escrava, ou se lhe partir os dentes, pagará dez siclos de prata.».

O Código espraia-se longa e minuciosamente sobre os prejuízos causados ao gado, às culturas e aos campos:

> «Se alguém roubar uma vaca, devia outrora pagar doze cabeças de gado; presentemente, tem de pagar seis cabeças, duas das quais de dois anos, duas de um ano e duas acabadas de desmamar».

Em Hattusa, a sede do tribunal chamava-se a «Porta do Rei». Fora da capital, a justiça era administrada pelos funcionários assistidos pelo Conselho dos Anciãos. Assim,

> «Se alguém encontrar um boi, um cavalo ou um macho, conduzi-lo-á à Porta do Rei; se o encontrar no campo, prevenirá os Anciãos e poderá utilizá-lo. Se o proprietário se apresentar, retomará o seu bem e aquele que o encontrara ficará quite. Se não preveniu os Anciãos, é um ladrão».

O regime da terra. – O regime da terra entre os Hititas põe ainda questões bastante complexas em virtude das lacunas da documentação. Sabe-se que o rei possuía domínios que mandava explorar directamente sob a responsabilidade dos funcionários. Tal como os templos e as comunidades aldeãs, também ele podia conceder terras. Neste caso, os beneficiários eram homens livres ou artífices (literalmente «homens da ferramenta»). Parece que, originariamente, os primeiros dependiam directamente do rei, ao passo que outros teriam dependido das autoridades locais. Estabelece-se, sem dúvida, uma certa confusão, pois que se vêem seguidamente concessões de artífices confiadas a homens livres e vice-versa, ou mesmo a deportados civis. Tratava-se, talvez, neste último caso, de terras exploradas até então por pessoas requisitadas para o serviço militar, e que tinham de continuar a produzir o que delas se esperava. Com efeito, a concessão era onerada com a obrigação do *luzzi* («trabalho gratuito obrigatório»?), ao mesmo tempo que o concessionário estava pessoalmente obrigado à prestação de uma renda, o *sahhan*, cuja natureza exacta nos escapa. Far-se-á uma ideia do peso constituído por estas obrigações quando se souber que o titular de uma concessão lhe dedicava metade do seu tempo de trabalho. Parece, além disso, que a terra concedida era, em certa medida, alienável pelo concessionário, sem que autoridade que concedia tivesse de intervir. Se um concessionário viesse a morrer sem deixar sucessor capaz de assumir os seus encargos, a concessão voltava de novo ao seu proprietário eminente, rei, templo ou aldeia, que podia então dispor dela à sua vontade.

A primeira redacção do *Código* precisava que o beneficiário de uma doação real estava isento do *luzzi* para as terras que assim recebera. Seguidamente, a lei tornou-se mais restrita. A obrigação subsistia nos termos do direito, a menos que se verificasse uma dispensa expressa do rei. Fez-se notar atrás que a Corte parecia constituir um mundo à parte, de maneira que a compilação das leis se aplicava apenas ao resto da sociedade. É possível que esta discriminação se estendesse também às terras. Assim, o *Código* não diz uma palavra sobre as doações que o rei fazia a certas personagens por serviços prestados, doações que tinham um carácter de verdadeiro privilégio. Nestes casos, a escritura real especificava que as terras passariam para os descendentes do beneficiário. Hattusili III, querendo recompensar a fidelidade de um certo Ura-Tarhunda, libertou-o de todos os encargos que pesavam sobre os seus bens (*CTH* 224). Além do *sahhan* e do *luzzi*, aludiu-se às entregas de cereais, de palha, de feno, do cavalo de corrida, do gado seleccionado, de elementos que entravam na construção dos carros de guerra. O rei fez, pois, beneficiar o seu protegido de uma autêntica medida de imunidade fiscal.

Os laços de homem a homem. – A importância do carro de guerra foi apresentada por alguns autores como a prova de que a sociedade hitita do II milénio a.C. era feudal, no sentido do Ocidente europeu do século XI d.C. Os carros de guerra anatólicos teriam, assim, prefigurado a cavalaria medieval. Pretendeu-se ver no *sahhan* um serviço de hoste devido em troca de uma concessão de terra. Esta hipótese assentava numa interpretação inadaptada da expressão «homem da ferramenta» que se lia «homem da arma» (o sumerograma utilizado tem duas significações possíveis). A terra concedida – dizia-se o «feudo» – teria permitido ao seu beneficiário equipar-se à sua custa. Ora, viu-se que este último era muitíssimas vezes apenas uma humilde personagem. Além disso, a doação a Ura-Tarhunda prova que o rei exigia dos detentores do domínios peças de carro, e não que eles viessem para o exército com os seus próprios carros. O fabrico destes engenhos era, provavelmente, feito sob o controlo real. Sabe-se, aliás, que eles eram conservados em entrepostos oficiais, as «casas do selo». O soberano mantinha, assim, o controlo supremo sobre a arma por excelência.

Não pode, portanto, afirmar-se que existia uma casta de guerreiros profissionais que detinham o uso exclusivo desta arma fora de todo o controlo do Estado. Também não se vê que exista uma espécie de vassalos e subvassalos que se interponham entre o rei e os seus súbditos. O protocolo destinado aos Grandes precisava-lhes mesmo que eles só podiam comprometer-se por juramento para com o rei.

No entanto, alguns usos sociais hititas convidam a fazer alguns paralelismos. Num mundo frustre, o juramento solene era o meio mais cómodo de garantir a boa execução dos contratos. Sendo o único a dispor de uma burocracia suficiente, o rei tinha, assim, a possibilidade de mandar lavrar um processo do acontecimento. Mas o importante era o elo pessoal, de homem para homem, que a prestação do juramento estabelecia; razão porque o príncipe protegido tinha de renová-lo com regularidade. Era-lhe, além disso, aconselhado que lhe lessem com frequência a «tabuinha do juramento», isto é, o texto do tratado. Devia tê-lo sempre presente no seu espírito e livrar-se de descurar as suas obrigações. Note-se que nestes documentos, que regulavam questões que hoje consideramos como públicas, o tom é inteiramente pessoal. O rei fala na primeira pessoa dirigindo-se directamente ao seu subordinado.

Por outro lado, não se vê bem como é que, numa economia não monetária, o soberano hitita teria podido retribuir os seus funcionários de outro modo que não fosse o deixar-lhes o usufruto de uma parte do produto dos domínios que administravam. Mas os direitos e as prerrogativas do rei estavam assegurados, tanto mais que Suppiluliuma I e os seus sucessores sabiam manter a sua autoridade. Contudo, quando um usurpador, Hattusili III, se apoderou do trono, sentiu-se obrigado, pelo menos enquanto consolidava a sua posição, a transigir com os príncipes. Consentiu, portanto, a um fiel servidor, que tinha necessidade de recompensar e manter ligado a si, uma dispensa de todos os encargos que pesavam sobre a sua casa. Além disso, o beneficiário desta medida de isenção fiscal recebeu o direito de transmitir os privilégios aos seus descendentes. A multiplicação de actos semelhantes teria podido abrir caminho a uma feudalização das instituições, mas a documentação, que fornece apenas este único exemplo, não permite generalizar a partir de um caso isolado.

6. *A economia*

Estamos muito mal informados sobre a economia hitita. Nenhuma tabuinha se lhe refere especificamente. O pouco que sabemos provém de cotejos entre o *Código* e outros textos. As doações de terras feitas pelo rei mencionam «casas», entenda-se «unidades de produção», incluindo campos, gado e pessoal. Este era, muitas vezes, constituído pelos membros de uma mesma família. Se um deles viesse a faltar, a autoridade doadora substituía-o por um deportado civil. Artífices dos vários corpos de ofícios figuravam entre os efectivos destas «casas». Parece, pois, que cada domínio devia bastar-se a si próprio, ao mesmo tempo que entregava ao rei os fornecimentos regulamentares. Como sucede com muita frequência, o ideal desta economia dominial era a autarcia.

Os fragmentos de um cadastro referente à região de Hastira, nas imediações do norte de Hattusa, dão uma visão de conjunto da paisagem agrária. Graças à microtoponímia descritiva, observa-se a presença de um núcleo de parcelas irrigadas rodeado de campos consagrados às culturas secas. Esta imagem corresponde às que actualmente oferece esta parte do planalto da Anatólia. A forma geral dos campos era bastante concentrada. Alguns talvez fossem murados. Alguns indícios permitem afirmar a antiguidade relativa desta paisagem rural. Parcelas rectangulares alongadas foram recortadas em campos inicialmente mais vastos, provavelmente aquando de partilhas sucessórias. A valorização agrícola atingira os limites do território aldeão, pois que alguns campos confinavam com o da localidade vizinha. A exploração de um mesmo indivíduo era frequentemente constituída por um número bastante elevado de parcelas, produto de uma série de heranças ou de aquisições. Uma parte da terra pertencia ao rei («campos do palácio»); o resto era pertença de gente aparentemente modesta (um jardineiro, um oleiro). Se o cadastro fornece várias indicações numeradas (comprimento e largura de cada campo, quantidade de cereal correspondente), é no entanto impossível calcular os rendimentos da agricultura hitita. Não apenas ignoramos o valor das medidas empregadas, como também se a quantidade de cereal indicada representava a semente necessária para cada campo, ou o seu produto.

Numerosos parágrafos do *Código* são dedicado aos prejuízos que podiam causar os animais que divagavam pelos campos dos vizinhos, assim como às questões de roubo do gado. As listas de oferendas às divindades confirmam o carácter eminentemente agro-pastoral da economia hitita. Cultivavam-se os cereais, sobretudo a cevada, assim como o gergelim, a vinha e a oliveira. Entre os animais que se criavam, contavam-se as abelhas, os cavalos, os burros, os machos, os bovinos, os carneiros, as cabras, os porcos e os cães. Os alimentos citados com maior frequência são as inúmeras variedades de pão e de pastelaria e os lacticínios. Bebia-se vinho (*wiyana-*) e, sobretudo, cerveja.

Desde a época das feitorias assírias, a Anatólia era célebre pelos seus minerais de cobre. Com a conquista de Chipre no tempo de Tudhaliya IV, novas jazidas se juntaram aos recursos do Império. Obtido por meio de liga com o estanho que era preciso importar, o bronze era o material usual que servia para o fabrico das ferramentas e das armas. A metalurgia do ferro foi talvez introduzida no Próximo Oriente pelos Hititas, o que lhes assegurou durante algum tempo uma certa superioridade militar. Parece que o principal centro de produção siderúrgica era o Kizzuwatna. As florestas do Anti-Tauro forneciam-lhe o combustível indispensável, após a carbonização da madeira. Não apenas se empregavam os materiais usuais na confecção de imagens divinas e reais, mas viam-se além disso, nos templos e mausoléus, estátuas e estatuetas de ouro e de prata, ornamentos de lápis-lazúli, de cristal-de-rocha ou de marfim. O facto de tais materiais serem citados nas descrições de ídolos prova a existência de um comércio a longa distância. Tomavam parte nele os comerciantes que vinham da costa síria e ciliciense. A autoridade real podia intervir em matéria de comércio externo. Tudhaliya IV proibiu ao Amurru que deixasse transitar pelo seu território os mercadores que vinham de um país então inimigo dos Hititas, a Assíria. Vimos igualmente Puduhepa resolver um litígio com Ugarit. Como por todo o lado nesta época, as trocas comerciais só podiam fundar-se na permuta.

No *Código*, o valor dos vários bens era calculado segundo dois padrões de referência: o siclo (alguns gramas) de prata-metal e uma certa quantidade de cevada. Tratava-se, provavelmente, de unidades de conta, mais que de moeda. Nada indica de facto que estas mercadorias tenham tido um valor liberatório exclusivo. Por outro lado, enquanto a metrologia hitita permanecer para nós largamente imprecisa, será em vão que se procurará conhecer o valor absoluto dos géneros, do gado ou da terra. À falta dele podemos contentar-nos com valores relativos. Uma vaca adulta valia sete siclos, ou seja, o equivalente a sete carneiros. Um cavalo normal custava catorze siclos, um cavalo de tiro, vinte. Era preciso dessembolsar uma mina (= 60 siclos) para adquirir o animal mais apreciado, o macho. Em relação ao preço do gado, o da terra parece-nos bastante baixo (indício de uma fraca pressão demográfica?). Se uma «jeira» de vinha custava uma mina, a mesma superfície de terra irrigada vendia-se por três siclos. Em contrapartida, os produtos têxteis eram mais caros; os seus preços estavam compreendidos, conforme o tipo de vestuário, entre três e trinta siclos. O número relativamente importante dos artigos cujo preço figurava no *Código* e as intervenções reais em matéria comercial serão os sinais de uma economia dirigida?

IV. – CONCEPÇÕES E PRÁTICAS RELIGIOSAS

1. Diversidade e unidade da religião hitita

Os textos religiosos hititas constituem a maior parte da documentação cuneiforme encontrada em Boğazköy ([1]). Incluem narrativas mitológicas de origem anatólica ou estrangeira (mesopotâmica, hurrita), hinos e orações, textos de administração religiosa, e sobretudo rituais, descrições de festas, tratados e relatórios de operações divinatórias. Perante uma tal massa, a primeira impressão é bastante confusa: centenas de nomes divinos, nomes de objectos de sentido por vezes obscuro, fórmulas em língua estrangeira.

Não podendo traçar um quadro completo e definitivo do estado religioso da Anatólia no II milénio, podemos entretanto estabelecer as suas grandes linhas. Vimos já que o subcontinente não conhecia então homogeneidade étnica. Aos Hattis, que à falta de melhor, consideramos como indígenas, justapuseram-se os Palaítas, os Luvitas e os Hititas de língua indo-europeia, ao passo que o Sudete era largamente hurrita. No domínio religioso, verifica-se que os Hititas tinham adoptado, durante a sua longa vida comum, os cultos dos Hattis. Por intermédio dos Hurritas, eles tiveram conhecimento de práticas e crenças provenientes da Síria e da Mesopotâmia. Nada há aqui que deva causar espanto. Contrariamente aos monoteísmos que são exclusivistas por natureza, os paganismos acolhem de bom grado os cultos estrangeiros. O gesto normal de um conquistador era levar para a sua terra as estátuas das divindades do vencido e trazer com elas o clero que lhes prestava culto. Deveriam, a partir de então, proteger o seu novo país. De igual modo a integração política de um território no Império hitita tinha como sinal visível a entrada dos deuses locais no panteão oficial. Os Hititas tinham consciência desta

---

([1]) BIBLIOGRAFIA ADICIONAL. – Os textos religiosos estão catalogados sob os números CTH 371-389 (hinos e orações), 390-500 (rituais), 501-530 (administração religiosa), 531-590 (divinação), 591-720 (festas e cultos). L. Christmann-Franck, *Le rituel des funérailles royales hittites*, Revue hittite et asianique, XXIX (1971), pp. 61-111, Paris; H. Gonnet, *La «Grande Fête d'Arinna»*, Mémorial Atatürk, Paris, 1982, pp. 43-71; H. G. Güterfock. *Some Aspects of Hittite Festivals*, Actes de la XVIIe Rencontre assyriologique internationale, Bruxelas, 1969, pp. 175-180; G. Kellermann, *Recherches sur les rituels de fondation hittites*, thèse de doctorat de troisième cycle, Université de Paris I, 1980; E. Laroche, *La réforme religieuse du roi Thudhaiya IV et sa signification politique*, in F. Dunand et P. Lévêque (ed.), *Les syncrétismes dans les religions de l'Antiquité*, colloque de Besançon (1973), Leida, 1975, p. 87-95; E. Laroche, artigos «Animaux. Le zoomorphisme en Anatolie hittite», «Asianiques (Religions)», «Hourrites», «Panthéons d'Asie Mineure», «Pierre inscrite: Yazılıkaya», «Tešub et Hebat». *Dictionnaire des mythologies*, Paris, 1981; R. Lebrun, *Hymnes et prières hittites*. Lovaina. 1980.

multiplicidade, desta população, quando falavam dos «mil deuses do país hitita». Conhecemos actualmente mais de oitocentos nomes divinos. Ora, estas divindades estavam habituadas a ser invocadas, celebradas, cantadas na língua do seu país de origem. Por isso os textos de Hattusa apresentam secções em línguas estrangeiras, e mesmo em línguas mortas, como o hatti ou o palaíta na época imperial. A história das religiões pode fornecer exemplos comparáveis, desde as fórmulas pronunciadas em etrusco em certos cultos romanos, até ao κύριε ελέησον da liturgia católica.

Entretanto, os Hititas não deixaram de notar as semelhanças entre divindades de origens diversas. Reconheciam muito bem o mesmo deus da Tempestade no Taru hatti, no Tarhun(t) hitito-luvita e no Tešub hurrita. Um texto célebre de Puduhepa (*CTH* 384) faz-nos assistir à fase final de um sincretismo no século XIII:

> «Ó deusa Sol de Arinna, rainha de todos os países! No país hitita, tens o nome de deusa Sol de Arinna, mas no país que tu fizeste país dos cedros, tens o nome de Hegat!»

A rainha identificava explicitamente a grande deusa do país hitita com a do seu país natal, o Kizzuwatna (o «país dos cedros»). Ora, no século anterior, as duas divindades eram perfeitamente distintas uma da outra nas listas divinas.

Este exemplo mostra-nos que a uma classificação etno-geográfica dos deuses convém juntar uma apresentação diacrónica da religião da Anatólia, tanto quanto a documentação o permite. Verificar-se-á que, por uma evolução clássica, as populações anatólicas passaram na representação das suas divindades do zoomoriismo para o antropomorfismo. Pode mesmo datar-se esta mudança do reinado de Tudhaliya IV (fins do século XIII, no quadro da reforma religiosa de que se falará posteriormente. No passado, os deuses era representados por símbolos (armas, estelas, objectos) ou por animais. O deus da Tempestade era, assim, um touro, um deus protector (sumerograma ^{d}KAL), um veado, os deuses guerreiros leões ou leopardos. Os funcionários encarregados da reforma descreveram, portanto, todos esses antigos feitiços, antes de os substituírem por estatuetas estandardizadas (homem de pé para os deuses, mulher sentada para as deusas). Mas o animal ou o objecto subsistiam nas representações figuradas, por vezes sob a forma de um hieróglifo que a divindade segurava na mão. O deus da Tempestade com a clava e o raio, levantado sobre o seu touro, persistiu com este aspecto na Anatólia e na Síria até ao início da era cristã; era então conhecido sob o nome de Júpiter Dolichenus.

2. Os panteões

A expressão «todos os deuses» era uma das mais banais sob o cálamo dos escribas hititas. Vinha quase automaticamente no fim das enumerações de nomes divinos. A palavra panteão é, pois, particularmente apropriada para descrever a organização do mundo divino na Ásia Menor antiga. Mas porque a unificação política da Anatólia sob a dinastia imperial durou apenas dois séculos (1380-1180 aprox.), os esforços dos teólogos da capital nunca conseguiram chegar a um panteão único e reconhecido por todos, como Augusto pôde fazer, mais tarde, em Roma. Conhecemos várias formas diferentes de classificação das divindades, correspondendo cada uma delas a realidades e necessidades diferentes: cultos locais e provinciais, religião oficial do Estado, sincretismos. Pode comparar-se o estado religioso do Império a uma justaposição de terrenos geológicos heterogéneos incompletamente recoberta de sedimentos de diversas idades.

Os panteões locais. – A partir da altura em que as populações da Ásia Menor aparecem na história, verifica-se que tinham organizado o seu mundo divino à volta de uma paredria formada por um deus das alturas (montanha, colina) e por uma deusa da água viva (fonte, regato). O primeiro, de natureza celeste, era senhor do trovão e do raio e tinha como símbolo o touro. A segunda era uma deusa da fecundidade, de natureza terrestre, envolvendo o solo e o subsolo. Era a transposição para o domínio do divino da paisagem que os habitantes da Anatólia viam à sua volta. Para exprimir na sua linguagem a ideia de «mundo», eles diziam, de resto, «céu e terra». É claro que as divindades da paredria tinham nomes que variavam de uma localidade para outra. Do casal divino nascera uma progenitura de individualidades muitas vezes pouco marcadas. Um tal esquema fazia parte do universo mental dos Anatólicos. Foi o que Muwatalli seguiu na sua oração ao deus da Tempestade (*CTH* 381): «Deus da Tempestade da cidade X, deusa Y, deuses e deusas, montes e rios da cidade X.» Quando os recenseadores de Tudhaliya IV faziam a lista dos deuses locais e, por acaso, lhe faltava um elemento – a deusa paredro, por exemplo –, não hesitavam em fabricá-lo para as necessidades da causa, confeccionando a estatueta correspondente. É evidente que o panteão de uma capital provincial gozava de um prestígio superior ao de uma obscura aldeia. Quando um país era anexado, o seu panteão juntava-se aos das outras províncias. A mesma oração que fornece a lista das principais divindades nas cidades e dos países constitui, ao mesmo tempo, um quadro da geografia política do Império no fim do século xiv.

Os acasos da documentação dão-nos a conhecer alguns desses panteões locais. Na altura das festas, os ministros do culto faziam ofertas ou libações diante das estátuas das divindades classificadas segundo uma ordem fixa chamada *kaluti-*. O hábito de celebrar os deuses na língua do seu país de origem permite-nos, assim, reconhecer o panteão de Pala, o dos Hattis, os deuses luvitas de Hubisna (clássica Kybistra, actualmente Eregli, entre Konya e as Portas cilicienses), etc.

O panteão imperial. – Quando o Império se formou por agregação de províncias etnicamente diversas do núcleo primitivo hitita, nasceu a necessidade de constituir um panteão oficial integrando deuses de diferentes origens num novo conjunto. É esse panteão que figura nos tratados que o Grande Rei firmou com as potências estrangeiras ou que impôs aos seus protegidos. As divindades eram, de facto, neles invocadas para servir de testemunhas ao juramento prestado pelas partes contraentes. Os escribas fizeram uma nova classificação que rompia completamente com os *kaluti-* herdados da tradição e sempre utilizados nos cultos.

Foi estabelecida uma nova hierarquia das divindades. Entre os deuses indígenas integraram-se divindades hurritas, sírias e mesopotâmicas. As deusas das cidades foram, aqui, separadas dos seus paredros. A redacção em parágrafos sublinhava esta vontade de classificar em grupos segundo critérios novos. O primeiro desses grupos é de início formado por Sóis, sob os dois aspectos feminino (deusa Sol de Arinna = Wurusemu hatti, «rainha do país hitita») e masculino (deus Sol = Istanu); depois vêm os vários deuses da Tempestade. O segundo grupo compreende as divindades protectoras (^{d}KAL). O terceiro associa divindades de origens geográficas muito diversas, mas que estão todas em relação com a terra (solo e subsolo). O quarto é o grupo dos deuses guerreiros. Tentou-se encontrar nestas categorias funcionais as que foram postas em evidência pelos trabalhos de G. Dumézil sobre a religião indo-europeia. Se o primeiro grupo corresponde, de facto, à primeira função dumeziliana, a da soberania, seria preciso admitir que os Hititas tivessem invertido as segunda e terceira funções. Com efeito, os deuses guerreiros vinham, entre eles, *após* as divindades da terra que presidiam nomeadamente à riqueza agrícola (Telibinu, Halki = «Grão», etc.). Nos parágrafos seguintes, as divindades são classificadas geograficamente, deusas das cidades anatólicas (§ 5), deuses dos bárbaros, «todos os deuses e todas as deusas» do país contratante (§ 6). O sétimo é o dos «deuses antigos», isto é, de divindades «reformadas», postas fora por outras, desde há muito privadas de culto e confinadas ao mundo subterrâneo. Este grupo representa um contributo do mais velho fundo religioso sumério, que veio por intermédio dos Hurritas. Encontramo-lo, por outro lado, nos rituais hurro-hititas vindos do Kizzuwatna. A sua presença correspondia à preocupação de não esquecer ninguém, porque esses deuses, embora aposentados, teriam podido enfurecer-se e provocar catástrofes. Por fim, o último parágrafo é consagrado aos elementos, montes e rios, Tigre e Eufrates (outro empréstimo da Mesopotâmia), Céu e Terra (= o mundo inteiro), ventos e nuvens.

Vê-se aparecer neste panteão oficial a influência hurrita sobre a religião da época imperial. Os touros de nomes hurritas Serri e Hurri, os montes sírios Namni e Hazzi (clássico monte Casius, actual Djebel Akra) acompanhavam o deus da Tempestade do país hitita que era já o equivalente de um Tešub, figura no fim do terceiro parágrafo. Esta lista foi estabelecida na altura em que Hurritas e Hititas mantinham relações estreitas, ainda que belicosas. A partir do momento em que Suppiluliuma I se apoderou do Kizzuwatna e do Mitani, este panteão representou o meio pelo qual os Grandes Reis proclamavam o seu poderio territorial no acto diplomático por excelência, o tratado.

O panteão de Yazīlīkaya. – Em 1834, Ch. Texier descobria o santuário rupestre de Yazīlīkaya («rocha gravada»), a alguns quilómetros de Boğazköy. Trata-se de um conjunto constituído por duas câmaras naturais, a céu aberto, cujas paredes de rocha foram esculpidas com relevos. Na Antiguidade, construções, designadamente um propileu monumental, contribuíam para dar ao conjunto a forma de um templo hitita. Os primeiros viajantes tinham-se interrogado sobre a significação e a idade das esculturas. Com os progressos da hititologia durante as primeiras décadas do século XX, reconheceu-se que os relevos da câmara A, a mais vasta, representavam dois cortejos de divindades que convergiam para uma cena central na parede de fundo. Era com toda a evidência a imagem de um panteão, correspondendo os deuses esculpidos na parede da esquerda à teoria das deusas à direita. A leitura dos hieróglifos esculpidos em relevo, mas na maioria dos casos carcomidos, ou mesmo completamente apagados, levou E. Laroche à conclusão, escandalosa para alguns, de que as figuras da câmara A de Yazīlīkaya representavam um panteão de divindades hurritas, de nomes e legendas em língua hurrita escritos em hieróglifos «hititas», nas proximidades da capital do Império hitita. A presença, por duas vezes, da imagem do rei Tudhaliya IV no santuário data este monumento do terceiro quartel do século XIII.

Podemos perguntar-nos por que razões um panteão hurrita se encontra nas imediações de Hattusa. Tudhaliya IV ligou-se, como vimos, a uma vasta reforma religiosa tendente a unificar e simplificar os cultos do Império. Ele era filho de Hattusili III, que restaurou o culto hatti do deus da Tempestade de Nerik, e de Puduhepa. Antes do seu casamento, a futura rainha era sacerdotisa de Šauška de Lawazantiya, no Kizzuwatna. Šauška era o nome hurrita da deusa que, na Mesopotâmia, se chama Istar. Sabe-se que o Kizzuwatna era uma província fortemente hurritizada. Puduhepa, tal como seu pai, o sacerdote Bentip-sarri, tinha um nome hurrita. Por outro lado, o restabelecimento da sede do Império em Hattusa fizera que lá afluíssem pessoas do Sul, funcionários e membros do clero. Pode, pois, afirmar-se que Tudhaliya viveu num meio familiar, cultural e religioso de forte componente hurrita.

E. Laroche aproximou a ordem das divindades de YazVilikaya das listas divinas hurritas fornecidas pelos documentos de Ras-Shamra-Ugarit e de Boğazköy. Mesmo que não se verifique uma coincidência absoluta entre a classificação dos deuses do santuário e a das tabuinhas, encontram-se de facto sequências comuns. Parece, pois, que o panteão de Yaziilikaya veio do mundo hurrita ocidental, para Kumanni (clássica Comana da Capadócia, actual Sar), a capital do Kizzuwatna e, a partir daí, para Alepo, a grande metrópole religiosa síria. Nestes panteões, deuses e deusas estão face a face, como nas paredes de rocha gravada.

O quadro central, ao fundo da câmara A, está organizado à volta do encontro das duas grandes divindades: Tešub à esquerda à frente da procissão masculina, Hebat à direita diante das deusas. Tešub é representado como deus da Tempestade, levantado sobre a nuca de dois pequenos deuses-montanhas, com a tiara de chifres das divindades masculinas, a clava no ombro e segurando com a outra mão os hieróglifos do seu nome (DEUS-RAIO). Ele é o senhor dos elementos que administra a destruição pelo raio, mas também a fecundidade pela chuva. Nas narrativas mitológicas traduzidas do hurrita, é um deus soberano, que chegou à realeza do céu expulsando seu pai, Kumarbi. Este suscitara contra ele um monstro de pedra que conduziu urna luta durante muito tempo indecisa. Mas Tešub acabou por levar a melhor com a ajuda de sua irmã Šauška e do deus Ea, o «senhor de sabedoria». Esta narração de uma teomaquia era originária da Mesopotâmia. Os Hurritas fizeram-na conhecer na Anatólia por intermédio da Síria. A partir daí (através da Cilícia, ou de Chipre?), viria a chegar ao mundo grego onde aparece no I milénio na *Teogonia* de Hesíodo (luta de Zeus contra Cronos e os Titãs).

Rei dos deuses, símbolo da realeza humana, Tešub está rodeado por uma corte que faz do panteão de Yizilikaya um Olimpo. Inclui, em primeiro lugar, a sua família. Vimos já que o deus da Tempestade é um touro; é, portanto, natural que o animal que pula a seu lado e é portador da tiara esteja legendado «vitelo divino de Tešub», pois que se trata de seu filho, o deus Sarruma. Diante do grande deus, a sua mulher Hebat, uma deusa de origem síria, está representada com o aparato habitual das divindades femininas (longo vestido plissado, gorro alto cilíndrico ou *polos*). De pé em cima de uma fera, encontra-se ao mesmo nível que seu marido; o simbolismo é evidente. Encobre em parte outro animal que pula. Desde a época de Hattusili III e Puduhepa, os pais de Tudhaliya IV, ela era assimilada à «rainha do país hitita», a deusa Sol de Arinna. Data do seu reinado o relevo de Firaktin onde se vê o casal divino Tešub-Hebat venerado pelo casal real. As divindades hurritas tinham-se tornado protectoras dos soberanos hititas.

O deus que vem atrás de Tešub, em Yizilikaya, é provavelmente o seu irmão, Tašmišu ou Suwaliyat segundo os textos. O seguinte leva o hieróglifo GRÃO; está, portanto, relacionado com a agricultura. Os documentos de Ras-Shamra fornecem a equação Dagan («grão» em semítico) = Kumarbi, o pai destronado de Tešub. Depois chegam Ea, deus mesopotâmico das águas primordiais e «senhor de sabedoria», e a deusa alada Šauška, irmã de Tešub, que figura aqui sob o seu aspecto guerreiro, o que justifica a sua presença no cortejo masculino. É acompanhada por duas músicas, Ninatta e Kulitta nos textos. O par Lua e Sol que vem a seguir foi importado da Mesopotâmia pelos Hurritas. O deus lunar alado, com um gorro em crescente, leva o seu hieróglifo em forma de lúnula e precede o deus «Sol do Céu». Este último é representado com vestes reais (amplo e longo manto, barrete redondo, *lituus* ou longo bastão recurvado, insígnia das funções religiosas do rei) e sobrepujado do disco solar alado que, de resto, entra na composição do escudo real. Lembramos, a este propósito, o título de «Meu Sol» usado pelo rei reinante. Mas terá o Sol sido aqui representado como rei, ou ao contrário o rei como Sol? Os textos de origem hurrita chamavam a atenção a este deus Šimegi. Depois, vêm um deus guerreiro, Astabi, um deus protector não identificado, dois outros deuses guerreiros. Dois monstros com corpo de homem e cabeça de touro, de pé sobre uma peanha (o hieróglifo TERRA) sustentam uma ampla taça (CÉU); encontra-se assim a expressão do mundo no seu todo. Os nomes dos deuses seguintes nem sempre são reconhecíveis, mas distinguem-se lá deuses guerreiros, deuses-montanhas. Os doze últimos que parecem apressar-se para se juntarem à procissão não têm legenda hieroglífica. Correspondem exactamente à fórmula «todos os deuses» que encerra uma enumeração de nomes divinos.

O cortejo das deusas desenrola-se simetricamente à direita. Por detrás de Hebat, mais pequenos e colocados mais acima para obter um efeito de perspectiva, estão figurados os seus filhos. Sarruma ainda, de pé sobre uma fera como sua mãe, com uma dupla machadinha ao ombro. Este deus anatólico, filho do casal divino principal, foi portanto representado duas vezes: sob o aspecto animal com seu pai, sob o aspecto humano com sua mãe. Com os seus pais, ele constituía a tríade venerada em Kumanni. As duas figuras femininas atrás dele, de pé sobre uma águia com duas cabeças, são talvez uma só e mesma deusa, Allanza «filha de Tešub» (e de Hebat). O séquito da grande deusa compreende, entre outras, a sua serva Taru-Takitu, duas deusas hurritas do destino, Hutena e Hutellura, Alatu (a Allatu[m] babilónica, senhora dos infernos), Tapkina (forma hurritizada da Damkina suméria, paredro de Ea), Nikalu (em sumério Ningal, mulher do deus-lua). Šauška aparece também, mas aqui como divindade feminina. As últimas deusas são acompanhadas de legendas ainda ilegíveis.

O rei que ordenou a execução deste conjunto excepcional na escultura hitita fez-se representar após a procissão das deusas. Tudhaliya, vestido de rei-sacerdote, de pé sobre montanhas, segura o escudo que exibe, em hieróglifos, o seu nome e os seus títulos coroados pelo sol alado. À direita da entrada da câmara A, duas divindades sentadas face a face são talvez os «vizires» de Tešub e de Hebat. A presença do rei em Yizilikaya confirma, se houvesse necessidade disso, o carácter real deste santuário. As figuras divinas são a materialização, na pedra, da reorganização religiosa de que Puduhepa foi a promotora. Após a catástrofe que Hattusa sofrera no tempo de Muwatalli, fora necessário não apenas reconstruí-la, mas também reconstruir os cultos desaparecidos. Ao passo que Hattusili III se esforçava por fazer reviver os velhos cultos indígenas como o deus de Nerik, a sua mulher fazia entrar na capital o panteão do seu país de origem, Kizzuwatna. Esta informação é explicitamente dada por colofones, essas fórmulas pelas quais os escribas terminavam as suas tabuinhas. O seu sucessor, Tudhaliya IV, continuou a sua obra, como o mostram os numerosos rituais kizuvatnianos copiados sob o seu reinado.

3. *A organização do culto*

O conhecimento da organização do culto exigiria que estivéssemos suficientemente informados sobre o pessoal oficiante, os edifícios e o material de culto, o calendário preciso das festas. Ora, infelizmente, nem sempre isso acontece. Ao examinar as funções exercidas pelo rei vimos que ele oficiava, na qualidade de grande sacerdote, num grande número de cerimónias. A sua presença era tão indispensável que Mursili II não hesitou em abandonar o comando do exército em campanha para cumprir os seus deveres religiosos. O mesmo rei explicou os males que se abateram sobre o império na altura da sua subida ao trono como o castigo pelas negligências de seu pai neste domínio. Quanto à rainha, cumpria a sua função de grande sacerdotisa assistindo o rei, ou então oficiando ela própria sozinha.

O clero incluía numerosos servidores, homens e mulheres, cujos títulos não passam ainda de nomes para nós. Daí a nossa ignorância sobre as suas atribuições exactas. Estavam adstritos a um serviço quotidiano junto das divindades que tinham de lavar, vestir, alimentar. Nas instruções dirigidas aos servidores dos templos (*CTH* 264), insistia-se muito particularmente na necessidade da sua pureza ritual. Além dos oficiantes, recitadores, chantres, músicos, carpideiras, adivinhos, assim como a corporação bem fornecida das mágicas, constituíam o pessoal religioso. A sua escolha incumbia, pelo menos teoricamente, ao rei que era o chefe da hierarquia religiosa. Na realidade, tinha de delegar uma parte das suas responsabilidades. Segundo o protocolo dos chefes de praças fronteiriças, estes oficiais tinham, entre outras obrigações, a de proverem com sacerdotes os santuários que restaurassem ou reorganizassem.

O aspecto dos lugares de culto era, sem dúvida, variado e pensa-se que a maioria era de dimensões reduzidas. O sacerdote oficiava mesmo, por vezes, na sua própria casa. Foram encontradas, perto de fontes e de rios, estelas inscritas e esculpidas. O conjunto de Eflatun Pinar («fonte violeta», perto do lado de Beysehir na Pisídia) pertence ao tipo dos santuários de fonte; reconhece-se lá um altar monumental. Outros monumentos estão em relação com rochedos ou picos montanhosos (Imamkulu, Gâvur Kalesi). O maior e mais belo santuário rupestre é o de Yaz Vilikaya, já descrito. Na própria capital, foram descobertos restos de mais de vinte templos. O mais importante dentre eles era dedicado à deusa Sol de Arinna e ao deus da Tempestade. Os templos hititas consistiam num vasto e imponente complexo de peças numerosas dispostas à volta de um pátio. Diferentemente dos edifícios mesopotâmicos da mesma natureza, o «santo dos santos» não comunicava directamente com o pátio. As outras partes do edifício serviam de alojamentos para os serventuários do templo, de depósito de arquivos, de armazém para os géneros necessários à vida do templo.

Foram feitos inventários de objectos do culto aquando da reorganização religiosa de Hattusili III e Tudhaliya IV. Um grande número de termos que os designa permanecem ainda obscuros. Alguns permitem, no entanto, reconhecer símbolos que representam as divindades: animais, armas, «pedra *huwasi*» (estela). As imagens antropomórficas apareceram em grande número com a reforma. Eram, na sua maioria, estatuetas de metal (prata, ouro, bronze, ferro). Aqui e ali os textos dão o testemunho da existência de verdadeiras estátuas figurando os deuses e os soberanos doadores. Uma parte importante do mobiliário de culto consistia em vasos. A arqueologia mostrou exemplares de ritiãos, recipientes zoomórficos citados, aliás, nos textos religiosos. Um outro vaso de grandes dimensões denominado *har-*

siyalli desempenhava um papel determinante no ritual das festas agrárias anuais. Era uma espécie de silo ou de *pithos* que se enchia de grão e se fechava no Outono aquando da «festa da pressa», para se abrir solenemente na Primavera seguinte durante a festa da planta AN.TAH.ŠUM (cf. *infra*).

Os sacrifícios eram efectuados diante dos templos, e mesmo em certos casos fora da cidade, em recintos sagrados. As ofertas mais comuns eram as diversas variedades de pães e de bolos, o mel, a cerveja, o vinho e outras bebidas fermentadas. A quantidade dos animais sacrificados (bois, carneiros, cabras, aves, cães, raramente porcos) era por vezes impressionante. O sacrifício desenrolava-se em várias fases sucessivas. Depois da consagração da vítima pelo sacerdote, ela era morta e cortada em pedaços. As suas carnes eram partilhadas entre a divindade e os assistentes. A parte divina era colocada, quer crua, quer cozida, sobre o altar. Este último reduzia-se muitas vezes a uma simples consola que o sacerdote transportava sobre si. No fim da cerimónia, um festim ritual acompanhado de divertimentos (música, canto, lutas, corridas de cavalos) reunia os assistentes.

É ainda demasiado cedo para fixar um calendário das numerosas festas actualmente inventariadas. Algumas eram anuais, outras mensais. Os seus nomes permanecem ainda com muita frequência sem significação precisa. O cerimonial parece-nos monótono no seu conjunto. Após um banho ritual, o casal real revestia os ornamentos sacerdotais e dirigia-se ao templo em procissão. Uma longa sequência de oferendas e libações era acompanhada de recitações e de cantos, em língua estrangeira se a divindade que se venerava não fosse hitita. Dançarinos e músicos participavam na cerimónia. Algumas festas duravam várias dezenas de dias. Por vezes, os soberanos tinham de dirigir-se sucessivamente a vários lugares de culto, como aquando da «festa da pressa». O rei fazia, então, essas deslocações num carro ligeiro. Já se assinalou a relação existente entre essa festa do Outono, que durava vinte e um dias, e a da AN.TAH.ŠUM (uma planta de bolbo, açafrão ou cebola?), com a duração de trinta e oito dias, na Primavera. Alguns ritos encontram-se nas duas cerimónias, tais como o culto prestado aos antepassados reais (oferendas de Primavera para os reis, de Outono para as rainhas), a transferência de uma cidade para a outra da égide, escudo de pele frisada que representa o deus protector Zithariya, a abertura e o fecho do vaso *harsiyalli*. Num e noutro caso, tratava-se de ritos destinados a atrair a fecundidade, a prosperidade e outros benefícios dos deuses sobre a família real e sobre o país.

4. *Rituais e magia*

Diferentemente das festas, os rituais não eram executados a intervalos regulares, mas de cada vez que uma ocasião os requeria. No estádio da civilização hitita, em que religião e magia se interpenetravam, essas ocasiões eram múltiplas. Os rituais tinham muitas vezes por objecto restaurar numa pessoa um estado de pureza ritual comprometido ou mesmo perdido. Mandavam-se efectuar para recuperar a saúde. Eram indispensáveis aquando da fundação dos templos. Em última análise, permitiam atrair e reencontrar os favores divinos.

Os textos mágicos mesopotâmicos apresentam-se como obra do deus Ea que dita as prescrições a seguir pelo executante. Os rituais hititas, pelo contrário, descrevem as práticas de uma personagem particular que actua, na maioria das vezes, sozinha em circunstâncias particulares. O título e o cólofon de uma tabuinha desta natureza denominam o executante, a sua profissão e, por vezes, a sua origem étnica. O Kizzuwatna e o Arzawwa parecem ter sido os países de eleição dos mágicos. Estes textos mágicos foram, portanto, redigidos como relatos de operações e conservados como arquivos para o caso de se apresentar de novo uma situação semelhante.

Se é verdade que homens podiam realizar os rituais, eram de facto mulheres que actuavam na maioria dos casos. Os textos designam a mágica pelo sumerograma ^{sal}SU.GI (a «velha») ou pela palavra hitita *hasawa-* que se aproxima de *hasnupalla* («parteira»). Toda a sociedade hitita desde a família reinante ao mais humilde dos súbditos, fazia apelo num dia ou noutro aos seus serviços. Uma «Grande das mágicas» presidia a esta importante corporação. No desempenho das suas funções, elas empregavam ingredientes variados (metais, tecidos, lã, terra, produtos animais, plantas, etc.). O princípio da analogia, tantas vezes utilizado em magia simpática, desempenhava aqui um papel de primeiro plano. A mágica confeccionava um substituto do doente que era preciso curar. Os demónios, causa da doença, passariam então para a figurinha feita à imagem do paciente. Noutros casos, o substituto era um ser vivo que se sacrificava. Quando dois membros de uma mesma família tinham litigado, a mágica pegava para reconciliá-los num pequeno cão:

> «Ela fá-lo rodar por cima dos dois consulentes e diz: 'Este é um substituto para os vossos corpos no seu todo!' Eles cospem na sua boca (a do cão). Então ela diz: 'Vós cuspistes nas maldições deste dia!' Então eles matam o cãozinho e enterram-no.» (*CTH* 404, 2.ª versão).

Conhecem-se exemplos de substitutos humanos. Quando um presságio desfavorável ameaçava o rei, entronizava-se no seu lugar um prisioneiro, segundo um ritual de substituição que durava vários dias. Esse substituto recebia todas as insígnias da realeza e exercia-a enquanto durava o período perigoso. Passado este prazo, podia ser executado. A sua sorte nem sempre era, no entanto, assim tão rigorosa. Quando a peste se tinha declarado no regresso de uma campanha militar, o prisioneiro que tinha endossado a realeza era simplesmente reenviado para a sua terra. Encontramos aqui o rito do bode expiatório encarregado de transportar o mal, o castigo infligido por um deus irritado, para a terra do inimigo. Na maioria das vezes, empregava-se para esse efeito um animal (carneiro, touro, etc.) que era escorraçado para fora do território hitita. Este gesto era acompanhado por uma oração pedindo à divindade que aceitasse o animal como oferenda e que libertasse o país do mal. Quando o rito fora realizado convenientemente, a divindade devia aceder ao pedido do homens (cf. a fórmula «*Do ut des*» da religião romana). O mesmo rito de substituição aplicava-se a casos individuais. A mágica atava um pequeno pedaço de metal com uma corda de arco à mão e ao pé direitos dos seus pacientes; depois «ela desata-o e ata-o a um rato» e diz:

> «Tirei-vos o mal e atei-o a este rato. Que este rato o leve para longe, para as altas montanhas, as colinas e os vales!» (*CTH* 391).

Aqui o animal, ou uma figurinha que o representava se o consulente era pobre, actuava unicamente como veículo que servia para levar o mal.

Os deuses reclamavam a celebração de rituais. Concebidos pelos Anatólicos como seres caprichosos, de carácter irascível, à imagem dos homens portanto, refugiavam-se no amuo quando alguma coisa lhes desagradara. Mas o mau humor divino arrastava consigo consequências desastrosas: a fecundidade e o crescimento dos seres vivos cessavam, o mundo deixava de funcionar («o fumo abafa o tição, as vacas deixavam de parir», etc.). O mito do deus agrário Telibinu (*CTH* 324) que se recitava em tais circunstâncias dá um exemplo deste tipo de ritual. Os Hititas denominavam-no *mugawar*, com um termo que correspondia exactamente, quanto ao sentido, ao latino *euocatio*. O seu objectivo era fazer voltar o deus que se escondera por ter sido ofendido. Como várias catástrofes se abatem sobre o mundo, as outras divindades sofrem também as consequências do mau humor de Telibinu. Os homens deixam de poder fazer-lhes as oferendas habituais e elas temem morrer de fome. Participam, por isso, nas pesquisas, assim como vários animais. Após várias tentativas em vão, é a abelha que acaba por encontrar o deus escondido num pequeno bosque e por o obrigar a sair de lá à ferroada. Começam, então, as operações de magia simpática. Para reconduzir Telibinu a melhores sentimentos, evoca-se o que a natureza produz de mais doce, o mel, os figos, etc. Um outro processo de *mugawar* consistia em confeccionar «caminhos» com fios, fitas, alimentos. Assim atraídos e guiados, os deuses demasiado distantes viriam ou regressariam ao país hitita.

Os rituais clarificam as relações que ligavam os Hititas às suas divindades. Os homens parecem dominados pelo temor de lhes desagradar e não importa que seja voluntária ou involuntariamente. Diante do deus, o mortal era como um súbdito perante o seu rei, como um acusado diante do juiz. Se este último estava descontente, era porque aquele cometera uma falta, mesmo sem se dar conta disso. Era preciso, portanto, descobri-la, nomeadamente pelos meios da adivinhação (cf. *infra*, p. 423 e ss.). Em seguida o faltoso poderia justificar-se por isso junto da divindade. O que nós denominamos «grandes orações», como as de Mursili II (*CTH* 376-380), eram acima de tudo defesas justificativas (*arkuwar*). Do mesmo modo que o objectivo da justiça é restabelecer a ordem pública quando ela foi perturbada, assim as práticas religiosas hititas visavam manter ou restabelecer a ordem do mundo. Ora, o direito hitita precisava dois pontos importantes que encontramos utilizados como argumentos nas orações. Por um lado, considerava-se injusto condenar alguém por um delito por ele não cometido. No domínio religioso, os deuses não deviam, pois, causar mal a um homem pelas faltas de seu pai. Esta concepção representava um progresso relativamente a uma outra, mais antiga, da responsabilidade familiar colectiva. Por outro lado, «falta confessada é meio perdoada». O juiz devia ser indulgente para com o acusado que reconhecia os factos que lhe eram assacados. Aquando da peste, Mursili II implorou assim a clemência divina:

> «Ó deus da Tempestade do país hitita, meu Senhor! Ó deuses, meus senhores! E verdade, o homem é falível. O meu pai cometeu faltas e desprezou as palavras do deus da Tempestade do país hitita, meu Senhor. (Mas eu) de modo algum cometi falta! É verdade, no entanto, que a falta do pai recai sobre o filho. Assim, a falta do meu pai recaiu sobre mim. Agora, confessei[-a] perante o deus da Tempestade do país hitita e perante os deuses, meus Senhores: 'É verdade nós fizemo-la!'. E porque confessei a falta de meu pai, que a alma do deus da Tempestade do país hitita, meu Senhor, e as dos deuses, meus Senhores, se apaziguem!» (*CTH* 378).

Empregámos aqui a palavra «falta», de preferência a «pecado», para traduzir o hitita *wastai* ou *wastul*. A noção de pecado contém, com efeito, uma ideia moral totalmente estranha ao pensamento religioso pagão. As faltas rompiam a ordem natural das coisas. Podia tratar-se das faltas às obrigações religiosas. Suppiluliuma I descurara, por exemplo, a celebração das festas regulares da deusa Sol de Arinna. Mas eram também simples inabilidades, involuntárias ou não. Um cão satisfizera as suas necessidades num templo, um cabelo caíra no prato do rei, etc. A morte do soberano era também uma «falta». O ritual dos funerais reais é intitulado «Quando um grande *wastai* chega a Hattusa» (*CTH* 450). Durava catorze dias e incluía operações mágicas às quais presidia a «velha», assim como ritos pertencentes às práticas habituais do culto (libações, sacrifícios aos deuses e à alma do defunto, recitações, cantos, execuções musicais). A morte do rei ou da rainha era expressa pela fórmula «Quando o rei (ou a rainha) se torna deus». O corpo era incinerado numa urna de prata. No fim das cerimónias, as cinzas eram levadas para a «casa de pedra», ou seja, para o mausoléu. Esta fundação religiosa recebia, para o seu funcionamento e manutenção, um clero e todo um conjunto de pessoal, assim como rendimentos de terras e de aldeias. Os textos atestam a existência de vários mausoléus reais. Pensa-se que a câmara B de Yazĭlĭkaya seria o de Tudhaliya IV, executado por ordem do seu filho, Suppiluliuma II. Além do escudo real, podem ver-se os doze deuses que acorrem, figuração resumida do panteão, um misterioso deus-espada de carácter muito provavelmente infernal – o que confirmaria a função funerária desta parte do santuário –, um quadro em baixo-relevo representado Tudhaliya abraçado pelo seu deus Sarruma.

Era, pois, necessário levar a cabo os rituais para reparar as faltas e fazer que o mundo andasse bem de novo. Tratava-se de uma prática idêntica, no domínio religioso, à da conciliação no domínio penal. Esta concepção muito jurídica das relações que ligam o homem às divindades foi também a da religião romana. Entre os actos de reparação, podemos assinalar os ex-votos. Puduhepa ofereceu à deusa infernal Lelwani toda a espécie de objectos, mas também terras com famílias camponesas, para obter a cura de seu marido Hattusili III. «Dou-te para que me dês». O facto de uma tal ideia ter sido partilhada durante tantos séculos por civilizações tão diversas impede-nos de ver nisso uma pura e simples arrematação. No fundo, o homem afirmava assim a sua dignidade ao tratar com os seus deuses de igual para igual.

Em contrapartida, os hinos à glória das divindades nada nos informam sobre a mentalidade religiosa dos Hititas. De facto, eram apenas exercícios escolares concebidos e realizados segundo modelos babilónicos (cf. *infra*, p. 427).

5. *A adivinhação*

Chama-se adivinhação ao conjunto dos meios postos em acção para conhecer a vontade divina. Como muitos outros, os Hititas recolheram narrativas de sonhos, observaram os astros e recensearam nascimentos considerados anormais. Mas havia ocasiões em que tinham necessidade de saber como actuar, sem esperarem os sinais fortuitos, como por exemplo na altura de iniciar ou não as hostilidades. Com efeito, eles só queriam avançar se os deuses declarassem justa a guerra. Vimos atrás que desejavam conhecer as causas da cólera desta ou daquela divindade. O método divinatório consistia numa série de perguntas cada vez mais precisas, destinadas a circunscrever progressivamente a resposta esperada. Os oráculos respondiam pelo sim (favorável) ou pelo não (desfavorável). Para se estar certo da objectividade das respostas, ia-se por vezes procurá-las muito longe, isto é, ao meio de pessoas *a priori* pouco suspeitas de complacência para com o consulente. Foi assim que se interrogou por conta do próprio rei hitita um adivinho do Astata, no médio Eufrates, e o deus de Lazpa (= Lesbos).

Os Hititas recorriam a três tipos principais de adivinhação: a observação das aves – uma vintena de espécies – pelo áugure, a tiragem das sortes pelos pauzinhos que a «velha» lançava, o exame pelo arúspice das entranhas dos animais sacrificados. Muitas vezes, para maior segurança, empregavam-se conjuntamente vários processos. A Itália etrusco-romana conheceu mais tarde as mesmas práticas. A arte dos arúspices fora importada da Babilónia pelos Hititas, tendo mais uma vez os Hurritas desempenhado o papel de intermediários nessa transferência. O vocabulário técnico desta disciplina descreve as particularidades e as anomalias das vísceras das vítimas. Com frequência abreviado, permaneceu durante muito tempo de compreensão difícil. Estes textos constituem, entretanto, uma larga parte da literatura religiosa hitita.

V. – CRIAÇÕES ARTÍSTICAS E LITERÁRIAS

Povo de espírito positivo, com as sólidas qualidades, mas também com os limites, de camponeses-soldados, os Hititas tinham escassa inclinação para a especulação abstracta ou para a pesquisa estética ([1]). Apesar dos seus contactos com a Mesopotâmia, ignoraram as ciências matemáticas. Por outro lado, torna-se difícil enaltecer o seu sentido artístico.

1. As criações artísticas

Se o visitante dos locais arqueológicos hititas em vão lá procurará o encanto, tirará com certeza da contemplação dos vestígios arquitectónicos uma inegável impressão de poder. É que as partes baixas, não apenas obras de fortificação, mas também palácios e templos, foram realizados em aparelho ciclópico. Super-estruturas de madeira e de taipa coroavam-nos, mas o seu desaparecimento deixa-nos, em grande parte, na ignorância de qual poderia ser o aspecto exacto dos edifícios imperiais.

A arqueologia atribuía aos Hititas o mérito de duas criações no domínio da arquitectura. A entrada principal dos palácios, que dava acesso à corte, era um pórtico monumental sobrepujado por uma espécie de alpendre. Este dispositivo foi adoptado pelos Assírios sob o nome de *bit hiland*, do hitita *hilaincir*, «propileu». Ainda nos palácios, era reservado um lugar particular a um vasto *hall* de tecto sustentado por filas paralelas de pilares. Reconheceu-se nele o protótipo da *apadana*, a sala de colunatas onde os reis da Pérsia concediam as suas audiências solenes.

A escultura em pedra do II milénio apresenta-se com frequência com ar pesado. Talvez haja que incriminar por isso os defeitos das ferramentas ou dos materiais utilizados. Os artistas anatólicos tinham, efectivamente, de contentar-se com um basalto particularmente duro. Com os seus meios, imitaram modelos mesopotâmicos e egípcios. Assim, leões e esfinges guardavam as entradas das cidades e dos templos. Os escultores parecem ter preferido o baixo-relevo ao alto-relevo, pelo menos para o trabalho da pedra. Também aqui eles inovaram. Os Hititas foram, de facto, os primeiros a gravar a superfície dos rochedos com a imagem dos seus reis e dos seus deuses. Já se descreveu o excepcional conjunto de relevos rupestres do santuário imperial de Yazĭlĭkaya. Mais tarde, os Persas viriam a levar esta forma de arte à perfeição.

([1]) BIBLIOGRAFIA ADICIONAL. – Os textos «literários» estão catalogados sob os números CTH 310.316 (literatura de tradução) e 321-370 (mitologia). R. Naumann, *Architektur Kleinasiens von ihren Anfängen bis zum Ende der hethithischen Zeit*, 2.ª edição, Tubinga, 1971.

As artes menores eram postas à disposição das necessidades religiosas. Algumas estatuetas descobertas pelas escavações correspondem exactamente aos ídolos cuja descrição nos é fornecida pelos textos (cf. *supra*, p. 414). As que chegaram até nós foram confeccionadas em metal precioso, em bronze, em ferro, em marfim, etc. Podia suceder que a mesma estatueta fosse feita de diferentes materiais (torso de ouro e membros de ferro, por exemplo). Aquando das cerimónias religiosas, os oficiantes serviam-se, para as libações, de vasos de metal ou de cerâmica em forma de animais (ritiãos zoomórficos). Os que estão conservados no Museu Arqueológico de Ancara não deixam de exibir uma certa elegância. Umas vezes o animal (touro, veado, leão, pato, etc.) é representado em corpo inteiro, outras reduz-se à sua parte da frente ou à sua cabeça.

Fora do domínio propriamente religiosos, os sinetes de legenda hieroglífica representam uma forma de expressão tipicamente anatólica que foi comparada com a arte do brasão (cf. *supra*, pp. 378-380). Quer se trate de matrizes circulares, de engastes de anel oblongos ou de cilindros à maneira siro-mesopotâmica, a disposição das figuras e dos signos mostra uma procura da simetria e da composição decorativa. Os sinetes imperiais são verdadeiros relevos monumentais em miniatura: aquele em que se vê Muwatalli abraçado pelo deus da Tempestade lembra muito a escultura da câmara B de Yazĭlĭkaya cf. *supra*, p. 423).

2. *Os textos da biblioteca real*

A noção de literatura era estranha aos Hititas. A biblioteca da sua capital continha indistintamente documentos de arquivos e textos onde podemos encontrar a marca de uma certa preocupação literária. Há ainda que distinguir aqui a parte das influências estrangeiras. O que mais se aproxima na Anatólia antiga da nossa concepção da literatura é a mitologia. Na altura das festas, recitava-se o mito da divindade que se celebrava (Telibinu, o deus da Tempestade, etc.). A narrativa era sempre construída sobre o mesmo padrão, o do deus perdido e reencontrado (cf. *supra*, p. 420). Fazia parte do ritual denominado *mugawar* e era destinado a levar a divindade a melhores sentimentos. Em cada Primavera, contava-se na festa do *purulli* uma outra legenda, a da luta do deus da Tempestade contra o dragão (*CTH* 321). Foram conservadas duas versões, que começam ambas pela derrota do deus. Segundo a primeira, o dragão sucumbe às consequências da sua própria gulodice, após um festim que o seu adversário lhe ofereceu. Tendo ficado demasiado gordo, entontecido pela embriaguês, o monstro é incapaz de entrar na sua toca. Um mortal, Hupasiya, que se tornara intrépido pelos favores que exigiu da deusa Inara, ata-o de pés e mãos de maneira que o deus da Tempestade pode, enfim, matá-lo. Inara esforça-se seguidamente por manter fechado o seu amante, para que ele não tenha a tentação de ir ter com a mulher e os filhos. Mas a saudade de Hupasiya é a mais forte. Parece que foi então atingido pela cólera da deusa.

A segunda versão do mesmo mito é mais complexa. Após a sua vitória, o dragão arranca o coração e os olhos ao deus. O deus da Tempestade prepara a sua vingança desposando a filha de um «pobre». Esta dá-lhe um filho que casará mais tarde com a filha do dragão. Quando o jovem casado entra na casa do seu sogro, exige-lhe a entrega dos órgãos do deus da Tempestade, e depois entrega-lhos. Reconstituído na sua integridade física, o deus pode finalmente matar o monstro. Mas mata também o seu próprio filho, culpado de ter traído as leis da hospitalidade. A moral do mito parece muito banal: se os deuses têm necessidade de um homem, este é seguidamente votado a uma sorte funesta, porque poderia transmitir aos seus semelhantes alguma parcela dos poderes divinos. Estas narrativas pertencem à mais antiga tradição anatólica, a dos Hattis. Os Hititas haviam-nas adoptado ao mesmo tempo que o culto dos deuses indígenas. Os seus temas têm mais a ver com o folclore que com a teologia.

Pela sua formação profissional, os escribas tiveram conhecimento de concepções religiosas mais elaboradas. Os seus exercícios escolares incluíam a cópia e a tradução de hinos dirigidos às divindades mesopotâmicas. Os Hurritas transmitiram-lhes o produto das suas especulações sobre as origens do mundo e da realeza divina. No início, Alalu era rei dos deuses no céu, mas, ao fim de nove anos, foi destronado pelo seu «vizir», Anu. Este teria a mesma sorte ao fim do mesmo lapso de tempo pela intervenção do seu ministro Kumarbi, deus da cidade de Urkis. Como Anu tentasse escapar-se, o usurpador arrancou-lhe a sua virilidade com os dentes. O deus mutilado predisse-lhe que ele geraria três deuses terríveis, entre os quais Tešub, deus da Tempestade. Kumarbi cospe o que tinha na boca sobre a Terra que deu à luz os três deuses anunciados. Seguidamente, Tešub, deus da cidade de Kummiya tornou-se, por sua vez, rei do céu. Ora, Kumarbi queria vingar-se. Teve, de uma montanha, um filho monstruoso com corpo de pedra. Ullikummi («aquele que destrói Kummiya»). O monstro enxertado no ombro de uma espécie de Atlas não parava de crescer, de tal modo que os próprios deuses ficaram com medo. Após várias peripécias em que Tešub pareceu estar prestes a sucumbir, o sábio deus Ea teve a ideia de pegar na foicinha que outrora servira para separar o Céu da Terra. Cortou Ullikummi pelos pés, o que pôs fim à ameaça (*CTH* 344-346). Encontram-se, neste mito, deuses sumérios (Anu, Ea, etc), mas a sucessão das gerações divinas não é mesopotâmica. A luta de Tešub e Kumarbi é talves a tradução mitológica de uma rivalidade entre os santuários de Kummiya e de Urkis, algures na Alta Mesopotâmia. Já se notou a filiação provável entre o mito de Kumarbi e a *Teogonia* de Hesíodo.

Os Hurritas deram igualmente a conhecer aos Hititas a história de Gilgamesh o Hércules sumério (*CTH* 341), e também contos, como o de Kessi, o caçador azarento (*CTH* 361), ou o de *Appu*, o rico sem filhos (*CTH* 360), etc. O «melhor pedaço conhecido de literatura hitita» (E. Laroche) é *Sinais Líricos* (*CTH* 315), segundo um modelo sumério. O poeta descreve a mãe com uma série de sinais distintivos e de metáforas. A presença de tais textos em Hattusa prova, portanto, que os escribas pelo menos não eram insensíveis aos seus atractivos.

Mais representativos do génio hitita são os textos de vocação utilitária e que estão longe de ser desinteressantes. O carácter preciso e metódico deste povo encontra-se nas instruções e protocolos redigidos pelos numerosos funcionários e oficiais. Temos, assim, uma visão de conjunto do funcionamento da sua máquina administrativa. O seu sentido do direito e da sua necessária evolução transparece nas versões sucessivas do *Código*. Notam-se nele, naturalmente, traços comuns com as colecções de leis estrangeiras anteriores, mas o espírito que as anima pôde ser qualificado de laico e humano.

É no domínio da História que os textos hititas dão um som original no Próximo Oriente do II milénio. Entre os Egípcios, por exemplo, o faraó só podia ser o herói sempre vitorioso. Nenhuma hipérbole devia faltar para cantar os seus altos feitos.

Na Anatólia, atinham-se modestamente ao encadeamento dos acontecimentos, não se ocultavam sistematicamente os reveses, abstinham-se do maravilhoso. Alguns textos são compilações de anteriores. As pequenas histórias reunidas na *Crónica do Palácio* (*CTH* 5) deviam servir de exemplos a não seguir pelos dignitários da Corte. O preâmbulo dos tratados faz sempre a evocação histórica das relações anteriores entre os Hititas e o seu parceiro. O *Testamento político* de Hattusili I e o *Rescrito* de Telibinu expõem claramente os factos que levaram à sua redacção. Os anais, como os de Mursili II, apresentam-nos uma relação precisa das acções políticas e militares do soberano. Este dá graças à divindade, mas não sente a necessidade de embelezar a realidade. Mesmo num documento que corresponde a preocupações apologéticas como a sua *Autobiografia*, Hattusili III não nega o facto repreensível da usurpação. Lembra apenas que actuou sempre a conselho da sua divina protectora, Šauška de Samuha. O espírito deste texto é o mesmo que o da oração *arkuwar* (cf. *supra*, p. 422). Graças ao respeito que os Hititas sentiam pelos factos, que não eram para eles mais que a expressão da vontade dos deuses, podemos reconstituir largas porções da sua história. Isto nem sempre é possível, na mesma época, para povos de civilização muito mais brilhante.

CONCLUSÃO

No fim desta apresentação dos Hititas, parece útil referir de novo alguns traços que os caracterizam. Aqui e ali, notou-se o parentesco de certas formas do seu pensamento com as da Roma arcaica: a ligação ao concreto, o respeito pelo direito, a ideia da guerra justa, as relações contratuais com as divindades, a adopção dos cultos estrangeiros, etc. Teremos de ver nisso uma parte da sua herança indo-europeia?

Manifesta-se no seu comportamento uma humanidade profunda. São humanos na sua atitude para com os deuses, senhores omnipotentes a quem temem desagradar, mas que devem conceder o que se lhes pede desde que os ritos tenham sido convenientemente realizados. As orações de Mursili II ou de Puduhepa exprimem sentimentos pessoais. Ao contrário dos conquistadores assírios do I milénio que se deleitaram a mandar redigir narrativas de «belos» massacres, os Grandes Reis hititas limitavam o seu relatório de vitória ao número dos prisioneiros. Sublinhava-se como algo de notável o facto de uma batalha ter provocado poucos mortos. Os reis nunca se fizeram representar em atitude guerreira, mas sempre vestidos de sacerdotes. Humana é também a evolução das suas leis: a pena de morte e as mutilações foram recuando a favor das multas. Somos sensíveis ao lugar que as rainhas tiveram, não só na Corte, mas também nos negócios do Estado. Saudamos a cortesia para com as mulheres, que o próprio Mursili se mostrava feliz em pôr em primeiro lugar.

Enfim, o principal interesse da história dos Hititas talvez seja ainda o de nos dar o testemunho escrito da transformação de um povo de civilização relativamente frustre, pelo contacto com culturas diferentes mais requintadas.

QUADRO CRONOLÓGICO

Sécs. XIX-XVIII	*Época das feitorias assírias*	
Fim do séc. XVIII	Anitta de Kussar conquista Hattusa	
Fim do séc. XVII	Labarna	
Aprox. 1590 – aprox. 1560	Hattusili I	
Aprox. 1555 – aprox. 1530	Mursili I	
Hantili		
	Zidanta	ANTIGO REINO
	Ammuna	HITITA
	Huzziya	
Aprox. 1500 – ?	Telibinu	
	Tahurwaili	
	Alluwamna	
	.	
	.	
	.	
Fim do séc. XV	Thdhaliya I	
Início do séc. XIV	Arnuwanda I	
	.	
	.	
	Tudhaliya II	
Aprox. 1380 – aprox. 1340	Suppiluliuma I	
Aprox. 1340 – aprox. 1339	Arnuwanda II	
Aprox. 1339 – aprox. 1306	Mursili II	
Aprox. 1306 – aprox. 1282	Muwatalli	IMPÉRIO
Aprox. 1282 – aprox. 1275	Mursili III (Urhi-Tešub)	HITITA
Aprox. 1275 – aprox. 1250	Hattusili III	
Aprox. 1250 – aprox. 1220	Tudhaliya IV	
Aprox. 1220 – ?	Arnuwanda III	
? – aprox. 1185	Suppiluliuma II	

NB. – A cronologia da Anatólia do II milénio a. C. comporta ainda uma margem de imprecisão. Há, no entanto, sincronismos que permitem fixar pontos de referência. Mursili I apoderou-se de Babilónia em 1531, segundo os documentos mesopotâmicos. Muwatalli e Hattusili III são contemporâneos de Ramsés II cuja subida ao trono se coloca em 1290 (alguns, no entanto, preferem 1304).
Os números de ordem dos reis são pura convenção. É assim que já se não considera a existência de um «Tudhaliya II».

LIVRO SEGUNDO

OS INDO-EUROPEUS E OS SEMITAS

CAPÍTULO QUARTO

Os Indo-europeus
Génese e expansão de uma cultura

INTRODUÇÃO: LÍNGUAS E POVOS INDO-EUROPEUS

Os povos das primeiras grandes civilizações da História, aquelas em que aparece a escrita, estão ligados a três famílias linguísticas independentes: semito-hamita (Egípcios, Acádicos, e seguidamente Babilónios, Sírios de Ebla, etc.), suméria, elamita.

Só mais tarde – em fins do III milénio – aparecem Indo-Europeus: Timidamente primeiro, nos documentos dos mercadores assírios da Anatólia, onde se encontram, entre nomes que se ligam à indígena pré-indo-europeia, dita hatti, alguns nomes explicáveis pelo hitita (família anatólica do indo-europeu). Depois, a sua importância aumenta subitamente no início do II milénio: realezas dominadas por príncipes de língua hitita implantam-se no centro da Anatólia, ao mesmo tempo que a Leste, através do Zagros, se infiltram na Síria e na Mesopotâmia dois povos, os Hurritas e os Casitas, que não são de língua indo-europeia, mas cujos nomes dos reis e dos deuses revelam que elementos propriamente indianos se tinham juntado a eles (ainda que esses indianos não venham de facto da Índia, mas do Irão, formando de algum modo uma enxurrada simétrica à que levará os seus irmãos de língua para o vale Indo).

A segunda metade do mesmo milénio vê surgir do Mediterrâneo central uma nova potência, cultural, marítima e militar, cuja língua corresponde a uma terceira família indo-europeia: a Grécia micénica (cuja escrita, o Linear B, constitui uma forma primitiva do grego).

Finalmente, no decurso do I milénio, os epicentros políticos e culturais do mundo mediterrânico submetem Semito-Hamitas do Próximo-Oriente

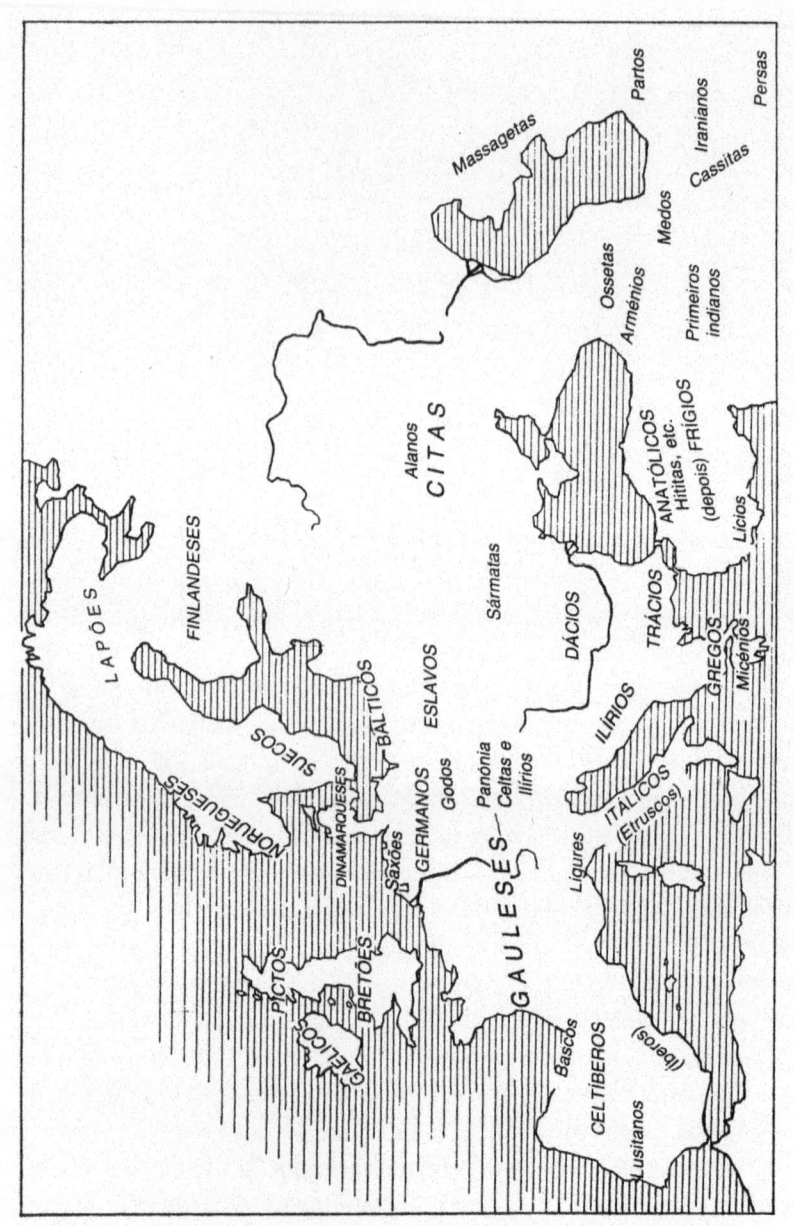

Mapa 1 – POVOS INDO-EUROPEUS DA EUROPA
– no momento da sua entrada na história; – (Lapões): povos não indo-europeus.
Este mapa é indicativo, não tem valor cronológico.

a povos de língua indo-europeia: Gregos e, depois, Romanos a Oeste, Iranianos a Leste.

Analisaremos aqui o que são estes Indo-Europeus, em tudo o que um século e meio de pesquisas a seu respeito permitiu revelar.

Dá-se o nome de línguas *indo-europeias* a um conjunto de falares cujos elementos lexicológicos, morfológicos e sintácticos apresentam, na sua maioria, semelhanças entre si de natureza tal que podem reduzir-se à unidade, supondo, para grupo de elementos comparados, que ele procede de evoluções divergentes a partir de formas originais desaparecidas (ver mapa pág. 434).

Chamam-se *povos indo-europeus* os que utilizam uma das línguas indo-europeias. O uso reserva, naturalmente, este nome às populações que, no dealbar da sua história, estavam nesta situação: dir-se-á dos Gregos, dos Gauleses, dos Latinos, dos Eslavos... que são «Indo-Europeus»; os habitantes – francófonos – do Haiti ou os – anglófonos – da Jamaica, nunca são denominados com o mesmo termo. Distinção de aparente lógica esta, mas ambígua e que acaba por ser imprópria; se é evidente que os segundos não são «indo-europeus», mas «indo-europeizados», não se segue daí que os primeiros o não sejam também – de tal modo a sua pré-história nos é desconhecida. Com efeito, é patente que cada um dos povos «indo-europeus», na sua localização histórica, resulta de uma síntese étnica entre, pelo menos, populações pré-históricas locais, isto é, cujas raízes remontam no local até aos tempos paleolíticos, e, por outro lado, imigrantes portadores de uma língua indo-europeia cuja imposição à região e evolução local desembocam nas línguas historicamente atestadas: «os Irlandeses» são um povo formado na *Irlanda* a partir da união entre os portadores de uma língua céltica e as populações anteriores – sem falar dos contributos posteriores, durante muito tempo assimilados pela cultura local; os Celtas «vêm» da região do alto Danúbio, mas os Irlandeses não «vêm» do alto Danúbio. De igual modo, «os Gregos», ainda que os portadores da primeira forma da sua língua tenham ocupado o norte dos Balcãs numa época pré-histórica, não são «originários» do baixo Danúbio – tal como os Franceses não são originários de Roma: todos eles são um produto da sua (proto)-história. Neste sentido, *todos os povos indo-europeus conhecidos são indo-europeizados.*

Por isso, é sobre outras considerações que se funda a noção de um *povo indo-europeu* desaparecido, *antepassado dos portadores das diversas línguas*. Os trabalhos dos pioneiros em linguística comparativa indo-europeia, Franz Bopp e Rasmus Rask, entre 1815 e 1820, levaram à ideia de um parentesco, real mas de natureza pouco precisa, entre as línguas

PRINCIPAIS LÍNGUAS INDO-EUROPEIAS

(de Oeste para Leste; Ant. = da Antiguidade; IM = da Idade Média;
Desap. = recentemente desaparecida; Pr. = viva até ao presente)

Grupo	Subdivisões		Localizações históricas
Céltico	Ant.	gaulês/gálata	Gália Cisalpina e Transalpina, vale do Danúbio, Boémia, Galácia Anatólica
		celtibero	Meseta Espanhola
		lepôntico	Alpes Lombardos
		lusitano e dial. aparentados	Oeste da Península Ibérica
	Desap.	manquês (gaélico)	Ilha de Man
	Pr.	galês (britónico)	País de Gales
		bretão (—)	Bretanha Ocidental
		córnico (—)	Cornualha británica
		irlandês (gaélico)	Irlanda
		ersa (—)	Escócia
Ligúrico	Ant.	(mal conhecido)	Alpes Meridionais da França e da Itália
Itálico	Ant.	véneto	Região véneta
		úmbrio	Úmbria
		dialectos sabelianos (osco, sabino...)	Itália central e meridional
		élimo	Sicília ocidental
		latim	Lácio
Depois línguas latinas:	Desap.	dálmata	Litoral jugoslavo
	Pr.	dialectos italianos	
		dialectos sardos	
		dialectos corsos	

		dialectos occitânicos	França Meridional (designadamente, provençal, na IM)
		dialectos franceses (= de langue d'oïl)	França setentrional
		dialectos espanhóis	
		catalão	Catalunha, Rossilhão, Baleares
		português	
		reto-romano = ladino	Grisões (Suíça)
		dialectos romenos	Grécia, Jugoslávia, Roménia
Germânico	Ant.	gótico	
		línguas das tribos germânicas	
	IM	norso = nórdico	Islândia
	Pr.	dinamarquês	Dinamarca, Gronelândia
		sueco	Suécia, Finlândia
		dialectos norugueses	
		islandês	
		dialectos alemães	
		flamengo	Flandres, Países-Baixos
		inglês	
Ilírico	Ant.	línguas, pouco conhecidas, dos povos da Ilíria	Jugoslávia, Albania, Epiro
Albanês (saído do anterior)	Pr.	guegue	Albânia do Norte, Sérbia
		tosco	Albânia do Sul, Grécia, Itália meridional
Báltico	IM	prussiano antigo	Prússia Oriental
	Pr.	lético = letão	Letónia
		lituano	Lituânia
Eslavo	IM	eslavónico	Balcãs
	Pr.	dialectos lequitas (nomeadamente, polaco e wende)	Polónia, Lusácia
		dialectos checos	Boémia, Morávia
		dialectos eslovacos	Eslováquia

PRINCIPAIS LINGUAS INDO-EUROPEIAS (continuação)

Grupo	Subdivisões		Localizações históricas
		esloveno	Eslovénia (Jugoslávia Oc.)
		serbo-croata	Sérbia, Croania, Montenegro, Bósnia, Herzegóvina
		dialectos búlgaros (designadamente, o macedónio)	
		russo	Rússia
		bielo-russo	Bielo-Rússia
		ucraniano	Ucrânia, Ruténia
Trácio-frígio	Ant.	linguas mal conhecidas dos	
		Trácios	Bulgária e regiões vizinhas
		Dácios	Roménia Ocidenta
		Frígios	Anatólia Central
		arménio	Arménia
Helénico	Ant.	micénio	Grécia, Creta
		jónio (nomeadamente, o ático), eólio, dório	Grécia, Egeu, costa ocidental da Anatólia
	Pr.	grego moderno	Grécia, Chipre
Anatoliano	Ant.	hitita	Anatólia centro-oriental
		palaíta	Anatólia do CentroNorte
		luvita	Anatólia meridional
		«hitita hieroglífico»	Anatólia do Sudeste, Síria do Noroeste
		lídio	Lídia
		lício	Lícia
Iraniano	Ant.	persa antigo	Irão aqueménida
		avéstico (lingua de Zoroastro, Irão do Nordeste)	
		linguas mal conhecidas dos Citas, Partos, Sármatas, Alanos, etc.	Rússia meridional, Ucrânia, Turquestão ocidental...

			línguas dos povos iranianos periféricos: medo, carmaniano, bactriano, etc.	
	IM.	pelvi		Irão sassânida
		sogdiano		Irão oriental, Turquestão, Afeganistão...
		kotanês		
		corasmiano		
	Pr.	osseto (saído do alano)		Ossécia (Cáucaso)
		dialectos curdos		Zagros
		inúmeros dialectos do Irão, Afeganistão, Pamir entre os quais o beluchi afegão = pasto		Irão, Afeganistão, Tadjiquistão
Indo-ariano	Ant.	persa védico		Língua dos *Veda* (Noroeste da Índia)
	Ant.-IM	sânscrito (língua erudita)		Índia do Norte
		prácrito (línguas vulgares)		Índia do Norte
	Pr.	dialectos do Caxemira, do Penjabe, marati		
		gujerati		Região de Bombaim
		nepalês		Gujerate
		Dialectos híndis, entre os quais o		Índia do Norte
		hindustani		Delhi, Índia do Norte
		urdu		Paquistão
		hindi moderno		Forma literária do hindustani
		bengali		Bengala, Bangla-Desh
		biari		Bihar
		oriá, etc.		Orixa
		cigano		saído do Noroeste da Índia
Tocariano	Ant.-IM	dois dialectos, ditos A e B		atestados por documentos escritos do séc. VII do Turquestão Oriental

indo-europeias. É na geração seguinte, com Karl Brugman, que se elabora uma linguística comparativa rigorosa, apta a separar o bom grão do joio no material utilizado. Brugmann define *a regularidade linguística*: na evolução de uma língua os fonemas da mesma natureza e situados na mesma posição relativa *envolvem todos da mesma maneira*. Consequentemente, é possível estabelecer *equações linguísticas precisas*, e obrigatórias, do tipo latim *s-* = grego *h-* (*septem/heptá, semi-/hēmi-*). As equações implicam evoluções divergentes, e coerentes no interior de cada língua, a partir de formas originais idênticas. Com efeito, os trabalhos comparativos permitiram reconstituir *a imagem de uma língua* definida, que tinha uma fonética particular, um vocabulário rico e sem verdadeiras palavras alotrópicas, uma morfologia e, além disso, uma sintaxe e uma métrica precisas. A coerência e o rigor das reconstituições, o facto de a fonética, a morfologia e a lexicologia conseguirem formar sistemas completos, e sem duplos empregos, define claramente *uma língua original única*: tal como as línguas românicas saíram, por evoluções divergentes, do latim, assim, as línguas indo-europeias saíram de uma língua única, que desapareceu. Diz-se então que a família linguística indo-europeia *é genética*: resulta, de facto, da separação de diferentes ramos linguísticos a partir de uma fonte comum. Chama-se a esta língua reconstituída o *indo-europeu*.

Os portadores desta língua são aqueles que se designam – excepto na Alemanha, onde se mantém a denominação, nacionalista e errada, de «Indo-Germânicos» – pelo nome de *Indo-Europeus*. O conceito teria podido permanecer vazio, e consistir apenas numa hipótese sem sequência. No entanto, um grande número de trabalhos e de descobertas foi-o alimentando progressivamente: estamos actualmente em condições de elaborar a imagem, não apenas de uma língua, mas também de um povo, de uma sociedade, de uma religião, e com menos certezas, mas algumas probabilidades – julgamos discernir no campo da arqueologia, no Neolítico da Europa Oriental, a cultura material dos Indo-Europeus na fase que procede a sua dispersão.

BIBLIOGRAFIA

Linguística:

K. Brugmann e B. Delbrück, *Grundriss der vergleichenden Grammatik der indogermanischen Sprachen*, 9 vol., Berlim-Lípsia, 1893-1930.

A. Meillet, *Introduction à l'étude comparative des langues indoeuropéennes*, 8.ª ed., Paris,1937.

Dictionnaires étymologiques: do indiano (M. Mayrhofer, 1953 e seg.), do latim (A. Ernout e A. Meillet, 4.ª ed., 2.ª tiragem, 1967), do grego (P. Chantraine, 1868--1980), do gótico (S. Feist, 3.ª ed., Leyde, 1939), do alemão (G. Drosdowski e P. Grebe, Mannheim-Viena-Zurique, 1953), do lituano (E. Fraenkel, Heidelberga, 1955), do eslavo (M. Vasmer, para o russo, Heidelberga, 1950 e seg), do hitita (B. Rosenkrantz e H. Kronasser, 1966 e seg.; J. Tischler, Innsbrück, 1977).

J. Pokorny, *Indogermanisches etymologisches Wöterbuch*, Berna, 1949-1959.

V. Pisani, *Glottologia indoeuropea*, 3.ª ed., Turim, 1961.

J. Kurilowicz ed., *Indogermanische Grammatik*, Heidelberga (vol. II, J. Kurilowicz, sobre a acentuação, 1968; vol. III, C. Watkins, sobre a flexão verbal, 1969).

C.D. Buck, *A dictionary of selected synonyms in the principal indo-european languages*, Chicago-Londres, 2.ª tiragem, 1956.

Cultura:

O. Schrader, A. Nehring, *Reallexikon der indogermanischen Altertumskunde*.

G. Devoto, *Origini indoeuropee*, Florença, 1963.

E. Benveniste, *Le vocabulaire des institutions indo-européennes*, Paris, 1969.

B. Delbrück, Die Indogermanischen Verwandtschaftsnamen, *Abh. Kön. Sachsischen Ges. Wiss.*, 11, 1889, Lipsia, pp. 380-606.

P. Friedrich, Proto-Indo-European Kinship, *Ethnology*, 5, 1966, pp. 1-36.

Religião, ideologia, instituições:
Obras de Benveniste e do Devoto, atrás citadas.

Toda a obra comparativa de G. Dumézil; em particular: *Le problème des Centaures*, Paris, 1929; *Mitra-Varuna, essai sur deux représentations indo-européennes de la souveraineté*, Paris, 1940; *Jupiter Mars Quirinus*, Paris, 1941; *Tarpeia, essais de philologie comparative indo-européenne*, 1947; *Les dieux des Indo--Européens*, 1952; *Les dieux des Germains*, 1959; *Mythe et épopée*, I, 1968, II, 1971, III, 1973; *Idées romaines*, 1969 (compilação de estudos anteriores, entre os quais o artigo de 1938 sobre «La préhistoire des flamines majeures»); *Heur et malheur du guerrier*, 1969; *La religion romaine archaïque*, 2.ª ed., 1974; *Les dieux souverains des Indo-Européens*, 1977; *Mariages indo-européens*, 1979.

J. Puhvel ed., *Myth and law, among the Indo-Europeans*, Berkeley-Los Angeles e Londres, 1970 (com bibliografia).

R. Schmitt, *Dichtung und Dichtersprache in indogermanischer Zeit*, Wiesbaden, 1967.

A. Rees e B. Rees, *Celtic Heritage*, Londres, 1961.

Arqueologia:
Devoto e Schrader, obras atrás citadas.
V.G. Childe, *The Aryans*, Londres, 1926.
P.Bosch-Gimpera, *Les Indo-Européens*, (trad. francesa de R. Lantier, Paris).
Toda a obra arqueológica de M. Gimbutas, nomeadamente: *The prehistory of eastern Europe, 1: Mesolithic, Neolithic and Copper Age Cultures in Russia and the Baltic Area*, 1956; contributo para G. Cardona, H.M. Hoenigswald, A. Senn ed., *Indo-European and Into-Europeans*, Filadélfia, 1970; e para R.A. Crossland e A. Birchall ed., *Bronze Age migrations*, 1973; e artigos no JIES (ver em baixo).

Publicações Periódicas:
A revista alemã *Die Sprache* publica uma «Indogermanische Chronik». Comité International permanent des linguistes, *Bibliographie linguistique*, Utrecht--Anvers.
A revista americana *Journal of Indo-European Studies*, fundada em 1973, publicou interessantes contributos arqueológicos de M. Gimbutas, P. Bosch-Gimpera, M.M. Winn, etc., ou sociológicos (R. Beekes, J. Bremmer...).
A Revue de l'Histoire des Religions publica regularmente os trabalhos de G. Dumézil, D. Dubuisson, D. Briquel, B. Sergent, etc.

I. – A LÍNGUA INDO-EUROPEIA

1. Indo-europeu «clássico» e indo-europeu «antigo»

Os conhecimentos actuais permitem distinguir, *grosso modo*, dois planos, duas fases, na história do indo-europeu comum. Um corresponde à língua falada anteriormente à explosão dos portadores das línguas indo-europeias que podemos chamar «clássicas»: grego, latim, indo-iraniano, eslavo, báltico, germânico, céltico. É o indo-europeu de Brugmann, de Meillet. Os seus traços principais foram relativamente fáceis de captar: reconstituíram-se a sua gramática e o seu vocabulário, na sua maior parte. O segundo nível é aquele em que se analisam os fundamentos fonéticos, lexicais, morfológicos da língua. Preparada desde o fim do século XIX pelas investigações sobre as raízes e sobre as origens de certas alternâncias vocálicas (Ferdinand de Saussure), esta pesquisa recebeu um reforço decisivo da descoberta, no século XX, do anatólico e do tocariano. Revela-se aqui um indo-europeu «antigo», cuja reconstituição autêntica é muito árdua e cuja utilidade é sobretudo etimológica. J. Kurylowicz e E. Benveniste foram os iniciadores desta análise. É evidente que o pormenor das descobertas clarifica a bipartição de que me fazia eco: o indo-europeu «antigo» agrupa desenvolvimentos vários cuja cronologia relativa é imprecisa, mas onde se distingue uma espessura temporal de considerável amplidão: um isoglosso hitita-tocariano-irlandês, que incide num traço comum a duas línguas de aspecto muito arcaico e a uma língua de uma extremidade longínqua do território indo-europeu, remete para uma história, uma unidade, *a priori* muito mais antigas que um isoglosso hitita-grego-eslavo, que reúne línguas sem dúvida em contacto durante muito tempo, mesmo depois das primeiras fracturas profundas da unidade primitiva. De igual modo, e *a fortiori*, ao nível do indo-europeu «clássico», os isoglossos indicam linhas de fractura numerosas, que revelam as fases complexas de uma dispersão dialectal plurissecular, senão mesmo plurimilenar. Assim, várias palavras são comuns às línguas ocidentais que, no entanto, não são especialmente aparentadas entre si: latim *mare*, irlandês *muir*, galês *mor*, germânico comum **mer*, eslavo antigo *morje*, lituano *mãres*, «mar», definem uma palavra «ocidental» que não existe nem em grego, nem em arménio, nem em indo-iraniano, nem em anatólico, etc. No fonetismo, a famosa clivagem entre línguas em que se conservam as oclusivas guturais (ditas em *centum*, segundo a palavra latina para «cem») e aquelas em que elas se diluem em fricativas (ditas em *satem*) agrupa, de um lado, todas as línguas europeias, excepto o eslavo e o báltico, mas com o anatólico e o tocariano, e do outro, as línguas orientais, eslavo, báltico, indo-iraniano; em contrapartida, o isoglosso das oclusivas sonoras «aspiradas», definido pelas equações grega *ph-*, *kh-*, sânsc., *ph-*, *kh-*, iraniana *f-*, *x-*, arm. *ph-*, *x-*, reúne estas quatro línguas, e só elas: é um agrupamento de línguas que devem, outrora, ter sido vizinhas, tal como também os das línguas em *centum* e das línguas em *satem*, mas sobrepõe-se a estes últimos e não coincide com nenhum deles. Tais clivagens não se explicam evidentemente pela hipótese de uma separação «em ramos» (alemão *Stammbaumtheorie*), porque, nesse caso, elas deveriam ser recortadas e confirmadas por um grande número de isoglossos sobreponíveis (a oposição entre «línguas em *centum*» e «línguas em *satem*» assenta apenas sobre esta única equação: a ideia segundo a qual ela define dois grandes subgrupos no indo-europeu está hoje abandonada): correspondem a essas «vagas» linguísticas (alemão *Wellentheorie*) como fenómenos aparecidos numa língua que se espalham em falares vizinhos segundo movimentos de imitação aleatórios. Historicamente, a correlação destas modificações implica a proximidade pré-histórica efectiva das línguas nos isoglossos comuns: sob reserva do caso de evoluções distintas e paralelas, remetem para uma época em que o indo-europeu inicial se dissociava numa comunidade de dialectos falados em tribos ainda intermediárias.

Na verdade, tais fracturas são já discerníveis nos níveis mais antigos do indo-europeu: o próprio facto da separação das tribos, dos primeiros portadores do anatólico ou do tocariano, implica-o, e nós só conhecemos os Indo-Europeus no e pelo seu estado de expansão. A primeiríssima unidade indo-europeia, aquela em que os locutores formavam uma única tribo, é-nos desconhecida... e incognoscível.

Ver-se-á que este modelo de «camadas» sucessivas na história do indo-europeu comum se adapta ao esquema que podemos propor da dispersão dos povos indo-europeus, a partir dos documentos históricos e arqueológicos.

2. Estruturas do indo-europeu «clássico»

O indo-europeu «clássico» tinha um vocalismo simples: *a*, *e*, *o*, longos e breves – mas juntavam-se-lhes os aspectos vocálicos das sonantes (em baixo). O consonantismo, muito rico aliás, compreende:

– oclusivas: *p*, *t*, *k*, k^w (surdas), *b*, *d*, *g*, g^w (sonoras), *bh*, *dh*, *gh*, $g^w h$ (sonoras aspiradoras). Alguns dialectos (v. em baixo) compreendem também uma série de surdas aspiradas: *ph*, *th*, *kh*, $k^w h$;
– soantes: *m*, *n* (nasais), *r*, *l* (líquidas), *y*, *w* (semivogais), às quais se juntam as laríngeas (ver em baixo), grafadas por *H* ou *ə* (o «schwa»).

Estes fonemas, segundo o contexto, são consoantes ou vogais (grafadas por m̥, n̥, r̥, l̥, i, u, ə);
- uma única fricativa, s (que se torna z diante de uma oclusiva sonora).

O indo-europeu apresenta numerosas características que o individualizam ao lado das outras línguas ou famílias de línguas. Assim:

- É uma língua flexional: a maior parte das palavras (nomes, pronomes, verbos) comportam uma desinência que indica a sua função na frase. Os nomes (substantivos e adjectivos) e os pronomes declinam-se, e a sua desinência indica – em geral, cumulativamente – o caso, o género, o número; os verbos conjugam-se, e as suas desinências correspondem às pessoas, número, aspecto e voz. Assim, a terminação -*arum* do latim *rosarum* indica, sinteticamente, o plural, o genitivo, o feminino; a terminação -*itur* do latim *loquitur* indica solidariamente a terceira pessoa, o singular, o presente, o indicativo e o depoente. A flexão faz-se por sufixação (à qual se juntam fenómenos de alternância vocálica e de acentuação), e nunca por prefixação ou infixação.
- A raiz é normalmente inaparente. Elemento lexical último, só se revela mediante a análise: em geral, está incluída num radical que, incluindo prefixos, sufixos ou (muito raramente) infixos, suporta a significação.
- A estrutura de uma palavra (isto é, a forma em que ela aparece na altura de um emprego numa frase) é regulada por um jogo complexo de tonalidade e de alternâncias nos seus elementos morfológicos. Os lexemas indo-europeus (raízes e outros elementos do discurso) definem-se de facto pelas consoantes: as vogais têm aí um papel meramente morfológico. Variando, pois, num mesmo lexema, diz-se que elas «alternam». Há cinco «graus» de alternância: o grau pleno, com vocalismo **e*, dito grau normal: assim a raiz **bher-*, «levar», no latim *ferre*, grego *phérein*; o grau pleno de vocalismo **o*, dito grau flexo: grego, infinitivo *phoreĩn*, de um radical **bhoréye-*; o grau reduzido, ou zero: latim *fors*, «por acaso», vem de **bhr̥-tey-*, «o facto de trazer»; finalmente os graus longos, em **o* ou **e*: grego *phōr*, «ladrão», de **bhōr-*, «portador». Foi no grego e no germânico que este sistema melhor se manteve, mas todas as línguas indo-europeias apresentam vestígios dele. – O acento é difícil de reconstituir só o védico e o grego – mas este último com arranjos secundários, entre línguas antigas – o anotaram); sabe-se que ele era único numa palavra, sendo o seu lugar regulado pela flexão e pela derivação. As suas funções, tal como as de alternância, são não apenas flexionais, mas também lexicológicas, e outras.

- O nome é distinto do verbo: as desinências de conjugação e as de declinação nunca são as mesmas. As raízes são comuns, mas a diferenciação opera-se precisamente nos radicais.
- Os radicais são temáticos ou atemáticos. No primeiro caso, uma vogal, -*e*- ou -*o*-, precede a desinência; no segundo, a desinência liga-se directamente ao radical.

Os outros traços importantes do indo-europeu são menos específicos.

Nomes e verbos, sob formas temáticas ou atemáticas, oferecem uma grande riqueza de composição, graças aos prefixos, infixos, e, sobretudo, sufixos. Entre estes, que são numerosos, retenhamos os que formam nomes agentes (em *-ter-/*-tor-/*-tr-*: *$*də_3$-tér*-, «dador» donde o grego *do-tēr*, indo-iraniano *$*dā$-tár*; sufixo extremamente produtivo nas línguas indo-europeias, de *Savitr̥*, deus indiano, a *Héktōr*, em grego, e ao francês *docteur*...), de acções (em *-ti*, grau pleno *-tey-*: de *$*bher$-*, *$*bhr$-téy-*, «o facto de levar», donde védico *bhr̥-tí-*, antigo alto alemão *giburt*, «nascimento»), dos colectivos, dos abstractos, dos comparativos e superlativos para os adjectivos.

Os nomes repartem-se, como em outras línguas, em dois géneros: animado e inanimado; é ainda o estado do anatólico; mas, no estádio do indo-europeu «clássico», o animado dissociou-se num feminino e num masculino, e o inanimado tornou-se num «neutro».

Dois temas nominais podem juntar-se num tema composto, em que só o segundo tema se flecte: grego *akró-polis*, «cidade alta»; sânsc. *rāja--putráh*, «filho de rei».

A flexão nominal compreende três números – singular, dual, plural – e oito casos na flexão do género animado: nominativo, vocativo, acusativo, genitivo, dativo, locativo, ablativo, instrumental. Nos inanimados, no plural e sobretudo no dual, a declinação simplifica-se, recebendo vários casos uma forma única.

Uma flexão arcaica – já em curso de eliminação no indo-europeu «clássico» pela extensão das formas temáticas – opunha, nos inanimados, os casos sufixados em -*r*- aos sufixados em -*n*-: latim *iter, itineris*.

Os pronomes pessoais têm uma flexão particularmente complexa, pois que compreende formas diferentes no singular e no plural (por exemplo, latim *egŏ̄/nōs, tū/vōs*) e no nominativo face aos outros casos (*egŏ̄/mē*). Semelhantes oposições caracterizam também a flexão dos demonstrativos (nom. *$*so$*, outros casos tema em *$*to$-*) e a dos «relativos» (entre as línguas indo-europeias, umas têm relativos saídos de *$*yo$* – por exemplo, o grego, em que *hós* provém de *$*yo$-s* – os outros saíram de *$*k^we/k^wo$*, como no latim: não há duplicações, porque *yo- era originalmente um anafórico – termo que serve num discurso para evocar um termo utilizado numa proposição anterior –, ao passo que a outra forma era o prónome interrogativo e indefinido).

O verbo indo-europeu é normalmente «defectivo»: nem todas as formas possíveis foram necessariamente criadas. Os temas variam numa conjugação. Distinguem-se os de aoristo (temas zero: as desinências ligam-se directamente à raiz), os de presentes, de perfeitos, os temas com redobro para o intensivo ou iterativo. Estes temas não exprimem os «tempos», no sentido das línguas ocidentais contemporâneas, mas sim o aspecto do processo: o próprio facto da acção (aoristo), o seu desenvolvimento (presente), o seu estado completo (perfeito). Quando a noção do «tempo» se assinala, isso acontece apenas no indicativo, não por uma variação de temas, mas por desinências e (em grego, indo-irariano, arménio, frígio) por um aumento. Distinguem-se então, ao lado do presente, um pretérito e um futuro. A flexão define ainda, para a maioria dos verbos, duas vozes, o activo e o médio (também chamado médio-passivo), que se forma, por exemplo, pela inserção de um -o- na desinência do activo. A significação desta oposição não é simples: o médio evoca, conforme os casos, o sentido reflexo, a reciprocidade, o facto de a acção se fazer em benefício do sujeito, o passivo, etc. Estes valores encontram-se claramente, por exemplo, no médio grego. Finalmente, a divisão dos modos em indicativo, conjuntivo, optativo, é de época indo-europeia. Os dois últimos modos formavam-se a partir do primeiro por meio de desinências. O conjuntivo assinalava a eventualidade, a potencialidade da acção, e, sem dúvida, o seu aspecto futuro, antes de se constituir um futuro temporal. O optativo marcava o desejo, o lamento, a hipótese. Se se acrescentar que existia igualmente um imperativo, de formação peculiar, ter-se-á a noção da extrema riqueza do sistema desinencial verbal. Tal como as dos nomes, as desinências dos verbos acumulam as significações: cada significante corresponde a um grupo de significados (uma mesma desinência indica a pessoa, o número a voz, o aspecto ou o tempo). Sabe-se que acontece ainda o mesmo nas línguas da Europa Ocidental, nas quais no entanto desapareceu o essencial da gramática indo-europeia.

A negação é *ne. A proibição exprime-se em grego, arménio, albanês, indo-iraniano, tocariano, por *mē, noutras línguas por *ne, em hitita, no entanto, por *lā.

3. Duas séries semânticas

Ter-se-á uma ideia da unidade e da diversificação do indo-europeu pelo exame de algumas séries semânticas.

Os nomes de número. – Eis em primeiro lugar os nomes de números:

	Sânscrito	Arménio	Prussiano antigo	Gaulês (ordinais)	Latim
1	éka	mi	ains	cintux	ūnus
2	dvá	erku	dwai	allos	duo
3	trí	erek'	tirts (ord.)	tritos	trēs
4	catúr	čork'	kettwirts (-)	petuaros	quattuor
5	páñca	hing	piencts (-)	pinpetos	quinque
6	ṣáṣ	vec	uschts (-)	suexos	sex
7	saptá	eut'n	septmas (-)	sexametos	septem
8	aṣṭá	ut'	asmus (-)	oxtomnitos	octō
9	náva	iun	newints (-)	nametos	novem
10	dáśa	tasn	dessimpts	decametos	decem

	Grego	Gótico	Tocariano	Protótipo indo-europeu
1	heĩs	ains	sas	*sém-/*óy-no/*óy-k^{w}o
2	dúo	twai	wu	*d(ú)woə(u)
3	treĩs	*threis	täryã	*tréyes
4	téttares	fidwõr	çtwar	*k^{w}etwóres
5	pénte	fimf	päñ	*pénk^{w}e
6	héx	saíhs	säk	*s(w)éks
7	heptá	sibun	spät	*septm̥
8	oktō	ahtau	okät	*októe(u)
9	ennéa	niun	un	*néwm̥/*néwm̥
10	déka	taíhun	çäk	*dékm̥

O nome de «cem», formado sobre o de «dez», é também comum, e discute-se o parentesco, plausível mas complexo, do nome de «mil» em latim, grego e indo-iraniano. É dos nomes de números que parte muitas vezes a pesquisa comparativa em linguística. A série indo-europeia é exemplar: em todas as línguas, com raras excepções – discutir-se-á seguidamente o caso do anatólico –, os números de um a dez, e para além em composição até «mil», incluído ou excluído, são comuns. As formas singulares do arménio não têm origens diferentes das outras: a equação ind.-eur. -w- = arm. -rk- é confirmada noutros lados. O gaulês *allos* é uma substituição: textualmente, «dois» diz-se «o outro». Quanto às formas tocarianas para «dois» e «três», voltaremos a elas seguidamente, expondo alguns aspectos do indo-europeu «antigo».

Os nomes de números indo-europeus são, como se diz em linguística, «imotivados»: não se analisam, não se remetem para raízes conhecidas de outros lados. Apenas com duas excepções: suspeita-se uma relação etimológica entre o nome do número «cinco», *$pénk^we$, e o de «punho», latim *pugnos*, grego *púx*, alemão *Faust*; o nome do «cinco» viria do número de dedos da mão; por outro lado, Benveniste, a partir da forma hitita, propôs que se visse no nome de «três» a raiz *ter- que temos, por exemplo, no grego *tríbō*, no latim *terō*, e *trāns*, donde em francês «*triturer*», «*tarière*», «*tribulation*»...: «três» é o número situado «para lá» de dois. Mas trata-se em todo o caso de indo-europeu muito antigo, porque os nomes dos números «dois» e «três» parecem comuns a esta língua e... ao malaio-polinésio! Bopp detectara-o, Dumézil admite-o; limitado a este par de primeiros números, o parentesco linguístico em questão remete para o mais antigo passado conceptualizável para os Indo-Europeus: houve um tempo em que os antepassados dos povos de raça amarela elaboravam, ao que parece, o seu tipo físico ao lado do lago Baikal... Os portadores mais antigos (pelo menos para nós) do indo-europeu podem ter sido vizinhos deles algures na Ásia central: isso passava-se, sem dúvida, no Paleolítico Superior, o mais tardar.

Os nomes de parentesco. – Uma outra série interessante e significativa é fornecida pelos nomes de parentesco:

– «Pai»: grego *patér*, latim *patḗr*, sânsc. *pitắr-*, avéstico *pitar-*, irlandês antigo *athir*, alto alemão antigo *fater*, tocar. A *pācar*, B *pācer*, ind.-eur. *$pətēr$-.
– «Mãe»: grego *mā́tēr* (jónio-ático *mḗtēr*), latim *māter* latim *máter*, sânsc. *mātar-*, avést. *mātar-*, irland. ant. *mathir*, alto alem. ant. *muoter*, eslavo antigo *mati* (gen. *matere*), arm. *mayr*. Com ligeiras variações semân-

ticas lituano *mótė*, «mulher casada», alb. *motré*, «irmã» (antigamente «irmã mais velha», capaz de substituir a mãe). Indo-eur. **mātér-*.
- «Filha»: grego *thugátēr*, sânscr. *duhitár-*, avést. *dugdar-*, arm. *dustr*, alto alem. ant. *tohter*, v.-si. *dŭšti* (gen. *dŭštere*), lit. *duktẽ*, toc. B *tkācer*; a palavra foi substituída por outras nas línguas célticas e itálicas. Indo-eur. **dhug(h)ətér-*.
- «Filho»: grego *huiós*, toc. A *se* (gen. *seyo*), toc. B *soy*, arm. *ustr* (influenciando por *dustr*, atrás); a raiz é **su-*, «dar à luz» (cf. sânsc. *sūte*, «dar à luz», irl. ant. *suth*, «nascimento, fruto») que se encontra com um sufixo *-nu-* (em vez do sufixo *-yu-* das palavras anteriores) em vários nomes do filho: sânsc. *sūnúh*, avést. *hunuš*, lit. *sūnùs*, esl. ant. *synŭ*, gót. *sunus* (al. *Sohn*). A palavra é de composição diferente das anteriores, e sofreu de resto a concorrência de outros termos, por exemplo da família de sânsc. *putráh*, avést. *puθra*, grego *païs*, osco *puklum*, latim *puer*, saídos de uma raiz que significava «ser pequeno»; em ítalo-céltico, a concorrência de outras palavras eliminou completamente todo o nome do «filho» saído de **su-*. O anatoliano tem também outras palavras.
- «Irmão»: sânsc. *bhrātar-*, avést. *brātar-*, arm. *ełbayr*, lat. *frāter*, irl. ant. *brāth(a)ir*, gót. *brothar* (al. *Bruder*, etc.), esl. ant. *bratrŭ/bratŭ*; com uma variação semântica, grego *phrắtér*, «membro de um clã». Indo-eur. **bhrắter-*.
- «Irmã»: latim *soror*, lit. *sesũ* (gen. *seseřs*), irl. *siur*, arm. *k'oyr*, sânsc. *svasar*, avést. *xᵛānhar*, gót. *swistar*, esl. ant. *sestra*, tocv. *šar*, indo-eur. **s(w)esor-*. Em grego, «irmão» e «irmã» são *adelphòs* e *adelphē*. O dicionário do erudito bizantino Hesychios fornece entretanto um termo *éor*, da mesma origem que as palavras indo-europeias para «irmã», e traduz «filha, primo, parentes». **Swesor-* é a única palavra deste grupo cuja etimologia é discernível: as raízes daquelas sufixadas em **-ter-* são desconhecidas por outras vias. No nome da «irmã» encontram-se duas raízes, **swe-*, a dos reflexos e possessivos (*suus*, *self*, etc), e **sor*, nome muito antigo da «mulher»: a «irmã» é portanto «a mulher que pertence ao nosso próprio grupo».

Verifica-se por tais conjuntos como é que, de facto, uma mesma língua, de vocabulário homogéneo e característico, se difundiu, na pré-história, do Atlântico às montanhas de Assam. Argumentando a partir de certas semelhanças do indo-europeu com, por um lado, o uraliano (línguas finlandesas, samoiedas, etc.) e, por outro, as línguas do Cáucaso, alguns linguistas, na esteira de C. Uhlenbeck, supõem que a língua indo-europeia primitiva saiu da sobreposição e da síntese de duas línguas, aparentadas respectivamente com os dois grupos evocados: além de tal hipótese ser muito duvidosa, porque tais línguas mistas são extremamente raras e só formam nos casos muito particulares dos sabires, ela não evita, em todo o caso, esta conclusão de que todas as línguas indo-europeias históricas saíram de uma língua pré-histórica que foi única, pelo menos em determinada altura.

4. O indo-europeu «antigo»

O estádio arcaico do indo-europeu que atrás se evocava revela-se a partir da análise e da comparação de singularidades que afectam quer algumas línguas, quer alguns aspectos da reconstituição do indo-europeu «clássico».

Dois grupos de línguas, muito particularmente, apresentam traços que testemunham um isolamento precoce dos seus portadores em relação aos Indo-Europeus: são as línguas anatólicas e os dois dialectos do tocariano. A sua maior ou menor «antiguidade» não está em causa aqui: as línguas anatólicas são atestadas principalmente no II milénio, sensivelmente na mesma época que o grego micénico, mas este representa um ramo do mais «clássico» indo-europeu, ao passo que as primeiras são de uma espécie muito diferente. De igual modo, o tocariano é a língua de documentos da segunda metade do I milénio *da nossa era*, ou seja, de uma época muito posterior ao grego, ao latim, ao védico e ao sânscrito, ao avéstico, ao persa antigo e ao pelvi – todas elas línguas que testemunham um estado mais evoluído do indo-europeu. Acrescente-se que não há praticamente pontos comuns entre os anatólicos e o tocariano: os que foram detectados têm precisamente mais a ver com o facto de ambos representarem um estádio arcaico da língua, e esses isoglossos podem ter sido comuns a todo o indo-europeu da época para a qual remetem; a evolução ulterior do indo-europeu, posterior à separação dos primeiros portadores do (futuro) tocariano e dos do (futuro) anatólico, dissociou, dissolveu, aniquilou esses isoglossos antigos.

Consideraremos primeiro, no plano lexicológico, os nomes de números. A série, nas línguas anatólicas, é muito imperfeitamente conhecida (os números são escritos em ideogramas, dos quais apenas conhecemos a leitura original, em sumério). Reconstituimos no entanto: «dois»: **da-*, «três»: **ter-*, **tar-*, «quatro»: hitita miúwa, luvita *mauwa*. O primeiro termo não pode remontar ao indo-europeu **duwo-*, **dwo-*, porque o **-w-* conserva-se em anatólico. Em tocariano (v. atrás) «dois» diz-se *wu*. Parece que a forma anatólica e a forma tocariana representam duas variantes de **-dwo-*, vivas aqui, e atestadas no estado de vestígios em outras línguas indo-europeias: irlandês *da, dau* (antigo dual), em composição grego *dô-deka*, «doze», e lateralmente a forma **dis-*: latim *dis-*, gótico *dis-* – todas as palavras em que a inicial **d-*

não pode ter saído de *dw-. De igual modo, os nomes do número «vinte», formado, como todos os nomes das dezenas, a partir do nome da unidade seguido de um derivado de «dez», têm nas línguas «clássicas» uma inicial *w-: latim vī-gintī, grego (dórico) wī-kati, avést. vīsaiti, toc. wiki, sânsc. wimśati; a palavra gaulesa Vocorio parece incluir um radical *wo-, «dois». – Quanto ao nome do «três», formas hititas e tocarianas têm em comum tratamento da raiz do nome do mesmo número nas outras línguas: antigo isoglosso, seguidamente desaparecido; com efeito, o indo-europeu posterior retém apenas uma forma fixa – mas declinada – *tréyes-.

Outras singularidades do mesmo tipo envolvem elementos do vocabulário, sufixos, desinências: a do médio-passivo em -r-, por exemplo, é atestada em luvita, tocariano, frígio, arménio, ítalo-céltico; uma semelhante distribuição, em posições linguísticas marginais, dispersas, é característica de um estado reduzido ao de sobrevivências. O optativo em -l- verifica-se em hitita e em báltico; ora, as línguas bálticas contam-se entre as mais conservadoras do mundo indo-europeu; um isoglosso anatoliano-báltico assinala, talvez, uma antiga vizinhança, mas também, e mais certamente, uma muito antiga desinência indo-europeia.

A teoria das laringais. – Mas o aspecto essencial do estudo deste «indo-europeu arcaico» consiste naquilo que hoje se chama a teoria «laringalista». Resumi-la-ei aqui em algumas palavras.

Os comparatistas do século XIX definiram, graças a algumas equações, uma vogal breve, de timbre indeterminado, simbolizada por ə. Com efeito, ao passo que as vogais -e-, -o-, -a-, das línguas europeias têm uniformemente como correspondentes indo-iranianos -a-, um certo número de palavras oferecem uma equação inteiramente diferente: anotou-se atrás o nome de «pai»: se o latim, grego *mắter tem de facto rumo correspondente indo-iraniano *mātar-, o latim e grego *patér têm correspondente indo-iraniano *pitár-; de igual modo, latim stătim, stvătiō, grego stásis: sânsc. sthitih; etc. Reconstitui-se então: *pə-ter, *stə-ti-. Esta vogal era, ao nível do indo-europeu «clássico», reduzida, e apresenta um carácter débil na história fonética: tornou-se muda no avéstico ptā-, «pai»; de igual modo, se se manteve no nome da «filha» em grego e em sânscrito (thugátēr, duhitár-), tornou-se com frequência muda noutros casos, tal como em germânico tohter (gót. dauh-tar). O emudecimento é geral em germânico, arménio, irlandês, báltico, eslavo; verifica-se por vezes mesmo em grego, em sânscrito, em ítalo-céltico.

Ora esta vogal ə entra num sistema de alternâncias particular, e é a Ferdinand de Saussure que se deve a sua teoria. Uma alternância fundamental regula em indo-europeu a formação das palavras (derivadas de raízes, flexão): *e/*o/zero. A vogal breve *a não entra, em contrapartida, em nenhum sistema de alternância. – Não sucede o mesmo com as longas. Um certo número de aproximações define as alternâncias: *ē/*ō/*ə, *ā/*ə, *ō/*ə.

Sabendo-se que ə é breve, e reduzido, é possível reduzir estas alternâncias longa/breve ao modelo clássico: *ē/*ō/*ə é paralelo, por exemplo, a *-ei-/*-oi-/*-i- na flexão grega leípō, léloipa, élipon; é preciso assentar uma estrutura anterior da alternância: *-eə-/*-oə-/*-ə-, onde *-ə- é o grau zero. Então, a alternância *ā/*ə implica que *-ā- saíu de *-eə- ou de *-oə-. Eram de facto ditongos que incluíam a vogal débil a, cujo emudecimento precoce desembocou na formação das longas.

A natureza do a permanece imprecisa, e Saussure, sem procurar precisar a questão, chama-lhe uma quase-soante: conforme os casos, funciona como vogal ou como consoante, em vez de *r, *l, *m, *n, *y, *w.

Na maior parte das línguas, a alternância estudada por Saussure é, de facto, *ā/*ə; mas, em grego, encontramos estas alternâncias, em dois ou três termos, com *e e *o: uma vez que ditongos de dois tipos, *eə e *oə, dão longas de três tipos (*ō, *ē, *ā), é necessário que tenha havido vários de facto: admite-se, com E. Benveniste, que *ē saíu de *e_1ə, *ā de *e_2ə, *ō de *e_3ə. Passa-se de uma quase-soante para uma *classe de fonemas* chamados quase-soantes.

Uma das implicações desta teoria (Saussure, 1878), tendo em conta que o indo-europeu é uma língua essencialmente consonântica, era que todas as raízes que começam por uma vogal devem inicialmente ter tido uma quase consoante antes da vogal. A ideia não foi aceite de imediato. – Em 1905, as escavações de Boghaz Köy forneciam milhares de tabuinhas cuneiformes escritas na língua local, então desconhecida, o hitita. Em 1920, Bedrich Hrozný decifra o hitita. E em 1927, cinquenta anos após o memorial de Saussure, J. Kuriłowicz descobre nele o fonema inicial hipotético: várias palavras indo-europeias que começam, nas línguas «clássicas», por uma vogal, são precedidas em hitita por um fonema trancrito por h-: grego *antí*, latim *ante*, sânsc. *ánti*: hitita ḫanti, «diante de»; grego *ostéon*, latim *os*, sânsc. *ásthi*: hitita ḫaštai, «osso»; latim *ovis*, grego *óis*, sânsc. *ávih*, eslavo *ovĭnŭ*, *ovĭca*, lituano *avîs*: luvita ḫaui, «carneiro». Este h- saíu evidentemente do ə inicial de Saussure. Ao mesmo tempo estava confirmada a teoria deste grande linguista, quanto à existência do ə e quanto ao seu carácter consonântico, e era dada uma preciosa indicação sobre a pronúncia do ə: tinha por base a região laríngea.

Como *a* agrupa, como se viu, laringais; como o papel destas no indo--europeu parece ter sido importante, mas a sua natureza exacta, e diferencial, é quase impossível de precisar e, por tudo isso, desde os anos trinta acumularam-se as teorias «laringalistas», que agrupam os factos de maneiras mais ou menos divergentes: pormenores nos quais não importa muito entrar aqui.

Mas esta linguística é portadora de história, pelo que era necessário dizer algo acerca dela. Reconstituição das filiações, estudo dos contactos pré-históricos provados pela recorrência dos isoglossos, rupturas precoces demonstradas pela especificidade de uma língua, eis o que o comparatista pode proporcionar ao (proto)historiador. Com a sua manutenção das laringais iniciadas, a sua ignorância absoluta de uma oposição masculino/feminino, os seus nomes de números aberrantes, o anatólico afirma-se como ramo precocemente desligado de um conjunto indo-europeu que continua a evoluir solidariamente. Entretanto, a comparação mostra como é que ele mantém relações mais específicas com o ítalo-céltico, e muito menos com o germânico, por exemplo: logo depois de se ter separado dos outros Indo-Europeus, o anatólico vai buscar elementos ao que era já uma parte desses antiquíssimos portadores da língua, e não todos; não é testemunha do «indo-europeu» único primordial, mas já representante de um primeiro ramo dialectal. Num outro plano – difícil aliás de distinguir do anterior – o anatólico apresenta relações por vezes muito precisas, na evolução fonética e no vocabulário, com o indo-ariano. O anatólico mais antigo parece, assim, fazer parte de um grupo de dialectos ocidentais, testemunhados por factos gramaticais (em comum com o ítalo-céltico, e por vezes com o germânico), fonéticos (ainda com ítalo-céltico) e lexicais (há-os notáveis com o irlandês antigo), mas o seu primeiro afastamento do foco indo-europeu comum põe-no em contacto com Indo-Europeus já um pouco orientais, os (futuros) Indo-Arianos.

II. – CULTURA MATERIAL E ORGANIZAÇÃO SOCIAL

Os dados linguísticos incidem sobre todos os aspectos da vida. Quando as comparações apresentam a amplidão, a precisão e o número de formas devido à série múltipla dos dialectos, que tentei enumerar, é possível prosseguir a pesquisa em termos de «pré-história linguística» até ao plano semântico: mesmo que, necessariamente, os significados tenham variado frequentemente ao longo dos tempos, em virtude das mudanças culturais, geográficas e sociais, certas recorrências de sentido e, na sua ausência, certos cotejos permitem reencontrar a significação original – trata-se de uma questão de lógica e de sagacidade.

1. A produção

A criação de gado. – Os Indo-Europeus conheciam a criação de gado: os nomes dos animais domésticos pertencem, de facto, ao vocabulário comum. Assim:

– *Tauros* é atestado nas línguas europeias antigas no sentido de «touro» (de «auroque» e de «bisonte» nas línguas bálticas e eslavas antigas), mas de «bovino não castrado doméstico» em grego, latim, osco, úmbrio, gaulês, irlandês, germânico. A palavra não existe em indo-iraniano, sem dúvida por causa de um tabu linguístico de origem religiosa.
– *$G^w\bar{o}us$* é o nome global do «bovino», no conjunto da área indo-europeia. Especificou-se, entretanto, no sentido de «bovino não macho por inteiro», por oposição a *tauros*, donde os sentidos de «vaca» (al. *Kuh*) e de «touro castrado» (gr. *boûs*). Estes matizes são os de uma sociedade de criadores de gado. Veremos que os bovinos têm um papel considerável na mitologia e nas tradições indo-europeias; de igual modo, as coimas de conciliação, a riqueza e os tributos são contabilizados em bois na maioria das culturas europeias e indo-iranianas primitivas.
– *$S\bar{u}$-* designa o «porco» selvagem (javali) ou doméstico (lat. *sūs*) e *porkos* aplica-se precisamente ao «jovem porco», ao «leitão». A diferença dos termos revela ainda uma preocupação de criadores, ao passo que a ambivalência de sentido de *sū-*, paralela à de *tauros*, designa um estado da economia semelhante à que existia ainda entre os Gauleses, onde a criação livre dos animais inviabilizava uma distinção radical entre «selvagem» e «doméstico».
– Os caprinos não receberam lugar eminente na simbólica indo-europeia, e o seu nome é estranho à língua dos poetas e dos sacerdotes. Línguas

ocidentais especificaram *kapros no sentido de «bode», tirado talvez do vocabulário da caça.
- Os ovinos tiveram um papel económico muito mais considerável. O nome comum do «gado pequeno» é *péku-, e a palavra está aparentada com o grego pékô, «pentear», latim pectō. Desde o indo-europeu comum, a palavra – que devia designar a espécie mais numerosa nos rebanhos – designa a «riqueza» mobiliária, e é também utilizada metaforicamente para designar o conjunto do gado. Benveniste, num estudo célebre, quis dar o sentido de «riqueza mobiliária» como primeiro, sendo os de «gado» e seguidamente «carneiros» especificações progressivas; mas o sentido de «carneiro, ovelha» é comum ao latim, ao iraniano e ao islandês antigo: a evolução, quer se tenha feito no sentido sugerido por Benveniste ou no outro, é já indo-europeia. Os carneiros serviam para avaliação corrente da riqueza: os bovinos indicavam apenas grandes «somas» nas esferas jurídicas e aristocráticas.
- *Ékwo-, o «cavalo», é atestado em toda a área do indo-europeu «clássico». Veremos, através de muitas alusões, que se tratava de facto de um animal doméstico, e de modo nenhum de um animal caçado.
- *Kwen-, o «cão», está bem atestado também tanto no céltico como no indo-iraniano.

Está provado que se trata, neste caso, de termos criadores: pela recorrência dos sentidos (*ékwo- e *kwen-, por exemplo, aplicam-se por todo o lado apenas ao animal doméstico, e não aos equídeos e canídeos selvagens); por especificações características (inteiro/castrado, macho reprodutor/outros); pela recorrência de ambivalências típicas de um certo estilo de economia (ao mesmo tempo «selvagem» e «doméstica» para *su- e *tauros; «carneiros» e «riqueza mobiliária»); finalmente, pela própria regularidade do vocabulário, oposta à sua diversidade desde que se trate de animais selvagens, domínio em que os tabus linguísticos foram poderosos: por exemplo, o nome do «veado» era, pelo menos numa parte do indo-europeu, *elen- (gr. élaphos); foi substituído muitas vezes por epítetos, significam em geral «o cornudo», saídos de raízes várias, ou numa mesma raiz, de formações diferentes: lat. cervus, al. Hirsch; fenómenos consideráveis afectam os nomes do urso, do lobo, da águia...

A agricultura. – Os Indo-Europeus praticavam também a agricultura. Alguns nomes de plantas são comuns (gr. zeiaí, «espelta», lit. jāvas, «cereais», avést. yáva-, sânsc. yáva-, «cereais, cevada»), mas a dispersão dos Indo-Europeus por zonas de climas muito diferentes, por um lado, e a invasão da agricultura europeia por plantas cultivadas de origem mediterrânica, por outro, trouxeram consigo uma ampla renovação tanto das coisas como, correlativamente, dos nomes. Por isso é no aspecto técnico da agricultura que se demonstra a unidade primitiva: *arə-, «lavrar», é a origem dos verbos europeus com o mesmo sentido (latim arō, gr. aróô, esl. ant. orjǫ, lit. ariù, gót. arja, irl. ant. airim) e de substantivos derivados que designam a «charrua»: toc. āre, gr. árotron, lit. árklas, eslavo comum *ordlo, irl. arathar. A existência de um termo tocariano indica a antiguidade do grupo.

O verbo *se- significa «enterrar» em indo-europeu arcaico (assim, anatólico), donde, em certas línguas, «plantar», e, na maioria, «semear»; fornece em indiano os nomes da «charrua» e do «rego».

Há termos comuns para «moer» (lat. molō, gót. malan) saído de um termo mais geral para «esmagar», para «mó» (at. mola, gr. múlè), e para «pedra de moer» (sânsc. grā́vā, lit. gîrnos). Mas o grão é moído comodamente num almofariz, com a ajuda de um pilão: operação indicada pela raiz *peis- donde saíram termos que significam «pisar» (lat. pīnsō, sânsc. pináṣṭi, «ele esmaga»), pilão, almofariz; em lituano e em germânico o termo aplica-se ao descasque do grão, e o avéstico piṣant- descreve a ave que retalha uma presa com o seu bico: trata-se, como no caso anterior, de um termo muto antigo, de sentido operatório geral, especificado na língua da agricultura.

Estas noções são importantes: implicam que a dispersão definitiva dos Indo-Europeus teve lugar numa altura em que o processo de neolitização, numa região que lhes era comum, estava muito avançado. Outras noções são ainda mais precisas.

2. As técnicas

Ao lado das técnicas agrícolas existia todo um artesanato. As suas provas residem principalmente nos nomes referentes aos carros e à navegação. Tais termos, utilizados na literatura, conservaram-se bastante bem. Temos assim os nomes indo-europeus de:

- a roda, saído de *k^wel-, «circular» indo-iraniano e grego, ou ligado ao termo seguinte;
- o carro, sânsc. ráthaḥ, gaul. *redo- (estes dois grupos alternam para designar quer o «carro», quer a «roda»; lit. rãtas significa no sing. «roda», no plur. rataĩ, «carro»; cf. ainda latim rota, al. Rad, irl. roth);
- o eixo: gr. áxôn, lat. axis, lit. ašis, esl. ant. osǐ, gal. echel, sânsc. ákṣah. O radical comum é *aks-;
- o jugo: gr. zugón, hit. iugan, sânsc. yugá-, lat. iugum, germ., inglês

yoke... É uma palavra do vocabulário dos carros, e não da atrelagem bovina;
- o navio: lat. *nāvis*, greg. *naũs*, sânsc. *nắuḥ*, irl. *nau*, arm. *naw*, isl. ant. *nór*;
- o remo: lat. *rēmus*, irl. *rám, rámae*, gr. *eretmós*, inglês *rudder*, construídos sobre a raiz **er-/*re-*, «remar».

Estes objectos são de madeira, e o trabalho de madeira tem um nome, e verbos, tirados da raiz **teks-*, «entrelaçar», que dá, por outro lado, a família de «tecer», lat. *texō*: lat. *textrīnum*, «estaleiro de construção», véd. *tắṣṭi*, esl. ant. *tešǫ*, lético *tešu*, «trabalhar com o machado, carpinteirar», sânsc. *tákṣan-*, gr. *téktôn*, «carpinteiro», esl. ant. *tesla*, alto al. ant. *dehsala*, irl. *tál*, «machado». Próximo do sentido comum em «tecer» e em «trabalhar a madeira com o machado», o hitita tem *takš-*, «ordenar, adaptar». Notar-se-á o sentido de «carpinteiro» comum ao grego e ao indo-iraniano: navios e casas indo-europeus incluíam vigas, resultavam da sua junção.

A lã, tirada do **péku-* (v. atrás, p. 456), denomina-se **wḷnā-* (sânsc. *ūrṇā*, al. *Wolle*, lat. *lāna*); era fiada (**sne-, *sneu-, *senu-*: latim *neō*, gr. *néô*, esl. ant. *snúa*, «torcer, retorcer»), depois tecida (*texō* no sentido de «tecer» é específico do latim; as outras línguas têm **ubh-, *webh-*: gr. *huphaínô*, avést. *ubdaēna-*, «tecido») sobre a ocupação de tecer em linha recta (gr. *stémôn*, lat. *stāmen* designam o encadeamento vertical). Cultivava-se e tecia-se o linho (gr. *línon*, lit. *linaĩ*, pl., «fibra, linho», russo *lën*, lat. *līnum*, irl. *lin*, «rede»). Depois os tecidos eram cosidos (**syu-*, donde o inglês *sew*, etc.) – técnica de era efectivamente paleolítica.

Aparecem coisas interessantes do lado das artes do fogo. Os Indo-Europeus conheciam a cerâmica, como todos os Neolíticos (de uma raiz **dheigh-* «revestir», véd. *déhmi*, «eu fixo com argamassa», tiraram-se nomes da parede – v. mais adiante – e da técnica cerâmica: lat. *fingō*, «modelar na argila», gót. *daigs*, «argila»), e decoravam-na por meio de incisões ou pintura (**peig-*, donde o latim *pingō*, sânsc. *pinkte* «ele pinta», grego *poikílos* e al. *bunt*, «pintalgado»). Mas sobretudo conheciam vários metais: o ouro, a prata, o cobre. Para o primeiro, latim *aurum*, prussiano ant. *ausis*; substituído em várias línguas por uma palavra que significa «amarelo», germ. *gold*: a palavra original é um arcaísmo notável. Para o segundo, temos apenas adjectivos substantivados, de formações diferentes, mas saídos todos eles da raiz **arg* «brilhar, ser branco brilhante»: lat., *argentum*, gaul. *arganto-*, arm. *arcat'*, toc. A *ārkyant*, gr. *árguros*, sânsc. *rajatám*. O cobre é **ayes-*: latim *aes*, gót. *aiz*, sânsc. *áyaḥ*. Este metal, misturado com arsénico ou estanho para aumentar a sua solidez, deve ter mantido durante muito tempo o seu nome original antes de se criarem termos específicos para designarem o bronze: nas línguas filhas, os derivados de *ayes- têm, de facto, os dois sentidos. Este resultado é de enorme importância histórica: implica a separação dos precursores dos Indo-Iranianos, por um lado, e a dos Latinos ou Germanos, por outro, fez-se em tempos posteriores ao Neolítico; data efectivamente do início da idade dos metais (Eneo- ou Calcolítico). Inversamente, a ignorância do ferro – cada língua tem um termo diferente – confirma o que já se verificava independentemente: os Indo-Europeus já não estavam unidos, quando no fim do II milénio se espalha a tecnologia do ferro.

Forja-se assim, em ponteado, a imagem da sociedade indo-europeia: agricultores neolíticos, larga ou essencialmente criadores de gado, que dispõem da primeira forma da tecnologia do bronze, sendo igualmente oleiros, tecelões, construtores. Tais características são comuns a um grande número de culturas, europeias ou não, do V ao II milénios. Como os primeiros povos indo-europeus aparecem já muito distintos no fim do III milénio, convém colocar a época da unidade no início do período considerado: as maiores explosões indo-europeias acontecem no V e no IV milénios. De resto, nem o anatólico, nem o tocariano dispõem de um termo aparentado com *aes* para designar o cobre ou o bronze: a sua separação com o resto dos Indo-Europeus remonta ao verdadeiro Neolítico – início do V milénio, ou mais cedo ainda.

3. O habitat

A linguística comparada sugere que os Indo-Europeus viviam em aldeias fortificadas constituídas por casas de madeira, por vezes instaladas em posições elevadas. Este último aspecto tem a ver com o sentido da palavra grega *pólis*, originalmente «fortaleza central de aglomerado, acrópole», que pode cotejar-se com as palavras, com o mesmo sentido, sânsc. *pūr*, e báltico (lit.) *pilìs*. Esta fortaleza tinha uma muralha a rodeá-la, cujo nome subsiste exactamente, tanto na forma como no sentido, no grego *teĩkhos*: isto é, *dheigh-o-s, da raiz *dheigh- «revestir» (ver atrás, p. 458), donde é igualmente tirado o sânscrito *dehî*, «muro, dique, aterro». Significando a raiz «revestir» e «amontoar terra», a muralha destas «fortalezas» neolíticas podia ser de facto um aterro – pelo menos na origem, porquanto, se se considerar, por um lado, a importância do trabalho da madeira e do papel dos carpinteiros, e, por outro lado, a substituição em data anterior, da palavra indo-europeia original, em latim, por um termo com o mesmo sentido, *mūrus*, saído verosimilmente da raiz *mey-, «enterrar, fixar», poder-se-á pensar que a muralha das *póleis indo-europeias era feita de estacas de madeira, ou de troncos, talvez revestidos de barro.

O espaço dividia-se, pois, entre um lugar humano fechado, e um exterior: é a oposição, pertinente nos Latinos, entre a *urbs*, a cidade, e o *rūs*, o campo aberto; pode ter sido uma noção já indo-europeia, porque *rūs* é aparentado com um avéstico *ravō*, «espaço livre», com o alto al. ant. *rum* (al. *Raum*), «espaço livre», com o irl. *róe*, *róo*, «espaço descoberto»: o conceito comum (expresso por **rewos*) implica uma distinção entre o que é «espaço aberto e selvagem», e o que é aglomerado, fechado, civilizado ou doméstico.

Este último espaço tinha um nome indo-europeu. Pretendeu-se (E. Benveniste, por exemplo) que não havia nome indo-europeu de «aldeia». É um erro de óptica, devido à primazia dada – em geral muito justamente – aos dados indo-iranianos, que melhor conservaram a herança linguística indo-europeia. Mas as sociedades indo-iranianas caracterizam-se por uma longa fase proto-histórica de nomadismo pastoril: os termos que significavam «aldeia estável, de casas de madeira» *vel sim.* desapareceram. As línguas ocidentais têm em contrapartida um termo apropriado: **koymo-*, donde o grego *kṍmè*, «aldeia, povoação», gót. *haims*, «aldeia» (inglês *home*, etc.), lit. *káima(s)*, «aldeia», *Kiēmas,* «aldeia, quinta». De igual modo, **woyk-* dá em indiano um termo que significa «clã» mas, nas línguas ocidentais, o sentido é «cerca, casa, aldeia», e a etimologia indica que este sentido é primeiro (v. adiante). Há portanto, de facto, nomes indo-europeus das unidades de *habitat*, recintos fechados, opostos ao espaço aberto cá de fora.

4. A sociedade

Numerosos cotejos demonstram que os Indo-Europeus concebiam a sua sociedade como uma imensa família, repartida em grupos patrilineares ligados entre si por laços genealógicos em que cada grau classificatório de profundidade temporal constituía um grau social superior ao anterior. Na base, uma «família» ampla, agnática, exógama; no topo, uma entidade «nacional», que definia o «povo», e ao nível da qual os laços de parentesco são concebidos como suficientemente longínquos para que a endogamia seja a regra.

Na mais antiga Atenas que os historiadores gregos conheciam, os grupos de bases, os *génè*, agrupam-se em fratrias, e estas ordenam-se em quatro *phulaí* («tribos»). Esta organização encontra-se mais ou menos bem documentada – por todo o lado na Grécia; na região dórica, as «tribos» são em número de três; o conjunto dos *phulaí* constitui, antes da organização topográfica da cidade histórica (*pólis*), um «povo», *éthnos*. No Irão, o *Avesta* mostra nitidamente uma hierarquia quádrupla dos níveis de lintegração social: de baixo para cima a «fanulia» (*dam-*, *nmāna-*), o clã ou aldeia (*vīs-*), a tribo (*zantu-*), a «nação» (*dahyu-*). Um vestígio de um sistema homólogo subsiste no *Ŗg-Veda*, onde um hino distingue quatro graus do laço de nascimento, oposto ao laço contratual: o laço de família, o de clã (representado pelo *veśa-*, «homem do clã», cf. o iraniano *vīs-*), o laço da tribo e o laço nacional (personificado por Aryaman, o deus dos Arya). Em Roma, as *gentēs* patrícias estão reunidas em *cūriae*, que se agrupam, antes da reforma de Servius Tullius, em três tribos, e o conjunto constitui o *populus Romanus*. Vestígios, menos completos mas nítidos, de sistemas semelhantes subsistem entre os outros Itálicos, Celtas, Germanos, Bálticos e Eslavos. Que ao nível «nacional» os grupos constitutivos do povo se tenham considerado aparentados é provado por um modelo mítico recorrente, segundo o qual todos os ramos de um povo saíram de um só homem (Hellen, filho de Deucalião, em Hesíodo, Mannus nos Germanos de Tácito, Mil na Irlanda gaética, etc.) cujos filhos são os antepassados dos três ou x componentes da «nação».

No Irão, na Índia, na Grécia, em Roma, é portanto atestada uma hierarquia a quatro níveis de organização social, que é tentador considerar como modelo original comum. O seu estudo é complicado pela contínua interferência dos conceitos genealógicos, fundados nos «laços de sangue», e dos conceitos topográficos, fundados na repartição espacial dos grupos. E. Benveniste pensava que a organização genealógica era primeira, e que as variações semânticas provinham de evoluções históricas secundárias ao longo das quais os povos indo-europeus históricos se tinham progressivamente sedentarizado. Com outros autores, fui levado a pensar (v. *infra*) que as interferências entre genealogia e topografia se manifestaram já no mais antigo sistema reconstituível.

Se a hierarquia a quatro níveis é comum – primeira ocorrência de um primado da estrutura sobre o vocabulário: veremos outras – é visível que os nomes das categorias sociais homólogas diferem consideravelmente. Há razões, postas em relevo por Benveniste, para pensar que o sistema mais próximo das origens é o do Irão. Eis um indício disso: no primeiro nível, o latim fala de *gēns*, o grego de *génos*, o iraniano de *dam-*, mas tem no terceiro nível, com *zantu-*, um termo aparentado aos dois primeiros. Ora, por um lado, o acordo do grego e do latim é apenas aparente, porque, se é verdade que as duas palavras são tiradas de uma mesma raiz, **gen-*, «gerar», do grego *génos*, neutro, equivale de facto ao latim *genus*, do qual mantém o sentido vago de «raça, descendência comum»; *gēns*, em contrapartida, composto em *-ti-*, do género animado, está assim próximo de *zantu-*; e, por outro lado, temos em germânico um termo derivado do mesmo radical, gót. *kindis*, de **genti-nos*, «governador», e al. *König*, «rei»: textualmente, «chefe da *genti-, aquele que representa a essência da *genti-»; assim se atesta no ocidente um sentido da palavra gens muito mais próximo, por aquilo que cobre, do zantu- iraniano que a gens latina.

O mesmo fenómeno – o vestígio de um termo social iraniano numa função social ocidental – encontra-se então ao nível mais baixo e, o que é notável, por uma formação idêntica da anterior: ao iraniano dam- corresponde o latino domus, «casa» no sentido de «dar, habitat familiar», cujo chefe é o dominus: de *domi-no-s, com este sufixo -no- que forma o nome do «rei» germânico, e praticamente só se encontra além daqui em nomes de divindades (romanas: Neptūnus, Quirīnus, Portūnus; germânicas: ex. Wotan, de *Wōtha-na-z; gregas: ex. Selēnē). Estas observações sugerem que a antiga organização indo-europeia era fundada em grandes famílias que habitavam em conjunto, e cujo chefe, representante, era o *dominos; a julgar pelos modelos fornecidos pelas grandes famílias indiana (a sapiṇḍa), irlandesa (derbfine), galesa (gwely), entre as quais se assinalaram traços comuns notáveis, essa entidade social cobre quatro gerações que remontam a um antepassado comum. A dissociação destas grandes famílias nas culturas itálicas fez deslizar o sentido de domus para o de «morada de um grupo familiar restrito», tirando então o grupo agnático amplo o seu nome de terceiro nível, *genti-, que tinha precisamente a vantagem – contrariamente aos termos domus, cūria, vicus – de marcar fortemente a comunidade genealógica.

No segundo nível, o indo-europeu viš-, «clã», tem como parentes o latim vicus, «burgo», depois «bairro de uma cidade», o grego oîkos, «grupo familiar», depois «estabelecimento familiar, domínio, casa», o gótico weihs, «aldeia, domínio», o eslavo antigo vĭsĭ, «aldeia». Também aqui a um termo oriental de conteúdo social corresponde um termo ocidental que se aplica a uma função: ao lado de vīs-, o avéstico tem vīs-paitis, «chefe de clã», o védico tem igualmente viś-páti, e o lituano tem (apenas) véš-pats, «chefe de clã», donde, «senhor».

Reconstitui-se, portanto, facilmente uma lista de três níveis sociais hierarquizados, *dom-, *woyk-, *genti-, cada um deles acompanhado de um chefe, ou representante, *potis, cuja lista se conserva integralmente, também neste caso, em avéstico (nomes em -paiti-), e se encontra dispersa em outras línguas indo-europeias (na base av. dəmana-paiti-, véd. dám pati, gr. des-pótes; no segundo nível, os termos indo-iranianos e lituano citados); no terceiro, o nome germânico do «rei», tal como no primeiro o termo latino, substitui o substantivo *potis por um sufixo *-no- de idêntica significação.

No quarto e mais alto nível, em contrapartida, os nomes variam consideralvelmente entre as línguas: populus é itálico (latim, úmbrio, falisco) e de etimologia obscura; *dahyu* é um termo indo-iraniano, de etimologia igualmente obscura; *éthnos* liga-se à raiz **swedh-* (*infra*): esta palavra, e outras, significam qualquer coisa como «os nossos».

Nota-se que as palavras e formas orientais têm correspondentes ocidentais, ao passo que o inverso não é verdadeiro (as formações em **-no-*, os termos *tribus, cūria, phulè*, e toda a família do osco *touto*, úmbrio *tota*, irlandês *tuath*, alto al. ant. *deot*, «tribo, cidade, povo», não têm correspondentes indo-iranianos), o que indica a importância da renovação do vocabulário nas línguas ocidentais, isto é, inversamente, o conservantismo do indo-iraniano; e que a origem topográfica dos nomes dos dois primeiros níveis é mais do que verosímil. Benveniste assinalou a diferença entre os sentidos do latim *domus*, «casa» como lugar social, como o indo-iraniano **dam-*, e do grego *dómos*, «casa» como edifício, com *oikodómos* «aquele que constrói a casa», e o derivado germânico **dem-ro-*, do inglês *timber*, «madeira de construção», e do alemão *Zimmer*, «madeiramento», depois «quarto». Entretanto, em todo o lado a «casa» tal como o «lar» (**domu-*, em lat. *domus*, est. ant. *domŭ*, tema em *-u-* que se encontra nos compostos védico *damū-naḥ*, «doméstico», arm. *tanu-tēr*, «dono de casa») inclui sempre, explicitamente, um aspecto topográfico: é um *lugar* social, uma entidade sociológica inscrita num espaço. É lícito pensar que **domu-* é um derivado de uma raiz **dem-*, «construir», cujo sentido se conservou em grego e germânico. – Do mesmo modo, **weik-*, **woiko-*, tem em toda a parte, excepto em indo-iraniano, um sentido topográfico. O grego *oîkos* tem, desde os textos mais antigos, os dois empregos, correlativamente, genealógico e topográfico, e as palavras aparentadas (p. 462) são sobretudo topográficos. Generalidade que se explicaria mal, se o sentido original fosse apenas social, e se a raiz fosse apenas «homófona» de **weik-*, «penetrar». De facto, é legítimo considerar que as «famílias» indo-europeias, de quatro gerações, habitavam em moradas, **domu-*, cujo nome adoptaram, e que identicamente os grupos de famílias, os clãs, habitavam em conjunto num recinto fechado, num local reservado onde se penetrava, **woikos*, noção material donde foi secundariamente tirado um sentido social.

Estas observações não modificam o ponto de vista de conjunto de Benveniste, quanto aos «quatro círculos da pertença social» nos Indo-Europeus «clássicos». Os termos, sejam eles de origem topográfica, **domu-*, **woikos*, ou de origem biológica, **genti-*, aplicavam-se a um sistema social hierarquizado cujos valores apagavam parcialmente os sentidos etimológicos.

Vários povos indo-europeus conceberam idealmente a sua «nação» como formada de um número restrito de «tribos» correspondendo às «três funções» simbólicas descobertas por Georges Dumézil: Rómulo divide a primeira população romana em 30 cúrias e três tribos, formando os seus companheiros (dele, o rei fundador) os Ramnēs, os do seu aliado, o chefe militar etrusco Lucumon, os Lucerēs, e os Sabinos conduzidos por Tatius, o rico, o ex-corruptor, os Titiēnsēs; classificação que se revela também na série dos três grandes grupos germânicos de Tácito (Erminones, Istraevones, Inguaevones), nas quatro (antigamente três) tribos jónicas, talvez nas três tribos dóricas, sem dúvida também na tradição cita. Estas divisões estão habitualmente ligadas ao mito de fundação da sociedade considerada (é o que sucede nos Romanos, nos Germanos, nos Citas) e devem ser antigas: a tripartição funcional, que enforma tudo no pensamento indo-europeu, permitiu classificar e diferenciar como conjunto coerente as componentes da nação; trata-se, de facto, de referências ideais: não se concluirá daí que o antigo «povo» indo-europeu se dividia *realmente* numa tribo de reis e sacerdotes, numa de guerreiros e numa de produtores! Trata-se de outra coisa!

Um grande número de tradições históricas, de lendas, de elementos jurídicos de diversas fontes mostra a solidariedade da «família» e dos outros níveis. Varia conforme as questões. Muito em geral, para não entrar em discussões de pormenor, podem atribuir-se à unidade de habitat de base – isto é, quer ao nível da «família» e da «casa» (*domu-*), quer ao nível do «clã» e da «cerca» (*woykos*) – os caracteres seguintes:

- a noção de comunidade agnática patrilinear, patrilocal, exógama;
- a propriedade colectiva da terra e (ou) dos rebanhos;
- um *habitat* agrupado, uma «cerca» de clã que forma sem dúvida uma «aldeia» ou «casal»;
- um lugar de sepultura comum, que subsiste (em estado de vestígios) mesmo nas civilizações urbanas de Itália e da Grécia antigas;
- um chefe, ou representante, responsável (*-potis*), cuja função devia assemelhar-se à do *pater familiās* romano;
- cultos, festas comuns (*sacra gentilitia*, em Roma; cultos dos génȩ̄, bem atestados na Grécia), que se encontram de facto nos quatro níveis;
- uma solidariedade jurídica, atestada particularmente na prática da vindicta;
- uma cooperação militar: os membros do clã e da família vão para o combate em conjunto, quando se trata de expedições, de guerra, envolvendo todos os homens do «povo» considerado (v. adiante);
- uma genealogia mítica comum: as famílias germânicas, gregas, iranianas, indianas têm nomes que significam «os descendentes de x»;

– uma unidade social, que põe o grupo como *alter ego* dos grupos semelhantes, e permite relações de troca com estes: casamentos, hospitalidade, ofertas e contra-ofertas, adopção, «*fosterage*» (tutela), pedagogia militar. Voltaremos de novo a abordar os mais importantes destes pontos.

5. *A família*
Termos e sistema de parentesco. – Os termos de parentesco constituem uma das séries mais pertinentes da linguística comparada indo-europeia. O seu estudo, depois do trabalho fundamental de B. Delbrück em 1889, permitiu numerosas constatações.

Em primeiro lugar, é patente que os termos de parentesco atrás citados designam *situações sociais* e não relações biológicas: são termos classificatórios. É o sentido dos termos indianos antigos: *mātar, pităr, bhrătar*, e este sentido é extensível ao estado pré-histórico das outras línguas indo-europeias. Por exemplo, em todas elas, *patēr designa uma autoridade familiar – portanto uma função de ordem política –, como o testemunham o latim *pater familiās*, e o nome do «Céu-Pai» em latim, úmbrio, ilírio (do Epiro), grego, védico. É por isso que o nome desse pai soberano sofreu a concorrência de uma outra forma que se aplica ao pai próximo da criança, genitor ou alimentador: *atta, termo atestado sob esta forma em hitita, latim, grego, gótico, e em eslavo antigo no derivado *otĭcĭ*.

Verifica-se sem dificuldade que sucede o mesmo com os nomes da «mãe» (a «Terra-Mãe» védica é a mulher do «Céu-Pai», e na Grécia *Dēmētēr* teve Korè-Perséphone de *Zeús Patēr*) e do «irmão»: o grego *phrāter* designa não os filhos de meu pai e/ou de minha mãe, mas os membros de minha fratria. Não se trata aqui de uma inovação do grego: não apenas *bhrāter designa em outras línguas uma relação social (sânsc. *bhratăr*, e cf. os *Frātres Arvales* em Roma, os *Frātres Atiedii* úmbrios), mas o grego, o latim, o iraniano sentiram a necessidade de criar termos novos para designar o «irmão de sangue» (*adelphós, frater germānus...*). Fenómeno idêntico para o nome da «irmã»: o grego diz *adelphē*, «irmã de sangue», ao passo que o indo-europeu *swesor só subsiste na palavra de dicionário *éor*, que Hesychios traduz por «filha, primo, parentes» – sentido vago que corresponde ao apagamento do sentido original, quando as formas sociais que lhe correspondiam desapareceram.

São, portanto, *patér todos os membros masculinos da família da geração do pai real, as *mātér são as esposas dos anteriores, os *bhrāter são todos seus filhos, as *swesor são suas filhas. Em todos os povos indo-europeus históricos, com a excepção, ambígua, dos Lícios e dos Pictos, e na imensa maioria das suas tradições, a filiação é patrilinear. Os factos de língua, tanto no indo-europeu «clássico» como no indo-europeu «antigo», adaptam-se a isso. Uma *mātér é, portanto, uma mulher saída de uma outra família, onde era uma *swesor – como indica a etimologia (p. 450).

Apenas com algumas hesitações, os termos de parentesco são todos reconstituíveis (P. Friedrich, 1966):

I – Consanguíneos (os números entre parêntesis indicam o número de línguas que se conciliam para uma dada significação):

pətrwos	pātér	mātér	awyos
«irmão do pai» (5)	«pai» (9)	«mãe» (11)	«irmão da mãe» (3)
			«pai» da mãe» (2)
bhrāter			swesor
«irmão» (10)			«irmã» (10)
	swənus	dhug(h)əter	nepot-
	«filho» (7)	«filha» (9)	«neto» (4)
			«filho da irmã» (2)
			«Sobrinho» (4)

II – Aliados
Os termos aqui são menos bem atestados. Reteremos:

	*swekuros «pai do marido» (9)		*swekrus «mãe do marido» (6)		
gəlous «irmã do marido» (5)	ynəter «mulher do irmão do marido» (7)	daiwer «irmão do marido» (7)	potis «marido» (= «dono») (6)	uk(s)-? «esposa» (2)	genər «esposo da irmã ou da filha» (8)

Notar-se-á o completo predomínio dos termos patrilaterais; e a patrilocalidade também está aqui implicada: a mulher, que deixa a sua família para se estabelecer numa outra, tem de utilizar termos para designar o pai, a mãe, o irmão, a irmã não casada, as mulheres dos irmãos, do seu marido. A recíproca não existe.

Alguns termos levantam problemas interessantes. O facto de o sentido de *awyos variar entre «irmão da mãe» e «pai da mãe», e de *nepot- ter igualmente um sentido diferente, «neto» ou «filho da irmã e/ou do irmão», casos aos quais se juntará a ambiguidade do sentido de *genər, tudo isso dá lugar a diversas interpretações. Benveniste avançava uma hipótese fundada no casamento preferencial dos primos cruzados entre metades exogâmicas. Mas tais instituições não são de modo nenhum atestadas nos Indo-Europeus, mesmo no estado de marcas lendárias ou de vestígios linguísticos e, em todo o caso, tal hipótese não explicaria realmente os deslizes de sentido observados. Autores anglo-saxões (P. Friedrich, F.J.F. Wordick, H.Ph. Gates) propuseram uma outra interpretação: a confusão dos aliados masculinos, tanto do lado da mulher (o seu pai, o seu irmão = *awyos), como do lado da irmã e da filha (dadas a outras famílias), caracteriza o vocabulário do parentesco dos tipos de famílias classificados por etnólogos na categoria «Omaha» (do nome de uma tribo siú onde esta organização social foi inicialmente posta em relevo). Trata-se de grandes famílias («clã») unilineares (patrilineares neste caso; existem versões matrilineares: são catalogadas no «tipo Crown», do nome de outra tribo siú), onde o casamento é proibido dentro do clã paterno, e muitas vezes também dentro do clã donde saiu a mãe (é o oposto do casamento com a prima cruzada!), mas livre com as outras famílias; em nome desta «liberdade» estrutural, as organizações Crown-Omaha pertencem ao tipo «complexo» do parentesco (C. Lévi-Strauss), onde formam o primeiro nível, ainda (?) próximo das «estruturas elementares». É notável que esta organização seja a de povos da América do Norte e dos povos turco-mongóis, cujos modos de vida são, sob certos aspectos, próximos do que devia ser o dos antigos Indo-Europeus.

Finalmente, outros autores (R.S.P. Beekes, J. Bremmer) criticam a noção de «sistema Omaha» aqui aplicada, quer porque contestam a sua pertinência mesmo ao nível teórico geral, quer porque sublinham o desacordo de certos dados com esta interpretação: a mais antiga atestação do *awyos é o hitita ḫuḫḫaš, cujo o sentido é, globalmente, «avós», sem distinção de famílias. Referindo-se à instituição da «fosterage» (tutela), pela qual um rapaz é educado numa outra família que não a sua, e, muito particularmente, naquela donde saiu a sua mãe, instituição atestada na região céltica (a palavra vem do verbo irlandês fostra, «ser pai educador e alimentador») e, parcialmente ou em estado de meros vestígios, na maioria dos povos indo-europeus, eles sugerem que *awyos e seus derivados (lat. avunculus, etc.) se aplicam aos homens com quem a criança tem uma relação afectiva (o pai de seu pai, o pai de sua mãe, o irmão de sua mãe), de protecção, de cumplicidade, por oposição com a relação de autoridade e de submissão que o liga ao seu verdadeiro pai. *Nepot- é o termo de sentido complementar e inverso.

A interpretação é sedutora, mas pouco convincente: o avunculado, a relação específica entre a criança e o seu tio materno, bem descrito por Tácito entre os Germanos, e que Bremmer aproxima de outros dados, não é de natureza afectiva e protectora, de facto, a não ser na medida em que é acompanhado de uma relação de educação – ao contrário do que, o pai em «*fosterage*» (tutela) é o exacto equivalente, quanto à autoridade, do pai real. Mas deixaremos aqui este debate aberto, sublinhando apenas que a interpretação «Omaha», que deixa no ar a ideia de antigas «estruturas elementares» em transformação, é bastante satisfatória.

Os outros e as mulheres. – Um aspecto notável das relações entre famílias é a felicidade com que se passa de uma relação de «amizade» a uma de hostilidade. No conjunto do domínio indo-europeu, oposições de sentido atestam o fenómeno:

- **ghosti-* designava o «hóspede», sentido conservado em germânico (gót. *gasts*), mas em latim *hostis* tornou-se a denominação do «inimigo», e foi preciso criar para «hóspede» uma nova palavra, aliás derivada da primeira, *hospes*;
- o termo que designa o nível «nacional» em iraniano, *dahyu*, tem como correspondente indiano o sânsc. *dásyu*: mas a palavra significa «escravo estrangeiro». A raiz, **das-*, devia significar «homem»: quer «os nossos», quer «os da frente»:
- esta ambivalência é a de uma palavra védica corrente, *arí-*. É a raiz do nome que a si próprios davam os Indo-Iranianos, *Arya*. Ora, ela tem, nos hinos, as significações contraditórias (para nós) de «inimigo» e de «amigo». Das discussões sobre este ponto (P. Thieme, Benveniste, Dumézil), conclui-se que *arí* designa o «homem do meu próprio povo», que pode portanto ser o «amigo», o «aliado», mas também o «hóspede», e o «rival», o «inimigo»;
- mesmo o sânscrito *bhrātr̥vya-*, «sobrinho, filho de irmão», assume por vezes o sentido de «rival, inimigo», e em afegão, *tarbur*, etimologicamente «filho do irmão do pai», significa, ao mesmo tempo, «rival, inimigo».

Assim, seja em que grau de relações sociais nos coloquemos, no da humanidade (*dahyu/dásyu*), do povo (*arí*), das tribos ou cidades que compõem o povo (**ghosti-*), ou do próprio grupo familiar patriarcal, toda a relação entre os homens comporta duas faces, de cooperação e de hostilidade. Esta constante, esta recorrência das ambivalências semânticas denotam o carácter masculino, guerreiro, da sociedade indo-europeia, onde as relações entre linhagens são as de homens rivais.

Muitos outros factos atestam o domínio masculino. Se o marido é *potis*, «senhor», a esposa não tem nome comum simétrico; o feminino *potni-*, derivado do anterior, aplica-se primeiro a uma figura divina (grego *Pótnia*, sânsc. *pátnī-*), e só indirectamente designa a «esposa» (com um determinativo que precisa o sentido, em sânscrito; como companheira do dono da casa, *viešpatni*, em lituano antigo). Um homem é, portanto, ao mesmo tempo *potis* de sua mulher, *patēr* de seus filhos, eventualmente *-potis* da sua família, do seu clã, da sua tribo, do seu povo: todas estas funções de autoridade.

De resto, um homem, um chefe pelo menos, pode ter várias mulheres: a poligenia entre os Persas, na realeza védica, na Grécia arcaica, nos Germanos continentais e escandinavos, na Rússia antiga, entre os Celtas. A poliandria, pelo contrário, está ausente: todas as menções que dela são feitas são de ordem mitológica (na Irlanda, a poliandria das rainhas lendárias simboliza os casamentos sagrados dos reis da Terra), ou têm a ver com incompreensões e calúnias da parte de autores de um certo povo em relação a outro. A poligamia masculina parece ter sido de tal modo corrente que há um termo indo-europeu para «concubina»: irl. ant. *airech*, arm. *harč* (saído de *pargya*), «concubina», av. *pairika*, «mágica, prostituta» (o avéstico é uma língua religiosa: a concubina é concebida como uma espécie de demónio), e cf. o grego *parákoitos*, «esposa».

Foi também observado que existe um nome indo-europeu da «viúva», e não do «viúvo» (isto é, *widh(e)wa*). Porquê tal dissimetria? Por um lado, um homem renova as suas mulheres, nunca fica «privado» de mulher (*widh(e)wa* vem verosimilmente da raiz *weidh-*, «ter falta de»), ao passo que a morte de um homem torna várias mulheres viúvas. Por outro lado, dois costumes, cruéis a nosso ver, justificam a diferença em questão: a eliminação dos velhos, voluntária, foi praticada por um número suficiente de povos indo-europeus de cultura arcaica (Citas, Germanos como os Hérulos, e antigos Escadinavos, Cantábricos – população mais ou menos celtizada da Espanha – e Gregos, pelo menos na ilha de Quios...), para que possa ser atribuída à mais antiga camada cultural comum; de facto, é uma desonra, para os Citas e para os Hérulos, morrer de velhice, na decadência física, depois ultrapassada a idade dos combates e a do prestígio dos «Anciãos», senhores das famílias e dos clãs. Compreende-se então que não haja «viúvos»: um homem morre antes de sua mulher. E esta permanece. Há, pois, um «problema» das viúvas, que foi resolvido de três maneiras – consistindo todas elas em reservar a esposa ao homem e à família a quem ela tinha sido dada: permanece viúva (é o que acontece na Grécia, na Germânia...), volta a casar-se dentro da família de seu marido (Roma, Índia antiga por vezes) e sobretudo – é o segundo costume ao qual aludia atrás – é morta, ou mata-se, sobre a sepultura de seu marido; tal costume, conhecido sob o nome de *sati* na Índia (onde foi praticado até as autoridades britânicas o proibirem, no século XIX), é atestado nos antigos Celtas (em massa!), nos antigos Escandinavos, nos Germanos Hérulos também, na Grécia (em algumas tradições), nos antigos Eslavos, no Irão (pelo menos na aristocracia), nos Trácitos Crestonianos. É, de resto, nas sociedades em que o estatuto da mulher é relativamente menos baixo que o habitual (Celtas, Germanos) que o costume é melhor atestado, porque a motivação apresentada é sempre a «honra» que leva a mulher a não sobreviver ao seu marido. Pense-se nas mulheres de Esparta, tão altivas que espantavam os Atenienses: preferiam ver o seu marido ou o seu filho voltar morto que vencido, a tal ponto a dominação masculina era uma evidência integrada.

III. – AS INSTITUIÇÕES

1. A realeza

As sociedades indo-europeias tinham à sua cabeça uma personagem que temos tanto fundamento para lhe chamar um «rei» quanto o termo aqui utilizado provém directamente da palavra indo-europeia: o *rēx* latino, o **rig* céltico (irl. *rí*, gaulês, por exemplo, *Vercingeto-rix*; donde germ. *Reich*, etc.), o *rǎjan* indiano, e talvez o nome (título?) real trácio *Rhêsos*, designam, para o indo-europeu «clássico» (o termo é ignorado no anatólico e no tocariano), um estatuto oficial de soberano, denominado **rēg-*. Sob outros nomes, os Gregos, os Germanos, os povos iranianos... conheceram instituições cujos traços se adaptam sem dificuldade àquilo que se reconstitui, por comparação, do estatuto dos **rēg-* suscitados. O arcaísmo do parentesco indo-ítalo-céltico aponta a antiguidade e a generalidade da instituição: a soberania sob forma de realeza é, portanto, o facto primário entre os Indo-Europeus; as soberanias que explodem numa oligarquia ou numa democracia têm a ver com evoluções particulares posteriores.

A etimologia indica o papel central deste soberano: **rēg-* é a raiz do latim *rēctus*, «direito» (adj.), al. *recht*, «id.», latim *regiō*, «região» (originalmente: «ponto atingido quando nos dirigimos em linha recta»). O rei é, pois, o homem que determina o que é recto – ou seja, o direito, a regra, a rectidão –, no que se refere à justiça, à verdade, à exactidão ritual; o persa antigo *rāsta* qualifica a «via» que o fiel deve seguir; o latim *regere fines* designa o acto do sacerdote que delimita um santuário ou uma cidade.

O rei indo-europeu não é, portanto, o homem que «comanda», mas o que «regulariza», «rectifica» o mundo: função de índole religiosa. Com efeito, aquilo que é possível reconstituir da realeza primitiva comum desemboca na imagem de um poder simbólico, muito limitado nas suas possibilidades de acção, mas necessário ao bom andamento da sociedade.

O *rǎjan*, o *rí*, o *rēx* não são, de início, mais que uma metade de um par, sendo a outra o sacerdote: o brâmane que serve de capelão, o druida, o *flāmen diālis*, são o companheiro indispensável do rei, um «garantindo [o outro] contra os riscos mágico-religiosos inerentes ao exercício da função real, o primeiro mantendo, exaltando o segundo como igual ou superior a si próprio» (Dumézil). O sacerdote fala antes do rei: sob muitos aspectos – voltaremos a isso – o grande sacerdote é superior ao rei, mas este é o «centro» simbólico da nação.

O rei saiu do grupo dos guerreiros: a Índia afirma-o, fazendo do *rǎjan* o símbolo dos *kṣatriya* e da «segunda função» indo-europeia. A noção é generalizável, por um lado, porque se verifica noutros lugares, muitas vezes segundo tradições, por outro, em virtude da natureza sociológica dos povos indo-europeus, entre os quais o prestígio e o poder reais pertencem a uma «aristocracia» voltada para a guerra. Reconhece-se, graças às sociedades mais conservadoras (Irlanda, Germanos, Índia antiga), e à existência de testemunhos tradicionais na Grécia, em Roma, no Irão..., que a realeza é colectiva: o sucessor do rei é preferencialmente um dos seus parentes, mas não prevalece nenhuma «linha directa». Os senhores efectivos das tribos «conselho dos Antigos» e «assembleia do povo (= dos guerreiros)» – eram livres de escolher o irmão do rei defunto, ou o seu filho, ou o seu sobrinho. Sem dúvida que a mudança de dinastia também não levantava grandes problemas, desde que um rei, pelo número de catástrofes naturais ou humanas acontecidas sob o seu reinado, tivesse demonstrado claramente o seu desfavor junto dos deuses.

A entronização compreendia vários ritos, alguns dos quais são reconstituíveis. Insiste primeiramente no facto de que, soberano de toda a nação, o rei é intermediário (passivo) entre a transcendência e a humanidade – é o que acontece no «casamento sacro» – e também, necessariamente, síntese das «três funções» nas quais se analisam a sociedade e o universo (a seguir, pp. 500-507). O rei do Leinster (sudeste da Irlanda) recebia então uma camisa de seda, uma lança, um sapato cheio de dinheiro. A camisa, sabemos nós através de outros textos gaélicos, é branca: é o hábito dos druidas; os três objectos simbolizam, portanto, a primeira função (religião), a segunda (guerra) e a terceira (riqueza). A este rito, a Índia oferece um paralelo exacto, e a mitologia cita adianta que o primeiro rei foi o único de três irmãos que foi capaz de apoderar-se de quatro objectos que representavam as três funções.

A entronização inclui ainda uma proclamação solene, por meio de um porta-voz qualificado, ou pelo conjunto da comunidade – são ainda a Índia e a Irlanda que o atestam. O bastão que lhe é entregue como símbolo de autoridade, o ceptro, é conhecido em Roma, na Grécia, na Irlanda, na Índia, nos Germanos. O rei toma igualmente posse de um assento, cuja natureza simbólica não é indiferente – é uma pedra, no país celta, e, no palácio micénico de Pylos, é o único «móvel» de pedra, embutido na parede do edifício: porque assim enraíza o rei na Terra, põe-no em comunicação com as forças ctónicas, e confirma, por um formidável ordálio, a aceitação do rei humano por parte das potências divinas: a pedra de Fâl, em Tara, capital antiga da Irlanda, devia ranger de cada vez que um novo rei se sentava sobre ela. A hierogamia (casamento sacro) é um rito paralelo: o rei desposa a Terra, representada, nos mitos e nos factos, por sua mulher (lat. *rēgīna*, véd. *rā́jñī-*, irl. *rigain*: notar o parentesco, e portanto o arcaísmo, da sufixação). A rainha é uma personagem religiosa essencial: constituindo par com seu marido, leva a cabo cerimónias religiosas requeridas pelo seu ofício de representante das forças ctónicas e produtivas.

Síntese das três funções, o rei exprime analiticamente cada uma delas. Em primeiro lugar, a primeira. O domínio da magia, da religião e da soberania constitui, no pensamento indo-europeu, um registo específico, posto aos outros dois. Antigo guerreiro ligado doravante à esfera mágico-religiosa, o rei é parcialmente sacerdote: sacrifica – os Aqueménidas a Ahura Mazdã e ao Sol, os reis de Esparta aos dois Zeus de que são servos ou aos deuses protectores do exército, Zeus Hègètōr, Atena, os Dióscuros. As genealogias, como Evans-Pritchard mostrou nos Nuers, servem, uma vez manipuladas, para ligar noções que a história (recente) leva a aproximar. Os Indo-Europeus não escapam à regra, e os poetas, os «historiadores», os sábios (o grego *historia* deriva de **wid-tor-*, «aquele cujo o ofício é saber») fabricavam, para os reis, genealogias dignas da sua situação: descendem dos deuses soberanos (Agamémnon ou dos reis de Esparta de Zeus, Conchobar do grande deus Lug, os reis germânicos de Oðinn ou de Wotan...).

Uma das suas funções essenciais era o exercício da justiça: ceptro na mão, o rei diz, faz, restabelece o direito. Função perigosa esta: o mau julgamento perturba toda a sociedade e a ordem do mundo – os Irlandeses e Hesíodo estão de acordo neste aspecto. Em contrapartida, o julgamento justo que o rei faz, depois de ter ouvido a opinião do sacerdote, e eventualmente as dos anciãos e a *vox populi*, é a expressão da Verdade – noção fundamental, atestada igualmente pelos textos iranianos, indianos, gregos e irlandeses.

Seguidamente, a segunda. Os Plateenses, que combateram os Persas ao lado dos Atenienses, ignoravam sem dúvida o parentesco que unia a simbólica da sua soberania à dos seus adversários. Porque, sabendo que o vermelho é a cor da guerra, e o branco a cor do clero, o rei aqueménida, exprimindo as duas funções superiores, usava uma túnica púrpura decorada com barras brancas, e o seu toucado exprimia a mesma simbologia (segundo o historiador Curtius Rufas); o arconte de Plateias, por seu turno, herdeiro da antiga realeza helénica local, traz sempre uma veste branca, excepto um dia por ano, em que reveste um manto vermelho, para honrar os soldados caídos em Maratona (diz Plutarco): a etiologia historicizante não deve iludir-se quanto ao arcaísmo do simbolismo que assim se exprime.

Finalmente, a terceira. O rei indo-europeu não devia ser um produtor, tal como também não era um guerreiro. Os interditos do rei irlandês envolvem o amanho das terras, a criação dos porcos, o trabalho manual, e os reis romanos, gregos, germânicos, iranianos e indianos também não eram trabalhadores. No entanto, reclama-se deles que promovam a fecundidade universal, que façam chover, que as colheitas e as ninhadas sejam abundantes sob o seu reinado. Nas lendas germânicas, e eslavas, gregas e frígias o rei amanha a terra: acção ritual, limitada a um dia e a um lugar, mas cuja utilidade inteiramente mística é a de inaugurar o ciclo agrícola e impulsionar a produtividade natural. Trata-se de uma ambiguidade análoga à que se exprime entre, por um lado, o casamento do rei com a Terra, ou a sua instalação sobre uma pedra, e, por outro, a proibição que lhe é feita, permanentemente para o rei aqueménida, em certos rituais noutros lados, de tocar o solo.

Para bem desempenhar este papel de senhor da fecundidade, o rei indo-europeu devia ser um homem na força da idade. Numerosas tradições indicam que, velho e enfraquecido, ele é afastado – morto, sem dúvida, como os velhos em geral. O rei lendário Aun, na Suécia, sacrifica, aos sessenta anos, o seu filho a Oðinn, e consegue mais algumas décadas ao sacrificar um filho de dez anos; mas trata-se menos de prolongar a vida que a excelência da saúde: se Alceste, num mito grego célebre, aceita matar-se para prolongar a vida de seu marido, o que Feres, pai de Admeto rejeita, é porque só um ser jovem e cheio de vida pode prolongar o vigor do rei. Porque a harmonia do mundo depende do seu estado físico. Em várias culturas antigas, más colheitas, ou derrotas repetidas, denunciam o mau rei. Por uma razão ou por outra, o laço místico que o ligava às potências divinas foi ferido, ou quebrado. O enfraquecimento físico é uma dessas razões, bem patente. A perda da integridade corporal é outra: um zarolho, um maneta, não podem reinar; entre os Francos, bastou um determinado Merovíngio cortar os cabelos dos filhos do seu rival para lhes impedir para sempre o acesso à realeza; a mesma concepção existia na Irlanda.

Uma outra causa é a quebra dos interditos. Distinguem-se vários. Vimos que o rei não pode ser produtor autêntico. De igual modo, se saiu dentre os guerreiros, distingue-se completamente deles doravante, nos seus actos e nos seus gestos. À rapidez própria do guerreiro opõe-se a gravidade da postura real: um rei nunca corre – os Gregos, o Irão, Roma estão de acordo quanto a este ponto. E como ele representa a sociedade, pô-lo em perigo é colocar a nação perante um grave risco. Por isso, não tem o direito, em certos povos, de sair do território a que, pelo seu casamento, está simbolicamente ligado; se apesar de tudo o faz, é em caso de guerra geral, quando toda a nação está nela empenhada: então, sacerdotes, vítimas sacrificiais, guarda particular, acompanham-no; sacrifica aos deuses ao atravessar a fronteira – à ida, pelo menos, em Esparta; à ida e à volta, no Irão. Não combate: assiste, do alto de uma elevação, à batalha – recordem-se os casos de Xerxes, Dario III, espectadores de batalhas em que muito estava em jogo; e, se Dario III foge diante de Alexandre, é para salvaguardar a integridade da realeza iraniana (G. Widengren). – São, no entanto, de notar interessantes lendas gregas, de aspecto muito arcaico, estudadas por Francis Vian, nas quais o rei, numa situação perigosa, se sacrifica e morre para vitória da sua cidade.

Em campanha, em todo o caso, o rei é bem protegido. Rómulo tem como companheiros os 300 Celeres, o rei de Esparta avança na companhia dos 300 «Cavaleiros» (*Hippeis*), e também dos jovens, o rei aquemánida tem uma guarda de 365 jovens vestidos de vermelho, e o rei lendário de Ulster Conchobar é acompanhado de 365 jovens: estas correspondências contam-se entre as mais notáveis da tradição indo-europeia. – Mas o rei beneficia igualmente de uma protecção «mais chegada»: os Hippeis que foram vencedores olímpicos mantêm-se no combate imediatamente à frente do rei; o *rí* irlandês, modesto soberano de um *tuath*, só tem direito, nos termos da lei, a quatro guarda-costas, um de cada lado. Finalmente, várias tradições (irlandesas, germânicas, gregas, e em certa medida latinas e medievais) atribuem ao rei um «campeão», um combatente que lhe está especialmente ligado e deve cumprir certas missões perigosas. Marca-se aqui o afastamento do rei relativamente às coisas guerreiras: a energia, o «calor» furioso desenvolvidos pelo campeão são tais, quando desempenhou a sua missão, que o seu regresso é perigoso para o soberano: o célebre rei-jurista irlandês Cormac perdeu um olho nessa situação, e Euristeu esconde-se num *píthos* quando Héracles regressa trazendo o javali de Erimanto. – Em contrapartida, uma personagem do género do «chefe de guerra», como o *lawagétas* micénico, para o qual L.R. Palmer procurou correspondentes indo-europeus, não parece primitivo: é já testemunho de uma estatização da coisa militar, que não pode aplicar-se à altiva independência dos guerreiros indo-europeus.

Os lugares onde o rei oficia são diversos. No cume de uma colina (tais são os palácios micénicos e irlandeses), está próximo dos deuses; em contrapartida, é sob uma árvore que é eleito (Irlanda) ou administra a justiça (Germanos: o carvalho de Luís IX em Vincennes inscreve-se numa tradição muito arcaica!). O local essencial é, sem dúvida, a grande sala rectangular do palácio. Pode tratar-se de uma construção muito simples, como a primeira *Régia* romana, ou como os edifícios de madeira de Tara: pouco importa, a sua importância é simbólica. A violência está dele excluída: por isso é, além do mais, um lugar de asilo. O aposento principal do palácio é, pois, a grande «sala do trono» rectangular, o *mégaron* micénico, o Midchuarta de Tara, o Apadana dos palácios aquemánidas, o *hall* das mansões dos chefes dos Germanos e Escandinavos antigos, os *mégara* de

Tróia, de Lícia, de Górdion (antiga capital dos Frígios); geralmente, tem apenas uma porta e não tem janelas; a lareira central é largamente atestada, e essencial; o fumo sai por uma abertura feita no tecto. Pode haver ou não colunas para suster o tecto. A sua utilidade principal é clara: é uma sala de banquete, onde o rei recebe faustosamente os seus hóspedes – os membros do seu grupo social, os sacerdotes e os guerreiros. Porque o rei é fornecedor de alimentação: é uma das suas prestações essenciais a de poder satisfazer as necessidades alimentares do hóspede, do refugiado, do poeta, dos sacerdotes, e mesmo dos infelizes arruinados por uma catástrofe natural. Um símbolo recorrente nos mitos é o do caldeirão inesgotável onde o rei mítico, ou o deus soberano, vai buscar com que manter sem cessar – ou mesmo renovar – a vida. Os reis gauleses do século II antes da nossa era davam exemplos efectivos prodigiosos desta disponibilidade.

Porque o rei é – tem de ser – rico: em troca da regularidade que imprime um funcionamento da sociedade, e da medição que opera entre os deuses e os homens, importa que estes últimos ocorram, e largamente, às suas necessidades; além de estar bem provido em terras e rebanhos (que escolheu inicialmente dentre os mais ricos dos senhores dos clãs), recebe dons e tributos voluntários; na guerra, recebe uma larga parte dos despojos: um terço em Esparta, e sabe-se o peso social desta honra, deste *géras*, na *Ilíada*. O rei está assim no centro de uma rede de prestações e contra-prestações que é também uma engrenagem essencial das antigas sociedades indo-europeias. Não sendo mais um produtor que um guerreiro ou um sacerdote é, no entanto, um rico (a palavra francesa vem do termo germânico saído do céltico *rix*!), vestindo-se de branco e de vermelho: as três funções que resume em si não são «sociais», mas sim simbólicas, teóricas, abstractas.

A organização do poder que aqui se discerne está mais próxima de numerosos povos da África negra, por exemplo, que das instituições da Antiguidade. O rei é controlado, pelo sacerdote que «fala diante dele», e pelo seus mandantes, que contribuíram para a sua eleição e espreitam as suas falhas, para eventualmente o substituírem: algumas tradições sobre períodos de reinado de sete ou de nove anos permitem mesmo pensar que os reis podiam ser eleitos apenas para uma determinada duração, podendo ser-lhe entregue um segundo período homólogo, se, no fim do primeiro, se verificava que não tinham perdido aquilo a que os Chineses chamariam o «mandato do céu». O rei indo-europeu tem apenas uma função simbólica: ele é o sustentáculo estável do corpo social.

Nunca é, nas sociedades arcaicas, um «chefe», papel que convém apenas a guerreiros «profissionais». O poder social não estava localizado na realeza, mas nos sacerdotes, nos chefes de guerra, nos «pais» das grandes famílias – notáveis cuja reunião em assembleia deliberativa deve ser a mais antiga forma dos senados e *gérousiai* clássicos, mas é atestada sob formas muito primitivas na região céltica e germânica. Em relação a estes poderosos, o rei não era mais que um *primus inter pares*.

É mais tarde, nas sociedades mais coerentes, menos dispersas, que realeza, clero, guerreiros, anciãos, assembleia do povo... serão mecanismos do imenso conflito plurimilenar ao longo do qual se elaborará a instituição estatal.

2. Os guerreiros

Em *todas* as sociedades indo-europeias antigas, a guerra é a actividade principal – aquela de que mais se fala –, os homens são acima de tudo guerreiros, e o poder incarna-se, ao lado da reunião dos anciãos, na assembleia dos guerreiros. O deus da guerra é uma figura essencial dos panteões, os mitos põem em cena sobretudo heróis combatentes e a história primitiva dos Indo-Europeus é a das suas prodigiosas conquistas.

Estas noções são atestadas, em primeiro lugar, no vocabulário. Havia um termo para dizer «exército», ou mais precisamente, «grupo militar» (germ. *hari-*, céltico **koryo* atestado em nomes de povos gauleses, persa ant. *kāra*, «povo, exército») (a palavra foi substituída em grego por **lāwós*, que apresenta o mesmo sentido duplo, e interessante, do persa ant. *kāra*). O **koryo-* tem como chefe um responsável cujo nome é um derivado dele em *-no-* (tal como os nomes dos chefes dos quatro níveis sociais nas línguas ocidentais, p. 462): **koryo-no-s*, que temos exactamente num epíteto de Ođinn, *Herjan*, e em grego (com um sentido enfraquecido a partir dos textos homéricos) *koíranos*.

O indo-europeu **ner-* designa o «guerreiro», o «homem enquanto combatente»: gr. *anēr*, sânsc. *nar-*, itál. **ner-* (em osco e em sabino; cf. em latim o nome próprio *Nerō*, *e Neriō*, companheira de Marte), irl. *nar*, gaul. **naro-*. Forma par de oposição com **wiro-*, «homem» em sentido amplo, pertencente ao conjunto dos homens (guerreiros ou não, jovens ou velhos) de um clã, enquanto distintos das mulheres (lat. *vir*, irl. *fer*, sânsc. *vīráḥ*, av. *vīra*). Não há aqui uma distinção de pessoas, mas de funções: os *Quirītēs* romanos (**co-virītēs*) são também, por outro lado, os *milites*. Fica-se com a ideia de que, no plano indo-europeu, os **ner-* eram aqueles dentre todos os **wiro-* que se encontravam em idade de serem os combatentes.

Com efeito, alguns homens especializavam-se já na guerra, mas todo o homem é potencialmente um guerreiro: a equação fundamental, em todos os povos indo-europeus antigos ou de cultura arcaica (Germanos, Trácios,

Celtas, Bálticos, Eslavos e antigos Hititas, antigos Indianos, antigos Iranianos, antigos Gregos, Latinos dos tempos republicanos...), é que um «homem» completo, um «cidadão» da tribo igual aos outros, só é reconhecido como tal na medida em que o for como guerreiro.

Essa a razão por que numerosas instituições indo-europeias primitivas se exprimem em e pelo grupo dos guerreiros.

O jovem, colocado precocemente (cinco anos, sete anos, consoante as culturas) sob a autoridade de um educador masculino (seu pai, aqui *atta, ou o seu educador em «*fosterage*» (tutela), ou o seu tio materno, que pode ser ou não idêntico ao anterior), aprende com ele métodos de caça que cedo se prolongam em métodos de guerra. A formação completa-se por uma *iniciação*, cuja existência é assegurada não somente por sobrevivências nas instituições de numerosos povos, mas também por inúmeros mitos (de Siegfried a Teseu, das proezas de Cúchulainn na Irlanda às do Iraniano Vərəθraǧna...). Consiste essencialmente numa prova cinética: segundo os mitos, trata-se de matar um javali, na maioria das vezes (Héracles e o javali de Erimanto, Teseu e a javalina de Krommyôn, os cinquenta jovens caçadores do javali de Calydon, os Einherjar, companheiros de Odinn, antigos guerreiros terrestres, e o Javali Gullinborsti que renasce em cada dia, Kulhwch e «Defesa chefe dos javalis» a quem ele tem de pedir a sua protecção para poder desposar a filha de Yspaddaden Penkawr, e, nessa célebre lenda galesa, o casamento da filha trará consigo a morte de seu pai...), ou então um urso, um veado, por vezes um homem. Ao lado desta prova, e na sua sequência, adivinham-se vários gestos simbólicos tais como o corte de uma parte da cabeleira (rito de ruptura) e um sacrifício; porque a iniciação confere ao jovem o poder de sacrificar e de participar no banquete que se segue: torna-o adulto. O educador oferece então ao novíssimo «cidadão» presentes simbólicos da sua nova qualidade: uma arma – espada, punhal, lança ou arco – ou uma capa, por vezes três presentes correspondendo às três funções indo-europeias (tradições germânicas, célticas, gregas, em Roma a «toga pretexta»). E o promovido toma um novo nome.

Entre os Indo-Europeus ocidentais – Celtas, Germanos, Gregos e Albaneses – sobreviveu durante muito tempo uma instituição original, a homossexualidade pedagógica: o educador, quando não é o pai, tem relações sexuais com o ensinado. Tal como nas outras sociedades em que se verifica, a pederastia guerreira significa que o não-iniciado, não sendo homem no sentido pleno no termo, é um não-homem, isto é, simbolicamente, uma mulher. Tais relações cessam a partir do momento em que a prova iniciática foi realizada. A ausência desta instituição em Roma e entre os Indo-Iranianos deve-se provavelmente a uma repressão precoce, sensível no Irão, por exemplo, onde o zoroastrismo exprime, violentamente, a oposição da classe sacerdotal às práticas dos guerreiros, e onde precisamente leis (religiosas) proíbem a homossexualidade.

A iniciação desenrolava-se, quando o jovem era ainda muito jovem: aos catorze anos, sugerem alguns textos, e no Irão o apogeu de uma vida humana corresponde à idade de quinze anos; alguns dados esparsos confirmam que a educação deve completar-se no fim da adolescência, quando a barba começa a nascer. Ela confere ao jovem guerreiro plenos direitos sociais – fora aqueles que, na família, se mantêm apanágio do pai, do responsável do clã: pode participar nas expedições guerreiras, nos sacrifícios, nos banquetes, nas assembleias; poderá em breve casar-se e ser ele próprio educador.

Os motivos dos combates, nos termos das tradições, são de diferentes tipos: conquista de um território, migração, defesa do país; mas o mais frequente é o roubo de bovinos. As conquistas, ou as razias, proporcionam despojos. Como prova da sua importância política e social, estes têm um nome indo-europeu: sânsc. *lota, lotra*, «despojo», esl. *lavŭ*, -despojo», gr. léis, «despojo», donde *lēístôr*, «bandido», germ. *laun*, «prémio, vantagem material», lat. *lŭcrum*, «ganho, lucro inesperado». – O costume mostra a partilha dos despojos em «partes» determinadas pela «honra» dos participantes; a maior vai para o chefe; uma parte devia ser reservada obrigatoriamente para o culto e para o rei.

As armas são principalmente, nos mitos e no armamento antigo, a lança (ou dardo) e a espada. Este armamento completa-se com um escudo de couro. O arco só tem um papel – mas de que importância! – entre os povos indo-iranianos; noutros lados, é ignorado ou tido como uma arma de interesse secundário; o mesmo sucede com a funda, que só tem importância na região céltica. Estas armas raramente têm nomes indo-europeus (fora uma série de concordâncias precisas entre o grego e o indo-iraniano), o que se explica pela renovação constante, pelo aperfeiçoamento, do material militar. A menção da espada, tão corrente na época histórica, põe justamente um problema, porque é uma arma recente (II milénio), muito posterior à dispersão dos Indo-Europeus.

Mitos e comportamentos tradicionais denotam várias formas de combate. Para a conquista ou a defesa do território, o «recrutamento em massa» dos homens da região (lat. *tumultus*) podia mobilizar, nas grandes tribos, impressionantes quantidades de combatentes; de acordo com o sistema decimal, vamos encontrar os grupos organizados em milhares de homens: o exército ideal de 3000 homens é comum a Roma (a legião!) e à antiga Irlanda; e os Iranianos gostavam de calcular-se em «Dez mil». É neste tipo de circunstância que a organização militar se decalca sobre a organização familiar, porquanto os irmãos combatem em conjunto, tendo ao lado os primos, e que os reis, eventualmente, saem do país, com os sacerdotes, os símbolos dos deuses (como os *dókana* espartanos, traves de madeira que simbolizam os Dióscuros, e os carros de Mura Mazdā e do Sol, no Irão), e as suas guardas pessoais de 300 ou 365 jovens.

Campanhas de menor envergadura eram feitas por grupos restritos, organizados quer sobre o modelo germânico da «comitiva» (**hansa*) de um chefe, composta pelos seus «leudes», a ele ligados para a grande aventura, quer sobre o modelo, mais estruturado, do *Männerbund*, associação na qual se entra na sequência de uma iniciação, mais ou menos fechada, e desse modo próxima das «sociedades secretas» da África negra ou da América do Norte; na tradição helénica, um grupo deste tipo compreende cinquenta ou cinquenta e dois membros (é o número dos Argonautas, dos caçadores de javali de Calydon, dos filhos de Aigyptos, dos de Príamo, dos de Héracles em Tespias na Beócia, dos Dáctilos, jovens das melhores famílias da Feácia, que Alkinoos dá como companheiros a Ulisses, etc.), o que se encontra também na Irlanda; fala-se, noutros lados, de grupos de trinta ou de cem. O *Männerbund* deixou vestígios importantes ainda no mundo indo-iraniano, e entre os Germanos, onde a «tribo» dos Harii descrita por Tácito (a seguir) é de facto, seguramente, uma tal organização militar. – É a estes grupos de guerreiros voluntários, frequentemente jovens, devotados a um chefe, cheios de emulação, que se deve atribuir o essencial da actividade de razia e de pilhagem.

A ideologia «heróica» e a tradição iniciática conduziam por fim os guerreiros a dedicarem-se à proeza individual, testemunhada pelo troféu conseguido. A natureza deste último não se presta praticamente a dúvidas: são «caçadores de cabeças» os antigos Celtas, os Indianos, os Trácios e as populações aparentadas da Anatólia, os Tauros da Crimeia, os Germanos, os Gregos primitivos, segundo as suas tradições... O combate solitário é um motivo demasiado corrente nos mitos – Cúchulainn e Horatius Cocles param sozinhos um exército, Belerofonte apodera-se de Pégaso e mata a Quimera antes de combater os Solimes... – para não ter correspondido a uma realidade. De resto, os costumes atestados na época histórica confirmam-no: os Citas, diz Heródoto, coleccionam os escalpes (evolução, neste caso, da caçada às cabeças para a caça aos escalpes tem um exacto paralelo na história da América do Norte), e os chefes celtas, as cabeças humanas; o herói messeniano semi-histórico Aristomenes pode celebrar o sacrifício festejando o centésimo inimigo morto... Na Escandinávia, os «homens de Oðinn», mesmo organizados numa confraria, entregam-se sozinhos à «caça» nocturna que aterroriza as populações adversas. Razão por que, sem dúvida, por todo o lado o deus da guerra é concebido sobre o modelo desse guerreiro ideal: Marte, Ares, Thôrr, Indra... são combatentes solitários. Baseando-se no lema do «sempre mais», esses homens viviam os seus combates como uma iniciação permanente, e um texto de Tácito sobre Chattes lembra, para além de mitos gregos, iranianos ou célticos, as práticas de promoção ininterrupta do guerreiro nas sociedades índias da América setentrional.

No entanto, na realidade histórica, os combatentes mais notáveis dos povos indo-europeus não são esses aventureiros da noite; os autores das incursões mais percucientes, das conquistas mais espantosas, dispunham de uma arma impressionante, mas só utilizável de dia e em grupo: o carro de guerra. Pense-se aqui em Indra lançando o raio do alto do seu carro; no raide extraordinário do rei do jovem reino hitita Mursilis que, por volta de 1595, lançou os seus carros, da Anatólia central para Babilónia, ao longo do Eufrates, e se apoderou da cidade; nas estelas das sepulturas em cova de Micenas, primeiras figurações humanas devidas a Gregos; e, antecedendo a sua morte, na desonra de Cúchulainn que não soube evitar que o seu cocheiro fosse ferido... A antiguidade destes carros de guerra foi discutida; no entanto, eles acompanham todos os povos indo-europeus na sua entrada na história, se se situar nos II e I milénios antes da nossa era: Gregos, Anatólicos, Indo-Iranianos, Celtas, à excepção dos Latinos. E actualmente as escavações da Europa neolítica não deixam qualquer dúvida quanto a este ponto. Essa a razão por que numerosos autores pensam que o carro de guerra tirado por dois cavalos, cujo efeito fulminante e decisivo se verifica no Próximo Oriente do II milénio, foi o meio por excelência dos êxitos indo-europeus. As questões de mentalidade – a especialização de alguns homens na actividade guerreira, o espírito heróico – podem ter tido influência, mas talvez sejam os êxitos iniciais fáceis provocados pela implementação do carro de combate que estão na origem da dinâmica pela qual um bom número de homens se voltou para a pilhagem e para a conquista exterior.

Socialmente, os guerreiros são, em primeiro lugar, jovens: a oposição dos *iuniores* e dos *seniores* estrutura toda uma simbólica indo-europeia, que cataloga com os primeiros a rapidez (os companheiros de Rómulo, da primeiríssima Roma, são os Celeres, os «Rápidos»), a força, a vitalidade (*$^*yu(w)en$*-, «jovem», está aparentado a *$^*ayw$*-, «força vital», sânsc. *āyuṣ*-, grego *aiôn*), a criatividade tumultuosa das festas de mudança de ano. O *Männerbund* indo-iraniano (S. Wikander) é constituído por jovens, dançarinos, amadores de mulheres, enfeitados de colares e braceletes; os grupos de cinquenta da tradição grega são sempre *néoi*, «jovens», ou os «filhos» de Alguém.

Nos textos do Próximo Oriente antigo, os condutores de carros que se impõem do Zagros à Palestina, de nomes tantas vezes indianos, são designados colectivamente como *marianni*: na Índia, *márya* designa o jovem galante, o apaixonado, o pretendente; em iraniano, com a desvalorização deliberada da classe guerreira, a palavra qualifica o jovem exageradamente audacioso, perigoso, por vezes mesmo o bandido.

Em geral, o jovem, depois de ter vivido como **ner-*, já era apenas, enquanto **wiro-*, guerreiro de reserva. Outros pelo contrário perseveravam, tornavam-se guerreiros profissionais. É o caso dos Fenianos irlandeses, o grupo de Ossian, ou os homens de Oðinn: um texto escandinavo fala assim de um antigo guerreiro, Kveldúlfr, «que, após gloriosas campanhas, se casou, põe a render a sua riqueza, ocupa-se diligentemente dos seus campos, dos seus animais, das suas oficinas e faz-se apreciar de toda a vizinhança pelos bons conselhos que liberalmente distribui» (Dumézil), mas, à noite, fica sombrio, comunica pouco, dormita, e corre o boato de que se transforma em lobo e percorre a região. Esses, quando morrem, juntam-se ao grupo dos guerreiros de Oðinn, os *Einherjar*, que persegue dia após dia o Javali de cerdas de ouro à espera da luta escatológica do «crepúsculo dos deuses».

A existência destes grupos de guerreiros, organizados em classes de idade ou em «sociedades secretas», está na origem de uma rica simbólica social e de aspectos essenciais da mentalidade indo-europeia.

Estes homens davam, em primeiro lugar, de si próprios uma imagem de terror. É célebre a descrição dos Harii feita por Tácito: «Quanto aos Harii [do germ. *hari*, «exército»], para além de um poderio pelo qual ultrapassam os povos que acabo de enumerar, a sua alma bravia reforça ainda a sua natureza selvagem com a ajuda de expedientes e artimanhas de ocasião: escudos negros, corpos pintados; para combater, escolhem as noites escuras; bastam o pavor e a sombra que acompanham este exército de lémures para provocar o pânico...». São os equivalentes históricos dos homens de Oðinn, aqueles que a lenda escandinava chama os *Berserkir*, «invólucros de urso», e *Úlfhednir*, «peles de lobo», porque o seu dom de metamorfose se exprime em mascaradas guerreiras.

Estes traços, mais desenvolvidos entre os Germanos que em qualquer outro lugar, encontram-se no entanto em todos os outros povos. Se, na simbólica trifuncional, a cor da segunda função é o vermelho, os guerreiros indo-europeus preferem muitas vezes o preto para o seu vestuário (entre os Citas, e para a clâmide dos efebos áticos) ou para a sua bandeira

(Irão). Nas festas indianas, iranianas e romanas, jovens tornam-se homens-
-cavalos ou homens-lobos (Gandharva, Luperques). Há tribos que tiram o
seu nome do lobo (Hyrcanianos, no Irão, verosimilmente tribos eslavas dos
Volčki e dos Ljutici, *Sabinos Hirpini, povo arcádico dos Lukuntes, fratria
argiana dos Lukôtadai, clã Germânico dos Ilfingar, anglo-saxão Wulfingas,
etc.), do urso (Arcades do centro do Peloponeso, Arktanes do Epiro), do
veado (Cherusques da Germânia ocidental, Brentii da Ilíria, Carvetti da
Grã-Bretanha), etc. Este simbolismo exprime-se também em emblemas,
estandartes ou bandeiras, brasões, e nos nomes próprios – a maioria dos
antropónimos masculinos antigos são tirados da simbólica guerreira, e entre esses nomes abundam os que são formados a partir dos nomes do lobo
(Lykaôn, Lykas, Lykomedes, Lykôn, Lykophrôn, Lykos, Lykurgos, etc.,
em grego, Wulfila, em gótico...), do cavalo (inúmeros nomes gregos em
-hippo-, Celtas antigos Epasnactus, Epilos, Eponina – a esposa de Sabino –,
Eporedórix, nomes iranianos em *-spa-*, etc.), do urso, do javali...

Mascarado, armado, o guerreiro aterroriza também o adversário por
meio de injúrias; proclama em alta voz a sua linhagem (é o caso dos heróis
da *Ilíada*), a sua força, as capacidades que a si se atribui (assim os guerreiros de Argos às portas da cidade dos *Sete contra Tebas*), e, à maneira
dos soldados da China tradicional, faz caretas. Eis uma das «formas» que
pode tomar (realizar) o irlandês Cúchulainn a partir do momento em que
conseguiu a sua vitória iniciática, e sempre que se torna furioso: «Fechou
um dos seus olhos, a ponto de não ser maior que um buraco de agulha,
ao mesmo tempo que abria o outro como se ele fosse tão grande como a
abertura de uma taça de hidromel»; um dos seus semelhantes, o viquingue
Egili, obriga um rei a pagar-lhe o que lhe é devido pelos seus combates por
meio de uma careta muito semelhante: «Quando se sentou, fez saltar uma
das suas sobrancelhas lá de cima até à bochecha e a outra até à raiz dos seus
cabelos; e Egill tinha os olhos negros e as sobrancelhas contíguas.» De
resto, Horatius Cocles romano, esse *iunior* que mantém sozinho em respeito os Etruscos que marcham para Roma, tira o seu sobrenome, segundo
Plutarco, do facto de «ter a parte anterior do nariz tão achatada, tão abatida,
que não havia separação entre os seus olhos e as suas sobrancelhas con-
fluíam»: racionalização da careta heróica! Porque Cocles, vesgo, segundo
outros, como Ođinn, passeava sobre os seus inimigos olhares circulares,
injuriava-os, interpelava-os individualmente – e as feições cravavam-se no
seu escudo.

Este poder mágico do olhar, a variação de forma física exibida por Cúchulainn, a invencibilidade provisória, caracterizam uma espécie de loucura guerreira que tranforma o combatente em homem de espécie superior:

é o *furor* da tradição romana (de *furō*, «estar louco» aparentado ao avéstico *dvaraiti*, «ele precipita-se», falando dos demónios), o *ferg* irlandês, o *ménos* homérico (de **men-*, «pensar», mas sobre a orientação para este sentido no grego, cf. *maínomai*, «ser tomado de um ardor furioso», donde o nome das Ménades, adoradoras de Dioniso, e *manía*, «loucura, furor, paixão, entusiasmo inspirado pela divindade»), o *wut* dos guerreiros germânicos (gót. *woths*, escand. *ôđr*, «embriaguês, excitação, génio poético», como adj. «furioso, terrível» e «rápido»; donde o nome de Wotan-Ođinn, **Wothanaz*, deus ao mesmo tempo da inspiração poética e dos Berserkir de furor mortífero). Este furor, dom dos deuses, ou melhor, influxo divino, ultrapassa o homem, que deixa de dominá-lo; dirigido contra o adversário, é igualmente perigoso para os próprios concidadãos do guerreiro: assinalou-se isso a respeito do «campeão» do rei; com Cúchulainn e os Horácios, Roma e a Irlanda encontram-se de maneira precisa (cf. já Horatius Cocles): muito jovem, Cúchulainn combate na fronteira os três filhos de Nechta, inimigos tradicionais do seu povo, e mata-os; de regresso, o seu furor, *ferg*, é tal que os Ulates têm medo, esforçam-se por reconduzi-lo a sentimentos humanos apresentando-lhe mulheres nuas, e depois «apagam» o seu «calor» guerreiro mergulhando-o sucessivamente em três dornas de água; os três Horácios combatem os três Curiácios, de Alba, em nome do rei guerreiro de Roma, Tullus Hostilius, mas um único dos três abate os três adversários, e, no caminho do regresso, não pode suportar uma lamentação sentimental de sua irmã, e mata-a: enfraquecimento literário e racionalista do antigo *furor* divino.

Evidentemente, o guerreiro não treme; o único guerreiro mencionado nos hinos védicos é Trásadasyu, «Aquele que aterroriza os povos bárbaros», porque o *terror* está na origem do tremer. Os hinos avésticos pedem ao deus MiΘra e ao herói VaraΘragna que faça tremer (*tras-*) os inimigos, tal como as *Tábuas Eugubinas* confiam a diversas divindades, entre as quais *Tursa*, o cuidado de *tursitu, tremitu*, («aterrorizar, fazer tremer»), os povos rivais. Em Esparta, aqueles que não tiveram a coragem de enfrentar as duras provas do *agôgè* constituem a categoria inferior dos *trésantes*, «Tremedores»: não gozam dos plenos direitos de cidadania, não são «Iguais» aos outros.

O mesmo é dizer que o comportamento guerreiro antes de ser o meio da afirmação de um orgulho pessoal, é o resultado de uma pressão social. E, tal como proeza desportiva actual, de que está simbolicamente próximo sob mais do que um aspecto, a proeza heróica não se basta a si própria: tem de ser comparada com as levadas a cabo pelos seus pares e celebrada por todo o corpo social.

Uma instituição típica proporcionava a ocasião para tais confrontos: a refeição comum. Distinguem-se duas formas essenciais: é oferecida por um rico, o chefe de uma família poderosa ou, muito especificamente, o próprio rei; tais são os fabulosos banquetes das tradições célticas e ossetas, cujo hábito sobrevive nessas intermináveis refeições alcoolizadas e eruditas de que Platão e o Ateneu dão testemunho no que se refere à Grécia; ou então trata-se de uma refeição em que cada qual traz o seu quinhão, o *éranos* grego, e os *sussítia* dos países dóricos; mas a sua forma é já indo-europeia: vários trabalhos mostram que o germânico *gild* designava originalmente a contribuição para uma festa, um ritual, uma refeição, dos membros de uma organização militar, «comitiva» de um chefe ou *Männerbund*. Distingue-se, em indo-europeu ocidental, o nome deste tipo de banquete: o latim *daps* significa «banquete», mas ser recebido *dapāticē* quer dizer «magnificamente»; em grego, *dáptō* é «devorar», mas *dapánè*, «despesa»; a estes termos juntam-se isl. ant. *tafn*, «animal de sacrifício, alimento de sacrifício», e arm. *tawn*, «festa». O sentido antigo de «despesa» é claro ainda no latim **dap-nom*, «prejuízo sofrido». A noção comum estabelece-se facilmente: um sacrifício de interesse colectivo, à custa de um anfitrião ou de vários participantes, era a ocasião de um banquete gigantesco, de uma bacanal alimentar, de uma festa em que todos se empanturrariam – Indra, Héradlês, o herói escandinavo Starcatherus, são todos eles autênticos devoradores. Numa e noutra forma, a prestação económica é da ordem do *potlatch*; há demonstração de riqueza e convite aos outros (os convidados, os companheiros) no sentido de gastarem outro tanto.

Ora, estes banquetes são o lugar da confrontação heróica, da fanfarronice individual. Tal costume está bem assinalado entre os Celtas (Irlanda) e os descendentes actuais dos Citas, os Ossetas. Entre os primeiros, lugares de honra e pedaços de carne escolhidos (a «parte do herói») são objecto de conflitos de precedência; cada qual faz valer as suas proezas, o grupo tem de decidir entre os concorrentes, e, se não consegue fazê-lo, os rivais acabam em zaragata – resultado normal dos banquetes, quando o álcool já correu largamente, e para os Gauleses um texto de Amiano Marcelino confirma as descrições irlandesas; entre os segundos, o processo apresenta-se mais suavizado: não existe «parte do herói» nas tradições a respeito dos seus heróis, os Nartes, projecção deles próprios (a palavra deriva de **ner-*, v. atrás, p. 477), mas, se cada qual tem de proclamar os seus méritos, um caldeirão mágico verifica a sinceridade do que é dito. – De resto, vemos, de igual modo, Indra, Thôrr, ou o velho Nestor, proclamarem as suas façanhas.

É que as sociedades indo-europeias antigas são, como por exemplo as sociedades dos montanheses caucasianos até às épocas mais recentes, do tipo que Montesquieu denominava «sociedades de honra». Não se escarnece destes homens bravios: Loki, nos mitos escandinavos, aprende-o a sua custa, e o mesmo se passa, na *Ilíada*, com Tersite. Cada qual tem a consciência aguda da parte de honra (em grego, *géras*) a que pode ter pretensões. Nos banquetes, na partilha dos despojos, cada um reivindica aquilo que, na sua opinião, lhe compete de direito. Há uma raiz muito antiga para designar isso, *ai-: em tocariano e em hitita forma verbos que significam «dar»; mas a instituição distingue-se por detrás deste sentido geral, pelo grego *aisa* e pelo osco *aeteis* que significam «quinhão, parte». Esta «parte» inclui aspectos materiais (pedaços de carne, bois, armas, mulheres, para que remetem as duas últimas palavras citadas; ou também território, no grego *témenos*, de *témnô*, «cortar»: na *Ilíada*, promete-se a Aquiles, a Meléagro, um *témenos* de terras férteis, se aceitarem voltar ao combate) e também uma parte simbólica (é o sentido do grego *géras*) que corresponde à noção de «respeito»: o rei, o herói, o sacerdote, beneficiam dela e isso dá-lhes, desde logo, direito de precedência, privilégios sociais, escuta atenta por parte dos demais.

E, principalmente, o herói, tal como o rei, deve ser cantado. É inseparável do poeta que, convidado para o festim e já bem alimentado, contará em versos as façanhas do seu hospedeiro. Este, pelos seus actos, elevou o prestígio da família, o poeta cantá-la-á, evocará os altos feitos da linhagem, o prestígio do pai, enfim a glória nova acrescentada pelo filho, A noção central aqui é a de *kléwos; ela apresenta, em grego e em indo-iraniano, surpreendente paralelismo. A começar pela palavra, exactamente conservada em ambos os lados: grego micénico *kléwos*, véd. *śrávas*, av. *sravah-*, «glória»; depois, o formulário poético: grego homérico *kléos áphthiton*, é directamente sobreponível ao véd. *śrávas ákṣitam*, «glória imperecível»; é uma das mais claras sobrevivências poéticas indo-europeias, e vemos que ela se aplica aos méritos de um poderoso; por fim, os compostos: o composto indo-iraniano *su-śrávas, «que tem uma boa glória», é atestado em grego no antropónimo *Euklées*. Um dos nomes heróicos gregos mais notáveis é o de *Etéoklès*, «Aquele cuja glória é verdadeira», usado por dois heróis da mitologia e por um guerreiro histórico da Pylos micénica. Esta glória é testemunha e garantia de poder, é também meio para inscrever-se na memória do grupo; Aquiles, Cúchulainn preferem uma vida curta e gloriosa a uma vida longa e obscura; só assim sobreviverão na tradição – e esse pedido dirigido aos poetas explica largamente a excelência da conservação das genealogias, das instituições esbatidas, antigos laços de famílias, nas tradições de numerosas culturas indo-europeias.

A equação estabelecida entre «guerreiros» e «cidadãos, adultos membros de pleno direito do grupo social», determina uma instituição que, comum a várias sociedades antigas, pode ter sido indo-europeia: a «assembleia do povo» é, na Grécia, entre os Germanos, Gauleses e Iranianos antigos, sem dúvida também entre os Citas, os Eslavos, etc., a assembleia dos guerreiros. Reúne-se em primeiro lugar para questões de ordem jurídica: tal é a função do *thing* germânico, da *sabha* da Índia antiga. No *thing* o grupo dos guerreiros transforma-se em assembleia de paz, uma lança colocada ao centro significa, ao mesmo tempo, o fundo militar da instituição, e a paragem provisória dos combates; fazem-se aqui debates de direito que imitam, no plano oratório, o que são os combates armados na expressão da força física. Em Roma, nos termos semi-lendários em «comícios centuriais» para eleger os magistrados superiores e votar as declarações de guerra; os mesmos, desta vez *Qurītēs*, reúnem-se ao apelo do lictor em «Comícios curiados» e exercem um poder político (eleição do rēx, sob proposta do Senado), jurídico, religioso. Na Grécia, é uma história longa e complexa que separa as instituições indo-europeias primitivas das democracias e aristocracias históricas, mas parece existir um laço directo a ligar as assembleias guerreiras de que aqui se trata às assembleias homólogas dos povos dóricos, que não conheceram de facto a fase estatal micénica, e, mesmo para esses que estão neste último caso, verifica-se, no poder burocrático da realeza dos *wánakes*, a sobrevivência do *dāmos* como assembleia de aldeia nos poderes jurídicos afirmados; o *dēmos* ateniense é o seu herdeiro, muito tempo depois.

Esta colaboração dos homens nas armas e no direito, a fraternidade guerreira, estão na origem de três conceitos estreitamente ligados: os de «amizade», que é aqui uma espécie de camaradagem, de «liberdade», que é definida, na tribo, pelo conjunto dos homens que têm voz no capítulo, e de «igualdade» que, nas mesmas bases, corresponde já à noção jurídica abstracta actual. São «amigos» (e rivais), «livres» e «iguais» os guerreiros da tribo, isto é, com exclusão das mulheres, das crianças, dos prisioneiros, dos «tremedores», dos escravos domésticos. Gr. *eleútheros*, lat. *liber*, de um i.-e. *(e) leudheros*, atestado ainda em derivados vénetos, oscos, faliscos, significam «livre», e designam em latim a qualidade de cidadão, oposta à de escravo. Noutros lados a raiz fornece termos cujo sentido é «gente, povo» (esl. ant. *ljudú, ljudĭje*, alto al. ant. *liut*, al. *Leute*): o «povo» é, portanto, o conjunto dos «homens livres», que são de facto guerreiros, germânicos *Leudes*, companheiros ligados a um chefe por um acordo de colaboração; um acordo não igualitário define entre os Germanos a noção de *antrustiones*. O acordo igual, a promessa mútua de entreajuda definem em contrapartida a noção indo-europeia de «amizade»: da raiz *mei-, «trocar» (por exemplo, a do latim *mutuus*) vem o nome do deus indo-iraniano *Mi-

tra, o «contrato» personificado, o deus que preside à criação de um elo de «amizade» entre dois homens. Ainda de uma outra raiz, a palavra **priyos-*, deu sânsc. *priya-*, av. *frya-*, «caro», véd., substantivo feminino *priyã-*, «esposa», esl. *prijajo*, «testemunhar afeição», *prijatel'*, «amigo», germ., al. *Freund*, «amigo»; mas esta «amizade» fundamenta a «liberdade», pois que se estabelece entre «iguais»: al. *frei*, «livre», gal. *rhydd*, «id.». No plano do mais antigo indo-europeu, E. Laroche estudou em hitita a família da raiz *ara-*: *arawa* designa os «companheiros», membros de uma sociedade religiosa, ou soldados do mesmo grau, iguais por princípio; mas *arawa* designa também o estatuto dos altos funcionários nobres, dispensados de impostos, portanto «livres». Este *ara-* lembra o *arí-* védico (ver, p. 468) e o sentido comum parece ser «próprio do grupo social nacional», aplicando-se *arawa* ao homem que tem as qualidades do *ara*, portanto, homem nobre e livre, e igual aos seus semelhantes.

Já se referiu como cada nível da relação entre os homens se insere facilmente de uma maneira positiva (amizade, hospitalidade, permuta igualitária) para uma fase negativa (hostilidade, rivalidade). Ora, estas tensões, e este poder dos que tinham escolhido a guerra como actividade principal, ameaçavam a sociedade na sua própria existência. Vimos como era grande o risco de ver estes guerreiros bravios e individualistas voltarem-se contra o corpo social donde tinham saído. Com efeito, ao longo dos milénios, por toda a parte os aristocratas guerreiros acabaram por apoderar-se do poder, quer abastando a realeza (Grécia, Roma, Gauleses...) quer partilhando-a (na índia, todo o *kṣatriya* é um *rǎja*). Mas antes disso, todo o homem, que apenas está verdadeiramente ligado à sua família e aos seus aliados, pode tornar-se inimigo do resto da sua tribo: no Irão, os *marya*, na Escandinávia, na epopeia, os *berserkir* tornaram-se puros e simples bandidos; os mitos gregos abundam em guerreiros *hubristès* que, desligados da sua cidade, isolado, intrometem-se a provocar os deuses, a pilhar os santuários e os viajantes, a desafiar as colectividades. Ou então, é todo um *Münnerbund*, todos os especialistas da guerra da tribo, que se tornam um corpo autónomo, agindo por sua própria conta: os Fenianos protegem a Irlanda, mas, seis meses por ano, vivem em casa dos homens da Irlanda, e o seu parasitismo é discretamente evocado; Os Flegianos constituem a classe militar da cidade de Orcomena, na Beócia, mas as suas façanhas levam-nos da Tessália ao Peloponeso, sem o aval dos deuses...

É por isso, sem dúvida, que a mitologia insiste tanto nas desgraças dos guerreiros. Héraklès, Starcatherus, Indra, têm uma vida ritmada por proezas que, em três ocasiões, são faltas, crimes, e esses crimes distribuem-se pelas três funções; no caso de Starcatherus, e de um herói do *Mahābhārata* que se lhe assemelha muito, *Śiśupāla*, essas faltas envolvem reis, dos quais no entanto são servidores agressivos: a estruturação mítica é explícita. E é significativa: os autores, poetas ou sacerdotes, desde os tempos indo-europeus, preveniam assim os aprendizes de guerreiro – e os jovens reis. Porque os crimes têm as suas consequências: Héracles recebe a túnica do Centauro que o obriga a queimar-se a si próprio no monte Eta; Indra perde progressivamente toda a sua força e é incapaz de se defender das intrigas dos demónios; Starcatherus e Śiśupāla nada mais têm a fazer que fazer-se decapitar pelo seu protector divino (ou a sua aparente incarnação, na Escandinávia). Outros ainda sofrem, e perdem: Siegfried é despojado do resultado das suas façanhas, e morre assassinado, de costas; a Cúchulainn acontece o drama mais grave que possa conceber-se nestas sociedades patrilineares: mata o seu próprio filho, regressado da iniciação, num combate sem dó nem piedade, na sequência de uma provocação mútua.

Entre estes guerreiros e os outros grupos sociais, os conflitos, inevitáveis, devem ter sido numerosos. A conquista exterior pode ter sido o sucedâneo dessas tensões. Mas no interior das tribos elas desenvolveram-se e desembocaram em profundas perturbações. O Irão zoroastriano caracteriza-se por uma rejeição radical dos valores guerreiros, pela transformação dos motivos caros aos campeões em espantalhos: se a rapidez é característica, noutros sítios, dos jovens, no Irão é própria dos demónios; as criaturas de Ahura Mazdā, essas, caminham; Indra é ele próprio um demónio. Aqui a classe sacerdotal ganhou, num combate que se adivinha plurimilenar, contra a dos guerreiros. – Noutros lados o resultado foi inverso. O desaparecimento dos reis e dos sacerdotes tradicionais entre os Germanos (que têm *konungr, mas cujos *reiks* são de inspiração céltica) e os Gregos (cujos *wánakes* micénicos e *basileîs* clássicos são muito diferentes dos *rég*-indo-europeus), a conservação, em contrapartida, em grego, de todo um vocabulário militar, ao passo que o da religião e da soberania é uma inovação, eis o que leva a pensar que, nestas culturas, os guerreiros, já numa longínqua pré-história, eliminaram os quadros sociais tradicionais e impuseram os seus próprios valores.

3. A troca: oferta e contra-oferta

O estudo comparativo do vocabulário económico das várias línguas indo-europeias revelou com nitidez um facto institucional considerável: as relações comerciais em sentido próprio não existiam, e a troca comercial, bem longe de consistir num prolongamento normal da produção, era concebida como um aspecto entre outros de um conjunto institucional muito mais vasto, a saber, o das relações, dos acordos, das prestações entre os representantes de dois grupos sociais distintos. Alguns factos põem a claro a noção. Tal como não há palavra para designar os vários ofícios produtivos (nem sequer «agricultor» ou «criador» porque, em certo sentido, toda a gente o era), também não há para «negociante, comerciante», nem para «comércio». – Em contrapartida, da raiz *mei-, «trocar», derivam palavras de sentidos *a priori* bem diferentes: Sânsc. *ni-mayate*, «ele troca»; lat. *mū-nus* (de *moi-nos), «dever, cargo oficial», e seus próprios derivados *mūnis*, «dedicado, prestável», *commūnis*, «comum», que tem um paralelo germânico, gót. *ga-mais*, al. *gemein*, «comum»; irl. *moin, main*, «objectos preciosos», *dag-moini*, «os dons, os benefícios», e véd. *mitra-*, no neutro «amizade, contrato», no masculino nome de um deus, igualmente iraniano. Este «contrato» não é, evidentemente, comercial, tal como de resto a «amizade» aqui em questão não tem a ver com afeição. Benveniste ilustra pertinentemente a noção ao evocar aquela cena da *Ilíada* em que dois heróis adversos ao encontrar-se no campo de batalha, revelam um ao outro quem são e, descobrindo que os seus avós estiveram ligados por relações de hospitalidade e que, portanto, são «hóspedes igualitários», selam imediatamente essa «amizade» familiar pela troca das suas armas – dando um deles um valor décuplo do que o outro lhe deu, segundo um processo típico das mentalidades primitivas e que o próprio Homero já não compreende.

Assim *mei- remete para um processo fundamentalmente económico (troca de bens, circulação de objectos), mas, para os locutores, esta noção económica não é mais que um aspecto de uma relação inter-individual, e a raiz é apta para designar a dimensão abstracta do «dever» daquele que se comprometeu (em *mūnus*, em *mitra-*). A mesma rede semântica se verifica em outras aproximações. Em suma, os Indo-Europeus viviam as suas relações económicas da maneira corrente nas sociedades pré-industriais, notavelmente descrita por Marcel Mauss no seu *Ensaio sobre a Dádiva*: a circulação de um objecto de um homem para um outro funda uma relação social entre eles, e compromete um e outro. Aqui o essencial é a relação, que pode ser de natureza inteiramente diferente da económica, e o objecto é um meio.

Nesta mentalidade, toda a prestação implica a sua contrapartida. Toda a oferta traz consigo, a prazo, uma contra-oferta. Estas noções são atestadas, por exemplo, na *organização dos banquetes comuns*, na *partilha das honras* (cujo objecto pode ser material ou não), na *hospitalidade*, na *compensação por assassínio*, no *resgate dos prisioneiros*.

O indo-europeu «clássico» tinha uma raiz para designar o acto de «dar» simplesmente: *do-, uma das mais fecundas. Mas, em hitita, *da-* significa o inverso: «tomar». E isso manifesta o sentido da evolução semântica: os mais antigos Indo-Europeus só têm termos recíprocos; ao lado do hitita *da-*, o indo-iraniano tem **a-da*-, «receber»: a raiz **dea*- designa a transitividade da relação. A partir deste sentido comum, o hitita e as outras línguas divergiram, o vocabulário clarificou-se à medida que noções económicas precisas apareciam com a complexificação da sociedade.

Existiam palavras para «compra» e «venda», mas a análise demonstra que o ponto de partida destes sentidos é sempre sociológico, e que a evolução para um sentido comercial particular é interior a cada língua. Assim, de **k^wey*-, temos um feminino **k^woy-na*, antepassado do avést. *Kaēnā-*, «vingança, raiva», do grego *poinḗ*, «vingança, castigo», *esl. cená*, «prémio». Ora, se a vindicta é atestada na maior parte das sociedades indo-europeias antigas, ela pode sempre ser cancelada por uma indemnização «financeira»: o *Wergeld* germânico encontra-se noutros lados, sob outros nomes. É disso que se trata aqui: a **k^woyna* é aquilo que se impões como indemnização ao clã inimigo, e **kwey*- significa «compensar, obter compensação». Prova-se igualmente que a raiz **wes-da* palavra **wesno-* sânsc. *vasna-*, «prémio de resgate», gr. *õnos*, «compra», lat. *vēnum*) e dos termos opostos hititas *wasi-*, «ele vende», *usnyazi*, «ele compra», aplica-se originalmente (em Homero, é o único emprego de *ōnos*) ao resgate de prisioneiros ou à compra de escravos. O mesmo se passa com vários termos do grupo. A noção é interessante: a escravatura não tem nome comum indo-europeu, e, se uma forma de escravatura doméstica, semelhante à que existe em numerosas sociedades primitivas, deve ter existido na forma de sociedade aqui estudada, vê-se que é um tratamento de prisioneiros que se integra no ciclo dos dons e respectivas compensações: a vitória fundamenta uma vantagem, que se exprime materialmente num despojo; dos prisioneiros pode tirar-se um contra-valor, se as suas famílias fornecerem largas compensações: o «preço» do homem é anterior ao «preço» comercial; a noção encontra-se, aliás, em outras duas instituições: a compensação por assassínio e a compra da mulher.

Pôde pensar-se que existia um «salário» indo-europeu comum: sânsc. *mīdha-*, av. *mizda-*, ant. esl. *mĭzda*, gr. *misthós*, gót, *mizdo*. A palavra é antiga, porque isolada e inalisável. Mas não significava, antigamente, apesar das evoluções convergentes, «salário»: em avéstico e em grego da *Ilíada*, aplica-se à «recompensa», material ou mística, por uma acção brilhante, o que se obtém na sequência de um trabalho importante. Em ambas as línguas, de resto, é regida por um verbo que significa «ganhar» (numa competição). O **mizdos* indo-europeu designa aquilo que um chefe dá a um jovem guerreiro emérito, sem dúvida também aquilo que um rei ou um homem rico concede a um artífice por uma obra de arte ou uma arma, um objecto técnico, particularmente cuidados (os concursos lendários de artífices apresentam-se em versões muito próximas das dos Elfos e dos Anões na Escandinávia, das dos Rbhu e Tvastr na Índia; e as palavras *Elfos* e *Rbhu* são aparentadas): não era (ainda) aquilo que um patrão dá a um empregado.

Não se porá em dúvida que, tal como a etnologia o ensina, a coberto de actos sociais, de permuta institucional, se tenha por vezes desenrolado uma circulação de bens absolutamente necessários, vitais mesmo para determinado indivíduo ou grupo. O comércio dos metais, por exemplo, talvez também o dos cavalos ou de certos objectos técnicos, deviam assumir muitas vezes a forma de um tráfico regular, com «preços» regulados pelo costume. Mas não se vê que esses constrangimentos económicos tenham já quebrado os quadros mentais e sociais no seio dos quais começavam a exercer-se. Só posteriormente à sua dispersão, e por vezes muitíssimo tarde, os vários povos elaboraram as noções puramente económicas de «negociante», «comércio», «compra» e «venda» generalizados, «preço», etc.

Era corrente transformar os prisioneiros de guerra em escravos, mas não há nome indo-europeu do escravo, o que indica que se tratava de um facto concebido como institucional. Havia sem dúvida escravos «de facto», integrados como servidores no conjunto familiar. Várias indicações vão nesse sentido: uma fórmula, muito particular, atestada ao mesmo tempo nos hinos védicos, no *Avesta*, e no ritual úmbrio de Iguvium, junta numa única expressão «o gado e os homens», estes últimos *wiro-* duplo dual, *pasu vīra*; úmbr. *ueiro pequo*) (sobre *wiro-*, p. 477; sobre *péku-*, p. 456), e nunca *ner-*, «homem enquanto guerreiro». Isso significa que os senhores das grandes famílias – anciãos e guerreiros perfeitos – chegaram a considerar colectivamente os homens do seu grupo, jovens, hóspedes, prisioneiros, servos..., como uma categoria globalmente inferior, que se contava como «riqueza» ao mesmo título que os rebanhos. No mesmo sentido, termos como o latim *familia*, grego *oākos*, designam o conjunto da casa, incluindo livres e não-livres. De igual modo, é verosímil que a palavra grega para «escravo», *doúlos*, em micénico *doero*, isto é, *dohelos*, é aparentado ao indo-iraniano *das-*, (atrás, p. 468): a palavra significa «homem», mas era desde a origem susceptível de ganhar o sentido de «homem» como «gado humano», pois que sânsc. *dásyu-*, tal como o tempo grego, remete para uma noção de «escravo». O escravo existia portanto, mas não era conceptualizável – verosimilmente, porque era provisório, ambíguo, devendo o «servo» ser a prazo ou resgatado pelos seus, ou integrado na família. – Será precisamente quando uma categoria, social e política, de «escravos», aparecer, que nascerá o seu comércio, e que uma expressão como «o gado e os homens» se tornará caduca (é evidentemente uma sobrevivência do vocabulário, nas três culturas onde existe): porque o conceito de «homem», *wiro-*, será irremediavelmente cindido entre os *wiro* membros do clã, produtores mas livres e nisso próximos dos *ner-*, e os *wiro-* não livres, aos quais cada cultura teve finalmente de dar um nome.

As famílias indo-europeias trocavam muito os homens, e, na própria medida em que não existia comércio de escravos, por falta de escravatura generalizada, só isso impedia que não se estabelecesse uma noção do «comércio» como troca de objectos utilitários. Havia as adopções, a educação em «*fosterage*» (tutela), os casamentos e os prisioneiros de guerra – dos quais se pode supor que, quando não eram resgatados, acabavam por integrar-se, talvez pela adopção, na família. Tais trocas não são interindividuais, mas interfamiliares. Uma outra forma importante é a hospitalidade. Era dever de um grupo acolher o visitante, ou o refugiado saído de um outro grupo, para mantê-lo e/ou protegê-lo. A importância e a antiguidade da noção verificam-se em vários elementos. Por exemplo, em iraniano (incluindo o osseto), o nome do «hóspede» deriva directamente do do deus Aryaman, aquele que protege, nos seus membros, a comunidade ārya. Na Europa, o nome do «hóspede» comum a várias línguas (latim, germântico, eslavo), *ghosti-*, (p. 468) significa de facto «estrangeiro», tal como o ensinam os acontecimentos latinos, mas no sentido preciso de «estrangeiro que pertence ao mesmo povo que eu»; é esse o caso, para *hostis*, na Lei das XII Tábuas; Festus confirma que se chamava outrora *hostes* àqueles que tinham «o mesmo direito que o povo romano»: entre hostes, há portanto igualdade, isto é, reciprocidade de serviços. O conceito de *ghosti-* remete, de facto, para uma ideia de prestações institucionais entre iguais.

A Grécia primitiva, como vimos, conhece uma noção de «hospitalidade hereditária»: o acolhimento não é, portanto, uma operação unívoca e única; é um momento numa relação mais geral de troca. Não se porá em dúvida a antiguidade desta espécie de laço entre duas famílias revivificado de geração em geração. De igual modo, a noção de «proxenia», pela qual uma família de uma certa comunidade mantém relações privilegiadas de acolhimento e trocas com uma família de uma comunidade (uma tribo) diferente, e portanto eventualmente inimiga, tem paralelos etnográficos: era já certamente indo-europeia. Os *hostes*, Mitra e Aryaman, estão aqui envolvidos.

4. O direito

Sociedade de honra, população organizada em grandes famílias federadas à volta de símbolos e ligados por todo o ciclo completo e complexo de prestações, a antiga cultura indo-europeia implicava um direito, civil e penal, que regulava as relações dos homens entre si.

É mal conhecido esse direito: seguindo a evolução muito divergente das diversas sociedades, modelou-se à medida das necessidades e a reconstituição das formas primitivas é aqui, como em outros domínios sensíveis, bastante difícil. Mas tradições, «fósseis jurídicos» e linguísticos, permitem discernir alguns elementos.

No domínio «civil», encontramos diversas indicações positivas, explícitas, sobre a maneira de tratar os problemas sociais correntes. É o caso das regras de casamento: os textos antigos da Índia e da Irlanda enumeram oito ou dez modelos de uniões, que, na Índia, se interpretam correctamente no quadro trifuncional. Esta triplicidade das formas matrimoniais é atestada precisamente em Roma, e, por meio de tradições, na Grécia. Casamento solene e igualitário, casamento por rapto, casamento por compra constituem solidariamente uma fracção do direito indo-europeu mais antigo. L. Gerschel determinou a existência de estruturas idênticas no mais antigo direito romano; havia três maneiras de fazer testamento: uma diante do grande pontífice, outra perante a frente das tropas e uma terceira simulando uma venda do património; há também três processos de alforria: uma, por um rito de passagem simbólica, que cria um novo cidadão; outra, no campo de Marte, que inscreve um novo soldado no recenseamento militar; e uma terceira em que o senhor subtrai o escravo, valor mercantil, do seu património. Estas regras jurídicas não têm paralelo indo-europeu e não se pode, portanto, garantir a sua antiguidade. Mas o seu valor trifuncional, o paralelismo do direito matrimonial e o juridismo extremo dos Romanos, permitem supor que elas não são uma elaboração da época romana. Tanto mais que o juridismo latino é a sequência, o prolongamento, de um certo juridismo indo-europeu: os nomes gregos e indianos do «direito» (*thémis, dhāman-*), saíram da raiz **dheə-*, «assentar, estabelecer»; o direito não é concebido como o resultado de uma discussão humana argumentada, mas apoia-se em «decretos» pronunciados pelo rei, ou sem dúvida pelo sacerdote, inspirados pela divindade.

O verdadeiro direito, e o sector mais rico, é o que denominamos o penal; consiste em restabelecer a ordem do mundo, quando ela foi perturbada por um membro do grupo. O latim *ius*, «direito» (de **yowes*), o avéstico *yaož-dā-*, «tornar correcto religiosamente», o védico *yoḥ*, evocam a ideia de um estado de «normalidade total, de «adequação àquilo que convém», poder-se-ia dizer também de «coincidência com a Verdade» do mundo: isto é, **yews*. O termo, orientado para o horizonte estritamente jurídico em latim, para o religioso em indo-iraniano, não compreendia, sem dúvida, esta distinção na origem: ritual ou juridicamente, estabelecer o **yews* é comportar-se em harmonia com a Ordem do mundo (santificada em indo-

-iraniano: véd. *R̥ta*, av. *Aša*, a «Ordem» conforme à religião, aparentado ao latim *ritus*, «rito»).

Os Indo-europeus parecem ter praticado concorrentemente duas justiças muito diferentes. Uma é familiar: o clã, a família, funciona então como entidade isolada, e regula ele próprio o seu problema jurídico. Em caso de assassínio, conduz a vindicta. Em caso de dívida, utiliza métodos coercitivos individuais. D.A. Binchy notou uma interessante correspondência entre a Irlanda e a Índia: quando um devedor (geralmente poderoso) não quer dar o que deve a um homem, este vem sentar-se diante da sua porta, e jejua aí – até que o devedor ceda reembolsando, ou pelo menos (na Irlanda) aceitando levar a questão perante um árbitro.

A possibilidade de ultrapassar a justiça familiar para levar a questão diante de uma autoridade que tem de dirimir constitui a segunda justiça conhecida dos Indo-Europeus. Não pode duvidar-se da sua existência: é, de facto, um dos ofícios principais do rei. Se as regras jurídicas, muitas vezes enumeradas em textos sagrados (Irlanda, Índia: Leis de Manu), são evidentemente, em primeiro lugar, criação dos sacerdotes, a sentença e a realização de direito são, por excelência, encargo real. Um sacerdote aconselha-o, os poderosos, ou a assembleia dos guerreiros, escutam-no e reservam-se a possibilidade de aprovar ou rejeitar o seu julgamento, mas é a sua palavra, a sua verdade, que funda o direito: a *Ilíada*, Hesíodo, são ainda testemunhos desta concepção, à qual os Celtas, os Germanos, o Irão, trazem preciosos cotejos. Entre os Hititas, o rei Telepinus estabeleceu uma «constituição» que define os deveres do *pankusǰ*, a assembleia de «todos os guerreiros», na realidade dos Grandes do reino; prolonga directamente as instituições indo-europeias (atrás, pp. 486-87), e a justiça faz-se sob o seu controlo, mas é o rei que actua: «Com os guerreiros e os Grandes, deves viver em bom entendimento. Viste acaso uma falta de alguém, quer ele tenha pecado para com um deus, quer tenha pronunciado uma frase qualquer, convoca o *pankuš*. A discussão deve ocorrer exclusivamente diante do *pankuš*.»

Quanto ao processo, o seu elemento essencial parece ter sido o *ordálio*. É atestado em todas as sociedades indo-europeias arcaicas. A sua forma a nosso ver mais benigna é de facto o *juramento* porque, pronunciado solenemente diante dos homens e diante dos deuses, compromete o seu autor; se a sua palavra não for portadora de Verdade, poderá ser fulminado imediatamente: várias lendas do mundo indo-europeu assentam nas consequências dramáticas de um perjúrio muitas vezes involuntário; para Hesíodo, *Hórkos*, o Juramento, é o mais temível dos deuses. Acontece que falsos juramentos sejam absolutamente necessários para a salvaguarda da comunidade, dizem os mitos: é por isso que o herói romano Mucius Scaevola e o deus jurista escandinavo Tyr, que juraram falsamente em situações desesperadas, são manetas. Tal juramento é, de facto, um processo jurídico: tem como protector, ou juiz, o deus soberano e jurista, Týr, Zeus Hórkios, *MiΘra*, Júpiter sob a forma de Dius Fidus, o deus da «boa-fé». Em osseto, o juramento, *ard*, tira o seu nome do da Ordem indo-iraniana, **Arta*.

Outras formas de ordálios, atestadas por mitos ou sobrevivências jurídicas, são espécies mais perigosas: combate contra um campeão, prova das armas, do fogo, da água, salto de um rochedo, encerramento...

A sanção, se não está contida no próprio processo do ordálio, é sempre objecto de um acordo. Para uma falta cometida por um dos seus membros, uma família, solidariamente responsável, deve compensação, multa, a uma outra família. Talvez já uma parte da multa fosse alimentar o tesouro real – aquilo que os reis irlandeses fizeram, os reis indo-europeus eram muito capazes de fazer também... Este mecanismo devia actuar em caso de roubo e é interessante observar em Roma, e na Índia e no Irão, uma teoria idêntica do roubo, em que se distingue o «roubo manifesto» (*furtum manisfestum*; véd. *stená-*, av. *hazahan-*, «salteador») e o «roubo clandestino» (*furtum nec manifestum*; véd. *tāyú-*, av. *tayu-*, «aquele que rouba secretamente»). – Mas, em caso de falta muito grave, de assassínio no interior de um clã, por exemplo, ou de dois clãs ligados – assassínio de tios maternos – já não há lugar a acordo. Também não há lugar a pena de morte: esta, atestada tanto na Grécia arcaica como entre os Germanos ou outros povos, envolve os criminosos desprezíveis, precisamente os ladrões e salteadores. O assassínio, em contrapartida, escapa à justiça dos homens, porque representa a intrusão de uma parte de loucura – como a do guerreiro – e, por conseguinte, de divino, no curso da vida: o assassínio é *sacer*. Tomado pelos deuses, não pode deixar de ser-lhes votado: uma larga parte do lendário indo-europeu está fundada no exílio do assassino. Ele constitui uma nódoa para os seus próximos: é preciso expulsá-lo. A colonização grega desde a época heróica, a tensão dramática da *Táin Bó Cualnge*, assentam em muito no exílio e na separação de parentes, de irmãos-de-leite, na sequência de um crime no seio da família. Um encontro nacional preciso descreve o exilado como um «lobo»: a lei hitita diz do criminoso que ele «se tornou um lobo», o nome germânico do criminoso, *warg*, significa «o estrangulador», «o lobo», o proscrito é em irlandês um «lobo azul», o inimigo estranho aos Arya, ou excluído da comunidade ārya, é chamado um «lobo» pelo *Ṛg-Veda*, e Athamas, exilado do seu reino da Beócia pelo assassínio de seu filho Léarkhos, vai viver entre os lobos da planície tessálica...

IV. – A RELIGIÃO

1. Vestígios linguísticos

O estudo da religião comum original dos Indo-Europeus encerra um paradoxo: insucesso estrepitoso no século XIX, êxito grandioso no século XX. Inicialmente, fundado na linguística, desacreditou a própria ideia de civilização indo-europeia comum. Seguidamente, descobre uma riqueza conceptual de vastidão considerável, e extravasa do seu domínio próprio sobre os próximos, porque informados igualmente pela ideologia.

O malogro inicial tem a ver com uma constatação: ao passo que séries inteiras de conceitos – nomes de número, de parentesco, de animais domésticos, etc. – são comuns a um grande número de línguas indo-europeias, em contrapartida isso só se verifica com *uma minoria ínfima dos nomes de deuses, de heróis, de rituais, de sacerdócios*.

Nota-se, de facto, um nome comum para a noção de «deus»: **deiwos*, segundo o latim *deus*, com formas aparentadas oscas e úmbrias, sânsc. *deváh*, av. *daēvō* (no sentido inverso: «demónio»), lit. *diēvas*, gaul. *dévo-*, irl. *dia*, alto al. ant. *Zio*. A palavra, que só falta no grego entre as línguas antigas, designa os deuses como seres do céu diurno: de uma raiz **dei-*, «brilhar», são derivados ao mesmo tempo o nome do «deus», o do grande deus celeste, e o do «dia» como oposto à noite (lat. *diēs*, véd. *dyauh*, irl. *dia*).

De resto, o nome deste deus-céu é o *único* que é quase comum a todos os Indo-Europeus: gr. *Zeús* (gen. *Diwós, Diós*), sânsc. *Dyáuh* (gen. *diváh*), latim *Juppiter* (que é um vocativo; nom. *Diés, Dius*, gen. *Iovis*), germ. **Tiuz*, no escandinavo *Tyr* e o continental *Zio* (que há razões para fazer vir antes de **deiwos*). O hitita *sius-* significa «deus», mas a forma lembra o nome próprio do deus indo-europeu, **Dyeus*, e discute-se a questão de saber se, nos textos hititas antigos, ele não designará um deus pessoal. A linguística indica outra coisa a respeito desse deus-céu: é em todo o lado Pai, latim *Juppiter*, grego *Zeús Patér*, sânsc. *Dyaúh Pită*. – A linguística nada mais ensina a respeito de **Dyeu-*, e é preciso de facto admitir que entre os Zeus e Júpiter mediterrânicos, o Tyr escandinavo, subordinado a Ođinn, faz triste figura, e o Dyaúh védico, estritamente deus-céu, é uma das figuras teológicas mais pálidas.

Ao lado deste deus, os comparatistas do século XIX identificavam um certo número de entidades meteorológicas personificadas:

– *O Sol*, **Suəel-*, tem um nome construído sobre o mesmo radical em latim, grego, indiano, germânico, lituano, galês, irlandês, avéstico. O Sol não parece ter sido um deus importante entre os Indo-Europeus (o que de facto não é nem na Grécia, nem entre os Germanos, os Latinos, os Celtas, os Indianos, os Bálticos... No Irão ganha importância devido ao facto de ser aproximado de Miora, tal como mais tarde na Grécia o culto de Apolo se solariza), mas desempenha um papel muito grande no simbolismo: é muitas vezes figurado e citado na poesia; o seu ciclo anual está na base da heortologia indo-europeia, o seu nome entra em vários antropónimos antigos, e o carro do Sol é um teologema atestado na Índia, na Grécia, entre os Germanos.

– A Lua tem dois nomes indo-europeus, um como medida do tempo (germ. gót. *mena*, ingl. *moon*, grego *méné*, etc.) e raramente divinizado (significa com frequência simplesmente «mês», lat. *mēnsis*, gr. *mḗn*), o outro como astro brilhante, e personalizado: **Leuks-nā*, donde lat. *lúna*, cf. av. *raoxšna-*, «brilhante», pruss. ant. *lauxnos*, «estrela». O sufixo é o feminino do dos nomes de responsáveis sociais em *-no-* das línguas ocidentais, e dos nomes de deuses (p. 462). O grego oferece um equivalente exacto, *Seléné*, «a brilhante». A Lua também não é uma divindade de primeiro plano, mas desempenha igualmente um grande papel no simbolismo, em vários rituais, etc.

– A Aurora é uma figura divina comum à Índia, a Roma, à Grécia; o seu nome, na primeira, Uṣā́s, vem de **usōs*, nas duas outras, *Aurōra* e *Eôs*, de **ausōs*. A sua mitologia é mais precisa que a dos anteriores: é raptora de homens (Índia, Grécia), irmã da noite (Índia, e vestígios em Roma nas Matralia: Mater Matuta é o nome divino da Aurora), inimiga das trevas que escorraça, mãe universal, e em particular ela «educa» ou promove o Sol, filho da Noite (Índia, e ritos das Matralia).

– O Fogo e a Água compreendem, no indo-europeu, duas séries de nomes cada, uma no género animado, outra no inanimado, e é patente que a primeira corresponde a uma personificação do elementos: lat. *ignis*, sânsc. *Agnih*, lit. *ugnis* (em face do neutro, gr. *púr*, hit. *puḫḫur*, ai. *Feuer*); mas a comparação não pode ir muito longe, de tal modo a importância teológica do Fogo entre os Indo-Iranianos, e o seu papel estritamente ritual entre os outros Indo-Europeus são desproporcionados. – De igual modo, se as Águas são divinizadas na Índia, a comparação indo-europeia não permite projectar essa concepção no passado comum.

São sensivelmente estas as «divindades naturalistas» comuns a vários grupos. Para além delas, há apenas aproximações de fraco alcance, de tipo duplo, e geralmente entre povos vizinhos (lat. Vesta, gr. Hestía; esl. Perunu, lit. Perkunas; gaul. Taranis, germ. *Thunraz; ind. Mitra, ir. Miora, e numerosas aproximações deste tipo; etc.). De algumas aproximações feitas a partir do século XIX, algumas são actualmente rejeitadas (a que se fez entre Marte, deus da guerra latino, e os Marut, companheiros de Indra, deus da guerra indiano, levanta demasiados problemas, embora seja sedutora), outras são ainda objecto de discussões (véd. Pūṣan, gr. Pān: ambos deuses dos rebanhos e da natureza; a comparação ganha em exactidão, se se juntar a Pã seu pai Hermes...; indo-iraniano *Aryaman, irl. Eremón; um último foi revelado muito recentemente (Apām Napāt, Apām Napat, Nechtan, Neptnnus, respectivamente indiano, iraniano, irlandês, romano: o Fogo na Água, Neto das Águas, senhor da água) (pp. 512-13).

Balanço decepcionante no seu conjunto, portanto, pois que as aproximações são de curto alcance, ou de fraca espessura. Por volta de 1900, só podia considerar-se como religião indo-europeia uma débil teologia astral semelhante, por exemplo, àquela que César atribuía aos Germanos: «No número dos deuses», diz ele, «eles só admitem os que vêem e cujos benefícios sentem palpavelmente: o Sol, Vulcano e a Lua; dos outros, nem sequer ouviram falar.»

A ausência de heróis ou de heroínas comuns a vários povos reforçava este triste quadro. Suspeitava-se a existência de um parentesco entre Erémon e Aryaman, mas só o primeiro é um herói, e bem pálido ao lado do deus companheiro de Mitra; reconhecia-se na irlandeza Meldb e na indiana Mādhavío mesmo nome da «Embriaguês», mas a que mitologia comum poderiam reportar-se a grande rainha lendária da Irlanda, heroína principal da *Táin Bó Cualnge*, e esta figura muito secundária do Mahābhārata?

Do lado dos sacerdócios, vastas categorias de sacerdotes – brâmanes indianos, magos iranianos, druidas celtas – deixam no ar a ideia de uma organização indo-europeia antiga: mas os nomes diferem em absoluto, e é na direcção oposta à de uma origem comum que conduziam a ligação dos brâmanes ao deus puramente indiano Brahmā e à palavra védica neutra *bráhman*, a dos magos a esse produto estritamente iraniano da história que é o zoroastrismo, e por fim o mito de uma heterogeneidade entre Celtas e Druidas, estes últimos supostos a dada altura de origem pré-céltica. A equação, sedutora, entre os *Brâmanes* e os *Flāmines* romanos põe problemas fonéticos e era, como ainda é, rejeitada pelos puristas da linguística, apesar do poderoso reforço das análises de Dumézil.

Quanto aos rituais, finalmente, as heortologias grega, indiana, romana, germânica, céltica não coincidem, e os rituais, tomados isoladamente, perdiam a sua pertinência. Sublinhava-se a semelhança entre os sacrifícios triplos dos Gregos (*trittúes, trittoiai*), dos Indianos (sautrāmanī), dos Romanos (*suovetaurilia*); entre certas festas de Primavera, que giram à volta do mito da alimentação ou bebida de imortalidade; entre o ritual do santuário de Diana em Nemi, no Latium, e a morte de Baldr na mitologia escandinava: mas a pertinência da comparação esbatia-se sempre num conjunto mais vasto de aproximações extra-indo-europeias, cuja facilidade revelava mais a universalidade de um motivo que a sua origem comum e a sua especificidade indo-europeia – a última comparação citada é o ponto de partida de James Frazer para o seu Golden Bough, súmula de mitos e de ritos do mundo inteiro.

2. A trifuncionalidade

As coisas encontravam-se neste pé, ou seja, no ponto mais baixo da reconstituição de uma religião comum, quando Georges Dumézil, nos anos 20, retomou o problema. Resumo aqui o andamento do caso. Em 1924, o *Festin d'immortalité* esbarra na reconstituição de uma mitologia comum. O *Problème des Centaures*, em 1929, retoma, por sugestão do mestre da linguística indo-europeia de então, Antoine Meillet, a comparação entre seres míticos de nomes aparentados e de natureza (geralmente cavalar) comum, gr. *Kéntauroi*, ind. *Gandharvá*, ir. *Gandarəva*, esl. *Gody*, lit. *Gondu*, aos quais se liga, pela análise fonética, o latim *februum*, designação de uma festa em que se manifestam homens-lobos, os *Lupercī*. Os Centauros, os Gandharvā, os representantes iranianos do nome *Gandarəva, têm comportamentos próximos: são iniciadores, ou constituem confrarias iniciáticas, são meio-animais e têm um carácter sexual muito marcado – na Índia são os primeiros maridos de todas as mulheres, em Roma batem nas senhoras com correias de pele de bode para as tornar fecundas, na Grécia violam, raptam, ou tentam fazê-lo, jovens casadas lendárias. E, mais importante ainda, festas e mitos remetem para um momento preciso do calendário ritual: envolvem a mudança de ano, quando este se situa à volta do Inverno. – Sinal, cujo sentido só mais tarde se veio a revelar: se a mitologia dos *Kéntauroi* é, naturalmente, a mais rica, servida como é por uma infinidade de textos e de figurações, é também a mais abstracta da série – os Centauros são apenas míticos, os Gandharvá, Gody, *Gandarəva são figuras rituais, ou estreitamente ligadas a festas. E os dados gregos são os menos precisos quanto à inserção dos Centauros num quadro cronológico anual.

Em 1934, Dumézil retoma a análise de uma velha equação *Ouranos-Varuṇa*. A direcção não é a melhor, mas o autor estuda então em pormenor a singular imagem da realeza proposta pelo indiano Varuna. Mas um artigo de 1930 abria uma discussão de maior futuro, dado que punha o problema da «pré-história indo-iraniana das castas». Sabe-se que a sociedade indiana se divide numa infinidade de grupos humanos reservados, «castas» no sentido restrito, os *jati*; mas os *jati* estão distribuídos entre quatro grandes conjuntos hierarquizados, «castas» em sentido amplo, os *varna* (seguidamente, utilizo o termo «casta» exclusivamente no sentido de *varna*).

A mais antiga compilação de textos da Índia é o *Ṛg-Veda*, súmula de hinos religiosos cuja composição, a julgar pela sua língua e certos cotejos históricos (*v.* a seguir, sobre os deuses indianos do Mitani), pode remontar, para os mais antigos, ao fim do II milénio antes da nossa era. O *Ṛg-Veda* ignora as castas. Mas encontramos nele mencionados três «princípios» que serão, mais tarde, os núcleos conceptuais das três primeiras castas; os quatro *varṇa* eram os Brâmanes, os Ksatriya, os Vaiśya, os Sndrã, mas o *Ṛg-Veda* emprega os termos *bráhman* (neutro singular), «ciência das correlações místico-rituais», *Kṣatrá* (neutro singular), «potência», e *vísah* (masc. pl.), «os clãs». Donde se conclui que, antes de serem quatro, os *varṇa* eram três. Terá de admitir-se também que os três princípios enunciados designam já castas e, portanto, que as castas são um dado inicial da história indiana? A resposta a esta pergunta orienta toda a pesquisa de Dumézil durante os trinta anos seguintes. Na sequência de vários outros orientalistas, Dumézil responde pela afirmativa; o terceiro termo, «os clãs», convida a dar um sentido efectivamente social aos dois primeiros termos. – Ora, um certo número de elementos sugere que esta série tripla se encontra também no Irão: ao *kṣatrá* védico corresponde, na tradição zoroástrica, uma pálida entidade teológica, *XšaΘra*, a «Potência»; ao *bráhman* corresponde o nome avéstico de feixe de varas sagradas que o sacerdote masdeísta segura na mão quando oficia, *barəsman*.

A descoberta principal situa-se em 1938; verdadeira ruptura epistemológica na obra de Dumézil, e na história dos estudos indo-europeus, opera-se na linha directa da pesquisa anterior. Os três princípios abstractos do *Ṛg-Veda* estão ligados, por um lado, às castas, isto é, a funções sociais – sacerdotes, guerreiros, agricultores –, e por outro, a divindades: respectivamente, a Mitra e Varuna, a Indra e aos gémeos Nāsatya. Ora, Roma, a mais antiga Roma, oferece a esta série tripla um paralelo rigoroso: à cabeça do corpo sacerdotal encontravam-se os três *flāmines majores*, ligados a três deuses: Júpiter, Marte, Quirínus. O facto de cada um deles ter um flâmine maior indica o seu primado na época alta, anteriormente à «tríade capitolina». Júpiter é um deus soberano, deus dos *auspicia*, dos juramentos, do direito; Marte é (evidentemente, e não obstante as teses «agrárias» muito em voga não há muito tempo) o «deus da força física, despendida nomeadamente na guerra»; Quirfnus, no mito, é Rómulo morto e divinizado (portanto, um dos gémeos), o seu nome (de *Co-viri-no-s) evoca a colectividade cívica dos Romanos (Quirlités), e o seu flâmine intervém em festas que são, todas elas, agrárias; é a comparação indiana que permite compreender esta constelação de caracteres de Quirinus: porque os *vaíśya*, «homens dos clãs» (cf. os Quirlités), são os produtores e os deuses correspondentes são Gémeos divinos, sedutores e fecundadores.

As «três funções» estavam descobertas: uma mesma estrutura teológica ordenava os deuses, no extremo-oriente e no extremo-ocidente do mundo indo-europeu. – E só os deuses? No ímpeto do trabalho de 1930, Dumézil pensou captar, nesta primeira Roma, a marca de uma divisão tripartida da sociedade; paralelos fornecidos então rapidamente por outros povos indo-europeus alimentavam a ideia de uma origem indo-europeia comum a esta maneira de ordenar os homens, e falou-se doravante de três «funções sociais». Só mais tarde, nos anos 50, depois de as aplicações da trifuncionalidade se terem multiplicado indefinidamente, se viu que no seu próprio princípio elas eram classificatórias (taxinómicas), isto é, teóricas, intelectuais, e não sociais. A questão não é simples de facto, e voltaremos a ela. Importa antes examinar as implicações da descoberta de 1938.

A primeira é a predominância, no domínio religioso, das estruturas sobre a língua: *Iuppiter* não é uma palavra aparentada com *Mitra*, nem com *Varuṇa*; *Mars* não é *Indra*; *Quirīnus* é uma palavra de formação estritamente latina, os Nāsatya são já indo-iranianos, mas de modo nenhum indo-europeus. O que permite então, o que impõe mesmo a aproximação entre as duas séries é a identidade da distribuição dos conceitos teológicos através dos três termos de cada uma. – A comparação religiosa e mitológica indo-europeia encontrava finalmente o seu caminho: tinha de incidir sobre a recorrência das estruturas teológicas e míticas e não apenas, nem principalmente, na semelhança dos nomes.

Uma segunda implicação explica amplamente o malogro anterior: se a mais rica mitologia conhecida é a da Hélada, o pensamento criativo actuou nela tão poderosamente e tão cedo que a «herança» indo-europeia foi lá trabalhada, modificada, ultrapassada, esbatida: a Grécia cede o lugar a Roma, à Índia, e depois à Escandinávia, ao Irão, à Irlanda, no título de «pilares» comparativos em mitologia. Quando a herança indo-europeia lá se atesta, é no estado de sobrevivências; não enforma, de facto, os textos mais antigos – a *Ilíada*, a *Odisseia* –, contrariamente à Índia, ao Irão, a Roma, e só isso impede que nos apoiemos na Grécia para reconstituir os conceitos indo-europeus. Será a comparação entre Roma e a Índia, por exemplo, que permitirá, secundariamente, interpretar certos mitemas ou teologemas gregos: quase o inverso, portanto.

A terceira implicação refere-se à extrema fertilidade da descoberta; o pensamento trifuncional foi reencontrado, a partir de 1938, e até aos nossos dias sem interrupção, num extraordinário número de domínios tradicionais: não apenas religiosos e mitológicos, mas também institucionais, jurídicos, literários, proto-científicos (medicina, «etnologia»), etc. Verificou-se progressivamente que se trata de uma concepção do mundo, de um sistema analítico que constitui uma tentativa de interpretação total dos conhecimentos humanos, e que é comparável, por exemplo, para o tipo de pensamento filosófico, ao sistema do *yin* e do *yang* chinês.

A trifuncionalidade na teologia. – A descoberta inicial permite definir, *grosso modo, a primeira função* (primeira, porque ao mesmo tempo superior às duas outras, e em geral citada à cabeça nas enumerações) como a da *soberania*, do *poder mágico-religioso*, do *pensamento*; a *segunda*, como a da *força física*, muscular, que se exerce principalmente, mas não unicamente, na guerra; e a *terceira*, mais multiforme, como a da *fecundidade*, da *agricultura*, da *massa humana*, da *sedução* ligada à reprodução.

Ora, *em todo o mundo indo-europeu* (*e quase nunca fora dele*), atestam-se tríades divinas correspondentes às três funções, e isso, sempre, quer como *os mais antigos agrupamentos divinos* do povo considerado, quer em condições tais que são manifestamente tradicionais. Isolo aqui alguns exemplos significativos:

– O principal santuário da Suécia politeísta era em Upsala, a norte da actual Estocolmo. Adoravam-se lá três deuses: Oðinn (o soberano dos deuses, senhor da magia e do conhecimento, dispondo do poder de paralisar um exército: estes caracteres são os de Varuṇa e em Roma, Júpiter Feretrius desempenha a mesma função junto de Rómulo), Thôrr (senhor do trovão, massacrador dos Gigantes inimigos dos deuses, salvador dos deuses, grande comedor, grande bebedor: um outro Indra) e Freyr (munido aqui de um imenso falo, patrono, com os outros deuses Vanes, da abundância, da volúpia, da riqueza, da paz, da navegação e da massa humana).

É o exacto equivalente da tríade romana e da tríade indiana. – Com menor nitidez, mas sem qualquer dúvida, esta tríade existia entre os Germanos continentais, tais como, por exemplo, Tácito os descreve.

– Quando se conhece o panteão, ou o essencial do panteão, de outras cidades itálicas, verifica-se que ele se adapta sem esforço ao quadro trifuncional. Em Iguvium, antiga cidade religiosa dos Umbrios, na Itália central, textos (as *Tábuas Eugubinas*) deram a conhecer o grande ritual durante o qual são adorados três deuses, denominados colectivamente

Grabovii, e os seus comparsas respectivos: um é Júpiter, o segundo é Marte, o terceiro chama-se *Vofionus*, do qual se deriva o nome, em virtude de uma análise fonética rigorosa, conforme ás leis do úmbrio, de um **leudhyon*-, do radical do alemão *Leute*, «as gentes», próximo sem dúvida pelo sentido do latim (aparentado também) *liberi*, «os homens livres» (P. Kretschmer): é o equivalente de Quirínus.

Em Lanuvium, cidade latina, a principal divindade é Juno. Inscrições ensinam que ela é tripla: IVNONI S.M.R., isto é, precisa uma: IVNONE SEISPITEI MATRI REGINÆ. Sabemos por Cícero que Juno *Sospita* (= em latim de Lanuvium Seispes) é guerreira, Juno é, pois, triplamente facetada: guerreira, mãe, rainha.

– Numa época indeterminada do início do I milénio antes da nossa era, uma reforma religiosa radical foi operada, ou melhor completada, por um sacerdote do nordeste do Irão, Zaratrusta. Ele substitui o politeísmo dos Iranianos primitivos, muito próximo do dos *Védas*, pela adoração de um deus único, Ahura Mazdā (do qual temos boas razões para pensar que prolonga, ampliando-o até ao extremo, o *Varuṇa indo-iraniano). Mas junta a este deus único uma série de Entidades abstractas, expressões ou coadjutores do Deus único. Os Câthâs do *Avesta*, cantos atribuídos ao próprio Zaratrusta, mencionam-nos, e o *Avesta* pós-gático chama-lhes *Aməša Spanta*, «Imortais Benfeitores»; os autores ocidentais chamam-lhes por vezes os «Arcanjos» do masdeísmo. São em número de seis. Dumézil mostrou, em 1945, que se distribuíram exactamente pelas três funções: Vohu Manah, o «Bom Pensamento», e Asa, a «Ordem», pelos seus nomes conotam já a primeira, estão de facto muito próximos de Ahura Mazdā, e foi possível provar que as suas relações são as de Mitra e de Varufia. XsaΘra, a «Potência», está aparentada ao Ksatra r̥g-védico, e os textos põem-no em relação com o metal, matéria das armas; temos seguidamente Armaiti, «o Pensamento Piedoso», Haurvatāt, «a Integridade», «a Saúde», e Amaratāt, «a Imortalidade». Os dois últimos representam, portanto, um aspecto material da vida humana, quase médico, o que corresponde a uma função dos Nāsatya; quanto a Armaiti, apesar do seu nome, é a Terra e a Mãe mística dos Iranianos – valor de terceira função, portanto, e nos textos védicos justamente uma deusa, em geral a ribeira divina Sarasvatī, está muito frequentemente ligada aos Nāsatya. – Assim, o masdeísmo antigo sublima os antigos deuses para fazer deles os prolongamentos operatórios, de algum modo as várias facetas, do deus único: sob a metamorfose, sob a renovação dos nomes, a estrutura permanece.

– Em Esparta, na ágora, havia, segundo o testemunho de Pausânias, três altares, consagrados a um grupo de deuses chamados colectivamente

Amboulíoi (tal como os de Iguvium são colectivamente *Grabivii*): são eles Zeus, Atena, os Dióscuros – isto é, o deus soberano, a principal divindade grega da guerra, e os equivalentes locais dos Nāsatya. Tais grupos trifuncionais de divindades são atestados no santuário de Delfos, na acrópole de Tebas, em Atenas (Atenas tripla), em Trezena, no santuário federal dos Aqueus em Aigion, em Orcomena da Beócia cujas divindades políades são as três Carites (*Aglaiè*, «Esplendor viril», *Euphrosúnè*, «Bom Pensamento», *Thalía*, «Crescimento») e em Eritreus, na Jónia, onde os Coribantes que rodeiam a Grande Deusa estão divididos em *Andreioi, Euphroneioi e Thaleioi*... Trata-se, de facto, de sobrevivências devidas ao conservantismo religioso: não provam a vitalidade do pensamento trifuncional na Grécia, mas demonstram que o mais velho fundo religioso helénico não era diferente do dos outros povos indo-europeus.

Assim, pela sua *antiguidade* sempre verificada, pela sua *generalidade* manifesta e pela sua *exclusividade* na organização dos panteões centrais, a trifuncionalidade apresenta-se como *o teologema central da antiga religião indo-europeia*.

A trifuncionalidade como sistema de pensamento. – Foi na *teologia* e na *sociologia* que a trifuncionalidade foi inicialmente desvendada. Ora, progressivamente, verificou-se que *o mesmo sistema classificatório* era antigamente utilizado num *grande número de aplicações* de naturezas diversas: é verdadeiramente um sistema de pensamento – uma *ideologia*, diz Dumézil –, um sistema do mundo. A partir daí, teologemas e classificações sociais não são mais que dois dos domínios de aplicação – seja qual for a sua importância própria – de um princípio que é, acima de tudo, *filosófico*: é uma *criação intelectual*, um instrumento de análise teórica. – A quem duvidasse da capacidade dos «homens pré-históricos» para produzir um tal sistema, lembrar-se-á, por exemplo, que é na sua época, exactamente, que noutros locais outros inventavam a escrita. Referir-me-ei mais adiante *à génese* provável desse sistema. Aqui quero mostrar a *extensão* do domínio da trifuncionalidade sobre o antigo pensamento indo-europeu.

A *realeza*, como vimos, conota e assume as três funções – e isso, de uma maneira que marca nitidamente o distanciamento para com a dimensão social: vermelho, o rei simboliza a segunda função, mas nunca combate; rico, exprime a terceira, mas não pode ser um produtor.

A trifuncionalidade enforma igualmente as outras *instituições*: é o que se passa com o casamento e com o direito mais arcaico. Donde a forma das mais antigas «constituições» gregas: em Esparta, atribuem-se a Licurgo três leis positivas (a instituição do Senado – *gerousđía* –, a partilha das terras, a organização dos contingentes militares a que os cidadãos estão adstritos) e três leis proibitivas (condenando a redacção escrita das leis, o luxo e a repetição da guerra contra os mesmos inimigos, para evitar que eles se afaçam à guerra) (e em ambas as vezes a ordem é a mesma: I, III, II); em Creta, a constituição das cidades assenta num princípio fundamental, a liberdade, que se obtém pelo respeito de três princípios subordinados: a concórdia entre os cidadãos, a coragem na guerra, a proscrição do luxo.

Verifica-se aqui que as tripartições sociológicas não são mais que uma das formas da utilização da trifuncionalidade no domínio institucional. Ao lado dos Indianos, que constroem o modelo teórico dos Varṇa, e depois o fazem passar para a realidade social, outros povos pensaram miticamente (para o tempo das «Origens», em particular, mas não apenas) a sua sociedade sobre o modelo trifuncional: é o caso das três tribos romanas primitivas, das quatro tribos citas de Heródoto, saídas de três irmãos, e que não correspondem a nenhuma realidade étnica, dos Ossetos seus descendentes com o ciclo dos Nartos, dos Escandinavos, pelo nascimento, em três gerações, dos filhos do deus Heimdallr, das tribos jónicas (três, depois quatro, como na Índia). Um dos fenómenos ideológicos mais singulares da história europeia é o ressurgimento, no Ocidente medieval, durante os tempos carolíngios, portanto depois do desmoronamento de todos os antigos sistemas conceptuais indo-europeus (gregos, latinos, célticos ou germânicos), de uma teoria trifuncional da sociedade, justificando a ordem feudal, no sistema dos três Estados: clero, nobreza e povo. Sejam quais forem as vias pelas quais a ideia chegou aos intelectuais carolíngios, a sua origem arcaica não pode oferecer dúvidas.

Quando o pensamento incide sobre um domínio que é para nós «científico», adopta naturalmente a mesma teorização: havia uma «doutrina médica», atestada no *Avesta*, no *Ṛg-Veda* e em Píndaro, pela qual tipos de doenças e remédios se classificavam em conformidade com as três funções. O mesmo se passa com os aspectos «psicológicos» ou «intelectuais» do homem: há três almas, ou três aspectos da alma, segundo Platão – algumas obras do qual testemunham uma patente influência indo-europeia, e o estabelecem assim como o principal pensador de tradição indo-europeia do mundo antigo –, uma conhecedora, uma outra ardente, uma terceira concupiscente; coisa a que corresponde a teoria indiana das três *guna*, «qualidades» humanas: *sattva*, «luz», *rajas*, «actividades», *tamas*, «inércia, trevas». O próprio corpo humano pode, evidentemente, ser analisado do mesmo modo: o *Timeu* expõe que a alma imortal reside na cabeça, a alma guerreira e mortal no tórax, e a concupiscente, passiva, mortal, entre o diafragma e o umbigo.

Uma certa «etnologia» primitiva não escapa à regra; o Platão da *República* conhece três espécies de povos: os que amam a guerra, como os Citas e os Trácios, os que amam o conhecimento (os Gregos, evidentemente) e os que amam a riqueza, como os Egípcios. Num importante mito iraniano, três filhos de Ferīdūn, Salm, que pedia grandes riquezas, obtém o império romano, Tōz, que pedia a valentia, obtém o Turquestão, e Eric, «sobre quem recaíam a Glória (real), a lei e a religião», obtém o império do Irão e a Índia. A Irlanda e sem dúvida o País de Gales medievais ordenavam as suas próprias componentes políticas segundo um esquema análogo.

Os princípios de educação também lhe correspondem, em Platão ou em Creta, e portanto, no seu prolongamento, a iniciação, por exemplo em Creta, onde o novo guerreiro-cidadão recebe três presentes institucionais: uma taça, uma veste de soldado e um boi, nos quais se reconheceu uma expressão das três funções.

Naturalmente, o pensamento especulativo segue as mesmas vias. Veremos mais adiante como *a origem* da sociedade e do mundo se analisava dentro desta fórmula. No pensamento prospectivo, expresso evidentemente em mitos, com valor de *exempla*, a trifuncionalidade estrutura:

- as *escolhas* possíveis, com os seus perigos e as suas vantagens: é o caso da escolha de Páris, da dos filhos de Ferīdūn (*v.* atrás) e dos filhos de Guilherme o Conquistador;
- *faltas*: aos três interditos de Licurgo em Esparta correspondem em Creta os três defeitos a evitar, a inveja, a arrogância e a raiva. A vida lendária dos heróis guerreiros, Héracles, Starcatherus e Indra, organiza-se ao ritmo de três faltas que correspondem às três funções;
- *flagelos* possíveis: Dario, numa inscrição de Persépolis, pede a Ahura Pazdā «que não venham a este país nem o exército inimigo, nem a má revolta, nem a mentira»; numa lenda galesa, o rei Lludd, embora fundador de Londres, bom guerreiro e bom distribuidor de alimentos, não pode desembaraçar-se de três flagelos, uma casta de «sábios» que entendem de tudo, dois dragões batalhadores e um mágico ladrão de alimentos – os perigos são, portanto, o conhecimento exagerado, um combate cataclísmico e uma apropriação indevida. Na Índia, um hino védico pede: «Mantende longe a doença, o fracasso ritual, a hostilidade.»

A tripartição funcional é, de facto, uma tentativa de análise exaustiva dos aspectos do mundo.

3. A oposição Mitra-Varuṇa

O teologema trifuncional é o principal, mas não o único. Um outro, igualmente essencial, é a partição da primeira função em dois aspectos complementares – descoberta quase ao mesmo tempo por G. Dumézil. O ponto de partida é, de novo, indiano: os hinos védicos ligam sistematicamente os dois deuses Mitra e Varuṇa, a ponto de fazer deles um composto gramatical e de decliná-los em conjunto. A análise dos hinos, ajudada por alguns textos posteriores, explica esta bipartição do divino ao nível da soberania: Mitra é um deus próximo dos homens (o seu nome, da raiz *mei-*, «trocar», significa o «contrato», a amizade institucional), pacífico e ligado ao aspecto religioso da sociedade; é qualificado de «brâmane» e pertence-lhe tudo o que é correctamente sacrificado; Varuṇa é um deus distante («o outro mundo», diz um texto, ao passo que Mitra é «este mundo»), terrível porque senhor da magia paralisadora, guerreiro porque é a essência dos *kṣatriya*, violento e estreitamente ligado aos Gandharvá que se manifestam por uma agitação frenética aquando da festa do Ano Novo; cabe-lhe a ele o que é mal sacrificado. A Mitra o leite, a Varuṇa o *soma* (bebida inebriante); Mitra é o dia, Varuṇa a noite, etc.

A oposição bipolar assim desvendada na Índia é transponível para o plano indo-europeu: é atestada na mitologia escandinava, onde Oðinn é um deus terrível, com um domínio fulminante sobre o adversário, senhor da magia, chefe de um bando guerreiro, e onde, ao lado dele, Tyr é um deus jurista, protector da assembleia pacífica e jurídica dos guerreiros, garante dos juramentos; em Roma, onde enforma na lenda da origem, os tipos dos primeiros reis, de início, Rómulo, filho de Marte, adorador de um Júpiter terrível e fulminante – Stator, Feretrius –, criador do bando dos Lupercos, tão próximo dos Gandharvá, hostil aos senadores, por fim fulminado e divinizado; depois Numa, só homem, sabino (o que o liga à terceira função), escolhido pelos senadores pela sua sabedoria, criador do sacerdócio dos flâmines, adorador da deusa da «confiança», Fides. No plano divino, à oposição de Rómulo e de Numa, já expressa na diferença entre os Júpiter fulminantes e Fides, corresponde ainda a oposição de dois aspectos de Júpiter: um, Júpiter Summanus, a quem pertencem os relâmpagos nocturnos, e ao qual, tal como a Varuna, se sacrificam vítimas negras; o outro, Dius Fidius, cujo qualificativo evoca Fides, e cujo nome tem o mesmo radical que o qualificativo do *flāmen diālis*, e a quem pertencem os relâmpagos de dia. Ao lado dos três «pilares» comparativos tradicionais, Índia, Roma, Escandinávia, e do deus pacífico, mais próximo dos valores da segunda função, observa-se ainda no Irão (v. atrás, Vohu Manah e Asa, e adiante, as duas festas de Naurāz e Mihrjān), na Irlanda, em Esparta, etc. No plano da teologia, dos mitos e da sua transformação em epopeias, dos rituais, a oposição entre Mitra e Varuṇa é uma das mais operativas do pensamento indo-europeu. Totalizante e de uma certa maneira também ela exaustiva, atravessa diametralmente o sistema trifuncional, ligando cada uma das outras duas funções a um dos dois pólos, ou então projectando a sua estrutura no seio das outras: distingue-se, por exemplo, uma oposição, mais tipológica que estrutural é verdade, entre dois géneros de guerreiros paradigmáticos lendários; de um lado, o gigante selvagem, bravio, solitário, matador de monstros Thôrr e Indra dentro dos deuses, Starcatherus e Héracles entre os heróis); do outro, um guerreiro de aspecto muito humano, belo, respeitador das regras da honra (Aquiles, Sigurd, vários heróis de sagas escandinavas, são desse tipo).

É notável que o teologema em questão reproduza aqui, aparentemente, uma estrutura sócio-política indo-europeia: o rei tem sempre a seu lado um colaborador religioso (atrás, pp. 471-72); em Roma, a hierarquia sacerdotal tem à cabeça o par *rēx sacrorum e flāmen diālis*; porque Numa, segundo *rēx*, criou o *flāmōnium* «a fim de que os ofícios sagrados que dependem da função real não fossem abandonados» durante as guerras (Tito Lívio). O *flāmen diālis* leva um manto real, tem um manto real, apresenta-se ao lado do rei e ambos são «inaugurados» pelos comícios curiados. Na índia, o *rāj* saiu dos *Kṣatriya* (dos quais Varuna é a essência, e tal como Rómulo é filho de Marte), e «nele o brâmane caminha à frente». (*Ṛg-Veda*). As relações do rei e do druida irlandeses são idênticas. O rei indo-europeu apresenta-se assim, senão dependente, pelo menos de tal modo dependente deste capelão que a sua realeza é apenas uma parte da soberania. Conhecendo-se por outro lado, a fraqueza do poder do rei, a sua função inteiramente simbólica, descobre-se que o objectivo visado pela instituição é, de facto, a diminuição da autonomia do homem a quem foi confiada a direcção da sociedade. Em Esparta, a oposição entre Mitra e Varuṇa, transposta em termos gregos, é o fundamento teórico da partilha da realeza em duas dinastias cujos poderes, face aos gerontes, são assim autenticamente enfraquecidos.

Este paralelismo entre teologemas e factos sociais põe o problema da relação, nos Indo-Europeus, entre «religião» e «estrutura social». Voltaremos a isso.

Em vários sítios, um grande mitema enxerta-se na oposição complementar de Mitra e de Varuṇa. Na Escandinávia, de facto, o Soberano terrível é zarolho, o Soberano jurista é maneta. Os mitos expõem que o primeiro trocou um dos seus olhos por um gole de água ou de hidromel da fonte de Mimir, ganhando assim a sabedoria; o segundo, quando o mundo dos deuses estava ameaçado por um «lobito» destinado a crescer (e prodigiosamente!), Fenris, empenhou a sua mão direita na goela do animal para servir de caução quando os deuses fingiram brincar a encadeá-lo: a cadeia funcionou eficazmente, e o lobo mordeu. O deus jurista forneceu a caução de uma traição. Ora, a dupla do Zarolho e do Maneta encontra-se na Irlanda, em Roma, na Índia; na ilha céltica, envolve igualmente dois deuses soberanos: Nuada perde o braço direito, e isso permite aos Tuatha Dê Danann (os deuses) realizar com os seus adversários, os Fir Bolg, o acordo que lhes dá metade do país; Lug, sete anos mais tarde, no mesmo sítio, mas contra outros adversários, os Fomoré, assegura o êxito dos Tuatha Dê Dannan por meio de uma mímica guerreira em que mantém aberto apenas um olho. Em Roma, o motivo está desligado dos deuses e dos reis, por razões evidentes de incompatibilidade, para se ligar a dois heróis da primeira guerra da Roma republicana: Horatius Cocles, com um só olho numa versão corrente do mito, aterroriza e pára sozinho o exército etrusco de Porsenna; Mucius Scaevola queima, em seguida, a sua mão para garantir o falso juramento que convence o rei à retirada. Na Índia, isso envolve dois deuses da esfera da soberania: um, Bhaga, é próximo de Mitra – mas é ele, neste caso, que é cego; o outro, Savitr, ligado a Varuna, tem mãos de ouro, tal como Nuada tem uma mão de prata. Esta dupla de mutilação remonta, portanto, ao mais antigo simbolismo indo-europeu.

4. Prolongamentos teológicos

A «chave» trifuncional abriu ainda outras portas. A tríade fundamental comporta harmónicas e prolongamentos, ao mesmo tempo que outras aproximações entre figuras divinas de povos diversos permitiram completar a magra lista de deuses indo-europeus comuns reconstituídos pela linguística comparada e ligados à natureza física.

Os textos védicos expõem, por vezes, a tríade funcional por meio de colectivos: os Vasu, os Marut ou Rudrá, os Aditya. Os primeiros são os «bens materiais» (*vásū*, neutro), postos no masculino. Têm um correspondente itálico, a deusa Venusa, que inscrições ligam a divindades latinas de abundância material. Os segundos são o bando de Indra: o nome dos Marut foi, de longa data, relacionado com o de Marte, mas isso levanta graves problemas fonéticos. São, em todo o caso, a projecção mítica dos grupos de guerreiros gryas, os *márya*. *Rudrá* é um colectivo saído do teónimo *Rudra*, nome de um deus selvagem, de que Siva é originariamente um dos aspectos. Os Aditya são, portanto, os deuses soberanos: em número par, prolongam simetricamente os domínios de Mitra e de Varuṇa. Os dois mais importantes são, do lado de Mitra, Aryaman, protector da comunidade ārya, garante dos casamentos, senhor dos ritos religiosos e rei dos antepassados mortos; e Bhaga, «Parte», deus da riqueza, distribuidor das palavras que pertencem aos homens – razão por que «Bhaga é cego».

Tais prolongamentos do par soberano reconhecidos em Roma e na Escandinávia. O templo de Júpiter Capitolino abrigava duas capelas, e só duas, consagradas aos deuses Juventa e Terminus. Com as modificações que a passagem de uma comunidade nómada (ārya) a uma comunidade de camponeses sedentários (Latinos) supõe, reconhece-se na primeira a deusa dos *juvenes* romanos, na altura, diz um texto, em que eles são recenseados como novos cidadãos: o ofício de Juventa é a comunidade romana na sua totalidade, em acto. Terminus, deus zarolho, fixa as partes de cada um. – Os equivalentes escandinavos de Aryaman e de Bahga são dois filhos de Ođinn (e não de Tyr, demasiado decaído), Baldr e Hōdr, um prudente, bom, pai do deus reconciliador Forseti, o outro cego, assassino de Baldr e, assim, incarnação do destino – também ele cego. A solidez da aproximação ver-se-á a seguir no quadro da batalha escatológica.

Ver-se-á então como a grande epopeia indiana do *Mahābhārata*, que transpõe para a epopeia a maior parte da mitologia indiana, fornece, indirectamente, numerosos dados sobre deuses mal conhecidos no vedismo, mas aqui incarnados em heróis, em «quase-homens».

Foi assim que se identificaram dois deuses «quadros», estranhos ao grupo funcional, e o transcendente. O herói Bhisma, do *Mahābhārata*, é filho do deus-céu védico, Dyaúh. Mas os hinos não revelam grande coisa sobre este deus: nada dele é consagrado. Bhīṣma, em contrapartida, é muito próximo conceptualmente do deus escandinavo Heimdallr. Um e outro são, «primeiros», nascidos antes dos outros, e «últimos», morrendo na batalha escatológica. Transcendem as gerações. Não sendo reis nem um nem outro, a sua tarefa é promover, produzir, educar, um rei. Não têm mulheres, nem posteridade reconhecida. Um é filho de nove mães que são as ondas, porque nasceu nos confins da terra, do mar e do céu; o outro é filho de Dyaúh e da deusa do Ganges, que, dando à luz sete ou oito irmãos mais velhos, os afogou imediatamente nas suas ondas. Por fim, se um é filho do céu, o outro mora no extremo do céu, junto ao arco-íris; mas tem o seu palácio no topo do céu, e de lá vela sobre o mundo para os deuses.

Este deus-quadro, cuja definição está centrada na noção de tempo, é acompanhado por um segundo, cujo princípio é a ideia de espaço. O escandinavo Vídarr, o indiano Viṣṇu são primeiro «caminhadores»: um, em três passos, constantemente evocados nos textos e nos rituais da Índia antiga, ocupou o mundo; o outro possui um calçado fabuloso que, ao longo dos tempos, os homens lhe confeccionam, porque para ele são conservados todos os desperdícios da arte de sapataria; ambos têm por função introduzir os deuses, ou os reis, os sacerdotes..., no lugar que lhes compete; e ambos desempenham um papel primordial, de salvadores, na crise escatológica, em que a sua capacidade de ocupação total do espaço lhes permite aniquilar os esforços do adversário dos deuses.

Os dois deuses indo-europeus assim referenciados interferem aliás amplamente, pois que um e outros transcendem tempo e espaço – e vislumbra-se aqui, sob a formalização mitológica, uma dialéctica do tempo e do espaço de que temos outros indícios e que convém ainda reconhecer nos antigos pensadores indo-europeus.

Os nomes de Viṣṇu e de Vídarr parecem aparentados, à volta do sânsc. vi-, «separação», *vitarám*, «mais longe», escand. *viðr*, «largo» (al. *weit*, ingl. *wide*), e isso junta-se à lista das coincidências onomásticas entre deuses indo-europeus – mas aqui foi a comparação tipológica que fundamentou a reconstituição de um teologema: secundariamente, sugeriu a aproximação linguística. – Notar-se-á de passagem a excelência da conservação tradicional na Escandinávia.

Foi uma outra aproximação onomástica que foi efectuada nos anos 60, entre Apām Napāt, o «Descendente das Águas», um dos deuses Fogo védicos, que reside no seio das águas e vela sobre elas, o seu homónimo iraniano *Apám Napāt*, o herói irlandês *Nechtan*, guarda de um poço donde só ele e os seus escanções podiam tirar água, arriscando-se os outros a ficar sem olhos, e o latino *Neptūnus*. Os três primeiros guardam uma água de que só os eleitos podem aproximar-se – certos sacerdotes, na Índia; os Árias, no Irão; o próprio herói e seus ajudantes, na Irlanda – e dos quais os mitos dizem, sob efabulações diversas, que deles saíram os rios da terra. Ao último, deus das águas (*todas* as águas), correspondia uma festa mal conhecida, as Neptānālia: tem lugar a 23 de Julho, no início da Canícula – quando o fogo celeste pôs os cursos de água da terra no seu nível mais baixo – e parece, de facto, que o seu mito etiológico seja o transbordar lendário (materialmente impossível) do lago Albano, na sequência de uma falha ritual. Deste transbordamento nasceu um rio devastador, rapidamente canalizado numa preciosa rede de irrigação. Eis, portanto, um deus, «Neto» ou «Sobrinho» por excelência da Água, de natureza ígnea, senhor da água, perigoso ameaçador, só a distribuindo a quem de direito; Fogo, é-o porque o calor seca a água, saído da água ou residindo nela, porque o relâmpago nasce da nuvem negra, e porque a chama salta da madeira que friccionada, no entanto, foi durante muito tempo alimentada pela água.

Mencionarei por fim, ao lado destes deuses muitas vezes ligados a um elemento natural, mas cujo conceito o ultrapassa largamente, outros deuses quadros: aqueles que, nas invocações, seja de que natureza forem, introduzem ou encerram uma enumeração teológica. Na Grécia, as invocações de deuses garantes dos tratados, e certos rituais múltiplos, colocam Héstia, a deusa do lar, à cabeça; nos hinos védicos, de igual modo, Agni, o deus Fogo, serve de termo: é com frequência deus inicial, mas mais frequentemente deus final; no Irão, Atar, o Fogo, encerra muitas vezes as listas funcionais de divindades; em Roma, Vesta, a homóloga de Héstia, é, segundo Cícero, a deusa dos *extrēma*, aquela a quem se sacrifica em último lugar ou pela qual se acabam as invocações; mas é também inicial: o seu templo foi o primeiro edifício sagrado de Roma. Finalmente, da raiz donde saíram os nomes de *Vesta* e de *Héstia* provém o do primeiro homem que celebrou o sacrifício entre os Indo-Iranianos, o Vivasvat védico, o avéstico Vivanhat. E, segundo Platão, a construção da cidade ideal deve começar pela instalação de Héstia.

Mas, se Vesta está nos *extrēma*, se Agni está mais vezes à cauda que à cabeça, é porque os Latinos e os Indo-Iranianos conhecem um deus especificamente inicial: Janus nos primeiros, Vāyu, o Vento, na Índia antiga, e sem dúvida o seu homólogo Vāta no mais antigo Irão. O vento circula, e o nome de Janus deriva de uma raiz **y-a-*, que evoca a ideia de passagem. Porque o Fogo e o Vento levam aos deuses as mensagens dos homens: asseguram a transição essencial.

5. Mitos fundadores

Não há cosmogonia comum indo-europeia; há, em contrapartida, uma teogonia, por vezes projectada em «etnogonia», e isso dá uma indicação clara quanto às preocupações dos teóricos indo-europeus: já então se tratava, principalmente, de problemas sociais. Simetricamente, uma escatologia comum expõe a morte do mundo actual – e um renascimento idílico.

Do lado da *cosmologia*, reconstitui-se o tema de uma terra espaço, redonda, rodeada por um vasto curso de água onde desaguam os rios da terra (o *Okéanos* dos Gregos). Por cima, um céu sólido, de metal, na época tardia, de pedra inicialmente (sânsc. *áśman-*, «pedra, rochedo, céu», avést. *asma-*, «céu», lit. *akmuõ*, gr. *ákmôn*, «bigorna» e antigamente «meteorito») é mantido afastado da terra por um gigante colossal (Atlas...) ou por uma árvore cósmica (o freixo ou o teixo Yggdrasil na Escandinávia, o Irminsul saxão, a árvore do sol báltico, o teixo de Mugna irlandês, e a *yúpa* do ritual indiano). Textos e figurações, em várias culturas indo-europeias, referem-se ao carro com o qual o Sol percorre todos os dias a abóbada celeste, e à barca com o qual navega, do nascer ao pôr-do-sol, no Oceano periférico. Simetricamente, no céu, Gregos e Escandinavos evocam um abismo colossal, *Tártaros*, *Ginnung*.

Quanto à *cosmogonia*, se existem recorrências de motivos nos mitos indo-europeus, o problema é que há vários modelos concorrentes, o que não permite falar de *uma* cosmogonia indo-europeia. Sem garantir, portanto, a coerência de um mito único a este respeito, notam-se as seguintes coincidências, que poderiam corresponder às sequências de um mito cosmogónico simples:

- Gregos e Escandinavos, pelo menos, concordam sobre a noção de um espaço original escancarado, *Kháos*, *Ginnung* ainda;
- Indianos e Celtas têm a imagem de um ovo do mundo, *Brahmānda*, contendo o embrião de todas as coisas, *Hiraṇyagarbha*, e de que os Gauleses encontravam a imagem nos ouriços-do-mar fósseis. Flutua sobre as águas primordiais – imagem contraditória com a anterior;
- deste embrião saíram, sugerem os textos indianos, o Céu e a Terra, e os seres primordiais. Os Gregos mencionam a separação do céu e da terra, e encontramos alguns ecos disso noutros sítios;
- particularmente esse ovo, infinitamente pequeno, desenvolve-se num corpo infinitamente grande, das dimensões do universo, e esse corpo é humano: Indianos, Iranianos, Escandinavos têm em comum o tema de um Homem primordial gigantesco, Purusa, Gayômart, Ymir, cujas diferentes partes formam, após um sacrifício ou não, os elementos do mundo. Coisa mais singular, os mesmos povos juntam a esse Homem primordial um Bovino primordial, cuja relação com o anterior varia, e impede a reconstituição de um mito comum: na Escandinávia, a vaca Audhumbla, nascida com ele, alimenta com o seu leite – rios – o gigante Ymir, depois liberta do gelo o antepassado dos deuses, Buri, mas noutros sítios, o boi ou vaca são sacrificados, e desempenham o papel por vezes reservado ao Homem primordial.

Em contrapartida, a Escandinávia pagã, Roma e a Índia apresentam uma notável convergência na sua «etnogonia». Desde logo, prova de que a cosmogonia indo-europeia é primeiro uma criação da sociedade, Purusa dá origem às quatro *varṇa*, saídas da sua boca, dos seus braços, das suas coxas e dos seus pés – o que lembra a divisão trifuncional do corpo humano em Platão. Pode, no entanto, captar-se um mito mais preciso. Os grandes deuses escandinavos dividem-se, de facto, em duas categorias: os Ases e os Vanes. Os Ases incluem Tyr, Ođinn, Thôrr; os Vanes, Freyr, sua irmã Freyja, seu pai Njõrdr, todos eles protectores da fecundidade, dos prazeres, da paz, da ceifa e da navegação. Os Ases correspondem à primeira e segunda funções, os Vanes à terceira. Estes deuses colaboram na sua função de protecção da comunidade humana (cf. p. 503, o seu santuário comum em Upsala). Mas, na origem dos tempos, eles opuseram-se numa dura guerra, a primeira que ocorreu no Universo. O seu primeiro episódio é o combate dos Ases contra uma criatura, Gullweig, «Embriaguês do ouro» – sem dúvida uma Vane – que perfuram com os seus chuços e queimam três vezes, para matá-la, mas sem o conseguirem; com efeito, sobrevive e corrompe doravante a humanidade. Depois, os Vanes atacam Asgardr, a fortaleza dos Ases, Ođinn lança-lhes um chuço mágico, e entretanto eles conseguem forçar os muros da cidadela. O caso acaba por um tratado, nos termos do qual os dois campos trocam reféns. Assim, Freyr e Njörđr instalam-se na companhia dos Ases. Após alguns prolongamentos do mito, não se falará mais dos Vanes na mitologia e na religião escandinavas. – Roma esqueceu tudo desta mitologia, ou então, na maioria dos casos, transformou-a em história. Por isso, o equivalente local da «primeira guerra do Mundo» não é mais que a guerra que inaugura a história da *Urbs*. Rómulo fundou Roma com um rancho de jovens: para completar a sua cidade, rapta as filhas dos Sabinos. Em breve estes últimos, comandados por Titus Tatius, marcharão contra a cidade. Os Romanos têm como aliados os Etruscos, definidos como especialistas dos combates. Num primeiro episódio, os Sabinos recorreram à corrupção para penetrar no Capitólio que cercam: oferecem ouro a Tarpeia, filha do comandante da praça, e esta introdu-los no interior das muralhas. Os Romanos cedem ao pânico, mas Rómulo invoca Júpiter Stator, e o curso da batalha inverte-se. A paz é concluída: os Sabinos unem-se aos Romanos para formarem com eles um único povo. Trazem os seus deuses para o panteão romano: todos esses «deuses de Titus Tatius» conotam valores da terceira função. O paralelismo das duas lendas, nórdica e latina, é patente.

Os dados indianos não formam um conjunto tão coerente, mas contêm indicações convergentes sobre a existência de um mito homólogo. Neste país, em que as dicotomias recortam geralmente a tripartição, as duas primeiras castas constituem um par (*ubhé vīryè*, «as duas forças»), face à terceira, e estas três reagrupam-se porque todos os seus membros são iniciados que têm direito ao título de «nascidos duas vezes», em relação à quarta e última das castas – e sabemos que as quatro *varṇa* reunidas se opõem aos «fora-das-castas»... Concebe-se então que o mito evoca um tempo, primordial, em que os Nāsatya, os Gémeos representativos da terceira função, eram excluídos pelos outros deuses, e o seu chefe Indra (no período bramânico, pós-védico, em que é atestada esta narrativa), da participação nos benefícios do sacrifício, porque demasiado ligados aos homens, demasiado terrestres, curandeiros e sedutores de mulheres, que são os dois irmãos (nota-se a inversão de um motivo, pois que o mito latino são os Romanos que são raptores de mulheres). Os Nāsatya aspiram, no entanto, a ser agregados ao grupo dos deuses autênticos. No conflito que se segue, Indra ameaça os Nāsatya com o seu raio, mas um asceta que lhes é devedor do seu rejuvenescimento suscita um ser gigantesco, Mada, «Embriaguês», que ameaça nada menos que engolir o mundo. Indra cede, faz-se a paz, os Nāsatya são admitidos entre os deuses. – É claro que se capta aqui um grande mito «teogónico» indo-europeu, cuja motivação, necessidade que exprime, isto é, «conciliar» a terceira e as duas outras funções, põe um problema de ordem social, sobre o qual teremos de debruçar-nos de novo, quando encararmos a origem da teoria trifuncional.

6. Escatologia

Do lado da escatologia *individual*, a documentação, que é rica, põe problemas espinhosos. É certo que a grande clivagem entre mortos «entregues à terra» e mortos «enviados ao céu» representa dois pólos do pensamento humano, e que, consoante as alturas, é uma ou outra concepção que domina no espírito de um povo, sem que por isso a outra desapareça. Assim, o que se apresenta como uma grande diferença ritual entre duas culturas, ou entre dois momentos de uma cultura, não corresponde a um distanciamento considerável.

Numerosos povos indo-europeus de época histórica – Gregos, Itálicos, Celtas, Indianos, Germanos, vários povos iranianos... – generalizaram, ao longo do primeiro milénio antes da nossa era, o costume da incineração. A famosa técnica iraniana, adoptada pelo masdeísmo, de exposição dos cadáveres para que fossem devorados, particularmente, em cima de «torres de silêncio», por aves, é de espírito próximo, pois que se trata, num caso como de outro, de enviar para os deuses o espírito, a alma, do defunto. Nenhum destes métodos é antigo, pelo menos quanto à sua extensão: as sociedades neolíticas muito raramente são incinerantes. Ora, os Gregos das épocas arcaica e clássica, por incinerantes que tenham sido, sabiam que as almas dos mortos se dirigiam para a morada subterrânea do Hades. De igual modo, os Germanos, incinerantes desde os anos 1200-900 (sincronismo exacto com a Grécia), não vêem contradição entre isso e o facto de alguns mortos, na sequência de Baldr, no mito, alcançarem o mundo profundo e obscuro de Hel. Acrescentemos que, muitas vezes, inumação, incineração e outras técnicas coexistem durante vários séculos (Irão, Índia, Citas...) sem que uma delas se imponha em exclusivo.

Por isso é verosímil, sem mais, que os antigos Indo-Europeus não tenham tido uma doutrina fixa da escatologia individual, mas uma ideia flutuante e matizada, à maneira dos Escandinavos, por exemplo, que, segundo os textos, atribuem metade dos mortos no campo de batalha a Ođinn, e outra metade a Freyja (deusa Vane, terceira função) ou, noutros sítios, os «nobres» a Ođinn, os «lacaios» (ou seja, sem dúvida, os não-nobres) a Thôrr, as mulheres a Freyja.

Seja como for, a ideia de um «Outro mundo», triste ou radioso conforme os casos, para onde vão os mortos, de barco ou através de uma ponte, portanto para lá do rio que rodeia a terra, mundo povoado de seres fantásticos e ao qual alguns heróis eleitos tiveram acesso, essa ideia é comum aos Gregos, aos Celtas, aos Germanos, aos Iranianos, aos Indianos. Quanto ao «julgamento» do morto, deve ser antigo, porquanto se adaptam às ideias de honra, de correcção, de «verdade», tão caras às culturas indo-europeias arcaicas: a personagem do «juiz dos mortos» é grega (Minos) e iraniana (Yima), e deve ver-se nela uma especialização da função geral do rei dos mortos, que é a de «escolher» os seus eleitos: o correspondente indiano de Yima, aqui Yama, não é mais que o Rei dos mortos, e, na mitologia escandinava, as filhas de Ođinn, as Valquírias, escolhem os guerreiros que irão para a grande sala de Asgardr. Na Irlanda, as criaturas maravilhosas saídas de um Outro mundo idílico seduzem e raptam os heróis da sua escolha.

Do lado da escatologia *colectiva*, dois povos indo-europeus pelo menos conceberam a ideia de um «fim do mundo», seguido de uma ressurreição. O assassínio do belo e justo filho de Ođinn, Baldr, vítima das intrigas do ambíguo Loki e realizado involuntariamente pelo cego Höđr (*v*. atrás, pp. 511), explica a tristeza, a rudeza, do mundo actual. Mantém-se um equilíbrio instável enquanto os Gigantes, vencidos uns após os outros por Thôrr, permanecerem sossegados, e Loki for mantido acorrentado debaixo da terra. Mas o fim dos tempos está próximo. Libertas enfim dos seus laços, as forças do Mal – entre as quais numerosos filhos de Loki – e o próprio Loki avançam de todos os lados contra Asgardr e Midgarda (a nossa terra). Cada um dos deuses das três funções é aniquilado – incluindo Ođinn e Thôrr, até então invencíveis. Heimdallr, o último (porque é «deus-quadro»), e Loki matam-se um ao outro. O demónio do fogo, Surtr, lança a chama sobre o mundo, o sol obscurece-se, caem as estrelas, a terra submerge-se sob as vagas. Mas Vidarr, filho de Ođinn, e outro «deus-quadro», por meio de um «passo» e de uma dilatação prodigiosos, desconjuntou o maxilar do lobo que engolira Ođinn e ameaçava o universo inteiro do mesmo destino. Por isso, haverá uma renovação: a terra sairá do mar, os filhos dos deuses mortos encontrarão lá Asgardr, Baldr sairá de Hei e reconciliar-se-á com Hōdr igualmente ressuscitado. Em suma, reinará a justiça, colheitas sem sementeiras pouparão o trabalho aos homens.

O longo trabalho teológico que se adivinha nos termos da reforma de Zoroastro consistiu, em grande parte, em radicalizar uma oposição do Bem e do Mal, que se vê não ser própria dos Iranianos, e em tirar todas as consequências ideológicas dessa refundição dos dados. Aqui, o Bem (Ahura Mazdā e seus aliados, as Entidades arcangélicas) opõe-se ao Mal (demónios, mais tarde agrupados sob o cajado de um homólogo negativo de Ahura Mazdā, Angra Mainyu) num combate por muito tempo incerto. O nosso mundo, em particular, é feito de uma mistura ambígua de bem e de mal. Virá um dia em que as forças do Bem aniquilarão, numa batalha colossal, e funcional, as forças demoníacas, «haverá renovação no universo, o mundo tornar-se-á imortal para a eternidade e o progresso eterno» (*Grande Bundahišn*).

Por muito interessante que seja, o paralelismo não implica, por si só, uma origem comum: por um lado, cada povo, mergulhado em condições sociais, económicas e políticas próprias, pode desenvolver uma imagem pessimista do mundo actual – à maneira de um Hesíodo, na Grécia – e imaginar uma redenção cataclísmica final; por outro, existiu uma influência, patente, dos Iranianos sobre os Germanos, na época em que os Citas dominavam uma imensa parte da Europa oriental, e isso basta para não dizer «indo-europeia» uma tradição atestada unicamente nuns e noutros. Nota-se, aliás, que a personagem de Loki não tem qualquer equivalente nas outras culturas indo-europeias, à excepção dos Ossetas, em que o herói Syrdon reveste a mesma ambiguidade e leva a cabo malfeitorias inteiramente análogas: o que não é, não pode ser, de data indo-europeia, mas resulta de contactos entre culturas do mesmo tipo do bronze recente ou da idade do Ferro. – Entretanto, apesar de serem iranianos na sua língua e na sua religião, os Citas não sofreram, de modo algum, influência masdeísta. Por outro lado, a doutrina escatológica zoroástrica é, na realidade, pré--zoroástrica porque já indo-iraniana. O fundo conceptual do zoroastrismo é-lhe comum com a índia védica: em particular, Asa e Druj, «Ordem» e «Mentira», os dois conceitos chave do masdeísmo, existem, com o mesmo sentido e a mesma função (*Ṛta, druh*) nos *Véda*, apenas sem a formalização dramática do seu conflito. Mas em geral, é hoje um dado adquirido que o zoroastrismo é o ponto de chegada de uma evolução teológica começada séculos antes, pois que a Índia mais antiga já comporta numerosos traços dele. – Impõe-se, no entanto, uma restrição, justamente quanto ao problema aqui em questão: vedismo e bramanismo, resolutamente optimistas, propõem uma via de «salvação» a cada criatura, e isso impede, tornando-se inútil, toda a noção de crise universal «final». – No entanto perdura a marca – e de que amplidão! – de uma escatologia arcaica indiana: a principal epopeia indiana, o *Mahābhārata*, redigido sem dúvida nos últimos séculos antes da nossa era, põe em cena dois campos opostos, os Kaurava e os Pāndava, num conflito longo e movimentado que se resolve numa formidável batalha, em Kurukṣetra.

Os cinco Pāṇḍava têm um pai humano «legal», Pāṇḍu, mas todos eles são, na realidade, filhos de um deus, a saber: de um deus soberano, de dois deuses guerreiros e de dois Nāsatya. Reconhecem-se as três funções: e o comportamento de cada um deles, no poema, corresponde exactamente àquilo que pode esperar-se de personagens concebidas à luz das ditas funções. Simetricamente, os Kaurava são as incarnações de demónios, e o seu chefe é a incarnação de um grande demónio, Kali. Os Kaurava (os Maus) atormentam, portanto, os Pāṇḍava (os Bons) até à batalha final, em que estes se desforram definitivamente. Abre-se então o reinado ideal e idílico do mais velho dos Pāṇḍava. – Já não se trata, pois, de uma vaga analogia entre duas escatologias: a epopeia transpõe para a literatura um mito indiano perdido, cujo conhecimento revela harmoniosamente o fundo politeísta que se adivinha por detrás do zoroastrismo e que, enquanto tal, data dos tempos indo-iranianos a escatologia mítica, mas sobretudo, para além disso, *oferece notáveis pontos de semelhança com os textos escandinavos*. Assim, não é o pálido Dyaúḥ védico que o mitólogo pode comparar com o escandinavo Heimdallr, mas a sua rica incarnação épica, Bhīṣma (*v.* atrás, p. 511). E os exemplos podem multiplicar-se. Estamos, de facto, perante *um fragmento da mais velha mitologia indo-europeia*, retirado nos meios de Brâmanes, autores dos hinos védicos e criadores da tradição brâmano-induísta, mas conservado entre os poetas, sábios e historiadores, análogos aos escaldas germânicos, aos bardos gauleses, aos *filid* irlandeses, aos rapsodos gregos: à semelhança dos *filid*, dos *cynfeirdd* do País de Gales, sob o cristianismo, eles salvaguardaram uma matéria antiquíssima transpondo-a para a literatura.

7. Rituais

Teologia e mitologia indo-europeias, objectos de pensamento, estão, pois, doravante, largamente compreendidas e reconstituídas. Não se passa o mesmo com os rituais, que são mais função dos renovamentos sociais, das diferenças de contextos climáticos, ou do peso das tradições dos países conquistados: a influência minóica está patente em numerosos rituais gregos. – No entanto, também aí, as pesquisas de Dumézil deram frutos.

O ano védico estava dividido em três estações de quatro meses, ritmadas por três festas, as *cāturmāsya*, «quadrimestrais», que correspondiam, em geral, à Primavera, à estação das chuvas (monção do Verão) e ao Outono; os seus nomes eram: *Vaiśvadeva* (festa dos *Viśvedeváḥ*, «Todos-os-deuses»), *Varuṇapraghāsāh* («alimento de Varuna»), *Sākamedhāh* (onde só a palavra *medhah*, «sacrifício», é compreensível). Nos hinos, o colectivo *Viśvedeváḥ*, os deuses como multidão, conotam frequentemente a terceira função. Se o nome da terceira festa é obscuro, sabe-se que a «grande oblação» é nela dirigida a Indra. As três festas correspondem portanto, respectivamente, às terceira, primeira e segunda funções. – Uma divisão ternária semelhante é atestada igualmente na Escandinávia pagã: o grande sábio islandês Snorri Sturlusson, graças ao qual conhecemos o essencial da antiga mitologia nórdica, expõe que o ano compreendia três grandes sacrifícios, um no início do Inverno, em meados de Outubro, «para a colheita», o segundo em meados de Janeiro, «para o crescimento» – é a grande festa de *jôl* ou *yule*, consagrada a Ođinn – e o terceiro, «para a vitória», no início do Verão. A trifuncionalidade organiza, portanto, também esta segunda série ternária.

Conhecendo o conservantismo das tradições indiana e escandinava, temos o direito de colocar um modelo comum indo-europeu na origem das duas heortologias. As heortologias célticas e iranianas podem desde logo ser consideradas como variações em relação a esse modelo inicial. O ano céltico (Irlanda) dividia-se em quatro estações e quatro festas: Imbolc, Beltaine, Lugnasad, Samain (que tem um equivalente gaulês, no Calendário de Coligny); a primeira tem lugar em 1 de Fevereiro, é uma festa de fecundidade e, sem dúvida, de purificação, à saída do Inverno; a segunda tem lugar a 1 de Maio, data de numerosos acontecimentos míticos da história da ilha, e o papel essencial é nela desempenhado pelos druidas, pelo fogo, pelas criações rituais: é uma festa sacerdotal; Lugnasad, consagrada ao grande deus Lug, é uma festa real, que tem lugar no dia 1 de Agosto; Samain, em 1 de Novembro, é a festa dos guerreiros, mas também aquela em que o Outro mundo e este estão em comunicação, período de perigo, altura de toda uma série de mitos irlandeses. Tendo, portanto, a primeira função sido desdobrada entre o aspecto real e o aspecto mágico-religioso, esta heortologia funda-se de facto na tripartição funcional.

O Irão, por seu turno, articula o seu ano heortológico em duas grandes festas, separadas por seis meses: no equinócio da Primavera, na mudança de ano, o Nauniz, festa consagrada a Ahura Mazdā, carnavalesca, violenta, criadora, aquela a que estão ligados os equivalentes locais dos Gandharvá indianos e das Lupercais romanas; os seus traços lembram muito os de *yule* na terra germânica, de Samain na Irlanda; a outra, Mihrjān, é a festa de MiΘra, no equinócio do Outono, é calma, regrada, incidindo sobre a conservação do adquirido após seis meses de criação desenfreada. A oposição estruturante já não é a trifuncionalidade, mas o par Mitra-Varuṇa. No entanto ela está subjacente: de todos os cultos do fogo que o império sassânida celebrava, três ultrapassavam todos os outros; um, em Kariyan em Pérsides, era o fogo de Adher-Farnbâgh, consagrado ao clero; um outro, em Ganjak no Azerbaijão, o Adher-Gusnasp, era o fogo dos guerreiros ou fogo real; e o terceiro, no monte Revand no Khorasan, era o Burzin Mihr, fogo dos agricultores: assim Mihr (MiΘra), em conformidade com a teologia, está próximo dos valores da terceira função, ao passo que no Nauniz convergem o aspecto real (Ahura Mazdā saíu de Varuna), o aspecto sacerdotal (Zaratrusta é o chantre de Ahura Mazdā) e o aspecto guerreiro.

Diluída, dispersa, esta disposição encontra-se na Grécia: a heortologia ática reúne as festas agrárias e das divindades da vegetação no Inverno, as festas da soberania no Verão, os rituais militares na Primavera e no Outono – início e fim da estação guerreira.

Alguns traços comuns destas festas são claramente discerníveis. A festa consagrada a Ođinn, ou a Varuṇa, ou mágica, coincide muitas vezes, e talvez na origem, com a mudança de ano e, portanto, com o período de «Doze Dias» perigosos – recapitulação dos doze meses – comuns à Índia antiga e às tradições de vários países europeus; tem lugar no fim do Inverno: *yule* em meados de Janeiro, Naurúz no início da Primavera, as Lupercais em Fevereiro (e Março era o primeiro mês do ano no calendário pré-juliano); em contrapartida, é em pleno Verão, ou no início da estação estival, na Índia, na Irlanda e, na sua forma original, na Ática. Quando é invernal, é uma festa de desencadeamento das forças da natureza (aspecto deslocado pelos Celtas para a festa dos guerreiros, Samain, no início do Inverno); as festas estivais têm, em contrapartida, um ar solene de «cume» do ano. Em todo o caso Samain é, como o virá a ser, mais tarde, a festa cristã de Todos os Santos, a ocasião do contacto entre os mortos e os vivos; *yule* é o momento da caça fantástica odínica e da saída dos monstros maléficos, as festas de Varuṇa e de Ahura Mazdā são a ocasião dos carnavais em que se exprime a exuberância dos jovens mascarados de cavalos, lobos ou outros animais.

Os rituais de outras festas deixam-se comparar menos fácil e precisamente. Notar-se-á apenas aqui a correspondência entre aquilo que é, em Roma, uma festa de encerramento da época militar, o sacrifício do Cavalo de Outubro e, na Índia antiga, um ritual real extracepcional, o Aśvamedha. Nos Idos de Outubro, tinha lugar uma corrida de cavalo no campo de Marte; o animal da direita do carro vencedor é sacrificado a Marte; corta-se-lhe o rabo, e um homem vai depositar o seu sangue no altar da Régia (a casa do rei), ao mesmo tempo que os habitantes de dois bairros de Roma se batem para se apoderarem da cabeça; se os vencedores são as gentes do bairro de

Suburra, levam-na à Torre Mamilia; se são os habitantes do bairro da Via Sacra, levam-no à Régia. – O Aśvamedha é consagrado, na época alta, a Indra, o equivalente indiano de Marte, mas é um rei (saído dos Kṣatriya) que é o seu beneficiário. O cavalo sacrificado provou a sua rapidez numa corrida: é identicamente o cavalo da direita do carro vencedor. Mas, entre a corrida e o sacrifício, o cavalo tem a liberdade de vaguear à-vontade – incluindo em território inimigo; por isso, um grupo de funcionários reais vela por ele e defende-o se acaso alguém tentar apoderar-se dele. Em ambos os casos, portanto, um sacrifício militar (cavalo, deus da guerra, critério de rapidez...) é capitalizado em proveito do rei, mas o cavalo é a parada de combates entre aliados e adversários do rei (combate real, posterior ao sacrifício, em Roma; combate eventual, anterior ao sacrifício, na Índia). – Os rituais de encerramento da época militar parecem ter sido importantes entre os Indo-Europeus: desempenham um papel essencial em Roma, em Atenas, e na Irlanda, pois que tal é, entre outras, a função de Samain; aqui, a função simbólica do ritual lembra muito a da festa iraniana de Mihrjān: trata-se de assumir, de capitalizar, as actividades da parte violenta da cidade em proveito do rei, ou seja, do representante de toda a cidade (o cavalo do Asvamedha é simbolicamente dividido em três partes, que correspondem aos Vasu, aos Rudrá, aos Aditya, isto é, às divindades das três funções).

Os gestos rituais mais conhecidos compreendem o voto, a libação, o sacrifício – ao qual podemos juntar a refeição sacrificial (p. 499).

A noção de *voto* é a única que está representada por um termo indo-europeu comum geral: lat. *voveō* (com *vōtum, dēvōtiō*), grego *eúkhestai*, iraniano *aog-*, sânsc. *oh-*, cujos os sentidos variam um pouco, mas se reconduzem, pela raiz donde saíram, **wegʰʷ-*, ao sentido de «pronunciar solenemente comprometendo-se para com os deuses». Daí, o sentido evolui para «comprometer-se para com os deuses a realizar tal coisa, em troca de...», donde «pedir aos deuses, rezar» – mas esta evolução é tardia, a noção moderna de «oração» não é indo-europeia; em contrapartida, a de uma troca, de uma relação contratual entre homens e deuses, *dō ut des*, era-o seguramente. Por outro lado, o «voto» evolui para o sentido da *dēvōtiō*, «declaração de que a pessoa se entrega a si própria aos deuses». Os povos indo-europeus antigos conheceram a devoção do chefe que, sacrificando-se, arrasta para a morte todo o exército inimigo; Citas, Gregos e Celtas parecem ter praticado devoções colectivas, de todo um grupo de guerreiros, para assegurar a salvação da colectividade. Só a Grécia põe em cena devoções de reis (cf. atrás, p. 475). – Notar-se-á uma interessante teoria romana, de aspecto arcaico: há três meios de ganhar uma batalha; o primeiro, e mais habitual, é o combate, *pugna*, terrestre e presidido por Marte; um outro, excepcional, é o voto, *vōtum*, feito pelo general, de consagrar um templo a uma divindade: foi o que fez Rómulo, a Júpiter Feretrius, aquando da invasão sabina que ameaçava a própria existência da recém-fundada Roma; e o terceiro, ainda mais raro, é a *dēvōtiō* do general, que se vota às potências infernais e morre pela vitória dos seus.

A libação é muito correntemente atestada, em toda a espécie de actos rituais ou solenes. O seu velho nome hitita, *išpant-*, designava em particular a libação que acompanha um juramento, uma convenção: o sentido evoluiu para o de «garantir, comprometer-se a», atestado em grego ao lado do sentido religioso que em latim é exclusivo. Para a oferenda líquida total, acto religioso autêntico ao mesmo título que o sacrifício, um grupo de línguas – indo-iraniano, grego, arménio – especializou termos saídos de **gheu-*, «derramar». A importância do rito é real: em indo-iraniano, a raiz fornece palavras para «sacerdote» e para «sacrifício». Dirige-se aos deuses e, geralmente, aos mortos (gr. *khoē*).

O sacrifício, noção mais complexa do que parece, não tinha nome indo-europeu. Mas um grande número de coincidências, de ordem institucional mais que linguística, comprova a origem comum dos rituais. Vimos o sacrifício real e militar do cavalo, em Roma e na Índia. Nos mesmos lugares, não se sacrificam, a Júpiter e a Varuṇa, vítimas masculinas inteiras; Janus, Marte recebem a oferenda de carneiros não castrados, Júpiter a de carneiros castrados; a *vasā*, vaca estéril, é a oferenda específica de Mitra, Varuṇa, Brhaspati (deus-sacerdote), onde, por exemplo, Indra e Agni recebem um bode. A mesma diferença se verifica na Grécia onde, quando se trata de sacrifícios de bovinos, Zeus é honrado, em todos os grandes rituais, com sacrifícios de bois: os touros são reservados a Posídon. Explica-se a oposição pelo facto de os seres da segunda função deverem ser viris, e os da terceira fecundantes; os da primeira, em contrapartida, não geram (Varuna é impotente, Rómulo não tem filhos, etc.), criam: é a ideia, universal, do celibato dos sacerdócios.

Foram ainda a Índia e Roma que conservaram um ritual sacrificial em que se pede ao deus da guerra que actue para reparar uma grave falta ou erro, ou para se entregar, com a ajuda dos deuses da terceira função, a uma purificação. É o caso da *sautrāmanī* e dos *suovetaurilia*. Em ambos os casos, o sacrifício incide sobre três animais: porco, carneiro e touro em Roma, bode, carneiro e touro na Índia; a homologia é quase completa, e capta-se bem aqui um modelo sacrificial indo-europeu comum; vê-se também como é que, de maneira característica, Roma conservou, sem a mitologia, um ritual cuja mitologia a Índia védica conhece, deixando apenas adivinhar o ritual.

Por fim, os Indo-Europeus, povos rudes, não ignoravam por certo os sacrifícios humanos. Praticavam o *sati* (*v.* atrás, p. 471) e sem dúvida o sacrifício dos velhos e talvez, por vezes, ou em tempos arcaicos, dos reis que tinham terminado o seu reinado. Mas não há só estas situações particulares e de ordem institucional. Os doutores indianos expõem que há cinco animais sacrificáveis, a saber, por ordem de dignidade: o bode, o carneiro, o touro, o cavalo e o homem; este, reservado a Varuṇa, parece ter sido efectivamente sacrificado num ritual real arcaico, o *rājasuyā*. Entre os Germanos, de igual modo, o sacrifício humano é um ritual odínico. A Arcádia, província grega muito conservadora, parece ter mantido até plena época histórica um sacrifício humano a Zeus Lykaios, sobrevivência de um rito real.

Entre os Celtas e os Citas, em contrapartida, verificam-se sacrifícios humanos no culto de divindades guerreiras. Em Roma, a tradição menciona-os até ao século II. Não poderá, pois, duvidar-se da sua antiguidade.

8. O clero

Flâmines, brâmanes, druidas, magos: referi como houve um tempo em que estas diversas formas de clero não podiam ser reconduzidas à unidade, pois que cada uma delas parecia uma categoria própria e específica da cultura que existia. Hoje em dia, as coisas já não se passam do mesmo modo. Por si só, a função eminente e singular de *alter-ego*, ou de complemento indispensável, do rei, que o druida, o brâmane, o flâmine de Júpiter desempenhavam, indica a origem comum das três categorias. Não é tudo, evidentemente. Relações precisas unem brâmanes e flâmines, e brâmanes e druidas. Os magos do antigo Irão integram-se, por sua vez, nesta série homogénea por grande número dos seus caracteres.

As principais relações entre brâmanes e flâmines são as seguintes: em primeiro lugar, os seus nomes são duas variantes de um mesmo termo, de forma muito arcaica (*brahman* deve vir de *bhelgh-men- ou *bholgh--men-, *flāmen* de *bhlagh-smen-); o *flāmen diālis* não pode jurar, e o brâmane não pode ser chamado como testemunha; a relação com a área militar está proibida tanto a um como a outro; os textos mencionam, em ambos os casos, interditos que incidem sobre o cavalo, o cão, o uso do azeite; estão--lhe vedados também a aproximação de uma pira funerária, o consumo de bebidas fermentadas e de carne não cozinhada; não podem estar nus, e isso estende-se de uma maneira ou de outra a sua mulher – a qual, *flāminica* ou *brahmanī*, desempenha o papel fundamental de colaboradora cultural do marido; pode ser-se *flāmen diālis* ou brâmane jovem, e isso exime da alçada do poder paternal; a cor da sua veste e de vários símbolos é o branco, como também para os druidas e os magos: com efeito, numerosos textos indicam que o branco é a cor específica da primeira função.

As semelhanças entre brâmanes e druidas são, quanto ao essencial, de outra natureza. Eles têm – e os magos também – um monopólio do culto público: por isso, ultrapassam consideravelmente a definição dos flâmines. E ultrapassam-na ainda na medida em que são igualmente os pensadores, os sábios, os educadores, os mágicos, os poetas. Foi graças ao pensamento especulativo bramânico a respeito do Ovo cósmico que pôde ser explicada a importância do ouriço-do-mar fóssil aos olhos dos Celtas; e este único pormenor dá uma ideia do que representa a perda de toda a antiga ciência druídica. Mágicos porque mestres dos elementos, os brâmanes e os druidas – conhecidos aqui pelos textos irlandeses e pelas alusões históricas antigas – tinham poder de agir sobre o mar e o vento, a floresta ou as nuvens. Tal como Varuṇa, dispõem de capacidade de produzir a ilusão: no *Mabinogi de Math* galês, Gwydion, verdadeiro druida do rei Math, mesmo se a palavra é ignorada, provoca uma guerra com o sul do País de Gales ao trocar ao seu rei, Pryderi, os porcos saídos do Outro Mundo por objectos que, pura ilusão, se desvanecem ao fim de um dia. – Educadores, eles são poços de ciência, conservadores das tradições e iniciadores: o druida é, etimologicamente, o «sapientíssimo», e o sábio indiano é *gurú*, é homem «de peso» pelo seu saber – é preciso dizer que a sua própria educação era longa e refinada. – No mundo germânico, já não existe clero homólogo, mas as suas funções foram como que disseminadas por vários grupos de especialistas: por um lado, sacerdotes, poderosos, companheiros dos reis (inglês antigo *oeweweard*, alto al. ant. *êwarto*, *êsago*, isto é, «guardiães da lei»); do lado do conhecimento profano, mas erudito e, como se pôde verificar, de alta qualidade quanto à conservação da tradição, os escaldos; por outro lado, finalmente, reis ou guerreiros, os homens de Oðinn herdaram poderes do deus soberano: senhores da magia e das runas, dominam o mar ou o incêndio, têm poder sobre o tempo, sobre a vida e sobre a morte.

Os magos, tal como os druidas, interpretam os sonhos. Profetizam por ocasião de sacrifícios de cavalos brancos e não há sacrifícios sem a sua presença. Incluem várias categorias de sacerdotes, que têm geralmente um correspondente indiano – que é, evidentemente, brâmane: o *zaotar* (véd. *hótar*) recita o louvor do deus e derrama a oferenda; o *āΘravan* (véd. *átharvan*) tem funções culturais gerais, é o sacerdote por excelência; o *kavi* (ind. *kavi*) é um chantre inspirado; o *usig*, véd. *uśij*, é uma espécie de sacrificador; o *vifra*, véd. *vipra*, é também um chantre inspirado: a solidariedade dos magos (que não são, de modo algum, os sacerdotes específicos do masdeísmo) e dos brâmanes é patente.

As diferenças entre as personagens do tipo druida-brâmane-mago e os flâmines romanos parecem, portanto, consideráveis: mas reduzem-se facilmente, se tivermos presente, por um lado, a natureza das coisas romanas, o aspecto terra-a-terra e prudente pensamento local, que exclui as noções de inspiração ou de poder mágico, e, por outro, a ausência de um contexto «itálico» homólogo aos contextos célticos, indianos, iranianos; do primeiro fenómeno resulta a redução da dimensão sacerdotal sobre-humana a um serviço regular da cidade; do segundo provém o aspecto singular, único, isolado, dos flâmines romanos; os seus colegas indianos, etc., contam, pelo contrário, de grupos sociais «transnacionais» unidos, intertribalmente, pelos laços da educação: ou por encontros periódicos, de modo que independentemente do seu número – um sacerdote, como o *godi* islandês, ou três, como os flâmines maiores ou certos grupos de druidas irlandeses, ou mais – formavam, reunidos, uma colectividade solidária, de um número de indivíduos indefinido, mas importante: é a partir deste modelo que convém pensar no antigo clero indo-europeu.

9. A origem da teoria trifuncional

Podemos agora voltar à questão da origem do pensamento trifuncional. A descoberta central de Georges Dumézil, disse eu, situava-se num contexto inteiramente «sociológico»: tratava-se de procurar a origem das castas indianas, e pensava-se que os seus vestígios haviam sido encontrados no Irão, e nesse caso era suposto os Indo-Iranianos terem-nas conhecido; depois era em Roma e, portanto, ao nível indo-europeu comum, que se cria estar em condições de supor uma divisão da sociedade em sacerdotes, guerreiros, produtores. Seguidamente, a multiplicação das descobertas de casos de tripartições funcionais nos mais variados domínios, a sua utilização filosófica ou científica, o primado, cada vez menos potente através do mundo indo-europeu, das tripartições teológicas sobre as tripartições sociais – ao cabo, na realidade histórica, bastante raras – levaram Dumézil a separar o *pensamento* trifuncional do seu hipotético substrato social.

E, no entanto, não nos libertamos da impressão de que a teologia trifuncional trata primeiro dos problemas humanos. Não apenas não se reconstitui uma cosmogonia indo-europeia, prova de que não existia uma sua doutrina constituída, mas temos, em contraste, um grande mito de origem e um grande mito escatológico em que manifestamente as personagens centrais desempenham papéis, assumem funções, muito humanas – guerreiros e reis, mágicos e ricos... Com muita frequência, aliás, os acontecimentos narrados apresentam-se como a projecção mítica de conflitos humanos: quando o Irão fala do Mal, da *druj*, «Mentira», sabe-se que isso designa muito explicitamente, tanto nos hinos religiosos como nas inscrições políticas aqueménidas, homens, povos estrangeiros ou rebeldes; na Índia, Indra combate indiferentemente Vṛtra, que reteve as Águas ou as Vacas, e os Dásyu, indígenas de pele escura, ou os Paṇi, antiga tribo do Norte da Índia. É por isso que não podemos deixar de pensar, a respeito do mito de origem do panteão (Índia, Escandinávia) ou da cidade (Roma), que opõe os representantes solidários das duas primeiras funções aos da terceira, sendo estes apresentados, não verdadeiramente como vencidos integrados, mas como adversários a quem se concede, depois da guerra, e apesar da baixeza dos seus meios tão claramente posta em relevo (corrupção pelo ouro), um lugar na sociedade, hierarquicamente o terceiro – não podemos deixar de pensar, portanto, na expressão de um conflito social, para o qual, precisamente, o mito propõe uma solução ideal.

No mesmo sentido, observa-se que, se os Indo-Europeus não realizaram de facto em toda a parte uma sociedade de castas, tenderam *quase por todo o lado* a ordenar a sociedade em três grupos definidos trifuncionalmente, ou, em alternativa, conceberam uma repartição trifuncional de uma sociedade mítica, heróica, de que se reclamam, por exemplo, naquilo que era a forma primitiva, ancestral, da sua própria sociedade: assim acontece com os Latinos, os Gregos jónicos e talvez dóricos, os Citas e os Ossetas, os germanos do continente e da Escandinávia, os Indianos aos quais há que juntar ainda os Iranianos (os textos avésticos mencionam, não como castas, mas como situações sociais pertinentes, o *aΘravan*, «sacerdote», o *raΘaēšta*, «guerreiro», textualmente «aquele que se mantém sobre o carro», e o *vāstryō fšuyant*, «aquele que se ocupa do gado») e os Celtas (a sociedade irlandesa antiga concebia-se como dividida em druidas, *flaith* ou nobreza guerreira, e *bo aire*, «homens dos bois», camponeses livres criadores). Isto cobre, de facto, a maior parte do campo indo-europeu. O facto de uma quarta categoria, correspondente aos artífices em geral, se ter juntado às três iniciais (na Índia, Irão, Grécia jónica, Irlanda...) prova a solidez do modelo sociológico.

Portanto, dificilmente poderá rejeitar-se a ideia de que a tripartição funcional é fundamentalmente o tratamento ideológico de um problema social – o que não significa a «projecção» pura e simples da estrutura social sobre a representação ideológica. – Reunindo-se o conjunto dos dados, chega-se então a uma hipótese deste tipo: a sociedade indo-europeia primitiva compreendia uma ou várias categorias de sacerdotes, como vimos atrás, segundo um tipo espalhado nas culturas arcaicas (cf. o xamanismo, etc.). Os soberanos simbólicos, ou reis (**reg-*), estavam muito próximos destes sacerdotes. Eles constituíam em conjunto os «quadros» de uma sociedade de estruturas muito simples, sendo os outros homens produtores e, quando a sua necessidade se fazia sentir, guerreiros. Com o enriquecimento das sociedades neolíticas e, correlativamente, a consolidação da propriedade sobre o solo ou sobre os animais, e a constituição de excedentes e de reservas alimentares, donde o aparecimento da guerra como meio de apropriação ou de conquista, lentas mas profundas modificações fizeram nascer tensões sociais de um género novo: por um lado, a realeza enriquece-se – para o rei vai a maior parte dos despojos de guerra, etc. – e o seu peso social, pelo facto de ser distribuidor de alimentos e de bens, viu-se acrescido de chofre, o que levou os sacerdotes, poetas, sábios, ajuntar um aspecto económico (patente nos textos indianos e irlandeses) à sua solidariedade com o rei: cabia-lhe a ele, doravante, mantê-los e, como contrapartida, competia-lhes a eles apoiá-lo, trazer-lhe a ajuda das «forças» mágicas e transcendentes e, por fim, cantar a sua glória; a partir daí, a realeza, de simbólica, passa progressivamente a ser poder, e portanto, um jogo. – Por outro lado, uma parte dos homens volta-se preferencialmente para a guerra. Por falta de fontes, não se pode dizer precisamente quais homens: os riscos de projecção anacrónica são sérios. Pode ter-se tratado de uma *classe etária*, encorajada pelos mais velhos e que pouco a pouco evolui para um estatuto original no seio da sociedade, quase marginal (cf. o encorajamento dos velhos espartanos aos jovens da cidade, e, para além disso, os *Männerbunde* indo-iranianos e celtas, os Viquingues, os bandos de jovens itálicos enviados a colonizar terras distantes no quadro de um *Ver Sacrum*; ou ainda a imagem mítica dos *juvenes* latinos, os companheiros de Remo e Rómulo, os Celeres, os Lupercos); ou, no prolongamento, mas mais marginalizada ainda, de uma espécie de «sociedade secreta», análoga às que a etnologia localizou na África, na América e na Oceânia (é o caso dos *Männerbunde* indo-iranianos ou germânicos: os Harii históricos formam um «povo», e os guerreiros de Oðinn mortos reagrupam-se em Asgardr como Einherjar; os Gigantes da fábula grega, os Flagianos de Orcómeno, são os seus equivalentes balcânicos); ou talvez já, como disse, de uma primeira diferenciação social, pois que o escol dos combatentes indo-europeus é constituído, em muitos povos, pelos condutores de carros: não havia «ministérios da guerra» capazes de fornecer-lhos, antes das primeiras organizações estatais do II milénio, e possuir as suas armas, o seu carro, os seus cavalos não devia, não podia ser, numa sociedade dos V-IV milénios, mais do que um privilégio fundado na riqueza.

Concebe-se facilmente que, se as coisas se passavam assim, com um rei que se torna poder económico, se não ainda político, superior realmente à massa da população, sacerdotes que ligavam a sua sorte à da realeza e, pela força dos acontecimentos, se desligavam relativamente do resto do povo constituindo um meio cioso das suas prerrogativas, grupos enfim, quer mais ricos, quer marginais, especializados na actividade guerreira, com o poderio ofensivo que isso conferia aos Indo-Europeus (e que toda a história antiga comprova), mas também com o perigo potencial de desvio dessa força, do exterior, para o interior da sociedade (e viu-se de facto que precocemente e com frequência os guerreiros se apoderaram das realezas), as tensões entre os grupos, entre os poderes, tornavam-se graves. Não se falará de «luta de classes» entre grupos, não é caso disso, mas de rivalidades, de temores, de ciúme, de cumplicidade de uns para com os outros. Numerosas tradições indo-europeias põem em cena uma incarnação destes conflitos, sob a forma de um trocista, de um crítico, ou mesmo de um autêntico inimigo declarado dos deuses ou dos heróis, pronto a empalidecer a sua honra, ou a traí-los: são o Loki escandinavo e o Syrdon osseta (*v.* atrás, p. 518), o Tersites da *Ilíada*, o Bricriu irlandês, que convidam os heróis a banquetearem-se, para melhor os denegrirem.

Intervém aqui a teoria trifuncional: o seu objecto, o seu problema, é social; mas o seu objectivo é transcender a diferenciação social. Ela não se funda nas noções, sociais, de rei e de sacerdote, de guerreiro e de agricultor; trata-se é de força mágica, de força física, de fecundidade. Dos grupos em conflito, ela pretende exprimir não o ser, mas o princípio abstracto: sublima a sociedade fabricando uma imagem intelectualizada, onde os conflitos reais só são evocados para serem esvaziados. As diferenças, as oposições, diz ela, são naturais, inerentes à natureza das coisas: o seu acordo, a sua harmonia são uma vontade dos deuses. Tal é a linguagem dos ideólogos indo-europeus.

Identificá-los-emos facilmente: os que tinham a cultura necessária, os que tinham a disponibilidade intelectual para pensar e que, os textos dizem-no suficientemente, estavam vitalmente interessados num bom andamento da sociedade sob a protecção do rei, são, evidentemente, os sacerdotes, o clero organizado, «internacional», erudito, estreitamente ligado aos soberanos, de que falei – os predecessores de Zaratrusta, os antepassados ideológicos dos autores dos hinos védicos...

Não podemos deixar de admirar o seu trabalho: esta filosofia, poder-se-ia dizer esta escolástica, que visa analisar o mundo sublimando papéis sociais, produziu uma das mais notáveis sínteses intelectuais da história antiga – e uma das mais fecundas, uma das mais duradouras.

10. A tradição

Os povos neolíticos da Europa e da Ásia central não escreviam, com a excepção, obscura e muito parcial, de uma cultura balcânica cujos mais antigos documentos epigráficos têm a antiguidade dos da Suméria e do Elão. Os Indo-Europeus são, pois, um «povo sem escrita»: a sua cultura, a sua tradição são inteiramente orais. – Mais tarde, em épocas diversas, povos de língua indo-europeia entraram em contacto com culturas escritas. Desenrola-se então, de modo recorrente, um fenómeno singular: não uma *rejeição* total da escrita, mas a sua relegação para um plano muito secundário, por causa do incontestável primado conferido à oralidade. Em todas as culturas indo-europeias, ou quase, é atestada essa rejeição do escrito, ou a sua marginalização, o seu uso reservado a empregos muito específicos. Porque o escrito tem um estatuto ambíguo: não apenas, no negativo, a cultura escrita é sentida por estes povos como de qualidade inferior à cultura oral – Platão disse-o de facto: onde está o esforço intelectual, se o estudante não aprende de cor as palavras do mestre, se toma nota delas e, atitude de preguiça, a elas se reporta quando lhe apetece? –, mas, positivamente, o escrito, precisamente porque permanece e é vulgarizado, tem uma eficácia própria, da ordem da magia. Oðinn é mestre das runas, porque o tipo de deus que ele prolonga é senhor da magia; as tabuinhas de evicção galo-romanas, por vezes escritas em gaulês, são os únicos documentos escritos «druídicos» que se mantêm; o seu uso diz bem do seu valor. Porque os sábios indo-europeus não escrevem as coisas importantes: recitam-nas, aos seus discípulos, ou pronunciam-nas solenemente diante do rei ou da assembleia, ou no acto religioso. Os brâmanes não escrevem, ou quase: a escrita aparece tardiamente na índia ariana, e quase não foi utilizada na Antiguidade; os textos védicos, bramânicos, budistas eram ditos. No Irão, o *Avesta*, que compreende textos do início do I milénio antes da nossa era – os *Gâthâs* –, é posto por escrito na época sassânica, quando o masdeísmo se organiza em Igreja nacional e fixa o cânon face aos desvios. Na Grécia, Esparta estabelece como princípio constitucional que as leis não serão escritas, e a escrita nunca lá foi tida em grande consideração. Os Gregos do II milénio descobrem a escrita em Creta mas nunca a utilizam a não ser em documentos administrativos, destruídos anualmente.

Ficamos, então, espantados com a excelência da tradição nas «culturas-filhas» dos Indo-Europeus. A escatologia, por exemplo, reconstitui-se graças a textos do fim do I milénio antes da nossa era (o *Mahābhārata*), do início do I milénio da nossa era (*Grand Bundahišn*, no Irão), e do início do II milénio (Snorri), ao passo que a separação dos portadores das línguas envolvidas remonta pelo menos, como vimos, ao IV milénio antes da nossa era.

Uma tal continuidade explica-se por uma forma de educação cuja eficácia já não estamos em condições de compreender. Podemos, no entanto, avaliá-la pelo facto seguinte: os *Védas* só foram postos por escrito no século XVIII, a pedido de sábios europeus, por brâmanes prestáveis. Quando terão sido redigidos? Quanto ao essencial, sem dúvida no início do I milénio da nossa era. Mas alguns devem tê-lo sido muito antes: não apenas a língua védica, no que se refere à gramática e ao vocabulário, está ainda muito próxima da dos *Gâthâs* do *Avesta*, mas a estrutura trifuncional típica que inclui Mitra-Varuṇa. Indra, os Nāsatya, já um pouco arcaica no *Ṛg-Véda*, é exactamente a do tratado assinado por volta de 1350 com os Hititas pelos «Proto-Indianos» de Mitani. Quando se sabe que a teologia indiana evoluiu relativamente depressa, concedendo a preeminência a Mitra e Varuṇa, em seguida, a partir dos hinos védicos, a Indra, e depois à tríade hinduísta, vê-se que *os mais antigos hinos do Ṛg-Veda* remontam a meados do II milénio. Assim, a tradição oral para estes hinos foi de *mais de 3000 anos*. Tal é a excelência da tradição educativa oral – na Índia clássica, um mosteiro budista desejoso de aprender um texto «ia buscar» um monge a um outro mosteiro, como nós vamos buscar um livro à biblioteca. Platão, que escreveu tanto, defende este princípio, e quando fala de livros aprendidos de cor, faz-se sem dúvida eco de uma tradição educativa mantida em certos meios atenienses. Não se duvidará de que estes métodos tenham sido também os dos escaldos escandinavos, até Snorri. A Irlanda e a Índia ajudam, aliás, a precisar as coisas.

César diz que os druidas faziam estudos durante vinte anos. Os textos medievais irlandeses revelam, a respeito desta categoria especial de druidas que são os poetas, o que eles aprendiam durante esses longos anos: São Patrício, ao cristianizar a Irlanda, não lhe permitiu «nenhum rito que fosse uma oferenda ao diabo», porque a sua arte era pura. Deixou aos *fílid* a encantarão pela ponta dos dedos porque havia nisso muito conhecimento e saber, as genealogias dos homens da Irlanda, o *duili sluinnte* e o *duili fedha*, a recitação de histórias com poemas, a saber, sete vezes cinquenta histórias para o *ollam* («doutor»), três vezes cinquenta e metade de cinquenta para o *anruth*, oitenta para o *cli*, sessenta para o *cana*, cinquenta para o *dos*, quarenta para o *mac fuirmid*, trinta para o *fochluc*, vinte para o *drisac*, dez histórias para o *tamam*, sete para o *oblaire*. Há as histórias principais e as secundárias. Eis quais são as histórias principais que eles contavam: destruições, razias, correrias, combates, assassínios, batalhas, raptos, conflitos, festas, cercos, aventuras, mortes violentas e pilhagens» (*Senchus Mor*). Assim, um doutor irlandês antigo, um sábio ou «historiador», conhecia fórmulas sagradas, genealogias e 750 histórias, tudo isso de cor. Textos indianos homólogos enumeram as diversas categorias de textos dos quais todo o brâmane deve saber vários exemplos. E eis, mais modestamente sem dúvida, mas muito tipicamente, a educação de um pagem real na época sassânida: «Na altura (oportuna), fui mandado à escola e fui muito aplicado no trabalho. E memorizei o *Yašt* e o *Hadôxt* e o *Bagân* e o *Vidêvdât* como um *herbad* (sacerdote), e ouvi, passagem por passagem, o *Zand* (o *Avesta*). E a minha escrita é tal que sou um bom escriba e um escriba rápido, com um conhecimento aprofundado, muito sucesso e dedos hábeis.» A escrita é, pois, um saber técnico; a verdadeira ciência é toda ela uma questão de memória. Tal era a educação indo-europeia. Teremos então, por contraste, de espantar-nos pela manutenção das estruturas teológicas ou mitológicas, ao passo que os *nomes* nunca coincidem, por assim dizer. As origens escandinava e romana, as escatologias indiana e escandinava assemelham-se muito: mas os nomes das personagens diferem totalmente.

A explicação do fenómeno, que corta singularmente com os parentescos linguísticos verificados noutros lados, parece-me estar na própria natureza da tradição: o saber dos brâmanes, druidas, magos..., é uma sabedoria, e uma ciência, de *especialistas*, que só se transmite de iniciado a discípulo. Situa-se aquém da relação pública; e o *nome verdadeiro* do deus deve, com frequência, ter sido do domínio do segredo. *A renovação dos teónimos* viria, em suma, de um *tabu linguístico*, de interdito cultural. Adivinha-se o seu processo: na Índia, na Escandinávia, na Grécia, em Roma, as divindades têm numerosas epicleses, qualificativos, quase-substitutos. Antes de ser um dos três grandes deuses do hinduísmo, Siva foi um epíteto de Rudra, o deus selvagem, e este era um deus secundário da comitiva de Indra. De igual modo, podemos pensar, *Wōthanaz e* *Varuṇa (indo-iraniano) foram epítetos do deus terrível, antes de serem seus nomes, em duas culturas diferentes. Isso não impede, portanto, a comparação, antes a encoraja.

V. – TENTATIVAS DE IDENTIFICAÇÃO CONCRETA DOS INDO-EUROPEUS

Revelados pela linguística, definidos cada vez melhor pela comparação institucional e religiosa, os Indo-Europeus continuam a ser um povo hipotético: não conhecemos «os Indo-Europeus» como conhecemos «os Gauleses», etc. Ignoramos a sua localização histórica (adivinha-se quando muito a sua época), o seu aspecto físico, o nome, se é que ele existia, que a si próprios atribuíam, ou os que lhes seriam dados pelos seus vizinhos. É tentador procurar respostas a estas questões, e sabe-se quantas hipóteses – quão arriscadas por vezes! – foram adiantadas a esse respeito. Por isso convém precisar os conteúdos implicados:

- A identificação dos Indo-Europeus originais no campo arqueológico é uma necessidade lógica: *se* os Indo-Europeus tiveram uma *cultura* comum, como sugere tudo o que vimos atrás, então essa cultura deve encontrar-se nos *realia* arqueológicos, dado o facto de as culturas neolíticas da Europa e da Ásia ocidental serem, doravante, largamente conhecidas. As páginas que se seguem são consagradas a este ponto importante. – Mas ter-se-á o cuidado de não esquecer que a arqueologia só pode apresentar *certos aspectos* de uma cultura, ao passo que a comparação suscitada pela hipótese indo-europeia incide sobre outros, que com frequência são discordantes: tal como as culturas de Hallstatt e de La Tène são célticas, mas nem todos os falantes de língua céltica participaram nessas culturas; assim há, muitas vezes, desfasamento entre o grupo de povos que se reconhecem como aparentados entre si e os que participam de um modelo cultural próprio de uma parte desse grupo. Em resumo, ao passar da hipótese comparativa à materialidade arqueológica, *muda-se qualitativamente* a natureza do problema e o risco de derrapagem é evidente. É legítimo procurar os Indo-Europeus no terreno proto-histórico, mas *trata-se, nesse caso, de um prolongamento da hipótese, não da sua verificação*. A verdade da noção de «Indo-Europeus» está na língua e na religião, não na arqueologia.
- A «visualização» dos indivíduos indo-europeus corresponde a uma necessidade compreensível, sendo no entanto perigosa e, por outro lado, muito delicada. Tempo houve – finais do século XIX, inícios do XX – em que teorias racistas (aliás jamais comprovadas pela etnologia contemporânea) identificavam «raça» e «cultura». O perigo esteve aí: sabe-se como uma poderosa corrente «científica» alemã estabeleceu a equação em três termos: «Germanos» = «raça nórdica» = puros

«Indo-Europeus» – e as monstruosas consequências políticas que daí foram tiradas. Os danos foram também consideráveis no domínio da investigação, pois que, para comprovar e apoiar tal hipótese, a antropologia, a arqueologia, a história antiga foram manipuladas e os seus dados sujeitos às necessidades da causa. – Ficámos desiludidos com esses sonhos absurdos. Ponto por ponto, o castelo de cartas teórico foi desmontado. Vários trabalhos permitem detectar, no fonetismo do germânico, a influência de um substrato: tal como os outros, os Germanos não são Indo-Europeus «puros», mas indo-europeizados. – Depois, a etnologia, a sociologia, a história, a arqueologia revelavam, todas elas à sua maneira, uma evidência: uma raça nunca coincide com uma cultura. Assim, os três termos da equação atrás citada estão separados: os Indo-Europeus não eram uma raça, e não eram certamente todos da mesma raça. – Finalmente, depois da guerra, a genética dava o golpe de misericórdia às concepções raciológicas, ao mostrar que uma raça humana não constitui uma entidade biológica isolável, e que os reagrupamentos antropológicos variam desde que se mude de critério (cor da pele / cada um dos numerosos grupos sanguíneos / forma da cabeça / dermatóglifos palmares e digitais, etc.): a noção de «raça pura» é, pois, mítica. – Estas precauções tornam-nos então muito modestos na pesquisa da identificação «humana» dos Indo-Europeus.
– Por fim, os nomes que a si próprios atribuíam os Indo-Europeus não podem ser identificados com certeza. Exporei algumas verosimilhanças, mas é preciso estar consciente de que os Indo-Europeus, povo pré--histórico, nunca poderão ser conhecidos com a mesma segurança que o menos importante povo histórico.

1. Os Indo-Europeus e a cultura dos Kurganes
O centro de diversificação dos Indo-Europeus, pelo menos «clássicos», é nitidamente europeu, ou próximo da Europa. Com efeito, a arqueologia prova, para os Celtas, que eles são originários do alto vale do Danúbio, e os Itálicos, que lhes estão aparentados, devem vir como eles da Europa central; os Gregos, os Frígios, sem dúvida os Arménios, saíram dos Balcãs. O epicentro dos Germanos, dos Eslavos, dos Bálticos, o território histórico dos Trácios e dos Ilírios, são europeus. Quanto aos Indo-Iranianos, a sucessão dos acontecimentos – aparecimento dos Proto-Indianos no Próximo Oriente, provenientes do Irão, ao passo que sem dúvida outros dos seus grupos avançavam já em direcção à Índia, e depois, mil anos mais tarde, a chegada dos seus parentes os Iranianos no Nordeste do Irão – indica claramente que uns e outros chegaram ao planalto iraniano provenientes de

uma região mais setentrional: Europa, ou Turquestão soviético. – Define-se assim uma imensa zona, do Reno ao mar de Aral, que pode ter sido o «lar» de todos estes povos.

Ora, a zona assim delimitada foi, no Neolítico, o lugar de duas grandes culturas, de raízes diferentes, e que, dada a proximidade da sua época e a do aparecimento dos povos indo-europeus históricos na sua preferia, devem ter de facto correspondido largamente, uma e/ou outra, aos antepassados desses povos.

Uma é a «cultura danubiana», vasto conjunto que tem a sua fonte na neotilização dos Balcãs (fim do VII milénio em Nea Nicomedia, Macedónia), e adquire o seu fácies característico no V milénio, na cultura de Starcevo-Körös, que cobre então os Balcãs, a Hungria, a Roménia, uma parte da Ucrânia. Prossegue, através do Calcolítico (idade do Cobre dos autores antigos), até uma idade do Bronze que termina no dealbar dos tempos históricos, sob a forma de um grande número de culturas que se distinguem pelos tipos cerâmicos. A sua forma antiga, até ao V milénio em que se produzem graves perturbações, é chamada «Civilização da Europa antiga» por Marija Gimbutas. – É a esta cultura que se deve, quanto ao essencial, a neolitização da Europa.

A outra é de aparecimento mais tardio (V milénio) e é caracterizada pelo seu tipo de sepulturas, que, à parte algumas diferenças, têm em comum o facto de terem em cima um *tumulus*, isto é, na região em que nos encontramos em grande número, de *kurganes*. Organiza-se, a partir de influências do Próximo Oriente (recebidas, ao que parece, por intermédio de uma cultura vizinha estabelecida na planície do Kuban, a norte do Cáucaso), do Dniepre ao Ural, e estende-se mais tarde para além, numa parte do Cazaquistão.

O problema da relação de uma e de outra com os povos indo-europeus não é nem evidente, nem simples. As duas culturas são continuadas no I milénio em culturas que são as de Indo-Europeus (Ilírios, Trácios, para a primeira, Cimérios, Citas, para a segunda), mas não há coincidência entre língua e cultura material (pois que, por exemplo, os Citas são Iranianos, e os outros Iranianos – os do Irão! – têm então uma cultura totalmente diferente). E, mesmo anteriormente, raras vezes é possível estabelecer uma relação precisa entre a cultura material de um povo saído de uma das zonas em questão, e uma das culturas que aí conhecemos. Quando um grupo humano deixa um território, dotado de artefactos de um certo tipo, e se estabelece numa outra região já povoada, sem expulsar os seus habitantes, adopta inevitavelmente vários artefactos da cultura destes, e isso baralha as pistas. Ao cabo, é só a respeito dos Celtas que, partindo da sua cultura no momento em que eles aparecem na história, dita cultura de La Tène, se remonta, verdadeira anamnese arqueológica, àquela donde ela saiu, dita cultura de Hallstatt, e depois dessa a uma anterior, a cultura das Urnas, e depois (e aqui já nem todos os especialistas estão de acordo neste ponto) à grande Cultura dos *Tumuli* da Europa central, que se inicia na primeira metade do II milénio. Esta «brecha» de quase dois milénios é única: reconhecer os Gregos, os Anatólicos, os Indo-Iranianos, os Eslavos... em culturas proto-históricas da zona donde eles parecem ter saído levanta problemas insolúveis. A cultura nórdica, germânica, permite também uma boa subida na pré-história, mas isso só é válido na medida em que ocupa o mesmo território: quanto à sua origem, estamos no domínio das hipóteses.

Os autores estão hoje de acordo quanto a limitar à cultura danubiana e à civilização dos Kurganes a pesquisa das origens indo-europeias – as outras teses, «nórdica» ou «asiática», ainda em moda há uns trinta anos, foram mal sucedidas, sendo demasiado patentes a sua insuficiência e o seu carácter artificial. Há, então, três maneiras principais de equacionar o problema: ou os Indo-Europeus saíram da cultura danubiana (bastante espalhada entre as duas guerras, esta tese foi recentemente retomada por G. Devoto), ou vêm da cultura dos Kurganes (é a opinião da grande maioria dos autores, dentre os quais, após O.S. Schrader, V.G. Childe, G. Poisson, M. Gimbutas e seus discípulos), ou então representavam uma e outra (P. Bosch-Gimpera).

É seguro, não obstante o respeito devido à obra de um sábio como o citado em último lugar, que a tese «unitarista» por um lado, e «pôntica» mais precisamente, é de longe a mais satisfatória. Unidade: a linguística comparada mostra (atrás, p. 459) que os Indo-Europeus «clássicos» – ou seja, o maior número de povos – se separaram quando o Calcolítico estava a começar (portanto, nos V-IV milénios). Não é possível então que tenham constituído duas culturas muito diferentes, e de origens distintas – como o são de facto a cultura danubiana e a cultura dos Kurganes nessa época. – Preferência «pôntica»: se as duas culturas oferecem pontos de comparação fáceis com a cultura indo-europeia que a linguística revela (olaria, criação de gado associada à agricultura, casas de madeira, etc.), só a civilização estépica apresenta traços tão em harmonia com a cultura indo-europeia reconstituível, como o papel do cavalo, a importância do carro de guerra e das armas, a pesada dominante masculina. Alguns factos de peso fazem que a convicção se incline nesse sentido.

Assim, a arqueologia dos IV, III e II milénios revela o contributo repetido, sistemático, de elementos culturais – armas e tipos de sepultura principalmente – da zona das estepes em direcção à Europa central, nórdica, mediterrânica. Muito frequentemente, esses elementos, correlatos (temos, por exemplo, a «cultura dos machados de combate e da cerâmica cordada»), coincidem, no seu aparecimento, com a destruição dos sítios da cultura local anterior, e forma-se seguidamente uma cultura nova que integra a herança da cultura destruída e a dos invasores. Por outras palavras, *a arqueologia descobre acontecimentos que correspondem exactamente aos processos de indo-europeização* que a história avança como hipótese necessária. – Tais acontecimentos não têm qualquer contrapartida simétrica na Europa oriental. Os homens dos Kurganes conquistaram todas as regiões da Europa, onde impuseram eventualmente as suas línguas; e nunca o contrário.

Um caso típico é o da cultura nórdica. Até ao final do IV milénio, a Escandinávia e as costas meridionais do mar Báltico e do mar do Norte testemunham a manutenção de uma economia de subsistência que prolonga até então o Mesolítico. Depois, entre 3500 e 3000, toda esta região, da Suécia à Bélgica e à Polónia, é coberta por uma cultura neolítica perfeita que sem dúvida, integra os ocupantes anteriores, mas que só pode ter sido trazida por colonos possuidores do saber técnico correspondente. Nasce, assim, uma «Cultura nórdica» muito brilhante, a seguir à idade do Bronze, e que prossegue, sem hiatos, à excepção da conquista do país pelo «povo da cerâmica cordada», até que os seus portadores se revelam, em fins do I milénio, como Germanos. A partir de então, a língua, indo-europeia, destes foi introduzida no país quer no IV milénio, correlativamente com a neolitização, quer no III, por causa da dominação militar dos «Cordados». – Ora, os dois movimentos vão buscar as suas raízes à Europa oriental. A primeira fase, «First Nordic Culture» de Childe, desse Neolítico é caracterizada por um tipo de vasos, ditos «copos em funil», a que está associado um machado de combate em pedra. A origem dos copos em funil é controversa: mas é Bosch-Gimpera, por exemplo, quem diz que eles provêm dos territórios pônticos, onde apareceriam no V milénio (em Igren, na curva do Dniepre); e a arma caracteriza guerreiros, coisa que não são nesta época os povos da Europa central. Quanto à cultura «Cordada», ela é elaborada na Polónia, a partir de elementos igualmente saídos das estepes: fossem quais fossem os «indo-europeizadores» dos Germanos, as suas origens encontram-se mais na cultura dos Kurganes que em qualquer outro lado.

A história do cavalo é igualmente sugestiva. A maioria das suas espécies quaternárias desaparece no fim das glaciações würmianas; no Neolítico, subsistem apenas duas raças eurasiáticas: o *tarpan* a Oeste (Ucrânia, Rússia do Sul), e o *taki* ou cavalo de Przewalski no Leste. O mais antigo crânio de cavalo apresentando caracteres originais ligados à domesticação (modificação dos desenhos do esmalte dos dentes) foi encontrado na aldeia de Dereivka, da civilização dos Kurganes, no Dniepre. É datado pelo carbono 14 de 3500. O local fornece também seis freios de veado em madeira. Anteriormente, o cavalo era caçado na região; mas calcula-se que são precisas cerca de trinta gerações para que a domesticação modifique a biologia de uma espécie: os cavalos foram, pois, domesticados, pela sua carne, depois sem dúvida para serem montados, na zona estépica, entre 4000 e 3500, e saíram dos tarpãs. Ao mesmo tempo ou seguidamente, as provas da importância do cavalo são múltiplas na cultura dos Kurganes; de modo que, quando se encontram, no cemitério húngaro de Deszk, cavalos talvez tão antigos como os de Dereivka, e idênticos a estes, o seu isolamento, em data tão alta, testemunha seguramente, não uma domesticação local, mas uma infiltração precoce dos homens na estepe.

É preciso notar, por fim, que há um considerável número de laços entre o indo-europeu e vários línguas da leste da Europa ou da Ásia ocidental. Ao indo-europeu, o fino-úgrico foi buscar termos desde o período comum, e depois, às diversas línguas com as quais esteve em contacto (indo-iraniano comum, iraniano dos Citas, etc.); o turco vai buscar igualmente termos indo-europeus num estúdio antigo da língua (ind.-eur. *$r^k thos$*, «urso», tungúzio *raketa*; ind.-eur. *dom-*, «construir», turco *tam*, tecto.; ind.-eur. *$gherto$-*, «cerca», turco *yurt*, «casa», etc.); em sentido inverso sem qualquer dúvida, o sumério transmite pelo menos dois termos culturais ao indo-europeu (gr. *pélekus*, «machado duplo, machado de combate», sânsc. *paraśu-*, «machado», palavra de estrutura não indo-europeia: cf. sum. *balag*; *$g^W ous$-*, «bovino doméstico», sum. *gu*, que tem por outro lado correspondentes turcos, chineses e africanos), e essa influência, ligeira porque indirecta, é correlativa da influência mesopotâmica sobre a arte do Cáucaso e do Kuban no Neolítico. Vários autores têm também sublinhado notáveis semelhanças entre o indo-europeu e a família semito-hamita (por exemplo, no nomes dos números, de parentescos, de animais, a ponto de poderem ser estabelecidas equações linguísticas regulares; que isso aponte um parentesco genético entre as línguas destas duas famílias, ou simplesmente contactos estreitos e prolongados, em época muito alta, daí se segue em todo o caso que os antepassados dos Indo-Europeus viveram na Ásia ocidental. Finalmente, os linguistas caucasólogos são unânimes em sublinhar os laços entre as línguas de que se ocupam e o indo-europeu: a forma das raízes indo-europeias apenas se encontra, em toda a face da terra, em duas línguas caucasianas. Foi, portanto, desde tempos muito recuados – antes mesmo do início do Neolítico – que os falantes do indo-europeu devem ter nomadizado entre o Don e o Volga.

É por isso que é lógico identificar os Indo-Europeus, na fase que precede e que assiste à sua dispersão, com a civilização dos Kurganes. – A terminologia utilizada no Ocidente hoje em dia é principalmente a de Marija Gimbutas. Segui-la-ei aqui, porque é a mais simples – não sem estar consciente de que as teorias deste autor se revestem muitas vezes de um simplismo prejudicial.

Os mais antigos kurganes encontram-se a sul dos montes Ural, de um lado e do outro do Volga. Os autores ocidentais chamam a esta primeira fase «cultura das sepulturas em cova». Da sua região de origem, ela estende-se rapidamente na direcção da Ucrânia onde, no Dniepre, submerge uma cultura neolítica anterior, de origem longinquamente danubiana, e mistura-se com ela; um local, o de Seredni Stog, apresenta a sucessão, em I, da chamada cultura neolítica danubiana, e, em II, da cultura dos Kurganes; é por isso que esta é denominada, na sua primeira fase, pelos arqueólogos soviéticos, «Cultura de Seredni Stog II». Na terminologia de Gimbutas, é a fase «Kurganes I». Caracteriza-se, portanto, por sepulturas escavadas no solo, e encimadas por um pequeno montítulo (*cairn*) de pedra muito baixo (com frequência rebaixado nos nossos dias, o que explica que o aspecto de «kurgan» não tenha sido retido na terminologia inicial). Os esqueletos inumados estão salpicados de ocre. A economia apoia-se na criação de gado e na agricultura. O *habitat* é mal conhecido. Por sincronismo – ainda pouco preciso – com a grande cultura neolítica, de origem danubiana, de Cucuteni-Tripolje, que cobre a Roménia e a Ucrânia ocidental, data-se a fase Kurganes I do início do v milénio.

A fase Kurganes II, datada da segunda metade do v milénio, é aquela em que se assiste às primeiras infiltrações na Europa, em direcção ao Danúbio. Os traços esboçados na fase anterior conhecem, então, um amplo desenvolvimento. Kurganes III é da primeira metade do IV milénio. As culturas da Europa central são então destruídas e remodeladas sob a influência dos povos das estepes. Esse movimento prossegue no III milénio com a fase Kurganes IV, em que a riqueza e o aparato militar dos povos das estepes atingem o seu apogeu. A diferenciação cultural das civilizações herdadas dos acontecimentos anteriores corresponde à expansão geográfica, e «Kurganes IV» reagrupa uma série de culturas que têm em comum o poderio dos guerreiros, o papel do cavalo, a extensão rápida: cultura dos machados de combate e da cerâmica cordada entre os Cárpatos e a Escandinávia, cultura de Fatjanovo na Rússia central, cultura das sepulturas em catacumbas da Rússia meridional, ou seja, neste caso nos centros tradicionais da cultura dos Kurganes.

O tipo de sepultura da cultura dos Kurganes evolui em torno de um modelo tradicional. A câmara mortuária, «cova» ou «catacumba», está muitas vezes rodeada de pedras ou de madeira; nas faces recentes, é construída sobre o solo, em forma de cabana, sustentada por três ou quatro postes de madeira. O solo está coberto de seixos, de cinzas, ou de uma camada de ocre vermelho. O túmulo, por cima, de terra ou de pedra, está muitas vezes rodeado de um períbolo, de pedra ou de madeira. Estelas de pedra, tendo grosseiramente, segundo Gimbutas, a forma de um (deus) masculino, assinalam a sepultura; foram por vezes reutilizadas como tectos de câmaras funerárias mais recentes. Um túmulo contém frequentemente várias inumações: um homem ao centro, mulheres e crianças na periferia. A sincronia das inumações indica sacrifícios ao morto: sua mulher, e por vezes crianças ou adultos que podem ter sido escravos. Verifica-se uma nítida diferenciação social no mobiliário funerário: a maioria dos sepulcros está vazia. Os chefes, precisamente os que têm seres humanos sacrificados no seu túmulo, estão acompanhados de pontas de flecha de sílex, pontas de lança, cutelos de pedra, machados de combate (de chifre de veado em Kurganes I, de pedra ou de cobre em II e III), de clavas de pedra (em forma de cabeça de cavalo durante Kurganes II), de adornos peitorais (dentes de cão, de raposa, de lobo, de urso, ou colar de dentes de javali); também se encontra, raramente, um anel de cobre ou de liga de ouro ou de prata, um anel espiralado de braço, uma fivela de cinto de osso. O morto está em posição contraída («fetal»), de costas durante as fases I e II, de lado (direito para os homens, esquerdo para as mulheres) na III e IV. Predomina a orientação para Oeste. Criação de gado e agricultura coexistem, mas a criação leva a melhor sobre a outra produção com o passar do tempo. Segundo os agrupamentos de sepulturas, a população vivia em pequenas tribos; as casas eram simples cabanas, em parte enterradas, rectangulares, de madeira, agrupadas em pequenas aldeias; temos também fortes em cumes de colinas; a cerâmica é grosseira (contraste importante com as culturas danubianas), com decoração impressa. Baseando-se em dados arqueológicos, Marija Gimbutas pensa que estes povos adoravam um deus do Sol que era também um deus do Céu, o trovão, o fogo e os animais: touro, lobo, javali, serpente; o cavalo, tal como o homem, era sacrificado. Os santuários, ausentes actualmente, deviam ser ao ar livre.

As fases I, II, III são conhecidas mediante uma centena de locais, sepulturas, *habitats*, minas de sílex, descobertas isoladas. O melhor conhecido, Dereivka, é rico de ensinamentos. A aldeia cobria um terço de hectare. Temos duas casas rectangulares, parcialmente enterradas, de 6×13 metros, e várias outras pequenas; há locais para moer o grão, lareiras, oficinas de oleiros. Ao lado da aldeia temos a sepultura de dois cães, e numa outra um crânio de cavalo. O material compreende fragmentos de cerâmica incrustados de conchas, vasos de fundos pontiagudos, ossos de animais, conchas de caracóis. As estatísticas fundadas no estudo dos 3232 ossos ou fragmentos de ossos dão estimativas de 55 cavalos (ou seja, 74% do gado), 19 bovinos (21%), 9 porcos, 17 carneiros e cabras. O número dos cavalos indica bem que eles serviam, em primeiro lugar, para a alimentação. Mas temos, em Dereivka e outros locais, pedaços de chifres perfurados com um ou dois orifícios, que se interpretam como servindo para rédeas de cavalo. Temos, por outro lado, ossos de animais selvagens, segundo os locais, de 7 a 40%, em média entre 10 a 25. São animais da floresta: veado, cabrito-montês, javali, texugo, raposa, lebre, urso, alce, marta, burro selvagem; há também espinhas de peixes de água doce e arpões. O material inclui enxadas feitas de chifre, pilões de pedra, almofarizes.

O acordo destes elementos com o que sabemos por outras vias dos Indo-Europeus é evidente. Além do cavalo, insistamos nas armas: a clava já não tem praticamente importância nos exércitos dos povos indo-europeus históricos; mas tem uma grande importância nas tradições: Thôrr, Héracles, estão armados de clava. Aqui, é uma arma encontrada frequentemente nas sepulturas masculinas, e uma arma de valor, gravada, ou decorada com prolongamentos globulares, ou esculpida, como dissemos, em forma de cabeça de cavalo; é de pedra normal, ou de pedra semipreciosa, como o pórfiro. A espada é a arma essencial em todos os povos indo-europeus antigos ou quase, desempenhando um grande papel nas tradições – mas sublinharia que se trata de uma arma recente, não anterior ao II milénio. Temos, nos kurganes, a sua origem: os guerreiros são acompanhados de longos punhais de sílex, claros antepassados dos gládios ulteriores de metal. A lança é uma arma igualmente atestada abundantemente na história e nos mitos indo-europeus: os kurganes fornecem um grande número de pontas de lança. O sânscrito e o grego têm em comum uma palavra para «machado (de combate)»: aqui temos enormes machados de combate, feitos de chifre de veado, de cobre de pedra. O arco é a arma principal dos Indo-Iranianos, e a palavra grega tem um correspondente iraniano: os kurganes fornecem pontas de flechas; sublinhava eu atrás que o arco, arma eminente por excelência dos Indianos antigos, dos Persas, dos Citas, era ignorado ou desvalorizado noutros sítios – incluindo a Grécia. Interpretar-se-ão então as coisas de uma maneira como esta: os Indo-Iranianos foram mais conservadores para o armamento que os outros povos, mas estes conservam com frequência a lembrança da importância do arco (Apolo é arqueiro, e houve um papel de arqueiro, de primeiro plano em certos mitos, para Héracles), o que indica que houve de facto um declínio do prestígio da arma, e não uma introdução recente desta nos Indo-Iranianos; encontrar-se-á uma verificação desta hipótese entre os Germanos, onde, por um lado, as figurações da idade do Bronze nórdico mostram muitas vezes um deus munido de arco, ao passo que as grandes divindades conhecidas mais tarde pelos textos não o têm, e, por outro lado, neste último nível de documentação, ao lado dos Ođinn, armados com o chuço, ou de Thôrr, armado com o martelo, encontram-se deuses do círculo da soberania munidos do arco: Tyr, o deus da justiça, equivalente linguístico de Zeus, Ullr, com o arco de madeira de teixo, substituindo em dada altura Ođinn no mito, e muito honrado na Escandinávia, e por fim Vali, filho de Ođinn, vingador de Baldr.

Os cavalos dos Kurganes eram pequenos (no máximo 145 cm na cernelha), e é o carro que lhes confere valor militar. A roda aparece, no estado actual da documentação, em meados do IV milénio, na Mesopotâmia, para carros de quatro rodas, e na cultura dos Kurganes, para veículos de duas rodas. O sincronismo e a proximidade destas regiões permitem pensar que a invenção não se verificou independentemente nos dois casos. Seja como for, o carro ligeiro, de duas rodas, é de facto implantado na zona das estepes; o mais antigo documento encontra-se no kurgane de Strorozhevaja Mogila, no baixo Dniepre: por cima do esqueleto de um homem deitado de lado, pernas dobradas, conservavam-se fragmentos de um veículo de duas rodas. É a mais antiga «sepultura com carro» do mundo e remonta, portanto, à fase Kurganes II. Pouco depois situam-se os restos semelhantes encontrados nos mais antigos kurganes da região de Bekes, no nordeste da Hungria. – Não insistiremos de novo aqui na importância do carro de guerra na história dos Indo-Europeus.

É notável, finalmente, que o próprio tipo de sepultura, em túmulo, que se torna um monumento considerável nas sepulturas principescas, corresponde exactamente, fossem quais fossem as suas filiações precisas, às sepulturas de vários povos indo-europeus antigos: Proto-Celtas, se temos de reconhecê-los, com Bosch-Gimpera e outros, na Civilização dos Túmulos da Europa central; Gregos micénicos, cujas sepulturas, subterrâneas, incluíam muitas vezes, tal como os kurganes, ao mesmo tempo um túmulo, uma estela indicativa, um períbolo baixo (anteriormente, no Heládico médio, temos sepulturas em cistas, muitas vezes inseridas em *tumuli*, com o esqueleto em posição contraída em cama de seixos); Hititas, cujas sepulturas mais antigas, se há de facto que atribuir-lhes as de Alaca Hüyük e outras (Horoztepe, etc.), têm numerosos traços dos Kurganes (são poços funerários com a base rodeada de pedras, com o tecto de pranchas, sendo o conjunto encimado de terra; o corpo está em posição contraída, deitado sobre a esquerda, acompanhado de armas, jóias, e cabeças e cascos de bois; uma fileira de pedras marca exteriormente a implantação da sepultura); Frígios, também, cujos grandes *tumuli* de Gordion são actualmente as memórias mais eloquentes; Macedónias, mais tarde, cujos *tumuli* forneceram recentemente fabulosos tesouros, etc.

O único desarcordo parece-me consistir na arquitectura. Vimos que os Indo-Europeus deviam possuir casas de madeira, o que é válido para toda a Europa antiga, incluindo os Kurganes, mas a palavra em sânscrito e grego para «parede» indica que o vigamento de madeira devia ser revestido de terra, a menos que os próprios muros, de uma fortaleza, não fossem revestidos de terra. Isso adapta-se bem às aldeias danubianas, cujas casas, de madeira, são correntemente revestidas de argila. Não se exagerará esta aparente diferença: por um lado, porque os *habitats* dos Kurganes continuam a ser mal conhecidos, e por outro, porque é claro que as casas rectangulares semi-enterradas no solo prolongam o modelo danubiano arcaico, que é anterior ao início da cultura dos Kurganes: as primeiras casas de sedentários, nesta última cultura, devem ter-se inspirado em técnicas danubianas, e o seu vocabulário conservaria a marca disso mesmo, ainda que, posteriormente, o revestimento de argila tenha sido abandonado.

Os povos dos Kurganes, em todo o caso, espalharam largamente o seu modo de vida (e de sepultura) na Europa. Os primeiros movimentos, segundo Gimbutas, situar-se-iam na fase II, por volta de 4400-4300. Partindo do sector baixo Dniepre-baixo Volga, a migração estende-se pelo litoral do mar Negro para o Oeste; os povos da cultura de Cucuteni-Tripolje, que ocupavam esse território (*v.* atrás, p. 539), são obrigados a abandoná-lo e recolhem para o interior; para além, os vestígios do movimento distinguem-se na Dobroudja e depois ao longo do Danúbio. Os povos das estepes alcançam a Hungria e, do outro lado, a Macedónia, subindo o Morava e descendo o Vardar. A partir daí, kurganes e a sua cerâmica característica encontram-se em quase todo o território da Civilização danubiana. – Anotar-se-á: a data – o fim do V milénio – que é pouco anterior à generalização do cobre; e a força do movimento: se são edificados kurganes dos Balcãs até à Hungria, é que o movimento não é o de rapinantes ocasionais, *são de facto conquistadores*, que se instalam na região e canalizam em seu proveito a riqueza local. *A indo-europeização da «Europa antiga» começa no V milénio*. As culturas locais são abaladas. No território de Cucuteni-Tripolje, as aldeias estão rodeadas de muralhas, ao passo que kurganes e habitações semi-subterrâneas estão dispersos entre os vários locais: povos dos Kurganes e de Tripolje coabitam, e sabemos que, mais tarde, esta última cultura evolui para o primado da criação de gado, com o aparecimento do cavalo, e finalmente dá-se uma evolução para o nomadismo – há «indo-europeização» da cultura de Tripolje, no plano material, e pode supor-se que a língua acompanha esse movimento. Na Bulgária existia uma cultura tipicamente danubiana, dita de Karanovo. Os seus representantes migram então para a Roménia, ao mesmo tempo que localmente aparece uma cultura nova, dita de Cernavoda I, cujos habitantes, instalados em posições elevadas e estratégicas, constroem pequenas casas, muitas vezes semi-enterradas, e cuja agricultura, mais primitiva que a anterior, é completada com a criação de gado, em particular a do cavalo; as ferramentas e a cerâmica lembram as dos Kurganes, mais precisamente dos que se instalavam na mesma época no território de Tripolje. Por outro lado, as culturas danubianas, até esta altura estáveis, espalham-se, acotovelam-se, e várias desaparecem.

A motivação do movimento é discernível: os danubianos, mais civilizados, exercem uma atracção inevitável em relação aos homens das estepes de *habitats* e cerâmicas tão pobres. Mas, nos kurganes presentemente espalhados na Roménia, na Ucrânia na Macedónia, na Hungria, encontram-se braceletes e colares de cobre, importados por vezes de longe: foi o lucro que levou os conquistadores do Dniepre ao Danúbio.

Uma segunda vaga verificar-se-ia, sempre segundo Gimbutas, mil anos mais tarde, de 3400 a 3200. Parece ter saído não dos focos originais dos Kurganes, mas de territórios «kurganizados» a nordeste do mar Negro; aí os conquistadores adquiriram uma riqueza considerável. Da Ucrânia (região de Odessa) à Moldávia, temos enormes *tumuli* «reais», o principal dos quais, em Usatovo, dá o seu nome à cultura de então. Tem 36 m de diâmetro, e o seu períbolo é formado por blocos calcários ornados (gravuras ou relevos rasos) de cavalos, de veados, de cães, de seres humanos. A persuragem enterrada ao centro, de costas, pernas dobradas, era aconipanhada de um punhal e de um machado chato de cobre arseniado, de um vaso com decoração cordada, de um prato pintado no estilo de Cucuteni. Este último traço é frequente nas sepulturas desta cultura: os chefes saídos das estepes apropriam-se do trabalho dos artistas locais. Aparecem novos tipos de armas: punhal de espigão, alabarda, machado chato – tudo isso testemunha, segundo o mesmo autor, a aprendizagem de uma tecnologia metalúrgica que os homens das estepes adquiriam na Transcaucásia, onde estão espalhados então.

Porque este movimento do IV milénio é ainda mais importante que o anterior. Os portadores da cultura de Usatovo estendem-se para o baixo Danúbio, através da Dobrudja, e implantam-se na Bulgária (Cernavoda II). Se a direcção do movimento é em seguida menos rígida, verifica-se, nos séculos posteriores, uma fusão da cultura danubiana e da cultura representada por Cernavoda II. O seu sinal típico é a cerâmica dita de Baden, que cobre então todo o vale do Danúbio, a Roménia, a Bulgária, a Jugoslávia, a Hungria, a Checoslováquia, a Áustria, a Alemanha do Sul e do Centro. Há, então, uma uniformização cultural sem precedente, do mar Negro aos Alpes. Ora, outras características da Cultura de Baden são o armamento (machados de combate perfurados, de pedra, punhais de cobre), a criação do carneiro, do porco, dos bovídeos, dos cavalos, os colares de dentes de cão, de urso ou de javali, e teares de tecer direitos, atestados por fusaiolas de argila: tudo isso corresponde, ao mesmo tempo, àquilo que se sabe dos Indo-Europeus, e à difusão dos Kurganes.

É nesta época que se situa a neolitização da Europa do Norte. Vimos que dois dos seus elementos culturais caracteríticos, os vasos em funil e os machados de combate, evocam as estepes mais que a «Europa antiga».

Por volta de 3000, no território meridional da Cultura nórdica (da Polónia à Pomerânia) desenvolve-se a cultura dita «das ânforas globulares»: evolução local dos vasos em funil, segundo Gimbutas; imigração de povos das estepes, segundo Bosch-Gimpera. Durante a primeira metade do III milénio, esta cultura evolui para uma nova, muito importante, caracterizada pela cerâmica com decoração de cordel por machados de combate de perfuração central. O «povo cordado», de físico igualmente original na Europa, era dotado de uma enorme força de espansão. As suas sepulturas encontram-se na Suécia, na Dinamarca, na Alemanha do Norte, nos Países--Baixos, nas costas orientais do Báltico. Os machados, de pedra, reproduzem modelos metálicos transcaucasianos. As sepulturas são individuais, sob túmulo redondo. Os *habitats* são muito raros, e trata-se sem dúvida de nómadas criadores de gado. Nas costas, os Cordados misturam-se a culturas locais, e temos vestígios na Suíça e no Jura francês, na Alemanha meridional (grupo Saxe-Turíngia) e na Rússia central (grupo de Fatjanovo, na direcção de Moscovo, mais tarde reabsorvido pela cultura local, seguramente fino-ugriana).

As culturas do foco original evoluem entretanto, por seu turno, e algumas estão dotadas igualmente de uma grande força de expansão. Na Rússia meridional, temos a cultura de Poltavka, do Don ao Volga, que mantém a tradição das sepulturas em cova. Mais a Sul, estendem-se as sepulturas em catacumbas, igualmente saídas do estádio Kurganes IV, do III milénio. Nesta época, encontram-se centenas de sepulturas análogas às da Rússia, na Roménia, Bulgária, Jugoslávia, Hungria oriental: são em poços profundos, com construção de uma cabana por cima do corpo, com ocre, cinza ou esteiras sobre o solo, corpo de costas, pernas dobradas. Tal representa, portanto, um novo movimento partido das estepes para a Europa danubiana. Na Jugoslávia e nas regiões vizinhas, elabora-se um novo fácies, dito Cultura de Vucedol, caracterizado por machados de combate, pontas de flecha, machados chatos, punhais de cobre em losango: M. Gimbutas integra-a no seu conjunto Kurganes IV. Mas estes kurganes do III milénio encontram-se numa zona ainda mais vasta. Encontramo-los na Itália, na Sicília, na Grécia (em Corinto e Zyguries) e, por outro lado, em toda a Transcaucásia, no Turquestão soviético até Ferghana, na Anatólia, na Palestina, onde caracterizam uma fase arqueológica durante quinhentos anos, e em Chipre. Segundo M.M. Winn, devem distinguir-se dois movimentos distintos de portadores das sepulturas em catacumbas no Próximo Oriente, entre 2500 e 2000. Na Geórgia e no Azerbaijão, uma cultura local, dita de Kura-Araxe, de cerâmica vermelha e preta, está destruída, e temos então, por exemplo, em Trialeti, quarenta e dois túmulos, alguns dos quais contêm carros funerários e a construção de madeira por cima do corpo.

Depois de 2000, não se verificam mais expansões directas de portadores de kurganes – mas as de culturas filhas das sínteses entre povos dos Kurganes e Neolíticos indígenas. É porque estas sínteses são subtis e complexas, que é muito difícil fazer a ligação entre os movimentos dos Kurganes e os povos indo-europeus históricos – que justamente aparecem quase todos depois de 2000. Na realidade, a antiguidade dos movimentos (V, IV, III milénios) é a requerida para explicar o estado de divergências das línguas desde os primeiros documentos, mas impede também a reconstituição de filiações. Assim:

– É tentador ver na neolitização da Europa do Norte no IV milénio o próprio processo de indo-europeização, por homens saídos (não directamente, de resto) das estepes. Mas seria igualmente legítimo atribuí-lo, alguns séculos mais tarde, aos Cordados, cuja actividade, da Suécia aos Balcãs, se antecipa bastante sobre a dos Germanos, cerca de três milénios posterior.
– É possível que para além (= aquém) da cultura das Urnas, céltica tenha de considerar-se, com Bosch-Gimpera, a Cultura dos Túmulos como sendo igualmente já céltica; depois, com Gimbutas, fazer sair a Cultura dos Túmulos da de Unjetice, que temos na Boémia, Morávia, Áustria, Silésia, Alemanha, e cujos cordões e pulseiras maciças e anéis de braço muito largos têm, de facto, um ar «pré-céltico». Mas esta mesma cultura, se é seguramente indo-europeia (armas e costumes funerários lembram os dos Kurganes), devê-lo-á aos Cordados que dominaram o seu território imediatamente antes, ou aos Danubianos que os precediam localmente, e cuja cultura depende já de uma síntese entre Danubianos anteriores e contributos pônticos? – Vê-se a recorrência das questões: ela caracteriza exactamente a dificuldade.

– Vários escavadores de locais arqueológicos iranianos sublinharam uma ruptura cultural notável, que relacionam com a chegada dos Indo-Europeus: pouco depois de 3000, uma nova cerâmica, uniforme, cinzenta, faz o seu aparecimento, e põe fim às cerâmicas anteriores, artisticamente pintadas. A cultura assim caracterizada dura quase um milénio, e os locais representativos são destruídos por volta de 2000-1700. Mais tarde, a sua tradição cerâmica é reencontrada na olariado nordeste do Irão, onde os Assírios assinalarão a presença dos primeiros Iranianos, e onde se encontrarão, pouco depois, os Medos. É, pois, tentador ver nos portadores desta cerâmica cinzenta quer os primeiros Iranianos, quer, antes deles, os Proto-Indianos, cujos grupos se dispersarão precisamente por volta de 2000-1700 ao mesmo tempo para o Oeste (norte do Crescente Fértil) e para Leste (Índia). Só que, não há grande coisa em comum entre a cultura da cerâmica cinzenta e os Kurganes. Passa-se então inevitavelmente para o plano das hipóteses. – Em Korucu Tepe na Anatólia oriental, uma sepultura, datada de 3000, forneceu um tipo de cerâmica cinzenta; alguns traços desta sepultura lembram os Kurganes: mulher, sem a cabeça, enterrada ao lado do homem, pernas ligeiramente contraídas, clava e adaga de cobre junto do homem. Ela pode, portanto, ser um intermediário entre os Kurganes e os povos da cerâmica cinzenta do Irão, mas já com sérias modificações culturais. Donde a interpretação de Burney, 1971: a cerâmica cinzenta representa uma população de origem não indo-europeia, que dispõe da sua própria cultura, mas dominada, dirigida, por Indo-Arianos conquistadores.

Sejam ou não precisas as filiações, não pode negar-se que o que a arqueologia revela das história dos Kurganes coincide largamente com o que sabemos, por outras fontes, dos Indo-Europeus. À série de expansões a partir da zona nuclear Dniepre-Volga, em três milénios, corresponde o «modelo» proposto pelos linguístas (Benveniste) de um tronco comum indo-europeu donde se destacam ramos em várias épocas, cada uma das quais testemunhando um estádio, mais ou menos arcaico, da língua. À imposição precoce (V, IV milénios) e total (III milénio) do poder dos povos dos Kurganes na Europa central corresponde o carácter completamente indo-europeu desta região, quando, no dealbar da história, diversos povos de lá saem (Celtas, Itálicos, Gregos) ou lá se encontram (Ilírios, Trácios, Bálticos, Eslavos). Conquistadores seguramente minoritários com frequência, os povos dos Kurganes puderam impor a sua língua, tal como mais tarde os Celtas na Gália e muitos outros; ou então, por vezes, submersos pela cultura local anterior, assimilaram-se a ela (é o caso de grupo dos guerreiros de machados de combate de Fatjanovo, p. 545); mas, maioritariamente, a série de avanços e recuos fazia-se em benefício da indo-europeização, pois que cada cultura indo-europeizada, ao adoptar o sistema de valores dos conquistadores, tendia a tornar-se, por sua vez, expansionista.

A interpretação arqueológica devida a Schrader, Childe, Gimbutas, explica, pois, a maior parte dos factores. – Não é exclusiva de complementos, como a hipótese (Goodenough e outros) de ramos indo-europeus destacados do bloco inicial desde antes da formação da cultura dos Kurganes (isso, para dar um carácter indo-europeu a culturas da Europa danubiana neolítica): mas nenhum argumento decisivo a sustenta. Com efeito, o modelo deve a sua força, e a sua suficiência, ao facto de explicar realmente a dispersão indo-europeia a partir de uma cultura única na época julgada necessária pelo comparatismo linguístico. Assim, situando-se a primeira expansão dos Kurganes em finais do v milénio, antes da difusão compacta do cobre, tal facto lembra oportunamente que Anatólicos e Tocarianos se separaram dos outros Indo-Europeus precisamente antes da formação da metalurgia; e, se elementos indo-europeus atingem, desde essa época, culturas voltadas para a Europa ocidental (a cultura de Michelsberg, no IV milénio, na região renana, parece integrar tradições que remontam aos povos das estepes – abundância das armas, pontas de flechas, clavas e machados polidos, do armamento lítico, fortificação das aldeias, teares direitos para tecer, utensilagem de chifre de cervídeo, cerâmica geralmente não decorada que podem remontar à penetração dos homens dos Kurganes no alto Danúbio), sabe-se que A. Tovar desvenda nas línguas pré-célticas da Espanha um estádio linguístico próximo do do anatólico. No estado actual dos conhecimentos, o modelo é satisfatório: os Indo-Europeus são, muito verosimilmente, os homens do povo dos Kurganes.

2. Os tipos físicos dos Indo-Europeus

Todos os povos indo-europeus conhecidos na Antiguidade são de raça branca e de tipos diversos: todos os esqueletos identificáveis da Europa neolítica parecem ligar-se a tipos europóides e são em geral, mesmo numa cultura determinada, igualmente diversos. É, portanto, arriscado procurar qual era «a» raça dos Indo-Europeus: o termo designa uma etnia e, portanto, uma população *a priori* polimorfa. Precisar-se-á esta ideia debruçando-nos sobre o conteúdo humano dos Kurganes.

Antes, porém, liquidemos as contas com um mito racista que, infelizmente, custa a desaparecer. A propaganda nazi espalhou o tema de uma origem nórdica dos Indo-Europeus. Tanto a linguística como a arqueologia não permitem tal. E no entanto, a ideia, que se julgava atingida mortalmente pela queda do III Reich, volta de novo à tona actualmente; na verdade, ela enraizara-se suficientemente nas mentalidades, em determinada época, sem nunca ter sido realmente eliminada; hoje em dia, encontramo-la de novo escrita com todas as letras em muitos escritos.

Não poupemos as palavras: essa tese é absurda. Conhecemos bem o seu eixo, que é a equação: Indo-Europeus = Germanos primitivos = raça nórdica. Uma vez avançada, tal tese reforça-se facilmente com elementos como os seguintes:

– encontram-se louros, ou seja, indivíduos de olhos azuis, mencionados pelas fontes antigas entre os aristocratas de vários povos indo-europeus antigos;
– nas tradições, deuses e heróis eminentes são muitas vezes qualificados de «louros», ou «ruivos», ou ditos de pele clara.

Tudo isso prova, com uma aparente lógica, que os Indo-Europeus eram uma aristocracia de conquistadores de cabelos, pele e olhos claros.

No entanto tal raciocínio não resiste ao mais simples exame crítico:

– A equação fundamental é artificial e inexacta, quanto aos factos.
– Que tenha havido louros entre os povos indo-europeus antigos e na sua aristocracia, é de uma inteira banalidade: há louros em toda a Europa – e não há nenhum motivo para explicar a sua presença unicamente pela expansão indo-europeia, pois que há também Berberes louros, e ainda aborígenes australianos, Melanésios, índios da América do Sul, etc. Há-os na aristocracia: evidentemente, pois que as fontes históricas ou artísticas envolvem sempre principalmente as camadas dominantes; havia seguramente louros na Grã-Bretanha ou na França antes de os Celtas se terem imposto como povo dominante, e verifica-se, segundo os autores clássicos, que a população das Gálias compreendia louros e morenos ou de tez acastanhada tanto na aristocracia como no povo. Acrescente-se que os critérios de despigmentação, na Europa, não designam necessariamente a raça nórdica, pois que uma outra grande raça europeia, que agrupa a maioria dos eslavos, e é denominada «leste-europeia» (Vallois; noutros lados, «oriental», ou «leste-báltica»; «nordeste europeia», Dobzhanky), apresenta, num tipo físico bastante diferente, os mesmos caracteres de despigmentação. Finalmente, recordar-se-á que a raça nórdica não é específica dos Indo-Europeus (menos que a raça leste-europeia!), pois que numerosos Fino-Ugrianos (na Estónia, na Finlândia) pertencem a este tipo físico. Não há, pois,

realmente nenhuma adequação entre as noções de «Indo-Europeus», de «raça nórdica» e de heróis ou deuses de cabelos claros.
- A «confirmação» da tese nórdica pela mitologia é da mesma água que a anterior. Também aqui, no meio de tradições que falam, aliás de maneira muito aleatória, do aspecto físico das personagens míticas, os autores fazem uma *selecção* dos traços que lhes interessam. Ora, essa selecção mostra quando examinada que as tradições dos povos indo-europeus mencionam a cor «loura» ou «ruiva» dos cabelos de um ser lendário em três contextos principais:
- Trata-se de heróis ou deuses solares (Apolo, etc.).
- Trata-se de divindades do trigo, da ceifa (Deméter, etc.).
Num e noutro caso, as razões são evidentes.
- Trata-se de heróis ou deuses guerreiros e, excepcionalmente, soberanos. Assim, Indra é louro, Thôrr é ruivo («barba-ruiva» é o seu sobrenome). Aquiles é louro. A correspondência é notável e interessante, mas será possível conferir-lhe um sentido antropológico? A resposta não pode oferecer dúvidas, porque é, de facto, demasiado visível que estamos perante uma codificação simbólica: a cor dos guerreiros é o vermelho, e isso exprime-se, entre outras maneiras, em termos físicos. É verdade que o louro não é vermelho, mas onde o ruivo é mal visto (por exemplo, na Grécia antiga, tal como na Europa tradicional moderna), fornece o termo mais próximo; assim, se Aquiles é louro, o seu filho chama-se Pirro, o que faz referência à cor do fogo – e «ruivo» diz-se do mesmo modo. O motivo é patente numa tradição germânica que expõe o nascimento das classes sociais, segundo o esquema trifuncional, geradas por Heimdallr (cf. p. 89): Thraell, o «servo», tem a pele negra, Karl, o camponês livre, é «ruivo, de face rosada»; Jarl, o «nobre», é «louro pálido». Os defensores da tese nórdica citam com grande prazer este texto, que atribui cabelos claros ao dominantes, uma pele negra ao dominado (como se Thraell não fosse filho, tal como eles, de Heimdallr, tão «indo-europeu» como os outros dois), e aproximam deste os textos indianos que dão aos Dásyu (inimigos dos Árias e, portanto, exteriores à sociedade indo-europeia e à sua repartição trifuncional) uma pele negra. Mas então, porque é que, destes dois «dominantes», um é ruivo e o outro «louro pálido»? – Por uma razão simples e inteiramente simbólica: numa codificação trifuncional largamente atestada, a cor negra corresponde à terceira função, a cor vermelha à segunda e a cor branca à primeira. É exactamente a codificação utilizada aqui, com este matiz de que não podem atribuir-se a Jarl os caracteres de uma senescência precoce; ele tem, portanto,

cabelos «louros pálidos» – não brancos mas o mais próximo possível do branco. Uma tradição grega reproduz o motivo, inflectindo o pensamento no sentido da rejeição dos ruivos que eu indicava há pouco: «Os louros são magnânimos, porque têm a ver com o leão; os ruivos são muito maus, porque têm a ver com a raposa.» Vê-se que as tradições não coincidem entre si (Karl, camponês livre, é codificado na Escandinávia em termos que o fariam «muito mau», e próximo da raposa, na Grécia!), mas que se adaptam *ao nível simbólico trifuncional*; é, pois, absurdo procurar aí uma «verdade» antropológica. De resto, não há adequação, nos mitos, entre os meios simbólicos: fala-se dos cabelos ou da barba dos guerreiros, mas da *pele* de Thraell; é também por isso que os representantes da primeira função são muito mais raramente descritos que os guerreiros: sendo a sua cor o branco, fala-se de melhor vontade das suas *vestes* que da sua barba.

A prova da natureza exacta destas atribuições capilares encontra-se nas tradições paralelas a respeito dos cavalos: ao sol ou aos deuses soberanos são consagrados cavalos brancos (na Grécia, em Roma, entre os Germanos, os Persas, os Citas, etc); para as outras categorias divinas, eis por exemplo um mito do *Ṛg-Veda*: para serem admitidos às honras do sacrifício, os Ṛbhu, artífices divinos, fabricaram três objectos, obras-primas trifuncionais, a saber: um carro de três rodas para os Nāsatya, dois cavalos baios para Indra, uma vaca que dá o néctar para Brhaspati (deus dos Brâmanes). Segundo a *Ilíada*, *Xánthos*, «Louro», é o nome de um dos dois cavalos de Aquiles. Segundo Políbio, os Macedónios sacrificam ao seu deus Xanthos «e, com os seus cavalos inteiramente armados, acompanham ritos purificatórios».

Por outras palavras, se os guerreiros indo-europeus, por causa da cor dos seus cabelos, eram de raça nórdica, então os seus cavalos também o eram!

Há uma maneira mais objectiva de nos informarmos sobre o tipo físico dos Indo-Europeus antigos: trata-se de examinar os esqueletos destes, na condição de terem sido identificados como os portadores de uma cultura precisa. Felizmente, as culturas neolíticas, na sua fase antiga, são inumantes, e não incinerantes; quando não foram corroídos pela acidez do solo ou qualquer outro agente físico, os esqueletos estão conservados e permitem observações interessantes.

Os homens do Neolítico da Rússia ligam-se, tal como outros tipos humanos da Europa, da África do Norte e do Próximo Oriente, ao fundo humano dito Cro-Magnóide (ou ainda Paleo-Európida). Este tipo é então mais marcado na região do Dniepre que na do Volga, mas as análises multivariadas dos índices cranianos (Roland Menk) revelaram que todo o conjunto da população, da Ucrânia à Sibéria ocidental, forma um mesmo grupo – por oposição à grande maioria dos homens da Europa central e balcânica que, no Neolítico, se ligam ao tipo dito Mediterrânico (notar que então, nos documentos antropológicos antigos, os «Nórdicos» não se distinguem dos Mediterrânicos; tanto pior para as teses nazis!). Os Neolíticos da Rússia são homens de estatura bastante elevada, mesocéfalos ou debilmente dolicocéfalos, de face estreita, com crânio e órbitas baixos. No estado actual dos dados disponíveis, a comparação antropológica não pode por si só determinar se eles saíram do fundo mesolítico local ou se representam uma emigração (que poderia provir tanto da Europa como da Sibéria ou do Próximo Oriente) no início do Neolítico.

É evidentemente impossível saber qual era a cor da pele, dos cabelos e dos olhos desses indivíduos. Afiançamos que ela era variável, como na Europa ulterior.

Em todo o caso, desde a expansão dos Kurganes, tipos diferentes aparecem nas sepulturas. Na Europa, ligam-se ao fundo «mediterrânico» autóctone – dolicocéfalos de pequena estatura, ou, em certos pontos, em curso de braquicefalização. O próprio tipo dos homens dos Kurganes desaparece muito rapidamente no oeste da Ucrânia: por sua vez, a antropologia pré-histórica confirma que o indo-europeu é um fenómeno essencialmente cultural. Estendeu-se até à extremidade ocidental da Europa: isso, a antropologia física não o regista de modo algum.

Em conclusão, lembrarei igualmente esse obscuro parentesco do indo-europeu com o malaio-polinésio (p. 449), que sugere que os portadores do mais antigo indo-europeu perceptível foram vizinhos dos também mais antigos portadores do malaio-polinésio conhecidos, nas imediações do lago Baical. Se, portanto, os primeiros Neolíticos dos Kurganes saíram dos Paleolíticos locais (p. 551), é forçoso que eles próprio tenham sido indo-europeizados muito antes por povos originários do Turquestão ou da Sibéria... Nesse caso, esses primeiríssimos Indo-Europeus dos quais nada sabemos, eram Brancos que tinham já antes influenciado Amarelos, ou Amarelos que vinham influenciar Brancos?

3. O nome (?) dos Indo-Europeus

Sucede que um étnico (nome de povo) seja comum a várias famílias indo-europeias. É tentador, então, supor que se trata de «heranças», semelhantes às heranças linguísticas, e que permitem desvendar assim um étnico, ou mesmo o étnico, indo-europeu original.

O caso surge particularmente em dois vocábulos.

Um deles é o étnico *Vénètos*. Aplica-se efectivamente: a uma importante tribo céltica da Armórica (o nome de *Vannes* saiu daí); a uma importante tribo céltica da planície do Pó (do seu nome provém o de *Veneza*); a um povo localizado na Ásia Menor, na antiga província de Paflagónia, os *Hénètoi*, mencionados já na *Ilíada*; a uma tribo ilírica próxima da Macedónia; ao grande povo eslavo dos Vendes, poderoso na Idade Média, época que reagrupava várias tribos, e de que subsistem ainda alguns descendentes na Alemanha de Leste; por fim, o lago de Constança chamava-se, na Antiguidade, *lacus Veneticus*. A distribuição é notável; mas não pode concluir-se daí que se tratava do «étnico» indo-europeu original. O termo designa *uma tribo* céltica, *um povo* eslavo, *um povo* eslavo, *um povo* itálico, *uma tribo* ilírica..., isto é, nunca os Celtas, os Eslavos, etc. Que significa então esta recorrência de um étnico? – Bosch-Gimpera e outros autores fizeram notar que a distribuição dos Vénetos recorta com bastante exactidão a difusão de uma cultura importante da idade do Bronze, denominada Cultura de Lusácia. Tem o seu início no Bronze médio, na Silésia-Lusácia, em ligação com uma outra vizinha, a dos Túmulos (cf. p. 546), depois os seus grupos espalham-se, no Bronze recente, pela França, pela Itália, pelos Balcãs..., ou seja, nas regiões onde, nos milénios seguintes, se encontram Vénetos (os Vendes habitam precisamente a Lusácia, e os Hénetos da Paflagónia ligam-se ao conjunto dos povos que passaram para a Anatólia, vindos dos Balcãs, com os Frígios). Revela-se aqui, portanto, não o nome étnico original dos Indo-Europeus, mas o de um povo da Europa do Norte do II milénio, cujos elementos foram, ao sabor das vicissitudes da história, aqui celtizados, ali eslavizados, acolá «italizados», etc.

O segundo é o nome dos *Árias*. A dimensão é outra. *Ária* é, de facto, o termo com que se designavam, desta vez «nacionalmente», os primeiros habitantes indo-europeus da Índia. Ora, a palavra encontra-se também no Irão, pois que este último topónimo é dele tirado (antigamente: *Airyana*), e, ainda, em duas tribos citas (do grupo sármata), os Alanos (de *Aryana) e os Roxolanos («*Aryana luminosos»). – Temos o direito de concluir: *Arya foi o nome original comum de todo o grupo indo-iraniano.

O problema é de saber se podemos ir além disso; isto é, haverá vestígios deste étnico noutros sítios que não apenas dentro do grupo indo-iraniano? – A dada altura pensou-se que tal acontecia com o nome da Irlanda, *Eire*, *Eriu*. É inexacto: as últimas formas vieram, por contracção, de um *iweria, atestado nas formas antigas, latim *Hibernia*, cf. galês *Iwerddon*. Trata-se, pois, antes de um ind.-eur. *piweria, o «país fértil», nome idêntico ao da

Piéria, no sul da Macedónia. – Mas há mais. Na Irlanda, ainda, os homens livres são chamados *airig*, sing. *aire*. A aproximação com *Arya*, sedutora sem dúvida, foi feita desde muito cedo, e, tal como a anterior, permitia fundamentar a equação, tão valiosa para os antigos indo-europeizantes, Indo-Europeus = Árias (Arianos). Mas, se os melhores especialistas mantinham a aproximação, a título de hipótese, até aos anos 30, o apuramento do estudo etimológico, das línguas célticas fez que fosse abandonada. É o dobre a finados da identificação Árias-Indo-Europeus. Salvo num elemento, no entanto.

Um deus indo-iraniano tinha um nome saído do étnico *Arya*: Aryaman, exactamente. É um deus importante na índia, com uma teologia desenvolvida, próximo de Mitra. A sua antiguidade garante que ele é iraniano (Airyaman) e aqui igualmente próximo de MiΘra. – Ora, a lenda irlandesa conhece um herói *Eremón*, cujo nome, sem etimologia celta, se aproxima correctamente do de Aryaman. No *Lebor Gabála*, «Livro das conquistas», que conta as invasões míticas sucessivas da Irlanda, a última, a dos filhos de Mile, que não são senão os Gaélicos históricos, os Irlandeses, é conduzida por três irmãos, entre os quais Eremón. Apesar dos poucos dados da tradição sobre este, há homologia com Aryaman: no entrecruzamento das linhagens de reis da Irlanda fornecidas pelos descendentes de Eremón e pelos de seu irmão Eber, os primeiros incluem todos os reis regeneradores, acumuladores de terras (conquistadores, mas raramente verdadeiros guerreiros), e sábios juristas: são reis do tipo Mitra. Eber, em contrapartida, o chefe da migração, despreza Eriu, personificação da Irlanda, e jura pelos deuses e pelo poderio dos seus guerreiros: isso faz lembrar o afastamento de Varuna relativamente às coisas da «terceira função», e a sua ligação, ao mesmo tempo, com o Outro Mundo e com a guerra. Não pode pôr-se em dúvida que a dupla Eber-Eremón reproduza a dupla Varuna-Mitra, este último substituído por Aryaman.

Tal como outros factos religiosos, nomeadamente a equação entre *Apa, Napat, Nechtan, Neptuno, eis uma aproximação, mais que plausível, entre o extremo-ocidental e o extremo-oriental dos Indo-Europeus.

Daí se segue, então, que os mais longínquos antepassados celtas dos Irlandeses terão usado o nome de *Arya*? Não exactamente: o que era possível com os termos *Eriu, aire*, que são, quase, *étnicos*, não o é com um *nome divino* cuja composição, aliás, se explica em indiano (onde temos toda a série *arí-*, cf. p. 468, *Arya, Aryaman*), e de modo nenhum em celta. Com efeito, damo-nos conta aqui de que não existe nenhum correspondente ocidental ao nome étnico dos *Arya*. É, pois, impossível dar o nome de *Árias, Arianos*, ao conjunto dos Indo-Europeus. – Em contrapartida, a equação estabelecida entre *Aryaman e Eremón* traz consigo uma consequência que não deixa de ter interesse: se os *Arya pré-históricos transmitiram aos outros Indo-Europeus o nome da sua divindade «nacional» – fenómeno de que a Irlanda, como muitas vezes acontece, seria a única testemunha –, é forçoso que eles se tenham já chamado *Arya *na altura do rebentamento da unidade indo-europeia «clássica»*; em suma, capta-se assim um étnico indo-europeu que remonta pelo menos ao IV milénio. É já um belo resultado, sem dúvida.

CAPÍTULO QUINTO

Os Semitas

I. – AS LÍNGUAS SEMÍTICAS

Foi em 1781 que foi introduzido o termo «semítico» para designar um conjunto de línguas cujo parentesco fora reconhecido desde sempre, a saber: o hebraico, o aramaico, o árabe e o etíope. A escolha deste nome era inspirada pela «tábua dos povos» da Bíblia (Génesis, 10) que faz de Aram e de Heber, epónimos dos Arameus e dos Hebreus, os descendentes de Sem, filho de Noé. Várias línguas antigas conhecidas mais tarde juntaram-se à família. Trata-se do fenício, lido desde meados do século XVIII, do sul--arábico, decifrado pouco antes de 1840, do acádico (ou assiro-babilónico), escrito por meio de sinais cuneiformes de origem suméria e reconhecido como semítico após 1850, e finalmente do ugarítico, decifrado em 1930.

1. A repartição das línguas semíticas
Na Antiguidade, as línguas semíticas eram faladas numa área contínua, que compreendia todo o Crescente Fértil, as zonas estépicas que ele inclui e a península arábica. Tinham emigrado para a África com o púnico ou o fenício da África do Norte e para a Etiópia com o sul-arábico e o etíope clássico.
As línguas semíticas podem ser repartidas em dois ramos principais: oriental e ocidental.

A) *Semítico oriental ou acádico.* – Teve uma longa história e uma diversificação dialectal. Depois do acádico antigo, atestado desde meados do III milénio, distinguimos o dialecto assírio no norte da Mesopotâmia e o babilónico no sul. Foi este último que teve, durante o II milénio, um estatuto de língua de comunicação e de cultura internacional. Cada um dos dialectos sofreu uma evolução que permite reconhecer três fases: antiga (primeira metade do II milénio), média (segunda metade do II milénio), recente (primeira metade do I milénio). Extinguiu-se como falar antes mesmo do fim do conhecimentos dos cuneiformes, antes da era cristã.

B) *Semítico ocidental.* – Este grupo é muito mais diversificado. Os seus testemunhos mais antigos não são conhecidos directamente, mas através de diversas indicações de textos cuneiformes sumérios ou acádicos. Os arquivos de Tell Mardikh-Ebla (por volta de 2300) fornecem nomes próprios (geralmente inteligíveis em semítico) e lexemas que podem passar pelas mais antigas amostras de um falar semítico do Oeste, denominado por convenção «eblaíta». As tabuinhas babilónicas de Tell Hariri-Mari fornecem, quinhentos anos mais tarde, informações comparáveis sobre o que se denomina o amorita. Em meados do século XIII, conhecem-se, por intermédio de glosas que acompanham o texto babilónico das cartas enviadas ao faraó por príncipes da Fenícia e da Palestina, algumas amostras do mais antigo cananeu.

As línguas ocidentais conhecidas directamente formam vários grupos:

a) O ugarítico das tabuinhas cuneiformes alfabéticas de Ras Shamra-Ugarit, cidade destruída por volta de 1200.
b) O cananeu. Reagrupam-se sob este nome três idiomas aparentados:
   1) O fenício, atestado desde o início do I milénio por inscrições alfabéticas da Fenícia, de Chipre e da Africa do Norte. Não deixou monumentos literários e deve ter-se extinguido pouco depois da era cristã;
   2) O hebraico: a documentação epigráfica remonta aos inícios dos I milénio e permite entrever variantes dialectais (israelita, hebraico). A língua literária, o hebraico, conhecida pela Bíblia, mostra os vestígios de uma evolução. Essa evolução prossegue na literatura judaica, em contacto com o arameu (hebraico da Mishna). Mantido como língua de cultura, tornou-se de novo, no nosso século, uma língua natural (israelita);
   3) O moabita, língua da inscrição de Mesha, rei de Moab (século IX), tão próxima do hebraico que alguns vêem nele apenas uma variante dialectal desta língua. Hesita-se igualmente sobre a situação da língua amonita.
c) O aramaico. Atestada desde o século VIII por grandes inscrições provenientes da Síria, de língua aramaica deveu um extraordinário florescimento aos Aqueménidas que fizeram dele, no século V a língua oficial

do seu Império, de tal modo que os monumentos deste «aramaico do Império» se espalham por uma área imensa. Exactamente em virtude dessa difusão e dessa expansão, a língua diversificou-se em dialectos alguns dos quais só são conhecidos por inscrições, ao passo que outros adquiriram o estatuto de língua literária. O recurso a escritas diferentes, embora todas elas tenham saído da do «aramaico do Império», contribuíu para a diversificação dos dialectos. Nos primeiros séculos da era cristã assiste-se à oposição de um aramaico ocidental, sob as suas formas judaica, samaritana e cristã, a um aramaico oriental, representado pelo siríaco cristão, o mandeu e o idioma do Talmude da Babilónia. O aramaico foi-se extinguindo na época moderna sob a pressão do árabe. Sobrevive, no entanto, como língua litúrgica e em locais isolados (três aldeias do Antilíbano no Oeste, na região do Tur 'Abdin e de Urmia, a Leste.

d) O norte-arábico. Conhecido por meio de inscrições e *graffiti* do norte do Hedjaz os mais antigos dos quais são anteriores à era cristã (lihyanita, tamudense, safaítico, escritos com o recurso a um alfabeto proveniente da Arábia do Sul), e depois, a partir do século VI da nossa era, por intermédio do árabe corânico que usa uma escrita de origem aramaica. O Islão assegurou a expansão deste árabe que rapidamente cobriu toda a área das antigas línguas semíticas da Asia e da África do Norte.

e) O sul-arábico. Gravado nos monumentos do Iémen antigo (do século IV antes da nossa era ao século VI da nossa era) e incluindo diferentes dialectos definidos por entidades políticas (mineano, sabeísta, awsanita, catabanita, hadramáutico). Alguns falares modernos da Arábia meridional estão ligados a ele.

f) O etíope. Conhecido desde o século IV da nossa era através das inscrições reais de Axum e de documentos anteriores mais modestos, manteve-se como a língua eclesiástica da Etiópia e a sua língua literária até aos tempos modernos. Os falares semíticos actuais da Eritreia e do norte da Etiópia são-lhe aparentados de muito perto. Os da Etiópia meridional, e em particular o amárico, língua oficial do país, parecem saídos de um ramo vizinho e foram muito fortemente influenciados, principalmente na sua sintaxe, pelo substrato cuchítico.

2. *O parentesco das línguas semíticas*

O parentesco das línguas semíticas é tão evidente como o que as línguas românicas apresentam entre si. O seu fonetismo caracteriza-se por algumas particularidades que atestam todos os testemunhos antigos destas línguas (mesmo o acádico, a despeito da inadequação do sistema cuneiforme cujo silabário foi concebido para o sumério), como por exemplo, a presença de consoantes aspiradas faringeas e de uma série de consoantes ditas «enfáticas». A estrutura dos lexemas é dada, em geral, por três consoantes que formam a «raiz», combinados com vogais distribuídas segundo «esquemas» muitas vezes significativos; recorre-se à derivação por prefixo ou sufixo, mas não à composição. A morfologia é caracterizada pela distinção de uma conjugação com prefixos pessoais (para o imperfeito) e de uma conjugação com sufixos (para o perfeito), prefixos e sufixos que quase não variam de uma língua para a outra, pela formação por meio de prefixos e de infixos de conjugações derivadas que exprimem o intensivo, o factitivo, o reflexo, pelo uso de sufixos pronominais, também eles idênticos de uma língua para a outra, marcando a posse após um nome, o regime directo após um verbo activo. A determinação de um substantivo por outro é sempre indicada pela posposição do determinante e pode trazer consigo uma modificação vocálica do determinado. As palavras ferramentas fundamentais são muitas vezes idênticas de uma língua para a outra ou encontram-se em línguas por vezes muito afastadas uma da outra.

O léxico confirma este parentesco estreito das línguas semíticas. Tendo em conta certas equivalência fonéticas constantes de uma língua para a outra, observar-se-á que a série dos nomes de números, para citar apenas um exemplo claro, é praticamente a mesma desde o antigo acádico até ao árabe contemporâneo. O vocabulário que poderíamos chamar «semítico comum» conta numerosos termos e noções fundamentais e apresenta uma estabilidade notável através dos milénios. Para dizer «comer» ou «morrer», para falar do «pai» ou da «mãe», do «burro» ou do «lobo», um arabófono de hoje emprega quase as mesmas palavras que um súbdito de Hamurábi da Babilónia.

3. O camito-semítico

Desde há uns quarenta anos, a linguística histórica tende a considerar que o grupo semítico, tão homogéneo, não é mais que uma parte de um conjunto mais vasto e cuja homogeneidade é muito mais evidente. Chama-se a este conjunto camito-semita, porque associa ao semítico vários grupos de línguas atestadas na África. São elas o egípcio antigo (e o copta que ele continua), cujas afinidades com o semítico foram reconhecidas desde há muito tempo, o líbico antigo e os falares berberes, e finalmente o grupo mais complexo e mais diferenciado das línguas não semíticas do corno da África representado, entre outras, pelo afar, pelo somali, pelo galla. Este parentesco, longínquo, das línguas camito-semíticas é tornado verosímil pela grande semelhança que apresentam os sufixos indicadores de pessoa, a coexistência (não constante) de uma conjugação de prefixo e de uma conjugação de sufixo, o modo de determinação do nome, certas concordâncias de vocabulário e a possibilidade entrevista de estabelecer constantes nas correspondências fonéticas que delas resultam. A hipótese camito-semítica não deixou de influenciar algumas opiniões sobre a pré-história dos Semitas.

II. – A «ORIGEM» DOS SEMITAS

Os investigadores raramente se contentaram com os dados históricos que sugerem que os Semitas estão estabelecidos, desde que os conhecemos, na região siro-árabe. Conceberam-se várias hipóteses sobre um «foco primitivo» que os Semitas teriam abandonado para virem instalar-se na área do seu *habitat* histórico. São quase sempre corolários de um postulado que define pelo nomadismo o modo de vida dos antigos Semitas. Algumas dessas hipóteses ressaltam de concepções quase míticas. Assim, a designação da Arménia como foco de origem não tem outro fundamento para além da lenda da arca de Noé. O fundamento de conjecturas que conduzem à hipótese de um muito longínquo parentesco entre Semitas e Indo-Europeus fez imaginar que o mítico «Pamir» poderia ter sido a sua pátria comum. Menos fantásticas e mais frequentemente representadas são as hipóteses seguintes.

A Antiguidade e o prestígio da civilização mesopotâmica fizeram crer que a dos Semitas não pudera elaborar-se noutro lado, e daí se argumentou para situar nessa região o seu foco primitivo. A lenda bíblica de Abraão que deixa Ur na Caldeia pareceu ilustrar a hipótese. Para apoiá-la, I. Guidi avançou, em 1879, um curioso argumento: os Semitas não têm termo comum para «montanha», ao passo que o têm para «rio», pelo que teriam passado o tempo da sua vida comum numa planície irrigada. Este tipo de argumentos, pela omissão, pouco ou nada prova; poderia dizer-se de igual modo que os Semitas não conheceram a lua porquanto não têm para ela uma designação comum.

Sustentou-se com maior frequência que a Arábia era o berço dos Semitas. A hipótese procede por analogia: os primeiros Semitas teriam sido conquistadores que vieram sobrepor-se a uma população anterior não identificável (mas cuja língua desconhecida teria deixado marcas na toponímia), à semelhança dos Árabes do Hedjaz que se tornaram, em algumas décadas, os senhores de todo o Oriente na segunda metade do século VII. Mas a comparação é pouco pertinente, porque os Semitas de antes da História não dispunham nem do cavalo nem do camelo que tornaram possível a expansão fulminante do Islão. Valeria mais pensar numa penetração lenta e progressiva de grupos que vagueavam nas zonas limítrofes da estepe e das terras cultivadas e que tendiam a impor aos sedentários uma protecção primeiro temporária e depois permanente, antes de eles próprios se estabilizarem. O movimento foi observado na Síria, e a instalação dos Hebreus na Palestina foi mais de uma vez explicada desta maneira. Continuaremos, no entanto, a perguntar-nos se a estepe e *a fortiori* o deserto podem ser tidos como reservatórios de população que extravasam os seus excedentes sobre as terras férteis mais próximas. O nomadismo ou o seminomadismo primitivos dos Semitas são agora postos em dúvida, e considera-se esse modo de vida como nascido da especialização de actividades económicas, a criação de gado ou o comércio, que supõem o estabelecimento de uma sociedade de produção agrícola ou industrial avançada e a estabilidade dos produtores. Invocou-se, é verdade, uma desertificação da Arábia que teria obrigado os seus habitantes a emigrar, mas isso remontaria a muito antes da idade que a comparação linguística permite atribuir ao tempo em que os antepassados dos Semitas históricos viviam em simbiose. O argumento linguístico avançado em apoio da hipótese «árabe» não é irrefragável. É verdade que o árabe apresenta traços arcaicos: um fonetismo certamente mais rico do que o fenício fixado pelo alfabeto de 22 consoantes (o que obrigou a escrita árabe, de origem arménia, a introduzir pontos diacríticos), tão rico como o do ugarítico do II milénio ou o do sul-arábico epigráfico, e uma morfologia que conhece ainda a declinação nominal em três casos, marcados por vogais, como no ugarítico e nas formas antigas do acádico. Mas verifica-se que os caracteres mais arcaicos se conservam melhor nas zonas marginais de uma área linguística que no presumido centro desta.

As críticas feitas à hipótese da origem árabe dos Semitas são igualmente válidas para a que situa na África o berço da família. O grande semitizante Th. Nöldeke tinha-a enunciado com muita reserva em 1887, ao assinalar as semelhanças do semítico com algumas línguas africanas. Recentemente, tal tese ganhou um novo alento, em virtude dos progressos da comparação «camito-semítica». A desertificação do Sara, diz-se por vezes, teria provocado a migração dos antepassados daqueles que, nos tempos históricos, falam as línguas camito-semíticas, e a Mesopotâmia teria representado o ponto extremo de um avanço para o Leste penetrando na Ásia pelo istmo de Suez. Mais uma vez tal conjectura é demasiado ambiciosa. Os Semitas viviam ainda em simbiose num tempo em que a metalurgia já aparecera, ou seja, no IV milénio.

É o que ressalta daquilo a que se chamou a paleontologia linguística que isola da comparação das línguas históricas um certo número de termos que deviam pertencer à língua comum de que elas saíram. A tarefa é particularmente fácil para o semítico, em virtude da solidez da sua estrutura fonológica. Alguns destes termos são reveladores de um estado de civilização material e de um ambiente natural. Ora, os Semitas têm em comum o nome do «cobre» e o verbo «fundir», ao passo que o nome do «ferro» varia de uma língua para a outra, tendo chegado após a separação. Eles têm em comum esse vocabulário de base da metalurgia, assim como o da fiação e da tecelagem e vários termos referentes à agricultura da enxada e a horticultura (nomes de cereais e de legumes), assim como uma criação de gado que conhece os bovídeos, mas não o cavalo nem o camelo. Segundo um estudo recente, o fundo comum do vocabulário leva a crer qe os Semitas viviam já em aglomerações protegidas artificialmente e é muito provável que utilizassem o tijolo (cujo nome desapareceu apenas em etíope). Mostrar-se-ia, assim, a verdade da teoria romântica do «nomadismo primitivo» dos Semitas. Quanto à paisagem revelada pelo léxico comum da flora e da fauna, parece harmonizar-se muito bem, com os seus terebintos, os seus choupos, os seus bois selvagens, as suas hienas, os seus lobos, os seus gamos e mesmo os seus leões e os seus ursos, com o que era, ainda em tempos históricos, a própria região em que vemos os Semitas instalados. Podemos, assim, dispensar a hipótese das migrações. Para explicar certas variações linguísticas, assim como os arcaísmos, é mais fácil recorrer à teoria das ondas de inovação difundidas a partir do centro e que deixam subsistir estados de língua mais antigos nas franjas do território. Algumas particularidades arcaizantes do árabe foram já assinaladas; poderiam notar-se igualmente curiosas concordâncias entre o etíope e o acádico, como a existência de dois modos da conjugação com prefixo um dos quais se distingue pela geminação da segunda consoante radical do verbo, distinção que pertencia talvez à fase primitiva da língua.

III. – ASPECTOS DA CULTURA COMUM DOS SEMITAS

Se o vocabulário comum fornece algumas informações sobre o enquadramento natural e sobre as condições da vida material dos Semitas pré-históricos, poderíamos esperar dele informações sobre certos aspectos menos materiais da sua civilização. A análise desse vocabulário deu, no entanto, resultados decepcionantes, incomparavelmente mais pobres que os obtidos sobre as instituições e a ideologia comuns dos Indo-Europeus. A razão prende-se, talvez, com o facto de as línguas semíticas não recorrerem à composição nominal e de as raízes que constituem o léxico serem rebeldes a etimologias muitas vezes susceptíveis de ligar tal noção a uma outra. Para entrever traços «semíticos comuns», é forçoso recorrer a uma indução que procede das manifestações perceptíveis nos sectores atestados com maior antiguidade.

No plano das instituições, a documentação que se pode extrair dos léxicos semíticos comparados é particularmente pouco eloquente. Verifica-se a ausência de termos específicos e comuns a todas as línguas para os «avós» paterno e materno; a designação do «tio paterno» por uma palavra que significa também o «povo» poderia ser instrutiva, mas está longe de ser comum a todos os Semitas. São dados não linguísticos que sugerem que os Semitas definiam o parentesco como patrilinear e o casamento como virilocal e teoricamente endogâmico. A antiguidade da poligamia é atestada pela presença de uma termo comum para designar a co-esposa («rival») de uma mulher. A família parece ter sido a célula constrtutiva das unidades sociais mais vastas de designação variável: reter-se-á a recorrência frequente da expressão «filho de alguém» para designar uma colectividade humana que, de maneira muitas vezes fictícia, afirma a sua unidade reclamando-se de um antepassado comum. Quanto à autoridade, não poderá dizer-se o que terá sido originariamente. Vale mais não evocar, como se faz muitas vezes, o exemplo do xeque beduíno *primus inter pares*, inspirado pela referência mal fundamentada ao «nomadismo primitivo». Inversamente, a instituição monárquica, muito espalhada na época histórica, mas não constante nem universal, tem falta de substrato pré-histórico. O nome traduzido por «rei» é comum às línguas do Noroeste e da Arábia meridional, ao passo que o semítico oriental recorre a uma outra palavra, que se traduz por «príncipe», no Oeste.

No que se refere à vida intelectual e religiosa, os dados das diversas culturas prestam-se mal a uma comparação que fizesse ressaltar traços comuns. É que elas são discordantes e desigualmente repartidas. As próprias fontes literárias não permitem reconstituir, mesmo só nos seus contornos, uma mitologia semítica comum. Sectores inteiros não forneceram qualquer documentação explícita sobre este ponto. A partir do III milénio dispomos da abundante literatura acádica, que no entanto consiste, em grande parte, em traduções ou adaptações do sumério. Menos suspeitas de contaminação estrangeira, as tabuinhas de Ras Shamra-Ugarit dão a conhecer, para finais da idade do Bronze, um conjunto bastante coerente de práticas, de crenças e de representações religiosas, mas talvez se trate apenas de uma elaboração local. Os mitos ugaríticos que insistem na manutenção do equilíbrio cósmico graças à rivalidade e à colaboração dos deuses não poderão passar *a priori* como o reflexo fiel de um panteão e de uma mitologia comuns aos Semitas. Também não poderá privilegiar-se a Bíblia que dá a conhecer, para o I milénio a.C., muitos aspectos de uma crença colectiva comandada por um sentido profundo de honra nacional (de que Israel não deveria ter o monopólio). Estas três fontes que comportam uma boa parte de literatura clássica – isto é, educativa – revelam, no entanto, alguns aspectos de uma mesma sabedoria, provavelmente muito antiga, dominada por uma advertência contra a desmesura humana. Trata-se de um elemento de reflexão moral que nada tem de particular.

Outras informações, saídas directamente do vocabulário comum, incidem sobre aspectos muito diversos da crença e da prática. Citemos princípios de organização do espaço (orientação sobre o sol nascente, pois que o Sul é à «direita» e o Norte à «esquerda», desvalorização da esquerda); a importância atribuída à integridade física, à cura, à pureza; o horror da falta ou «pecado» (primeiro involuntário); a distinção entre uma esfera do «sagrado» e uma esfera do «profano»; o temor do sortilégio; a prática do apelo aos deuses, da lamentação, do voto, do sacrifício sangrento. É provável que as constantes na crença e na prática levassem a melhor sobre as variáveis, mas a fragmentação do mundo semítico fez que as variáveis tenham sido privilegiadas. Temos um indício disso na extrema variedade dos nomes divinos que devem cobrir com muita frequência funções idênticas. A partir do III milénio, os documentos semíticos abundam em teónimos, mas nenhum panteão semítico comum pôde ser reconstituído. Reconhecem-se facilmente certas funções: é o caso das divindades astrais cuja importância parece ter sido muito diferente de um ponto para outro e cuja própria representação deve ter variado (o sol divinizado é masculino aqui, feminino ali); reconhece-se em diferentes pontos, mas não em todos, o papel de uma deusa ligada às águas e à fecundidade e de um deus da tempestade de que Baal é o melhor tipo. Só duas divindades parecem ter sido conhecidas de todos os Semitas, porque os seus nomes são os mais largamente atestados. Infelizmente, as suas funções são mal conhecidas na sua totalidade e o seu próprio nome não é inteligível. São os princípios divinos designados por *'l*, por um lado, que se tornou o nome comum de todo o «deus», assim como o de um Deus único adorado (Elohim, Allah), e o misterioso *'ṯtr* de que os Semitas do Leste fizeram a deusa Ishtar, os do Nordeste a deusa Astarte, e os do Sul o deus 'Athtar, que parece gozar de uma supremacia teórica nas inscrições da Arábia meridional.

Permanece talvez um outro traço comum aos Semitas, referente à sua religiosidade mais que à sua religião. Em quase todos os sectores do âmbito semita, em quase todas as épocas verifica-se a existência de antropónimos inteligíveis, que consistem em nomes determinados do tipo «servidores do deus N.» ou em curtas frases verbais ou nominativas que atribuem a um determinado deus um certo número de acções ou de propriedades que acabam todas por significar que o deus em questão protege (cura, salva, faz viver, gera, etc.) o portador do nome. Esta constância da antropologia semítica não é absolutamente específica, sendo no entanto reveladora de uma certa constância da devoção.

BIBLIOGRAFIA

I. Guidi, Della sede primitiva dei populi semitici, *Memorie dell' Accademia dei Lincei*, III, V, 3, 1879, pp. 566-616.

Th. Nöldeke, *Die semitischen Sprachen. Eine Skizze*^{2}, Lipsia, 1899.

M. Cohen, *Essai comparatif sur le vocabulaire et la phonétique du chamito-sémitique*, Paris, 1947.

S. Moscati, *Che furono i Semiti?*, Roma, 1957.

P. Fronzaroli, *Studi sul lessico comune semitico* (*Rendiconti dell'Accademia dei Lincei*, VIII, 19, 5-6, 1964, pp. 155-172; 243-280; VIII, 20, 3-4, 1965, pp. 135-150; VIII, 20, 5-6, 1965, pp. 246-269; VIII, 23, 7-12, 1968, pp. 267-303; VIII, 24, 7-12, 1969, pp. 285-320).

I.M. Diakonoff, *Semito-Hamitic Languages*, Moscovo, 1965.

P. Marrassini, *Formazione del lessico dell'edilizia militare nel semitico di Siria*, Florença, 1971.

G. Garbini, *Le lingue semitiche. Studi di storia linguistica*, Nápoles, 1972.

Índice

PREÂMBULO
As primeiras idades do homem: a Pedra e o Bronze
(Pierre Lévêque)

I. Hordas e aldeias dos homens da Pedra, 7
  1. Do *Aegyptopithecus* ao *homo sapiens*, 8
  2. O Paleolítico Superior, 9
  3. A revolução neolítica, 12

II. Os Impérios despóticos do Bronze, 18
  1. Problemas de génese, 18
  2. A estrutura despótica, 21
  3. Os avanços de uma racionalidade nova, 27
  4. Uma abertura sobre os outros Estados despóticos do Bronze, 30

III. Os Indo-Europeus: uma dinâmica histórica, 32
  1. Uma diferenciação social original, 32
  2. As fases de uma expansão ao longo de milénios, 33
  3. A dinâmica migratória, 34
  4. Conquistas, sincretismos e dominação, 35

UMA REPARAÇÃO AO LONGO DE MILHÕES DE ANOS...
O filho mais novo dos Antropianos: o *Homo Sapiens*
(André Leroi-Gourhan)

I. O tempo dos pré-historiadores, 38
O tempo absoluto, 39; A escala dos climas, 40; A evolução pleistocénica, 42; Os Antropianos, 42; O testemunho da técnica, 44

II. Os Antropianos até à vulgarização da metalurgia, 47
A vida técnica, 47; O Paleolítico Antigo 47; O Paleolítico médio, 48; O Paleolítico superior, 49; Mesolítico e Neolítico, 50; As técnicas de aquisição, 51; A economia de recolecção, 52; A economia de produção, 55; As técnicas de consumo, 57; O fogo, 57; A alimentação, 58; O vestuário, a habitação e a sociedade, 59; A evolução cultural, 63; Bibliografia, 64

LIVRO PRIMEIRO
OS IMPÉRIOS DO BRONZE

CAPÍTULO PRIMEIRO
O Egipto até ao fim do Império Novo
(Jean Vercoutter)

Introdução, 67
O vale do Nilo e o domínio da cheia, 67; Os recursos naturais, 69; O vale, via de comunicação, 71; A população e a vida quotidiana, 72; O calendário, 74; As fontes da história egípcia, 75; Bibliografia, 77

I. As origens do Egipto: do Paleolítico até ao fim do Pré-Dinástico, 80
  1. O Egipto no fim do Paleolítico e no Mesolítico, 80; As fases do Paleolítico, 80; O Mesolítico, 81
  2. O Egipto neolítico, 82; Problemas de datação, 82; As actividades do Neolítico, 83; As culturas neolíticas, 84
  3. O Pré-dinástico egípcio, 85; Pré-dinástico primitivo e pré-dinástico antigo, 85; Pré-dinástico médio ou gerzeense, 88; Pré-dinástico recente ou gerzeense recente, 90

4. Fim do Pré-dinástico recente e unificação do Egipto (época pré-
-tinita), 90; A vitória do Sul sobre o Norte, 91;
Porquê a aceleração do desenvolvimento, 92

II. O Egipto Arcaico: as dinastias tinitas (1.ª e 2.ª), 96
 1. O primeiro faraó, 97
 2. A 1.ª dinastia, 98
 3. A 2.ª dinastia, 99
 4. A monarquia tinita, 101

III. O Império Antigo: as 3.ª, 4.ª e 5.ª dinastias, 103
 1. A 3.ª dinastia, 103; Djéser e o complexo de Sacará, 103;
 Os sucessores de Djéser, 104
 2. A 4.ª dinastia, 105; Snefrou, 106; Quéops, 107;
 Didufri e Quéfren, 108; Miquerinos e o fim da dinastia, 108
 3. A 5.ª dinastia, 109; Userkaf, 110; Sahuré, 111;
 Os outros sete faraós, 111

IV. O Império Antigo: Uma brilhante civilização, 113
 1. O faraó e a administração, 113
 2. As actividades económicas, 116; A agricultura, 116;
 A criação do gado, 117; Caça e pesca, 118; As trocas, 119
 3. A estrutura social, 120; Corte e função pública, 120;
 Camponeses e artífices, 120
 4. O culto dos deuses e a religião funerária, 121
 5. Arte, literatura e técnicas, 123; Túmulos e templos, 123;
 Textos religiosos e «Instruções», 124; As técnicas, 125

V. O fim do Império Antigo e o Primeiro Período Intermédio
(6.ª-10.ª dinastia), 126
 1. A 6.ª dinastia e o fim do Império Antigo, 126; Os reinados, 126;
 A descentralização do poder, 128; A expansão egípcia, 128
 2. O Primeiro Período Intermédio, 130; Primeira fase: A decomposição
 sob as 7.ª e 8.ª dinastias menfitas, 131; Segunda fase: As 9.ª e 10.ª
 dinastias heracleopolitanas e as lutas pela hegemonia, 132;
 Terceira fase: A reunificação sob a 11.ª dinastia tebana, 135
 3. Artes e literatura do fim do Império Antigo e do Primeiro Período
 Intermédio, 136; A provincialização da arte, 136;
 Uma actividade literária intensa, 138
 4. Para uma nova religião, 139

VI. O Império Médio (segunda metade da 11.ª e 12.ª dinastias), 142
  1. A 11.ª dinastia, 142; Montuhotep I-Nebhepet-Rá, 142;
     Montuhotep II-Seankhka-Rá, 144; Montuhotep III e o fim da
     11.ª dinastia, 144
  2. Os quatro primeiros soberanos da 12.ª dinastia, 145; Amenemet I
     e o início da 12.ª dinastia, 145; Sesóstris I, 149; Os sucessores de
     Sesóstris I (Amenemet II e Sesóstris II), 151
  3. Sesóstris III e o fim da 12.ª dinastia, 152; Sesóstris III, 152;
     Amenemet III, 153; O rei Hor e Amenemet IV, 154
  4. A civilização egípcia no Império Médio, 154

VII. O Segundo Período Intermédio e os Hicsos (da 13.ª à 17.ª dinastia), 156
  1. O Egipto antes dos Hicsos (13.ª e 14.ª dinastias), 157;
     As vicissitudes da 13.ª dinastia, 157;
     No Delta ocidental: a 14.ª dinastia, 159
  2. Os Hicsos (15.ª e 16.ª dinastias), 160; A infiltração dos Hicsos e
     da 15.ª dinastia (os Grandes Hicsos), 160; A 16.ª dinastia
     (os Pequenos Hicsos), 162; O Egipto sob os Hicsos, 162
  3. O reino de Tebas e a expulsão dos Hicsos: a 17.ª dinastia, 164;
     A dinastia tebana, 164; Os primeiros reis da 17.ª dinastia, 165;
     Os três últimos soberanos da 17.ª dinastia e a libertação do
     Egipto, 166

VIII. O Império Novo (1580-1160), 171
  1. O reinado de Amósis e os inícios da 18.ª dinastia (cerca de 1580--1510), 172; Amósis, 172; Amenófis I, 173; Tutmés I, 174
  2. A crise dinástica dos anos 1500 e o reinado de Hatshepsut (1504--1482), 176; Tutmés II e a crise da sua sucessão, 176;
     O reinado pessoal de Hatshepsut, 176
  3. O século dos Tutmés e dos Amenófis (1468-1367), 178;
     As campanhas de Tutmés III, 178; Amenófis II, 181; Tutmés IV, 181;
     O apogeu sob Amenófis III, 182
  4. A crise amarniana e o fim da 18.ª dinastia (1379-1314), 183;
     Problemas de sucessão, 183; Amenófis IV, o herético, 184;
     Tutankamón e Aya, 186; Horemheb, 187
  5. A chegada dos Ramsés e os inícios da 19.ª dinastia (1314-1235), 188;
     Ramsés I, 188; Seti I, 189; Ramsés II, 189
  6. O aparecimento dos Povos do Mar e o fim 19.ª dinastia, 190;
     Mineptá e os Povos do Mar, 190;
     Os últimos faraós da 19.ª dinastia, 192

7. Os primórdios da 20.ª dinastia (1200-1160): Ramsés III, 192;
   As campanhas de Ramsés III, 193; O Egipto sob Ramsés III, 194

Cronologia geral, 197
Quadros cronológicos, 198

CAPÍTULO SEGUNDO
A Mesopotâmia até às invasões aramaicas do fim do II milénio
(Jean-Jacques Glassner)

Introdução, 205
A terra, 205; Os habitantes, 206; As descobertas, 207; Bibliografia, 209

I. A proto-história mesopotâmica, 211
   1. As comunidades camponesas, 211; As primeiras fundações, 211; Tell Halaf, 213; El Obeid, 214
   2. As cidades, 216; A revolução urbana, 216; Os primórdios, 216; A vida na cidade, 218; A Mesopotâmia do Norte, 219; O povoamento da Mesopotâmia, 219; A tradição mesopotâmica, 220; Susiana, 220

II. O dinástico arcaico, 222
   1. Os factos, 222; O dinástico arcaico I, 222; O dinástico arcaico II, 224; O dinástico arcaico III, 225
   2. A Cidade-Estado, 227; A organização, 227; A economia e a sociedade, 228; As correntes religiosas, intelectuais e artísticas, 230
   3. A periferia, 231

III. O Império de Acad, 234
   1. Os reis de Acad, 234; A fundação do império. A obra de Sargão, 234; Os filhos de Sargão, 236; Naram-Sin, 236; Shar-Kali-sharri, 237
   2. O império, 238; A organização, 238; A economia e a sociedade, 239; A vida intelectual e artística, 240
   3. A queda de Acad. Os Guti, 241
   4. A periferia, 242

IV. O Império de Ur, 243
   1. A Mesopotâmia do Sul e a expulsão dos Guti, 243
   2. Os reis de Ur, 244; Ur-nammu, 244; Os sucessores de Ur-nammu, 245

3. O império, 246; A organização, 246; A economia e a sociedade, 248
4. A civilização mesopotâmica no fim do III milénio, 251

V. O período paleobabilónico, 253
1. A herança do império de Ur, 253; O reino de Isin, 253;
Os Estados rivais, 255; O Elão, 256
2. A Mesopotâmia dividida, 257; Os nómadas, 257; Os Estados urbanos. O Sul, 260; Larsa, 260; Isin, 261; Uruk, 261; Babilónia, 262; Os Estados de segunda zona, 262; Os Estados urbanos. O Vale do Eufrates, 263; Os Estados Urbanos. A Assíria, 265; As colónias assírias da Capadócia, 265; A Assíria sob Samsī-addu, 266
3. O império da Babilónia, 268; A ascensão de Babilónia sob Hamurabi, 268; O declínio de Babilónia e a chegada dos Cassitas, 270
4. Os Estados urbanos e a civilização na época paleobabilónica, 271; A organização dos Estados, 271; A economia e a sociedade, 272; A vida religiosa, intelectual e artística, 276
5. A Síria do Norte e os principados hurritas, 277;
Os reinos amorreus, 277; Os Hurritas, 280
6. O Elão, 281

VI. A Mesopotâmia de 1600 a 1100: Os Estados, 283
1. A Babilónia, 283; A chegada dos Cassitas à Babilónia, 283; A dinastia cassita, 284; Os primeiros reis cassitas, 284; O apogeu da dinastia, 284; Declínio e queda dos Cassitas, 287; A segunda dinastia de Isin, 288
2. O eclipse da Assíria e o poderio de Mitani, 290; Os principados vassalos de Mitani, 291; Mukish, 291; Arrafa, 291; A Assíria, 292; Os reis de Mitani, 292; Os primeiros soberanos, 292; Tushratta, 293; O fim da dinastia, 294
3. A Síria do Norte no meio do II milénio, 295; O reino de Amurru, 295; Ugarit, 295
4. O renascimento político da Assíria, 296;
Assurubalit e os seus sucessores, 296; Tukulti-ninurta I, 297; Os soberanos de 1207 a 1116, 299; Teglate-falasar I, 300
5. O Elão, 301

VII. A Mesopotâmia de 1600 a 1100: sociedades e culturas, 307
1. A organização dos Estados, 307; O rei, 307; A Administração, 308; O exército e a guerra, 309

2. A economia e a sociedade, 312; O papel do Estado, 312; A propriedade privada, 313; A sociedade, 314
3. Artes, letras e religião, 315; A arquitectura, 315; Artes plásticas e artes menores, 316; A literatura, 317; A religião, 319

Conclusão, 321

CAPÍTULO TERCEIRO
Os Hititas até ao fim do Império
(Jenny Damanville e Jean-Pierre Grélois)

Introdução, 323
As fases da redescoberta dos Hititas, 323
Bibliografia, 330

I. Formação e vissicitudes da monarquia hitita, 333
  1. As colónias assírias da Capadócia, 333
  2. O Antigo Reino Hitita, 337; Labarna, 337; Hattusili I, 338; Mursili I, 340; Hantili, 341; A sucessão de Hantili, 341; Telibinu, 342
  3. As origens da dinastia imperial, 343; Tudhaliya I, 344; Arnuwanda I e Tudhaliya II, 345; Suppiluliuma I toma o poder, 347
  4. Os Hurritas: génese e apogeu de Mitani, 348; O reino de Mitani, 348; Mitani e os Hititas, 350
  5. Fundação do Império hitita: Suppiluliuma I e o aniquilamento de Mitani, 351; As questões da Anatólia, 351; A primeira campanha síria, 352; A segunda campanha síria, 354; A terceira campanha síria, 356
  6. O apogeu do Império hitita, 358; Os filhos de Suppiluliuma I: Arnuwanda II e Mursili II, 358; Muwatalli e a batalha de Qadeš, 364; Mursili III (Urbi-Tešub), 368; Hattusili III, o usurpador: a *pax Hethitica*, 369; Tudhaliya IV, 374
  7. O fim do império hitita, 376

II. Populações, línguas e escritas, 378
  1. O fundo étnico pré-hitita: Os Hattis, 378
  2. A origem dos Hititas: a sua língua, 379
  3. Os outros dialectos anatólicos, 380; O luvita, 380; O palaíta, 382

4. As línguas estrangeiras, 382; O hurrita, 382; O sumério e o acádico, 383
5. Os hieróglifos «hititas», 383

III. As instituições hititas, 385
   1. A realeza, 385
   2. A sociedade, 389
   3. A administração, 390; O palácio, 390; Os governadores, 391; Os príncipes protegidos, 393
   4. O exército, 396
   5. O direito, 400; As relações internacionais, 400; As relações com os principais protegidos, 401; O direito privado, 402; A família, 403; As penas, 404; O regime da terra, 405; Os laços de homem a homem, 406
   6. A economia, 407

IV. Concepções e práticas religiosas, 410

   1. Diversidade e unidade da religião hitita, 410
   2. Os panteões, 412; Os panteões locais, 412; O panteão imperial, 413; O panteão de Yazĭlĭkaya, 414
   3. A organização do culto, 417
   4. Rituais e magia, 419
   5. A adivinhação, 423

V. Criações artísticas e literárias, 425
   1. As criações artísticas, 425
   2. Os textos da biblioteca real, 426

Conclusão, 429

LIVRO SEGUNDO
OS INDO-EUROPEUS E OS SEMITAS

CAPÍTULO QUARTO
Os Indo-Europeus. Génese e expansão de uma cultura
(Bernard Sergent)

Introdução. Línguas e povos indo-europeus, 433
Bibliografia, 441

I. A língua indo-europeia, 443
   1. Indo-europeu «clássico» e indo-europeu «antigo», 443
   2. Estruturas do indo-europeu «clássico», 444
   3. Duas séries semânticas, 448; Os nomes de número, 448; Os nomes de parentesco, 449
   4. O indo-europeu «antigo», 451; A teoria das laringais, 452

II. Cultura material e organização social, 455
   1. A produção, 455; A criação de gado, 455; A agricultura, 456
   2. As técnicas, 457
   3. O *habitat*, 459
   4. A sociedade, 460
   5. A família, 465; Termos e sistemas de parentesco, 465; Os outros e as mulheres, 468

III. As instituições, 471
   1. A realeza, 471
   2. Os guerreiros, 477
   3. A troca: oferta e contra-oferta, 489
   4. O direito, 493

IV. A religião, 497
   1. Vestígios linguísticos, 497
   2. A trifuncionalidade, 500; A trifuncionalidade na teologia, 503; A trifuncionalidade como sistema de pensamento, 505
   3. A oposição Mitra-Varuna, 508
   4. Prolongamentos teológicos, 510
   5. Mitos fundadores, 513
   6. Escatologia, 516
   7. Rituais, 519

    8. O clero, 524
    9. A origem da teoria trifuncional, 526
    10. A tradição, 530

V. Tentativas de identificação concreta dos Indo-Europeus, 533
    1. Os Indo-Europeus e a cultura dos Kurganes, 534
    2. Os tipos físicos dos Indo-Europeus, 548
    3. O nome (?) dos Indo-Europeus, 552

CAPÍTULO QUINTO
Os Semitas
(André Caquot)

I. As línguas semíticas, 557
    1. A repartição das línguas semíticas, 557
    2. O parentesco das línguas semíticas, 559
    3. O camito-semítico, 560

II. A «origem» dos Semitas, 562

III. Aspectos da cultura comum dos Semitas, 565

LUGAR DA HISTÓRIA

1. *A Nova História*, Jacques Le Goff, Le Roy Ladurie, Georges Duby e Outros
2. *Para uma História Antropológica*, W. G. I., Randles, Nathan Watchel e Outros
3. *A Concepção Marxista da História*, Helmut Fleischer
4. *Senhorio e Feudalidade na Idade Média*, Guy Fourquin
5. *Explicar o Fascismo*, Renzo De Felice
6. *A Sociedade Feudal*, Marc Bloch
7. *O Fim do Mundo Antigo e o Princípio da Idade Média*, Ferdinand Lot
8. *O Ano Mil*, Georges Duby
9. *Zapata e a Revolução Mexicana*, John Womack Jr.
10. *História do Cristianismo*, Ambrogio Donini
11. *A Igreja e a Expansão Ibérica*, C. R. Boxer
12. *História Económica do Ocidente Medieval*, Guy Fourquin
13. *Guia de História Universal*, Jacques Herman
15. *Introdução à Arqueologia*, Carl-Axel Moberg
16. *A Decadência do Império da Pimenta*, de A. R. Disney
17. *O Feudalismo, Um Horizonte Teórico*, Alain Guerreau
18. *A Índia Portuguesa em Meados do Século XVII*, C. R. Boxer
19. *Reflexões Sobre a História*, Jacques Le Goff
20. *Como se Escreve a História*, Paul Veyne
21. *História Económica da Europa Pré-Industrial*, Carlo Cipolla
22. *Montaillou, Cátaros e Católicos numa Aldeia Occitana (1294-1324)*, E. Le Roy Ladurie
23. *Os Gregos Antigos*, M. I. Finley
24. *O Maravilhoso e o Quotidiano no Ocidente Medieval*, Jacques Le Goff
25. *As Instituições Gregas*, Claude Mossé
26. *A Reforma na Idade Média*, Brenda Bolton
27. *Economia e Sociedade na Grécia Antiga*, Michel Austin e Pierre Vidal Naquet
28. *O Teatro Antigo*, Pierre Grimal
29. *A Revolução Industrial na Europa do Século XIX*, Tom Kemp
30. *O Mundo Helenístico*, Pierre Lévêque
31. *Acreditaram os Gregos nos seus Mitos?*, Paul Veyne
32. *Economia Rural e Vida no Campo no Ocidente Medieval (Vol. I)*, Georges Duby
33. *Outono da Idade Média e Primavera dos Novos Tempos?* Philippe Wolff
34. *A Civilização Romana*, De Pierre Grimal
35. *Economia Rural e Vida no Campo no Ocidente Medieval (Vol. I)*, Georges Duby
36. *Pensar a Revolução Francesa*, François Furet
37. *A Grécia Arcaica de Homero a Ésquilo (Séculos VIII-VI A.C.)*, Claude Mossé
38. *Ensaios de Ego-História*, Pierre Nora, Maurice Agulhon, Pierre Chaunu, Georges Duby, Raoul Girardet, Jacques Le Goff, Michelle Perrot, René Remond
39. *Aspectos da Antiguidade*, Moses I. FinLey
40. *A Cristandade no Ocidente 1400-1700*, John Bossy
41. *As Primeiras Civilizações – Da Idade da Pedra aos Povos Semitas*, Pierre Lévêque (Dir.)
44. *O Fruto Proibido*, Marcel Bernos, Charles de la Roncière, Jean Guyon, Philipe Lécrivain
45. *As Máquinas do Tempo*, Carlo M. Cipolla
48. *A Sociedade Romana*, Paul Veyne
49. *O Tempo das Reformas (1250-1550) – Vol. I*, Pierre Chaunu
50. *O Tempo das Reformas (1250-1550) – Vol. II*, Pierre Chaunu
51. *Introdução ao Estudo da História Económica*, Carlo M. Cipolla
52. *Política no Mundo Antigo*, M. I. FinLey
53. *O Século de Augusto*, Pierre Grimal
54. *O Cidadão na Grécia Antiga*, Claude Mossé
55. *O Império Romano*, Pierre Grimal
56. *A Tragédia Grega*, Jacqueline De Romilly
57. *História e Memória – Vol. I*, Jacques Le Goff
58. *História e Memória – Vol. II*, Jacques Le Goff
59. *Homero*, Jacqueline De Romilly
60. *A Igreja no Ocidente*, Mireille Baumgartner
61. *As Cidades Romanas*, Pierre Grimal
62. *A Civilização Grega*, François Chamoux
63. *A Civilização do Renascimento*, Jean Delumeau
64. *A Grécia Antiga*, José Ribeiro Ferreira
65. *A Descoberta de África*, Organizado por Catherine Coquery-Vidrovitch
66. *No Princípio Eram os Deuses*, Jean Bottéro
67. *História da Igreja Católica*, J. Derek Holmes, Bernard W. Bickers
68. *A Bíblia*, Organizado por Françoise Briquel-Chatonnet
69. *Recriar África*, James Sweet
70. *Conquista. A Destruição dos Índios Americanos*, Massimo Livi-Bacci
71. *A Revolução Francesa, 1789-1799*, Michel Vovelle
72. *História do Anarquismo*, Jean Préposiet
73. *Bizâncio. O Império da Nova Roma*, Cyril Mango
74. *Declínio e Queda do Império Habsburgo, 1815-1918*, Alan Sked
75. *História dos Judeus Portugueses*, Carsten L. Wilke